Ateliers
ENOV'LIVRES S.A.
2003

CATALOGUE
DES LIVRES

LÉGUÉS

A LA BIBLIOTHÈQUE DE LA VILLE DE MONTPELLIER

PAR

L'ABBÉ J.-B.-M. FLOTTES

ANCIEN VICAIRE-GÉNÉRAL

PROFESSEUR DE PHILOSOPHIE A LA FACULTÉ DES LETTRES

MONTPELLIER

TYPOGRAPHIE DE PIERRE GROLLIER

Rue du Bayle, 10

1866

CATALOGUE
DES LIVRES
COMPOSANT LA BIBLIOTHÈQUE

DE L'ABBÉ FLOTTES

L'ABBÈ FLOTTES.

Marsal del.

Montpellier, Boehm & Fils.

CATALOGUE
DES LIVRES

LÉGUÉS

A LA BIBLIOTHÈQUE DE LA VILLE DE MONTPELLIER

PAR

L'ABBÉ J.-B.-M. FLOTTES

ANCIEN VICAIRE-GÉNÉRAL

PROFESSEUR DE PHILOSOPHIE A LA FACULTÉ DES LETTRES

MONTPELLIER

TYPOGRAPHIE DE PIERRE GROLLIER

Rue du Bayle, 10

1866

LEGS

FAIT A LA VILLE DE MONTPELLIER

PAR M. L'ABBÉ FLOTTES

RAPPORT

PRÉSENTÉ AU CONSEIL MUNICIPAL DE MONTPELLIER, AU NOM DE LA
COMMISSION DE L'INSTRUCTION PUBLIQUE ET DES BEAUX-ARTS

(Séance du 30 Décembre 1864)

PAR M. LE PROFESSEUR BOUISSON

Membre du Conseil Municipal

Messieurs,

Le 25 de ce mois s'éteignait, à Montpellier, un prêtre vénérable qui avait su varier et multiplier ses services, pendant la longue carrière qu'il a parcourue. Ce n'est pas seulement par le zèle et l'esprit très-éclairé qu'il a déployés dans l'exercice du ministère sacerdotal, que M. l'abbé Flottes avait conquis cette estime générale qui, au jour de ses obsèques, s'est traduite par une touchante manifestation. M. Flottes avait successivement appartenu à l'enseignement secondaire et à l'enseignement supérieur, et il a, pendant plus de quarante ans, professé la philosophie avec un succès bien connu, et qui a laissé les

— VIII —

Flottes, soit dans une des pièces actuellement disponibles, soit dans un local nouveau qui sera ultérieurement compris dans des constructions projetées pour l'agrandissement de notre Musée, agrandissement rendu nécessaire par des donations incessantes, soit du Gouvernement, soit des particuliers. Votre Commission, suivant le vœu déjà exprimé par M. le Maire, vous propose de voter qu'une *salle portant le nom de M. Flottes* soit consacrée à recevoir les livres qu'il a donnés à la Ville; on verrait aussi avec satisfaction que le portrait du donateur fût placé dans cette salle.

Le testament olographe de M. l'abbé Flottes, transcrit dans les minutes de M. Coste, notaire à Montpellier, nous a été communiqué; il est très-explicite en ce qui concerne la donation qui nous intéresse. La clause qui s'y rapporte est conçue en ces termes :

« Je lègue et donne à la *Ville* ma bibliothèque, livres et corps de menuiserie; mais j'exige que, dans l'intervalle de deux années, elle en fasse dresser et imprimer le catalogue. Les frais de rédaction et d'impression seront à la charge de ma succession (1). J'excepte du don fait à la Ville les livres portés sur une petite note que l'on trouvera avec celle-ci. »

Cette note, inscrite à la suite du testament, attribue à plusieurs des amis du défunt la possession de divers ouvrages dont le titre et la nature sont clairement indiqués, et ne peuvent faire l'objet de la moindre difficulté. Une indication moins explicite veut qu'on remette à M. l'abbé Durand tous les ouvrages de droit canonique qu'il ne possède pas. Mais votre Commission pense qu'une entente directe, soit avec MM. Guibert et Jourdain, exécuteurs testamentaires, soit avec M. Durand lui-même, aplanira toute difficulté.

La nature des objets à acquérir par la Ville, la nécessité de les soigner, celle d'en débarrasser les lieux qu'ils occupent, à cause de la place qu'ils tiennent et du caractère encombrant d'une grande bibliothèque; enfin, l'utilité de mettre celle-ci à la disposition des lecteurs, s'accordent également pour établir la convenance d'une

---

(1) MM. P. Blanc et L. Gaudin, bibliothécaires de la ville, s'étant chargés spontanément et bénévolement de la rédaction du catalogue, la succession n'a dû pourvoir qu'aux frais d'impression.

prochaine entrée en possession par la Ville des livres qui composent le legs fait par M. l'abbé Flottes.

En conséquence, et par les motifs qui précèdent, la Commission propose au Conseil les conclusions suivantes :

Accepter le legs inscrit dans le testament de M. l'abbé Flottes au profit de la ville de Montpellier ;

Prier M. le Maire de remplir toutes les formalités légales, et de prendre toutes les mesures nécessaires pour que la clause du dit testament qui concerne la Ville, devienne promptement exécutoire ;

Faire disposer dans les locaux du Musée Fabre une salle d'une étendue convenable et d'un service facile, pour recevoir les livres de la bibliothèque léguée à la Ville, salle qui portera le nom de M. Flottes, et dans laquelle son portrait sera placé ;

Adresser des remercîments, soit à la famille, soit aux exécuteurs testamentaires.

Le Conseil municipal a adopté, à l'unanimité, les conclusions de ce Rapport, et en a voté l'impression.

TRAVAUX DE L'ABBÉ FLOTTES

L'abbé Flottes a voulu qu'une note rédigée par lui en 1851 et relative à sa personne et à ses travaux, fût publiée après sa mort. Ses exécuteurs testamentaires ont obéi à cette volonté en faisant placer cette note à côté du catalogue de sa bibliothèque. — On a complété les indications des numéros XII, XIV, XVII et XX, et ajouté les titres des publications postérieures à l'année 1851.

« Plusieurs fois, dans les Journaux et dans les Recueils bibliographiques, j'ai été confondu avec M. J.-S. Flotte, qui, comme moi, a été professeur de philosophie dans l'Université. On m'a attribué des ouvrages dont il est l'auteur, et on a attribué à ce dernier des écrits qui sont de moi. Mon intention est de rectifier ces erreurs par la publication, après ma mort, de la note suivante :

Jean-Baptiste-Marcel Flottes, né à Montpellier le 16 janvier 1789, a fait ses études littéraires et scientifiques à l'École centrale de l'Hérault. Il a étudié la théologie sous la direction de deux curés de Montpellier. Son cours théologique était terminé lorsque le Séminaire diocésain fut organisé. Il y a été, pendant quatre ans, professeur de théologie. Il a été aussi aumônier et professeur de philosophie dans le Collége royal et à la Faculté des Lettres de Montpellier. Voici la liste exacte des écrits qu'il a publiés :

I. Introduction aux ouvrages de Voltaire, par un homme du monde qui a lu avec fruit ces ouvrages immortels. In-12, *Montpellier,* 1816.

II. Errata du 3e volume de l'*Essai sur l'indifférence en matière de religion,* ou Observations critiques adressées à M. l'abbé De la Mennais, par un ancien professeur de théologie. In-8°, *Montpellier,* 1823. — Cet Errata a donné lieu à une lettre que j'ai fait insérer dans le *Journal des Débats* le 13 mai 1824.

III. M. l'abbé F. De la Mennais réfuté par les autorités mêmes qu'il invoque, ou Observations critiques sur la *Défense* de cet illustre écrivain, par M. l'abbé Flottes, etc. In-8°, *Montpellier,* 1824.

IV. M. l'abbé F. De la Mennais réfuté par les autorités mêmes qu'il invoque, ou Observations critiques sur le 3e et le 4e volume de l'*Essai,* pour faire suite aux Observations critiques sur la *Défense,* par M. l'abbé Flottes, etc. In-8, *Montpellier,* 1825.

V. M. l'abbé F. De la Mennais réfuté par M. le comte J. de Maistre, ou Supplément aux Observations critiques sur la *Défense* et sur les 3e et 4e volumes de l'*Essai,* par M. l'abbé Flottes, etc. In-8°, *Montpellier,* 1826.

VI. Aphorismatibus in quatuor articulos Declarationis anno 1682 editæ ad juniores theologos, auctore F. D. L. M., alia opponuntur aphorismata, auctore J.-B.-M. F. In-8°, *Montpellier,* 1826.

VII. Exposition de la doctrine de Benoît XIV sur le prêt, sur l'usure et sur divers contrats par lesquels on fait valoir l'argent. In-8°, *Montpellier,* 1826.

VIII. Observations sur la brochure de M. l'abbé F. De la Mennais, intitulée : *Des progrès de la Révolution et de la guerre contre l'Église,* par M. l'abbé Flottes, etc. In-8°, *Montpellier,* 1829.

IX. M. l'abbé Flottes a fourni à l'*Encyclopédie moderne* les articles suivants : Éternité, Évangile, Évocation, Excommunication, Expiation, Fêtes, Hérésies, Hiérarchie, Idolâtrie, Indulgences, Jubilé, Légendes, Liturgie, Livres saints, Martyrs, Messie, Miracles, Saints Pères, Prophéties, Résurrection, Révélation, Saints, Sacrements, Sacrifice, Théologie.

X. Des attaques dirigées contre les études philosophiques. Discours prononcé le 4 janvier 1839, à l'ouverture du cours de philosophie de la Faculté des Lettres, etc. In-8°, *Montpellier,* 1839.

XI. De l'esprit philosophique. Discours prononcé le 25 novembre

1839, à l'ouverture du cours de philosophie de la Faculté des Lettres, etc. In-8°, *Montpellier*, 1839.

XII. M. Flottes a fourni à l'*Encyclopédie du XIX*e *siècle* les articles Saint Anselme, Virginité, Tradition, Trinité, etc.

(L'*Encyclopédie du XIX*e *siècle* a reçu de l'abbé Flottes quatre-vingt-un articles, qui sont les suivants :

Anselme (S.), Cyrille d'Alexandrie (S.), Cyrille de Jérusalem (S.), Culte, Croyance, Controverse, Duperron (Cardinal), Dualisme, Dieu, Démonologie, Être, Esprit, Espace, Étendue, Émanation, Eucharistie, Exorcisme, Fraissinous, Gassendi, Gnostiques, Hume, Ignorance, Immensité, Immolation, Immortalité, Immutabilité, Impénitence, Imperfection, Impossibilité, Incarnation, Indifférence, Infidèle, Infini, Innocence, Intelligence, Intention, Intercession, Intérieure (Vie), Intrusion, Invocation, Irrégularité, Jérôme de Prague, Joie, Juridiction canonique, Justice, Malebranche, Marie (Sainte-Vierge), Martin de Tours (S.), Matérialisme, Métaphysique, Millénaires, Mœurs (signé par erreur *Laurentie*), Molinos, Monothéistes, Montan et Montanistes, Morale, Mortification, Paganisme, Pascal, Péché, Pélagianisme, Platon, Platonisme, Possessions, Préjugés, Prédestination, Prières, Procession, Purgatoire, Rationalisme, Raison, Raisonnement, Sociniens, Spinosa, Témoignage, Trinité, Tradition, Théodicée, Théocratie, Théosophes, Virginité.)

XIII. M. l'abbé Flottes a fourni plusieurs articles à divers recueils périodiques, notamment aux *Tablettes du clergé* et à la *France catholique* de 1825.

XIV. Études sur Pascal. In-8°, *Montpellier*, 1846. (Réunion des travaux publiés successivement sous le même titre, en 1843, 1844, 1845 et 1846.)

XV. Du but et de la loi du développement de nos facultés. Discours prononcé le 6 novembre 1848, à la rentrée solennelle des Facultés. In-8°, *Montpellier*, 1848.

XVI. Leçons sur les Sources de la connaissance humaine, analysées dans le *Courrier du Midi*, par M. Loubers, du Lycée de Montpellier. 1839-1840-1841.

XVII. Précis analytique des Leçons du premier semestre de 1843, par M. Léonard Raichlen, docteur de Genève. In-8º, *Montpellier,* 1843. — *Du style et de la littérature.*

XVIII. De l'habitude. Compte-rendu des leçons de 1844, par le docteur Bordes-Pagès. In-8º, *Montpellier,* 1845.

XIX. Allocution adressée aux détenus de la prison départementale de Montpellier, le 29 août 1844. In-8º, *Montpellier,* 1844.

XX. Leçons de philosophie, recueillies pendant les années scolaires 1848-1849, 1849-1850, 1850-1851. — *Du développement moral de l'humanité.* — In-8º, *Béziers,* 1849, 1850, 1851. »

XXI. Leçons de philosophie, recueillies pendant les années scolaires 1851-1852 et 1852-1853. — *Continuation du même sujet.* — In-8º, *Béziers,* 1854.

XXII. Leçons recueillies pendant l'année scolaire 1853-54. — *De nos facultés intellectuelles et de leur développement.* — In-8º, *Béziers,* 1855.

XXIII. Leçons recueillies pendant l'année scolaire 1854-55. — *Du sens moral, du sentiment religieux et de leur développement.* — In-8º, *Béziers,* 1856.

XXIV. Leçons recueillies pendant l'année scolaire 1855-56. — *De la constitution morale de l'humanité. Élément religieux.* — In-8º, *Béziers,* 1858.

XXV. Étude sur Daniel Huet, évêque d'Avranches. In-8º, *Montpellier,* 1857.

XXVI. Nouvel éclaircissement d'un fait concernant les Provinciales, pour faire suite aux *Études sur Pascal.* In-8º, *Montpellier,* 1858. (De qui sont les deux billets rapportés par *le Provincial* dans sa réponse aux deux premières *lettres?*)

XXVII. Réponse à cette question : L'hypothèse qui admet un principe de vie distinct de l'âme et des organes, est-elle contraire à la morale et à la religion? In-8º, *Montpellier,* 1859.

XXVIII. Étude sur saint Augustin, son génie, son âme, sa philosophie. In-8º, *Montpellier,* 1861.

PRINCIPALES DATES DE LA VIE DE L'ABBÉ FLOTTES

Né à Montpellier, le 16 janvier 1789, du mariage de Pierre-Pendaries Flottes et de Françoise Martin.

Ordonné sous-diacre par Mgr Fournier, le 18 décembre 1813; — diacre, le 5 mars 1814; — prêtre, le 26 mars 1814.

Professeur de dogme au Séminaire diocésain de Montpellier, de 1813 à 1817.

Nommé aumônier provisoire du Collége royal de Montpellier, le 8 février 1815; — aumônier titulaire, le 4 avril 1816.

Nommé chanoine honoraire de Saint-Pierre de Montpellier, le 13 février 1815.

Chargé de la chaire de philosophie au Collége royal de Montpellier, le 2 octobre 1817; — professeur titulaire, le 6 octobre 1825.

Docteur ès-lettres, par collation de grade, le 8 juin 1818.

Nommé promoteur diocésain, le 19 juin 1836.

Nommé professeur de philosophie à la Faculté des Lettres de Montpellier, le 12 octobre 1838.

Vicaire-général de Mgr l'évêque Thibault, depuis le 20 février 1844 jusqu'au 19 mai 1848.

Officier de l'Université, le 5 juillet 1825, — chevalier de la Légion d'Honneur, par ordonnance royale du 25 avril 1847.

Admis à la retraite, sur sa demande, et nommé professeur honoraire de la Faculté des Lettres de Montpellier, le 8 mai 1857.

Décédé le 25 décembre 1864, inhumé le 27 dans le cimetière du Séminaire de Montpellier.

CATALOGUE
DES LIVRES

COMPOSANT LA BIBLIOTHÈQUE

DE L'ABBÉ FLOTTES

A

1. **Abbadie** (Jacq.). Traité de la vérité de la religion chrétienne. *Lahaye,* 1765, 4 v. in-12, bas.

2. **Abdiæ**, Babyloniæ primi episcopi ab apostolis constituti, de historia certaminis apostolici libri X, Jul. Africano interprete ;... *Parisiis,* 1560, in-8, cham.

3. **Abeilard** ou **Abélard**. Petri Abelardi et Heloïsæ opera, ex mss. Cod. Fr. Amboesii edita, cum ejusdem præfatione apologetica (curante Andr. Duchesne). *Parisiis,* 1616, pet. in-4, v. f.

4. — Lettres d'Héloïse et d'Abeilard mises en vers français. 2ᵉ éd., revue et augm. de quelques autres ouvrages, par M. de Beauchamp. *Paris,* 1721, in-12, bas.

5. — Les véritables lettres d'Abeillard et d'Héloïse, avec le latin à côté, traduit par l'auteur de leur vie (dom Gervaise). *Paris,* 1723, 2 v. in-12, v. br.

6. — La vie de P. Abeillard, abbé de S. Gildas de Ruis, ordre de S. Benoît, et celle d'Héloïse, son épouse, première abbesse du Paraclet (par dom Gervaise). *Paris,* 1722, 2 v. in-12, bas.

7. **Abeille** (l') ou Recueil de Philosophie, de Littérature et d'Histoire. *Lahaye,* 1755, pet. in-8, bas.

8. **Abelly** (Ludov.), episcop. ruthenensis. Episcopale sollicitudinis enchiridion..... complectens summatim omnia quæ ad sacri illius ministerii partes quascumque sedulo exequendas requiruntur. *Parisiis*, 1677, in-4, v. f.

9. — La Tradition de l'Église touchant la dévotion particulière des chrétiens envers la très-Sainte Vierge Marie, mère de Dieu... *Paris, Josse*, 1672, in-8, v. br.

10. **Ablancourt** (Frémont d'), envoyé de Louis XIV en Portugal. Mémoires contenant l'histoire de Portugal, de 1659 à 1668. *Amsterdam*, 1701, in-12, v. j.

11. **About** (Edmond). La question Romaine. *Bruxelles*, 1859, in-8, br.

12. **Abrégé chronologique** de l'histoire ecclésiastique (par Macquer). *Paris*, 1751, 2 v. in-8, v. j., fil.

13. **Abrégé chronologique** de l'histoire universelle jusqu'à l'année 1725 (trad. du latin de Sleidan, avec augmentations par Hornot). *Amsterdam* et *Paris*, 1757, in-12, v. t.

14. **Abrégé** de la Discipline de l'Église, avec des Réflexions sur l'état présent du Clergé (par Étienne Lochon). *Paris*, 1702-1705, 2 tom. in-8, v. éc.

15. **Abrégé** de la vie de Ste Jeanne-Françoise Frémiot de Chantal, fondatrice de l'ordre de la Visitation. *Toulouse*, s. d., in-12, bas, *portr*.

16. **Abrégé** de l'histoire de l'ordre de S. Benoît par... (D. L. Bulteau), de la congrégation de S.-Maur. *Paris*, 1684, 2 v. in-4, v. éc.

17. **Abrégé** de l'histoire ecclésiastique (par l'abbé Racine). *Cologne*, 1752-62, 15 v. in-12, v. f.

18. **Abrégé** de l'histoire des sçavans anciens et modernes, avec un catalogue des livres qui ont servi à cet abrégé (par dom Alexis Gaudin, chartreux, publié par l'abbé Tricand). *Paris*, 1708, in-12, v. f.

19. **Abrégé** de l'histoire sainte et du catéchisme, in-12.
    Superville ou Saurin? Le titre manque.

20. **Abrégé** des miracles, des grâces et merveilles, avenus à l'intercession de la glorieuse Vierge Marie, honorée à Montaigu, ville de Brabant. *Louvain*, 1706, pet. in-12, d.-rel. v., *fig.*

21. **Abrégé** des vies des anciens philosophes, par M. D. F. (attribué à Fénélon). *Paris*, 1771, in-12, bas.

22. **Abus** (de l') des nudités de gorge (par Jacques Boileau). *Bruxelles, Fr. Foppens*, 1675, pet. in-12, v. rac., fil.

23. **Académie** de Berlin. Choix des mémoires et abrégé de l'histoire de l'Académie de Berlin (par Formey) *Berlin*, 1761, 4 v. in-12, bas.

24. **Académie** des Sciences et Lettres de Montpellier. Mémoires, 1847 et s., in-4, br.

25. **Académie** des Inscriptions et Belles-Lettres (histoire et mémoires de l'), de 1701 à 1793. *Paris, impr. roy.*, 1736-1809, 50 v. in-4, v. j., *fig.*
— Tableau général des ouvrages contenus dans ce recueil depuis sa naissance jusqu'en 1788, par D. (De l'Averdy). *Paris*, 1791, in-4.
Voy. aussi 2371.

26. **Accord** de la foi avec la raison dans la manière de présenter le système physique du monde et d'expliquer les mystères de la religion (par le chev. de Forbin). *Cologne* et *Paris*, 1757, 2 part. en 1 v. in-12, bas.

27. **Accord** de la foi avec la raison, ou exposition des principes sur lesquels repose la foi catholique (par l'abbé Lamouroux?). *Paris*, 1827, in-8, d.-rel. mar.

28. **Accord** (l') de la Religion et de l'humanité sur l'intolérance (par l'abbé de Caveyrac). *Paris*, 1762, in-12, bas.

29. **Accord** (l') parfait de la nature, de la raison, de la révélation et de la politique, sur la tolérance (par le ch. de Béaumont). *Cologne, P. Marteau*, 1753, 3 part. en 1 v. in-12, bas.

30. **Acetus** (Th.). Aceti in Gabr. Barrii de antiquitate et situ Calabriæ libros V, prolegomena, additiones et

notæ, cum animadvers. Sertorii Quattrimani. *Romæ*, 1737, in-fol., vél.

31. **Achillis Tatii**, de Clitophontis et Leucippes amoribus, lib. VIII; Longi, de Daphnidis et Chloes amoribus, lib. IV; Parthenii Nicæensis, de amatoriis affectionibus, lib. I, gr. et lat. *Ex officina Commeliniana (Heidelbergæ)*, 1606, in-8, vél.

32. **Acontius**. Stratagemata Satanæ libri octo Jacobo Acontio auctore, edit. noviss. *Amstel., Ravesteynius*, 1652, pet. in-12, bas., *frontisp. gr.*

33. **Acta** eruditorum Lipsiens. Voy. N° 3727.

34. **Acta** et decreta sacr. Fac. Theolog. Paris. super constitutione, S. D. N. Papæ Clementis XI, quæ incipit *Unigenitus Dei filius* observanda et executioni demandanda (lat. fr.). *Parisiis*, 1730 et 1731, 2 part. en 1 v. in-4, br.

35. **Acta** inter Bonifacium VIII et Benedictum XI, PP., et Philippum Pulcr. regem, nunc primum edita. Accedit historia eorumdem ex variis script. 1613, s. l. n. d., in-4, bas.

36. **Actes** (les) de la conférence faicte à Montpelier entre le sieur Evesque et M° Bancillon, ministre d'Aiguemortes, assisté de trois autres et du consentement du Consistoire, avec le narré véritable de ce qui s'est passé depuis le commencement jusques à la rupture d'icelle par la suite des ministres. Adressé à Mr A. D. H., par Didier Langlois, chanoine à Montpelier. *Montpelier, Jean Pech*, 1624, pet. in-8, vél., de 380 pp.

On a imprimé à la suite : la Promesse ou Compromis de quelques habitants de Gignac qui a été la première occasion et le fondement de cette conférence, avec le discours de l'Evêque de Montpellier pour l'expliquer. 57 pp.

37. **Actes** de la conférence tenue entre le sieur Evesque d'Évreux et le sieur du Plessis, en présence du Roy, à Fontainebleau, le 4 de may 1600, publiez par permission de Sa Majesté, avec la réfutation du faux discours de la mesme conférence, par messire Jacques Davy, evesque d'Évreux. A *Évreux*, chez *Anthoine le Marié*, 1601, in-8, v. m.

38. **Actes** de l'assemblée générale du clergé de France de MDCLXXXII et de celle de MDCLXXXV, concernant la Religion. *Paris,* 1686. — Arrests du Parlement et ordonnance de Mgr l'Archevêque de Paris portant la défense et suppression des livres hérétiques, avec l'Édit du Roy, portant défenses de faire aucun exercice public de la R. P. R. dans son royaume. *Paris,* 1685, 1 v. in-12, bas.

39. **Actes**, titres et mémoires concernant les affaires du clergé de France, contenant ce qui a été fait depuis l'assemblée générale du clergé tenue à Paris ez années 1645, 1646, et depuis en 1650 et 1651. *Paris, Vitré,* 1652. — Extraits de quelques résolutions portant règlement qui sont au proc.-verb. de l'assemblée tenue ez années 1650 et 1651. — Remonstrance du clergé de France au Roy... par mess. G. de Choiseul du Plessis Praslin, évêque de Comenge, etc. 1651. — Constitutiones conventus melodunensis. 1 v. in-4, bas.

40. **Action** (de l') de Dieu sur les créatures : traité dans lequel on prouve la prémotion physique par le raisonnement, et où l'on examine plusieurs questions qui ont rapport à la nature des esprits et à la grâce (par Laurent Boursier). *Paris,* 1713, 2 v. in-4, v. br.

41. **Adagia** sive Proverbia Græcorum ex Zenobio seu Zenodoti, Diogeniano et Suidæ collectaneis, gr. et lat., ed. ab Andrea Schotto. *Antuerpiæ,* 1612, in-4, v.

42. **Adam** (Alexandre). Antiquités Romaines, ou tableau des mœurs, etc, trad. de l'angl. (par de Laubepin). *Paris,* 1818, 2 tom. en 1 v. in-8, d.-rel. bas.

43. **Addison.** De la religion chrétienne, trad. de l'angl. par Gabr. Seigneux de Correvon, etc., *Genève,* 1771, 3 v. in-8, d.-rel. bas.

44. **Advertissements** (premier et second) des catholiques anglais aux Français catholiques et à la noblesse qui suit à présent le roy de Navarre (par Louis d'Orléans). *Paris, Bichon,* 1590. — Response d'un gentilhomme françois à l'advertissement des catholiques

anglais (au premier qui avait paru dès 1586), en laquelle il traite la question si pour chasser l'hérésie, il faut tuer les hérétiques et leur faire la guerre. 1587.
— Response des vrays catholiques françois à l'advertissement.... découvrant les calomnies, etc., contenues es déclarations et apologies du Roy de Navarre, etc., trad. du latin. 1588, 1 v. pet. in-8.

45. **Ælianus.** Claudii Æliani Varia Historia. Tanaquillus Faber emendavit. *Salmurii,* 1668, pet. in-12, bas.
46. — Histoires diverses d'Elien, trad. avec des remarques (par Dacier). *Paris,* 1772, in-8, bas.
47. **Æneas** Silvius (Piccolomini). Cosmographia Pii papæ, in Asiæ et Europæ eleganti descriptione. Asia, historias rerum ubique gestarum cum locorum descriptione complectitur. Europa, temporum authoris varias continet historias. *Impressa per Henricum Stephanum impressorem diligentissimum Parisiis..... sumptibus ejusd. Henr. et Joan. Hongoti,* VI Id. octobris M. D. IX, in-4, caract. romains.
    Relié avec N° 1250.
48. **Æschines** Socraticus. Dialogi tres, gr. et lat., vertit et notis illustr. Joan. Clericus. *Amstelod.,* 1711, in-8, v. br.
49. — Dialogi tres, gr. et lat., de novo recensuit vertit et animadvers. suis auxit P. Horræus. *Leovardiæ,* 1718, in-8, vél. gauf.
50. **Æschylus.** Tragœdiæ, gr. *Parisiis, ex offic. Turnebi,* 1552, in-8, bas.
51. — Tragœdiæ septem cum versione lat. et lection. variant. *Glasguæ, Foulis,* 1746, in-8, carré, v. m., fil.
52. — Théâtre d'Eschyle, trad. par Pierron. *Paris,* 1841, in-12.
    Relié avec N° 5159.
53. **Æsopius.** Fabulæ Æsopiæ quales ante Planudem ferebantur, gr., ex vetust. codd. abbat. Florent. nunc primum erutæ; accedunt fabulæ Æsopiæ ex div. auctor. partim collectæ, partim ex mss. codd. nunc primum

depromptæ; lat. vers. notisque exornavit Franc. de Furia. *Florentiæ*, 1809, 2 tom. en 1 v. in-8, d.-rel. v.

54. — Fables choisies d'Esope, avec des notes...... par C.-L. Dumas, prof. au Coll. roy. de Montp. *Paris et Montpellier*, 1835, m. v., fil., tr. d.

55. **Affre** (l'abbé D.-A.). Essai historique et critique sur la suprématie temporelle du Pape et de l'Eglise. *Paris, Adr. Leclerc*, 1829, in-8, d.-rel. m.

56. **Agapetus.** Agapeti ad Justinianum Imp. et Basilii Macedonis Imp. ad Leonem Philosophum adhortationes de bene administrando imperio. Gr. et lat. Bern Damke recensuit. *Basileæ*, 1633, pet. in-8, bas.

57. **Agobardus**, archiep. Lugd. S. Agobardi opera : item epistolæ et opuscula Leidradi et Amalonis archiep. Lugdunensium, ex ed. et cum notis Steph. Baluzii. *Parisiis, Fr. Muguet*, 1666. — Amalonis archiep. Lugd. ad Gothescalcum epistola nunc primum edita, cura et studio Jac. Sirmundi. *Parisiis, Cramoisy*, 1649. — Rufini presbyt. liber de Fide, nunc primum in lucem editus cura et studio Jac. Sirmundi. *Parisiis, Cramoisy*, 1650, 1 v. in-8, v. f. gauf.

58. **Agréda** (Marie d'). Voy. Marie.

59. **Agréments** (les) du langage réduits à leurs principes (par de Gamaches). *Paris*, 1718, in-12, v. br.

60. **Agrippa** (Henr.-Corn.). Opera quæcumque hactenus vel in lucem prodiere vel inveniri potuerunt, omnia in duos tomos concinne digesta. *Lugduni, per Beringos fratres* (absque anno), in-8, v. br.

Réimpression en lettres rondes. Le tome I manque.

61. — De incertitudine et vanitate omnium scientiarum. Accedunt duo libelli de nobilitate et præcellentia fæminei sexus, et de matrimonio. S. l., 1609, in-16, parch., *portr*.

62. — De l'incertitude, vanité et abus des sciences, trad. en français par Louys de Mayerne Turquet. S. l., 1630, pet. in-12, bas.

63. — Sur la noblesse et excellence du sexe féminin, etc., avec le traité sur l'incertitude aussi bien que la vanité des sciences et des arts, traduct. par Gueudeville. *Leyde,* 1726, 3 v. pet. in-8, v. br.
64. **Aguesseau.** Voy. D'Aguesseau.
65. **Aigrefeuille** (Ch. d'). Histoire de la ville de Montpellier, depuis son origine jusqu'à notre temps. *Montpellier,* 1737 et 1739, 2 v. in-fol.., vél., *plans.*
66. **Albertus** magnus. De secretis mulierum, item de virtutibus herbarum, lapidum et animalium. *Amstelod.,* 1655, pet. in-12, v. br., *frontisp. gr.*
67. **Albinus,** seu Alcuinus (Beat. Flaccus). Opera... studio et diligentia And. Quercetani. *Lutetiæ-Paris.,* 1617, in-fol., v. br., *portr.*
68. **Alciatus** (Andreas). Emblemata, cum commentariis quibus emblematum omnium aperta origine mens auctoris explicatur... per Claud. Minoem divionensem. (*Lutetiæ,* 1580?) in-8 de 818 pp. sans la table, vél.
    Le titre manque.
69. **Alciphro.** Alciphronis rhetoris epistolæ, gr. et lat., ad edit. St. Bergleri. *Trajecti-ad-Rh.,* 1791, in-8, v. f., fil., tr. d.
70. **Alciphron** ou le Petit Philosophe, en sept dialogues, contenant une apologie de la religion chrétienne, trad. de l'angl. (de Berkeley) par de Joncourt. *Lahaye,* 1734, 2 v. in-12, bas.
71. **Alcoran** (l') des Cordeliers, tant en latin qu'en français, c'est-à-dire Recueil des plus notables bourdes et blasphèmes de ceux qui ont osé comparer St François à J.-C., tiré du grand livre des conformités jadis composé par frère Barthélemy de Pise, cordelier de son vivant. Nouv. édit. ornée de fig. dessinées par B. Picart. *Amsterdam,* 1734, 2 v. in-12, v. fauve.
72. **Aleander.** Hier. Aleandri junioris, j.-c. Refutatio conjecturæ anonymi scriptoris de suburbicariis regionibus, et diœcesi Episcopi Romani. *Lutetiæ-Parisior.,* 1615, in-4, parch.

73. **Alembert** (d'). Histoire des membres de l'Académie française morts depuis 1700 jusqu'à 1771. *Paris et Amsterdam,* 1787, 6 v. in-12, bas.
<small>Le 1er vol. imprimé en 1779 contient les éloges lus dans les séances publiques de l'Académie par le même auteur.</small>

74. — Sur la destruction des Jésuites en France, par un auteur désintéressé (d'Alembert). 1765, in-12, bas.
<small>Voir aussi 3338 et 3707.</small>

75. **Aletheus** (Th.) (Jos. Lyserus). Polygamia triumphatrix, id est discursus politicus de Polygamia, cum notis Ath. Vincentii. *Londini Scanorum,* 1682, in-4, vél.

76. **Alexander** Aphrodisiensis. Ad Imperatores de Fato et de eo quod nostræ potestatis est. Accessit : Ammonii Hermiæ in libri Aristotelis de Interpretatione sectionem secundam commentarius, gr. et lat. *Londini, Roycroft,* 1658, in-12, parch.

77. **Alexander** ab Alexandro. Genialium dierum libri VI. *Parisiis, ap. Vascosanum,* 1549, in-8, bas.

78. **Alexandre** (Noël). Selecta historiæ ecclesiasticæ capita et in loca ejusdem insignia dissertationes historicæ, chronologicæ, criticæ, dogmaticæ. *Parisiis,* 1676-86, 23 v. in-8, bas.
<small>Brunet indique une édition en 36 vol., et Ellies Dupin une autre en 32.</small>

79. — Paralipomena Theologiæ moralis, seu variæ de rebus moralibus epistolæ, auctore Natali Alexandro. *Delphis,* 1701, in-8, bas.

80. — Theologia dogmatica et moralis, in V libr. distributa, auctore F. Natali Alexandro ordinis ff. prædic. *Parisiis,* 1743, 4 v. in-4, bas.

81. — Dissertatio ecclesiastica apologetica et anticritica, adversus F. Claud. Frassen, seu Dissertationis Alexandrinæ de Vulgata Scripturæ sacræ versione vindiciæ (auctore Nat. Alexandro). *Parisiis,* 1682, in-8, bas.

82. — Abrégé de la foi et de la morale de l'Église, tiré de la S. Ecriture en faveur des nouveaux convertis. *Paris,* 1686, 2 v. in-12, v. br.
<small>V. aussi 2910, 2911, 2912, 4424, 4479.</small>

83. **Alfieri** da Asti (Vittorio). Vita scritta da esso. *Luca,* 1812. — Il Misogallo, prose et rime. *Londra,* 1814, 2 v. pet. in-12 rel. en 1, *fig.*
84. **Alissan** de Chazet. Des mœurs, des lois et des abus. Tableaux du jour, précédés de la vie de M. de Montyon. *Paris,* 1829, in-8, br., *fac simile.*
85. **Allatius** (Leo). Græciæ orthodoxæ scriptores, L. Allatius e tenebris eruit et latine vertit. *Romæ, typogr. congreg. de prop. fide,* 1652-59, 2 v. in-4, vél.
    Manque le second vol.
86. — De templis Græcorum recentioribus; de Narthece ecclesiæ veteris; nec non de Græcorum hodie quorumdam opinationibus. — De mensura temporum antiquorum et præcipue græcorum. — Confutatio fabulæ de Joanna Papissa. Artholdus Nihusius recensuit. *Coloniæ-Agripp.,* 1745, 3 v. in-8 rel. en 1, vél.
87. — De libris et rebus ecclesiasticis Græcorum, dissertationes et observationes variæ. *Parisiis, Cramoisy,* 1646, in-4, v. br.
88. — De utriusque Ecclesiæ Occident. atque Orient. in dogmate de Purgatorio consensione. *Romæ,* 1655, in-8, d.-rel. bas.
89. — Apes urbanæ, sive de viris illustribus qui Romæ 1630-32 adfuerunt, ac typis evulg. et Jo. Imperialis Museum historicum... præmissa præf. Jo. Alb. Fabricii. *Hamburgi,* 1711, in-8, bas.
90. **Allégorie** (de l'), ou Traités sur cette matière par Winckelman, Addison, Sulzer, etc.; recueil utile aux gens de lettres et nécessaire aux artistes. *Paris,* an VII, 2 v. in-8, d.-rel. mar.
91. **Allignol** frères (C.-A.). De l'état actuel du clergé en France, et en particulier des curés ruraux appelés *desservans. Paris, Debécourt,* 1839, in-8, bas.
92. **Allix** (Petr.). Diatriba de anno et mense natali Jesu Christi. *Londini,* 1722, in-12, v. éc.
93. **Almanach** de pratique pour l'année 1734, ou le

calendrier historique des grands personnages de Port-Royal qui ont éclairé l'Église par leurs ouvrages ou qui l'ont édifiée par leur conduite. *Aux Granges,* proche Versailles, 1734, pet. in-12, bas.

94. **Almeyda** (Theodoro de). El Feliz independente del mundo y de la fortuna o arte de vivir contento en todos los trabajos de la vido ; obra escrita en portugues par el P. O. Teodoro de Almeyda. Nueva traducion por el P. O. Franc. Vasquez. *Madrid,* 1799, 4 v. in-18, d.-rel. bas., *fig.*

95. **Alquié** (A.). Précis de la doctrine médicale de l'École de Montpellier. 3ᵉ édit. *Montpellier,* 1843, in-8, br.

96. **Alquié** (Fr.-Savinien d'). Les mémoires du voyage de M. le Mis de Ville au Levant, ou l'histoire curieuse du siége de Candie, etc. *Amsterd.,* 1671, 2 v. pet. in-12, v. jasp., fil., tr. d., *frontisp. gr.*

97. **Altération** du dogme théologique par la philosophie d'Aristote, ou fausses idées des scholastiques sur toutes les matières de la religion. — Traité de la Trinité (par l'abbé Faydit). S. l., 1696, in-12, bas.

98. **Altimura** (Steph.). Voir Lequien.

99. **Amat de Graveson** (Ign.-Hyacint.). Epistolæ theologico-historico-polemicæ in quibus doctrina de gratia seipsa efficaci, etc..... contra scholæ Thomisticæ adversar. vindicatur. *Romæ,* 1730, 3 v. in-4, bas.

100. **Ambrosius** (S.) Mediolanensis. Opera, studio et labore monachorum ord. S. Benedicti (Jac. du Friche et Nic. le Nourry). *Parisiis, Coignard,* 1686-90. 2 v. in-fol., v., *frontisp. gr.*

101. — Epistolæ et varia opuscula. *Impressum Mediolani per magistrum Leonardum Pachel, MCCCCLXXXX, die 18 decemb.,* pet. in-fol. de 187 ff. *non chiffrés,* lettres rondes.

102. — Lettres de Saint Ambroise, trad. en français par le P. Duranti de Bonrecueil. *Paris,* 1741, 3 v. in-12, v. f.

103. — OEuvres de Saint Ambroise sur la Virginité, trad. en franç. avec notes et dissertations préliminaires sur les Vierges, par le P. de Bonrecueil. *Paris,* 1729, in-12, v. b.
104. **Amelin** (J.-M.). Guide du voyageur dans le département de l'Hérault. *Paris* et *Montp.,* Gabon, 1827, *carte et fig.* — Indicateur pour la ville de Montpellier et le département de l'Hérault, complément au *Guide du voyageur,* par le même. *Montpellier, Sevalle,* 1836 ; ensemble 1 v. in-12, d.-rel. v.
105. **Ameline.** Vie de M. Delalande, curé de Grigny (diocèse de Paris), mort en odeur de sainteté en janvier 1772. *Paris,* 1773, in-8, bas.
106. **Amelot** de la Houssaye (Nic.). Mémoires historiques, critiques et littéraires. *Amsterdam,* 1737, 3 v. in-12, v. f.
107. — Histoire du gouvernement de Venise. *Amsterdam,* 1695, 3 v. in-12, bas., *fig.*
108. — Réflexions, sentences et maximes morales mises en nouvel ordre avec des notes politiques et historiques. *Paris,* 1725, in-12, v. f.
109. **Amelote** (le P.). La vie de J.-C., composée de toutes les paroles des évangélistes, ou l'unité des quatre et les quatre réduits en un, de la traduction revue et corrigée du R. P. Amelote, de l'Oratoire. *Paris,* 1669, in-12, bas.
110. **Aménités** (les) de la critique, ou dissertations et remarques nouvelles sur divers points de l'antiquité ecclésiastique et profane (par dom Liron). *Paris, Delaulne,* 1717, 2 v. in-12, v. f.
111. **Aménités** littéraires et recueil d'anecdotes (publiées par Chomel, frère du médecin). *Amsterdam* et *Paris,* 1773, 2 v. in-12, d.-rel. bas.
112. **Ami** (l') de la Religion et du Roi, journal ecclésiastique, politique et littéraire (rédacteur en chef, M. Picot). *Paris,* 1814-1851, 153 v. in-8, d.-rel. bas., ou br.
    Manquent les vol. 87 et 89 à 123.

113. **Ami** (l') de la révolution, suite de Philippiques, N° 1 à 57. *Paris, Champigny.* 3 v. in-8, d.-rel. bas.
   L'exempl. accompagné de notes mss.

114. **Ammianus.** Ammiani Marcellini rerum sub Impp. Constantio, Juliano, Joviano, Valentiniano et Valente per XXVI annos gestarum historia, libris XVIII comprehensa, etc. *Lugduni*, 1591, in-8, vél.

115. — Ammien Marcellin, ou les dix-huit livres de son histoire qui nous sont restés, trad. fr. (de Moulines). *Lyon*, 1778, 3 v. in-12, v.

116. **Ammonius.** De adfinium vocabulorum differentia : accedunt opuscula (Eranii Philonis, Lesbonactis, etc.) nondum edita, gr.; emaculavit, illustravit, vulgavit L.-C. Valckenaer. *Lugd.-Bat.*, 1739, in-4. — L. C. Valckenaer animadversionum ad Ammonium libri tres. *Lugd.-Bat.*, 1739, 2 v. in-4, mar. r., fil., non r.

117. **Amoureux** (l') des souffrances et de Jésus-Christ crucifié, ou les lettres spirituelles du P. A. Yvan, fondateur et instituteur de l'ordre des religieuses de N.-D. de miséricorde, recueillies par M. Gilles Gondon, prestre. *Paris, veuve Sujet*, 1661, in-8, *portr. et frontisp. gr.*, v. f.

118. **Amours** d'Horace (les), (par le chev. de Solignac, de Montpellier). *Cologne, Marteau*, 1728, in-12, v. br., *frontisp. gr.*

118 *bis.* **Ampère** (J.-J.). L'histoire romaine à Rome. 3ᵉ éd. *Paris, Michel Lévy*, 1863, 4 v. in-8, br.

119. **Amphilochii** Iconiensis, Methodii Patarensis, et Andreæ Cretensis (SS. Patrum) opera omnia, gr. et lat., ex interpretatione, recensione et cum notis Fr. Combefis. *Parisiis, S. Piget*, 1644, 2 tom. en 1 v. in-fol., cham.

120. **Amusemens** des eaux de Schwalbach.... avec deux relations curieuses, l'une de la nouvelle Jérusalem et l'autre d'une partie de la Tartarie indépendante (par de Solignac). *Liège*, 1738, in-8, bas., *fig.*

121. **Amusement** philosophique sur le langage des bestes (par le P. Bougeant). *Paris,* 1739, in-12, bas.
　　Sur l'âme des bêtes, voir Nos 1738, 2226, 2756, 2936, 3796, 4607, 4718, 5366, 5367, 5619.

122. **Amusement** des gens du monde (par de Luchet). S. l., 1785, 2 tom. en 1 v. in-8, bas.

123. **Amusements** (les) des gens d'esprit (par M. de Massac). *Amsterdam,* 1756, in-12, bas.

124. **Amyraut** (Moyse), pasteur à Saumur. Discours de la souveraineté des Roys. *Charenton,* 1650, in-8. — Lettre de M. Bochart à M. Morley, chapelain du roy d'Anglet., pour répondre à 3 questions : I. De l'ordre épiscopal et presbytérien, II. Des appellations des jugements ecclésiastiques, III. Du droit et de la puissance des roys. *Paris,* 1650, 1 v. in-8, vél.

125. **An** (l') deux mille quatre cent quarante ; rêve s'il en fut jamais (par Mercier). *Londres (Paris),* 1775, in-8, v. f.

126. **Anacréon.** Les poésies d'Anacréon et de Sapho, trad. du grec en français par Mlle Lefèvre (gr. fr.). *Paris,* 1681, in-12, bas., *frontisp. gr.*

127. **Analecta** græca. Voy. Cotellerius.

128. **Anastasius** Biblioth. Historia ecclesiastica (ex diversis auctoribus græcis excerpta et in lat. versa) cum notis C.-Annib. Fabroti. *Parisiis,* 1649, gr. in-fol., v. f., fil.

129. — Collectanea, studio et opera Jacobi Sirmondi. *Parisiis, Cramoisy,* 1620, in-8, parch.

130. **Anastasius** (Ph.) archiep. Sorrent. Suprema Romani Pontificis in Ecclesia potestas propugnata adversus Instrumentum appellationis IV Galliæ Episcoporum a Constitutione *Unigenitus,* opus in IX libr. divisum. *Beneventi,* 1723, in-4, parch.

131. **Ancienne** (de l') coutume de prier et d'adorer debout.... (par J. Le Lorrain). *Delft,* 1700, 2 v. in-12, bas.

132. **Anciens** (des) gouvernements fédératifs et de la législation de Crète considérés sous les rapports et résultats de toutes associations politiques (par de Sainte-Croix). *Paris,* 1804, in-8, v. rac.
133. **Ancillon** (Fréd.). Mélanges de littérature et de philosophie. *Paris,* 1809, 2 v. in-8, cart.
134. — Essai sur la science et sur la foi philosophique. *Paris,* 1830, in-8, d.-rel. v. viol.
135. — Essais philosophiques, ou nouveaux mélanges de littérature et de philosophie. *Paris,* 1817, 2 v. in-8, d.-rel. bas.
136. **Ancillon** (David). Mélange critique de littérature, recueilli des conversations de feu M. Ancillon, avec un discours sur sa vie (par Ch. Ancillon, son fils). *Basle,* 1698, 3 v. in-12, bas.
137. **André** (le P. I. M.). Essai sur le beau, avec discours préliminaire et des réflexions sur le goût par Formey. *Amsterdam,* 1759, in-12, bas.
138. — Le même. Nouv. édit., augmentée de 6 discours. *Paris,* 1770, in-12, bas.
139. — OEuvres du feu P. André, contenant un traité de l'homme selon les différentes merveilles qui le composent. *Paris,* 1766, 4 v. in-12, bas.
140. — Documents inédits pour servir à l'histoire philosophique, religieuse et littéraire du XVIIIe siècle, contenant la correspondance de ce Père avec Malebranche, Fontenelle, etc., publiés pour la première fois et annotés par A. Charma et G. Mancel. *Caen,* 1844, 2 v. in-12, m. chagr.
141. **Andreas** Cartusiensis. Exhortationes spiritales Andreæ Cartusiensis scriptoris de iis quæ ad fidem et moralem instructionem pertinent. Ex mss. authoris in Cartusia Laurantiana inventis transcriptæ et cursim recognitæ. Anno 1598, mss. in-4, mar. rouge, tr. d.
142. **Andreas** Eborensis Lusitanus. Sententiæ et exempla ex probatiss. scriptoribus collecta et per locos communes digesta. *Parisiis,* 1590, in-8, bas.

143. **Andréossy** (le comte). Constantinople et le Bosphore de Thrace depuis 1812, avec un atlas de 10 pl. *Paris, 1828*, in-8, d.-rel. v.

    L'atlas manque.

144. **Andrews.** R. P. Lanc. Andrews, episc. Winton, Preces privatæ, gr. et lat. *Oxonii è Theatr. Sheldon, 1675*, 2 part. en 1 v. in-12, m. noir, fil., tr. d., *portr.*

145. **Andry** (Cl.). L'hérésie des protestans et la vérité de l'Église catholique mise en évidence; ouvrage adressé à M. Benedict Pictet, ministre à Genève. *Lyon, 1714*, 2 v. in-12, bas.

146. **Andry** (Nic.). Le régime du caresme considéré par rapport à la nature du corps et des aliments;... où l'on éclaircit plusieurs questions... entr'autres si l'on doit défendre en caresme l'usage de la macreuse et du tabac. *Paris, 1710*, in-12, bas.

147. — Traité des alimens de caresme, où l'on explique leurs différentes qualités... et où l'on éclaircit plusieurs questions importantes sur l'abstinence et le jeûne, tant par rapport au caresme que par rapport à la santé. *Paris, 1713*, 2 v. in-12, bas.

148. **Anecdotes** ou mémoires secrets sur la constitution *Unigenitus* (par Villefore). *Utrecht, 1733*, 3 v. in-12, v. br.

149. **Anecdotes** ecclésiastiques contenant la police et la discipline de l'église chrétienne jusqu'au XIe siècle, les intrigues des évêques de Rome et leurs usurpations sur le temporel des souverains, tirées de l'histoire du royaume de Naples de Giannone (par Jac. Vernet). *Amsterdam, J. Caiuffe, 1733*, in-12, bas.

150. **Anecdotes** ou lettres secrètes sur divers sujets de littérature et de politique (par Bruzen de la Martinière). Avril-juillet 1734 — janv.-août 1735, 2 v. in-12, bas.

151. **Angélique** de Saint-Jean. Voy. N°s 274 et s.

152. **Anglada** (Ch.). Traité de la contagion, pour servir à

l'histoire des maladies contagieuses et des épidémies. *Paris*, 1853, 2 v. in-8, br.

153. **Angoulême** (le duc d'). Mémoires pour servir à l'histoire de Henri III et de Henri IV, rois de France. Voir 3386.

154. **Anibert.** Mémoires historiques et critiques sur l'ancienne république d'Arles, pour servir à l'histoire générale de Provence. *Yverdon* et *Arles*, 1779-81, 3 part. en 2 v. in-12, d.-rel. v., *fig.*

155. **Annales** de la religion, ou mémoires pour servir à l'histoire du 18e siècle, par une société d'amis de la religion et de la patrie. *Paris*, 1795 (an III) — 1803 (an XI) (de mai 1795 à mai 1803). 17 v. in-8, br.

156. **Annales** de la société des soi-disant Jésuites (par l'abbé Philibert, dont le vrai nom était Gazaignes, mort à Paris en l'an II). S. l. (*Paris, Butarel*, 1764-1771), 4 v. in-4, *pl.* et *frontisp. gr.*
<small>L'ouvrage devait comprendre 9 v. Le 5e, dernier paru, manque.</small>

157. **Annales** de Montpellier et du département de l'Hérault, publiées par J.-A. Dumas. *Montpellier, Dumas*, années 1834 à 1851, 2 v. pet. in-12, br.

158. **Annales** religieuses, politiques et littéraires. 1796. — Annales catholiques pour faire suite aux précédentes. 1796-97 (42 Nos, dont 18 par l'abbé Sicard et Jauffret, et la suite par l'abbé de Boulogne). — Annales philosoph., morales et littéraires, ou suite des Annales catholiques (par l'abbé de Boulogne). 1800-01. — Annales littéraires et morales (par le même). 1804-06. *Paris, Leclere.* 11 v. in-8, cart. — Mélanges de philosophie, d'histoire, de morale et de littérature (par le même), suite des Annales catholiques et des Annales littéraires et morales. *Paris, Adr. Leclere,* 1806-1810, 10 v. in-8, cart.

159. **Annalium** et historiæ Francorum ab an. DCCVIII ad ann. DCCCCXC scriptores coætanei XII, nunc primum in lucem editi ex bibl. P. Pithæi. *Parisiis, Cl. Chappelet,* 1588, pet. in-8, m. r.

160. **Annuaire** administratif, statistique et commercial du département de l'Hérault (par M. J.-P. et E. Thomas, successivement archivistes de la préfecture). Années 1818, 1833 à 1864. *Montpellier, Ve Picot* et autres, 33 v. in-16, br.

161. **Anquetin**, curé. Dissertation sur Ste Marie Magdeleine, pour prouver que Marie Magdeleine, Marie sœur de Marthe et la femme Pécheresse sont trois femmes différentes. *Rouen* et *Paris*, 1699, in-12, bas.

162. **Ansart** (Dom A.-J.). Histoire de S. Maur, abbé de Glanfeuil. *Paris*, 1772, in-12, bas.

163. **Ansart** (André-Joseph). L'esprit de S. Vincent de Paule, avec le portrait du Saint et celui de Madame Le Gras, fondatrice des Sœurs de la Charité. *Paris*, 1730, in-12, bas.

164. **Anselmi** (S.) Opera omnia : nec non Eadmeri, Monach. Cant. historia Novorum et alia opuscula ; labore et studio Gabr. Gerberon ad fidem mss. expurgata et aucta. *Parisiis, Billaine*, 1675, in-fol., bas.
Voir aussi 5420.

165. **Antelmius** (Jos.). De veris operibus SS. PP. Leonis Magni et Prosperi Aquitani, dissertationes criticæ. *Lutetiæ-Paris.*, 1689, in-4, bas.

166. **Anthologia** minor, sive florilegium epigramm. græc., ex anthologia Planudea et Brunckii analectis select., adjectis versionibus lat. Hug. Grotii ; edente *J.-Arn. Kanne. Halis-Saxonum*, 1799, in-8, v. rac.

167. **Anti-Garasse** (l'), divisé en cinq livres. I. le Bouffon. II. l'Imposteur. III. le Pédant. IV. l'Injurieux. V. l'Impie (attribué à Nicolas et Jean Pasquier, fils d'Étienne). *Paris, Rollin-Baragnes*, 1627, in-8, d.-rel. vél., 939 pp.

168. **Anti-phantôme** (l') du Jansénisme, ou la nouvelle description du pays de Jansénie avec ses confins : la Calvinie, la Libertinie, etc.; nouv. édition, augmentée de la relation du pays de Jansénie, du P. Zacharie, pu-

bliée en 1660. *Ipres, chez Antoine Novateur*, 1688, in-12, br.

Les fig. manquent.

169. **Antiphonarium** juxta breviarium romanum ex decreto sancti concilii Tridentini, etc. *Lugduni*, 1718, in-4, bas.

170. **Antiquitates** ecclesiæ orientalis clarissimorum virorum Card. Barberini, L. Allatii, Joh. Morini, Nic. Peyrescii, Pet. a Valle, Joh. Buxtorfii, etc... dissert. epistolicis enucleatæ, quibus præfixa est vita Jo. Morini (a R. Simone seu P. Anglose). *Londini*, 1682, in-12, bas.

171. **Antiquité** (l') des temps rétablie et défendue contre les Juifs (par P. Pezron). *Paris*, 1687. — Défense de l'antiquité des temps, où l'on soutient la tradition des PP. et des Églises contre celle du Talmud (par le P. Pezron). *Paris*, 1691, 2 v. in-4, rel. v., fil.

En tête du 1er vol., note manuscrite sur Pezron et sur son livre. Voir aussi 3011.

172. **Antoine** (Paul-Gabriel). Theologia moralis universa. *Douai*, 1679, 4 v. in-12, bas.

173. **Antoninus** Augustus. Itinerarium provinciarum Antonini Augusti. — Vibius Sequester, de fluminum.... nominibus. — P. Victor, de regionibus urbis Romæ. — Dionysius Afer, de situ orbis. *Lugduni, Vincentii hæredes*, s. d., in-8.

Relié avec le N° 911.

174. **Antoninus** imper. De vita sua libri XII, gr. et lat. Accessit Marini Proclus, item gr. et lat. *Lugduni*, 1626, in-12, vél.

175. — Marci Antonini, Commentarii quos ipse sibi scripsit, gr. et lat. *Lipsiæ*, 1775, in-8, v. rac.

176. — Réflexions morales de l'empereur Marc Antonin, avec des remarques (par André Dacier). *Paris*, 1691, 2 v. in-12, v., *portr*.

177. — Pensées de l'empereur Marc-Aurèle Antonin, trad. du grec par de Joly. *Paris*, 1770, in-8, v. marb.

178. **Antoninus**, archiep. Florent. (S.). Devotissimus trialogus super enarratione evangelica de duobus discipulis euntibus in Emmaus. Vita ejusdem à Fr. de Castelione. *Florentiæ*, 1680, in-4, bas.

179. — D. Antonini, Chronicorum opus in tres partes divisum a mundi exordio ad annum 1459; emendatum cura et studio Petri Maturi, Soc Jes. *Lugduni*, 1586, 3 v. in-fol., d.-rel. bas.

180. — Antonius (S.) Paduanus. Voir N° 1978.

181. **Anville** (d'). Géographie ancienne abrégée. *Paris*, 1768, 3 v. in-12, cart.

182. **Aphrodise** (le P.). Carême du P. Aphrodise, de Béziers, prédicateur capucin de la province du Languedoc. *Béziers, Barbut*, 1695, 2 v. in-8, bas., *frontisp. gr.*

183. **Aphthonius** Hermogenes et Dionysius Longinus præstantissimi artis Rhetorices magistri, gr., a Fr. Porti opera illustrati et expoliti. *Anchora Joannis Crispini*, 1569, in-12, vél.

184. **Apicius** Cœlius. De opsoniis et condimentis libri X; item Gabr. Humelbergii in eosdem annotationes. *Tiguri*, 1542, gr. in-8, d.-rel. m.

185. **Apocalypse** (l') de Méliton, ou révélation des mystères cénobitiques, par Méliton (Cl. Pithoys, qui s'est servi des ouvrages de Camus, évêque de Belley, contre les moines). *Saint-Léger*, 1668, pet. in-12, v. éc., tr. d., *frontisp. gr.*

186. **Apocalypse** (l') expliquée par l'histoire ecclésiastique *Paris, Giffart*, 1701, *frontisp. gr.* et *fig.* — Vies de quelques empereurs auteurs de la dernière persécution, suivie de la paix de l'Église dont il est parlé dans cette explication. *Paris, Giffart*, 1701, in-4, v. br., *frontisp. gr.*

187. — Commentarii litterales in Apocalypsim S. Joannis Evangelistæ omni lectionum græcæ, arabicæ, syriacæ, etc., varietate, etc., illustrati. Auctore Joann. de La Haye. *Parisiis*, 1644, 2 v. in-fol., bas.

188. — Commentarii exegetici in Apocalypsim Joannis Apostoli, auctore Blasio Viegas Lusitano, S. J. *Turnoni, Horat. Cardon,* 1614, in-4, vél.

189. **Apollonius** Rhodius. Argonauticorum libri IV. ab. Jer. Hoelzlino in lat. conversi; comment. et notis illustrati, etc. *Lugd.-Batav., Elzevir.,* 1641, pet. in-8, bas.

190. — L'expédition des Argonautes, poëme en quatre chants par Apollonius de Rhodes, trad. par J.-J.-A. Caussin. *Paris,* an V (1805), in-8, bas. rac.

191. **Apollonius** Sophista. Lexicon græcum Iliadis et Odysseæ. Primus e cod. ms Sangerman. in lucem vindicavit, repurgavit... illustrav., et versionem lat. adjecit Jo.-Bapt.-Caspar d'Ansse de Villoison : accedunt præter multa hucusque inedita, Philemonis grammatici fragmenta, tertii Iliados libri prosaica metaphrasis græca.... cum notulis et variantibus lectionibus. *Lut.-Paris.,* 1773, 2 v. in-4, bas.

192. **Apologeticus** Christianus quo Anonymi conviciatoris error veritate, livor caritate dispellitur (authore Carolo Maiella, Neapolitano et archiepisc. Emessano). S. l. n. d., 2 v. in-4, parch.

193. **Apologétique** de la Religion des Provençaux au sujet de Ste Madeleine, par Pierre Joseph (P. Jean-Baptiste Guesnay, jésuite). *Aix,* 1711, pet. in-12, bas.

Voir aussi 750 et 5403.

194. **Apologie** de la métaphysique à l'occasion du discours préliminaire de l'Encyclopédie... (par Bouillier). *Amsterdam,* 1753, in-12, bas.

195. **Apologie** de l'état religieux, et réfutation d'un ouvrage intitulé : *Mémoire sur les professions religieuses, en faveur de la raison contre les préjugés* (par le P. Blanc, minime). *Avignon,* 1772, 2 v. in-12 rel. en 1, d.-rel. bas.

196. **Apologie** de Louis XIV et de son conseil sur la révocation de l'édit de Nantes, pour servir de réponse à

la *Lettre d'un patriote sur la tolérance civile des protestans en France*, avec une dissertation sur la journée de la Saint-Barthélemi (par l'abbé de Caverac). S. l., 1758, in-8, d.-rel. mar.

197. **Apologie** de tous les jugements rendus par les Tribunaux séculiers en France contre le schisme (par l'abbé Mey et Maultrot). *En France,* 1752, 2 v. in-12, v. j.

198. **Apologie** d'Homère et bouclier d'Achille (par Boivin). *Paris,* 1715, in-12, bas.

199. **Apologie** du projet des réformés de France fait en may 1683 pour la conservation de la liberté de conscience et de l'exercice public de religion que les édits leur accordent, contenant la suite de l'État des réformés, où l'on rapporte les traitements qu'ont soufferts et que souffrent encore ceux qui se sont assemblés pour prier Dieu dans les lieux que l'on a interdits au préjudice des édits de pacification (par Claude Brousson). *Cologne, P. Marteau,* 1684, in-12, cart., non rogné.

200. **Apologie** pour feu M. l'abbé de Saint-Cyran (par Antoine le Maistre). 1645, 4 part. en 1 v. in-12, v. f., fil.

201. **Apologie** pour la doctrine des Jésuites, à l'occasion de la censure du livre d'un casuiste allemand faite par Mgr d'Arras. *Liége,* 1704, in-12, bas.

202. **Apologie** pour les casuistes contre les calomnies des Jansénistes, par un théologien et professeur en droit canon (le P. Georges Pirot, jésuite). *Cologne, P. de la Vallée,* 1658, in-12, bas.

On trouve à la suite les factums et requêtes des curés de Paris contre cet ouvrage.

203. **Apologie** pour les Religieuses de Port-Royal, contre les injustices et les violences du procédé dont on a usé envers ce monastère (par de Ste-Marthe, Nicole et Arnauld). 1665, in-4, v. éc., fil.

Bibliothecæ Colbertinæ.

204. — Response à l'insolente Apologie des Religieuses de

Port-Royal, avec la découverte de la fausse église des Jansénistes et de leur fausse éloquence, par le Sr de S.-Sorlin. *Paris,* 1666, in-8, bas. — Quatrième partie de la réponse aux insolentes apologies de Port-Royal, contenant l'Histoire et les Dialogues présentez au Roy, avec des remarques sur le N. J. imprimé à Mons, par le Sr de S.-Sorlin-des-Marests. S. l., 1668, in-12, bas.

205. **Apostolii** (Michaelis) Parœmiæ (gr.), nunc demum post epitomem Basiliensem, integræ, cum P. Pantini versione, ejusque et doctor. notis in lucem editæ. *Lugd.-Batav., Is. Elzev.,* 1619, in-4, parch.

206. **Apparatus** ad bibliothecam maximam veterum Patrum et antiquorum scriptorum ecclesiasticorum.... opera et stud. Nic. Le Nourry. *Paris,* 1703, in-fol., v. br.

207. **Appel** (De l') comme d'abus, son origine, ses progrès et son état présent, suivi d'un écrit sur l'usage et l'abus des opinions controversées entre les gallicans et les ultramontains, par M. l'archev. de Paris (Affre). *Paris, Ad. Leclere,* 1845, in-8, d.-rel. m.

208. **Appelans** célèbres (par le P. Barral, avec un discours sur l'appel par L. Et. Rondet). S. l., 1755, in-12, v. f.

209. — Le faux schisme des Appellans et le vrai schisme de M. l'archev. de Malines démontrés par sa lettre pastorale, avec remarques et pièces. S. l., 1719, in-12, v. br.

210. **Appianus** Alexandrinus. Romanarum historiarum, punica, parthica, etc., gr. et lat., cum Henrici Stephani annot. *Excud. H. Stephanus,* 1592, in-fol., v.

211. **Apuleius** Lucius. Opera ad optimas editiones collata. *Biponti, ex typ. societatis,* 1788, in-8, v. rac.

212. — L'âne d'or d'Apulée, précédé du démon de Socrate; nouvelle trad., avec le latin en regard par J.-A. Maury. *Paris, Bastien,* 2 v. in-8, d.-rel. bas., *fig. au trait.*

213. **Arcana** Societatis Jesu publico bono vulgata cum appendicibus utilissimis (per Gasp. Scioppium). *Genevæ,* 1635, in-8, bas.

214. **Aretini** (Leonardi Bruni). Epistolarum libri VIII, cura Jo. Alberti Fabricii. *Hamburgi, Felguier,* 1724, in-8, bas.

215. **Argens** (J.-B. de Boyer, m^{is} d'). Mémoires et lettres. *Paris,* 1748, in-12, v. f.

216. — Mémoires. Nouv. édition augmentée. *Paris,* 1807, in-8, d.-rel. m.

217. **Argentan** (Le P. Louis Fr. d'). Conférences théologiques et spirituelles sur les grandeurs de Dieu, de Jésus-Christ et de la très-sainte Vierge. *Avignon,* 1750-56, 3 v. in-4, d.-rel. bas.

218. **Arias** Montanus (Benedict.). De varia republica, sive commentaria in librum Judicum, Benedicto Aria Montano descriptore. *Antuerpiæ,* 1592, in-4, vél.

219. **Ariosto** (Lud.). Orlando furioso. *Parigi, Prault,* 1768, 4 v. in-16, v. éc., fil., tr. d., *portr.* et *fig.*

220. **Aristophanes.** Aristophanis comœdiæ novem cum commentariis antiquis.... adjecto indice. *Basileæ, in offic. Frobeniana,* 1547, in-fol., bas.

221. — Comœdiæ XI ut et fragmenta gr. et lat. cum emendationibus præcipue Jos. Scaligeri, etc., accedunt notæ et observationes ut et nova versio εκκλησιαζουζων a Tan. Fabro facta, cum ejusd. notis. *Amstel., Ravestein,* 1670, pet. in-12, cart.

222. — Comœdiæ, ex editione R. F. P. Brunck. *Oxonii,* 1814, 3 v. in-24, br.

223. — Théâtre d'Aristophane, avec les fragments de Ménandre et de Philémon, trad. en fr. par M. Poinsinet de Sivry. *Paris,* 1788, 4 v. in-8, d.-rel. bas.

224. — Le Plutus et les Nuées d'Aristophane, trad. en français par Mlle Le Fèvre. *Paris,* 1684, in-12, v.

225. **Aristoteles.** Opera omnia (gr. et lat.) doctissimorum

virorum interpret. et notis emendatissima, cura et studio Guill. Duval. *Parisiis, Billaine,* etc., 1654, 4 v. in-fol., v. br., fil.

226. — Aristotelis, Politicæ reliquiæ, gr. (emend. et public. D. Coray). *Parisiis, Eberhart et F. Didot,* 1821, in-8, d.-rel. v., *portr.*

227. — Aristotelis Ethicorum ad Nicomachum libri X ab Anton. Riccobono latinitate donata, gr. lat. *Francofurti,* 1596, pet. in-8, parch.

228. — Aristotelis Ethica, gr. (edente D. Coray). *Parisiis, Eberhart et F. Didot,* 1822, in-8, d.-rel. v.

229. — Dialecticæ consyderationis libri VI, Aristotelici Organi summam, hoc est, totius dialectices ab Aristotele tractatæ complectentes, Fr. Titelmano authore. *Lugduni, ap. G. Rovillium,* 1569, in-8, v. f.

230. — Aristotelis Logica ab Joach. Perionio (lat.) conversa et per Nic. Gruchium correcta, cum doctiss. virorum scholiis. *Parisiis,* 1583, in-4, v. f.

231. — Aristotelis Organum, hoc est libri omnes ad logicam pertinentes, gr. et lat., cum notis Jul. Pacii. *Aurel. Allobr., ex typis Vignonianis,* 1605, in-4, d.-rel. bas.

232. — Aurea Aristotelis axiomata, primo interprete Beda Venerabili, auctore denuo et expolitore Fr. Franc. Le Roy. *Parisiis,* 1607, in-8, parch.

233. — Historia de animalibus, gr. et lat., Jul. Cœsare Scaligero interprete, cum ejusdem commentariis ; edidit Phil. Jac. Maussacus. *Tolosæ,* 1619, in-fol., bas.

234. — Histoire des animaux d'Aristote (en grec) avec la trad. fr. (par Camus). *Paris,* 1783, 2 v. in-4, d.-rel. bas.

235. — Le livre du monde faict par Aristote, et envoié à Alexandre-le-Grand ; traduict en françoys par Loys Meïgret. *Paris, Jehan André,* 1541, pet. in-8 de 36 ff., vél.

236. — Rhétorique d'Aristote, trad. en françois (par Cassandre). *Lyon,* 1691, in-12, d.-rel. m.

237. — La même. Nouv. édit. *Lahaye,* 1718, in-12, v. br.
238. — La Poétique d'Aristote, trad. en français (par Dacier). *Paris, Claude Barbin,* 1692, in-4, bas.
239. — Aristotelis Stagiritæ thesaurus commentariolis illustratus, Petro Sanfloro Monspeliensi medico auctore. *Parisiis,* 1583, in-16, v. f.
240. — Commentarius in Aristotelis philosophica opera, auctore Petro Barbay. Ed. quarta scematibus philosophicis et fig. ad Sphæram spectant. adornata et aucta. *Parisiis,* 1684, 5 v. in-12, bas.
241. — Totius philosophiæ naturalis epitome, seu enchiridion ex universis physicis Aristotelis, Sim. Brosserio. authore.... *Parisiis, Sim. Colin.,* 1536, in-8.
242. — In Aristotelis decem Prædicamenta, Joan. Murmellii Isagoge, etc. *Lugduni, ap. Th. Paganum,* 1510, in-8.
Relié avec 911.
243. — Commentarii Collegii Conimbricensis Soc. J. in IV libros de cœlo (gr. et lat.), in libros meteororum, ethicorum, etc. (lat.) Aristotelis. *Coloniæ, Zetzner,* 1596, 4 part. en 1 v. in-4, vél. gauf.
244. — Collegii Conimbricensis Soc. Jesu commentarii in Aristotelis libros, scilicet in IV libros : de cœlo, de meteoris, parva naturalia, et ethica. *Lugduni, Juntæ,* 1597-98. — In duos libros de generatione et conceptione. *Ibid.,* 1600. — In tres libros de anima. Gr. lat. *Lugd., Hor. Cardon,* 1600. — In universam dialecticam. *Ibid.,* 1607. — In octo libros physicorum. *Coloniæ, Zetzner,* 1700, 7 v. in-4, rel. cham.
245. — Enchiridion philosophiæ, cum brevi frequentiorum Aristotelis axiomatum, etc. expositione, a Jo. Thierry. *Lugduni,* 1648, in-18, bas.
246. — Vita Aristotis per Ammonium seu Philoponum, gr. et lat.; addita vetere interpretatione latina longe auctiore nunc primum ex ms. edita, cum scholiis Pet. Joan. Nunnesi. *Lugduni-Batav.,* 1621, pet. in-8, vél.
Voir en outre, pour Aristote, 4378, 4393, 4394.

247. **Armacanus.** Alexandri Patricii Armacani (Jansenius). Mars Gallicus, seu de justitia armorum et fœderum regis Galliæ libri duo. S. l., 1635, in-fol., vél.

248. — Le même. S. l., 1637, in-12, vél.
249. **Armengaud** (J.-G.-O.). Les chefs-d'œuvre de l'art chrétien. *Paris, Lahure,* 1858, in-fol., rel. en percaline, tr. dor., *fig.*
250. **Arnauld d'Andilly** (Rob.). Stances choisies sur la vie de J.-C. et sur diverses vérités chrétiennes. 1711, in-8, bas.
251. — Les vies des Saints Pères des déserts et de quelques Saintes, escrites par des Pères de l'Église et autres anciens auteurs ecclésiastiques, trad. en fr., 4e édition. *Paris, Pierre le Petit,* 1657, 2 v. in-4, bas.
252. — Histoire de l'Ancien Testament, tirée de l'Écriture Sainte. *Paris, P. le Petit,* 1675, in-4, bas.
253. — Mémoires de messire Robert Arnauld d'Andilly, écrits par lui-même (recueillis et publiés par La Salle). *Hambourg,* 1734, 2 tom. en 1 v. in-12, bas.
254. — Lettres d'Arnauld d'Andilly. Édition nouvelle. *Paris, Pierre le Petit,* 1662, pet. in-12, vél.
255. — Journal inédit d'Arnauld d'Andilly (1614-1620), publié et annoté par Achille Alphen. *Paris, Techener,* 1857, in-8, d.-rel. mar. br.
    Voir aussi No 282.
256. **Arnauld** (l'abbé Antoine). Mémoires contenant quelques anecdotes de la cour de France, depuis 1634 jusqu'à 1675. *Amsterdam (Paris),* 1756, 3 part., in-12, v. m.
257. **Arnauld** (Ant.). OEuvres complètes (y compris la Perpétuité de la foi de l'Église catholique touchant l'Eucharistie, et la vie de l'auteur rédigée par Larrière, avec table générale des matières, le tout publié par Gabr. du Pac de Bellegarde). *Lausanne,* 1775-83, 50 tom. en 44 v. in-4, v. m.
258. — De la Fréquente Communion, ou les sentiments des Pères, des Papes et des Conciles touchant l'usage des sacrements de Pénitence et d'Eucharistie, 9e éd. *Lyon,* 1683, 2 v. in-8, bas.

259. — Défense de Messeign. les Prélats approbateurs du livre *de la Fréquente Communion* (d'Ant. Arnauld), pour servir de réponse à deux libelles publiés par les Jésuites, intitulés : *Response à l'apologie du Sr Arnauld*..... et *Application de la censure du Pacifique véritable au livre de la Fréquente Communion. Paris,* 1646, 2 part. en 1 v. in-4, vél.

260. — Examen du livre de la *Fréquente Communion* fait contre la fréquente communion et publié sous le nom du sieur Arnauld, docteur de Sorbonne, par Ch.-Fr. d'Abra de Raconis, év. de Lavaur. *Paris, Cramoisy*, 3 part. en 1 v. in-4, parch.

261. — Réplique à l'anatomie de Monsieur l'Evesque de Lavaur, où l'on justifie l'entière fidélité de M. Arnauld dans le rapport des autorités des SS. Pères, etc. 1645, 2 part. en 1 v. in-4, vél.

262. — Défense des versions de l'Écriture sainte, des offices de l'Église et des ouvrages des Pères, et en particulier de la nouvelle traduction du Bréviaire romain (faite par M. Le Tourneux), contre la sentence de l'official de Paris (par Antoine Arnauld). *Cologne, Nic. Schouten,* 1688, in-12, bas.

263. — La tradition de l'Église sur le sujet de la pénitence et de la communion. *Paris,* 1700, in-12, v. br.

264. — Lettres d'Ant. Arnauld. *Nancy, Nicolaï,* 1727, 9 v. in-12, v. br.

265. — Historia et concordia evangelica, opera et studio Theologi Parisiensis (Anton. Arnauld), 2ª ed. *Parisiis, Savreux,* 1660, in-12, v. br., *frontisp. gr.*

266. — Grammaire générale et raisonnée de Port-Royal (par Ant. Arnauld et Lancelot), précédée d'un essai sur l'origine et les progrès de la langue française par Petitot et suivie du commentaire de Duclos. 2ᵉ éd. *Paris,* 1810, in-8, d.-rel. bas.

267. — L'innocence opprimée par la calomnie, ou l'histoire de la congrégation des Filles de l'Enfance (par Antoine Arnauld). *Toulouse, Pierre de la Noue,* 1688, in-12, v. f., fil.

Aux armes de l'évêque Colbert.

267 *bis*. — Recueil de Pièces concernant la congrégation des Filles de l'Enfance de N. S. J.-C.... (par Arnauld et

Porrade). *Amsterdam, Brunel,* 1718, 2 tom. en 1 v. in-12, v. br.
<small>Voir aussi 4483.</small>

268. — Mémoires pour servir à l'histoire de Port-Royal et à la vie de la R. mère Marie-Angélique de Sainte Magdeleine (par Arnauld). *Utrecht,* 1742, 3 v. in-12, bas.
<small>Voir aussi 203.</small>

269. — Le libelle intitulé : *La Théologie morale des Jésuites* (par Arnauld), contredit et convaincu en tous ses chefs, par un P. théologien de la compagnie de Jésus (le P. Annat). *(Paris)* 1644, in-8, bas.

270. — Apologie de M. Arnauld et du P. Bouhours contre l'auteur déguisé sous le nom de l'abbé Albigeois (par le P. Rivière, jésuite). *Mons,* 1694, in-12, bas.

271. — Question curieuse, si M. Arnauld est hérétique (par le P. Quesnel). *Cologne,* 1690, in-12, v. br.

272. — Recueil de plusieurs pièces concernant l'origine, la vie et la mort de M. Arnauld. *Liége,* 1697, in-12, bas.

273. — Histoire de la vie et des ouvrages de M. Arnauld (par Quesnel). *Liége,* 1697, in-12, v. br.
<small>Voir encore, sur Ant. Arnauld ou ses ouvrages, les Nos 282, 1165, 3538, 3632-3634, 3637, 3646, 3651, 3691, 4495, 5003, 5206.</small>

274. **Arnauld** (la Mère Marie-Angélique). Lettres. *Utrecht,* 1742, 3 v. in-12, v. br.

275. — Extraits des lettres de la Mère Angélique Arnauld, divisés en 2 parties. *Leyde, W. de Groot,* 1734, in-12, bas.

276. — Entretiens et conférences de la R. Mère Marie-Angélique Arnauld, abbesse et réformatrice de Port-Royal. *Bruxelles* et *Paris,* 1757, in-12, v. éc.

277. **Arnauld** (Agnès). Lettres de la Mère Agnès Arnauld, abbesse de Port-Royal, publiées sur les textes authentiques, avec une introduction par P. Faugère. *Paris, Duprat,* 1858, 2 v. in-8, d.-rel. mar. br.

278. — L'image d'une Religieuse parfaite et d'une imparfaite, avec les occupations intérieures pour toute la journée (par la Mère Jeanne-Catherine-Agnès de Saint-Paul Arnauld). *Paris,* 1665, in-12, v. br.

279. **Arnauld** (Angélique de Saint-Jean). Conférences de la R. Mère Angélique de Saint-Jean, abbesse, sur les constitutions du monastère de Port-Royal du Saint-Sacrement. *Utrecht*, 1760, 3 v. in-12, v., *vignette représentant une vue de l'abbaye.*

280. — Discours de la même sur la règle de S. Benoit. *Paris, Osmont*, 1756. — Discours de la même, appelés Miséricordes. *Utrecht*, 1735. Ensemble 3 v. in-12, v. br.

281. — Relation de la captivité de la Mère Angélique de Saint-Jean, religieuse de P.-R.-des-Champs. S. l. n. d., 1711, in-12, bas.

282. — La vérité sur les Arnauld complétée à l'aide de leur correspondance inédite, par P. Varin. *Paris*, 1847, 2 v. in-8, d.-rel. mar. bl.

283. **Arnault** (A.-V.). Souvenirs d'un sexagénaire. *Paris, Duffey*, 1833, 4 v. in-8, d.-rel. mar.

284. **Arnobii** adversus gentes libri VII, et Jul. Firmici Materni de errore profanarum religionum libellus. *Wirceburgi, ex offic. Staheliana*, 1783, in-8, cart.

Voir aussi N° 5185.

285. **Arrianus**. Arriani expeditionis Alexandri libri septem et historia Indica, gr. et lat., ex Bonav. Vulcanii interpret. lat., lacunis suppletis; auctoris in græcæ linguæ nativo usu præstantia et facultate restituta.... opera Jac. Gronovii. *Lugd.-Batav.*, 1704, in-fol., v., *portr.*

286. — Histoire des expéditions d'Alexandre, par F. Arrien de Nicomédie; trad. par P. Chaussard. *Paris*, an XI (1802), 3 v. in-8, d.-rel. bas., avec atlas in-4.

287. **Art** (l') de fixer dans la mémoire les faits les plus remarquables de l'histoire de France, en vers (par Paul-Augustin Alletz). *Paris*, 1745, in-8, bas.

288. **Art** (l') de plaire dans la conversation (par Pierre Vaumorière). 3e édition. *Paris*, 1698, in-12, d.-rel. v. f., *frontisp. gr.*

289. **Art** (l') de prêcher, à un abbé (par P. de Villiers). *Lyon*, 1682, in-12, br.

Le titre manque.

290. **Art** (l') de se consoler sur les accidents de la vie et de la mort, ou le stoïcien orthodoxe. *Paris,* 1694, in-12, bas.

291. **Art** (l') de sentir et de juger en matière de goût (par l'abbé Seran de la Tour). *Strasbourg,* 1788, in-8, br.

292. **Artaud de Montor** (Alex.-Fr.). Histoire du Pape Pie VII, 2e édit. *Paris,* 1837, 2 v. in-8, bas. gauf., *portr.*

293. — Histoire du Pape Léon XII. *Paris,* 1843, 2 v. in-8, d.-rel. mar. v.

294. — Histoire du Pape Pie VIII. *Paris,* 1844, in-8, d.-rel. v. vert.

295. **Artemidorus.** Artemidori Oneirocritica, gr. et lat., cum notis Nicolai Rigaltii; Achmetis Oneirocritica nunc primum græce edita, cum versione J. Leunclavii Astrampsychi et Nicephori versus oneirocritici, gr. et lat. *Lutetiæ, Cl. Morel,* 1603, in-4, v. br., fil.

296. **Artes** Jesuiticæ in sustinendis pertinaciter novitatibus Clementi XI, atque orbi universo denuntiatæ per Christianum Aletophilum (Henricum a S. Ignatio, carmelitanum). *Argentorati,* 1710, in-12, bas.

297. **Artigny** (l'abbé d'). Nouveaux mémoires d'histoire, de critique et de littérature. *Paris,* 1749-56, 7 v. in-12, v. éc.

298. **Asfeld** (l'abbé d'). Voy. Duguet.

299. **Assoucy** (Ch. Coypeau d'). Les avantures de M. d'Assoucy. *Paris, Audinet,* 1677, 2 v. in-12 rel. en 1, v. br., *portr.*

300. **Astruc** (Jean). Mémoires pour servir à l'histoire de la Faculté de médecine de Montpellier, revus et publiés par Lorry. *Paris,* 1767, in-4, v. fauve, fil., tr. d., *portr.*

301. **Athanasius** (S.). Opera, gr. et lat., opera et studio (Jac. Lopin et B. de Montfaucon) monach. ordinis S. Benedicti. *Parisiis, sumptibus Joan. Anisson,* 1698, 3 v. in-fol. v. br., gr. pap., *portr.*

302. **Athanasius** (Petr.) rethor bysantinus. Antipatellarus de Primatu B^ti Petri : Epistola de unione ecclesiarum ad Alexandrinum et Hierosolymorum patriarchas : Anticampanella in compendium redactus, gr. et lat. *Parisiis*, 1655, in-4, vél.

303. **Athæneus.** Deipnosophistarum libri XV, gr. et lat., cum Jac. Dalechampii latina versione ; annotat. et emendat. juxta Is. Casauboni recensionem adornata. *Lugduni*, 1612, in-fol., d.-rel. v.

304. **Attichy** (Lud. Doni d'). Flores historiæ sacri collegii cardinalium.... ab anno 1049. *Lutetiæ-Paris.*, 1660, 3 tom. en 2 v. in-fol., bas.

304 *bis*. **Aubert** (l'abbé). Journal des beaux arts et des sciences. T. 1er (janv.-mars 1768), in-12, bas.

305. **Aubertin** (Ch.). Étude critique sur les rapports supposés entre Sénèque et S. Paul. *Paris*, 1857, in-8, d.-rel. mar. viol.

306. **Aubertin** (Edme), ministre. L'Eucharistie de l'ancienne Église. *Genève, Hubert*, 1633, in-fol., bas.

307. **Aubery** (Jac.). Histoire du cardinal duc de Joyeuse. *Paris*, 1654, in-4, bas., *portr*.

308. **Aubignac** (Hedelin abbé d'). La pratique du théâtre. *Amsterdam*, 1715, 3 tom. en 2 v. pet. in-8, v. br.
Sur la Comédie et les Spectacles, voir N° 5056.

309. **Aubigné** (Théod.-Agrippa d'). L'histoire universelle : dédiée à la postérité. *Maillé, Jean Moussat*, 1616-18, 2 tom. en 1 v. in-fol., bas.
La 3me partie, parue en 1620, manque à l'exemplaire.

310. — La même, comprise en trois tomes. 2e édition augmentée. *Amsterdam, pour les héritiers de Hier. Commelin (Genève)*, 1626, 3 tom. en 1 v. in-fol., v. f., fil.

311. — Les avantures du baron de Fæneste, édit. nouv., augmentée de plusieurs remarques historiques, de l'histoire secrète de l'auteur écrite par lui-même, et de la bibliothèque de Me Guillaume, enrichie de notes par

M. *** (Le Duchat). *Cologne, Marteau (Bruxelles, Foppens)*, 1729, 2 v. in-12, v. br., *frontisp. gr.*

312. — Mémoires de la vie de Théod. Agrippa d'Aubigné, écrits par lui-même (revus et corrigés par Dumont), avec ceux de Fréd.-Maurice de La Tour, prince de Sédan (rédigés par Aubertin, son domestique), une relation de la Cour de France en 1700, par Priolo, et l'histoire de Mad. de Mucy, par Mlle de (Valdory). *Amsterd., Fréd. Bernard*, 1731, 2 v. in-12, v. marb.

313. **Auctores** latinæ linguæ in unum redacti corpus, adjectis notis Dion. Gothofredi. S. l., *apud Gul. Leimarium*, 1695, in-4, d.-rel. mar. r.

314. **Auger** (l'abbé). Discours de Lycurgue, d'Andocide, d'Isée, de Dinarque, avec un fragment sous le nom de Démade, trad. en fr. *Paris*, 1783, in-8, d.-rel. v.

315. **Auger.** Mélanges philosophiques et littéraires. *Paris,* 1828, 2 v. in-8, br.

316. **Augustinus** (S. Aurelius). Opera emendata studio monachorum ordinis S.-Benedicti (DD. Fr. Delfau, Th. Blampin, P. Constant et Cl. Guesnié). *Parisiis,* 1679-1700, 11 tom. en 8 v. in-fol., bas., *vignettes et portr.* — Appendix Augustiniana. *Antuerpiæ,* 1703, in-fol., bas.
  Les deux premiers vol. sont de l'édition originale.

317. — Opera. *Lugduni, ap. Sebast. Honoratum*, 1560-63, 18 tom. en 14 v. in-12, cham.

318. — S. Augustini opuscula quædam selecta. *Lutet.-Parisior.*, 1726, 3 v. in-12, v. br.

319. — De Civitate Dei, cura et studio Lud. Vives. *Lugduni*, 1563, in-8, bas.

320. — La Cité de Dieu : illustrée des comment. de J. Loys Vives de Valence, le tout fait françois par Gentian Hervet d'Orléans, et enrichi de plusieurs annot. par Fr. de Belleforest. 3e édit. augmentée, etc. *Paris, Guillemot*, 1601, in-8, v. br., fil.

321. — La Cité de Dieu de S. Augustin, trad. en fr. (par P. Lombert). *Paris, Pralard,* 1675, 2 v. in-8, bas.
Aux armes de l'évêque Colbert.

322. — La Cité de Dieu, trad. nouv. avec notes et introduction, par E. Saisset. *Paris, Charpentier,* 1855, 4 v. gr. in-18, d.-rel. m. bl.

323. — Saint Augustin contre l'Incrédulité, avec le Plan de la Religion (tiré de la Cité de Dieu par l'abbé Troya d'Assigny). *Paris,* 1754, 2 v. in-12, v. éc.

324. — Les Confessions de S. Augustin, trad. en fr. par M. Arnauld d'Andilly. *Paris, Pierre le Petit,* 1665, in-12, v., *frontisp. gr.*

324 bis. — Les mêmes. *Paris,* 1686, in-12, bas.

325. — Les mêmes, avec le traité de la Vie heureuse du même Saint. *Paris, Desprez,* 1717, in-12, v. br.

326. — Les mêmes, trad. en français (par dom Martin). *Paris,* 1741, 2 v. in-8, bas.

327. — Les mêmes, traduct. nouv. par P. Janet. *Paris,* 1859, gr. in-18, d.-rel. m.

328. — Morale tirée des Confessions de S. Augustin, par l'abbé Grou. *Paris,* 1786, 2 v. in-12 rel. en 1.

329. — Prières et élévations à Dieu, extraites des livres des Confessions de S. Augustin (par Fr. Paris, prêtre). *Paris,* 1698, in-12, v. br.

330. — La règle de Saint-Augustin, et les constitutions particulières pour les sœurs pénitentes de Ste Marie Magdeleine de Lyon. *Lyon,* 1666, in-12, bas.

331. — Lettres de S. Augustin, trad. en fr. sur l'éd. nouv. des R. P. Bénédictins, avec des notes par M. Dubois, de l'Acad. fr. *Paris, Coignard,* 1701, 6 v. in-8, bas.

332. — Maximes solides de morale tirées des lettres de S. Augustin, recueillies par le P. Séraph. de Gautier. *Lyon,* 1713, in-12, bas.

333. — Sermons de S. Augustin sur les pseaumes, trad. en fr. (par Ant. Arnauld). *Paris, Barois,* 1739, 14 v. in-12, parch. v.

334. — Les Sermons de S. Augustin sur le nouveau Testament (trad. en fr. par M. Dubois, de l'Acad. fr.). *Paris, Coignard*, 1700, 4 v. in-8, v.

335. — Réflexions de S. Augustin sur la vie de Jésus-Christ (trad. en fr. par Fontaine). *Paris,* 1689, in-12, v. br.

336. — Traités de S. Augustin sur l'évangile de S. Jean et son épître aux Parthes ; trad. en fr. sur l'édition des PP. Bénédictins, avec des sommaires à la marge (par le P. Golefer, génovéfain). *Paris,* 1700, 4 v. in-8, v. f.

337. — Le livre de S. Augustin, de la Véritable Religion, trad. en fr. par Ant. Arnauld. *Paris, Pralard,* 1685, pet. in-12, bas.

338. — Le même. *Paris, Pralard,* 1720, in-12, bas.

339. — Deux traités de S. Augustin : les livres de l'Ordre et les livres du Libre Arbitre, trad. en fr. (par de Villefore). *Paris,* 1701, in-8, bas.

340. — Traités de morale de S. Augustin, savoir : de la sainte Virginité, du bien de la Viduité, de la manière dont on doit prier Dieu, trad. en fr. (par Hamon). *Paris,* 1680, in-12, bas.

341. — De la sainte Virginité, discours traduit de S. Augustin, avec quelques remarques pour la clarté de la doctrine, par Claude Seguenot, de l'Orat. *Paris, Camusat,* 1638, in-8, v.

342. — Censura Sacr. Fac. theolog. Parisiensis in librum : « *De la sainte* » *Virginité,* discours trad. de S. Augustin, avec des remarques... » (par Claude Seguenot)..... » *Paris,* 1638, in-4, d.-rel. m. gr.

343. — Saint Augustin, de l'Ouvrage des Moynes ; ensemble quelques pièces des SS. Thomas et Bonaventure, le tout rendu en nostre langue et assorty de reflections sur l'usage de nostre temps par J.-P. Camus, Evesque de Belley. *Paris,* 1633, in-8, parch.

344. — Traduction du livre de S. Augustin, de la Correction et de la Grâce (par Ant. Arnauld). *Paris,* 1725, pet. in-12, bas.

345. — Les deux livres de S. Augustin, de la Grâce de

J.-C. et du Péché originel (trad. en fr. par l'abbé Fr. de Villeneuve de Vence). *Paris,* 1738, in-12, bas.

346. — Traités choisis de S. Augustin, sur la Grâce de Dieu, le Libre Arbitre de l'homme et la Prédestination des Saints (trad. de l'abbé Lequeux). *Paris,* 1760, 2 v. in-12, bas.

347. — Défense de la doctrine de S. Augustin touchant la grâce efficace par elle-même (par le P. Tranquille, de Bayeux, capucin). *Utrecht,* 1734, in-12, v. br.

348. — Defensio S. Augustini Hipponensis adversus Augustinum Iprensem quoad auxilia gratiæ et humanam libertatem, authore D. Petro a S. Joseph, fuliensi. *Parisiis, Josse,* 1643, in-4, vél.

349. — Le Disciple pacifique de S. Augustin, sur la liberté, la grâce, etc. (par le P. Ange de la Passion, carme). *Paris,* 1715, in-4, v. éc.

350. — Divus Augustinus summus Prædestinationis et Gratiæ doctor a calumnia vindicatus adversus Joan. Launoii traditionem, auctore Hyac. Serry..... *Coloniæ,* 1704, in-12, v. j.

351. — Défense de S. Augustin contre un livre qui paraît sous le nom de M. de Launoy, et où l'on veut faire passer ce saint Père pour un novateur, par le P. Gab. Daniel, jésuite. *Paris,* 1704, in-12, bas.

352. — Traité théologique touchant l'Efficacité de la Grâce, par le P. Gabr. Daniel. *Paris, M. Le Clerc,* 1706, 2 v. in-12, v. br.

353. — D. Augustini de Doctrina christiana libri V. *August. Vindelic.,* 1784, in-8, bas.

354. — Les livres de la Doctrine chrétienne de S. Augustin, avec le texte latin (trad. fr. de Villefore). *Troyes et Paris,* 1825, in-12, d.-rel. v.

355. — Le livre de S. Augustin, de l'Utilité de la Foi, tr. en fr. (par le P. Estève, mathurin). *Paris, Desaine,* 1741, pet. in-12, v.

356. — Les deux livres de S. Augustin, de la Prédestination des Saints et du Don de la Persévérance, etc., trad. en fr. (par Ant. Arnauld). *Paris, Desprez,* 1676, in-12, *frontisp. gr.*

357. — Les mêmes. *Paris, Ve Estienne,* 1715, pet. in-8, bas.

358. — Le livre de S. Augustin, de l'Esprit et de la Lettre ; trad. fr. par Dubois, de l'Acad. fr. *Paris, Coignard,* 1700, in-12, bas.

359. — Le livre de S. Augustin, de la Foy, de l'Espérance et de la Charité; trad. en fr. par Ant. Arnauld. *Paris, Pralard,* 1718, pet. in-12, bas.

360. — Le livre de S. Augustin, de la Foy, de l'Espérance et de la Charité; trad. en fr, par Ant. Arnauld. *Paris, Pralard,* 1718. — Traduction du livre de S. Augustin, de la Correction et de la Grâce (par Ant. Arnauld). *Paris,* 1725, pet. in-12, bas.

361. — D. Aur. Augustini Meditationes, Soliloquia et Manuale; accessere B. Anselmi et B. Bernardi idiotæ meditationes quædam, opera R. P. Henrici Sommalii. *Coloniæ Agrippinæ,* 1645, in-16, bas., *frontisp. gr.*

362. — Meditationes S. Augustini et S. Bernardi, aliorumque SS. antiquorum Patrum, etc. *Lugduni, apud Ant. Gryphium,* 1593, in-16, m. r., tr. d.

363. — Méditations, trad. nouvelle par le sieur D. L. C. C. *Paris,* 1664, pet. in-12, v. br.

364. — Les Soliloques, les Méditations et le Manuel de S. Augustin; trad. par le P. Nicolas Regnier. *Paris,* 1687, in-12, bas.

365. — Les Soliloques, les Méditations et le Manuel de S. Augustin (tr. par Dubois). *Paris, Pralard,* 1700, in-12, bas.

366. — Les vrais Soliloques de S. Augustin, suivis du traité de l'Immortalité de l'âme, trad. en fr. (par***). *Lyon, Périsse frères,* 1835, in-16, br.

367. — Les Soliloques de S. Augustin (trad. en fr. avec le texte latin, une introduction et des notes, par M. Pélissier, professeur de philosophie. *Paris, Hachette,* 1853, pet. in-12, br.

368. — Les livres de S. Augustin, de la manière d'enseigner les principes de la religion chrétienne à ceux qui n'en sont pas encore instruits; de la vertu de Continence et

de Tempérance, de la Patience et contre le Mensonge, trad. en fr. (par Dubois). *Paris, Pralard,* 1678, in-12, v. f., fil.
 Aux armes de l'évêque Colbert.

368 *bis*. — Les mêmes. *Paris, Mariette,* 1701, in-12, bas.

369. — Les deux livres de S. Augustin à Pollentius sur les mariages adultères, trad. en fr. (par l'abbé Pillé), avec le texte lat., des notes et une dissertation. *Paris,* 1763, in-12, bas.

370. — Les livres de S. Augustin contre les philosophes académiciens, avec le traité de la Grâce et de la Liberté, tr. en fr. (par de Villefore). *Paris, Josset,* 1703, in-8, bas.

371. — S. Augustini aliqua opera insigniora adversus Pelagianos et eorum reliquias. *Romæ,* 1652, in-8, bas.

372. — Les six livres de S. Augustin contre Julien, défenseur de l'hérésie Pélagienne, trad. en fr. (par l'abbé F[s] de Villeneuve de Vence). *Paris, F[s] Babuty,* 1736, 2 v. in-12, bas.

373. — Traduction du livre de S. Augustin, des Mœurs de l'Église catholique (par Ant. Arnauld). *Paris, Pralard,* 1720, pet. in-12, bas.

374. — Théologie morale de S. Augustin, où le précepte de l'amour de Dieu est traité à fond par E. B. (Bourdaille), S. M. R. D. *Paris, Desprez,* 1786, in-12, v. br.

375. — S. Augustini Philosophia; Andr. Martin collectore, novam hanc edit. recognovit atque emend. J. Fabre. *Parisiis,* 1863, in-8, d.-rel. m.

376. — S. Augustini Milleloquium veritatis, olim a Fr. Bartholomæo digestum nunc plurimis ejusdem sancti locupletatum opera Joan. Collierii, opus litterarum bonarum studiosis utile et necessarium. Editio tertia. *Lutetiæ-Paris.,* 1649, in-fol., v. f.

377. — Anatomia seu Epitome totius doctrinæ B. Augustini episcopi, per R.-F.-P. Hauzeur, franciscanum. *Parisiis,* 1646, 2 v. in-fol., bas., fil., *frontisp. gr.*

378. — Méthode d'étudier, tirée des ouvrages de S. Augustin, trad. de l'ital. de P. Ballerini (par Nicolle de la Croix). *Paris,* 1760, pet. in-12, v. br.

379. — Discours où l'on fait voir que S. Augustin a été moine (par Ferrand). *Paris, Lambin,* 1689, in-12, bas.

380. — Réfutation des critiques de M. Bayle sur S. Augustin (par le P. Merlin, jésuite). *Paris,* 1732, in-4, bas.

381. — Le génie philosophique et littéraire de S. Augustin, par M.-A. Théry. *Paris, Dezobry,* 1861, in-8, d.-rel. m.

382. — De la psychologie de S. Augustin, par Ferraz. *Paris,* 1862, in-8, d.-rel. m.

383. — Doctrine de S. Augustin sur la liberté et la Providence, par Ernest Bersot. *Paris, Joubert,* 1843. — Introduction à la *Cité de Dieu* de S. Aug., par E. Saisset. *Paris,* 1855. — Essai sur les *Confessions* de S. Augustin, par A. Desjardins. *Paris,* 1858, 1 v. in-8, br.

384. — Histoire de S. Augustin, sa vie, ses œuvres, son siècle, influence de son génie, par Bapt. Poujoulat. 3e édit. *Paris, Vaton,* 1852, 2 v. in-8, d.-rel. mar. n.

Voy. aussi, sur S. Augustin, les Nos 3006, 5485 et 5520.

385. **Augustinus** (Ant.), archiep. Tarraconensis. Dialogorum libri duo, de emendatione Gratiani cum notis Steph. Baluzii. *Parisiis, Muguet,* 1672, in-8, v. b.

Aux armes de Legouz de la Berchère, archev. de Narbonne.

386. — Canones Pœnitentiales cum quibusdam notis Anton. Augustini, archiepiscopi Tarraconensis. *Tarracone, apud Ph. Mey,* 1582, pet. in-4, vél.

387. **Augustinus** (Thomas). Libertatis et gratiæ christianæ defensio adversus Calvinum et Pelagium in Cornelio Jansenio redivivos. *Parisiis, Cramoisy,* 1653, in-4, bas.

388. **Aulnoy** (Madame d'). Nouvelles ou mémoires historiques contenant ce qui s'est passé de plus remarquable en Europe depuis 1672 jusqu'en 1679. *Lyon,* 1693, 2 v. in-12, bas.

Le second vol. est intitulé : *Mémoires de la Cour de France.*

389. **Aulus Gellius.** Voy. Gellius.

390. **Aurelius** (Petr.), theolog. Opera, jussu et impensis cleri Gallicani denuo in lucem edita. *Parisiis, Ant. Vitray*, 1642, 3 tom. en 1 v. in-fol., bas.

391. **Aurelius Victor.** Voy. Victor.

392. **Auribeau** (l'abbé d'Hesmivy d'). Mémoires pour servir à l'histoire de la persécution française. *Rome*, 1794, 2 v. in-8, d.-rel. v.

393. **Auriol** (Aug.). Flores sapientum ex variis auctoribus et libris. *Avenione*, 1741, in-12, bas.

394. **Ausonius.** D. Magni Ausonii Opera. *Amstelæd., Guil. Blaeu*, 1631, pet. in-12, d.-rel. m.

395. — OEuvres d'Ausone, trad. en fr. par l'abbé Joubert. *Paris, Panckoucke*, 1769, 4 v. pet. in-12, v. m.

396. **Auteurs** déguisés sous des noms étrangers, empruntés, supposés, feints à plaisir, chiffrés, renversés, retournés ou changés d'une langue en une autre (par Adr. Baillet). *Paris*, 1690, in-12, v. j.

397. **Authenticité** (l') des livres tant du nouveau que de l'ancien Testament démontrée et leur véridicité défendue, ou réfutation de la *Bible enfin expliquée*, de V.... (Voltaire) (par l'abbé Clémence). *Paris*, 1782, in-8, bas.

398. **Autorité** (de l') du Roy touchant l'aage nécessaire à la profession solennelle des Religieux (par le Vayer de Boutigny). *Paris, Cottin*, 1669, in-12, bas.

399. **Autreau** (Jacq.). OEuvres. *Paris*, 1749, 4 v. in-12, bas.

400. **Auvigny** (Jean du Castre d'). Vie des hommes illustres de la France, depuis le commencement de la monarchie jusqu'à présent (avec la continuation par Perrau). *Amsterdam* et *Paris*, 1739-57, 21 v. in-12, v. m.

401. **Auzoles La Peyre** (Jacques d'). L'Épiphanie, ou pensées nouvelles à la gloire de Dieu, touchant les trois Mages, etc... *Paris, Gervais Alliot*, 1638, in-4, m. v., riche rel.

402. **Avénement** (de l') d'Élie (par l'abbé Desessarts). *En France,* 1734, 2 part. en 1 v. in-12, bas.

403. **Aventures** (les) de Pomponius, chevalier romain, ou l'histoire de notre temps (par Labadie, religieux convers de la congrég. de S.-Maur, rev. et publ. par l'abbé Prévost). Nouv. édit., augmentée d'un Recueil de pièces concernant la minorité de Louis XV. *Rome, Mornini,* 1728, in-12, v. f.

404. **Avertissements** (Trois) de M^{gneur} l'évêque de Soissons (Languet) à ceux qui, dans son diocèse, se sont déclarés appelans de la constitution *Unigenitus.* S. l., 1718, in-8, bas.

405. **Avis** aux princes catholiques, ou mémoires de canonistes célèbres sur les moyens de se pourvoir contre la cour de Rome, soit pour les bulles des prélatures, soit pour les dispenses des empêchements dirimans (publié par Louis-Théod. Hérissant, avocat). *Paris,* 1768, 2 v. in-12, bas.

406. **Avis** d'une mère à son fils et à sa fille (par la m^{ise} de Lambert), 4e édition. *Paris,* 1739, in-12, bas.

407. **Avis important** aux réfugiés sur leur prochain retour en France, donné pour étrenne à l'un d'eux en 1690, par Mr C. L. A. A. P. D. P. (attribué à Pélisson ou à Daniel de la Roque). *Paris,* 1692, in-12, bas.

408. **Avitus.** Christiana et docta divi Alchimi Aviti et Claudii Marii Victoris poemata, aliaque non pœnitenda, per Joan. Gagneium, parisiens. theolog., in lucem asserta et restituta. *Lugduni, Vinc. Portonarius. Excud. Melch. et Gasp. Treschel fratres,* 1536, pet. in-4°, vél.

409. — S. Aviti, archiepisc. Viennensis, opera, edita nunc primum, vel instaurata et notis illustrata, cura et studio Jac. Sirmondi. *Parisiis,* 1643, in-8, vél.

410. **Avocat** (l') du diable, ou mémoires historiques et critiques sur la vie et la légende du pape Grégoire VII, et sur la bulle de canonisation de Vincent de Paul (attribué à l'abbé Adam, curé de S.-Barthélemy, à Paris). *Saint-Pourçain,* 1743, 3 v. in-12, v. m.

B

411. **Babrii** Fabulæ iambicæ, cura Jo. Fr. Boissonade. *Parisiis, F. Didot,* 1844, gr.-lat. — Fables de Babrius, trad. en français par A.-L. Boyer. *Ibid.*, 1844, gr. in-8, rel. toile.

412. **Baccetii** (Nic.), Florentini, Septimaniæ historiæ libri VII ; hanc notis, observationibus illustravit, nec non a temporis ludibriis vindicavit editor, Fr. Malachias d'Inguimbert Carpentoractensis. *Romæ,* 1724, pet. in-fol., vél.

413. **Bacon** (Fr.), baron de Verulam, etc. OEuvres philosophiques, publiées d'après les textes originaux, avec notices sommaires et éclaircissements (par M. N. Bouillet). *Paris, Hachette,* 1835, in-8, tom. I à III, d.-rel. v.

414. — OEuvres philosophiques et morales du chancelier F^s Bacon. *Paris,* an V (1797), 2 v. in-8, br.

415. — Francisci de Verulamio, Instauratio magna (id est Novum Organum, sive indicia vera de interpretatione naturæ). *Londini,* 1620, pet. in-fol., v. j., *tit. gr.*

416. — Le progrèz et avancement aux sciences divines et humaines (par Fr. Bacon), trad. de l'angl. par A. Maugars. *Paris, P. Billaine,* 1624, in-8, bas.

417. — Legum leges ; sive Francisci Baconii tractatus de fontibus universi juris : per aphorismos, extractum ex ejusdem auctoris opere : *De dignitate et augmentis scientiarum.* Annotationes quasdam subjecit A.-M.-JJ. Dupin. *Parisiis,* 1822, in-16, d.-rel. m.

418. — Histoire de la vie et de la mort, etc., trad. en françois par J. Baudoin. *Paris, Loyson,* 1647, in-8, v. f., fil., *frontisp. gr.*

419. — Historia naturalis et experimentalis de ventis. *Amstelod., Elzevir.,* 1662, pet. in-12, v. br., *frontisp. gr.*

420. — Histoire naturelle (trad. en français par P. Amboise, avec l'atlas nouveau du même auteur). *Paris, Sommaville et Soubron,* 1631, in-8, vél.

421. — Analyse de la philosophie du chancelier François Bacon (par Daleyre), avec sa vie, trad. de l'angl. (de David Mallet, par Pouillot). *Paris, Arthus Bertrand,* an XIII (1804), 2 v. in-12, br.

422. — Le christianisme de François Bacon, ou pensées et sentiments de ce grand homme sur la religion (par Émery, ancien supérieur-général de S.-Sulpice). *Paris,* an VII, 2 v. in-12, bas.

423. **Bacon-Tacon** (J.-J.). Recherches sur les origines Celtiques, principalement sur celles du Bugey, considéré comme berceau du Delta Celtique. *Paris, P. Didot,* an VI (1798), 2 v. in-8, d.-rel. bas., *portr.* et *fig.*

424. **Bacqueville** de la Potherie. Histoire de l'Amérique Septentrionale, enrichie de figures. *Paris,* 1722, 4 v. in-12, v. br.

425. **Baduelli** (Cl.). Oratio funebris in funere Floretæ Sarrasiæ habita. Epitaphia nonnulla de eadem (avec la trad. en regard). *Lugduni, apud Steph. Doletum,* 1542, in-8, m. br., tr. d.

Réimpression tirée à petit nombre.

426. **Baer** (F.-C.). Dissertation philologique et critique sur le vœu de Jephté. *Strasbourg* et *Paris,* 1765, in-12 de 52 pp., br.

427. **Bagatelle** (la), ou Discours ironiques, où l'on prête des sophismes ingénieux au vice et à l'extravagance, pour en mieux faire sentir le ridicule (par Van-Effen). *Amsterd.,* 1722, 3 v. in-12, v. j.

428. **Bagatelles** morales et dissertations (par l'abbé Coyer), avec le testament littéraire de l'abbé des Fontaines. *Londres* et *Francfort,* 1759, in-12, bas.

429. **Bagotius** (Joan). De Pœnitentia dissertationes theologicæ. *Parisiis,* 1646, in-8, bas.

430. **Baillet** (Adrien). Jugemens des savans sur les prin-

cipaux ouvrages des auteurs, revus, corrigés et augmentés par la Monnoye. Nouv. édition. *Amsterdam*, 1725, 17 tom. en 8 v. in-12, d.-rel. m., *portr.*

431. — Histoire des démêlés du Pape Boniface VIII, avec Philippe le Bel. *Paris,* 1718, in-12, v. br.

432. — La vie d'Edmond Richer. S. l., 1734, in-12, bas.

433. — De la dévotion à la Sainte-Vierge et du culte qui lui est dû (par Adrien Baillet). *Paris,* 1693, in-12, bas.

434. — Topographie des Saints (par Baillet). *Paris,* 1703, in-8, v. j.
    Aux armes de l'évêque Colbert.

435. — Chronologie des Saints (par Baillet). *Paris,* 1703, in-8., v. br.
    Aux armes de l'évêque Colbert.

436. **Bailly** (L.). Tractatus de Ecclesia Christi. *Divione,* 1776, 2 v. in-12, bas. — Tractatus de vera Religione. Editio quinta. *Divione,* 1784, 2 v. in-12, bas.

437. **Bailly** (S.). Lettres sur l'origine des sciences et sur celle des peuples de l'Asie. *Londres* et *Paris,* 1777, in-8, bas.

438. — Lettres sur l'Atlantide de Platon et sur l'ancienne histoire de l'Asie (par S. Bailly). *Londres* et *Paris,* 1779, in-8, v. f., fil.

439. **Balcet** (Jean). Remonstrance chrestienne à mess. les ministres des églises prétendues réformées de la France, Genève, Païs-Bas, etc., sur le point de la justification, où il est montré que l'homme est et sera véritablement justifié devant Dieu et sauvé par les bonnes œuvres, et non-seulement par la Foi, par Jean Balcet, docteur médecin agrégé à Lyon. *Lyon,* 1635, in-4, vél.

440. **Baldassari** (l'abbé). Histoire de l'enlèvement et de la captivité de Pie VI, trad. de l'ital., et augm. d'un précis sur les XXI premières années de son pontificat (par l'abbé de Lacouture). *Paris,* 1839, in-8, d.-rel. v.

441. **Ballanche** (P.-S.). Essai sur les institutions sociales dans leur rapport avec les idées nouvelles. *Paris,* 1818, in-8, d.-rel. v.

442. **Balmès** (J.). Lettres à un sceptique en matière de religion; trad. de l'espagnol (par J. Bareille). *Paris, 1855*, in-8, br.

443. **Baltus** (le P.). Défense des prophéties de la religion chrétienne. *Paris, Didot,* 1737, 2 v. in-12 rel. en 1, d.-rel. mar. gr.

444. **Baluze** (Et.). Voir Labbe.

445. **Balzac** (Jean-Louis Guez de). Lettres reveües et corrigées en cette dernière édition. *Paris, Claude Banqueteau,* 1644, in-8, vél.

446. — Suite de la 2de partie des lettres de M. de Balzac. *Paris, P. Rocolet,* 1638, in-8, vél.

447. — Lettres familières de M. Balzac à M. Chapelain, (avec une lettre prélimin. de M. Girard à M. le marquis de Montauzier). *Paris, Aug. Courbé,* 1656, in-8, vél.

448. — Lettres de feu M. Balzac à monsieur Conrart. *Paris, L. Billaine,* 1677, in-12, bas.

449. — Le Prince, revu, corrigé et augmenté de nouveau par l'auteur. *Paris, Billaine,* 1677, in-12, bas.

450. — OEuvres diverses du sieur de Balzac, augmentées en cette édition de plusieurs pièces nouvelles. *Paris, Guignard,* 1658, in-12, v. br.

451. — OEuvres diverses du sieur de Balzac. *Paris, Billaine,* 1664, pet. in-12, bas.

452. — Le Barbon. *Paris, Aug. Courbé,* 1648, in-8, v. br., *grav. de Chauveau.* (Le titre manque.)

453. — Socrate chrestien (par le s^r de Balzac) et autres œuvres du mesme autheur. *Paris, Aug. Courbé,* 1652, in-8, v. br., *frontisp. gr.*

454. — Socrate chrétien (par le sieur de Balzac) et autres œuvres du même auteur. *Paris, Courbé,* 1663, pet. in-12, vél.

455. — Les entretiens de feu Mr de Balzac. *Amsterdam, Elzevier,* 1663, pet. in-12, vél., *frontisp. gr.*

456. — Aristippe ou de la Cour. *Paris, Courbé*, 1658, pet. in 12, v. br., fil.

457. — Aristippe ou de la Cour. *Paris, Courbé*, 1658, in-4, v. br., fil., *frontisp. gr.*

458. — Apologie de M. de Balzac (par F. Ogier) et le Barbon du dit Sr de Balzac. *Paris, M. Bobin*, 1663, pet. in-12, v. viol., fil., tr. d.

459. **Banier** (Ant.). La mythologie et les fables expliquées par l'histoire. *Paris*, 1738, 3 v. in-4, v. br.

460. **Barante** (de). Histoire des ducs de Bourgogne de la maison de Valois (1364-1477). Nouv. édition. *Paris, Delloye*, 1839, 12 v. in-8, d.-rel. v. vert, *nombr. fig.*

461. — Histoire de la Convention nationale. *Paris, Furne*, 1851-53, 6 v. in-8, d.-rel. m.

462. — Questions constitutionnelles. *Paris*, 1849, in-8, br.

463. — De la littérature française pendant le dix-huitième siècle. 4e édit., augmentée d'une préface. *Paris*, 1824, in-8, d.-rel. m. br.

464. **Barberii** Hermes Romanus, ou Mercure latin, par J.-N. Barbier-Vémars (seconde édit.). *Paris*, 1817-19, 6 v. in-12, d.-rel. v.

465. **Barbeyrac** (Jean). Traité de la morale des Pères de l'Église (en réponse à l'Apologie de la morale des Pères, du P. Ceillier). *Amsterdam*, 1728, in-4, bas.

466. — Traité du jeu, où l'on examine les principales questions de droit naturel et de morale qui ont du rapport à cette matière. *Amsterdam*, 1709, 2 v. in-12 rel. en 1, bas., *frontisp. gr.*

467. **Barbier.** Dictionnaire des ouvrages anonymes et pseudonymes composés, traduits ou publiés en français et en latin, avec les noms des auteurs, traducteurs et éditeurs, accompagné de notes historiques et critiques. 2e édition. *Paris, Barrois,* 1822-27, 4 v. in-8, d.-rel. v., *portr.* — Nouveau dictionnaire des ouvrages anonymes et pseudonymes la plupart contemporains..... avec notes par E. de Manne. Nouv. édition. *Lyon,*

Scheuring, 1862. — Retouches au nouveau dictionn. de M. de Manne, par l'auteur des *Supercheries littéraires dévoilées* (Quérard). *Paris,* juillet 1862, 46 pp., 1 v. in-8, d.-rel. m. v.

468. **Barbosæ** (Augustini). Pastoralis sollicitudinis sive de officio et potestate Parochi tripartita descriptio. 4ᵃ editio. *Lugduni,* 1647, in-fol., cham.

469. **Barclay** (Joan.). Argenis, cum clave, editio noviss. *Francofurti,* 1634, in-16, parch.

469 *bis.* — Argenis de J. Barclay, trad. du lat. en franç. par l'abbé Josse. *Chartres,* 1732, 3 v. in-12, v. f.

470. — Euphormionis Lusinini sive Joannis Barclaii satyricon cum conspiratione anglicana. *Lugd.-Batavorum, Elzevir.,* 1637, pet. in-12, parch.

471. — Euphormionis Lusinini sive Joan. Barclaii satyricon, adjecta clavi. *Londini,* 1624, pet. in-12, bas.

472. — Les aventures d'Euphormion, histoire satyrique (par John. Barclay) (trad. du lat. en fr. par Drouet de Maupertuy). *Anvers,* 1711, 3 v. in-12, v. br.

473. — Joannis Barclaii Parænesis ad sectarios, libri III. *Romæ,* 1617, in-8, vél.

474. **Barrère** (B.). Mémoires, publ. par Hipp. Carnot et David d'Angers, précédés d'une notice historique par H. Carnot. *Paris,* 1842-44, 4 v. in-8, br., *portr.*

475. **Barin** (Th.), ministre. Le monde naissant, ou la création du monde démontrée par des principes très-simples et très-conformes à l'histoire de Moyse. *Utrecht,* 1686, pet. in-8, v. m.

476. **Barlæus** (Casp.). Orationum liber. Edit. tertia. *Amstelodami, Blaer,* 1661, in-16, bas.

477. **Barletius** Scodrensis (Marinus). De vita, moribus ac rebus præcipue adversus Turcas gestis, Georgii Castrioti Scanderbegi libri XIII, per Marinum Barletium Scodrensem. *Argentorati, apud Cratonem Mylium,* 1537, in-fol., d.-rel. bas.

478. **Baro** (Balth.). Celinde, poëme héroïque du Sr Baro. *Paris, Pomeray,* 1629, pet. in-4, vél.
  Voir aussi le N° 5426.

479. **Baron**. Théâtre, augmenté de deux pièces non encore imprimées et de diverses poésies du même auteur. *Paris,* 1759, 3 v. pet. in-12, bas.

480. **Baronius**. Annales Ecclesiastici ex XII tomis Cæsaris Baronii cardin. in Epitomen redacti, opera Henrici Spondani. *Lutetiæ-Parisior., impensis Societ. typog.,* 1649, 2 v. in-fol., v. f., fil., *titre gravé.*

481. — Summorum Pontificum series et gesta a Jo.-Fr. Bordino, archiep. Aven., ex Annal. card. Cæsaris Baronii deprompta. *Parisiis, apud Abel Angelerium,* 1604, 2 tom. en 1 v. in-4, bas., *frontisp. gr.*

482. **Barradas** (Seb.). Commentariorum in concordiam historiam evangelicam tomi IV. *Lugduni, Hor. Cardon,* 1611, 4 v. in-fol., bas.

483. **Barruel** (l'abbé). Du Pape et de ses droits religieux à l'occasion du concordat. *Paris, Crapart,* an XII (1803), 2 v. in-8, bas.

484. — Les Helviennes, ou Lettres provinciales philosophiques. 5e édit. *Paris,* 1812, 4 v. in-12, d.-rel. m.

485. **Barry** (le P. Paul de), jés. Le paradis ouvert à Philagie par cent dévotions à la Mère de Dieu. *Lyon,* 1636, pet. in-12, parch.
  Le titre manque.

486. — Le même. *Lyon,* 1671, in-12, bas.

487. **Bartenstein**. Voir N° 5558.

488. **Barthe** (l'abbé Édouard). Appel à la raison sur la vérité religieuse. *Paris,* 1850, in-8, br.

489. **Barthius** (Casp.). Barthi Casp. adversariorum commentariorum libri LX. *Francofurti,* 1648, in-fol., bas., *portr.*

490. **Bartoli** (le P. Daniel). L'homme de lettres, trad. de l'ital. par le P. de Livoy. *Paris,* 1769, 3 v. in-12, v. j.

491. **Baschet** (Armand). La diplomatie vénitienne. Les princes de l'Europe au XVIe siècle : François Ier, Philippe II, Catherine de Médicis, les Papes, les Sultans, etc., d'après les rapports des ambassadeurs vénitiens. Ouvrage enrichi de nombreux *fac-simile*. *Paris, Plon*, 1862, in-8, d.-rel. mar. r.

492. **Basilicorum** libri LX, Car.-Ant. Fabrotus latine vertit et græce edidit. *Parisiis, Cramoisy*, 1647, 7 v. in-fol., v. br. — Supplementum continens libros quatuor Basilicorum 49-52, gr. et lat., cum notis suis et aliorum edidit Otto Reitz : accedunt Thalelæi, Theodori, et aliorum Jct. græcor. commentaria nova, ex cod. ms. biblioth. Lugd.-Batav. edidit, latine vertit et castigavit Ruhnkenius. *Lugd.-Batav.*, 1765, in-fol., br.

493. **Basilius** (S.). Opera omnia quæ extant vel quæ ejus nomine circumferuntur, gr. et lat., opera et studio Juliani Garnier (et D. Prud. Maran). *Parisiis, J.-B. Coignard*, 1721-30, 3 v. in-fol., bas., *frontisp. gr.*

494. — Les Ascétiques, ou Traités spirituels de S. Basile-le-Grand, trad. en franç. par Godefroy Hermant. *Rouen*, 1727, in-8, bas.

495. — Homélies et lettres choisies de S. Basile-le-Grand; trad. par l'abbé Auger. *Paris*, 1788, in-8, d.-rel. bas.

496. — Les règles de la morale chrétienne, recueillies du Nouveau Testament par S. Basile-le-Grand, trad. du gr. en franç., avec des explications par Le Roy, abbé de Haute-Fontaine. *Paris*, 1665, in-12, v. b.

497. **Basnage** (Jac.). Antiquités judaïques. Voir le No 1308.

498. — Histoire des Juifs depuis Jésus-Christ. *La Haye*, 1716-26, 15 v. in-12 rel. en 8, bas.

498 *bis*. — Dissertations critiques pour servir d'éclaircissements à l'hist. des Juifs av. et ap. J.-C., et de supplément à l'hist. de M. Basnage (par L.-M. Boissy). *Paris*, 1785, 2 v. in-12, bas.

499. **Bassompierre** (François de). Mémoires, contenant l'histoire de sa vie, etc. *Amsterdam*, 1723, 4 v. pet. in-12, v. br.

500. **Bastet** (J.). Histoire de la ville et de la principauté d'Orange, in-12, br., *fig.*

501. **Baston.** Concordance des lois civiles et des lois ecclésiastiques de France. *Paris,* 1824, in-12, bas.

502. **Basville** (M. de). Mémoires pour servir à l'histoire du Languedoc. *Amsterdam, P. Boyer,* 1734, in-12, v. br.

503. **Batteux** (l'abbé Ch.). Les quatre poëtiques d'Aristote, d'Horace, de Vida, de Despréaux, avec les traductions et des remarques. *Paris, Saillant,* 1771, 2 v. in-8, gr. pap. de Holl., v., *fig.*

504. — Principes de la littérature. 5e édit. *Paris,* 1774, 5 v. in-12. — Traité de l'arrangement des mots, trad. du grec de Denys d'Halicarnasse, etc., par le même. *Paris,* 1738, in-12. En tout, 6 v., bas.

505. **Baud** (Ant.). L'Orthodoxie de la Confession sacramentelle, suivie de quelques réflexions sur la Tradition, par Ant. Baud, curé de la paroisse catholique de Berne. *Besançon,* 1856, in-8, br.

506. **Baudelot de Derval.** De l'utilité des voyages et de l'avantage que la recherche des Antiquités procure aux savants. *Paris,* 1686, 2 v. in-12, v. j.

507. **Baudi** (Dominici). Epistolæ auctæ, accedunt ejusdem orationes et libellus de Fœnore. *Lugd.-Batav, F. Hackius,* 1650, pet. in-12, bas., *frontisp. gr.*

508. **Baudier** (Michel). Histoire de l'administration du cardinal Ximenès, grand ministre d'Estat en Espagne. *Paris,* 1635, in-4, v. f., fil., *portr.*

509. **Bauny** (Le P. E.), jés. Somme des péchés qui se commettent en tous estats. *Paris, Michel Soly,* 1733, in-8, d.-rel. bas.

510. — De Sacramentis ac Personis sacris, earum dignitate. etc., juxta sacrarum litterarum testimonia, *Parisiis,* 1640, in-fol., cham.

<small>1er vol. de la Théologie morale, qui doit en avoir quatre publiés de 1640 à 1647.</small>

511. — Nova beneficiorum praxis. *Parisiis,* 1648, in-fol., v.

512. — Pratique du droit canonique. *Paris*, 1634, in-8, parch.
    Le titre manque.
513. **Bautain** (l'abbé). De l'Enseignement philosophique dans ses rapports avec la certitude. *Strasbourg*, 1833, in-8, br.
514. — La morale de l'Évangile comparée à la morale des philosophes. *Strasbourg* et *Paris*, 1827, in-8, br.
515. **Bayfius.** De re navali libellus.... ex Bayfii vigiliis excerptus, etc. *Lugduni, ap. S. Gryphium*, 1540, in-8.
    Relié avec le N° 911.
516. **Bayle** (Pierre). OEuvres diverses. *La Haye*, 1737, 4 v. in-fol., v. br.
517. — Dictionnaire historique et critique; 5me édition, avec la vie de l'auteur par Des Maizeaux. *Amsterdam*, 1734, 5 v. in-fol., v.
518. — Lettres choisies, avec des remarques (par Prosper Marchand). *Rotterdam*, 1714, 2 v. in-12, bas.
519. — Les mêmes, avec des remarques (par Des Maizeaux). *Amsterdam*, 1729, 3 v. in-12, v.
520. — Commentaire philosophique sur ces paroles de J.-C. : *Contraints-les d'entrer;* ou traité de la Tolérance universelle. *Rotterdam*, 1713, 2 v. in-12, bas.
521. — Pensées diverses à l'occasion de la comète qui parut en 1680 (par Bayle). *Rotterdam*, 1699, 2 v. in-12, bas. — Continuation des pensées diverses, par le même. *Ibid.*, 1705, 2 v. in-12, bas.
522. — Réponse aux questions d'un provincial (par Bayle). *Rotterdam*, 1704, 5 v. in-12, bas.
    Manquent les tomes 3 à 5.
523. — Examen critique des ouvrages de Bayle (par le P. Le Fèvre, jésuite). — Entretiens sur la raison; suite de la critique des ouvrages de Bayle (par le même). *Paris*, 1747, 2 v. in-12 rel. en 1, bas.
524. — Bayle en petit, ou anatomie de ses ouvrages, par le P. Le Fèvre, jésuite. *(Douay)*, 1737, in-12 de 194 pp., bas.

525. — Vie de Bayle, par Des Maizeaux. *La Haye*, 1732, 2 v. in-12, bas.
   Voir aussi le N° 2819.

526. — Rencontre de Bayle et de Spinosa dans l'autre monde. *Cologne, Marteau*, 1713, pet. in-12, v. f.
   Voir encore, sur Bayle, les N°s 380, 3695 et 1400.

527. **Bayus** (Jacobus). Institutionum religionis christianæ libri IV ad Catechismi romani methodum. *Parisiis, Quesnel*, 1626, in-4, cham.

528. **Beattie** (James). Essai sur la poésie et sur la musique considérées dans les affections de l'âme, trad. de l'angl. Paris, an VI, in-8, d.-rel. bas.
   Sur la musique, voir, en outre, les N°s 2699, 3585 et 4701.

529. **Beau** (P. J.-Bapt.), soc. Jes. Otia regia Ludovici XIV, sive Polyænus Gallicus de veterum et recentium Gallorum stratagematibus. *Claromontii*, 1658, 2 part. en 1 v. in-8, v. j., *frontisp. gr.*

530. **Beauchamp** (Alph. de). Vie politique, militaire et privée du général Moreau jusqu'à sa mort, avec pièces justificatives, etc. *Paris*, 1814, in-8, d.-rel. bas., *portr.*

531. **Beaulieu** (C.-F.). Essais historiques sur les causes et les effets de la révolution de France. *Paris, Maradan*, an IX (1801), 6 v. in-8, d.-rel. bas.

532. **Beaumarchais** (P.-Aug. Caron de). OEuvres complètes. *Paris, Collin*, 7 v. in-8, d.-rel. m. r., *fig.*

533. **Beausobre** (Isaac de). Histoire critique de Manichée et du manichéisme (publiée par Sam. Formey). *Amsterdam*, 1734-39, 2 v. in-4, v. m., fil.

534. — Le Nouveau Testament trad. en fr., avec des notes littéraires par de Beausobre et Lenfant. *Amsterdam, Hembert*, 1741, 2 v. in-4, v. m., *frontisp. gr.* et *cartes.*

535. **Beauté** (de la) de l'esprit comparée à celle du corps, trad. de l'ital. du m^{is} de Pignatelli. *Avignon*, 1681, in-12, bas.

536. **Beauvais** (le P. de). La vie de M. de Bretigny, prestre, fondateur des Carmélites de Ste Thérèse en France et aux Pays-Bas. *Paris,* 1747, in-12, bas.

Aux armes accolées de Brancas et Mailly.

537. **Beauveau** (Henri m^is de). Mémoires pour servir à l'histoire de Charles IV, duc de Lorraine. *Cologne, P. Marteau,* 1690. — Histoire de l'emprisonnement de Charles IV, duc de Lorraine, détenu par les Espagnols dans le château de Tolède, avec ce qui s'est passé dans les négociations faites pour sa liberté (par Nic. Dubois de Riocourt). *Cologne, P. Marteau (Hollande),* 1688, 1 v. in-12, v. br.

538. **Beauzée** (Nic.). Grammaire générale. *Paris, Barbou,* 1767, 2 v. in-8, bas.

539. — Exposition abrégée des preuves historiques de la religion chrétienne.... suivie d'extraits de lettres de Fénélon et des entretiens de ce prélat avec Ramsai. *Paris,* 1825, in-12, br.

540. **Becanus** (Mart.). Tractatio dilucida et compendiaria omnium de Fide controversiarum. *Lugduni,* 1624, in-12, bas.

Le frontispice manque.

541. **Becani** (Guill.). Idylliæ et elegia (Voir Hosschius).

542. **Beccaria.** Traité des délits et des peines, trad. de l'ital. par M. C. D. L. B. (M. E. Chaillon de Lisly, bibliothécaire). *Paris,* 1773, in-12, bas.

543. **Beck** (Dom.). Institutiones metaphysicæ prælectionibus publicis destinatæ. *Salzburgi,* 1781, in-8, cart.

544. **Bédarride** (I.). Les Juifs en France, en Italie et en Espagne; recherches sur leur état depuis leur dispersion jusqu'à nos jours, sous le rapport de la législation, de la littérature et du commerce. *Paris, Michel Lévy,* 1859, in-8, d.-rel., mar. v.

545. **Beilby Porteus.** Heureux effets du christianisme sur la félicité temporelle du genre humain prouvés par l'histoire et les faits, etc. *Paris,* 1808, in-12, d.-rel. bas.

546. **Bekker** (Balthazar). Le Monde enchanté, ou examen des communs sentiments touchant les esprits, leur nature, etc., traduit du Hollandais. *Amst., chez P. Rotterdam*, 1694, 4 v. pet. in-12, rel. différente, *portr*.
   Sur Bekker, voir le N° 2707.

547. **Bel esprit** (du), où sont examinés les sentiments qu'on a d'ordinaire dans le monde (par Fr. de Callières). *Paris, Anisson*, 1695, in-12, bas.
   Attribué aussi à un sieur de S.-Vincent.

548. **Belin de Ballu.** Histoire critique de l'éloquence chez les Grecs, contenant la vie des orateurs, etc., depuis l'origine de l'art jusqu'au IIIe siècle après J.-C., avec des remarques hist. *Paris, Belin*, 1813, 2 v. in-8, v. j.

549. **Bell** (John). Traité des plaies, ou considérations théoriques et pratiques sur ces maladies; trad. de l'angl. par J.-L.-E. Estor. *Paris*, 1825, in-8, br.

550. **Bellarmini** (Rob.). Disputationes de controversiis christianæ fidei adversus hujus temporis hæreticos. *Parisiis, ex offic. Tri-Adelphorum*, 1608, 4 v. in-fol., v. br.

551. — Bellarmini, Apologia pro responsione sua ad librum Jacobi Magnæ Britaniæ regis cujus titulus est: *Triplici nodo triplex cuneus*. Accessit eadem ipsa responsio iterum recusa quæ sub nomine Matthæi Torti prodierat. *Romæ*, 1609, in-4, parch.

552. — Apologie de l'illustrissime Robert Bellarmin, cardinal de la Ste Église Romaine, pour la responce dudit sieur, au livre du sérénissime Roy de la Grand'-Bretagne; en laquelle apologie est réfutée la Préface monitoire du mesme sire Roy. S. l., 1610, in-8, vél.

553. — De ascensione mentis in Deum per scalas rerum creatarum. *Montepessulano*, 1823, in-12, br.

554. — Explanatio in psalmos. *Lugduni*, 1675, in-4, bas.

555. **Bellasius** (Petr.), Florentinus. Promptuarium regu-

lare, complectens ea quæ ad regulares pertinent pro utroque foro. *Venetiis,* 1649, in-12, mar. n.

556. **Bellay** (Martin et Guillaume du) **Langei.** Mémoires mis en un nouveau style, auxquels on a joint les mémoires du M^{al} de Fleuranges et le Journal de Louise de Savoie,.... *Paris, Nyon,* 7 v. in-12, v. éc., fil., tr. dor.

     Exemplaire de Denys Secousse.

557. **Bellegarde** (l'abbé de). Réflexions sur la politesse des mœurs, avec des maximes pour la société civile ; suite des *Réflexions sur le ridicule. Paris,* 1698, in-12, bas.

558. — Réflexions sur le ridicule et les moyens de l'éviter. 4e éd. *Paris,* 1699, in-12, bas.

559. — Réflexions sur l'élégance et la politesse du stile. 3e éd. *Trévoux* et *Paris,* 1700, in-12, bas.

560. — Modèles de conversations pour les personnes polies. 3e éd. augm. d'une conversation sur les modes. *Paris,* 1701, in-12, bas.

561. — Lettres curieuses de littérature et de morale. *Paris,* 1702, in-12, bas.

562. — Sentiments que doit avoir un homme de bien sur les véritez de la religion et de la morale. *Paris,* 1699, in-8, bas.

563. **Belles Grecques** (les) ou l'histoire des plus fameuses courtisannes de la Grèce... et dialogues nouveaux des galantes modernes (par madame Durand), avec deux pièces de poésie du même auteur. *Amsterdam,* 1721, in-12, bas.

564. **Belleval** (Ch. de). Notice sur Montpellier. 4e édition. *Montpellier,* 1826, in-8, br.

565. **Bellugou** (Joseph), prêtre. De la nécessité et des avantages de la philosophie individuelle ; lettres à M. F. de la Mennais. *Montpellier, Virenque,* 1821, in-8, br.

566. **Belot** (Jean). Ses œuvres, contenant la Chiromence, Physionomie, l'art de mémoire de Raymond Lulle ;

traité des divinations...; les sciences steganographiques, Paulines, Armadelles et Lullistes, etc.; dernière édition, augmentée de divers traités. *Rouen, Amiot,* 1688, pet. in-8, vél.

567. **Bembo** (Pierre). Petri Bembi epistolarum Leonis decimi Pont. max. nomine scriptarum libri XVI. *Lugduni, apud hæredes Simonis Vincentii, Dionysius ab Harsio excudebat.* MDXXXVIII, in-8, vél.

568. — Lettere di Vinegia. 1575, 2 v. pet. in-8 rel. en 1, vél.

569. **Benedictus XIV** P. O. M,... De sacro sancto Missæ sacrificio libri tres. Editio tertia latina. *Patavii,* 1755, in-4, bas.

570. — De festis D. N. J. C. et Beatæ M. V. libri duo. Editio 3ª. *Patavii,* 1758, in-4, bas.

571. — De Synodo diœcesana libri VIII. *Ferrariæ,* 1753, in-4, bas.

572. — Analyse de l'ouvrage du pape Benoît XIV sur les béatifications et canonisations (par l'abbé Beaudeau). *Paris,* 1761, in-12, bas.

573. **Benoît** (S.). Sur l'Ordre ou sur la Règle de Saint Benoît, voir notamment les Nos 16, 2427, 2890, 3181, 3333, 4384 et 4602.

574. **Bensserade** (Isaac de). Ses œuvres (édition donnée par P. Tallemant.) *Paris, Ch. de Sercy,* 1697, 2 v. in-12, v. br.

575. **Beranger** (P.-J.). Ma Biographie par P.-J. de Beranger, avec un appendice, orné d'un portrait dessiné par Charlet. — Philosophie et politique de Beranger, par Paul Boiteau. *Paris, Perrotin,* 1859, 2 v. in-8, br.

576. **Bérard** (Fréd.). Doctrine médicale de l'École de Montpellier et comparaison de ses principes avec ceux des autres Écoles anciennes et modernes. *Montpellier, J. Martel,* 1821. Tome I (le seul paru), in-8, d.-rel., bas.

577. **Berchorii** seu **Berthorii** (Petr.) Opera omnia, to-

tam scripturæ, morum, naturæ historiam complectentia, tribus tomis distincta. *Coloniæ Agripp.*, 1620, 3 tom. en 2 v. in-fol., cham.

578. **Bergier** (Nic.-S.). Apologie de la Religion chrétienne, contre l'auteur du *Christianisme dévoilé* et contre quelques autres critiques. *Paris*, 1769, 2 v. in-12, bas.

579. — Certitude des preuves du Christianisme, ou réfutation de l'*Examen critique des apologistes de la Religion chrétienne*. *Paris*, 1767, 2 part. en 1 v. in-12, bas.

580. — Le Déisme réfuté par lui-même, ou examen des principes d'incrédulité répandus dans divers ouvrages de J.-J. Rousseau, 4e éd. *Paris*, 1768, in-12, br.

581. — Examen du matérialisme, ou réfutation du *Système de la nature*. *Paris*, 1771, 2 v. in-12, br.

582. — L'origine des dieux du paganisme et le sens des fables découvert par une explication tirée des fables d'Hésiode. *Paris*, 1767, 2 v. in-12, bas.

583. — Traité historique et dogmatique de la vraie religion, avec la réfutation des erreurs qui lui ont été opposées dans les différents siècles. *Paris*, 1780, 10 v. in-12, bas.

584. — Les éléments primitifs des langues, découverts par la comparaison des racines de l'hébreu avec celles du grec, du latin et du français. *Paris*, 1764, in-12, bas.

585. **Berington** (Jos.). Histoire littéraire du moyen-âge, trad. de l'angl. par A.-M.-H. Boulard. *Paris*, 1814-22, 5 part. en 1 v. in-8, d.-rel. bas.

586. **Bernardus** (S.). Opera omnia..... ex secundis curis Johan. Mabillon. *Paris*, 1690, 2 v. in-fol., v. br.

587. —. Opera omnia, opera et labore Jo. De la Haye, cum indic. locuplet. *Parisiis*, *Moreau*, 1635, 4 tom. en 2 v. in-fol., v. br., *frontisp. gr.*

588. — Meditationes. Voy. Augustinus (S.), N° 362.

589. — Traduction de trois excellents ouvrages de S. Bernard; de la Conversion des mœurs, de la Vie solitaire,

des Commandements et Dispenses (par Lamy). *Paris, Pierre le Petit*, 1656, pet. in-12, v. br., *portr*.

590. — Lettres de S. Bernard, trad. en franç. par de Villefore, avec les notes d'Horstius et de Mabillon. *Paris, Jean de Nully*, 1715, 2 v. in-8, v. br.

591. — Vie de S. Bernard, premier abbé de Clairvaux, par de Villefore. *Paris, Jean de Nully*, 1704, in-4, v. br.

592. — La vie de S. Bernard, premier abbé de Clairvaux, en partie traduite du latin de trois célèbres abbés de son temps, et en partie tirée de ses ouvrages (par Ant. le Maître). *Paris, Vitré*, 1648, in-4, v. f., fil., *portr*.

593. — Histoire littéraire de Saint Bernard et de Pierre le Vénérable (par D. Clémencet). *Paris*, 1773, in-4, v. m.
Voir aussi 722 *bis*.

594. **Bernard** (le P.). L'ordre de l'Église, ou la primauté et la subordination ecclésiastique selon S. Thomas. *Paris*, 1735, in-12, bas.

595. **Bernier** (Fr.). Traité du Libre et du Volontaire. *Amsterdam*, 1685, in-12, de 132 pp., vél.

596. **Bernis** (card. de). Correspondance avec Voltaire. 1761-1777. *Paris*, an VII, in-8, d.-rel. mar.

597. **Berruyer** (le P. Is. J.). Histoire du Peuple de Dieu. 1re partie : depuis son origine jusqu'à la naissance du Messie. *Paris, Coignard*, 1738, 10 vol. ; — 2e part. : depuis la naiss. du Messie jusqu'à la fin de la synagogue. *La Haye, Néaulme*, 1753, 8 vol. ; — 3e part., ou paraphrase littérale des Épîtres des Apôtres, d'après le commentaire du P. Hardouin, jés..... *Amsterdam, Néaulme*, 1758, 5 vol.; en tout, 23 vol. in-12, bas.
Manque le tome 2 de la 1re partie.

598. — Recueil des critiques qui ont paru contre l'*Histoire du Peuple de Dieu*, avec les réponses données par le P. Berruyer. *Amsterdam*, (1753-54), in-4, v. j.

599. — Lettres théol., où l'Écriture sainte, la tradition et la foi de l'Église sur les mystères.... la prédestination et la grâce sont vengées contre le système impie et socinien des PP. Berruyer et Hardouin, jésuites. Ouvrage posth. de l'abbé Gaultier, biblioth.

et théologien de Mgr Colbert, Évêque de Montpellier. S. l., 1756, 3 v. in-12, bas. marbr.

600. — Les grandeurs de Jésus-Christ avec la défense de sa divinité contre les PP. Hardouin et Berruyer, jésuites (par Prud. Maran, bénédictin). *En France (Paris)*, 1756, in-12, bas.

601. — Mandement et instruction pastor. de Mgr. l'Év. de Soissons (Fr. de Fitz-James), portant condamnation du Comment. latin du P. Hardouin sur le N. T., et des trois parties de l'Hist. du Peuple de Dieu par le P. Berruyer, etc. (composés par l'abbé Gourlin). *Paris*, 1760, 7 v. in-12, bas.

602. — Réflexions sur la Foi..... par le P. Berruyer. *Trévoux*, 1760, in-12, cart.

602 bis. — Examen d'un nouvel ouvrage du P. Berruyer, intitulé : *Réflexions sur la Foi*. On y a joint un abrégé du catéchisme et du symbole résultans de la doctrine des PP. Berruyer et Hardouin. 1762, in-12, bas.

603. **Bertaud** (Joan). *Divinarum humanarumque rerum peritissimi Joan Bertaudi Petragorici.... de cognatione sacerrimi Joānis Baptiste cum filiabus et nepotibus beatæ Annæ libri tres, ab eodē expurgati et emuncti*; in-4, caract. rom., 82 ff. chiffrés, le titre compris, 6 grav. *Venundatur in œdibus Jodoci Badii et a Galeoto a Pratis* (1529). — *Encomium trium Mariarum cū earundē cultus defensione adversus Lutheranos... emissum opera et industria Joan. Bertaudi. Venundatur Jodoco Badio et Galeoto a Pratis* (1529). Caract. rom., 18 ff. chiffrés, 2 grav.

La partie : *Solemnis missa et Officium canonicum*, qui devrait suivre, manque.
Relié avec le N° 1483.

604. **Berthier** (le P. G.-F.). Observations sur le *Contrat social* de J.-J. Rousseau. *Paris*, 1789, in-12, bas.

605. **Berthre de Bourniseaux** (P.-V.-J.). Précis historique de la guerre civile de la Vendée, depuis son origine jusqu'à la pacification de la Jaunaie, avec les notices des généraux des deux partis, etc. *Paris*, an X (1802), in-8, d.-rel. bas, *gr*.

606. **Bertrand** (E.). Essai sur les usages des montagnes, avec une lettre sur le Nil. *Zurich,* 1754, in-8, v. m.

607. **Bertrand Moleville** (A.-F. de). Mémoires particuliers pour servir à l'histoire de la fin du règne de Louis XVI. *Paris, Michaud,* 1816, 2 v. in-8, d.-rel.

608. **Berulle** (le card. P. de). Les œuvres du cardinal de Berulle, premier supérieur-général de la Congrégation de l'Oratoire, publ. par le P. Bourgoing. 3e édition. *Paris,* 1665, in-fol., bas.

609. — L'office de Jésus pour le jour et l'octave de sa feste, qui se célèbre dans la Congrégation de l'Oratoire de Jésus le 28 janvier ; trad. en fr. avec des réflexions de piété. *Paris, Pralard,* 1673, in-8, bas.

610. — Histoire de Pierre de Berulle, cardinal, fondateur de la Congrég. de l'Oratoire, avec notice sur les supérieurs-généraux de cette Cong., par M. Tabaraud. *Paris, Egron,* 1817, 2 v. in-8, d.-rel. bas.

611. **Berwick** (le maréchal de). Mémoires écrits par lui-même (publ. par le duc de Fitz-James, son petit-fils, et revus par l'abbé Hook). *Paris,* 1780, 2 v. in-12, bas, *portr.*

612. **Besoigne** (l'abbé). Principes de la Pénitence et de la Conversion, ou la vie des Pénitens. *Paris,* 1764, 2 v. in-12, v. j.

613. — Principes de la Perfection chrétienne et de la Perfection religieuse. *Paris,* 1767, in-12, v. m.

614. **Bessière**, vic.-g^l du dioc. de Montpellier. Le Sacrifice de l'autel, ou instructions sur les cérémonies et les prières de la messe. *Montp., Seguin,* 1830, in-12, br.

615. **Beughem** (Corn. a). La France savante, id est, Gallia erudita, critica, etc. *Amstelod.,* 1688, in-12, v. br.

616. **Beugnot** (A.). Histoire de la destruction du paganisme en Occident. *Paris, F. Didot,* 1835, 2 v. in-8, d.-rel. m.

617. **Beurrey** (l'abbé). La question de l'usure éclaircie,

ou les véritables notions du prêt rétablies conformément à la tradition de l'Église et aux lumières de la droite raison. *Paris*, 1786, 2 v. in-12, br.

618. **Beurrier** (le P. Paul). Speculum christianæ religionis in triplici lege naturali, mosaica et evangelica, in quo quæ potissimum faciunt ad fidei confirmationem et conversionem atheorum...... exhibentur. *Parisiis*, 1666, 2 v. in-12 rel. en 1, mar. j.

619. **Beze** (Theod. de). Tractatus de Repudiis et Divortiis, in quo pleræque de causis matrimonialibus (quas vocant) incidentes controversiæ ex verbo Dei deciduntur... ex Theod. Bezæ Vezelii prælectionibus... *Lugd.-Batav.*, 1651, pet. in-12, v. br.

620. — Tractatio de Polygamia; accedit tractatio de Repudiis et Divortiis; ex Th. Bezæ Vezelii prælectionibus in priorem ad Corinthios epistolam. *Genevæ, Eusth. Vignon*, 1573, 2 v. pet. in-8 rel. en 1, vél.

621. — Theod. Bezæ Epistolarum theologicarum liber. *Genevæ*, 1573, pet. in-12, bas.

622. — Theod. Bezæ Vezelii Poemata. — Mureti (M. Ant.) Juvenilia. — Secundi (Johan.) Hagiensis Juvenilia. *Lugd.-Batav. (Paris, Barbou)*, 1757, in-12, v. f., fil., tr. d., *portr*.

623. **Bhaguat-Geeta** (le) ou dialogues de Kreeshna et d'Arjoon, contenant un précis de la religion et de la morale des Indiens, trad. du sanscrit en angl. par Ch. Wilkins, et de l'angl. en fr. par Fr. Parraud. *Londres et Paris*, 1787, in-8, d.-rel. bas.

624. **Biblia** polyglotta, hebraice, chald., gr. et lat.; cura et studio Benedicti Ariæ Montani. *Antuerp.¹, Plantin*, 1569-73, 8 v. in-fol., rel. en bois recouvert de vél. gauffré, coins et fermoirs en cuivre, *fig*.

Bible dite *de Philippe II*.

625. — Discours historique sur les principales éditions des Bibles polyglottes, par l'auteur de la *Bibliothèque sacrée* (le P. Lelong). *Paris*, 1713, in-12, bas.

626. **Biblia** Ebræa, cura et studio Eliæ Huteri. *Coloniæ,* 1603, 4 part. en 2 v. in-fol., bas.

627. **Biblia** Hebraïca secundum ult. editionem Jos. Athiæ, a Johan. Leusden denuo recognita, et ab Everardo Van der Hooght recensita. Editio nova studio Judah D'Allemand. *Londini, Duncan,* 1837, in-8, v. br. gauf.

628. — Vetus Testamentum (gr.) ex versione LXX interp., secundum exemplar Vaticanum Romæ editum cum scholiis. Edidit Lambertus Bos. *Franequeræ, ap. Halma,* 1709, in-4, v. br.

629. — Divinæ Scripturæ, nempe Veteris et Novi Testamenti omnia græce, a viro doctiss. (Franc. Junio, aut Frid. Sylburgio) recognita et emendata, variisque lection..... aucta et illustr. *Francofurti, ap. Wecheli hæredes,* 1597, in-fol., bas., fil.

630. — Biblia sacra Vulgatæ edit., Sixti V Pont. max. jussu recognita et Clementis VIII auctoritate edita. *Coloniæ Agripp., Balthaz. ab Egmont,* 1682, in-8, m. n., tr. d., *frontisp. gr.*

631. — Eadem; editio nova notis chronologicis et historicis illustrata. *Parisiis, excudeb. Ant. Vitré,* 1702, in-4, m. n., fil.

632. — Vetus Testamentum ex versione LXX interpret., secundum exemplar Vaticanum, gr., cura Dav. Millii. *Trajecti ad Rhenum,* 1725, 2 v. in-8, bas.

633. — Biblia sacra (lat.) Vulgatæ editionis. *Lugduni, sumptibus fratrum Bruyset,* 1716, 6 v. in-16, v. br.

634. — Biblia; interpret. Seb. Castalione, una cum ejus annotationibus. *Basileæ, per Joan. Oporinum* (1554), in-fol., bas.

635. — La Bible Saincte. *Lyon, Estienne Michel,* 1580, in-fol., mar. r., *vignettes sur bois dans le texte.*

636. — La Sainte Bible, trad. en lat. et en fr., avec un commentaire littéral et critique par D. Augustin Calmet. *Paris,* 1767-73, 17 v. in-4, v. éc., *fig.*

637. — La Bible, qui est toute la saincte Escriture du vieil et du nouveau Testament, autrement l'ancienne et la nouvelle alliance, le tout reveu et conféré sur les textes hébreux et grecs par les Pasteurs et Professeurs de l'Église de Genève, avec amples indices et figures pour le contentement du lecteur. *Genève, P. Chouët,* 1657, 2 v. in-fol., vél., *frontisp. gr.*

638. **Bible** (la) mutilée par les protestants, ou démonstration de la divinité des Écritures rejetées par la Réforme, ouvrage publ. par ordre de M^{gneur} d'Astros, archevêque de Toulouse, sec. éd. *Toulouse, Douladoure,* 1847, in-8, br.

639. — Livres apocryphes de l'ancien et du nouveau Testament, trad. en fr., avec des notes (par le P. Legras, de l'Oratoire), pour servir de suite à la Bible de Sacy (suivis de l'épître à Diognète, trad. du gr. en fr. par le même). *Paris, Desprez,* 1742, 2 v. in-12, bas.

Voir encore, pour la Bible, les N°s 397, 4065, 4994 et s. et 5011.

640. **Bibliographia** Anissoniana, seu Catalogus librorum qui venales reperiuntur in officina Laurentii Anissont, bibliopolæ Lugdunensis ad annum 1669. *Lugduni,* 1669, pet. in-12, vél.

641. **Bibliotheca** selecta de literatura española o modelos de elocuencia y poesia tomados de los escritores mas celebres desde el siglo XIV hasta nuestros dias, ... por P. Mendibil y M. Silvela. *Burdeos,* 1819, 4 v. in-8, d.-rel. bas.

642. **Bibliotheca** Veterum Patrum... (lat.). *Basileæ, ex offic. Henricpetrina,* 1569, in-fol., d.-rel. bas.

2e partie seulement, commençant à la p. 897.

643. **Bibliotheca** Veterum Patrum, seu scriptorum ecclesiasticorum. Tomi duo. *Parisiis,* 1624, 2 v. in-fol., cham.

Recueil publié par le P. Fronton du Duc.

644. **Bibliothèque** universelle et historique (1686-93) (par J. Leclerc, J.-Conr. de la Croze et Jac. Bernard). *Amsterdam,* 26 v. pet. in-12, y compris la table, v. br.

645. — Bibliothèque choisie, pour servir de suite à la Bibliothèque universelle, par J. Leclerc. 1703-13, *Amsterdam*. 27 v. pet. in-12 et 1 v. de table, v. br.

646. — Bibliothèque ancienne et moderne, pour servir de suite aux Bibliothèques universelle, et choisie, par J. Leclerc, 1714-27. *Amsterd.*, 28 v. pet. in-12 et 1 v. de table, v. br.

647. **Bibliothèque** Françoise, ou histoire littéraire de la France (par Camusat, Granet, etc.). *Amsterdam,* 1723 et ann. suiv., 50 v. in-12, v. m.
Manquent les vol. 43 à 50.

648. **Bibliothèque** Angloise, ou histoire littéraire de la Grande-Bretagne (par Mic. de la Roche et Arm. de la Chapelle). *Amsterd.* 1717-28, 15 v. in-12, v. br.

649. **Bibliothèque** générale des écrivains de l'Ordre de Saint-Benoît, par un bénédictin de la congrégation de Saint-Vannes (Dom J. François). *Bouillon,* 1777-78, 4 v. in-4, d.-rel. v.

650. **Bigarrures** Philosophiques (par Tiphaigne de la Roche). *Amsterdam et Leipsig*, 1759, 2 v. in-12 rel. en 1, bas.

651. **Bigotherius** (Cl.). Rapina, seu Raporum encomium, autore Cl. Bigotherio poeta rapicio, etc. *Lugduni, ap. Theob. Paganum,* 1540, in-8.
Relié avec le N° 911.

652. **Billius** (Jac.). Locutiones græcæ in communes locos per alphabeti ordinem digestæ. *Parisiis, Nic. Chesneau,* 1578, in-8, d.-rel. bas.

653. **Binet** (Benj.). Traité historique des dieux et des démons du paganisme, avec des remarques critiques sur le système de Bekker. *Delft,* 1696, in-16, v. br., fil.

654. **Binos** (l'abbé de). Voyage par l'Italie, en Égypte, au mont Liban et en Palestine. *Paris,* 1787, 2 v. in-12 rel. en 1, *fig*.

655. **Biographie** Clermontaise; histoire des hommes remarquables de la ville de Clermont-l'Hérault, par l'abbé A. D. (Durand). *Montpellier,* 1859, gr. in-18, br.

656. **Biographie** (petite) conventionnelle, ou tableau moral et raisonné de 749 députés à l'assemblée dite *de la Convention*, dans laquelle on voit figurer des comtes, des curés, des marquis, des bouchers, des évêques, des comédiens, des médecins, des huissiers, des moines, des barbiers de village, etc. Seconde édition, ornée d'une gravure. *Paris*, 1816, in-12, d.-rel. v. f.

657. **Biographie** des Députés, précédée d'une histoire de la législature de 1842 à 1846, par deux journalistes. *Paris, Pagnerre,* 1846, gr. in-16, br.

658. **Biographie** impartiale de Louis-Philippe. *Bruxelles,* 1833, in-24, br.

659. **Bion.** Idylles de Bion et de Moschus, trad. en vers français avec des remarques (par de Longepierre). *Lyon,* 1697, in-12, d.-rel.

660. **Biroat** (Jacques). Sermons sur les mystères de Notre Seigneur. *Paris,* 1669, in-8, bas.

661. — La vie de J.-C. dans le St Sacrement de l'autel. *Paris,* 1658, in-8, bas.

662. **Bizardière** (de la). Histoire de la scission ou division arrivée en Pologne, le 27 juin 1697, au sujet de l'élection d'un Roy. *Paris,* 1699, in-12, bas.

663. **Blackwell** (Th.). Lettres sur la mythologie, trad. de l'angl. par M... (Eidous). *Paris,* 1771, 2 v. in-12 rel. en 1, v.

664. **Blair** (Hugh). Leçons de rhétorique et de belles-lettres, trad. de l'angl. par Cautwuell. *Paris, Gide,* an V (1797), 4 v. in-8, bas. rac.

665. **Blanc** (Paulin). Nouvelle Prose sur le dernier jour, composée avec le chant noté vers l'an mille et publ. pour la 1re fois d'après un mss de l'abbaye d'Aniane, par M. P. Blanc, bibliothécaire de la ville de Montpellier. *Montpellier,* 1847, in-4, br., *fac-simile. (Extr. des Mém. de la Soc. Arch.,* t. II, 1850.) — La même. 2me édit., revue et corrigée, avec le chant traduit en notation moderne par l'abbé Tesson. *Paris, Lecoffre,* 1863, gr. in-4, *fac-simile et pl. de musique.*

666. **Bleigny** (De). L'Ortografe françoise, par le Sr de Bleigny. *Paris*, 1683, in-12, bas.

667. **Blondel** (David). Des Sibylles célébrées tant par l'antiquité payenne que par les Saints Pères. *Paris*, 1649, in-4, parch.

668. — Apologia pro sententia Hieronymi de Episcopis et Presbyteris. *Amstelodami, Jo. Blaeu*, 1746, in-4, bas.

669. **Blondel** (F.). Histoire du Calendrier romain, son origine et les divers changements qui lui sont arrivés. *Paris*, 1682, in-4, v. éc.

670. **Blondel** ( ). Comparaison de Pindare et d'Horace. *Paris*, 1675, in-12, bas.

671. **Bobynet** (le P. Pierre). L'Horographie ingénieuse, ou curiositez agréables dans la composition des cadrans. *Paris*, 1647, in-12, bas., *fig*.

672. **Boccaccio** (Giov.). Decamerone repurgato con somma cura..... di Alessandro M. Bandiera. *Venezia*, 1818, 2 v. in-12, v. f.

673. — Le Décaméron de maistre Jean Bocace, florentin, traduict d'italien en françois par M. Antoine Le Maçon. *Paris, Jacques Langlois*, 1629, in-8, vél.

674. **Bochat** (L. de). Mémoires critiques... sur l'histoire ancienne de la Suisse et sur les monuments d'antiquité qui la concernent, avec carte. *Lausanne*, 1747, 3 v. in-4, v. f., *frontisp. gr.*

675. **Bocquillot** (Laz.-André). Traité historique de la Liturgie sacrée, ou de la Messe. *Paris*, 1701, in-8, v. br.

676. **Bodin**. Les six livres de la république de Bodin, Angevin. *Paris, J. du Puys*, 1576, in-fol., bas.

677. **Boetius**. *De Consolatione philosophiæ, necnon de Disciplina Scholarium cum comento sancti Thome (absque nota).* In-4, goth. de 179 ff. dont 125 pour le premier traité, 48 pour le second et 6 ff. pour la table du premier. (Les pages ont 54 lignes.)

678. — *Duplex cōmentatio... in Boetium (seu Boethum*

mavis) de Consolatione philosophica et de Disciplina scolastica. Ea videlicet que *D. Thome Aquinato ascribitur. Et que ab Ascensio recentius est emissa :* una cum libello de moribus in mensa informādis omnibus in teneris annis constitutis pernecessario a Sulpicio Verulano edito. Impressum Lugduni per Stephanū Baland, anno 1503, in-4, goth. de 160 ff. non chiffrés, bas.

679. — Consolationis philosophiæ libri V. Ejusdem opuscula sacra auctiora Renatus Vallinus recensuit et notis illustr. *Lugd.-Batavorum, Fr. Hackius,* 1656, in-8, d.-rel. m., *frontisp. gr.*

680. — La Consolation de la philosophie ; trad. du latin de Boece par de Ceriziers. 12e éd. *Paris, Ve Camusat,* 1647, in-16, m. v., tr. d.

681. — La Consolation de la philosophie de Boece; trad. nouvelle par M. C*** (Léon Colesse). *Paris, Gogué,* 1771, in-12, bas.

682. — Histoire de Boëce, sénateur romain, avec l'analyse de ses ouvrages et des notes (par l'abbé Gervaise). *Paris,* 1715, in-12, bas.

683. **Bœttiger** (C.-A.). Sabine, ou matinée d'une dame romaine à sa toilette à la fin du 1er siècle de l'ère chrétienne, trad. de l'allem. (par M. Clapier). *Paris,* 1813, in-8, bas., *13 fig.*

684. **Boileau** (l'abbé Jacques). Homélies et sermons. *Paris, Guerin,* 1712, 2 v. in-12, bas.

685. — Histoire des Flagellans, trad. du lat. (par l'abbé Granet), 2e édition. *Amsterdam,* 1732, in-12, bas.

686. — Historia Confessionis auricularis. *Lutetiæ-Parisior.,* 1684, in-8, bas.

687. — Marcelli Ancyrani (Jacobi Boileau) disquisitiones II de residentia canonicorum, quibus accessit tertia de tactibus impudicis, an sint peccata mortalia vel venialia, cum colloquio critico de sphalmatis virorum in re litteraria illustrium. *Parisiis,* 1695, in-8, v. br.

688. **Boileau** (l'abbé J.-Jacques). Pensées choisies sur différents sujets de morale. N. éd. *Paris,* 1734, in-12, bas.

689. **Boileau-Despréaux** (Nic.). Ses œuvres avec des éclaircissements donnez par lui-même. *Genève,* 1716, 2 v. in-4, v., *portr. de Boileau et du Régent, gr. par Chereau.*

690. — OEuvres complètes. *Paris, Mame frères,* 1810, 3 v. in-8, v. rac.

691. — Lettres familières de MM. Boileau-Despréaux et Brossette, pour servir de suite aux OEuvres du premier, publiées par Cizeron-Rival. *Lyon,* 1770, 3 v. pet. in-12, bas.
Voir aussi 3174.

692. **Boisard** (J.). Traité des monoyes, augmenté d'un traité pour l'instruction des monoyeurs et des négocians en matière d'or et d'argent. *Paris,* 1711, pet. in-8, bas, *frontisp. gr.*

693. **Bona** (Joan.) cardinalis. Rerum liturgicarum libri duo, hac nova editione recogniti, aucti, et fusiori disquisitione de azymo et fermentato locupletati. *Lutetiæ-Parisior., Lud. Billaine,* 1676, in-8, v. br.

694. — De divina Psalmodia tractatus historicus, symbolicus, asceticus, sive psallentis Ecclesiæ harmonia. Editio secunda. *Parisiis, Billaine,* 1663, in-4, bas.

695. — De preparatione ad mortem. Opusculum jussu Fr. Barberini episc. Ostiens. editum. *Romæ,* 1710, in-12, br.

696. — Les Principes et les règles de la vie chrétienne, trad. du lat. par le présid. Cousin. *Paris,* 1676, in-12, bas.

697. — Principes et règles de la vie chrétienne, trad. du latin. *Paris,* 1728, in-12, bas.

698. — Traité du discernement des esprits, trad. par L. A. D. H. (l'abbé le Roy, abbé de Hautefontaine). *Paris, Billaine,* 1675, in-12, v. j.

699. — Le chemin du Ciel et le plus court chemin pour aller à Dieu, deux ouvrages du cardinal Bona, nouvellement traduits par Nic. Guyot (frère de l'abbé Desfontaines), avec son testament spirituel. *Paris,* 1738, in-12, v. br.

700. **Bonacina** (Martinus), Mediolanens. sacræ theologiæ, et j. u. d. Opera omnia. *Lugduni, Laur. Anisson,* 1646, 3 v. in-fol. rel. en 2, bas.
701. **Bonal** (le P. Fr.). Le Chrestien du temps, en quatre parties. *Lyon,* 1688, in-4, bas.
702. **Bonald** (L. Gabr. Ambr. vicomte de). Du Divorce, considéré au XIXe siècle relativement à l'état domestique et à l'état public de la société, 2e éd. *Paris, Ad. Leclere,* 1805, in-8, v.
703. — Théorie du pouvoir politique et religieux dans la société civile, démontrée par le raisonnement et par l'histoire par M. de B***, gentilhomme français. *S. l. (Constance),* 1796, 3 v. in-12, v.

Première édition, très-rare.

704. — Pensées sur divers sujets, et discours politiques. *Paris, Ad. Leclere,* 1817, 2 v. in-8, v. f.
705. — Recherches philosophiques sur les premiers objets des connaissances morales. *Paris, Ad. Leclere,* 1818, 2 v. in-8, v. m.
706. — Mélanges littéraires, politiques et philosophiques. *Paris, Ad. Leclere,* 1819, 2 v. in-8, v. f.
707. **Bonald** (Victor de), fils du précéd. Moïse et les géologues modernes, ou récit de la Genèse comparé aux théories nouvelles des savants sur l'origine de l'univers, etc. *Avignon, Seguin aîné,* 1835, pet. in-12, br.
708. — Réflexions philosophiques et scientifiques sur le commencement de la Genèse, opposées aux diverses erreurs par lesquelles la géologie et le rationalisme défigurent le sens littéral du texte sacré, par le Vte de B. *Avignon, Seguin aîné,* 1860, in-8, br.

— Le même, nouvelle édition avec le nom de l'auteur. *Ibid.,* 1860, in-8, br.

709. — Des vrais principes opposés aux erreurs du XIXe siècle, par V. de B. *Avignon, Seguin aîné,* 1833, in-8, br.
710. — De la vie et des écrits de M. le vicomte de Bonald; défense de ses principes philosophiques. Lettre au R. P. V. (Ventura).

Lettre au *Correspondant;* philosophie nouvelle, ses erreurs, ses injustices envers Descartes, etc. (par Aug.-Henri de Bonald, frère du précéd.) *Avignon, Seguin ainé,* 1853, in-8.

711. **Bonamicus** (Castruccius). De bello Italico. *Lugd.- Batav.*, 1750, 4 v. pet. in-4, bas.

712. — De rebus ad Velitras gestis. *Lugd.-Batav.*, pet. in-4, 1746, bas.

713. **Bonarscii** (Clari) Amphitheatrum honoris, in quo Calvinistarum in Societatem Jesu criminationes jugulatæ. Editio altera, IV libro auctior. *Palæopoli Advaticorum, apud Alexandr. Verheyden,* 1606, in-4, vél.

714. **Bonaventura** (S.). Summa Seraphica, in qua S. Bonaventuræ seraphica theologia per ejus in magistrum sententiarum libros dispersa, dilucide est enodata et accurate redacta in scholæ methodum, opera F. Marcelli. *Massiliæ,* 1669, 2 v. in-fol., bas., *portr.*

715. — Opuscula theologica. *Venetiis,* 1572, 2 tom. en 1 v. in-fol., vél.

716. — D. Bonaventuræ episc. cardin. Alban., in quartum librum sententiarum elaborata dilucidatio....; recogn. R. P. Joan. Balainius Andrius, francisc. *Venetiis, ad signum Seminantis,* 1573, in-8, vél.

717. — Théologie séraphique, extraite et trad. des œuvres de S. Bonaventure par M. l'abbé C. Alix et M. Acc. Alix; traduction avec le texte en notes. *Paris,* 1853, gr. in-18, d.-rel. m.

Voir aussi le N° 5421.

718. **Boncerf** (l'abbé). Le vrai philosophe, ou l'usage de la philosophie relativement à la société civile, à la vérité et à la vertu. *Paris,* 1762, in-12, bas., fil.

719. **Bonefidius** (Enim.). Juris Orientalis libri III, nunc primum in lucem editi cum latina interpretatione. Anno M. D. LXXIII *Excud. Henr. Stephanus,* in-8, bas.

720. **Bonnet** (C.). Contemplation de la nature. *Amsterd.,* 1766, 2 v. in-12, v. rac.

721. — Essai analytique sur les facultés de l'âme. *Copenhague* et *Genève*, 1769, 2 v. in-8 rel. en 1, v. f.

722. — La Palingénésie philosophique, ou idées sur l'état passé et sur l'état futur des êtres vivants. *Genève*, 1769, 2 v. in-8, d.-rel. bas.

Sur Ch. Bonnet, voir en outre le N° 922.

723. **Bonnier** (Éd.). Abélard et S. Bernard, la philosophie et l'église au XIIe siècle. *Paris*, 1862, in-12, br.

724. **Bon-Sens** (le), ou idées naturelles opposées aux idées surnaturelles (par d'Holbach). *Londres*, 1772, in-12, v. m., fil.

725. **Bonstetten** (Ch.-Victor de). Recherches sur la nature et les lois de l'imagination. *Genève*, 1807, 2 v. in-8 rel. en 1, mar. v.

726. — Études de l'homme, ou recherches sur les facultés de sentir et de penser. *Genève*, 1821, 2 v. in-8, d.-rel. bas.

726 bis. — Voyage sur la scène des six derniers livres de l'Énéide, suivi de quelques observations sur le Latium moderne. *Genève*, an XIII, in-8, d.-rel. v.

727. **Bordelon** (l'abbé). De l'Astrologie judiciaire, où l'on répond d'une manière aisée à tout ce qu'on peut dire en sa faveur,..... *Paris*, 1689. — Le nouveau miroir de la fortune, ou abrégé de la géomance, pour la récréation des personnes curieuses de cette science, par M. Collonne. *Paris, Cailleau*, 1726. — 1 v. in-12, bas.

728. **Borjon**. Abrégé des actes, titres et mémoires concernant les affaires du clergé de France, et tout ce qui s'est fait contre les hérétiques depuis le règne de S. Louis jusques à présent. *Paris*, 1680, in-12, bas.

729. — Décisions qui regardent les curez, où il est traité des vicaires, des paroisses, dixmes, novales, etc.; 2e édition. *Paris*, 1686, pet. in-12, vél.

730. **Borromæus** (Car.). Acta Ecclesiæ Mediol., sive S. Caroli Borromæi instructiones et decreta... Præterea

ejusdem Sancti appendices septem... *Parisiis*, 1645.
— Accedit : De vita et rebus gestis Caroli Card. S. Praxedis Archiep. Mediol. liber ; 2 parties en 1 v. in-fol., bas.

731. **Bos** (Lambertus). Ellipses græcæ, cum priorum editorum suisque observationibus edidit Godofr. Henricus Schaefer. *Lipsiæ, Weidmann*, et *Londini*, 1808, in-8, br.

732. **Bosquet** (Fr.). Historiæ Pontificum Romanorum qui e Gallia oriundi in ea sederunt ab an. MCCCV ad an. MCCCXCIV, ex mss. codic. eruta cum notis, opera Fr. Bosqueti Narbonensis I. C. *Parisiis, Cramoisy*, 1632, in-8, bas.

733. **Bossuet** (Jac.-Benigne). Ses Œuvres. *Liége (Avignon)*, 1766, 22 v. in-8, d.-rel. bas.

734. — Exposition de la Doctrine de l'Église catholique sur les matières de controverse, nouv. édition. *Paris, G. Desprez*, 1738, in-12, bas.

735. — Réponse au livre de Mgr l'évêque de Condom, qui a pour titre : *L'exposition de la Doctrine de l'Eglise catholique sur les matières de controverse* (par de la Bastide). *Quevilly*, 1672, in-12, bas.

736. — Avertissements (quatre) aux protestants sur les lettres du ministre Jurieu contre l'Histoire des Variations. etc. *Paris, Mabre, Cramoisy*, 1689, in-4, bas.

737. — Dissertations sur les Psaumes et préfaces sur chacun des cinq livres sapientiaux ; trad. du latin par Le Roi. *Paris*, 1775, in-12, v. f.

738. — Maximes et réflexions sur la Comédie. *Paris,* 1694, in-12.
   Voir le N° 5056.

739. — Instructions sur les Estats d'Oraison, où sont exposées les erreurs des faux mystiques de nos jours, avec les actes de leur condamnation. *Paris*, 1697, in-8, bas.

740. — Relation sur le Quiétisme. *Paris,* 1698, in-8, bas.
   Voir 1843 et s. et 1859.

741. — Remarques sur la réponse de l'Arch. de Cambray à la Relation sur le Quiétisme. *Paris,* 1698, in-12, bas.
   Voir 1859.

742. — Instruction pastorale sur les Promesses de l'Église. *Paris,* 1700, in-12, v. br.

743. — Defensio Declarationis quam de potestate ecclesiastica sanxit Clerus Gallicanus XIX martii MDCLXXXII, ab illustr. Jac.-Ben. Bossuet jussu Regis scripta, nunc primum in lucem edita. *Basileœ, Kœnig,* 1730, 2 tom. en 1 v. in-4, bas., *portr.*
<small>Voir aussi 4098.</small>

744. — De la Connaissance de Dieu et de soi-même. Ouvrage posthume de J.-B. Bossuet. *Paris,* 1741, in-12, bas.

745. — Lettres spirituelles de Bossuet à une de ses pénitentes (Mad. de Cornuau). *Paris,* 1746, in-12, bas.

746. — Lettres inédites de Bossuet à Mad. de la Maisonfort, religieuse de Saint-Cyr, communiquées par cette dame à Fénélon, après la mort de l'évêque de Meaux. *Paris,* 1838, in-8.
<small>Relié avec le N° 1863.</small>

747. — Abrégé du célèbre ouvrage de M. Bossuet intitulé : *Défense de la Déclaration de l'assemblée générale du clergé de France, de* 1682, par l'abbé Cl.-Ant. Coulon. *Londres* et *Paris,* 1814, in-8, bas.

748. — Pensées sur différents sujets de morale et de piété, choisies dans les sermons de Bossuet ; précédées de réflexions sur le caractère de cet orateur et des autres grands prédicateurs de son siècle (par l'abbé Barret). *Paris,* 1789, in-18, bas.

749. — Réponse au livre de M. de Meaux *Conférence avec M. Claude* (par J. Claude). *La Haye, Leers,* 1683, in-8, d.-rel. bas.
<small>Voir en outre, sur la vie de Bossuet ou sur ses ouvrages, les N°s 848, 2929, 3337, 3680, 5132 et 5532.</small>

750. **Bouche** (Honoratus). Vindiciæ fidei et pietatis Provinciæ, pro cœlitibus illius tutelaribus restituendis adversus quosdam libellos quibus titulus est : *Dissertatio de commentitio Magdalenæ in Provinciam appulsu;* et *Disquisitio disquisitionis de Magdalena Massiliensi advena Aquis Sextiis,* 1644, in-8, vél.
<small>Voir les N°s 193, 2233 et 5403.</small>

751. **Boucher** (Jean). De justa Henrici tertii abdicatione e Francorum regno libri IV. *Parisiis, apud Nic. Nivellium*, 1589, in-8. — Bulle de N. S. P. le Pape Sixte V contre Henry de Valois. *Paris, Nivelle*, 1589. — Responsio ad præcipua capita Apologiæ quæ falso catholica inscribitur, pro successione Henrici Navarreni in Francorum regnum, auctore Franc. Romulo. *Juxta exemplar Romæ editum*, 1588, 1 v. in-8, vél.

752. **Boudon** (H.-M.). Grands secours de la divine Providence, par la T. S. V. Mère de Dieu, invoquée sous le titre de *Notre-Dame du Remède*. *Paris*, 1739, in-12, bas.

753. — Le règne de Dieu dans l'oraison mentale. *Paris*, 1769, in-12, bas.

754. **Bouhours** (le P.). Histoire de Pierre d'Aubusson, grand-maître de Rhodes. 3e édition. *La Haye*, 1739, in-12, bas.

755. — Entretiens d'Ariste et d'Eugène, nouv. édit. *Paris*, 1734, in-12, v. f., tr. dor.

756. — Sentimens de Cléante sur les entretiens d'Ariste et d'Eugène, par Barbier d'Aucour. 4e édit. *Paris*, 1730, in-12, v. f., tr. dor.

757. — Pensées ingénieuses des Anciens et des Modernes (par le P. Bouhours). *Lyon*, 1693, in-12, bas.

758. — Doutes sur la langue française proposés à Mess. de l'Académie française par un gentilhomme de province (le P. Bouhours). *Paris*, 1675, in-12, v. f.

759. — Remarques nouvelles sur la langue française (par le P. Bouhours). 3e édit. Suite des Remarques nouvelles..... *Paris*, 1682 et 1692, 2 v. in-12, bas.

760. — Discussion de la *Suite des remarques nouvelles* du P. Bouhours sur la langue française, pour défendre plusieurs passages de la version du Nouveau Testament de Mons, etc. (par de Villafranca, masque de Nicolas Thoynard, d'Orléans). *Paris*, 1693, in-8, v. br.
Aux armes de Huet, évêque d'Avranches.

761. —La manière de bien penser dans les ouvrages d'esprit,

dialogues (par le P. Bouhours). Nouv. édit. *Paris,* 1743, in-12, v. f., tr. dor.

762. — Sentimens des Jésuites touchant le péché philosophique (par le P. Bouhours). *Dijon,* 1690, in-12, bas.

763. — Le Père Bouhours, jésuite, convaincu de ses calomnies anciennes et nouvelles contre Messieurs de Port-Royal (par le P. Quesnel). *S. l.,* 1700, in-12, v. j.

Voir en outre, pour le P. Bouhours, les Nos 270, 3879 et 5489.

764. **Bouillier** (Francisque). Histoire de la philosophie cartésienne. *Paris, Durand,* 2 v. in-8, d.-rel. m.

765. — Histoire et critique de la révolution cartésienne. *Paris,* 1842, in-8, br.

766. **Bouillart** (Jacq.). Histoire de l'abbaye royale de Saint-Germain-des-Prez. *Paris,* 1724, in-fol., bas., *fig.*

767. **Bouisson** (E.-F.). Tribut à la chirurgie, ou mémoires sur divers sujets de cette science. *Paris et Montpellier,* 1858-1861, 2 v. in-4, br., *pl.*

768. — Opuscules divers, in-8, br. :

1º Éloge de Dugès, 1840. — 2º Parallèle de Delpech et de Dupuytren, 1841. — 3º La médecine et les poètes latins, 1843. — 4º Des succès et des revers en chirurgie, 1844. — 5º Introduction à l'étude de la clinique chirurgicale, 1846. — 6º Résumé des principaux faits observés à la clinique chirurgicale de l'hôpital Saint-Éloi, 1846. — 7º Des bienfaiteurs de l'Ecole de Méd. de Montpellier, vœu pour l'érection des statues de La Peyronie et Barthez, 1858. — 8º Notice biographique sur J.-D. Gergonne, ancien recteur à Montpellier, 1859.

769. **Boukvare** yazika Slavinska.... (livre-alphabet slave, imprimé à Moscou sous le règne et par ordre de Pierre-le-Grand); pet. in-8, m. gauff., fermoirs.

Le titre manque.

770. **Boulainvilliers** (H^i Cte de). Histoire de l'ancien gouvernement de la France, avec XIV lettres historiques sur les Parlements ou États généraux. *La Haye et Amsterdam,* 1727, 3 v. in-12, v. f., fil.

771. — Mémoires présentés à Mgr le duc d'Orléans, conte-

nant les moyens de rendre le Royaume très-puissant et d'augmenter considérablement les revenus du Roy et du Peuple. *La Haye,* 1727, 2 v. in-12 rel. en 1, v. m.

772. **Boulanger** (Nic.-Ant.). L'antiquité dévoilée par ses usages, ou examen critique des principales opinions, cérémonies et institutions religieuses et politiques des différents peuples de la terre. *Amsterdam,* 1766, 3 v. in-12, v. j.

773. **Boullier** (B.). Discours philosophiques, le 1er sur les causes finales, le 2^d sur l'inertie de la matière et le 3e sur la liberté des actions humaines. *Amsterdam et Paris,* 1759, in-12, bas.

774. **Bourdaloue** (le P.). Pensées sur divers sujets de religion. *Paris,* 1735, 2 v. in-12, bas.

775. **Boursault** (Edme). Lettres nouvelles, accompagnées de fables, de contes, d'épigrammes, de bons mots, etc., avec treize lettres amoureuses d'une dame à un cavalier. Nouv. édit. *Paris, Didot,* 1738, 3 v. in-12, v. br.

776. — Le Prince de Condé; ne pas croire ce qu'on voit; Artémise et Poliante; le marquis de Chavigny; romans. *Paris, Le Breton,* 1739, 4 v. in-12 rel. en 2, v. m.

777. — Les Fables d'Ésope, comédie. 2e édition. *Paris,* 1690, in-12, vél., *frontisp. gr.*

778. **Boursier** (l'abbé Laur.). Histoire et analyse du livre de *l'Action de Dieu;* Opuscules de M. Boursier relatifs à cet ouvrage; Mémoire du même auteur sur la divinité des Chinois; Relation des démarches faites par le Docteur de Sorbonne pour la réunion de l'église de Russie, etc. (publié par l'abbé Coudrette). *(Paris),* 1753, 3 v. in-12, v. br.
Voir le N° 40.

779. **Bourzeis** (Am.). Discours à Mgr le Prince Palatin pour l'exhorter à entrer dans la communion de l'Église catholique. *Paris,* 1646, in-4, vél.

780. **Bousquet.** Des conseils de famille, avis des parents, tutelles et curatelles. *Paris,* 1813, 2 v. in-8, br.

781. **Boutaric** (J.-F^s de). Traité sur les libertés de l'Église gallicane. S. l., 1747, in-4, bas.

782. **Bouterwek** (Fr.). Histoire de la littérature espagnole, trad. de l'allem. (par Mme de Streck, avec préface par Stapfer). *Paris,* 1812, 2 v. in-8, d.-rel. mar. v.

783. **Boyer** (J.-M.-Aug.). Exposition métaphysique des peines temporelles. *Paris et Nîmes,* 1843, in-8, br.

784. — La Cité humaine. Principes métaphysiques de philosophie sociale. *Paris,* 1851, in-8, br.

785. **Bozelli** (le chev.). Essais sur les rapports primitifs qui lient ensemble la philosophie et la morale. *Paris,* 1825, in-8, br.

786. **Brachet** (J.-F.). Description poétique du Languedoc, divisée en VI livres, avec notes. *Avignon,* 1817, in-12, br.

787. **Brébeuf** (Guil. de). Entretiens solitaires, ou prières et méditations pieuses en vers français. *Paris, Sommaville,* 1660, in-12, bas.
Voir aussi le N° 3156.

788. **Brerewood** (Éd.). Recherches curieuses sur la diversité des langues et religions en toutes les principales parties du monde, mises en françois par J. de la Montagne. *Saumur, J. Lesnier,* 1662, in-8, vél.

789. **Bretteville** (l'abbé de). L'éloquence de la Chaire et du Barreau, selon les préceptes de la rhétorique sacrée et profane. *Paris,* 1699, in-12, bas.

790. **Breviarium** ad usum FF. ordinis Prædicatorum conventus Monspeliensis. Mss. du 14e siècle, reliure moderne en v. br., fil., tr. d.

791. **Breviarium** Parisiense, auctoritate DD. Guil. de Vintimille archiep. *Parisiis,* 1778, 4 v. in-8, m. r., tr. d.

792. **Brienne** (L.-H.-Aug. de Loménie Cte de). Mémoires contenant les évènements les plus remarquables du

règne de Louis XIII et de celui de Louis XIV jusqu'à la mort de Mazarin. *Amsterdam,* 1719, 3 v. in-12, bas.

793. **Brienne** (Louis Henri de Loménie Cte de). Mémoires inédits, publiés sur les mss. autogr., avec un essai sur les mœurs et sur les usages du XVIIe siècle. *Paris,* 1828, 2 v. in-8, d.-rel. v.

794. **Brispot** (l'abbé). La vie de N. S. J.-C., écrite par les quatre Evangélistes, coordonnée, expliquée et développée par les SS. Pères, les Docteurs, etc. 2 v. gr. in-fol., illustrés de 150 grav. sur acier, tirées des dessins de la collection du P. Jérôme Natalis, etc. *Paris, Pilon,* 1855, en livraisons.

795. **Brissonius** (Barn.). De regio Persarum principatu lib. III, cum notis Sylburgii. S. l., *ex typog. Hieron. Commelini,* 1595, in-8, vél.

796. — De veteri ritu nuptiarum et jure connubiorum; Barn. Brissonius, Ant. et Franc. Hotmanus. *Amstel.,* 1662, in-12, vél., *frontisp. gr.*

797. **Broch** (Jos.). Promptuario trilingue.... en los tres Idiomas Cathalan, Castellano y Frances. *Barcelona,* 1771, pet. in-8, vél.

798. **Broedersen** (Nic.). De Usuris licitis et illicitis..... secundum jus naturale, divinum, ecclesiasticum et civile, etc., libri XII. S. l., 1743, in-fol., bas.

799. **Broglie** (Albert de). L'Église et l'Empire Romain au IVe siècle. 3e édit. *Paris,* 1860, 4 v. in-8, d.-rel. m.

800. — Questions de religion et d'histoire. *Paris,* 1860, 2 v. in-8, d.-rel. m.

801. **Broglie** (le duc de). Écrits et discours. *Paris, Didier,* 1863, 3 v. in-8, d.-rel. m.

802. **Brognoli** (Cand.). Manuale Exorcistarum ac Parochorum, hoc est tractatus de curatione ac protectione divina. *Lugduni,* 1658, in-4, parch.

803. **Broussonnet** (Vict.). Notices historiques et biographiques. *Montpellier,* in-8, br.

 1º De la mode et des habillements, 1806. — 2º De l'antiquité

de Montpellier, 1838. — 3º Rabelais à Montpellier, 1840, *fac sim.*
— 4º Guillaume Rondelet, 1828, *portr.* — 5º Laurent Joubert,
1829, *portr.* — 6º Pierre Richer de Belleval, 1834, *portr.* —
7º François Ranchin, 1844, *portr.* — 8º Pierre Lafabrie, 1841.
— 9º Notes pour servir à l'hist. de l'École de Montpellier à la fin
du 18e siècle, précédées d'une notice sur Pierre Roucher, 1842.
Voir aussi le Nº 1744.

804. **Brown** (Th.). Essai sur les erreurs populaires, ou examen de plusieurs opinions reçues comme vraies, qui sont fausses ou douteuses (trad. de l'angl. par l'abbé Souchay). *Paris*, 1738, 2 v. in-12, bas.

805. **Bruce.** La morale naturelle ramenée aux principes de la physique, trad. de l'angl. par Verlac. *Paris*, an II (1795), in-8, br.

806. **Brucker** (Jac.). Historia critica philosophiæ. *Lipsiæ*, 1767, 6 v. in-4, d.-rel. m. v., *portr.*

807. — Institutiones historiæ philosophicæ. *Lipsiæ*, 1756, in-8, d.-rel. v. v.

808. — Miscellanea historiæ philosophicæ, litterariæ, criticæ, olim sparsim edita, nunc uno fasce collecta multisque accession. aucta et emendata. *Aug. Vindelic., Jac. Lotterus*, 1748, in-8, vél.

809. **Brueys** (Dav.-Aug.). OEuvres de Théâtre. *Paris*, 1735, 3 v. in-12, bas., *portr.*

810. — Examen des raisons qui ont donné lieu à la séparation des Protestans, fait sans prévention sur le Concile de Trente, sur la Confession de Foy des églises protestantes et sur l'Écriture sainte, par M. Brueys, avocat de Montpelier. *Paris*, 1683, in-12, mar. r., fil., tr. d.

811. — Le Prosélyte abusé, ou fausses vues de M. Brueys dans l'*Examen de la séparation des Protestans* (par Daniel de Larroque.) *Rotterdam*, 1684, in-16, vél.

812. — Traité de l'Église en forme d'entretiens, où... l'on montre que les principes des Calvinistes se contredisent, etc. *Paris*, 1687, in-12, bas.

813. — Défense du culte extérieur de l'Église catholique, où l'on montre aussi les défauts qui se trouvent dans

le service public de la R. P. R.; par M. Brueys, de Montpelier. 2ᵉ édit. *Paris,* 1686, in-12, vél.

814. — Traité de l'obéissance des Chrétiens aux puissances temporelles, où l'on montre.... en quoi les Chrétiens doivent obéir à leurs souverains de contraire religion; en quoi ils doivent refuser de leur obéir, etc.; par M. Brueys. *Montpellier, J. Martel,* 1709, pet. in-8, bas.

815. — Histoire du Fanatisme de notre temps (troubles des Cevennes). 2ᵉ édit. *Montpellier, J. Martel,* 1709-13, 4 v. in-12 rel. en 2, d.-rel. bas.

Voir aussi les Nᵒˢ 2388, 2428 et 3149.

816. **Bruillard-Coursan** (Claude du). Bibliothèque contenant un amas curieux de sentences de morale tirées de tous les auteurs célèbres anciens et modernes. *La Haye,* 1702, in-12, bas., *frontisp. gr.*

817. **Bruin** seu **Braun** (Georg.). Théâtre des principales villes de tout l'univers (texte français et grav. de Hogenberg et Simon Van den Nœvel. *A Cologne, par Godef. Van Kempen,* 1579, t. I et II, rel. en 1 v. in-fol., d.-rel. bas.

Manque le frontispice du tome I.

818. **Brumoy** (le P. Pierre). Théâtre des Grecs, trad. en franç. *Paris,* 1730, 3 v. in-4, v. br.

819. **Brunet** (J.-C.) fils. Manuel du Libraire et de l'Amateur de Livres, contenant: 1º un nouveau dictionn. bibliograph.; 2º une table en forme de catalogue raisonné. *Paris,* 1810, 3 v. in-8, cart.

820. **Bruno** Astens., episc. Siginensis (S.). Opera, cura Mauri Marchesii. *Venetiis,* 1651, 2 tom. en 1 v. in-fol., d.-rel. bas.

821. **Bruno** (Vinc.), jés. Méditations sur la vie et la passion de N. S. J.-C., de la bienheureuse V. Marie et des Saints; trad. de l'ital. par C.-L. de Bassecourt et Ph. de Sault. *Lyon,* 1623, 4 part. en 1 v. in-4, bas., *frontisp. gr.*

822. **Bruttii** a calumnia de inlatis Jesu Christo tormentis et morte vindicati dissertatio Petr. Polidori Frentani. *Romæ,* 1737, in-fol.

Relié avec le N° 30.

823. **Bruyerinus** (Jos.) Campegius, Lugdun. De Re Cibaria libri XXII, omnium ciborum genera, omnium gentium moribus et usu probata complectentes. *Lugduni, apud Seb. Honoratum,* 1560, in-8, vél.

824. **Bruys** (Fr.). Mémoires historiques, critiques et littéraires (suivis du Borboniana, ou fragments de littérature et d'histoire de Nic. Bourbon, et du Chevaneana, ou fragments de mélanges de Jac.-Auguste de Chevanes, le tout mis au jour par l'abbé Joly). *Paris,* 1751, 2 v. in-12, bas.

825. **Bryan** (Ed.). Histoire des colonies anglaises dans les Indes Occidentales; trad. de l'angl. (par Lamarre). *Paris,* 1801, in-8, bas., *carte.*

826. **Buchanan** (Georg.). Rerum Scoticarum historia. Acces. de Jure regni apud Scotos dialogus. *Edimburgi,* 1643, in-8, v. br.

827. — Poemata quæ extant. *Lug.-Batav., Elzevir.,* 1628, in-24, v. br.

828. **Buchez** (P.-J.-B.). Essai d'un traité complet de philosophie au point de vue du catholicisme et du progrès. *Paris,* 1838, 3 v. in-8, d.-rel. m.

829. **Buddeus** (Jo.-Fr.). Analecta historiæ philosophicæ. Exercitatio historico-philosophica de Spinozismo, ante Spinozam. *Halæ Saxonum,* 1706, in-8, bas.

830. — Traité de l'athéisme et de la superstition, trad. en franç. par L. Philon, et mis au jour par J.-Ch. Fischer. *Amsterdam,* 1740, in-8, d.-rel. vél., *portr.*

831. **Budœus** (Gul.). Epistolarum latin. libri V; græcarum item, lib. I, etc. (*Parisiis,* 1531), *ap. Jod. Badium Ascensium,* in-fol.

Relié avec le N° 476.

832. **Buffier** (le P. Cl.). Cours de sciences pour former

le langage, l'esprit et le cœur. *Paris, Cavalier,* 1732, in-fol., v. j.

833. — Exposition des preuves les plus sensibles de la véritable religion. *Paris,* 1732, in-12, bas.

834. — Éléments de Métaphysique à la portée de tout le monde. *Paris,* 1725, in-12, v. br.

835. — Nouveaux éléments d'Histoire et de Géographie à l'usage des pensionnaires du collége de Louis-le-Grand. *Paris,* 1740, in-12, bas.

836. **Bulengerus** (Jul.-Cæs.). De Circo Romano circensibusque ludis liber; accessit D. Joan. Chrysostomi oratio de Circo, gr. et lat. *Lutetiæ-Paris., Saugrain,* 1598, pet. in-8, vél.

837. — Opusculorum systema in duobus tomis digestum : prior continet libros tres de Instrumento Templorum, id est de veste Pontificum, de donariis, de forma templorum, in quibus difficillima quæque Anastasii bibliothecarii libro de Vitis Pontif. explicantur. Præterea alios de ratione Divinationis, de Oraculis, Sortibus, Auguriis..... de Terræ motu et Fulminibus; de Magia licita et vetita. Posterior complectitur libros de Triumpho, de Circo romano, ludisque circensibus, etc. *Lugduni,* 1621, 2 tom. en 1 v. in-fol., bas.

838. **Bulle Unigenitus.** Voir les N°s 34, 148, 404, 1525, 1669, 1734, 2335, 2566, 3051, 3052, 3077, 3082, 3382, 3651, 3697, 3795, 3898, 4076, 4391, 4477, 4484 et s., 4622, 4772, 5167, 5327, etc., etc.

839. **Bullerius** (Dav. Renald.). Dissertationum sacrum sylloge. *Amsterdam,* 1750, in-8, d.-rel. bas.

840. **Bullet** (J.-B.). Histoire de l'établissement du Christianisme, tirée des seuls auteurs juifs et païens. 2e édit. *Paris,* 1814, in-8, bas.

841. — Réponses critiques à plusieurs difficultés proposées par les nouveaux incrédules sur divers endroits des livres-saints. *Paris,* 1775, 4 v. in-12, bas.

842. **Bulletins** de l'armée française en Allemagne. N°s 1 à

30, réimprimés successivement à Montpellier par J. Martel et autres, 1809, in-8 en ff.

843. **Bullus** (Georg.). Defensio Fidæi Nicænæ ex scriptis quæ exstant, catholicorum doctorum, qui intra tria prima Ecclesiæ christianæ secula floruerunt. *Oxonii*, 1688, in-4, bas.

844. **Burigny** (Lévesque de). Théologie payenne, ou sentimens des philosophes et des peuples payens sur Dieu, sur l'âme et sur les devoirs de l'homme. *Paris, De Bure*, 1754, 2 v. in-12, bas.

845. — Vie du cardinal du Perron, archevêque de Sens et grand aumônier de France. *Paris*, 1768, in-12, bas.

846. — Vie d'Erasme. *Paris*, 1757, 2 v. in-12, bas., tr. d.

847. — Vie de Grotius, avec l'histoire de ses ouvrages, etc. *Amsterdam*, 1754. 2 v. in-12, cart.

848. — Vie de M. Bossuet, évêque de Meaux. *Bruxelles* et *Paris*, 1761, in-12, bas.

849. — Traité de l'autorité du Pape, dans lequel ses droits sont établis et réduits à leurs justes bornes..... (par Lévesque de Burigny). *La Haye*, 1720, 4 v. in-12 rel. en 3, bas.

850. **Burke** (Edm.). Recherche philosophique sur l'origine de nos idées du sublime et du beau, trad. de l'angl. par Lagentie de Lavaïsse. *Paris*, 1803, in-8, d.-rel. v., *portr*.

851. **Burlamaqui** (J.-J.). Principes du droit naturel. *Genève*, 1747, in-4, bas.

852. **Burnet** (Gilbert). La vraie religion démontrée par l'Écriture Sainte, trad. de l'angl. *Londres*, 1767, in-12, bas.

853. **Burnet** (Th.). De statu mortuorum et resurgentium liber : accesserunt epistolæ duo circa libellum de archæologiis philosophis. *Londini*, 1726, in-8 de 302 pp., v. br.

854. — Traité de l'état des morts et des ressuscitants, trad.

du lat. par Jean Bion, ministre de l'église anglicane. *Rotterdam*, 1731, in-12, bas.

855. — De fide et officiis christianorum liber; recensuit et auxit J. Abrah. Teller. *Halæ Magd.*, 1786, in-8, vél.

856. **Busenbaum** (Herman), e soc. Jes. Medulla theologiæ moralis.... *Lugduni*, 1663, in-16, bas.

857. **Bussières** (Joan. de). Flosculi historiarum in areolas suas distributi, per quos designantur rerum eventus clarissimi, ab orbe condito ad an. hujus sæc. sexagesimum. Edit. 7ª. *Lugduni*, 1677, pet. in-12, v. br.

858. **Bussy-Rabutin** (Roger, comte de). Ses mémoires (1634 à 1666). *Paris, Anisson*, 1696, 3 v. in-12, v. br.

859. — Mémoires de M. le comte de Bussy-Rabutin, contenant sa vie publique et privée, ses aventures galantes, ses expéditions militaires, les intrigues de la cour et les évènements les plus intéressants de l'Europe, depuis l'année 1617 jusqu'en l'année 1667. *Amsterdam, Gosse*, 1769, 2 v. in-12, bas.

860. — Les lettres de Roger de Rabutin, comte de Bussy. Nouvelle édition. *Paris, veuve Delaulne*, 1737, 7 v. in-12, v. br.

861. — Histoire en abrégé de Louis-le-Grand, depuis 1638 jusqu'en 1692. *Paris, Delaulne*, 1699, in-12, bas.

862. — Discours à ses enfants sur le bon usage des adversités et les divers évènements de sa vie. 3e édition. *Paris, Rigaud*, 1701, in-12, bas.

863. **Buxtorfii** (Jo.). Lexicon hebraicum et chaldaicum, complectens omnes voces, quæ in sacris Bibliis hebræa et ex parte chaldæa lingua scriptis, extant : exemplorum biblicorum copia et locorum difficilium ex Hebræorum commentariis explicatione, auctum et illustratum ; accessit lexicon breve Rabbinico-philosophicum et index latinus..... Editio nona. *Basileæ, Joh. Lud. Konig*, 1689, in-8, v. br.

864. — Johan. Buxtorfii patris, Synagoga judaïca : de Ju-

dæorum fide, ritibus, etc....; tertia hac edit. restaurata a Johan. Buxtorfio filio. *Basileœ, Jac. Deckerus,* 1661, in-8, bas., *frontisp. gr.*

865. — Tiberias sive commentarius masoreticus. *Basileœ,* 1665, pet. in-fol., bas.

866. **Byel** (Gabr.). *Collectorium in quatuor libros Sententiarum* (Giulielmi Ockami), *a Gabr. Byel editum.... a Jacobo de Pfortzen, āno MDVIII Basileœ impssum.* 4 part. en 2 v. in-fol., goth. à 2 col., bas.

867. — Idem opus..... *in famatissimo Lugdunen emporio, arte et industria Joan. Clein impressum,* s. d., 2 part. en 1 v. in-fol., goth. à 2 col., bas.

<small>Les deux dernières parties formant le 2ᵈ vol. manquent.</small>

C

868. **Cabanis** (P.-J.-G.). Lettre (posthume et inédite) à M. F*** sur les causes premières, avec des notes par F. Bérard. *Paris, Gabon,* 1824, in-8, br.

869. **Cabassutii** (Joan.). Notitia ecclesiastica historiarum Conciliorum et Canonum. *Lugduni,* 1680, in-fol., bas.

870. **Cabiac** (Claude de Bane, sieur de). L'Escriture abandonnée par les ministres de la Religion prétendue réformée, en quatre parties..... par noble Claude de Bane, sieur de Cabiac, conseiller au siége présidial de Beaucaire et Nismes. *Nismes, Jean Plasses,* 1658, in-4, vél.

871. **Cabiac** (Paul de), prêtre. Apologie pour l'Anti-Théophile paroissial contre les plaintes injustes de M. Benoît Puys, où est établi le privilége des églises des Réguliers. *Lyon,* 1649, in-8, bas.

872. **Cæremoniale** Episcoporum Clementis VIII primum, nunc denuo Innocentii X auctoritate recognitum. *Antuerpiæ, Verdussen,* 1713, in-fol., mar. viol., fil., *fig.*

873. **Cæsar** (C. Julius). Opera, cum selectis variorum comment., opera et studio Ariæ Montani. Accedunt no-

titia Galliæ et notæ Jos. Scaligeri. *Amstelod., Elzevir.*, 1661, in-8, v. br., *frontisp. gr.* et *carte.*

874. — Les Commentaires de César, nouv. édit. par M. de Wailly. *Paris, Barbou,* 1788, 2 v. in-12, bas.

875. **Cæsarius** (S.), episc. Arelatensis. Homiliæ XIV, a Steph. Baluzio nunc primum editæ, notisque illustratæ. *Parisiis, Muguet,* 1669, in-8, bas.

876. **Cahusac** (L. de). La Danse ancienne et moderne, ou traité historique de la danse. *La Haye,* 1754, 2 v. pet. in-12 rel. en 1, bas.

877. **Calendrier** (le) ecclésiastique pour l'année M DCC XXXVIII, avec le nécrologe des personnes qui, depuis un siècle, se sont le plus distinguées par leur piété, par leur attachement à Port-Royal, etc., avec un abrégé chronologique des principaux événements qui ont précédé et suivi la constitution *Unigenitus. Utrecht,* 1738, in-16, bas.

878. **Calepinus** (Ambr.). Dictionnarium. Adjectæ sunt latinis dictionibus hebrææ, græcæ, gallicæ, italicæ, germanicæ et hispanicæ. *Lugduni, Ph. Tinghi,* 1578, in-fol., bas.

879. **Callimaque.** Hymnes (en grec). Nouvelle édition, avec la version française et des notes (par de Laporte-Dutheil). *Paris, Impr. roy.,* 1775, in-8, v. f., tr. d. *(Bozerian).*

880. **Calmet** (dom Augustin). La Sainte Bible. Voir N° 636.

881. — Traité sur les Apparitions des Esprits et sur les Vampires ou les revenants de Hongrie, de Moravie, etc. Nouv. édit. *Paris,* 1751, 2 v. in-12, bas.

882. — Traité de la Confession générale. *Nancy,* 1753, in-12, bas.

882 *bis.* — La vie du très-rév. P. D. Augustin Calmet, abbé de Senones, avec un catalogue raisonné de ses ouvrages, etc. (par dom Fangé, son neveu). *Senones,* 1762, in-8, d.-rel. v. f.

883. **Calvin** (Jean). Sermons sur l'Epistre S. Paul aux Éphésiens. *Genève, de l'imprimerie de J.-B. Pinereul,*

1562, in-8, de 950 pp. et 4 ff. prélim., y compris le titre, d.-rel. v. br.

884. — Institution de la Religion chrestienne. S. l. *(Genève, Jean Bourgeois)*, 1562, in-4, cham.

885. **Calvinisme** (le) convaincu de nouveau de dogmes impies, ou la justification du livre du *Renversement de la morale par les erreurs des Calvinistes*, contre les erreurs de M. Le Fèvre, dans ses *Motifs invincibles*, et M. Le Blanc, ministre de Sédan, dans ses *Thèses* (par Ant. Arnauld). *Cologne*, 1682, in-12, v. br.

886. **Cambolas** (Jacques de). Modèle de la vie chrestienne, contenant la conformité que la vie du chrestien doit avoir avec le nom, la doctrine et les mystères de J.-C. *Paris*, 1652, in-4, v. éc., *frontisp. gr.*

887. **Camerarius** (Joach.). Vita Philippi Melanchthonis, in qua conspicere licet historiam primæ Reformationis Ecclesiæ, etc. *Hagæ-Comitum*, 1655, pet. in-12, v. br., fil., *portr.*

888. **Camerarius** (Philip.). Operæ horarum subcisivarum, sive meditationes historicæ, auctiores quam antea, etc., cum indice. *Francof.*, 1644, in-4, bas., *frontisp. gr.*

889. **Caméron.** Jo. Cameronis Scoto-Brit. theologi quæ supersunt, sive opera partim ab auctore edita, partim post ejus obitum vulgata, etc. *Genevæ, Petr. Chouet*, 1658, in-fol., bas.

890. **Campan** (Mme de). Mémoires sur la vie privée de Marie-Antoinette, reine de France et de Navarre, suivis de souvenirs et anecdotes historiques sur les règnes de Louis XIV, Louis XV et Louis XVI. *Paris, Baudouin*, 1822, 3 v. in-8, v., *portr.*

891. **Campanella** (F.-Th.). De Sensu rerum et Magia libri IV; Tob. Adami recensuit et nunc primum vulgavit. — Astrologicorum libri VII. *Francof.*, 1620 et 1630, 2 v. in-4 rel. en 1, v. br., fil.

892. — OEuvres choisies de Campanella, précédées d'une

notice par Mme Louise Colet (trad. par cette dame et par M. Jules Rosset) : poésies, Cité du Soleil, lettres, *facsimile* de l'écriture de Campanella, etc. *Paris, Lavigne*, 1844, in-18, d.-rel. m.

893. **Campanus** (Jo.-Anton.), episc. Aprutinus. Opera selectiora ; scilicet : de Rebus gestis Andr. Bracchii libri VI, cum vita Pii II, P. M., descriptione Thrasimeni ; de regendo magistratu, de dignitate matrimonii, etc. Recensuit F. Otto Menckenius. *Lipsiæ*, 1734, in-8, br.

894. **Campbell** (Georg.). Dissertation sur les Miracles, dans laquelle on réfute les principes de David Hume dans son Essai sur les Miracles, trad. de l'anglais par M. E. *Amsterdam* et *Paris*, 1767, in-12, bas.

895. **Campistron** (J. Galbert de). OEuvres. *Amsterdam*, 1733, 2 v. in-12, bas.

896. **Camus** (J.-P.), évêque de Belley. Premières homélies quadragésimales et dominicales. *Paris, Cl. Chappelet*, 1615-17, 2 v. in-8, parch.

897. — Direction de l'oraison mentale. *Paris, Cl. Chappelet*, 1618, pet. in-12, bas.

898. — Le Cabinet historique, remply d'histoires véritables arrivées tant dehors que dedans le royaume, avec les moralitez ; nouvellement trouvé dans les écrits de feu M. J.-P. Camus, év. de Belley. *Paris*, 1668, in-8, bas.

899. — Moyens de réunir les Protestans avec l'Église Romaine, publiés par M. Camus, év. de Belley, sous le titre de : *L'avoisinement des Protestans vers l'Église Romaine;* nouv. édit. corr. et augm. de remarques (par Richard Simon). *Paris*, 1703, in-12, bas.

900. — Apologie pour les Réguliers, ou continuation de l'histoire curieuse d'un voyageur inconnu. 2e édit. *Angers*, 1656, in-12, vél.

901. — Metaneacarpie, ou des fruicts de la Pénitence, qui sont : l'oraison, l'aumosne et le jeusne; homélies preschées à Paris en l'église de S. Jacques de la Boucherie,

l'Advent de l'an 1618, par Mgr J.-P. Camus, evesque de Belley. *Paris, Cl. Chapellet,* 1620, pet. in-8, vél.
Voir en outre les Nos 185, 343 et 4359.

902. **Camuzat** (Nic.). Mémoires pour servir de suite aux Antiquités Ecclésiastiques du diocèse de Troyes. S. l., 1756, in-12, bas.

903. **Camuzat** (M. de). Lettres sérieuses et badines sur les ouvrages des savans et sur d'autres matières. 2e éd. *La Haye,* 1740, 2 v. in-12, v. éc., *frontisp. gr.*

904. **Candidus** (Vinc.). R. P. F. Vincentii Candidi, ord. Prædicatorum, Disquisitiones morales, quibus omnes casus conscientiæ maxime practicabiles explicantur... *Lugduni, Prost,* 1638, 2 tom. en 1 v. in-fol., v. f.

905. **Canisius** (Henr.). Thesaurus Monumentorum ecclesiasticorum et historic., sive lectiones antiquæ, etc., cum præfatione et notis Jac. Basnage. *Amstelœdami,* 1725, 7 tom. en 4 v. in-fol., v. br.

906. **Canticum** Canticorum Salomonis versibus et commentariis illustr., authore Gilb. Genebrardo. *Parisiis,* 1585, in-8, parch.

907. — Canticum Canticorum Salomonis, cum paraphrasi continua; additis notis, auctore Arnoldo Cathio, e soc. Jesu. *Antuerpiæ,* 1625, in-8, parch.

908. — Explication du Cantique des Cantiques de Hamon, revue et corrigée par Nicole. *Paris,* 1708, 4 v. in-12, v. éc.

909. — Pauli Sherlogi, e soc. Jesu, Anteloquia et cogitationes in Canticum Canticorum Salomonis, ethica pariter et historica. *Lugduni, sumpt. Jac. Cardon,* 1633, 3 tom. en 2 v. in-fol., bas., *frontisp. gr.*

910. — Explication du Cantique des Cantiques, tirée des SS. PP. et des auteurs ecclésiastiques (par Michel Bourdaille). *Paris, Desprez,* 1689, in-12, v. br.

911. **Capella** (Martianus). De nuptiis Philologiæ et septem artibus liberalibus. *Lugduni, Vincentii hæred.,* 1539, in-8, bas.

912. **Capellus** (Jac.). De Mensuris libri tres. *Francof.,* 1607, in-4, bas.

913. **Capellus** (Ludov.). Critica sacra. *Lutetiæ-Paris.*, *Cramoisy*, 1650, in-fol., v. br.

914. **Capmartin** de Champy. Découverte de la maison de campagne d'Horace. *Rome*, 1767, 3 v. gr. in-8, v. marbr., *fig.*

915. **Capmas.** Théorie de l'intérêt de l'argent démontrée visiblement usuraire par les principes du droit naturel, de la théologie et de la politique, ou réfutation d'un écrit intitulé : *Théorie de l'intérêt de l'argent*, etc. *Paris*, 1782, in-12, br.

916. **Caraccioli** (le m^{is} de). De la Gaieté. *Paris*, 1762, in-12, bas.

917. — La Religion de l'honnête homme. *Paris*, 1766, in-12, bas.

918. **Caractères** (les) de l'homme sans passions, selon les sentiments de Sénèque (par Ant. Le Grand). *Paris*, 1665, pet. in-12, bas.

919. **Caractères** (les) du Messie, vérifiés en Jésus de Nazareth (par l'abbé Clémence). *Rouen*, 1776, 2 v. in-8 rel. en 1, bas.

920. **Caractères** tirés de l'Écriture sainte et appliqués aux mœurs de ce siècle (par .....). *Paris*, 1698, in-12, mar. n., tr. d.

921. **Caraman** (le duc de). Histoire des révolutions de la Philosophie en France pendant le moyen âge jusqu'au 16e siècle. *Paris*, 1845-48, 3 v. in-8, d.-rel. m.

922. — Charles Bonnet philosophe et naturaliste. Sa vie et ses œuvres. *Paris*, 1859, gr. in-18, br.

923. **Cardanus** (Hieron.). Opera omnia, cura Car. Sponii. *Lugduni, Joan.-Ant. Huguetan*, 1663, 10 v. in-fol., bas., *portr.*

924. — De subtilitate Libri XXI. *Lugduni*, 1580, in-8, parch.

925. — Arcana politica, sive de prudentia civile. *Lugd.-Batav., Elzevir.*, 1635, in-16, bas.

926. — Proxeneta, seu de prudentia civili. *Lugd.-Batav., Elzevir.*, 1627, pet. in-12, parch., *frontisp. gr.*

927. — Somniorum synesiorum, omnis generis insomnia explicantes, libri IV, per Hieron. Cardanum ; quibus accedunt ejusdem : de libris propriis, de curationibus et prædictionibus admirandis; Neronis encomium ; de secretis ; de gemmis et coloribus, etc. *Basileæ, per Henr. Petri,* 1562, in-4, parch.

928. — Neronis encomium. *Amsterd., Blaeu,* 1646, in-16, bas., *frontisp. gr.*

929. — Hier. Cardani de propria vita liber, edente Gabr. Nandæo. *Parisiis, Villery,* 1643, in-8, vél.

930. **Carionis** (Joan.). Chronicon ab exordio mundi ad Carolum V imperat. continuatum a Philippo Melanchtone et Casp. Peucero ; in tres partes divisum. S. l., 1564, in-16, vél. gauf.

931. **Carle** (P.-J.). Du dogme catholique sur l'enfer..... *Paris*, 1842, in-8, d.-rel. m.

932. **Carmina** novem illustrium feminarum, Sapphus, Myrtidis, Praxillæ, etc.; et lyricorum Alcmanis, Ibyci, Stesichori, etc. (græce), ex bibliotheca Ful. Ursini. *Antuerp., Christ. Plantinus,* 1568, pet. in-8, vél.

933. **Carpentariana.** Voy. le N° 1016.

934. **Carrière** (Jos.). Prælectiones theologicæ : de Justitia et Jure. *Parisiis*, 1859, 3 v. in-8, d.-rel. mar. gr. — De Matrimonio. *Parisiis*, 1837, 2 v. in-8, d.-rel. mar. gr.

935. **Cartaud de la Vilate.** Essai historique et philosophique sur le goût. *Londres,* 1751, in-12, bas.

936. **Carte** de visite faite à l'abbaye de N.-D. des Clairets par le R. P. abbé de la Trappe (Arm.-J. le Bouthillier de Rancé), le 16 févr. 1690. — Instruction sur la mort de dom Muce, R. de la Trappe. *Paris,* 1690, 1 v. in-12, bas.

937. **Casalius** (J.-B.). De profanis et sacris veteribus ritibus, opus tripartitum : prima pars, de profanis Ægyp-

tiorum rit. ; secunda, de profanis Ægyptiorum rit. ; tertia, de sacris Chistianorum rit. ; æneis tab. ornata. Editio post Romanam prima. *Francofurti*, 1681, in-4, v. br. ; *fig.*

938. **Casas** (Balth. de Las). La découverte des Indes Occidentales par les Espagnols, écrite par dom Balthazar de las Cazas, évêque de Chiapa. *Paris, Pralard*, 1697, in-12, v. br.

939. — Le même. *Paris*, 1701, in-12, bas., *frontisp. gr.*

940. **Casinius** (Ant.). Qu'est-ce que l'homme? ou controverse sur l'état de pure nature, dans laquelle sont démontrées la raison et la fin de la Providence surnaturelle de Dieu relativement aux hommes...., trad. par l'abbé Cros. *Paris et Montpellier*, 1864, gr. in-18, br.

941. **Cassandre** (par La Calprenède). *Paris, Montalant*, 1731, 10 v. in-12, d.-rel. vél.

942. **Cassianus** (Johan.). Opera omnia cum commentariis D. Alardi Gazæi ; nova editio ad eodem denuo recognita et a mendis, quæ irrepserant in priori, repurgata ; commentariis ipsis tertia parte auctioribus illustrior reddita ; novoque insuper in libros de Incarnatione qui desiderabatur commentario locupletata. *Parisiis, Cottereau*, 1642, in-fol., v. br.

943. — Les Conférences de Cassien, trad. en français par le sieur de Saligny. 2e éd. *Paris, Savreux*, 1665, 2 v. in-8, v. br., tr. d.

944. — Les Institutions de S. Cassien, trad. en français par de Saligny. *Paris, Savreux*, 1667, in-8, v. br.

945. — S. Joannes Cassianus illustratus. Voir le No 2232.

946. **Cassiodorus** (Magnus Aurelius). Opera omnia, ad fidem mss. codd. emendata et aucta, notis et observationibus illustrata, quibus prætermittuntur illius vita et dissertatio de ejus monachatu, opera et studio Joan. Garetii, monachi ordinis S. Benedicti. *Rotomagi, impensis Lud. Billaine et Ant. Dezallier*, 1679, 2 v. in-fol., v. br.

947. **Castel** (le P.). Voir le N° 1732.

948. **Castelnau** (Mich. de), Sgr de Mauvissière. Mémoires (1559-1570). *Paris, Sam. Thiboust*, 1621, in-4, vél.

949. — Les mêmes, illustrés et augm. de plusieurs commentaires, etc., par J. Le Laboureur. N. édit. revue (par Jean Godefroy). *Bruxelles*, 1731, 3 v. in-fol., v. rac., *fig.*

950. **Castelnau** (Junius). De la poésie descriptive, discours.... précédé d'une introduction par M. Saint-René Taillandier. *Paris et Montpellier*, 1859, in-8, br.

951. **Castro** (Alph. a). Adversus omnes hæreses libri XIIII. *Parisiis, Nic. Chesneau*, 1564, in-fol., bas.

952. **Catalogue** des livres et estampes de feu M. Delahaye, fermier général. *Paris*, 1754, in-8, bas. — Catalogue des livres du cabinet de feu M. Randon de Boisset. *Paris*, 1777, in-12, bas. — Catalogue de la bibliothèque et de l'atlas Bœndermaker.
Relié avec le N° 5455.

953. **Cataractes** de l'imagination, déluge de la scribomanie, vomissement littéraire, hémorrhagie encyclopédique, monstre des monstres, par Epidénide l'inspiré (attribué à Chassagnon, fils d'un épicier de Lyon). *Dans l'antre de Trophonius, au pays des Visions*, 1779, 4 v. in-12, d.-rel. v. vert.

954. **Catéchisme** (le) des Jésuites, ou Examen de leur doctrine (par Estienne Pasquier). *Villefranche, Guill. Grenier*, 1602, pet. in-8 de 358 ff, plus la table, d.-rel. bas.

955. **Catéchisme** (le) du genre humain, dénoncé par le ci-dev. évêque de Clermont à la séance du 5 nov. 1789 de l'Assemblée nationale;.... avec deux adresses très-importantes à la nation française (par Boissel). 2e édition. *Paris*, 1792, in-8, d.-rel. bas.

956. **Catechismus** ad Parochos ex decreto Conc. Trident. editus, et Pii V P. M. jussu promulgatus. Sincerus et

integer et repurgatus opera P. D. L. H. P. (P. Delahaye, presbyter.), etc. *Parisiis, N. Pépingué,* 1671, in-12, bas.

957. **Catechismus** ad ordinandos juxta doctrinam Catechismi Concilii Tridentini (auctore S. Sulpitio a S. Pelagia, August. discalceato). *Parisiis,* 1703, in-12, bas.

958. **Catéchuménat** clérical, ou Instructions faites de vive voix pour préparer les jeunes gens à l'état ecclésiastique. *Paris,* in-12, br.

959. **Catel** (Guill. de). Mémoires de l'histoire du Languedoc. *Tolose, Arnaud Colomiez,* 1633, in-fol., v. br.

960. **Catelan** (Jean de). Arrests remarquables du parlement de Toulouse, nouv. édition... *Toulouse,* 1756, 2 v. in-4, bas.

961. **Catena** in beatiss. Job absoluta, e XXIV Græciæ doctorum explanationibus contexta, a P. Comitolo in latinum versa, opera et studio Laur. Cumdei in lucem edita. *Lugduni,* 1586, in-4, vél.

962. **Catena** sexaginta quinque græcor. Patrum in S. Lucam.... luce ac latinitate donata a Balth. Corderio. *Antuerpiæ,* 1628, in-fol., v. br., fil.

962 *bis.* — Catena Patrum Græcor. in S. Johannem, gr. et lat.... nunc primum in lucem edita a Balth. Corderio. *Antuerpiæ,* 1630, in-fol., v. br., fil.

963. — Symbolæ, sive catena Græcor. Patrum in S. Mathæum, gr., cum lat. versione et scholiis P. Possini. *Tolosæ,* 1646, in-fol. — Symbolorum in Mathæum tomus alter, quo continetur catena Græcorum Patrum triginta, gr. et lat., interprete Balth. Corderio. *Tolosæ,* 1647, 2 v. in-fol., v. br., fil.

964. **Catharinus** (Ambr.). In omnes D. Pauli apostoli et alias septem epistolas canonicas commentaria. *Parisiis, apud Mich. Sonnium,* 1566, in fol, v. br.

965. **Cato** (Dionys.). Disticha de moribus, cum notis var. et metaphrasi græca Planudis et Scaligeri, etc.; re-

cens., suasque adnotat., adjecit Otto Arutzenius. *Amstelod.*, 1754, in-8, rel. vél., fil.

966. **Catrou** (le P. Fr.), jés. Histoire du Fanatisme dans la religion protestante, depuis son origine, ou histoire des anabaptistes. *Paris*, 1706, in-4, bas.
   Un autre ex. in-12, 1625, est relié avec le N° 5323.

967. **Catullus**, **Tibullus** et **Propertius**. Accedunt fragmenta Cornelio-Gallo inscripta. *Lutetiæ-Parisiorum, Coustelier*, 1743, 3 v. in-12 rel. en 1, bas., *fig*.

968. — Les mêmes.... ex recens. Jo. Ant. Vulpii. *Venetiis*, 1786, *Th. Bettinelli*, 3 v. in-8, d.-rel. v., *frontisp. gr.*

969. — Traduction complète des poésies de Catulle, suivie des poésies de Gallus et de la Veillée de la fête de Vénus, par Fr. Noël. *Paris, de l'impr. de Crapelet*, an XI (1803), 2 v. in-8, cart. angl., *fig*.

970. **Catulle**. Les Noces de Thétis et Pelée (V. Ginguené).
   Pour Catulle, voir encore Paulinier, N°s 3855 et 3856.

971. **Catz** (Jacob). J. Catsii, Faces Augustæ a Casp. Barlæo et Corn. Boyo lat. carmine celebratæ. — Ejusdem Dialogi aliquot nuptiales à C. Barlæo lat. redditi. — Jac. Lydii sermonum convivialium libri duo. *Lugd.-Batav., apud Johan. Elzevirium*, 1756, in-4, v. f., fil., tr. d., *portr.*

972. **Causa** Quesnelliana, sive Motivum juris pro procuratore curiæ ecclesiasticæ Mechliniensis, actore, contra P. Paschasium Quesnel... citatum fugitivum; cui accessit sententia Archi-ep. Mechlinensis in Quesnelium lata. *Bruxellis*, 1705, in-8, bas.

973. **Caussinus** (Nic.). De symbolica Ægyptiorum sapientia, in qua symbola, parabolæ, historiæ selectæ quæ ad omnem emblematum, ænigmatum, hieroglyphicorum cognitionem viam præstant. *Coloniæ, apud Jo. Kinckium*, 1623, in-8, vél., *frontisp. gr.*

974. — Symbolica Ægyptiorum sapientia, authore P. Nic. Caussino. — Polyhistor symbolicus, electorum symbo-

lorum, et parabolarum historicarum stromata XII libris complectens, authore eodem. *Parisiis,* 1647, 2 tom. en 1 v. pet. in-4, vél.

975. — De Eloquentia sacra et humana libri XVI. Editio secunda. *Parisiis,* 1623, in-4, vél.

976. — La Cour Sainte du R. P. Nicolas Caussin. *Paris, Sonnius et Bechet,* 1647, 2 v. in-fol., d.-rel. mar. cit.

977. **Cave** (Guill.). Scriptorum ecclesiastic. historia litteraria, a Christo nato usque ad sæculum XIV. *Basileæ,* 1741-45, 2 v. in-fol., bas.

978. — La Religion des anciens chrétiens dans les premiers siècles du christianisme; trad. de l'angl. *Amsterdam,* 1711, 2 v. in-12, bas., *frontisp. gr.*

979. **Cayet** (P. Vict.). Chronologie novenaire, contenant l'histoire de la guerre depuis l'an 1589 jusqu'à la paix de Vervins, en juin 1598. *Paris, J. Richer,* 1608, 3 v. in-8, d.-rel., bas. — Chronologie septenaire de l'histoire de la paix entre les rois de France et d'Espagne, 1598-1604. *Paris,* 1606, in-8, d.-rel. bas.

980. **Caylus** (Ch.-Gab. de Tubières de), évêque d'Auxerre. Ses œuvres. *Cologne,* 1751-54, 10 v. in-12, bas.

981. — Vie de M. de Caylus, évêque d'Auxerre (par l'abbé Dettey), *Amsterdam,* 1765, 2 v. in-12, bas.

982. **Caylus** (Madame de). Ses souvenirs. *Amsterdam, M.-M. Rey,* 1770, in-12, v. f., fil.

983. **Ceillier** (D. Remi). Histoire générale des auteurs sacrés et ecclésiastiques. *Paris,* 1729-63, 23 v. in-4. — Table générale des matières contenues dans les 23 vol., etc., par Ét. Rondet. *Paris,* 1782, 2 v. in-4, v. m.

984. — Apologie de la morale des Pères de l'Église contre les injustes accusations du sieur J. Barbeyrac. *Paris,* 1718, in-4, v. br.

985. **Celada** (Didacus de), e soc. Jes. De benedictionibus patriarcharum electa sacra; commentario litterali et morali illustrata. Tractatus appendix de Judith figu-

rata, in quo virginis Deiparæ laudes in Juditha adumbratæ prædicantur. *Lugduni*, *Prost*, 1641, in-fol., bas., *frontisp. gr.*

986. **Cellarii** (Cristoph.). Ortographia latina ex vetust. monumentis. Editio tertia Patavina. *Patavii*, 1784, in-12, bas.

987. **Cellotii** (Ludov.), e soc. Jesu. Panegyrici et orationes. *Parisiis*, *Seb. Cramoisy*, 1631, in-8, vél.

988. **Censorinus**. De die natali ex recens. et cum notis Henr. Lindenbrogii cum spicilegio annot. Salmasii, Scaligeri et alior. *Cantabrigiæ*, 1695, in-8, d.-rel. bas.

989. **Censure** de Mgr l'Évêque d'Arras (de Rochechouart), avec des remarques sur un écrit du P. Jacobs, jésuite de Douai, touchant le refus et le délay de l'absolution dans le sacrement de pénitence. *Paris*, 1683, pet. in-12, bas.

990. **Censure** (la) des vices et des manières du monde, avec les entretiens de Polémon et d'Aristarque sur la critique du mauvais langage et sur la rhétorique de S. Augustin. *Paris*, 1737, in-12, bas.

991. **Centuriatores** Magdeburgici. Historia ecclesiastica integram ecclesiæ christianæ conditionem inde a Christo nato juxta sæculorum seriem exponens, jam olim per studiosos ac pios aliquot viros in urbe Magdeburgica, et alibi..... diligenter congesta, nunc denuo per Lud. Lucium fideliter recensita. *Basileæ*, *Lud. Regis*, 1624, 4 v. in-fol., v. f., *frontisp. gr.*

992. **Ceremoniale** Græcorum (Gr.). *Venetiis*, *typis Ant. Pinellii*, 1613, pet. in-4, bas., de 258 ff.

993. **Ceriziers** (le P. René de), aumônier du Roy. Le Tacite françois, avec les réflexions chrestiennes et politiques sur la vie des Rois de France. *Paris*, *V*e *Camusat*, 1648—2 part. en 1 v. in-4, bas., *frontisp. gr.*

994. — Le philosophe françois. *Lyon*, 1663, 3 tom. en 1 v. in-16, bas.

995. **Cervantes** (Miguel) Saavedra. El ingenioso hidalgo don Quijote de la Mancha, con el elogio de Cervantes, por José Mor de Fuentes. *Paris*, 1835, in-8, d.-rel. m., *portr.*

996. — Los Trabajos de Persiles y Sigismunda, historia setentrional. *En Valencia*, 1617, pet. in-8, bas.

996 *bis*. — Nouvelles de Miguel Cervantes; trad. nouvelle (par Cotolendi). *Paris, Cl. Barbin*, 1678, 2 v. in-12, v. br.

Manque le 2ᵈ vol.

997. **Chalippe** (Candide). Vie de S. François, instituteur de l'ordre des Frères Mineurs. *Paris, P. Prault*, 1728, in-4, bas., *fig.*

998. **Chamberlayne** (Edüard). L'estat présent de l'Angleterre; trad. de l'angl. *Amsterdam, Blaeu*, 1669, pet. in-12, bas.

999. **Chamfort** (S.-N.-Nic. dit). Ses œuvres, recueillies et publiées par un de ses amis (Ginguené), avec une notice sur sa vie et ses écrits (par le même). *Paris*, an III (1795), 4 v. in-8, v.

1000. **Champmelé.** Les œuvres de M. de Champmelé. *Paris, P. Ribou*, 1702, in-12, bas.

Le Parrain, 1683. — Les Grisettes, 1683. — Délie, 1668. — La Rue St-Denys, 1682. — Les Fragments de Molière, 1682.

1001. **Chantal** (J.-Fr. Fremyot, sainte). Ses lettres. Édition augmentée de lettres inédites. *Paris, Blaise*, 1823, 2 v. in-8, bas., *portr.*

1002. **Chapelain** (Jean). La Pucelle, ou la France délivrée, poëme héroïque. Seconde édition, revue et retouchée. *Paris, Courbé*, 1656, in-12, vél., *fig.*

1003. — Mélanges de littérature tirés des lettres manuscrites de M. Chapelain (par Fr.-Den. Camusat). S. l. n. d. (1726), in-12, v. br.

Voir aussi le Nᵒ 1240.

1004. **Chapelle** et **Bachaumont.** Voyage, avec les poésies du chevalier d'Aceilly. *Amsterdam, Chatelain*, 1751, pet. in-12, bas.

1005. — Voyage de Mess. Chapelle et Bachaumont (suivi de leurs poésies diverses). *La Haye*, 1750, in-12, bas.,

1006. **Chapitre** de Saint-Denis. Histoire de sa fondation, des négociations pour obtenir son exemption, discussion de ce privilége par Mgr l'Archevêque de Paris. *Paris*, 1847, in-16, br.

1007. **Chapt de Rastignac** (l'abbé). Accord de la révélation et de la raison contre le divorce. *Paris*, 1790, in-8, d.-rel. bas.

1008. **Chaptal** (M.-J.-A.). Catéchisme à l'usage des bons patriotes, par M.-J.-A. Chaptal, président du club des amis de la Constitution et de l'égalité de Montpellier. *Montpellier, Tournel*, 1790, in-12, br.

1009. **Chardin** (Jean). Voyages en Perse et autres lieux de l'Orient. *Amsterdam*, 1711, 3 v. in-4, v. br., *fig.*

1010. **Chardon** (dom C.). Histoire des Sacremens, ou de la manière dont ils ont été célébrés et administrés dans l'Église.... depuis le temps des Apôtres jusqu'à présent. *Paris*, 1745, 6 v. in-12, bas.

1011. **Chardon de la Rochette** (S.). Mélanges de critique et de philologie. *Paris*, 1812, 3 v. in-12 rel. en 2, bas.

1012. **Charency** (G.-Laz. Berger de), év. de Montpellier. Recueil de Mandements, Ordonnances, Instructions pastor., etc., et de diverses pièces y relatives. 2 v. in-4, bas.

Mandement pour le rétablissement de la signature du Formulaire, 1739. — Réponse à ce mandement, 1740. — Lettre d'un théologien au sujet du même, 1739. — Apologie des curés du diocèse de Montpellier qui ont refusé de le publier. — Consultation des avocats du Parlem. de Paris sur la procédure faite contre M. Villebrun, curé de Ste-Anne. — Requête de Mgr de Charency sur l'appel comme d'abus de M. Villebrun, ci-dev. curé de Ste-Anne, de la sentence de l'officialité de Montpellier, et arrêt du Conseil d'État. — Sentence de l'officialité de Montp. contre le sieur Sabatier, curé de Saussan. — Ordonnance au sujet de l'excommunicat. de MM. Gras et Mercier, curés, avec les deux sentences, 1740. — Protestation de ces deux curés, 1740. — Recueil de pièces démontrant l'injustice et la nullité de ces deux sentences. — Lettre pastorale de Mgr de Charency au sujet d'un écrit trouvé dans son diocèse, 1740 (24 sept.) — Réflexions d'un magistrat sur le Formulaire. — Lettre à Mgr de Charency en réponse à la précédente. — Défense de la vérité et de l'innocence outragées dans la lettre de Mgr de Charency du 24 sept. 1740. — Lettre de M..... à un de ses amis sur la même lettre. — La foi des Appellants justifiée contre les calomnies contenues dans la dite lettre, 1740. — Brevet de garde des Mess. du régiment de la Calotte, en faveur de Mgr de Charency, 16 octob. 1740.

T. II. — Mandement de Mgr de Charency pour la publication de la Bulle, 1742. — Délibérat. de Mess. du chapitre de St-Pierre de Montpellier sur le mandement qui renouvelle la signature du Formulaire, 1739. — Lettre de plusieurs curés.... du diocèse de Montpellier à Mgr de Charency, leur évêque, sur son mandement relatif à la publicat. de la Bulle, etc. — Consultat. des avoc. du Parlem. de Paris sur le synode tenu à Montpellier le 12 juillet 1742 par Mgr de Charency. — Consultation des mêmes sur le mandement relatif à la Bulle. — Arrêt du conseil ordonnant la suppression des deux écrits précédents. — Lettre de Mgr l'Evêque d'Auxerre à Mgr l'Evêque de Montpellier, à l'occasion de ce que ce Prélat dit de lui dans son mandem. du 1er juil. 1742. S. l., 1743. — Lettre pastor. de Mgr de Montpellier sur la lettre précédente, 1744. — Seconde lettre de Mgr d'Auxerre à l'occasion de la réponse de Mgr de Montpellier, 1745. — Seconde réponse de Mgr de Montpellier, 1745. — Lettres d'un théologien à Mgr de Charency, à l'occasion de sa réponse à Mgr d'Auxerre.

1013. — Autre recueil, in-4, bas.

Mandem. sur le rétabliss. de la signat. du Formulaire, 1739. — Consultat. de Mess. les avocats du Parlem. de Paris au sujet de ce mandem. et de la procédure faite contre M. Villebrun, curé de Ste-Anne. — Ordonnance au sujet de l'excommunic. des curés Gras et Mercier, 1740. — Lettre pastor. au sujet d'un écrit trouvé dans le diocèse, 1740. — Instruction pastorale sur le mariage, 1742. — Mandem. pour la publicat. de la Bulle. — *Id.* pour l'ouverture de la mission à Montpellier, 1743. — *Id.* sur le caresme, 1744. — Lettre pastorale au sujet de la *Lettre* de Mgr l'Evêque d'Auxerre, 1744. — Lettre de l'Evêque de Montpellier en réponse à cette dernière, 1742. — Ordonnance concernant les processions, sépultures et confréries, 1745. — Ordonnance sur la communion pascale, 1745. — Seconde lettre de Mgr de Montpellier au sujet de la *Lettre* de Mgr l'Evêque d'Auxerre, 1745. — Jubilé accordé par Benoît XIV et mandement au sujet de ce jubilé, 1745.

1014. **Charlevoix** (P.-Fr.-Xav. de). Histoire de l'Isle Espagnole, ou de Saint-Domingue, écrite sur des mémoires du P. J.-B. le Pers, etc. *Paris,* 1730, 2 v. in-4, v. f., *fig.*

1015. **Charpentier** (Fr.). La vie de Socrate. 2e édit. *Paris,* 1657, in-12, d.-rel. bas.

1016. — Carpentariana, ou Remarques d'histoire, de morale, de critique, d'érudition et de bons mots de M. Charpentier, de l'Acad. fr. *Paris, 1724*, in-12, v. br.

1017. **Charron** (Pierre). Discours chrestiens de la divinité, création, rédemption et octaves du Sainct Sacrement. *Paris, P. Bertault,* 1629, in-8, vél., *frontisp. gr. par L. Gaultier.*

1018. — Les trois vérités. Seconde édition corrigée et de beaucoup augmentée ; plus, augmentée de la réplique faicte aux ministres de la Rochelle. *Paris, V*e *P. Bertault,* 1620, pet. in-8, v. f.

1019. — Les trois livres de la Sagesse, de Pierre Charron. 2e éd. *Paris,* 1604, in-8, bas., *portr.* et *frontisp. gr.*

1020. — Les mêmes, suivant la vraye copie de Bourdeaux. *Londres,* 1769, 2 v. in-16, v. t.

1021. — Les mêmes. *Paris, Bastien,* 1783, in-4, v. éc., fil., tr. d., *fig.,* pap. de Holl.

1022. **Chartarii** (Vinc.). Imagines Deorum qui ab antiquis colebantur, etc. *Moguntiæ,* 1687, in-4, vél., *fig.*

1023. **Chassaing** (P.-Bruno). Privilegia Regularium, quibus aperte demonstratur Regulares ab omni ordinariorum potestate exemptos esse, necnon in utraque hierarchia jurisdictionis et ordinis locum habere. Editio tertia. *Valentiæ, apud Lud. Muguet,* 1655, in-fol., bas.

1024. **Chastel** (le P.). De la valeur de la raison humaine, ou ce que peut la raison par elle seule. *Paris,* 1854, in-8, d.-rel. mar. r.

1025. — Les rationalistes et les traditionalistes, ou les écoles philosophiques depuis 20 ans. *Paris,* 1850. — L'Eglise et les systèmes de philosophie moderne, par le même. *Paris,* 1852, 2 v. in-12 rel. en 1, dem. mar. br.
   Voir aussi 5360.

1026. **Chauvet** (Emm.). Des théories de l'entendement humain dans l'antiquité. *Paris, Durand,* 1855, in-8, d.-rel. mar. br.

1027. **Chauvin** (Ét.). Lexicon philosophicum secundis curis Steph. Chauvini. *Leovardiæ, Fr. Halma,* 1713, in-fol., bas., *portr.* et *frontisp. gr.*

1028. **Chef** (le) d'œuvre d'un inconnu, poëme avec des remarques savantes par le docteur Chrisostôme Mathanasius (Saint-Hyacinthe et autres), une dissertation sur Homère et sur Chapelain, etc. (par Van Effen). 4e éd. *La Haye, Husson,* 1716, in-12, bas.

1029. — Le même..... avec d'autres pièces. 8e édition. *La Haye,* 1745, 2 tom. en 1 v. in-12, v. f., *fig.*

1030. — L'Anti-Mathanase, ou critique du Chef-d'œuvre d'un inconnu; le tout critiqué dans le goût moderne. *Utrecht,* 1729, in-12, v. f.

1031. **Chénier** (M.-J. de). Fragments du cours de littérature fait à l'Athénée de Paris, en 1806 et 1807. *Paris,* 1818, in-8, d.-rel. v. bl.

1032. — Tableau historique de la littérature française depuis 1789. Nouv. édit. *Paris,* 1835, in-8, d.-rel. mar.

1033. **Cheron** (le P. Jean). Examen de la théologie mystique, qui fait voir la différence des lumières divines de celles qui ne le sont pas.... *Paris,* 1657, in-8, v. éc., fil.

1034. **Chérubin** de Ste-Marie Ruppé (le P.). La maison de la Sainte-Vierge dans laquelle Dieu s'est fait homme, enlevée de Nazareth par les Anges, et, après plusieurs changements, portée à Lorette : sa vérité, sa sainteté, etc. *Lyon, Certe,* 1680, pet. in-12, bas., *frontisp. gr.*

1035. **Chesneau** (le P.). Traité de l'obligation aux Observances régulières. *Paris, Coignard,* 1672, in-12, bas.

1036. **Cheverny** (Ph. Hurault, Cte de). Mémoires d'Estat, sous le règne des roys Henry III et Henry IV (recueillis par l'abbé de Pont-Levoy, fils du comte). *Paris, Manger,* 1684, 2 v. in-12, v. br.

1037. **Chevreau** (Urbain). OEuvres meslées. *La Haye, Moetjens,* 1697, 2 part. en 1 v. in-12, v. br.
Aux armes de Huet, év. d'Avranches.

1038. — Les mêmes. *La Haye, H. Scheurleer,* 1717, 2 v. in-12, bas.

1039. — Poésies de M. Chevreau. *Paris, A. de Sommaville,* 1656, in-8 de 228 pp., v. br.

1040. — Le tableau de la fortune. Nouv. édition, revue et augmentée de remarques. *Lyon,* 1665, in-12, bas.

1041. — Chevræana (ou mélanges d'érudition et de critique de M. Chevreau). *Paris,* 1697-1700, 2 v. in-12, v. br.

1042. **Chevrier** (Fr.-Ant.). Paris, histoire véridique, anecdotique, morale et critique, avec la clef. *La Haye,* 1767, in-12, br.

1043. **Chiniac de la Bastide** (P.). Discours sur la nature et les dogmes de la religion gauloise. *Paris,* 1769, in-12, v.

1044. **Chodzko** (Léonard). La Pologne historique, littéraire, monumentale et illustrée..... *Paris,* 1839-41, gr. in-8, br., *fig.*

1045. **Choiseul-Stainville** (le duc Cl.-A.-G. de). Histoire du procès des naufragés de Calais. *Paris, Bossange,* 1814, in-8.

1046. **Choisy** (Fr.-Th. de). Journal du voyage de Siam, fait en 1685 et 1686. *Paris,* 1687, in-12, v. br.

1047. — Mémoires pour servir à l'histoire de Louis XIV (publ. par D. Camusat). *Utrecht,* 1747, in-12, bas.

1048. — Histoire de l'Église, contenant les trois premiers siècles. N. éd. *Paris,* 1727, 11 v. in-12, bas.

1049. — La vie de M. l'abbé de Choisy, de l'Acad. fr. (par d'Olivet). *Lauzanne* et *Genève,* 1748, in-8, v. m.

1050. **Choppinus** (Renatus). Monasticon, seu de jure Cænobitarum libri duo. *Parisiis, Mich. Sonnius,* 1601, in-fol., v. f., fil.

1051. — Trois livres de la Police ecclésiastique en laquelle est traicté des droicts royaux selon l'usage des cours de France sur les personnes et biens ecclésiastiques, traduicts du latin de M. René Choppin par Mᵉ J. Tournet. *Paris, 1634*, in-fol., bas.

1052. **Christianisme** (le) dévoilé, ou examen des principes et des effets de la religion chrétienne (par d'Holbach). *Londres*, 1777, in-12, br.
Voir le Nᵒ 578.

1053. **Chronicon** abbatis Uspergensis (Conradi a Liechtenan aut Burcardi Riberacensis) a Nino Assyriorum rege usque ad Carolum V : accedunt Rheginonis et Lamberti Schaffnaburg. annales. *Argentorati, Laz. Zetznerus,* 1609, in-fol., v. f.

1054. **Chronologie** (la) et la topographie du nouveau bréviaire de Paris, par M. B** (Binet, prêtre). *Paris,* 1742, in-12, bas.

1055. **Chubb** (Th.). Nouveaux essais sur la bonté de Dieu, la liberté de l'homme et l'origine du mal, trad. de l'anglais. *Amsterd.,* 1732, in-12, v. f., fil.

1056. **Ciacconius** (Alph.). Vitæ et gesta Summorum Pontificum, a Christo usque ad Clementem VIII, nec non Cardinalium. *Romæ, ap. Steph. Paulinum,* 1601, in-fol., bas., *fig.*

1057. **Ciacconius** (Petr.). De Triclinio, sive de modo convivandi apud priscos Romanos, et de conviviorum apparatu. Accedit Fulvii Ursini appendix et Hier. Mercurialis de accubitus in cœna antiquorum origine dissertatio. Editio nova. *Lipsiæ,* 1758, pet. in-12, d.-rel. bas., *fig.*

1058. **Cicéron.** Académiques, trad. par David Durand avec le texte lat. de l'édit. de Cambridge et des remarques nouv......, suivies du commentaire latin de P. de Valence. N. éd. *Paris, Barbou,* an IV (1796), 2 part. en 1 v. in-12, v. rac.

1059. — Offices de Cicéron, trad. de Barrett. *Paris, Barbou,* an IV, in-12, bas.

1060. — Livres de Cicéron de la Vieillesse, de l'Amitié, les Paradoxes, le Songe de Scipion, etc., trad. par Barret. *Paris, Barbou,* an III, in-12, bas.

1061. — Traité du Destin ; trad. pour la 1re fois, avec des notes par l'abbé Giraud. *Lyon* et *Paris,* 1816, in-12, d.-rel. bas.

1062. — Entretiens sur les vrais biens et les vrais maux ; trad. par Regnier-Desmarais. *Paris, Barbou,* an III, in-12, bas.

1063. — Traité des Lois ; trad. par Morabin, avec des remarques. *Paris, Mariette,* 1719, in-12, v. j.

1064. — Ciceronis Tusculanarum disputationum libri V, cum comment. Jo. Davisii. Editio sec. emendatior. *Cantabrigiæ, typ. Acad.,* 1723, in-8, v. br.

1065. — Les Tusculanes ; traduct. du P. Du Ryer. *Paris,* 1643, in-12, v. f., fil.

1066. — Les mêmes ; traduct. par Bouhier et d'Olivet. *Paris, Barbou,* an III, 2 v. in-12, bas.

1067. — Entretiens sur la nature des dieux ; trad. par l'abbé d'Olivet, avec des remarques du président Bouhier. 2e éd. *Paris,* 1732, 2 v. in-12, bas.

1068. — Les deux livres de la Divination ; trad. en fr. par Regnier-Desmarais, avec le texte lat., suivis du traité de la Consolation par Morabin. N. éd. *Paris, Barbou,* an III, in-12, v. f.

1069. — Ciceronis de Republica quæ supersunt, ex primaria editione Angeli Maii. *Parisiis, Renouard,* 1823, in-8, v. j.

1070. — De la République, ou du meilleur gouvernement. N. éd., avec deux dissert. nouv., par Bernardi. *Paris, Delance,* 1807, 2 v. in-12, bas.

1071. — Pensées de Cicéron ; trad. par l'abbé d'Olivet. 3e éd. *Paris,* 1754, in-12, bas.

1072. — Traduction du traité de l'Orateur, de Cicéron, avec des notes par l'abbé Colin ; 3e éd. avec le texte. *Paris, Debure,* 1768, in-12, bas.

1073. — L'Orateur, de Cicéron, lat. et fr. ; traduct. nouv. (par MM. Daru et Nougarède). *Amsterdam,* 1787, in-12, v. f., fil., tr. d.

1074. — Le même (lat. et fr.) trad. par l'abbé Colin. *Paris, Debure,* 1805, in-12, bas.

1075. — Entretiens sur les Orateurs illustres, avec notes par M. de Villefore. *Paris,* 1726, in-12, bas.

1076. — Oraisons choisies; trad. revue par M. de Wailly, avec le latin à côté et des notes. *Paris, Barbou,* 1786, 4 v. in-12, bas.

1077. — Traduction des partitions oratoires de Cicéron, avec des notes et la harangue de Cicéron de la Divination contre A. Cécilius (par Charbuis). *Paris, Debure,* 1756, in-12, bas.

1078. — Philippiques de Démosthène et Catilinaires de Cicéron, trad. de l'abbé d'Olivet. *Paris, Barbou,* 1777, in-12, bas.

1079. — Lettres de Cicéron à Atticus, avec des remarques et le texte lat. de l'édit. de Grævius; par l'abbé Mongault. *Paris, Barbou,* 1787, 4 v. in-12, bas.

1080. — Lettres de Cicéron à Brutus et de Brutus à Cicéron, avec une préface critique et des notes (par Middleton), et diverses pièces pour servir de supplément à l'histoire de Cicéron (trad. en fr. par l'abbé Prévost). *Paris,* an II, in-12, d.-rel. bas.

1081. — Lettres familières de Cicéron, tr. par l'abbé d'Olivet, avec notes par l'abbé Prévost. *Paris, Didot,* 1745, 5 v. in-12, v.

1082. — Ciceronianum Lexicon græco-latinum, id est Lexicon ex variis græcorum scriptorum locis a Cicerone interpretatis, etc. *Augustæ Taurin.,* 1783, in-8, bas.

1083. — Histoire de Cicéron, tirée de ses écrits, etc. (trad de l'anglais de Middleton par l'abbé Prévost); suivie des lettres de Cicéron à Brutus et de Brutus à Cicéron, avec une préface critique et diverses pièces choisies pour servir de supplément à l'histoire de Cicéron (par les mêmes). *Paris, Didot,* 1743-44, 5 v. in-12, v.

1084. — Histoire des quatre Cicérons (par l'abbé Macé). *La Haye, Van Duren,* 1715, in-12, bas.

1085. — Histoire de l'exil de Cicéron, par Morabin. *Paris,* 1726, in-12, bas.

Voir encore, pour Cicéron, le N° 4380.

1086. **Cité** (la) humaine, par M. B. de B. Discours sur les révolutions universelles de l'humanité. *Lyon et Paris,* 1857, in-12, br.

1087. **Clairon** (Hipp.). Ses mémoires, avec des réflexions sur la déclamation théâtrale. 2e édit. *Paris,* an VII, in-8, d.-rel. bas, *portr.*

1088. **Clarendon** (Ed. Hyde, comte de). Histoire de la rebellion et des guerres civiles d'Angleterre depuis 1641 jusqu'au rétablissement du roi Charles II (trad. de l'angl.). *La Haye,* 1704-9, 6 v. in-12, v. br., *portr.*

1089. **Clarke** (Sam.). Traités de l'existence et des attributs de Dieu, des devoirs, de la religion naturelle et de la vérité de la religion chrétienne, trad. de l'angl. par Ricotier. S. l., 1756, 3 v. in-12, bas.

1090. **Claude** (Jean), ministre. Voir les Nos 749, 3631-3634, 3637, 3642, 3972 et 5005.

1091. **Claudianus** (Claud.). Opera; Nic. Heinsius recens. ac notas addidit. Accedunt selecta varior. comment. accurante Corn. Schrevelio. *Amstelod., Elzevir.,* 1665, in-8, d.-rel.
   Le titre et le frontisp. manquent.

1092. — OEuvres complètes de Claudien, trad. en fr. avec des notes et le latin (par l'abbé Latour). *Paris,* an VI (1798), 2 v. in-8, bas.

1093. **Clavier** (Ét.). Mémoire sur les Oracles des Anciens. *Paris,* 1818, in-8, d.-rel. v. f.

1094. **Clavigny** (M. de) de Ste-Honorine. Traité des langues. *Paris,* 1672, pet. in-12, v. j.

1095. **Clemens** Alexandrinus (T. Flavius). Opera quæ extant, gr. et lat., recognita et illustrata per Joan. Potterum. *Oxonii, e theatro Sheldon.,* 1715, 2 v. in-fol., v. br.

1096. — Les œuvres de S. Clément d'Alexandrie, trad. du grec, avec les opuscules de plusieurs autres Pères grecs (SS. Nilus, Proclus, Athanase et Jean Chrysostôme) (par Nic. Fontaine). *Paris, Pralard,* 1696, in-8, bas.

1097. — Discours de Clément d'Alexandrie pour exhorter les payens à embrasser la religion chrétienne, trad. du gr. par le présid. Cousin. *Paris,* 1664, in-12, v. br.

1098. — Clément d'Alexandrie, sa doctrine et sa polémique, par l'abbé J. Cognat. *Paris,* 1859, in-8, d.-rel. mar. v.

1099. **Clemens** Romanus (S.). Clementis ad Corinthios epistola prior, gr. et lat., cura Patricii Junii. *Oxonii,* 1633, in-4, vél.

1100. — Divi Clementis Recognitionum libri X ad Jacobum fratrem Domini Rufino Torano Aquileiense interprete; quibus accesserunt select. vetustissimorum præsulum epistolæ, etc. *Bazileœ,* 1536, in-fol., vél.

1101. **Clementis XI** P. M. Epistolæ et Brevia selectiora. *Romæ, ex typ. Cameræ Apostol.,* 1724, 2 v. in-fol., gr. pap., v. f., fil., tr. d., *grav.* et *vignettes.*
Aux armes du pape Clément XI.

1102. — Bullarium. *Romæ, ex typ. Cameræ Apost.,* 1723, in-fol., bas., *texte encadré* et *vignettes.*

1103. — Orationes consistoriales. *Romæ,* 1722, *Salvioni,* in-fol., vél., *frontisp. gr.* et *vignettes.*

1104. — De vita et rebus gestis Clementis XI P. M., libri sex (auctore Polidoro). *Urbini,* 1727, in-fol., bas., *portr.*

1105. — Oratio in electione Clementis XI P. M., habita nomine Collegii romani a Carolo de Aquino, soc. Jesu. *Romæ,* 1701, pet. in-8, vél.

1105 *bis.* — Histoire de Clément XI, Pape, par Simon Reboulet. *Avignon,* 1752, 2 tom. en 1 v. in-4, bas.

1106. **Clementis XIV** Epistolæ et Brevia selectiora...... quæ edidit Aug. Thenier. *Parisiis, Didot,* 1852, in-8, d.-rel. mar. br.
Voir les Nos 5225 et 5226.

1107. **Clément** (P.). Les cinq années littéraires de 1748-52. *Berlin,* 1755, 2 v. in-12, v. éc.

1108. — Observations critiques sur la nouvelle traduction en vers français des Géorgiques de Virgile, sur les poêmes des Saisons, de la Déclamation et de la Peinture. *Genève,* 1771. — Nouvelles observations critiques sur différents sujets de littérature. *Amsterdam* et *Paris,* 1772, 2 v. in-8, bas.

1109. **Clément** (R.-J.-B.). Répertoire des jugements rendus par le Tribunal révolutionnaire établi par la loi du 10 mars 1793 (vieux style), contenant les noms et demeures des membres du tribunal, les jugements rendus jusqu'au mois de pluviôse, les noms, âges, etc., des accusés, la nature de leurs délits, etc., précédé des travaux du tribunal criminel établi par la loi du 17 août 1792 et de ceux de la commission militaire établie le 20 octobre 1792. Dédié à la Convention nationale. Première partie. *Paris,* an III, pet. in-8, d.-rel. mar. r., *fig.* — Liste générale et très-exacte des noms, âges, qualités et demeures de tous les conspirateurs condamnés à mort par le Tribunal révolutionnaire établi à Paris par la loi du 17 août 1792 et par le 2^d tribunal établi à Paris par la loi du 10 mars 1793 pour juger tous les ennemis de la patrie. *Paris,* an II et an III. Onze numéros, in-8, d.-rel. mar. r.

La fin du onzième manque.

1110. **Clément** (Pierre). Portraits historiques. *Paris, Didier,* 1855, in-8, d.-rel. mar. br.

1111. **Clenardi** (Nic.). Grammatica Græca. *Cadomi,* 1733, in-12, bas.

1112. **Cléopatre** (la) (par la Calprenède). *Leyde, Jean Sambix,* 1648-53, 12 v. pet. in-8, v. br., fil.

1113. **Clerc** (Nic.-Gabr.). Yu le Grand et Confucius ; histoire chinoise. *Soissons,* 1769, 2 part. en 1 v. in-4, bas.

1114. **Clerget.** Géographie dans un goût nouveau, ou abrégés de l'arithmétique, de la sphère et de la géographie. *Paris,* 1756, in-12, bas.

1115. **Clericus.** Voir Leclerc.

1116. **Clichtoveus** (Judocus). De vita et moribus sacerdotum opusculum : singularem eorum dignitatem ostendens, et quibus ornati esse debeant virtutibus. Secunda emissio. — Ejusdem de bello et pace opusculum. *Parisiis, Sim. Colinæus*, 1520 et 1523, 2 tom. en 1 v. in-4, d.-rel. v.

> On y a joint *in fine* : Joan. Vaccei Castellani oratio habita in gymnasio Lexoviensi, an. 1520 ; sumpto hinc argumento : *Memento homo quia cinis es*..... *Parisiis, R. Chaudière.*

1117. — Elucidatorium ecclesiasticum ad officium Ecclesiæ pertinentia planius exponens, et IV libros complectens. *Paris, H. Estienne*, 1521, in-fol., bas.

1118. **Clingius** (Conr.). Loci communes theologici in lib. V digesti. *Parisiis, ap. Ægyd. Gorbium*, 1565, in-8, cham.

1119. **Clodius** (Jo.-Christ.). Lexicon hebraïcum selectum, in supplement. lexici Gussetiani. *Lipsiæ*, 1744, br.

1120. **Cochlæus** (Joh.). In causa Religionis Miscellaneorum libri III in diversos Tractatus antea non editos, ac diversis temporibus locisque scriptos digesti. *Ingolstadii, excudeb. Alexander Weissenhorn*, 1545, pet. in-4, bas.

1121. **Code** (le) de la Nature, poème de Confucius, trad. et commenté par le P. Parennin (composé par la Vicomterie). *Paris, Le Roy*, 1788, in-8 d.-rel. mar. v., *fig.*

1122. **Code** du roy Henry III, roy de France et de Pologne. *Lyon*, 1594, in-4, v. f.

1123. **Code** municipal, ou analyse des règlements concernant les officiers municipaux. *Paris*, 1761, in-12, bas.

1124. **Codinus** (Georg.) Curopalata. De Officiis magnæ ecclesiæ et aulæ Constantinopolitanæ liber, gr. et lat. ; studio Jac. Gretseri, e soc. Jes., adjunctis plurimis. *Parisiis, Seb. Cramoisy*, 1625, in-fol. cham., *frontisp. gr.*

1125. **Coeffeteau** (F.-N.). Responce à l'advertissement adressé par le sérénissime Roy de la Grande-Bretagne Jacques I à tous les princes et potentats de la Chrestienté. *Paris, Fr. Huby*, 1610, in-8, vél.

1126. — Tableau des passions humaines, de leurs causes et de leurs effets. *Lyon, Carteron,* 1642, pet. in-8, vél.

1127. **Coffin** (Ch.), ancien recteur de l'Univ. de Paris. Ses œuvres, précédées de son éloge. *Paris,* 2 v. pet. in-12, v.

1128. **Cognat** (M. l'abbé J.). Polémique religieuse. Quelques pièces pour servir à l'histoire des controverses de ce temps. *Paris,* 1861, gr. in-18, d.-rel. m.
Voir le N° 1098.

1129. **Colbert** (Ch.-Joac.), évêque de Montpellier. Ses œuvres. *Cologne,* 1740, 5 v. in-4, v. m., *portr.*
Voir aussi le N° 5080.

1130. **Colebrooke** (H.-T.). Essais sur la philosophie des Indous, trad. de l'angl. et augmentés des textes sanskrits et de notes nombreuses par G. Pauthier. *Paris,* 1833, in-8, d.-rel. v. vert.

1131. **Colerus.** Vie de Spinosa. Voy. Spinosa.

1132. **Collectio** nova Patrum et scriptorum græcorum, gr. et lat., edente B. de Montfaucon. *Paris,* 1706, 2 v. in-fol., v. j.
Voir aussi les N°s 206, 1149, 1257 et 1258.

1133. **Collection** de pièces intéressantes sur les grands événements de l'histoire de France pendant les années 1789, 1790 et 1791 (par M. Dugour). *Paris,* 1802, 11 v. in-8, d.-rel. bas., *portr.*

1134. **Collection** complète de tous les ouvrages pour et contre M. Necker, avec des notes critiques, politiques et secrètes. *Utrecht,* 1781, 3 v. in-8 rel. en 1, bas., *portr.* et *fig.* — Lettres d'un constitutionnaire de Genève sur les troubles de sa patrie.... *Neufchatel,* 1782.

1135. **Collenucius** (Pandolphus). Apologi quatuor : Agenoria; Misopenes; Alithia; Bombarda. *Argentorati, in ædib. Matthiæ Schurerii,* 1511, pet. in-4 de 36 ff., br.

1136. **Collet** (Petr.). Institutiones Theologiæ scholasticæ. *Lugduni,* 1708, 5 v. in-8, bas.

1137. — Examen et résolutions des principales difficultés

qui se rencontrent dans la célébration des SS. Mystères. 7e édition. *Paris*, 1771, 2 v. in-12, bas.

1137 *bis*. — Observations critiques sur le traité de la Célébration des SS. Mystères de Collet, par M. Collin. *Paris*, 1771, in-12, bas.

1138. — Examen et résolution des principales difficultés qui regardent l'office divin, avec des remarques critiques sur le traité des SS. Mystères. *Paris,* 1755, in-12, bas.

1139. — Traité des Dispenses en général et en particulier. *Paris,* 1752, 3 v. in-12, bas.

1140. — **Collins** (R.). Essai sur la nature et la destination de l'âme humaine, trad. de l'angl. *Londres,* 1769.

1141. **Colome** (le P. P.). Notice de l'Écriture sainte, ou description topographique, chronolog., histor. et critique des royaumes, provinces, tribus, villes, mers, etc., dont il est fait mention dans la Vulgate. *Paris,* 1773, in-8, d.-rel. bas.

1142. **Colomiès** (P.). Colomesii Opera theologici, critici et historici argumenti (lat. et gall.) junctim edita, curante Jo. Alberto Fabricio. *Hamburgi,* 1709, in-4, bas.

1143. — Bibliothèque choisie de M. Colomiès, 2e édit. — La Rhétorique de l'honnête homme, ou la manière de bien écrire des lettres, etc. *Amsterdam, G. Gallet,* 1700, 2 v. in-12 rel. en 1, bas.

1144. — Bibliothèque choisie, nouv. éd., suivie de quelques opuscules du même. *Paris,* 1731, in-12, bas.

1145. **Colonia** (le P. Dominique de). La Religion chrétienne autorisée par le témoignage des anciens auteurs payens. *Lyon,* 1718, 2 v. in-12, bas.

1146. — Histoire littéraire de la ville de Lyon, avec une bibliothèque des auteurs lyonnais sacrés et prophanes, distribués par siècles. *Lyon, Rigollet,* 1728, 2 v. in-4, v. br., *fig.*

1147. **Combalot** (l'abbé). Élémens de philosophie catholique. *Paris,* 1833, in-8, br.

1148. **Combat** spirituel, composé en italien par un serviteur de Dieu (le P. Scupoli) et trad. en fr. par un autre. *Paris*, 1670, in-12, bas.

1149. **Combefis.** Græco-Latinæ Patrum Bibliothecæ novum auctarium, tomus duplex, alter exegeticus, alter historicus et dogmaticus, editus a Fr. Combefis. *Parisiis, Berthier*, 1648, 2 v. in-fol., dont le 2^d a pour titre : *Historia hæresis Monothelitarum sanctæque in eam sextæ synodi actorum indicia*, etc.

Voir aussi les Nos 206 et 1132.

1150. **Combes des Morelles** (Mad. de). OEuvres spirituelles, divisées en trois parties, avec les poésies de l'auteur. *Paris*, 1778, 2 v. in-12, bas.

1151. **Comenius** (J.-A.). Janua linguarum reserata cum græc. vers. Theod. Simonii, a Steph. Curcellæo qui gallicam novam adjecit, emendata. *Amstelod., Elzevir.*, 1649, in-12, bas.

1152. **Comes** Rusticus ex optimis linguæ latinæ scriptoribus excerptus (cura et studio Cl. Le Pelletier). *Parisiis*, 1692, in-12, bas., *fig.*

1153. **Comicorum** græcorum sententiæ, id est gnomæ latinis versibus ab Henr. Stephano redditæ et annotationibus illustr., etc. *Excudebat Henr. Stephanus*, 1569, in-24, v. f.

1154. **Comiers** (Cl.) d'Ambrun. La nature et présage des comètes; ouvrage mathématique, physique, chimique et historique, enrichi des prophéties des derniers siècles et de la fabrique des grandes lunettes. *Lyon*, 1665, pet. in-8, v. br.

1155. **Comitum** (Natalis) (Noël des Comtes ou des Conti). Mythologiæ sive explicationis fabularum libri X ; ejusdem libri IV de Venatione. *Genevæ, Sam. Crispinus*, 1590, in-8, cham.

1156. **Commentaire** sur l'édit d'avril 1695, concernant la juridiction ecclésiastique, par M.... (Jousse). *Paris*, 1764, 2 v. in-12, bas.

1157. **Commerce** (le) dangereux entre les deux sexes;

traité moral et historique, où l'on fait voir.... qu'un commerce assidu entre les personnes de différend sexe les expose à de très-grands dangers par rapport à leur salut (par l'abbé Drouet de Maupertuy). *Bruxelles, 1715*, in-12, bas.

1158. **Commines** (Phil. de), sieur d'Argenton. Mémoires. *Leide, chez les Elzeviers, 1648*, pet. in-12, v. rac., fil.

1159. — Supplément aux mémoires de messire Ph. de Commines, contenant l'addition à l'histoire du roi Louis XI (par G. Naudé), avec plusieurs pièces, lettres, etc., et remarques critiques et historiques sur le même sujet (par Jean Godefroy). *Bruxelles, 1714*, in-8, d.-rel. bas.

1160. **Comparaison** de la morale et des maximes de l'évangile et des apôtres, avec la conduite du clergé depuis les premiers siècles de l'église jusqu'à nos jours, par le maire de Taverny (Dubort). *Paris, Gueffier, 1792*, in-8, d.-rel. bas.

1161. **Conciles.** Voir le P. Labbe, N°s 2730 et 2731 ; Cabassut, N° 869 ; Delectus actorum...., N° 1361 ; Alletz, N° 1460 ; le P. Tranquille, N° 1651 ; Hermant, N° 2319 ; Hommey, N° 2453 ; Pagus, N° 3775, et les articles suivants.

1162. **Concile de Nicée** (le premier), avec des notes d'éclaircissement et de critique sur les endroits difficiles qui se rencontrent dans l'histoire, dans les actes et dans les canons de ce premier synode œcuménique (par l'abbé Le Lorrain?). *Paris, 1691*, in-8, bas.

Voir aussi le N° 843.

1163. **Conciles de Rimini** (359) et de **Constantinople** (682). Voir le N° 1493.

1164. **Concile de Latran.** Discussio decreti magni Concilii Lateranensis (1215)...., de Potestate Ecclesiæ in temporalibus ; et incommoda diversæ sententiæ, authore Guil. Singletono. *Moguntiæ, 1613*, in-12, parch.

1165. **Concile de Lyon** (1274). Voir le N° 1625.

1166. **Concile de Pise.** Voir le N° 2978.
1167. **Concile de Constance.** Éclaircissemens sur l'autorité des Conciles généraux et des Papes, ou explication du vrai sens de 3 décrets des sessions IV et V du Concile de Constance, etc.; ouvrage posthume de M..... (Ant. Arnauld) publié par N. Petitpied. S. l., 1711, in-8, v. br.
    Voir aussi le N° 2979.
1168. **Concile de Bâle.** Voir le N° 3788.
1169. **Concile de Florence.** Voir le N° 4971.
1170. **Concile de Trente.** Canones et decreta sacro-sancti et œcumenici Concilii Tridentini sub Paulo III, Julio III et Pio IV Pont. Max. celebrati, cum annotat. Accedit Catalogus et Index librorum prohibitorum. *Lugd., ap. hæred. Gulielmi Rovillii,* 1595, in-8, v.
1171. — Concilium Tridentinum, additis declarationibus cardinalium, ex ultima recognit. J. Gallemart, cum decisionibus Rotæ Romanæ, etc. *Lugduni,* 1650, in-8, parch.
1171 *bis.* — Concilii Tridentini.... canones et decreta. *Lutet.-Paris.,* 1751, in-18, bas.
1172. — Actes du Concile de Trente en l'an 1562 et 1563, contenant les mémoires, instructions et despesches des ambassadeurs de France, etc.... (le tout recueilli par Jean Gilet). S. l., 1607, pet. in-12, parch.
1173. — Révision du Concile de Trente, contenant les nullitez d'iceluy : les griefs des Roys et Princes chrestiens : de l'Église gallicane et autres catholiques (par Guill. Ranchin). L'an de grâce 1600, in-8, cham.
1174. — Instructions et Lettres des Rois très-chrétiens et de leurs ambassadeurs, et autres actes concernant le Concile de Trente. 4e éd., tirée des mémoires de M. D. (Dupuy). *Paris, Cramoisy,* 1604, in-4, bas.
1175. — Notes sur le Concile de Trente, touchant les points les plus importans de la discipline ecclésiastique et le pouvoir des évêques, etc. (recueillies par Ét. Rassicod, avocat, des conférences tenues par de Caumartin, Bignon, Le Pelletier et de Bezons). *Cologne, d'Egmont,* 1706, in-8, bas.

1175 *bis*. — Histoire de la réception du Concile de Trente dans les différents états catholiques, avec les pièces justificatives servant à prouver que les décrets et règlements ecclésiastiques ne peuvent et ne doivent être exécutés sans l'autorité des souverains (par l'abbé Mignot). *Amsterdam,* 1756, 2 v. in-12 rel. en 1, bas.

1176. — Vera Concilii Tridentini historia, contra exurgentes Lutheri aliorumque hæreses..... a P. Sforza Pallavicino card.; ex ital. latine reddita a Jo.-Bat. Giattino. *Augustæ Vindelic.,* 1775, 3 tom. en 1 v. in-fol., bas.

Voir aussi Sarpi, Nos 4858 et 4859, 2672.

1177. **Concina** (Daniel). Usura contractus Trini dissertationibus historico-theologicis demonstrata. *Romæ,* 1748, in-4, bas.

1178. **Conciones** Græcorum Patrum a Pet. Pantino Tiletano græce editæ latineque conversæ. *Antuerpiæ,* 1609, pet. in-8, vél.

1179. **Concordance** des principes et de la doctrine de S. Paul (par Langeois). *Rome, aux dépens de la chambre apostolique,* s. d. (1775), in-12, bas.

1180. **Concordantiæ** majores Bibliæ. *Concordantie maiores biblie tam dictionū declinabilium quam indeclinabilium de novo summa diligentia cū textu vise ac sedm veram orthographiam emēdatissime excuse.* — A Joan. de Secubia edite: impresse que per Joan. Amorbachiū /Petri/ et Frobenium, anno *MDVI.* In-fol. goth., à 3 col., mar. citron, plats en bois.

1181. **Concordata** inter Papam Leonem X et regem Franciscum I, cum interpretationibus D. Petri Rebuffi de Montepessulano jurium doctoris, 3ª éditio ex recognit. authoris tam arestis supremi senatus quam aliis juris accessionibus illustrata. *Lugduni, ap. hæredes Æmonis à Porta,* 1539, in-4, bas.

1182. — Concordata inter Leonem X P. M. et Franciscum I Franc. reg. super sacerdot. Gallicor., negotio. Textus Pragmaticæ Sanctionis, opera M. Cosmæ Guymier emendata, etc. *Parisiis, ap. Galeotum a Prato,* 1551, in-2, bas.

1183. — Concordata inter Leonem X Sum. Pontif. et Franciscum I Galliar. reg., cum Pragmatica-Sanctione, et horum historia. *Tolosæ, apud. vid. JJ. Boude,* 1703, in-12, bas.

1184. — Observations sur le concordat fait entre Léon X et François Iᵉʳ, par Michel Du Perray. *Paris,* 1722, in-12, bas.

1185. **Condillac** (Ét. Bonnot de). OEuvres métaphysiques *Paris,* an X (1802), 4 v. in-12, d.-rel. bas.

1186. — Grammaire et leçons préliminaires à l'usage des élèves des Prytanée et Lycées de la Républ. française. *Paris,* an XII (1803), in-12, d.-rel. bas.

1187. — Essai sur l'origine des connaissances humaines (par l'abbé de Condillac). *Amsterdam,* 1746, 2 v. in-12, bas.

1188. **Condorcet.** Esquisse d'un tableau historique des progrès de l'esprit humain, suivie de réflexions sur l'esclavage des Nègres. *Paris,* 1822, in-8, d.-rel. mar.

Voir aussi le Nº 3827.

1189. **Conférence** (la) du diable avec Luther contre le saint sacrifice de la messe (par Paul Bruzeau), avec la réfutation d'un écrit fait par M. Ereïter, ministre de M. l'Ambassadeur de Suède, pour défendre cette conférence, etc. *Paris,* 1673, pet. in-8, v. br.

Un autre exempl. imprimé en 1715 est relié avec le Nº 1234.

1190. **Conférences** ecclésiastiques du diocèse de Montpellier. *Montpellier, Martel,* 1698-1702. — Règlements ecclésiastiques de Mgr Charles de Pradel, évêque de Montpellier, publiés au Synode diocésain du 29 oct. 1676. *Montpellier, Daniel Pech,* 1676, 1 v. in-4, bas., *fig.*

1191. **Conférences** du diocèse d'Aix pendant les années 1840-43, précédées des statuts du même diocèse, par Mgr Jʰ Bernet, archevêque d'Aix, publiées en 1840. *Aix,* 5 part. en 1 v. in-8, br.

1192. **Conférences** ecclésiastiques du diocèse d'Angers. *Angers* et *Paris,* 1758-1777, 19 v. in-12, bas. — Conférences ecclésiastiques sur la hiérarchie, pour servir de suite et d'appui aux conférences d'Angers, par la Blandinière. *Paris*, 1786, 3 v. in-12, br.

1193. **Conférences** ecclésiastiques de Paris sur le mariage, imprimées par ordre du card. de Noailles (faites à St-Nicolas-du-Chardonnet par l'abbé Boucher et rédigées par le P. le Semelier). *Paris,* 1715, 5 v. in-12, bas. — Conférences ecclésiastiques de Paris sur l'usure et la restitution (par le P. le Semelier). *Paris,* 1766, 4 v. in-12, bas.

1194. **Confidence** philosophique (par Jacques Vernes), 3e édit. *Genève*, 1779, 2 v. in-8 rel. en 1, v. b., *fil.*

1195. **Conformités** des Cérémonies modernes avec les anciennes, où l'on prouve, par des vérités incontestables, que les cérémonies de l'Église romaine sont empruntées des payens (par Pierre Mussard). Nouv. édition, avec des additions et une lettre écrite de Rome, sur le même sujet, trad. de l'angl. de Conyers Middleton. *Amsterdam,* 1744, 2 part. en 1 v. in-8, v. f.

1196 **Congratulations** publiques sur la consommation des mariages de France et d'Espagne, réunion des Princes par la conférence de Loudun; ensemble les souhaits des François par R. Romany, advocat. *Paris, Ve de Jean Regnoul* (1626), pet. in-8, vél., *frontisp. gr.*

1197. **Conjectures** sur les mémoires originaux dont il paraît que Moyse s'est servi pour composer la *Genèse* (par Astruc). *Bruxelles, Fricx (Paris, Cavelier),* 1753, in-12, bas.

1198. **Connaissance** (de la) de soi-même (par Dom. Fr. Lami). *Paris, Pralard,* 1694, 2 traités en 1 v. in-12, bas.

1199. **Connaissance** (de la) des bons livres, ou examen de plusieurs auteurs (par Charles Sorel). *Paris, Pralard,* 1671, in-12, bas.

1200. **Consalvi.** Mémoires du cardinal Consalvi, avec introd. et notes par J. Crétineau-Joly. *Paris, Plon,* 1864, 2 v. in-8, d.-rel. m. r., *fac simile.*

1201. **Cononis** narrationes, Ptolemæi historiæ ad variam eruditionem pertinentes ; Parthenii narrationes amatoriæ, gr., cum not. var. et suis edidit L.-H. Teucherus. *Lipsiæ*, 1802, pet. in-8, br.

1202. **Conseils** (les) d'Ariste à Célimène sur les moyens de conserver sa réputation (par l'abbé d'Aubignac), 2e édit. *Paris, Pépingué*, 1667, pet. in-12, bas.

1203. **Conseils** (les) de la Sagesse, ou le recueil des maximes de Salomon les plus nécessaires à l'homme pour se conduire sagement, par le P. Boutaud, jés.) *Paris*, 1690, 1 v. in-12, v. b.

1204. **Conservateur** (le) (red. par Châteaubriand, de Castelbajac, O'Mahony, J. de Polignac, Martainville, Lamennais, Coriolis, d'Espinasse, La Luzerne, Fievée, Corbière, etc.). *Paris*, oct. 1818-mars 1820, 78 livr. en 6 v. in-8. — Le Défenseur, journal religieux, politique et littéraire. *Paris*, mars 1820-27 oct. 1821, 6 v. in-8, bas.

1205. **Considérations** philosophiques sur le Christianisme (par l'abbé Rey). *Bruxelles*, 1785, in-8, bas.

1206. **Considérations** sur le commerce et la navigation de la Grande-Bretagne, trad. de l'angl. de Joshun Gée (par J.-B. de Secondat). *Londres*, 1749, in-12, bas.

1207. **Considérations** sur les dimanches et les fêtes des mystères, et sur les fêtes de la Vierge et des Saints (par J. Duverger de Hauranne, abbé de S.-Cyran). *Paris, Savreux*, 1670, 2 v. in-8, v. br.

1208. **Consolateur** (le) chrestien, ou recueil de lettres écrites pour la consolation des affligés. *Paris, Guignard*, 1678, in-12, bas.

1209. **Constant** (Benj.). De la Religion considérée dans sa source, ses formes et ses développements. *Paris*, 1824, 5 v. in-8, d.-rel. v.

1210. **Constantini** (Rob.), Lexicon græco-latinum...... *Genevæ, J. Crispin*, 1562, in-fol., v. br.
Le titre manque.

1211. **Constitutions** (les) du monastère de Port-Royal du Saint Sacrement. *Paris, Desprez*, 1721, in-18, v. br.

1212. **Contes** et nouvelles, avec des réflexions, pour rendre plus utiles ces amusements du temps. *Rotterdam*, 1707, in-12, bas.

1213. **Conti** (Arm. de Bourbon, prince de). Les devoirs des grands, avec son testament. *Paris, Thierry*, 1666, in-12, v. j.

1214. — Traité de la Comédie et des Spectacles, selon la tradition de l'Église, tiré des Conciles et des SS. Pères (par Armand de Bourbon, prince de Conti). *Paris, Promé*, 1667, in-8, v. br., *portr*.

Sur la Comédie et les Spectacles, voir les Nos 738, 1428, 1490, 1493, 2887, 3037, 3343, et 4500.

1215. — La défense du Traité de Mgr le Prince de Conti touchant la Comédie et les Spectacles, par J. de Voisin, ou la Réfutation d'un livre intitulé : *Dissertation sur la condamnation des théâtres*, par d'Aubignac. *Paris*, 1671, in-4, mar. rouge.

Aux armes de Colbert.

1216. — Lettres du prince de Conti, ou l'accord du libre arbitre avec la grâce de Jésus-Christ, enseigné au P. Dechamps, jésuite, avec plusieurs autres pièces sur la même matière. *Cologne*, 1689, pet. in-12, v. f.

1217 **Contre** la nouvelle apparition de Luther et de Calvin, sous les réflexions faites sur l'édit touchant la réformation des monastères; avec un échantillon des faussetez et des erreurs contenues dans le *Traité de la puissance politique touchant l'âge nécessaire à la profession solennelle des religieux* (par le P. Bernard Guyard, dominicain). S. l., 1669, in-16, bas.

1218. **Contre-Lésine**, ou plustost discours, constitutions et louanges de la Libéralité..., augmentés d'une comédie intitulée les *Nopces d'Antilésine*; ouvrage du pasteur monopolitain et traduict nouvellement de l'italien. *Paris, Ab. Saugrain*, 1604, 2 part. en 1 v. pet. in-12, v. br.

1219. **Controlleur** (le) du Parnasse, ou nouveaux mémoires de littérature française et étrangère, par Lesage de l'Hydrophonie *(l'abbé Destrés)*. *Berne,* 1745, 3 v. in-12.

Manque le 3e.

1220. **Controverses** familières, où les erreurs de la Religion P. R. sont réfutées par l'Écriture, les Conciles et les SS. PP. (par J. Léonard de Fénis, jés.). *Paris,* 1686, pet. in-12, bas.

1221. **Conversion** (la) de l'Angleterre au christianisme, comparée avec sa prétendue réformation; ouvrage trad. de l'angl. par le P. Niceron, barnabite. *Paris,* 1729, in-8, bas.

1222. **Conversations** chrétiennes, dans lesquelles on justifie de la vérité de la religion et de la morale de J.-C. (par Thureau). N. éd. *Bruxelles,* 1677, in-12, bas.

1223. **Conversations** morales sur les Jeux et les Divertissements (par Jean Frain du Tremblay). *Paris, Pralard,* 1685, in-12, bas.

1224. **Convulsions** (les) du Temps, attaquées dans leur principe et ruinées dans leur fondement par la consultation des XXX docteurs; le système du Mélange et le système des Discernans confondus, etc. *S. l.,* 1737, in-12, bas.

Sur les Convulsions et les Miracles, voir les Nos 2415, 2595, 4496-98, 4504, 4505, etc.

1225. **Coppin** (Jean). Le bouclier de l'Europe, ou la guerre sainte, contenant les moyens d'arrester les progrès du Turc et de reprendre les pays qu'il a usurpés, avec les voyages de l'auteur dans la Turquie, la Thébaïde et la Barbarie. *Au Puy,* 1686, in-4, bas., br.

1226. **Corbière** (Ph.). Histoire de l'Église réformée de Montpellier depuis son origine jusqu'à nos jours. *Montpellier, Poujol,* 1861, in-8, br. — État civil de l'Église réformée de Montpellier (1560-1792), par le même. *Paris,* 1856, broch. de 12 p.

1227. — Essai d'un guide de l'instruction chrétienne. *Montpellier, Bœhm,* 1843, in-8, br.

1228. — De la Réorganisation de la société par le rétablissement des idées morales. *Toulouse et Paris,* 1850, in-12, br.

Voir aussi le N° 4659.

1229. **Corbin** (le P.). Traité d'Éducation civile, morale et religieuse de l'homme. *Angers,* 1787. — Discours sur l'Éducation par M. Vicaire, ancien recteur de l'Université de Paris. *Paris,* 1763. 1 v. in-12, d.-rel. m.

1230. **Corbinelli** (Jean). Extrait de tous les beaux endroits des ouvrages des plus célèbres autheurs de ces temps. *Amsterdam, Josias Tolm,* 1681, 5 tom. en 3 v. pet. in-12, v. br.

1231. **Cordemoy** (Géraud de). Dissertations physiques sur le discernement du corps et de l'âme, sur la parole et sur le système de M. Descartes. *Paris,* 1690, 2 v. in-12 rel. en 1, bas.

1232. — L'éternité des peines de l'enfer contre les Sociniens. *Paris, Coignard,* 1697, in-12, bas.

1233. — Traité de l'infaillibilité de l'Église. *Paris, Barrois,* 1713, in-12, v. f.

1234. — Traité des SS. Images prouvé par l'Écriture et la Tradition contre les nouveaux Iconoclastes. — Réflexions importantes sur la réponse des docteurs luthériens d'Helmstadt à la question à eux proposée par l'Impératrice: *Si l'on peut se sauver dans l'église catholique.* — La conférence du diable et de Luther, en latin, français et allemand, avec de nouv. remarques et une dissert. sur le mariage des nouveaux réunis. *Paris, Fr. Babuty,* 1715, 2 v. in-12 rel. en 1, bas.

1235. **Corenus** (le P. Fr.). Bouclier sacré de Patience, trad. en français par le P. Valérian, de Dijon. *Lyon, L. Muguet,* 1631, in-4, d.-rel. bas., *frontisp. gr.*

1236. **Cormenin** (L.-M., v^{te} de). Droit administratif, 5e éd. *Paris, Pagnerre,* 1840, 2 v. gr. in-8, d.-rel. v. v.

1237. — Entretiens de village, 2e édition. *Paris,* 1846, in-12, br.

1238. — Recueil de pamphlets. *Paris*, in-18, br.

1º Oui et non, au sujet des Ultramontains et des Gallicans, par Timon, qui n'est ni l'un ni l'autre. — 2º Feu! feu! 12e éd., 1845. — 3º Ordre du jour sur la corruption électorale et parlementaire. 1846. — 4º L'éducation et l'enseignement en matière d'instruction secondaire. 1847. — 5º Liberté gratuite et publicité de l'enseignement. 1850.

1239. **Corneille** (P.). Ses OEuvres et chefs-d'œuvre de Th. Corneille, avec le commentaire de Voltaire et le jugement de La Harpe. *Paris, Janet* et *Cotelle*, 12 v. in-8, v. rac., fil., *portr.*

1240. — Sentiments (les) de l'Académie française sur la tragi-comédie du Cid, et quelque autres pièces sur le même sujet (rédigés principalement par Chapelain). *La Haye*, 1696, in-12, bas., *frontisp. gr.*

1241. — Lexique comparé de la langue de Corneille et de la langue du XVIIe siècle en général, par Fréd. Godefroy. *Paris, Didier*, 1862, 2 v. in-8, d.-rel. m.

1241 *bis.* — La vérité chez Corneille, démontrée par l'analyse de ses principaux personnages, par Alex. Lecœur. *Paris*, 1860, in-12, br.

1242. **Cornelius Nepos.** Vitæ excellentium imperatorum, cum notis varior. *Lugd.-Batav.*, 1675, in-8, bas., *frontisp. gr.*

1243. — De vita excellentium imperatorum, cum interpr. et notis Nic. Courtin; ad usum Delph. *Parisiis*, 1675, in-4, bas.

1244. — Vitæ excell. imp. cum notis, cura J.-B. Ith. *Bernæ* et *Lausannæ*, 1779, pet. in-8, bas.

1245. — Vie des grands capitaines de l'antiquité, de Cornelius Nepos; trad. nouv. avec notes par l'abbé Paul. *Paris, Barbou*, 1781, in-12, bas.

1246. **Corporations** (des) monastiques au sein du protestantisme, par l'auteur du *Mariage au point de vue chrétien*. *Paris, Meyrueis*, 1854, 2 v. in-8 rel. en 1, d.-mar. r.

1247. **Correspondance** littéraire (la) publiée par MM. Ludov. Lalanne, L. Pichat et G. Servois. Tom. II à VII, *Paris*, 1858-63, in-8, br.

1248. **Cortesius** (Paulus). Pauli Cortesii Sententiarum libri IV.... *quos dn̄s Eucharius Silber alias Franck..... Romæ imprimebat,* MDIIII, in-4, goth. de 96 ff. rel. en bois couvert de vél.

1249. **Corvinus** (Joan.-Arn.). J.-C. Posthumus Pacianus; seu definitiones juris utriusque, Cl. Jul. Pacii a Beriga, j.c. posthumæ, etc. *Amstelœd., apud Lud. et Dan. Elzevirios,* 1659, pet. in-12, bas.

1250. **Cosmographiæ** introdvctio cum quibvsdam geometriæ ac astronomiæ principiis ad eamdem necessariis. Insuper quatuor Americi Vespucii navigationes. Vniversalis chosmographiæ descriptio tam in solido q̃ plano eis etiam insertis quæ Ptholomæo ignota a nuperis reperta sunt. — *Explicit feliciter.... per Johañem de la Place (absque anno).* In-4 de 34 ff non chiffrés, à 37 et 38 lign., caract. rom., v. br.

1251. **Cosri**. Liber Cosri continens colloquium seu disputationem de Religione, inter regem Cosareorum et Is. Sangarum, judæum; ex arabica Jehudæ levitæ in hebræam linguam transtulit Jehuda aben Tybbon; nunc latina vers. et notis illustravit Joh. Buxtorfius, fil. *Basileæ, Georg. Deckerus,* 1660, in-4, bas.

1252. **Cossart** (Gabr.). Orationes et carmina. *Parisiis,* 1675, in-12, bas, *frontisp. gr.*

1253. **Costar.** Les entretiens de Monsieur de Voiture et de Monsieur Costar. *Paris,* 1654, in-4, bas., *frontisp. gr.*

1254. — Lettres de Monsieur Costar (publiées par lui-même). *Paris, Courbé,* 1658, in-4, v.

1255. **Coste** (J.-N.). Manuel des missionnaires, ou de la conduite à tenir par les prêtres appelés à travailler au rétablissement de la religion catholique en France. *Rome,* 1801, in-8, d.-rel. bas.

1256. **Coste** (l'abbé). Vie de M. P.-X.-F. Coustou, vic.-général du diocèse de Montpellier. *Montpellier,* 1845, in-8, br., *portr. et fac simile.*

1257. **Cotelerius** (J.-B.). SS. Patrum qui temporibus apostolicis floruerunt opera, gr. et lat.; *Antverpiæ,* 1698, 2 v. in-fol., bas.

1258. — Ecclesiæ Græcæ monumenta, ex mss. codd. edita, gr. et lat., ex versione et cum notis Jo-Bapt. Cotelerii. *Lutetiæ-Paris., Muguet,* 1667-86, 3 v. in-4, mar. r., fil., tr. d.

Aux armes de Fr. de Harlay, archev. de Paris.

1259. — Analecta græca, sive varia opuscula græca hactenus non edita. Ex mss codd. eruerunt, latine verterunt, etc., monachi benedictini (les PP. Pouget, Loppin et de Montfaucon). *Paris, Edm. Martin,* 1688, in-4, tom. I, v. j. (fait suite au précédent).

1260. **Coulanges** (Ph.-Emm. de). Mémoires, suivis de lettres inédites de Mad. de Sévigné, de son fils, etc. *Paris, Blaise,* 1820, in-12, d.-rel. v. f., *fig.*

1261. **Courcelles** (la m^{ise} de). Mémoires et correspondance, publiés d'après les mss., avec une notice, des notes et les pièces justificatives, par M. Paul Pougin. *Paris, Jannet,* 1855, in-16, cart. à l'angl.

1262. **Court de Gebelin.** Histoire naturelle de la parole, ou grammaire universelle, avec un discours préliminaire et des notes par Lanjuinais. *Paris,* 1816, in-8, d.-rel. v. v., *planches.*

1263. **Courtisan** (le) désabusé, ou les pensées d'un gentilhomme qui a passé la plus grande partie de sa vie à la cour et dans la guerre (par de Bourdonné, parisien, gouverneur de la Bassée et ensuite de Moyenvic). *Paris, Legras,* 1688, in-12, bas.

1264. **Courtois** (E.-B.). Rapport à la Convention sur les papiers trouvés chez Robespierre et ses complices. *Paris, Imp. nat.,* an III, in-8, d.-rel. bas.

1265. **Cousin** (L.). Histoire de Constantinople, depuis le règne de l'ancien Justin jusqu'à la fin de l'Empire, trad. sur les originaux grecs par le Présid. Cousin, *suivant la copie imprimée à Paris, chez Damien Foucault,* 1685, 8 tom. en 10 v., bas., *frontisp. gr. et fig.*

1266. — Histoire de l'empire d'Occident (contenant la vie de Charlemagne par Eginhard, les annales du même Eginhard, etc.) de la traduction de M. Cousin. *Paris, Cl. Barbin,* 1683, 2 v. in-12, bas., br.

1267. — La même. *Paris, Ve Ceillier,* 1684, 2 v. in-12, bas.
Exempl. de M. de Saint-Priest, intendant du Languedoc.

1268. **Cousin** (Victor). Fragments philosophiques. 2e édit. *Paris,* 1833, in-8, d.-rel. v. gris.

1269. — Nouveaux fragments philosophiques. *Paris,* 1828, in-8, d.-rel. mar.

1270. — Cours de philosophie (1818) sur le fondement des idées absolues du vrai, du beau et du bien, publié par Ad. Garnier. *Paris,* 1836, in-8, d.-rel. mar. bl.

1271. — Fragments et souvenirs. 3e édit. augm. *Paris, Didier,* 1857, in-8, d.-rel. mar.

1272. — Des pensées de Pascal. 3e édit. *Paris, Ladrange,* 1847, in-8, d.-rel. m.

1273. — Études sur Pascal. 5e édit., revue et augm. *Paris, Didier,* 1857, in-8, d.-rel. m.

1274. — Études sur les femmes illustres de la société du XVIIe siècle. — Jacqueline Pascal. 5e édit. *Paris, Didier,* 1856, in-8, d.-rel. m., *fac simile.*

1275. — Madame de Sablé. *Paris, Didier,* 1854, in-8, d.-rel. m.

1276. — Madame de Hautefort et Madame de Chevreuse. *Paris, Didier,* 1856, 2 v. in-8, d.-rel. m., *portr.*

1277. — La jeunesse de Mad. de Longueville. *Paris, Didier,* 1853, in-8, d.-rel. v., *portr.*

1278. — Mad. de Longueville pendant la Fronde (1651-53). *Paris, Didier,* 1859, in-8, d.-rel. m.

1279. — La société française au XVIIe siècle, d'après le Grand-Cyrus de Mlle de Scudéry. *Paris, Didier,* 1858, 2 v. in-8, d.-rel. mar.

1280. **Coyer** (l'abbé). Bagatelles morales. Nouv. édition augmentée. *Londres* et *Paris*, 1769, in-12, bas.

1281. — Voyage d'Italie et de Hollande. *Paris*, 1775, 2 v. in-12, bas.

1282. **Coyssard** (Michel). Petit sommaire de la doctrine chrestienne mis en vers françois, avec les hymnes et odes spirituelles qu'on chante devant et après la leçon d'icelle, reveu et augmenté en ceste quatriesme édition par Michel Coyssard, de la Compagnie de Jésus. *Tournon, Claude Michel*, 1596, in-12, v. j.

1283. **Coyteux** (F.). Exposé d'un système philosophique, suivi d'une théorie des sentiments ou perceptions. *Paris*, 1846, in-8, br.

1284. **Craon** (la Princesse de). Le siége d'Orléans en 1429. *Paris, Dumont*, 1843, 4 v. in-8, pap. vél., br.

1285. **Grasset** (le P.). Dissertation sur les oracles des sibylles, augmentée d'une réponse à la critique de Marckius. *Paris*, 1684, in-12, parch.

1286. **Crébillon** (P. Jolyot de). Ses œuvres. *Paris, les libraires associés*, 1785, 3 v. in-8, rel. v. f., tr. d., fig. de Marillier.

1287. **Crétineau-Joly** (J.). Clément XIV et les Jésuites. *Paris, Mellier*, 1847, in-8, d.-rel. mar. n., *fac simile*.
    Voir aussi les Nos 1106, 5225 et 5226.

1288. **Creuzé de Lesser** (A.). De la liberté. *Paris*, 1832, in-8, br.

1289. **Creuzer** (Fréd.). Religions de l'antiquité considérées principalement dans leurs formes symboliques et mythologiques; trad. de l'allem., refondu en partie, complété et développé par J.-D. Guigneaut. *Paris, Treuttel*, 1825-51, 4 v. en 10 part., in-8.
    Manque : t. II, 2de partie, 2me section; t. III, 3me partie; t. IV, *Aperçu sur les religions* par Maury, et table alphabét.

1290. **Crevier.** Histoire des Empereurs romains depuis Auguste jusqu'à Constantin. *Paris*, 1750, 6 v. in-4, v. marb.

1291. — Histoire de l'Université de Paris, depuis son origine jusqu'en 1600. *Paris,* 1761, 7 v. in-12, bas.

1292. — Rhétorique françoise. *Paris, Saillant,* 1767, in-12, bas.

1293. **Crimes** (les) de la philosophie, ou tableau succinct des effets qu'elle a opérés dans la plupart des sciences et arts, etc. (par Prestre). *Paris,* an XII (1804), in-8, d.-rel. bas.

1294. **Critique** (la) abrégée des ouvrages des auteurs ecclésiastiques, par M. J. G. (Jean Grancolas). *Paris,* 1716, 2 v. in-12, bas.

1295. **Critique** du siècle, ou lettres sur divers sujets, par l'auteur des *Lettres juives* (le m^{is} d'Argens). *La Haye,* 1745, 2 v. in-12 rel. en 1, bas.

1296. **Cros** (l'abbé). Études sur l'ordre naturel et sur l'ordre surnaturel. *Paris* et *Montpellier,* 1861, in-8, br.

1297. **Cros** (S.-Ch.-H.). Théorie de l'homme intellectuel et moral. *Paris,* 1836, 2 v. in-8, br.

1298. **Cros-Mayrevieille.** La méthodologie des sciences morales et politiques appliquée à la science de l'histoire. *Paris* et *Leipsig,* 1848, in-8, br.

1299. **Crousaz** (J.-P. de). Traité du beau. *Amsterdam,* 1724, 2 v. in-12, bas.

1300. — Examen du pyrrhonisme ancien et moderne. *La Haye,* 1733, in-fol., v. br.

1301. **Crowœus** (Guill.). Elenchus scriptorum in Scripturam sacram tam Græcorum quam Latinorum, in quo exhibentur eorum gens, patria professio, relligio; librorum tituli, etc. *Londini,* 1672, in-12, bas.

1302. **Cruci** (J.). Mercurius Batavus, sive Epistolarum libri V, opus..... inter alia, vitæ monita complectens ethica, politiqua, æconomica. *Amstelod., Janson,* 1647, pet. in-12, v. f., fil., *frontisp. gr.*

1303. **Cudworthi** (Radulphi). Systema intellectuale hujus universi, Jo.-Laur. Moshemius latine vertit, recensuit et auxit. *Lugd.-Bat.,* 1773, 2 v. in-4, d.-rel. m. v.

1304. **Cujacius** (Jac.). Operum posthumorum opus paralipomenon quo comprehenduntur ea omnia quæ ultra recitationes in Papinianum, Jul. Paulum, Cod. Justiniani et Pandectas operi posthumo adhuc deerant. *Francofurti,* 1598, in-4, v. f.

1305. — Operum posthumorum Julius Paulus, sive ad Jul. Pauli LXXX ad Edictum et XXV quæstionum libros, recitationes. *Francofurti,* 1604, in-4, v. f.

1306. **Cumberland** (Rich.). Traité philosophique des loix naturelles, trad. du latin par Barbeyrac. *Amsterdam* et *Paris,* 1744, in-4, bas.

1307. **Cunæus** (Petrus). De republica Hebræorum. *Lugd.-Batav., ex offic. Elzeviriana,* 1632, pet. in-12, vél.

1308. — La république des Hébreux (trad. du lat. par G. Goerée). Nouv. édition, augmentée de deux volumes contenant des remarques critiques sur les antiquités judaïques, par M. Basnage. *Amsterdam, Chatelain,* 1713, 5 v. pet. in-8, v. br., *fig.*

1309. **Cuperus** (Fr.). Arcana atheismi revelata, philosophice et paradoxe refutata, Examine Tractatus theologico politici per Franc. Cuperum. *Roterodami,* 1676, in-4, bas.

1310. **Cuper** (Gisbert). Lettres de critique, d'histoire, de littérature, etc., écrites à divers savants de l'Europe, publiées sur les originaux par M. de B** (Beyer). *Amsterdam, H. Sauzet,* 1742, in-4, v. f., fil.

1311. **Curtius Rufus** (Q.). Q. Curtii Rufi historia Alexandri Magni, cum notis varior., curante C. S. M. D. *Lugd.-Batav., Elzevir.,* 1658, in-8, v. br., *fig.*

1312. — De rebus gestis Alexandri Magni, ex interpret. et notis Mich. Letellier, in usum Delph. *Parisiis,* 1678, in-4, v.

1313. — Quinte-Curce, de la vie et des actions d'Alexandre-le-Grand, en lat. et en fr., de la traduction de M. de Vaugelas. 4e édit., avec les suppléments de Freinshemius, trad. par Du Ryer. *Lyon, H. Molin,* 1695, 2 v. in-12, bas., *fig.*

1314. **Cuvier** (le baron G.). Discours sur les révolutions de la surface du globe et sur les changements qu'elles ont produits dans le règne animal. *Paris*, 1826, gr. in-4, d.-rel. mar., *portr*.

1315. — Rapport historique sur les progrès des sciences physiques et naturelles depuis 1789, et sur leur état actuel. *Paris*, 1828, in-8, d.-rel. mar.

1316. **Cuyckius** (Henr.). Speculum concubinariorum, secunda editio. *Lovanii*, 1601, in-12, cart.

1317. **Cyprianus** (S.). Sancti Cœcilii Cypriani opera,..... cura Nic. Rigaltii. *Parisiis, Du Puis*, 1666, in-fol., bas.

1318. — Opera, recognita studio et labore Steph. Baluzii, absoluta ac præfatione et vita Cypriani adornata, opera unius e congr. S. Mauri (Prud. Maran). *Parisiis, e typogr. reg.*, 1726, in-fol., v. j.

1319. — OEuvres de S. Cyprien, traduites en français par P. Lombert. *Rouen*, 1716, 2 v. in-4, bas.

1320. — Les lettres de S. Cyprien et l'Eglise de Carthage au IIIe siècle. Thèse de l'abbé Al. Charpentier. *Poissy*, 1859, in-8, mar. rouge, fil., tr. dor.

1321. **Cyrano de Bergerac** (Savinien). OEuvres diverses. *Amsterdam, Jacq. Desbordes*, 1710, 2 v. in-12, bas., *fig*.

1322. **Cyrillus** (S.) Alexandriæ archiep. Opera omnia, gr. et lat., cura et studio Joan. Auberti. *Lutetiæ, regiis typis*, 1638, 7 v. in-fol., v. br., fil.

1323. — Cyrilli Archiep. Alexandrini adversus Anthropomorphitas liber, gr. et lat.; ejusdem de Incarnatione Unigeniti, etc., interprete Bonav. Vulcanio, cum notis. *Lugd.-Batavorum*, 1605, in-4, d.-rel. v.

1324. **Cyrillus** (S.) Hierosolymit. Opera quæ supersunt omnia (gr. et lat.), cura et notis Tho. Milles. *Oxoniæ e theatro Sheldon.*, 1703, in-fol., v. br.

1325. — Opera quæ extant omnia et ejus nomine circumferuntur, gr. ad mss. codd. castigata, dissertationibus et notis illustrata, cum nova interpret. et copiosis indic.; cura et studio Ant.-Aug. Touttée. *Parisiis, typ. Jac. Vincent,* 1720, in-fol., v. br.

1326. — Catéchèses de S. Cyrille de Jérusalem, trad par J. Grancolas. *Paris,* 1715, in-4, v. br.

D

1327. **D'Achery** (dom J.-L.). Veterum aliquot scriptorum qui in Galliæ Bibliothecis, maxime Benedictinorum latuerant, Spicilegium, opera et studio D. Lucæ Dacherii e congr. S. M. Editio II. *Parisiis,* 1665 et s., 13 v. in-4, bas.

1328. **Dacier** (André). Bibliothèque des anciens philosophes. *Paris,* 1771-76, 13 v. in-12, bas. (reliure différente).

1329. — La vie de Pythagore, ses Symboles, ses Vers dorés et la vie d'Hiéroclès. *Paris,* 1706, 2 v. in-12, bas.

1330. **Dacier** (Anne Lefèvre, dame). Des causes de la corruption du goût. *Paris,* 1714, pet. in-8, v. b.

1331. **D'Aguesseau** (H.-Fr.). Ses œuvres (publ. par l'abbé André, son bibliothécaire). *Paris,* 1759-89, 13 v. in-4, v. j., *portr.*

1332. — Discours ; n. éd., augm. de ses instructions à son fils. *Paris,* 1810, 2 v. in-18, v., *portr.*

1333. — Lettres inédites publiées par D. B. Rives. *Imp. roy.,* 1823, 2 v. in-8, d.-rel. mar. v.

1334. — Discours sur la vie et la mort, le caractère et les mœurs de M. d'Aguesseau, conseiller d'État, par M. d'Aguesseau, chancellier de France, son fils. *Paris,* 1812, in-12, bas.

1335. **Dallæi** (Joan.). De Imaginibus, libri IV. *Lugd.-Batav., ex officina Elzeviriana,* 1642, in-8, v. b.

1336. — De sacramentali sive auriculari Latinorum confessione. *Genevæ,* 1661, in-4, bas.

1337. **Dalmas** (A.). Histoire de la révolution de Saint-Domingue, depuis le commencement des troubles jusqu'à la prise de Jérémie et du môle St-Nicolas par les Anglais, etc. *Paris, Mame,* 1814, 2 tom. en 1 v. in-8, d.-rel. bas.

1338. **Damianus** (Petrus). Opera omnia, collecta ac argumentis et annotationibus illustrata studio ac labore Const. Cajetani. *Parisiis,* 1663, 4 tom. in-fol. rel. en 1, bas.

1339. **Damiron** (Ph.). Essai sur l'histoire de la Philosophie en France au dix-neuvième siècle. *Paris,* 1828, in-8, d.-rel. mar. bl.

1340. **Dampmartin** (A.-H.). Fragments moraux et littéraires. *Berlin,* 1797, in-8, d.-rel. bas.

1341. **Dandini** (le P. Jér.). Voyage du Mont Liban, trad. de l'ital. (par Richard Simon, de l'Oratoire). *Paris,* 1684, pet. in-12, bas., *carte.*

1342. **Dandré-Bardon** (M.-F.). Traité de peinture, suivi d'un essai sur la sculpture. *Paris,* 1765, 2 v. in-12, d.-rel. mar.

1343. **Daniel** et **Gagarin.** Études de théologie, de philosophie et d'histoire, publiées par les PP. Ch. Daniel et J. Gagarin. *Paris, Lanier,* 1857, 3 v. in-8, br.

1344. **Dante** (Alighieri). La Divina Commedia, con argomenti, ed annotazioni scelte. Nuova ediz. *Avignone, F. Seguin,* 1816, 3 v. in-16, v. f.

1345. **Daubenton** (le P.). La vie du bienheureux Jean-François Regis, de la Comp. de Jésus. *Paris, Nic. Leclerc,* 1716, in-4, m. r., *portr.*

Aux armes de Fr. de Belzunce, év. de Marseille.

1346. **David** (Joan.), e Soc. J. Occasio arrepta, neglecta, hujus commoda, illius incommoda. *Antuerpiæ, ex off. Plantin.,* 1605, pet. in-4, *fig.* et *frontisp. gr.*

1347. **Deageant.** Mémoires. Voir le N° 3386.

1348. **De Bure** (Guill.-Fr.). Bibliographie instructive, ou traité de la connaissance des livres rares et singuliers. *Paris,* 1763-68, 7 v. in-8. — Catalogue des livres de Gaignat, par G.-F. De Bure. *Paris,* 1769, 2 v. in-8.

— Table destinée à faciliter la recherche des livres anonymes (par Née. de la Rochette). *Paris,* 1782, in-8, 10 v. in-8, v. m.

1349. **Dechamps** (V.). Entretiens sur la démonstration catholique de la révélation chrétienne. 2ᵉ édit. *Paris,* 1857, in-8, d.-rel. m.

1350. **Decreta** Synodi Provincialis habitæ Rothomagi an. 1581 sub D. Carolo cardinale Borbonio, archiepisc. Rothomag., etc. *Parisiis,* 1582, in-8. — Concilium Provinciale Rhemense primum.... quod illustr. Ludovicus cardin. a Guysia, archiepisc. Rhemensis, habuit anno 1583.... *Rhemis,* 1585, in-8, parch.

1351. **Décrets** des papes Alexandre VII et Innocent XI contre plusieurs propositions de la morale relâchée. *Liége,* 1680, in-16, bas.

1352. **Défense** de la déclaration du clergé de France touchant la puissance ecclésiastique (sans titre). In-4, bas.

1353. **Défense** de la discipline qui s'observe dans plusieurs diocèses de France touchant l'imposition de la pénitence publique pour les péchés publics (par Alex. Varet). *Sens,* 1677, in-8, bas.

1354. **Défense** de la théologie de Lyon, ou réponse aux observations d'un anonyme contre cette théologie. S. l. n. d., in-12, bas.

1355. **Défense** des SS. Pères accusés de platonisme (par le P. Baltus, jés.). *Paris,* 1711, in-4, bas.

1356. **Defrasnay** (P.). Mythologie, ou recueil des fables grecques, ésopiques et sybaritiques, mises en vers français, avec notes et réflexions. *Orléans,* 1750, 2 v. in-12, v., *frontisp. gr.*

1357. **Deguerry** (l'abbé G.). La transfiguration de l'homme par N. S. J.-C.; sermons prêchés aux Tuileries en 1861. *Paris,* 1861, in-8, pap. vél., br.

1358. **Delacouture** (l'abbé). Observations sur le décret de la Congrégation de l'*index* du 27 septembre 1851 et sur les doctrines de quelques écrivains ; droit d'insurrection ; pouvoir du pape sur le temporel ; traditionalisme. *Paris, Plon*, s. d., in-8, br.

1359. **Delandine** (Ant.-Fr.). Mémoires bibliographiques et littéraires. *Paris et Lyon*, s. d., in-8, cart.

1360. — L'enfer des peuples anciens, ou histoire des dieux infernaux, de leur culte, etc. *Paris*, 1784, 2 part. en 1 v. in-12, d.-rel. v.

1361. **Delectus** actorum Ecclesiæ universalis, seu nova summa Conciliorum, Epistolarum, Decretorum SS. Pontificum, Capitularium, etc., quibus Ecclesiæ fides et disciplina niti solent. *Lugduni, Joan. Certe*, 1706, 2 v. in-fol., bas.

1362. **Délicatesse** (de la) (par l'abbé de Villars). *Paris, Claude Barbin*, 1671, in-16, cart.

1363. **Délices** (les) de la Hollande, contenant une description exacte du pays, des mœurs et des coutumes des habitants. *Amsterdam*, 1728, 2 v. in-12, v. f., *fig.*

1364. **Delille** (Jacq.) Ses œuvres, contenant les Géorgiques de Virgile en vers français, et les Jardins, poëme. *Londres*, 1784, in-12, bas.

1365. **Delort** (J.). Histoire de l'homme au masque de fer, accompagné de pièces authentiques et de *fac simile*. *Paris*, 1825, in-8, d.-rel. v., *fig.*

1366. **De Luc** (J.-Fr.). Observations sur les savants incrédules et sur quelques-uns de leurs écrits. *Genève*, 1762, in-8, d.-rel. v. f.

1367. **Demangeon** (J.-B.). Du Pouvoir de l'Imagination sur le physique et le moral de l'homme. Nouv. édit., 1834, in-8, d.-rel. v.

1368. **Demeslé** de l'Esprit et du Jugement (par Le Pays). *Paris, Pépie*, 1688, in-12, bas.

1369. **Demonstratio** de Deo, sive methodus ad cognitionem Dei naturalem brevis ac demonstrativa, etc. (a J. Raphson). *Londini*, 1710, in-4, vél.

1370. **Demosthenes.** Demosthenis et Æschinis opera, cum utriusque auctoris vita et Ulpiani commentariis.... annotationibus illustrata per Hier. Wolfium, gr. et lat. *Aureliæ Allobrogum,* 1607, in-fol., vél.

1371. — OEuvres complètes de Démosthène et d'Eschine, trad. en français par l'abbé Auger. *Paris,* 1777, 4 v. in-8, bas.

1372. — Oraisons (les) et harangues de Démosthène, prince des orateurs grecs, sur le faict et conseil des guerres contre Philippe, roy de Macédoine; avec les argumens de Libanius, sophiste, sur icelles Philippiques; le tout traduict en françois par Gervais de Tournay, scholastic et chanoine de Soissons. *Paris, Nic. Bonfons,* 1579, in-8, vél. (T. Ier seulement).

Voir aussi le N° 1078.

1373. **Dempster** (Th.). Antiquitatum Romanarum corpus absolutissimum, in quo præter ea quæ J. Rosinus delineaverat, infinita supplentur, mutantur, adduntur. *Lutet.-Paris., Joan. Le Bouc,* 1613, in-fol., d.-rel. bas.

1374. **Denesle**(..). Les Préjugés des anciens et des nouveaux philosophes sur la nature de l'âme humaine, ou examen du matérialisme. *Paris,* 1765, 2 v. in-12, v. j.

1375. **Denis** (S^t) l'**Aréopagite.** Voy. Dionysius.

1376. **Denon** (Vivant). Voyage dans la basse et la haute Egypte, pendant les campagnes du général Bonaparte. *Paris, Didot,* an X (1802), 3 v. in-12, d.-rel. bas.

1377. **Depéry** (Mgr J.-S.), évêque de Gap. Histoire hagiologique du diocèse de Gap. *Gap,* 1852, in-8, d.-rel. m., *portr.*

1378. **Derham** (Guill.). Théologie astronomique ou démonstration de l'existence et des attributs de Dieu par l'examen et la description des cieux, enrichie de fig.; trad. de l'angl. *Paris,* 1729, in-8, bas.

1379. — Théologie physique ou démonstration de l'existence et des attributs de Dieu, tirée des œuvres de la création; trad. de l'angl. par Jacq. Lufneu. *Rotterdam*, 1743, in-8, bas.

1380. **Dernière** (la) guerre des bêtes, fable pour servir à l'histoire du XVIIIe siècle, par l'auteur d'Abassaï (Mlle Fauque). *Londres,* 1758, 2 v. in-12 rel. en 1, bas.

1381. **Desbarres** (A.). Caroli V, Cæsaris, Romanorum imperatoris immortalitas, authore D. Anatholio Desbarres, Philippi Hispaniarum regis nobili domestico. S. l., in-16, parch.

1382. **Desbois** (le sieur). Recueil de bons mots, de bons contes et de reparties choisies, avec des épigrammes, sonnets, rondeaux, etc. *Cologne,* 1730, 2 v. in-12, bas.

1383. **Descartes** (Ren.). Opera philosophica. *Amsterdam, Blaeu,* 1692-98, 2 v. pet. in-4, bas. marbré, *portr.* et *fig.*

1384. — Principes de Philosophie, revus et corrigés par M. C. L. R. (Clerselier). 4e édit. *Paris,* 1681, in-4, v. br., *fig.*

1385. — Les Passions de l'âme, le Monde ou traité de la lumière, et la Géométrie. Nouv. édit., augmentée d'un discours sur le mouvement local et sur la fièvre, selon les principes du même auteur. *Paris,* 1726, in-12, bas.

1386. — Les Passions de l'âme. *Rouen,* 1751, in-8, v. br.

1387. — Les Méditations métaphysiques touchant la première philosophie (en fr.), nouvellement divisées par articles, avec des sommaires, par R. F. (René Fedé). *Paris,* 1673, in-4, v. br.

1388. — Méditations métaphysiques et discours de la Méthode. *Paris, Renouard,* 1825, in-16, 2 part. en 1 v., d.-rel. bas., *portr.*

1389. — Discours de la Méthode pour bien conduire sa raison et chercher la vérité dans les sciences; plus, la Dioptrique et les Météores. *Paris,* 1668, in-4, v. br.

1390. — Discours de la Méthode pour bien conduire sa raison et chercher la vérité dans les sciences ; plus, les remarques du P. Poisson sur ce discours, la Mécanique, la Dioptrique, les Météores et la Physique, qui sont des essais de cette méthode. *Paris, 1724, 2 v. in-12, v. j., fig.*

1391. — Joan. Claubergii Defensio Cartesiana; pars prior, Exoterica in qua R. Cartesii dissertatio de Methodo vindicatur. *Amsteld., ap. Lud. Elzevir.,* 1652, in-12, vél.

1392. — L'Homme de René Descartes et la formation du fœtus, avec les remarques de Louis de la Forge, à quoy l'on a ajouté le Monde, ou traité de la lumière, du même auteur. *Paris,* 1677, in-4, v. br.

1393. — La Géométrie de René Descartes. *Paris,* 1664, in-4, v. br.

1394. — Lettres de René Descartes, où sont traitées plusieurs questions de la morale, physique, médecine et des mathématiques. *Paris, Ch. Angot,* 1667, 3 v. in-4, v. br.

1395. — Pensées de Descartes sur la religion et la morale. *Paris, Ad. Leclerc,* 1811, in-8, v. r.

1396. — OEuvres inédites de Descartes, précédées d'une introd. sur la méthode, par le c^{te} Foucher de Careil. *Paris,* 1859-60, 2 v. in-8, d.-rel. m.

1397. — Voyage du monde de Descartes (par le P. Daniel). *Paris,* 1691, in-12. — Nouvelles difficultés proposées par un péripatéticien à l'auteur du *Voyage du monde de Descartes* (par le P. Daniel lui-même). *Amsterdam,* 1696, 2 v. in-12, bas.

1398. — Traité de l'esprit de l'homme, de ses facultés et fonctions, et de son union avec le corps, suivant les principes de René Descartes, par Louis de la Forge. *Paris,* 1666, in-4, v. br., *portr.*

1399. — Apologia pro Renato Descartes contra Sam. Parkerium, authore Ant. Legrand. *Londini,* 1679, in-12.
Relié avec le N° 2936.

1400. — Recueil de quelques pièces curieuses concernant la philosophie de M. Descartes (publ. par Bayle). *Amsterd.,* 1684, in-12, bas.

1401. — La philosophie de M. Descartes contraire à la foi catholique. *Paris,* 1682, in-12, bas.

1402. — Traité de paix entre Descartes et Newton, précédé des vies littéraires de ces deux chefs de la physique moderne, par A.-H. Paulian. *Avignon*, 1763, 3 v. in-12, bas., *portr.*

1403. — Études du cartésianisme, ou principes de la philosophie de René Descartes, commentés par Ad. Mazure. *Paris, Hachette*, 1828, in-12, br.

1404. — La vie de M. Descartes (par Adrien-Baillet). *Paris, Horthemels*, 1691, 2 v. in-4, v. br., *portr.*

1405. — La même (abrégée). *Paris*, 1692, in-12, v. j.

Voir encore, pour Descartes, les N°s 764, 765, 1231 et 2217, t. 3.

1406. **Deschamps.** Traduction nouvelle du Prophète Isaïe, avec des dissertations préliminaires et des remarques, par feu M. Deschamps, docteur de Sorbonne. *Paris*, 1760, in-12, bas.

1407. **Description** de l'abbaye de la Trappe, avec les constitutions, les réflexions sur icelles, etc. (par Félibien des Avaux); suivie de lettres de l'abbé de la Trappe. *Lyon*, 1683, in-12, bas.

1408. **Description** historique du royaume de Macaçar (par Nic. Gervaise). *Paris*, 1688, in-12, v. br.

1409. **Description** historique des curiosités de l'Église de Paris, par M. C. P. G. (Montjoie). *Paris*, 1763, in-12, v. m.

1410. **Desgenettes** (le baron). Éloges des académiciens de Montpellier, recueillis, abrégés et publiés par M. le baron Desgenettes. *Paris*, 1811, in-8, d.-rel. bas.

1411. **Desgrouais.** Les gasconismes corrigés. *Toulouse*, 1812, in-12, bas.

1412. **Deshoulières** (Mme et Mlle). OEuvres. Nouv. édit. *Paris, Prault fils*, 1747, 2 v. pet. in-12, v., *frontisp. gr.*

1413. — Poésies de Mad. Deshoulières. *Paris, Ve Cramoisy*, 1688, in-8, bas., m.

1414. **Deslandes** (A.-Fr.). Histoire critique de la philosophie, où l'on traite de son origine, de ses progrès et des diverses révolutions qui lui sont arrivées jusqu'à notre temps. *Amsterdam*, 1756, 4 v. in-12, v. m.

1415. — Réflexions sur les grands hommes qui sont morts en plaisantant. Nouv. édition augmentée. *Amsterdam*, 1776, in-12, d.-rel. bas.

1416. **Deslyons** (Jean). Traitez singuliers et nouveaux contre le paganisme du Roy-Boit. Le I, du jeusne ancien de l'église catholique la veille des Roys ; le II, de la royauté des Saturnales, remise par les chrestiens charnels en cette feste ; le III, de la superstition du Phœbé. *Paris, Ve Savreux*, 1670, in-12, v. éc., fil.

1417. **Desmarets** (J.), Sgr de Saint-Sorlin. Les délices de l'esprit : dialogues dédiez aux beaux esprits du monde, enrichis de plusieurs figures et divisez en quatre parties. *Paris, Flor. Lambert*, 1661, in-fol., bas.

1418. — Les délices de l'esprit ; entretiens d'un chrétien et d'un athée sur la divinité de la religion, l'immortalité de l'âme et autres sujets. *Paris, Besoigne,* 1693, in-12, d.-rel. v. f., *fig*.

1419. — Clovis ou la France chrestienne, poême héroïque. *Paris, Michel Bobin,* 1666, in-12, bas. (sans figures).

1420. — Ariane (par Desmarets). *Paris, Ve de Matth. Guillemot,* 1632, 2 v. in-8, v. m., fil., *frontisp. gr.*

1421. — Les promenades de Richelieu, ou les vertus chrestiennes, dédiées à Mad. la duchesse de Richelieu. *Paris, H. Legras,* 1653, in-12, vél.

1422. — La vie et les œuvres de Ste Catherine de Gênes ; nouvelle édition. *Paris, Lambert,* 1662, 2 v. in-12 rel. en 1, bas.

Voir aussi le N° 204.

1423. **Desmolets** (le P.) Mémoires de littérature et d'histoire (continuation de ceux de Sallengre). *Paris,* 1726-31, 11 v. in-12, v. éc.

1424. **Désormeaux** (J.-L.-R.). Histoire de Louis de Bourbon, 2e du nom, prince de Condé. *Paris,* 1766, 4 v. in-12, bas.

1425. **Des Periers** (Bonav.). Les contes ou les nouvelles récréations et joyeux devis de Bonaventure Des Periers.

Nouv. édition, avec des notes historiques et critiques par de la Monnoye. *Amsterdam, Châtelain,* 1735, 3 v. pet. in-12, v. éc., fil.

1426. — Cymbalum mundi, ou dialogues satyriques sur différents sujets, avec une lettre critique par Prosper Marchand. Nouvelle édition, augmentée de notes, etc. *Amsterdam,* 1732, pet. in-12, v. m., *fig.*

1427. **Desprez de Boissy** (Ch.). Lettres sur les spectacles, avec une histoire des ouvrages pour et contre les théâtres. 6e édition. *Paris,* 1777, 2 v. in-12, bas.

1428. **Des Sablons.** Les grands hommes vengés, ou examen des jugements portés par M. de V. (Voltaire) sur plusieurs hommes célèbres, etc., par Des Sablons (Chaudon). *Amsterdam* et *Lyon,* 1769, 2 v. in-8, cart.

1429. **Dessalle.** Opuscules in-8, br.
Éloge historique de Saint Bernard. *Paris,* 1837. — De la musique dans le midi de la France. *Montpellier, Martel,* 1837. — Examen polémique de la statue équestre de Louis XIV. *Ibid.,* 1839. — De l'enseignement littéraire à Montpellier. *Ibid., Castel,* 1839, 4 broch. in-8.

1430. **Détails historiques** sur les principales descentes faites en Angleterre, depuis Jules César jusqu'à nos jours., par H. V., de Nantes. *Nantes,* an XII (1804), in-8, d.-rel. mar. r.

1431. **Développement** (le) de la raison (ouvrage posth. de M. de Felice). *Yverdon,* 1789, 3 v. in-12, br.

1432. **De Vert** (dom Claude). Explication simple, littérale et historique des cérémonies de l'Église, 2e édition. *Paris,* 1709, 4 v. in-8., v. br.

1433. — Du véritable esprit de l'Église dans l'usage de ses cérémonies, ou réfutation du traité de D. Cl. de Vert, intitulé : *Explication simple, littérale et historique des cérémonies de l'Église* (par Jos. Languet). *Paris,* 1715, in-12, bas.

1434. — Dissertation sur les mots de *Messe* et de *Communion,* avec quelques digressions sur les Agapes, les Eulogies, le Pain Bénit, l'Ablution, etc. *Paris,* 1694, in-12, bas.

1435. **Dexter** (Flav.-Luc.). Chronicon omnimodæ historiæ, opera et studio Fr. Bivarii commentariis illustratum. *Lugduni, Landry,* 1627, in-fol., v. br., fil.

1436. **Deylingius** (Salomon). Observationes sacræ in quibus multa Scripturæ vet. ac nov. Testam. dubia solvuntur, loca difficiliora ex antiquitate et variæ doctrinæ apparatu illustrantur; atque ab audaci recentiorum criticorum depravatione solide vindicantur. Accessit oratio de Ingenio Israelitorum ægyptiacorum, cum fig. æneis. *Lipsiæ,* 1722-26. — Ejusdem Observationes miscellaneæ in quibus res varii argumenti ex theologia, historia et antiquitate sacra tractantur, etc.... cum indicibus necess. *Lipsiæ,* 1736, 4 v. in-4, d.-rel. v., *fig.*

1437. **Dezobry** (Ch.) et Th. **Bachelet**. Dictionnaire général de biographie et d'histoire, de mythologie, de géographie ancienne et moderne comparée, des antiquités et des institutions grecques, romaines, françaises et étrangères. *Paris,* 1857, 2 forts v. gr. in-8 d.-rel. m. — Supplément au même (1857-60), 1 fasc., gr. in-8, br.

1438. **Diadochus** (S.). Voir le N° 1523.

1439. **Dialogue** sur la musique des Anciens (par l'abbé de Châteauneuf). *Paris,* 1725, in-12, bas., *fig.*

1440. **Dialogues** des morts d'un tour nouveau, pour l'instruction des vivants, sur plusieurs matières importantes. *La Haye, T. Johnson,* 1709, in-12, vél., *frontisp. gr.*

1441. **Dialogues** entre mess. Patru et d'Ablancourt sur les Plaisirs (attrib. à Baudot de Juilly ou à l'abbé Genest). *Amsterdam, Louis Le Roy,* 1714, 2 tom. en 1 v. in-12, bas.

1442. **Dialogues** socratiques, ou entretien sur divers sujets de morale (par Jⁿ Vernet). *Paris,* 1755, in-12, bas.

1443. **Dialogues** sur des matières de morale. In-12, bas.
Le titre manque; le frontispice gravé a pour titre : *Réflexions sur ce qui peut plaire dans le commerce du monde.*

1444. **Dialogues** (quatre) sur l'Immortalité de l'âme, l'Existence de Dieu, la Providence et la Religion (par les abbés de Dangeau et de Choisy). *Paris,* 1690, in-12, bas.

1445. **Diana** (R. P. D. Anton.). Panormitani, Resolutiones morales, in quibus selectiores casus conscientiæ, breviter, dilucide, et ut plurimum benigne sub variis tractatibus explicantur. *Lugduni,* 1641-52, parties I à VII et X, rel. en 3 v. in-fol. cham. (manque VIII et IX, XI et XII). — Summa Diana in qua opera Ant. Diana duodecim partibus comprehensa.... in unicum volumem arctantur. *Lugduni,* 1657, in-fol., cham.

1446. **Dictionnaire** bibliographique (par Cailleau et Duclos). *Paris,* 1791, 3 v. in-8. — Supplément (par J.-C. Brunet). 1802, in-8; 4 v. in-8, bas.

1447. **Dictionnaire** bibliographique, par M. P*** (Etienne Psaume). *Paris, Ponthieu,* 1824, 2 v. in-8, d.-rel. bas.

1448. **Dictionnaire** des livres jansénistes ou qui favorisent le Jansénisme (par le P. de Colonia); nouv. édition augmentée par le P. Patouillet. *Anvers, Verdussen,* 1755, 4 v. in-12, bas., *frontisp. gr.*

1449. — Lettres au R. Père P.... (Patouillet) pour servir d'introduction, de commentaire et d'apologie à son *Dictionnaire des livres jansénistes* (par l'abbé Rulié). *Anvers,* 1755, in-12, bas.

1450. — Réponse à la bibliothèque janséniste, avec des remarques sur la réfutation des critiques de Bayle, etc. (par Osmont de Sellier). *Nancy,* 1740, in-12, bas.

1451. — Lettres critiques sur différents points d'histoire et de dogme adressées à l'auteur de la *Réponse à la bibliothèque janséniste,* par le prieur de St-Edme (P. Collot, lazariste). *Turin,* 1751, in-12, bas.

1452. **Dictionnaire** (nouveau) espagnol-français et français-espagnol, avec l'interprétation latine de chaque mot, par l'abbé Gattel. *Lyon,* 1790, 4 v. in-8 rel. en 3, bas.

1453. **Dictionnaire** (grand) français et latin, par Danet. *Paris*, 1710, in-4, bas.
   Le titre manque.
1454. **Dictionnaire** historique des auteurs ecclésiastiques, renfermant la vie des Pères et des Docteurs de l'Eglise ..... avec le catalogue de leurs principaux ouvrages. *Lyon*, 1767, 2 v. in-8, bas.
1455. **Dictionnaire** historique et critique de la Bible, par M. L.-E. R. (Laurent-Etienne Rondet). *Paris*, 1776, 2 v. in-4, bas.
1456. **Dictionnaire** historique portatif des femmes célèbres (par J.-F. de La Croix). *Paris*, 1769, 2 v. in-8, v. j.
1457. **Dictionnaire** néologique à l'usage des beaux esprits (par l'ab. Desfontaines), avec l'éloge historique de Pantalon-Phœbus, etc. (par Bel). *Amsterdam*, 1731, in-12, bas.
1458. **Dictionnaire** philosophico-théologique portatif..... avec des notes analogues aux principaux articles du dictionnaire (par le P. Paulian). *Nismes, Gaude,* 1770, in-8, bas.
1459. **Dictionnaire** théologique portatif (par Alletz). *Paris, Didot,* 1756, in-8, bas.
1460. **Dictionnaire** portatif des Conciles (par Alletz). *Paris,* 1773, in-8, bas.
1461. **Diderot** (Den.). Mémoires, correspondance et ouvrages inédits, de 1759 à 1780, publiés d'ap. les mss. confiés en mourant par l'auteur à Grimm. *Paris,* 1830, 4 v. in-8, d.-rel. v.
1462. **Diessbach** (Nic.-Jos.-Alb.). Le chrétien catholique inviolablement attaché à sa religion par la considération de quelques-unes des preuves qui en établissent la certitude. *Turin*, 1771, 2 v. pet. in-8, bas., *fig.*
1463. **Diluvii** (de) universalitate dissertatio prolusoria (auctore G. Gasp. Kirchmaier). *Genevæ*, 1667, in-16, bas.
1464. **Dinnerus** (Conrad.). Epithetorum Græcorum farrago.

Accessit epithome de poesi seu prosodia Græcorum Erasmi Sidelmanni. *Lugduni,* 1607, in-8, m. r., fil., tr. d., dent.

1465. **Dinouart** (l'abbé). L'Éloquence du corps, ou l'action du prédicateur. *Paris, Desprez,* 1761, in-12, bas.,

1466. **Dio Cassius.** Dionis Cassii Romanarum historiarum libri XXX, gr.-lat., ex Guill. Xylandri interpret. — Jo. Xiphilini e Dione excerptæ historiæ gr.-lat., ex interpret. Guill. Blanci a Guil Xilandro recognita : H. Stephani in J. Xiphilinum Spicilegium. *Excud. H. Stephanus,* 1592, 2 tom. en 1 v. in-fol.

1467. — Histoire de Dion Cassius de Nicée, abrégée par Xiphilin et trad. du grec en fr. par de Bois-Guillebert. *Paris, Barbin,* 2 v. in-12, v. br.

1468. **Dio Chrysostomus.** Dionis Chrysostomi orationes LXXX : cum vetustis codd. mss. regiæ bibliothecæ sedulo collatæ, eorumque ope ab innumeris mendis liberatæ, restitutæ, auctæ; Photii excerptis, Synesiiq. censura illustratæ (gr. et lat.), ex interpret. Th. Naogeorgii, recognita et emendata Fed. Morelli opera : cum Is. Casauboni diatriba, et ejusd. Morelli scholiis, animadvers. et conjectaneis. *Lutetiæ, ex offic. typ. Cl. Morelli,* 1604, in-fol., v. br., fil.

1469. **Diodorus.** Diodori Siculi bibliothecæ historicæ libri XV; accesserunt eclogæ seu fragmenta ex libris quibusdam auctoris qui desiderantur, gr., omnia cum interpret. lat. et notis, etc..... studio et labore L. Rhodomani. *Hanoviæ, typ. Wechelianis,* 1604, 2 tom. en 1 v. in-fol., cham.

1470. — Histoire universelle de Diodore de Sicile, trad. du grec par l'abbé Terrasson. *Paris,* 1737-44, 7 v. in-12, bas.

1471. **Diogenes Laertius.** Diogenis Laertii de vitis dogmatis et apophthegmatis eorum qui in philosophia claruerunt, libri X (gr. et lat.). *Excudebat Henr. Stephanus,* 1570, in-8, vél.

1472. — Diogenes Laertius....., gr. et lat., cum subjunctis integris annotationibus Is. Casauboni, Th. Aldobrandini et Mer. Casauboni : latinam Ambrosii versionem complevit et emendavit M. Meibomius : accedunt observationes Æ. Menagii ejusdemque syntagma de mulieribus philosophis et Kuhnii notæ. *Amstelœd., apud H. Wetstenium*, 1692, 2 v. in-4, avec 24 pl., v.

1473. — Vies des plus illustres philosophes de l'antiquité, trad. du grec de Diogène Laërce, auxquelles on a ajouté la vie de l'auteur, celles d'Epictète, de Confucius et leur morale, et un abrégé historique de la vie des femmes philosophes de l'antiquité (attribué à Chaufepié). *Amsterdam*, 1758, 3 v. in-12, bas., *fig*.

1474. **Dionysius Aeropagita**. Opera quæ exstant; in eadem Schol. Maximi; Georgii Pachymeræ paraphrasis et Mich. Syngeli encomium. *Paris, G. Morellius*, 1562, 2 tom. en 3 v. in-8, bas.

    Le 1er vol. seulement contenant le texte grec de Denis.

1475. — Opera, cum scholiis S. Maximi et paraphrasi Pachymeræ, gr. et lat., cura et studio Balth. Corderii. *Antverpiæ, Balth. Moretus*, 1634, 2 v. in-fol., v. br., *frontisp. gr.*

1476. — Traité des noms divins ou des perfections divines, trad. du grec de S. Denys l'aréopagite par le P. Cortasse. *Lyon*, 1739, in-4, bas.

1477. — Problème proposé aux savants touchant les livres attribués à S. Denis l'aréopagite (par le P. Honoré de Ste-Marie, carme). *Paris, Jean de Nully*, 1708, in-8, bas.

1478. — Dissertation sur S. Denis l'aréopagite, où l'on fait voir que ce Saint est l'auteur des ouvrages qui portent son nom (par dom Cl. David). *Paris*, 1702, in-8, v. br.

1479. — La vie, le martyre et les miracles du grand saint Denys, aréopagite, apostre de la France : avec la miraculeuse dédicace de son église..... Ensemble les prières pour gagner les indulgences et pour guérir des morsures de chiens enragez. *Paris, imp. d'Est. Pepingué*, in-8, d.-rel. v.

1480. **Dionysius** Carth. Voy. Rikel.

1481. **Dionysius** Halicarnasseus. Dionysii Halicarnassei antiquitatum Romanarum libri ab Æmilio Porto lat. redditi. *Ex offic. Ant. de Harsy,* 1590, in-12, parch.

1482. — Dionysii Halicarnassei scripta quæ extant omnia historica, et rhetorica, e vett. librorum auctoritate doctorumque hominum animadvers. emendata et interpolata (gr.), cum lat. versione ad græci exemplaris fidem collata et conformata. Addita fragmenta, notæ et duo indices, opera et studio Frid. Sylburgii. *Lipsiæ, Weidmann,* 1691, 2 tom. en 1 v. in-fol., d.-rel. bas.

1483. **Dionysius** Alexandrinus. Dionysii Alex. et Pomp. Mela situs orbis descriptio; Æthici cosmographia. C. S. Solini Polyhistor.; in Dionysii poematium commentarii Eustathii : interpretatio ejusdem poematii ad verbum ab H. Stephano scripta : necnon annotationes ejus in idem et quorumdam aliorum, etc. *Excudebat Henr. Stephanus,* 1577, in-4, v.

1484. **Discipline** (la) de l'Église tirée du Nouveau Testament et de quelques anciens Conciles (par le P. P. Quesnel). *Lyon, Jean Certe,* 1689, 2 v. in-4, v. br.

1485. **Discipline** (la) ecclésiastique des églises réformées de France, avec les observations des synodes nationaux sur tous les articles..... (par d'Huisseau). *La Haye, P. Gosse,* 1760, in-8, v. m., fil.

1486. **Discipline** (la) des églises prétendues réformées de France, ou l'ordre dans lequel elles sont conduites et gouvernées. *Paris,* 1663, in-12, vél.

1487. **Discours** de la pureté d'intention et des moyens pour y arriver (par A.-J. le Bouthillier de Rancé). *Paris, Muguet,* 1784, in-12, v.

1488. **Discours** philosophiques tirés des livres saints, avec des odes chrétiennes et philosophiques (par J.-J. Lefranc de Pompignan). *Paris,* 1771, in-12, bas.

1489. **Discours** politiques sur la voye d'entrer décemment aux Estats et manière de constamment s'y maintenir et gouverner, par P. de la Place, prem. Présid. à la Cour des Aydes de Paris. *Paris, Robert le Manguier,* 1574, in-8.

<blockquote>Même ouvrage que le *Traité de la vocation et manière de vivre à lacquelle chacun est appelé.*</blockquote>

1490. **Discours** sur la Comédie, où l'on voit la réponse au théologien qui la défend (le P. Caffaro), avec l'histoire du théâtre et les sentiments des docteurs de l'Église, depuis le premier siècle jusqu'à présent (par le P. P. Lebrun). *Paris,* 1694, in-12, bas.

<blockquote>Voir le N° 1214 et les renvois qui y sont indiqués.</blockquote>

1491. **Discours** sur l'Incrédulité et sur la Certitude de la Révélation chrétienne, par Mgr l'Év. de Strasbourg (Mgr Trevern). *Strasbourg, Leroux,* s. d., in-8, bas.

1492. — Discussion amicale sur l'Église anglicane, et en général sur la réformation, par l'Évêque de Strasbourg (Mgr Trevern), et défense de la discussion amicale en réponse aux difficultés du Romanisme de M. Stanley-Faber, par le même. *Paris, Pothey,* 1829, 3 v. in-8, d.-rel. v.

1493. **Dissertation** critique et théologique sur le concile de Rimini (par le chanoine Corgne). *Paris, Delussaux,* 1732, in-12, bas. — Dissertation critique et théologique sur le monothélisme et sur le sixième concile général (par le même). *Paris,* 1741, in-12, v. éc.

1494. **Dissertation** sur la condamnation des théâtres (par Hedelin d'Aubignac). *Paris,* 1666, in-12, vél.

<blockquote>Voir le N° 1214 et les renvois qui y sont indiqués.</blockquote>

1495. **Dissertation** sur la Messe de paroisse : obligation d'assister à cette Messe, établie par la dissertation d'un théologien, attaquée par la lettre d'un R. C. D., soutenue par la réponse du même théologien, et enfin décidée par un jugement solennel de Mgr l'Archevêque de Besançon. *Besançon,* 1689, in-12, bas.

1496. **Dissertation** sur l'approbation des confesseurs (par Maultrot). S. l., 1784, in-12, bas.

1497. **Dissertation** sur la validité des ordinations des anglais et sur la succession des évesques de l'Église anglicane, avec les preuves justificatives des faits avancés dans cet ouvrage (par Le Courayer). *Bruxelles,* 1723, 2 part. en 1 v. in-12, v. br.

1497 *bis.* — La dissertation du P. Le Courayer sur la succession des évesques anglais et sur la validité de leur ordination, réfutée par le P. Hardouin, jésuite. *Paris,* 1724, 2 v. in-12, bas.

1498. **Dissertation** sur le pécule des religieux curez, sur leur dépendance du supérieur régulier et sur l'antiquité de leurs cures régulières (par le P. Duvau, chanoine régulier). *Paris,* 1703, 2 v. in-12, bas.

1499. **Dissertation** sur l'époque du rappel des juifs et sur l'heureuse révolution qu'il doit opérer dans l'Église.... contre l'éditeur de la Bible imprimée à Avignon en 1767 et 1775, 2e édition, etc. *Paris,* 1779, in-12, bas.

1500. **Dissertation** sur les pensions selon les libertés de l'Église gallicane (par l'abbé Le Métayer). *Paris,* 1671, in-12, bas.

1501. **Dissertation** sur l'hémine de vin et sur la livre de pain de S. Benoit (par Cl. Lancelot), sec. éd. avec.... une disquisition de l'année, du jour et de l'heure où est mort le bienheureux S. Benoit. *Paris, Desprez,* 1678, in-8, bas.

1502. **Dissertation** sur l'honoraire des messes (par dom Guiard). Nouv. édit., revue corrigée et augmentée, pour servir en même temps de réponse à la critique des journalistes de Trévoux. S. l., 1757, in-12, bas.

1503. **Dissertation** théologique sur les loteries (par l'abbé Coudrette). S. l., 1742, in-12, v. br., tr. dor.

1504. **Dissertation** (nouvelle) touchant le temps auquel la Religion chrétienne a été établie dans les Gaules (par l'abbé Abbadie, chanoine de Comminges). *Toulouse, Boude,* 1703, in-12, bas.

1505. **Dissertations** ecclésiastiques sur le pouvoir des Evesques pour la diminution ou augmentation des festes; par Messeig. les Evesques de Saintes (L. de Bassompierre), de La Rochelle (H. de Laval) et de Périgueux (Guill.   ). *Paris*, 1691, in-12, bas.

1506. **Dissertations** mêlées sur divers sujets importants et curieux (recueillies par Fréd. Bernard). *Amsterdam*, 1740, 2 v. in-12 rel. en 1, bas.

1507. **Dissertations** sur l'autorité légitime des rois en matière de régale, par M. L. V. M. R. (Le Vayer, m^e des requêtes). *Cologne, P. Marteau*, 1682, in-12.

1508. **Dissertations** sur les Prolégomènes de Walton très-utiles à ceux qui veulent entendre la Ste Ecriture (tirées du latin de l'auteur, attribuées au P. Emery, de l'Oratoire). *Lyon*, 1699, in-8, bas.

1509. **Dissertations** théologiques et canoniques sur l'approbation nécessaire pour administrer le sacrement de Pénitence (par l'abbé Pelvert). *Avignon*, 1755, in-12, bas.

1510. **Ditton Homfroi**. La Religion chrétienne démontrée par la résurrection de N. S. J.-C.; trad. de l'angl. par A. D. L. C. (Armand de la Chappelle). *Amsterdam*, 1728, 2 v. in-8, v.

1511. **Divers** actes, lettres et relations des Religieuses de Port-Royal, in-4, bas.

Relation de ce qui s'est passé à Port-Royal d'avril 1661 à avril 1663 et de janvier à août 1664. — Relation de la visite de Mr Hardouïn de Perefixe, archev. de Paris, à Port-Royal, les 15, 16 et 17e nov. 1664. — Lettre de l'abbé de Pontchâteau à M^r l'Archevêque de Paris, pour demander la liberté de M. de Sacy et des Religieuses de Port-Royal. — Relation de la sœur Geneviève de l'Incarnation, sur ce qui s'est passé à Port-Royal du 26 août 1664 au 3 juillet 1665. — Acte des Religieuses de Port-Royal du 28 août 1665, contenant leur disposition à la vie et à la mort touchant la signature du Formulaire, et leurs sentiments en cas de refus des sacrements à la mort, etc. — Relation de la captivité de diverses religieuses. — Relation contenant les lettres que les Religieuses de Port-Royal ont écrites pendant les dix mois qu'elles furent renfermées sous l'autorité de la mère Eugénie. — Relation de la captivité de la mère Angélique de S. Jean. — Écrit touchant l'excommunication, composé par M. Hamon vers 1665, à l'occasion des troubles excités dans l'Eglise par rapport au Formulaire.

1512. — Autre recueil contenant de plus que le précédent:

Humbles remontrances de Mgr l'Évêque de Montpellier au Roi

sur l'arrêt du Conseil du 11 mars 1728. — Lettre pastorale du même au clergé de son diocèse, au sujet des troubles excités dans son diocèse et de quelques libelles répandus dans le public à l'occasion de la signature du Formulaire. — Réponse à une consultation sur la signature du Formulaire. — Arrêt du Conseil d'Etat ordonnant la saisie du revenu temporel de l'Evêque de Montpellier (21 sept. 1724). — Lettre de M. Duguet à l'Evêque de Montpellier sur ses Remontrances au Roy. — Arrêt du Conseil (11 nov. 1724) ordonnant la suppression de la lettre précédente.

1513. **Divinité** (la) de N. S. Jésus-Christ prouvée contre les hérétiques et les déistes, par un bénédictin de la congrég. de S.-Maur (dom Maran). *Paris,* 1751, 3 v. in-12, bas.

1514. ΔΟΚΙΜΑΣΤΗΣ sive de librorum circa res theologicas approbatione, disquisitio historica. *Antuerpiæ,* 1708, in-16, bas.

1515. **Doctrine** (la) des mœurs, tirée de la philosophie des stoïques : représentée en cent tableaux et expliquée en cent discours pour l'instruction de la jeunesse (par de Gomberville). *Paris, Sévestre,* 1646, in-fol., *fig.* et *portr. gravé par Daret.*

1516. **Documents** historiques, critiques, apologétiques, concernant la Compagnie de Jésus. *Paris,* 1827-28, 2 v. in-8, d.-rel. bas.

1517. **Doddridge** (P.). Les commencements et les progrès de la vraie piété, ou exposition des différents états dans lesquels un chrétien peut se trouver par rapport au salut, etc., trad. de l'angl. par J.-S. Vernède. *Bienne,* 1766, pet. in-8, bas.

1518. — Cours de lectures sur des questions de métaphysique, de morale et de théologie, traitées dans la forme géométrique, etc....., trad. de l'anglais de Doddridge. *Liége,* 1768, 4 v. in-12, bas.

1519. **Dodwellus** (Henr.). Prælectiones academicæ in schola historices Cansdeniana; ad initium vitæ Hadriani a Spartiano scriptæ; Trajani vita universa et Hadriani honores sub Trajano gesti..... cum notis in quibus veteris anni Romani ratio explicatur. *Oxonii, e theatr. Sheldon,* 1692, in-8, v.

1520. **Dœllinger** (le Dr). Origine du christianisme; trad. de l'allem. par Léon Boré. *Paris*, 1842, 2 v. in-8, br.

1521. **Dolgoroukow** (le prince P.). La vérité sur la Russie. *Paris*, 1860, in-8, br.

1522. **Domat** (J.). Lois civiles; nouvelle édition, revue et augm. par de Héricourt. *Paris*, 1771, 2 tom. en 1 v. in-fol., bas.

1523. **Dorothei** (B.) doctrinæ, expositiones sacræ, epistolæ, sententiæ, additis Eucherii asceticis. — S. Diadochi episc. Photices in vetere Epiro Illyrici capita C de Perfectione spirituali; S. Nili capita CL de oratione ad Deum; Hesychii presbyteri doctrina compendiaria... de spirituali temperantia, etc. *Lugduni*, 1627, 2 v. pet. in-12, bas.

1524. — Les instructions de S. Dorothée, père de l'Église grecque, trad. en français, avec sa vie (par l'abbé de Rancé). *Paris, Muguet*, 1686, in-8, bas.

1525. **Dorsanne** (l'abbé). Journal contenant tout ce qui s'est passé à Rome et en France dans l'affaire de la constitution *Unigenitus*, etc. *Rome*, 1753, 2 v. in-4, v. f., *portr.*

1526. **Drach** (P. L. B.). De l'harmonie entre l'Église et la synagogue, ou perpétuité et catholicité de la Religion chrétienne. *Paris, P. Mellier*, 1844, 2 v. in-8, d.-rel. m.

1527. **Dreux du Radier.** Bibliothèque historique et critique du Poitou. *Paris*, 1754, 5 v. in-12, d.-rel. bas.

1528. **Drexelius** (Hier.), Soc. Jes. Opera. *Lugduni*, 1647, 4 tom. en 2 v. in-fol., bas.
Manquent les tomes I et II.

1529. — Orbis Phaëthon, hoc est, de universis vitiis linguæ, auctore Hieremea Drexelio. *Coloniæ, Corn. ab. Egmond*, 1631, pet. in-12, v. br.

1530. — Infernus damnatorum, carcer et rogus æternitatis explicata. *Coloniæ-Agrippinæ*, 1633, in-16, v. éc., fil.
La 2e partie seulement.

1531. **Driedo** (Joan.). D. Joan. Driedonis a Turnhout, de ecclesiasticis scripturis et dogmatibus libri IV. *Lovanii, ex off. Barth. Gravii*, 1550, in-fol., v. br.

1532. **Droits** de Dieu (les), de la nature et des gens, tirés d'un livre d'Abbadie intitulé : *Défense de la nation britannique, ou réponse à l'avis aux réfugiés*. On y a ajouté un discours de M. Noodt sur les droits des souverains. *Amsterdam*, 1775, in-12, bas.

1533. **Droits** (les) des trois puissances sur plusieurs provinces de la république de Pologne, etc. (trad. de l'angl. de Lindsic par Gérard). *Londres*, 1774, 2 v. in-8, d.-rel. bas.

1534. **Drouin** (R.-Hyac.). De re sacramentaria contra perduelles hæreticos libri X. Editio tertia cum notis J.-V. Patuzzi, etc. *Parisiis*, 1773, 8 tom. en 9 v. in-8, bas.

1535. **Droz** (Jos.). Essai sur l'art d'être heureux, avec l'éloge de Montaigne. 3e édit. *Paris*, 1815, in-8, d.-rel. bas.

1536. — Application de la morale à la politique. *Paris*, 1825, in-8, d.-rel. mar.

1537. — Étude sur le beau dans les arts. 2e édition. *Paris*, 1826, in-8, d.-rel. bas.

1538. — Pensées sur le christianisme, preuves de sa vérité. *Paris, J. Renouard*, 1845, in-16. — Aveux d'un philosophe chrétien. Sec. éd. *Paris, Renouard*, 1845 et 1849, 2 v. in-16, br.

1539. **Du Boccage** (Madame). La Colombiade, ou la foi portée au Nouveau-Monde; poème. *Paris*, 1761, in-8, bas, *fig*.

1540. **Dubos** (J.-B.). Histoire critique de l'établissement de la monarchie française dans les Gaules. *Amsterdam*, 1735, 3 v. pet. in-8, bas.

1541. — Réflexions critiques sur la poésie et sur la peinture. 6e édit. *Paris, Pissot*, 1755, 3 v. pet. in-4, v. marb., fil., tr. d., *frontisp. gr.*

1542. **Du Bouchet** (Jean). La véritable origine de la maison royale de France. *Paris,* 1646, in-fol., mar. r., fil.

1543. **Dubourdieu** (J.), ex-ministre à Montpellier. Dissertation historique et critique sur le martyre de la légion Thébécnne, avec l'histoire du martyre de cette légion, attribuée à S. Eucher, en latin et en français. *Amsterdam,* 1705, in-12, bas.

1544. **Duc** (le) de Guise, surnommé *le Balafré* (roman composé par le s^r de Brye). *Paris, Cl. Barbin,* 1714, in-12, v. éc.

1545. **Ducasse**, prêtre. Traité des droits et des obligations des chapitres des églises cathédrales, tant pendant que le siége épiscopal est rempli que durant la vacance du siége. *Toulouse,* 1706, in-12, bas.

1546. **Ducatiana**, ou remarques de feu M. Le Duchat sur divers sujets d'histoire et de littérature, recueillies par M. F... (Formey). *Amsterdam,* 1738, 2 v. in-12, v. j., fil., *frontisp. gr.*

1547. **Ducerceau** (le P. J.-A.). Conjuration de Nic. Gabrini, dit *de Rienzi,* tyran de Rome en 1347, avec quelques nouvelles poésies du même auteur. *Amsterdam,* 1734, in-12, bas.

1548. **Du Chesne** (André). Les antiquitez et recherches des villes, chasteaux et places plus remarquables de France, selon l'ordre et ressort des Parlemens, revu par F. Du Chesne, son fils. *Paris,* 1668, 2 v. in-12, d.-rel. v.

1549. **Duclos** (Ch.-P.). OEuvres diverses. N. éd. *Paris, Desessarts,* an X (1802), 5 v. in-8, v. rac., *portr.*

1550. — Histoire de Louis XI. *La Haye,* 1746, 2 v. in-12, bas.

1551. — Mémoires secrets sur les règnes de Louis XIV et de Louis XV. 2e éd. *Paris, Buisson,* 1791, 2 v. in-8, v.

1552. **Du Contant de la Molette** (l'abbé). Nouvelle méthode pour entrer dans le vrai sens de l'Écriture sainte. *Paris,* 1777, 2 v. in-12, bas.

1553. — La Genèse expliquée d'après les textes primitifs, avec des réponses aux difficultés des incrédules. *Paris,* 1777, 3 v. in-12, bas.

1554. **Du Fossé** (Th.). Mémoires pour servir à l'histoire de Port-Royal. *Utrecht,* 1739, in-12, bas.

1555. **Dufresnoy** (C. L.). L'art de la peinture, trad. en fr. avec des remarques (par R. de Piles); 2e édit. *Paris,* 1673. — Dialogue sur le coloris (par Roger de Piles). *Paris,* 1673.
Aux armes du président de Bon.

1556. **Duguet** (L'abbé Jacq.-Jos.). Conférences ecclésiastiques, ou dissertations sur les auteurs, les conciles et la discipline des premiers siècles de l'Église. *Cologne,* 1742, 2 v. in-4, v. j.

1557. — Conduite d'une dame chrétienne pour vivre saintement dans le monde. *Paris,* 1725, in-12, v. br.
Composé pour Mme d'Aguesssau.

1558. — La Croix de N. S. Jésus-Christ, ou réflexions sur Jésus-Christ crucifié. — Le Mystère de Jésus-Christ crucifié, dévoilé par S. Paul. *Amsterdam,* 1727, 2 v. in-12, v. br.

1559. — Dissertations théologiques et dogmatiques sur les Exorcismes et autres cérémonies du Baptême, sur l'Eucharistie et sur l'Usure. *Paris,* 1727, in-12, v. br.

1560. — Explication de l'Épitre de S. Paul aux Romains. *Avignon,* 1756, in-12, bas.

1561. — Explication de l'ouverture du côté et de la sépulture de J.-C., suivant la Concorde. *Bruxelles, Ve Foppens,* 1731, in-12, bas.

1562. — Explications des Livres des Rois et des Paralipomènes (par les abbés Duguet et d'Asfeld). *Paris, Babuty,* 1738, 6 v. en 8 tom. in-12, v. m.

1563. — Explication de la prophétie d'Isaïe. *Paris, Babuty,* 1734, 6 v. in-12, v. br.

1564. — Explication de cinq chapitres du Deutéronome et des prophéties d'Habacuc et de Jonas. *Paris, Babuty,* 1734, in-12, bas.

1565. — Explication des qualités ou des caractères que S. Paul donne à la Charité. *Amsterdam*, 1728, in-12, v. b.

1566. — Explication des différents caractères que S. Paul donne à la Charité dans la première Epitre aux Corinthiens. *Bruxelles*, 1759, in-12, v. m.

1567. — Explication du Cantique des Cantiques, de la Prophétie de Joel, etc., par Duguet et d'Asfeld. *Paris*, 1754, in-12, v. br.

1568. — Explication du Livre de Job (par Duguet et d'Asfeld). *Paris*, 1732, 4 v. in-12, v. br.

1569. — Explication du Livre de la Genèse (par Duguet et d'Asfeld). *Paris, Babuty*, 1732, 6 v. in-12, bas.

1570. — Explication du Livre de la Sagesse (par Duguet et d'Asfeld). *Paris*, 1755, in-12, v. m.

1571. — Explication du Livre des Pseaumes (par Duguet et d'Asfeld). *Paris, Babuty*, 1733, 9 v. in-12, v. br.

1572. — Le Livre des Pseaumes, trad. nouvelle selon l'hébreu, avec sommaires; le tout extrait de l'Explication des Pseaumes, par les abbés Duguet et d'Asfeld. *Paris*, 1740, in-12, v. éc., fil.

1573. — Lettres sur divers sujets de piété et de morale (par Duguet). *Paris, Estienne*, 1726 et s., 10 v. pet. in-12, v. br.

1574. — Traité de la Croix de N. S. J.-C., ou explication du mystère de la Passion de N. S. J.-C. selon la Concorde. *Paris, Babuty*, 1733, 9 tom. en 14 v. in-12, v. m.

1575. — Explication du mystère de la Passion de N. S. Jésus-Christ suivant la Concorde. Jésus crucifié. *Amsterdam*, 1733, in-12, v. br.

1576. — Explication de l'ouvrage des six jours, par les abbés Duguet et d'Asfeld. Nouv. éd. *Paris, Babuty*, 1740, in-12, bas.

1577. — Institution d'un prince, ou traité des qualités, des vertus et des devoirs d'un souverain. *Londres*, 1743, 3 v. in-12, bas.

1578. — Recueil de quatre opuscules fort importants de feu M. l'abbé Duguet. *Utrecht,* 1737, in-12, v. br.

1579. — Règles pour l'intelligence des Saintes Écritures (par Duguet, avec préface par d'Asfeld). *Paris,* 1716, in-12, v. br.

1579 *bis.* — Réfutation du livre des *Règles pour l'intelligence des Saintes Écritures* (de Duguet) (par l'abbé Léonard). *Paris,* 1727, in-12, v. br.

1580. — Le Tombeau de Jésus-Christ, ou explication du mystère de la sépulture, suivant la Concorde (par Duguet). *Bruxelles,* 1735, in-12, v. br.

1581. — Traité sur la Prière publique et sur les dispositions pour offrir les saints mystères et y participer avec fruit (par Duguet). *Paris,* 1713, in-12, v. br.

1582. — Réflexions sur le *Traité de la Prière publique* (de Duguet, par dom Fr. Lamy). *Paris,* 1708, pet. in-12, bas.

1583. — Traité des principes de la Foy chrétienne (par Duguet), avec avertissement par le P. Lenet, génovéf. *Paris,* 1736, 3 v. in-12, v. br.

1584. — Traité des Scrupules, de leurs causes, de leurs espèces, de leurs suites dangereuses; de leurs remèdes, etc. *Paris, Estienne,* 1718, in-12, v. f.

1585. — L'esprit de M. Duguet, ou précis de la morale chrétienne tirée de ses ouvrages (par André, ancien bibliothéc. de M. d'Aguesseau). *Paris,* 1764, in-12, v.

1586. **Duham** (Laur.). Philosophus in utramque partem sive selectæ et limatæ difficultates in utramque partem cum responsionibus, ad usum scholæ...... *Parisiis,* 1733, in-12, bas.

1587. **Duhamel** (J.-B.). Theologia speculatrix et practica juxta SS. Patrum dogmata pertractata et ad usum scholæ accommodata. *Parisiis,* 1691, 7 v. in-8, v. br.

1588. — De consensu veteris et novæ philosophiæ libri duo. *Parisiis, Savreux,* 1663, in-4, bas., br.

1589. **Dulau** (J.-M.), archev. d'Arles. OEuvres, recueillies et publiées par M. Jacq. Constant. *Arles*, 1816, 2 v. in-8, d.-rel. bas.

1590. **Dulaure** (Jacq.-Ant.). Nouvelle description des curiosités de Paris. 2e édition. *Paris*, 1787, 2 v. pet. in-12, bas.

1591. — Nouvelle description des environs de Paris. *Paris*, 1787, 2 v. pet. in-12, bas.

1592. — Histoire physique, civile et morale de Paris. 7e édition, avec notes et appendice par Belin. *Paris*, 1842, 4 v. gr. in-8 et atlas d.-rel. v. v., *nombr. fig.*

1593. — Histoire physique, civile et morale des environs de Paris, depuis les premiers temps historiques jusqu'à nos jours. 2e édit., revue et annotée par Belin, avocat. *Paris, Furne*, 1838, 6 v. in-8, d.-rel. mar. r., *grav.*

1594. **Dumarsais** (C.-Ch.). Ses œuvres. *Paris*, 1797, 7 v. in-8, d.-rel. bas., non rogn.

1595. **Dumas** (P.). Vie de César de Bus, fondateur de la Congrégation de la Doctrine chrétienne. *Paris*, 1703, in-4, bas., *portr.*

1596. **Du Moulin** (P.), ministre. Nouveauté du papisme opposée à l'antiquité du vrai christianisme. *Sedan*, 1627, in-fol., bas.

1597. **Dumouriez** (Ch.-F.-D.). Ses mémoires, écrits par lui-même. *Londres*, 1794, 2 part. en 1 v. in-8, br.

1598. **Du Moustier** (Art.). Sacrum gynecæum seu martyrologium in quo sanctæ ac beatæ aliæque Christi ancillæ martyres etc., recensentur; annotat. illustratum ex plurimis mss. et in lucem nunc primum editum. *Parisiis*, 1656, in-fol., bas.

1599. **Dupanloup** (Mgr F.-A.-P.). De l'Éducation. 5e édition. *Paris*, 1861, 3 v. in-8, d.-rel. m.

1599 bis. — De la bonne Éducation intellectuelle. Tom. I. *Paris, Douniol*, 1864, in-8, br.

1600. **Dupaty**. Lettres sur l'Italie. *Paris*, 1822, in-18, d.-rel. v., *portr.*

1601. **Du Perron** (J. Davy, card.). Ambassades et négociations.... Ensemble les relations envoyées au Roy Henry le Grand, des particuralités des conclaves pour la création de divers Papes, avec sommaires et avertissements par César de Ligny. *Paris,* 1633, in-4, cham.

1602. **Dupin** (L.-Ellies). Bibliothèque des auteurs ecclésiastiques. *Paris,* 1698 et ann. suiv., 61 v. in-8, reliures différentes.

Manquent les 4 vol. de critique, par R. Simon.

1603. — Dissertations historiques, chronologiques, géographiques et critiques sur la Bible (Tome Ier et unique). *Paris, Pralard,* 1711, in-8, v. j.

1604. — De antiqua Ecclesiæ disciplina dissertationes historiæ. *Parisiis,* 1686, in-4, v. br.

1605. — Lettre sur l'ancienne discipline de l'Église touchant la célébration de la messe, qui peut servir de supplément au nouveau traité des Dispositions pour offrir les SS. Mystères. *Paris,* 1708, in-12, bas.

1606. — Histoire de l'Église en abrégé, depuis le commencement du monde jusqu'à présent. 3e édition. *Paris,* 1719, 4 v. in-12, bas.

1607. — Traité philosophique et théologique sur l'amour de Dieu. *Paris, Vincent,* 1717, in-8, v. j.

1608. — Traité de la Doctrine chrétienne et orthodoxe. *Paris, Pralard,* 1703, in-8, v. j.

1609. — Traité de la Puissance ecclésiastique et temporelle. S. l. 1707, in-8, v. j.

1610. — Traité historique des Excommunications. *Paris, Jac. Estienne,* 1715, 2 v. in-12, v. br.

1611. — Traité théologique et philosophique de la Vérité. *Utrecht,* 1731, in-12, bas.

1612. — Méthode pour étudier la théologie. *Paris,* 1716, in-12, bas.

Manque le titre.

1613. — Défense de la monarchie de Sicile contre les entreprises de la Cour de Rome. S. l., 1716, 2 part. rel. en 1 v. in-12, v. br.

Voir aussi le N° 2916.

1614. **Dupin** (A.-M.-J.-J.). Manuel du Droit public ecclésiastique français. 3e éd. *Paris,* 1845, in-12, d.-rel. bas.

1614 *bis*. — Mémoires. *Paris, Plon,* 1855-61, 4 v. in-8, br.

1615. **Du Pleix** (Scipion). La curiosité naturelle, rédigée en questions selon l'ordre alphabétique. *Rouen,* 1664, in-12, bas. b.

1616. — Inventaire des erreurs, fables et desguisemens remarquables en l'inventaire général de l'histoire de France, de Jean de Serres. *Paris, Sonnius,* 1625, pet. in-8.

Relié avec le N° 2094.

1617. **Duprat** (Pasc.). Essai historique sur les races anciennes et modernes de l'Afrique septentrionale.... depuis l'antiquité la plus reculée jusqu'à nos jours. *Paris, Labitte,* 1845, in-8, br.

1618. **Dupuy** (P.). Traittez concernant l'histoire de France, savoir : la condamnation des Templiers, l'histoire du schisme, les Papes tenant le siège en Avignon, et quelques procès criminels. *Paris,* 1654, in-4, bas., *portr. gr. par Nanteuil.*

1619. **Durand** (Barth.). Fides vindicata IV libris comprehensa, in quibus referuntur et refutantur hæreses a reparatione mundi ad nostra usque tempora. *Avenione, Offray,* 1709, in-fol., bas.

1620. **Durand**, prêtre. Les caractères des Saints pour tous les jours de l'année ; Panégyriques du mois de janvier. *Rouen,* 1684, 2 v. in-8, bas.

1621. **Durand** (l'abbé A.). Annales de la ville de Béziers et de ses environs, depuis les premiers temps jusqu'à nos jours. *Béziers,* 1863, in-12, br.

1622. — Histoire de la ville de Clermont-l'Hérault et de ses environs. *Montpellier,* 1837, in-8, br., *fig.*

1622 *bis*. — Biographie clermontaise, histoire des hommes remarquables de la ville de Clermont-l'Herault (par l'abbé A. D.). *Montpellier,* 1858, in-12, br.

1623. — La doctrine du salut, par demandes et par réponses, ou Manuel pratique de sanctification, extrait des meilleurs ouvrages de morale et de spiritualité, par un prêtre du diocèse (l'abbé A. Durand). *Montpellier,* 1835, in-16, br.

1624. **Durand** (Fréd.). La muse clermontaise; esquisses poétiques, par Fréd. Durand, de Clermont-l'Hérault. *Montpellier, Seguin,* 1839, in-16, br.

1625. **Duranti** (Gul.). In sacrosanctum Lugdun. Conc. sub Greg. X, Guilelmi Duranti cognomento Speculatoris commentarius ; a Simone Maiolo inventus et in lucem editus, etc. *Fani, apud Jac. Moscardum,* 1579, pet. in-4, vél.

1626. **Duranti** (Joan.-Steph.). De ritibus ecclesiæ Romanæ libri III. *Romæ, ex typ. Vaticana,* 1591, in-8, v. f.

1627. **Duret** (Cl.). Trésor de l'histoire des langues de cet univers (publié par Pyrame de Candolle). *Coligny, Math. Berjon,* 1613, in-4, bas.

1628. **Duret** (Jean). Advertissemens sur l'édict d'Henry, roi de France et Pologne, faisant droit aux remonstrances proposées par les Estats du Royaume assemblez par son commandement en la ville de Blois l'an 1576. *Lyon,* 1587, in-8, bas.

1629. **Duræus** (Joan.) Scotus, e soc. Jes. Confutatio responsionis Gul. Whitakeri in Acad. Cantabrig. Profess. regii, ad rationes decem quibus fretus Edm. Campianus Anglus, soc. Jes. Theologus, certamen anglicanæ ecclesiæ ministris obtulit in causa fidei. *Parisiis,* 1582, in-8, parch.

1630. **Durosoy** (l'abbé J.-B.). Philosophie sociale, ou essai sur les devoirs de l'homme et du citoyen. *Paris,* 1783, in-12, bas.

1631. **Dussaulx** (J.). Mémoires. Voir le N° 3103.

1632. **Du Suel** (Fr.). Entretiens de l'abbé Jean et du prestre Eusèbe. *Paris, 1674*, in-8, bas.

1633. **Dutens** (L.). Origine des découvertes attribuées aux modernes. 2e édit. *Paris, 1776*, 2 v. in-8, bas., fil.

1634. **Du Tillet** (Jean). Les mémoires et recherches de Jean du Tillet, greffier de la Cour de Parlement à Paris, contenant plusieurs choses mémorables pour l'intelligence de l'estat des affaires de France. Seconde édition. *Troyes, Philip. Deschams,* 1578, in-8, bas.

1635. **Du Vair** (Guil.). Ses œuvres. *Paris, Bessin,* 1619, in-fol., v. f., fil.

1636. — Traictez philosophiques, par le sr D. V. Pr. Pr. au Parl. de Pr. *Paris, Abel Langelier,* 1607, in-8, vél., *frontisp. gr.*

1637. **Du Verdier** (Ant.), Sgr de Vauprivas. Bibliothèque française. Voy. Lacroix du Maine.

1638. — Les diverses leçons d'Antoine Du Verdier, seigneur de Vauprivaz, suyvans celles de Pierre Messie. *Lyon,* 1592, in-8, d.-rel. m.

1639. **Duverger de Hauranne** (Jean). Lettres chrétiennes et spirituelles. *Paris,* 1645, in-4, vél., *portr.*

1640. — Les mêmes, n. éd., augm. du traité de la Pauvreté de J.-C. *Lyon,* 1674, 3 v. in-12, bas., *portr.*

1641. — Instructions chrétiennes tirées, par M. Arnauld d'Andilly, des deux volumes de lettres de Mre J. du Verger de Hauranne, abbé de S.-Cyran. *Paris, P. le Petit,* 1672, in-8, v. br.

1642. — Question royale et sa décision (par J. du Verger de Hauranne, abbé de S.-Cyran). *Paris, du Bray,* 1609, pet. in-12, de 57 ff., rel. en v. rouge, non rogné, *fig.*

1643. — Mémoires touchant la vie de M. de St-Cyran, pour servir d'éclaircissement à l'histoire de Port-Royal, par Lancelot. *Cologne,* 1738, 2 v. in-12, bas.

Voir encore, pour l'abbé de St Cyran, les Nos 200 et 1207.

1644. **Du Voisin** (l'abbé J.-B.). Dissertation critique sur la vision de Constantin. *Paris,* 1774, in-12, bas.

1645. — L'autorité des livres du Nouveau Testament contre les incrédules. *Paris,* 1775, in-12, bas.

1646. — L'autorité des livres de Moïse établie et défendue contre les incrédules. *Paris,* 1778, in-12, bas.

1647. — Essai polémique sur la religion naturelle. *Paris,* 1780, in-12, bas.

1648. — Démonstration évangélique. 2e édition. *Berlin* et *Paris,* 1800, in-12, d.-rel. bas.

E

1649. **Eberhard** (J.-Aug.). Examen de la doctrine touchant le salut des Payens, ou nouvelle apologie pour Socrate, trad. de l'allem. (par Dumas). *Amsterdam,* 1773, in-8, v. éc., fil., tr. d.

1650. **Eckard** (J.). Mémoires historiques sur Louis XVII, roi de France et de Navarre..... suivis de fragments historiques recueillis au Temple par M. Turgy, et de notes et pièces justific. 3e édition. *Paris, H. Nicolle,* 1818, in-8, v. f., *portr.*

1651. **Éclaircissement** de plusieurs difficultés touchant les Conciles généraux (par le P. Tranquille, de Bayeux). *Amsterdam,* 1734, in-8, v.
   Pour les Conciles, voir les Nos 1161 et s.

1652. **Éclaircissemens** des prétendues difficultés proposées à Mgr l'Archevesque sur plusieurs points importans de la morale de J.-C., par un docteur de Sorbonne. S. l., 1697, in-12, bas.

1653. **Éclaircissements** historiques sur les causes de la révocation de l'édit de Nantes et sur l'état des protestans en France, depuis le commencement du règne de Louis XIV jusqu'à nos jours :..... (par Rhulières). Nouv. édit. S. l. *(Paris),* 1788, in-8, d.-rel. bas.

1653 *bis.* **Eclipses** solis et lunæ ab anno 1726 usque ad ann. 1750 in Belgio apparituræ.
   Relié avec le No 5455.

1654. **Edgeworth** (Maria). Éducation pratique, trad. libre de l'angl. par Ch. Pictet. *Paris et Genève,* an IX (1801), 2 v. in-8, d.-rel. bas.

1655. **Édict** du Roy (septembre 1641) portant nouvelle fabrication d'espèces d'argent, augmentées du marc d'argent le Roy.... avec une nouvelle évaluation. Ensuivent les portraits, poids et prix des espèces d'or et d'argent tant de France qu'estrangères auxquelles le Roy a donné cours par le présent édict. *Paris,* 1641, in-8, vél., *fig.*

1656. **Éducation** (l'), maximes et réflexions de M. de Moncade, avec un discours du sel dans les ouvrages d'esprit (par D. Bonaventure d'Argonne). *Rouen,* 1691, in-12, bas.

1657. **Égarements** (les) du cœur et de l'esprit, ou mémoires de M. de Meilcour (par Crébillon fils). *La Haye,* 1758, 2 part. en 1 v. in-12, bas.

1658. **Églises** (des) et des temples des chrétiens (par J. Girard de Villethierry). *Paris,* 1726, in-12, bas.

1659. **Élémens** de métaphysique tirés de l'expérience, ou lettres à un matérialiste sur la nature de l'âme (par l'abbé de Lignac). *Paris,* 1753, in-12, bas.

1660. **Éloge** de l'enfer, ouvrage critique, historique et moral (par Benard). *La Haye, P. Gosse,* 1759, 2 v. in-12, *fig.*

1661. **Éloge** (l') de l'yvresse, 2e édit. *La Haye, P. Gosse,* 1715, in-12, d.-rel. m., *fig.*

1662. **Enchaînement** des vérités proposées dans l'Écriture sous le symbole des épouses fidèles et infidèles, et sous celui des vases d'argile pour servir à l'intelligence des prophéties et figures de l'Ancien Testament. 1734, in-12, bas.

1663. **Encyclopédie** du dix-neuvième siècle, répertoire universel des sciences, des lettres et des arts, avec la biographie de tous les hommes célèbres. *Paris,* 1836-1853, 27 v. gr. in-8, y compris 1 v. de suppl. et 1 v. de table, d.-rel. m.

1664. **Encyclopédie** moderne, ou dictionnaire abrégé des sciences, des lettres et des arts, par Courtin. *Paris,* 1824 à 1832, 26 v. in-8 dont 2 de planches, d.-rel. v. v.

1665. **Encyclopédie** méthodique. *Paris, Panckouke,* 1786 et s., les volumes suivants :
> Philosophie, 3 v. — Logique, métaphysique et morale, 4 v. — Théologie, 3 v. — Grammaire, 2 v.

1666. **Enluminures** (les) du fameux almanach des Jésuites, intitulé : *La déroute et la confusion des Jansénistes, ou triomphe de Molina sur S. Augustin* (poëme en vers libres par le Maistre de Sacy); avec la réponse à la lettre d'une personne de condition, etc..... (par Antoine Arnauld). S. l., 1654, in-8, bas.

1667. **Enterrement** (l') du dictionnaire de l'Académie (par Furetière?). S. l., 1697, in-12, bas., *frontisp. gr.*

1668. **Entretiens** de Phocylide et de Theophraste, du ridicule des conversations provinciales, avec des remarques critiques et des réflexions morales. *Amsterdam, Abr. Wolfgang,* 1701, in-12, bas.

1669. **Entretiens** d'un jésuite avec une dame au sujet de la constitution *Unigenitus,* ou le pour et le contre. S. l., 1734, 2 v. in-12, v. br.

1670. **Entretiens** philosophiques sur la Religion. 2ᵉ édit. (par l'abbé Guidi). *Paris,* 1772, 3 v. in-12, bas.

1671. **Entretiens** sur divers sujets d'histoire, de littérature, de religion et de critique (par La Croze). *Cologne, P. Marteau,* 1740, in-12, vél.

1672. **Entretiens** sur divers sujets d'histoire et de religion entre Mylord Bolingbroke et Isaac d'Orobio, rabbin portugais à Amsterdam. *Londres,* 1770, in-12, bas.

1673. **Entretiens** sur les diximes, aumônes et autres libéralités faites à l'Église (par Collet). 1693, in-12, bas.

1674. **Entretiens** sur les romans, ouvrage moral et critique.... par l'abbé J*** (Jacquin). *Paris,* 1755, in-12, v. br.

1675. **Ephrem** (S.). OEuvres de piété de S. Ephrem, diacre d'Edesse, trad. en fr. (par l'abbé le Merre). *Paris,* 1744, 2 v. in-12, bas.

1676. **Epictetus.** Enchiridion, item Cebetis tabula (gr. et lat.), accessere Simplicii in eumdem Epicteti libellum scholia (lat.), et Arriani commentariorum de Epicteti disputationibus libri IV (gr. et lat.); omnia, Hier. Wolfio interprete, cum ejusdem annotationibus. *Coloniæ,* 1696, 3 tom. in-8 rel. en 1, vél.

1677. — Enchiridion, græce; Cebetis tabula, lat. *Glasguæ,* 1748, in-18, v. éc.

1678. — Manuel d'Epictète, avec les commentaires de Simplicius, trad. en franç. par Dacier. *Paris,* 1715, 2 v. in-12, bas.

1679. — Le même, trad. par M. N. (Naigeon). *Paris, Didot l'aîné,* 1782, in-18, v. j., fil., tr. d.
De la collection des moralistes anciens.

1680. — Manuel d'Epictète et tableau de Cébès, trad. du grec (par Camus). *Paris,* an IV, 2 v. in-18 rel. en 1, cart.

1681. — Les mêmes (gr. et franç.), trad. par Lefebvre de Villebrune. *Paris, Didot jeune,* an III (1794), 2 v. in-18 rel. en 1, bas.

1682. — Les caractères d'Epictète, avec l'explication du tableau de Cébès, par l'abbé de Bellegarde. *Trévoux,* 1700, in-12, bas.

1683. — Les propos d'Epictète, recueillis par Arrien, son disciple, translatés du grec en françois par F. Jean de S. François, dit le P. Goulu, religieux feuillantin. Dernière édition. *Paris,* 1630, in-8, v. f., fil., *frontisp. gr.*

1684. — Les entretiens d'Epictète, recueillis par Arrien, trad. par V. Courdaveaux. *Paris, Didier,* 1862, in-8, d.-rel. m., v.

1685. — La vie d'Epictète et sa philosophie (par G. Boileau). 2ᵉ édit. *Paris, G. de Luynes,* 1657, pet. in-12, v. j.

1686. **Epigrammata** veterum poetarum cum epitaphiis et epigrammat. Joach. Camerarii et Jac. Micylli (gr.). *Basileœ, ex offic. Hervagiana,* 1538, in-8.
  Relié avec le N° 5235.

1687. **Epigrammatum** delectus ex omnibus tum veteribus tum recentioribus poetis accurate decerptus (a Cl. Lancelot); adjunctæ sunt elegantes sententiæ ex antiquis poetis selectæ, cum dissertatione de vera pulchritudine (a P. Nicole). *Parisiis,* 1659, in-12, v. br.

1688. **Epinay** (Mad. d'). Mémoires et correspondance. 2e édit., augm. d'anecdotes inédites pour faire suite aux précédentes. *Paris,* 1818, 5 v. in-8, bas.

1689. **Epiphanius** (S.). Opera omnia, gr. et lat., Dionys. Petavius ex veteribus libris recensuit, latine vertit, et animadversionibus illustravit. *Parisiis,* 1622, 2 v. in-fol. rel. en 1, cham., *portr.*

1690. — L'histoire et la vie de S. Epiphane, archevêque de Salamine (par Fr.-Arm. Gervaise). *Paris,* 1738, in-4, bas.

1691. **Epistolæ** ecclesiasticæ. Voir le N° 4073.

1692. **Epistolæ** principum. Voir le N° 4091.

1693. **Epitome** privilegiorum graduatorum universitatis Avenionensis. *Avenione, apud Seb. Offray,* 1710, in-12, bas.

1694. **Epitome** rerum in inferiore Occitania pro religione gestarum, ab excessu Henrici Quarti regis, sive ab anno 1610 ad annum 1657 (auctore Petr. Gariel). *Monspelii, apud Dan. Pech,* 1657, in-4, d.-rel. bas.

1695. **Erasmus** (Desid.). Moriæ encomium cum Ger. Listrii comment. *Lugd.-Batav.,* 1648, pet. in-12, bas.

1696. — Μωριας εγκωμιον, Stultitiæ laudatio. *Londini et Parisiis, Barbou,* 1765, in-12, v. fil., tr. dor.

1697. — L'Éloge de la Folie, trad. par Gueudeville. *Leyde,* 1713, in-12, v. br., *grav. d'après Holbein.*

1698. — L'Éloge de la Folie, trad. par M. Gueudeville. *Paris,* 1751, in-4, v. marb., *fig. d'Eisen.*

1699. — L'Éloge de la Folie, trad. par Barrett. *Paris*, 1789, in-12, v. éc., 12 *fig.*

1700. — Adagiorum D. Erasmi epitome. *Lugduni, apud Seb. Gryphium*, 1553, in-8, bas.

1701. — Erasmi Colloquia cum notis varior. curante Corn. Schrevilio. *Lug.-Batav.*, 1664, in-8, v. br., *frontisp. gr.*

1702. — Colloques d'Erasme, trad. du lat. en franç., par Gueudeville. *Leyde*, 1720, 6 v. in-12, rel. en 3, v. br., *fig.*

1703. — Apologia adversus articulos aliquot per monachos quosdam, in Hispaniis exhibitos, per Des. Erasmum Roterodamum. *Apud inclytam Banlœam*, 1529, in-12 de 8 ff. prélim. et 191 pp. vél.

1704. — Erasmi Epistolarum libri XXXI, et Ph. Melanchtonis libri IV, quibus adjiciuntur Thomæ Mori et Jo.-Lud. Vivis Epistolæ. *Londini*, 1642, 2 v. in-fol., v. j., fil., *portr.*

1705. — Erasmi Lingua, sive de linguæ usu atquæ abusu. Encomium Moriæ, sive declamatio in laudem stultitiæ. — Enchiridium militis christiani, ejusdemque oratio de virtute amplectenda. *Lugd.-Batav., apud Andr. Cloucquium*, 1624, 3 v. pet. in-12 rel. en 1, vél.

1706. — Critique de l'apologie d'Erasme de l'abbé Marsolier (par le P. Gabriel). *Paris, Jambert*, 1719, in-12, bas.

Sur Erasme, voir, en outre, le N° 848 (Burigny).

1707. **Erreurs** (des) et de la Vérité, ou les hommes rappelés au principe universel de la science, par un Phil... inc. (Saint-Martin). *Edimbourg*, 1782, 2 v. in-8, d.-rel. bas.

Voir le N° 4788.

1708. **Erskine** (Th.). Réflexions sur l'évidence intrinsèque de la vérité du christianisme, trad. de l'anglais. *Paris*, 1822, in-12, br.

1709. **Erythræi** (Jani Nicii) Epistolæ ad diversos, 2 tom. (*à la fin du 2ᵉ se trouvent : Caroli à S. Antonio Pata-*

vino Epigrammata aliqua). — Exempla virtutum et vitiorum, 1 v. — Epistolæ ad Tyrrhenum, 1 v. *Coloniæ-Ubiorum (Amsterdam)*, 1645. En tout, 3 v. pet. in-8, v. marb., fil., *portr*.

1710. — Dialogi septemdecim. *Coloniæ-Ubiorum*, 1645, 2 v. pet. in-8, v. marbr., fil.

1711. — Homiliæ. *Coloniæ-Ubiorum*, 1649, pet. in-8, v. m., fil.

1712. — Documenta sacra ex Evangeliis. *Coloniæ-Ubiorum*, 1645, pet. in-8, v. m., fil.

1713. — Pinacotheca imaginum illustrium doctrinæ vel ingenii laude virorum qui, auctore superstite, diem suum obierunt. *Coloniæ-Agrip. (Amsterdam)*, 1645, 3 v. pet. in-8, v. marbr., fil., *frontisp. gr*.

1714. — Endemiæ libri decem. *Coloniæ-Ubiorum (Amstelod., apud Joan. Blaeu)*, 1645, pet. in-8, v. m., fil.

1715. — Orationes viginti duæ. *Coloniæ-Ubiorum*, 1649, pet. in-8, v. m., fil.

1716. **Eschyle.** V. Æschylus.

1717. **Escobar** (Ant. de). Liber theologiæ moralis XXIV, Societ. Jesu doctoribus reseratus, quem R. P. Ant. de Escobar de Mendoza in examen confessariorum digessit. *Parisiis*, 1656, in-8, bas.

1718. **Espence** (Claude d'). Cl. Espencæi Theolog. Paris. sacrarum heroidum liber. *Parisiis, Nic. Chesneau*, 1564, in-8, cart.

1719. — Ejusdem opera omnia, collecta studio D. Gilberti Genebrardi. *Lutetiæ-Paris.*, 1619, 2 tom. en 1 v. in-fol., bas.

1720. **Espérance** (de l') chrétienne contre l'esprit de pusillanimité et de défiance, et contre la crainte excessive (par dom Morel). *Paris*, 1777, in-12, bas.

1721. **Espinel** (Vicente). Relaciones de la vida del escudero Marcos de Obregon. *En Barcelona*, 1618, pet. in-8, vél.

1722. **Esprit.** ( ). La fausseté des vertus humaines, par M. Esprit. *Cologne, P. Marteau,* 1678, 2 v. pet. in-12, bas.

1723. **Esprit** (de l') (par Helvétius). *Paris, Durand,* 1758, in-4, v. j.

1724. **Esprit** (l') de l'Eglise pour suivre le prestre à la messe (par l'abbé Janson). *Paris,* 1691, in-12, bas.

1725. **Esprit** (l') de l'Eglise dans l'usage des Pseaumes, en forme de Prière ou d'Exhortation. *Paris,* 1697, 2 v. in-12, bas.

1726. **Esprit** (de l') prophétique, avec quelques réflexions sur les Prophètes d'un ordre inférieur et sur les faux Prophètes (par l'abbé de la Boissière). *Paris,* 1767, in-12, bas.

1727. **Esprit** (l') des apologistes de la Religion chrétienne, ou réunion des preuves les plus sensibles et les plus convaincantes qui ont servi pour sa défense, etc. (par Jean Bardon). *Bouillon* (1776), 3 v. in-12, bas.

1728. **Esprit** (de l') des choses, ou coup d'œil philosophique sur la nature des êtres et sur l'objet de leur existence (par Saint-Martin). *Paris,* an VIII, 2 v. in-8, d.-rel. bas.

1729. **Esprit** (l') des magistrats philosophes, ou lettres (VII) ultramontaines d'un docteur de la Sapience à la Fac. de droit de l'Univ. de Paris. *A Tivoli, chez l'auteur,* 1765, 2 v. in-8, bas.

1730. **Esprit** (de l') des religions; ouvrage promis et nécessaire à la confédération universelle des amis de la vérité (par N. Bonneville). *Paris,* 1791, in-8, d.-rel. bas.

1731. **Esprit** des usages et des coutumes des différens peuples (anciens et modernes) (par Demeusnier). *Londres et Paris,* 1785, 3 v. in-8, d.-rel. bas.

1732. **Esprit,** saillies et singularités du P. Castel (publ. par l'abbé de la Porte). *Amsterd. et Paris,* 1763, in-12, v. éc.

1733. **Essai** de réunion des protestans aux catholiques romains (par Rouvière, avocat). *Paris, Cl. Hérissant,* 1756, in-12, br.

1734. **Essai** du nouveau conte de la mère Loye, ou les Enluminures du Jeu de la Constitution (par l'abbé Debonnaire) (en vers). S. l., 1722, in-8, bas.

1735. **Essai** d'une philosophie naturelle applicable à la vie, aux besoins et aux affaires, fondée sur la seule raison et convenable aux deux sexes (par l'abbé de Fourneau). *Paris,* 1724, in-12, v. br.

1736. **Essai** historique sur la puissance temporelle des Papes, sur l'abus qu'ils ont fait de leur ministère spirituel, etc...... 3e édit., corrigée et augmentée (par M. Daunou). *Paris, Lenormant,* 1811, 2 v. in-8, d.-rel. m.

1737. **Essai** philosophique sur la Providence (par l'abbé d'Houteville). *Paris,* 1728, in-12, v. br.

1738. **Essai** philosophique sur l'âme des bêtes (par Bouillier). *Amsterdam,* 1737, 2 v. in-12, bas.
Voir aussi les renvois du N° 121.

1739. **Essai** sur la jurisprudence universelle, où l'on examine quel est le premier principe de la justice et le fondement de l'obligation morale (par le P. Lambert). *Paris,* 1779, in-12, bas.

1740. **Essai** sur la liberté de produire ses sentiments (par Elie Luzac). *Au pays libre, pour le bien public,* 1749, in-12, bas.

1741. **Essai** sur la littérature romantique. *Paris,* 1825, in-8, d.-rel. mar. n.

1742. **Essai** sur la secte des illuminés (par le marquis de Luchet). *Paris,* 1789, in-8, d.-rel. mar.

1743. **Essai** sur les dogmes de la métempsychose et du purgatoire enseignés par les bramins de l'Indostan; suivi d'un récit abrégé des dernières révolutions de cet empire, tiré de l'anglais par M. Sinner. *Berne,* 1771, in-12.

1744. **Essai** sur l'histoire naturelle de quelques espèces de moines, décrits à la manière de Linné ; ouvrage trad. du lat. (de Born) et orné de fig. par M. Jean d'Antimoine (Broussonnet). *A Monachopolis,* 1784, in-8, d.-rel. v. r.

1745. **Essai** sur une méthode qui a pour objet de bien régler l'emploi du temps, premier moyen d'être heureux, par M. A. J. *Paris,* 1808, in-8.

Relié avec le N° 27.

1746. **Essai** synthétique sur l'origine et la formation des langues (par l'abbé Copineau). *Paris, Ruault,* 1774, in-8, bas.

1747. **Essais** de critique : 1° sur les écrits de M. Rollin ; 2° sur les traductions d'Hérodote ; 3° sur le dictionnaire géographique et critique de M. Bruzen de la Martinière (par l'abbé Bellenger). *Amsterdam,* 1740, in-12, v. marb.

1748. **Essais** de littérature pour la connaissance des livres, depuis le mois de juillet 1702 jusqu'au mois de juillet 1704 (par l'abbé Tricaud). *Paris, Moreau et Ribou,* 1702, 1703 et 1704, 4 v. in-12 rel. en 5, bas. — Supplément des Essays de littérature (par l'abbé Faydit). *Paris, Ribou,* 1703, 6 part. en 1 v. in-12, bas.

1749. **Essais** de morale et de politique, où il est traité des devoirs de l'homme comme particulier et comme vivant en société, etc..... *Lyon,* 1687, 2 v. in-12, bas.

1750. **Essais** sur l'histoire de la révolution française, par une société d'auteurs latins (Héron de Villefosse) (lat. et franç.). *Romæ,* III kalend. sept. VC. MMDLIV, *Paris,* XII fructidor an VIII, in-12, br.

1751. **Estienne** (Charles). Car. Stephani Lexicon historicum, geographium, poeticum ; editio recensita a Fred. Morellio. *Parisiis,* 1620, in-4, bas., br.

1752. **Estienne** (Henri). Henrici Stephani Schediasmatum variorum, id est observation., emendationum, expositionum, disquisitionum libri tres, qui sunt pensa succissivarum horarum Januarii, Februarii et Martii. *Excud. H. Stephanus,* 1578, in-8. — De abusu linguæ græcæ in quibusdam vocibus quas latina usurpat admonitio. *Excud. H. Stephanus*, 1563, in-8. — Traité de la conformité du language françois avec le grec, diuisé en trois livres.... avec une préface remonstrant quelque partie du désordre et abus qui se commet aujourd'huy en l'vsage de la langue françoise. En ce traicté sont descouverts quelques secrets tant de la langue grecque que de la françoise : duquel l'auteur et imprimeur est Henri Estienne, fils de feu Robert Estienne. (S. l. ni d., mais avec la marque de H. Estienne), pet. in-8 de 16 ff. prélim. et 159 pp. Le tout en 1 v. in-8, rel. v.

1753. — Apologie pour Hérodote, ou Traité de la conformité des merveilles anciennes avec les modernes; nouv. édit., augmentée de remarques par Le Duchat. *La Haye, Henri Scheuler*, 1735, 2 tom. en 3 v. pet. in-8, v. f., 3 *grav.*

1754. — Comicorum græcorum sententiæ. V. le N° 1153.

1755. **Estienne** (Henri), sieur des Fossez. L'art de faire les devises, ou il est traité des hierogliphes, symboles, emblesmes, ænigmes, sentences, paraboles, revers de medailles, armes, blasons, cimiers, chiffres et rebus; avec un traité des rencontres ou mots plaisans, dédié au cardinal Mazarin. *Paris, Jean Paslé,* 1645, in-8, vél.

1756. **Estrées** (le duc d'). Mémoires. V. le N° 3386.

1757. **État** (l') de la Cour des rois de l'Europe, par M. de Ste-Marthe, première partie : Etat de la France. *Paris,* 1680, in-12, bas.

1758. **État** (l') de la France... *Paris,* 1676, 2 v. in-12, bas.

1758 *bis*. **État** (l') de la France. *Paris,* 1727.
Le tome 2 seulement.

1759. **État** (l') du Siége de Rome dès le commencement du siècle passé jusqu'à présent, ses Papes, leurs familles, leurs inclinations... avec une idée du gouvernement, des manières et des maximes politiques de la Cour de Rome (par Casimir Freschot). *Cologne, P. Marteau,* 3 tom. en 1 v. in-12, v. br., *frontisp. gr.*

1760. **États** (les) de Blois, ou la mort du duc de Guise, scène historique, déc. 1588 (par Vitet). *Paris*, 1827, in-8, br.

1761. **Et cætera** (les) de Du Plessis (Mornay), parsemez de leurs qui|pro|quo, avec autres de l'orthodoxe mal nommé *Rotan, Loque, Vignier,* et quelques prétendus ministres; le tout sur les points de la S. Messe, Eucharistie, et autres principaux controversez de présent en la Religion chrestienne, par un prestre de Bourdeaux (le P. Bordes, Jésuite). *Toloze, Vᵉ Colomiez,* 1600, pet. in-8, vél.

1762. **Étrennes** (les) de la Saint Jean (par le comte de Caylus et autres). 4ᵉ édition. *Troies, Vᵉ Oudot,* 1757, in-12, v. éc., fil.

1763. **Eucherius** (Divus), Lugdun. episc. Lucubrationes aliquot. *Basileæ, apud Andr. Cratandrum,* 1530, in-4, vél.
Le titre manque.

1764. — Lucubrationes aliquot, non minus piæ quam eruditæ... cura Joan.-Alex. Brassicani editæ. *Basileæ,* in *officina Frobeniana,* in-fol., bas.
V. aussi le Nº 1523.

1765. **Euclidis** elementorum lib. XV, gr. et lat. *Lutetiis,* 1557, in-8, d.-rel. v.
Le titre manque.

1766. **Eudes** (Le P. Jean). Le bon Confesseur, ou avertissement aux confesseurs. *Paris,* 1666, in-12, bas.

1767. **Eulard** (Petrus). Bibliorum Sacrorum concordantiæ morales et historicæ. *Antuerpiæ,* 1625, in-4, cham.

1768. **Euler** (L.). Lettres à une princesse d'Allemagne sur divers sujets de physique et de philosophie. N. éd. revue par J.-B. Labey. *Paris, Vᵉ Courcier,* 1812, 2 v. in-8, v. r., *portr. et planches.*

1769. **Eunapius** Sardianus. De vitis philosophorum et sophistarum, gr. lat. Hadriano Junio interprete, studio et opera Hier. Commelini; accedunt Legationes, e biblioth. Andreæ Schotti. *Coloniæ Allobrog.,* 1616, in-8, parch.

1770. **Euphorbi** Melegisenii (l'abbé Caluso) libellus carminum. *Taurini, e typ. reg.,* 1795, in-8, cart.

1771. **Euripidis** quæ extant omnia : tragediæ nempe XX, præter ultimam, omnes completæ : item fragmenta aliarum tragæd. et epistolæ V nunc primum et ipsæ huc adjectæ : scholia collecta ab Arsenio, etc., adduntur scholia aliquot mss.; item selectiores doctorum virorum notæ et conjecturæ, cum perpetuis ad posteriores fabulas commentariis; scholia vetera et latina versio emendatiora, opera et studio Jos. Barnes. *Cantabrigiæ, ex offic. Jo. Hayes,* 1694, in-fol., vél. gauf.

1772. — Euripidis dramata. Illustravit Ernestus Zimmermann, gr. *Francofurti, ad Moenum,* 1808, 3 v. in-8, d.-rel. bas.

1773. **Europe** (l') ecclésiastique, ou état du clergé. *Paris,* 1757, in-16, bas.

1774. **Europe** (l') savante (par S. Hyacinthe, le Courayer, de Burigny, de Pouilly, de Champeaux et autres). *La Haye, Rogissart,* 1718-1720, 12 v. pet. in-8, v. br.

1775. **Eusebius.** Eusebii Pamphili Chronicorum canonum libri duo, opus ex Haicano cod. a Joh. Zohrabo diligenter repressum et castigatum ; Ang. Maius et Joh. Zohrabus nunc primum conjunctis curis latinitate donatum notisque illustratum additis græcis reliquiis ediderunt. — Samuelis presbiteri Aniensis temporum usque ad suam ætatem (1179 J.-C.) ratio, e libris historicorum summatim collecta, opus ex Haicanis quinque codd. a Joh. Zohrabo diligenter descriptum atque emendatum. F. Zohrabus et Aug. Maius ediderunt. *Mediol., regiis typis,* 1818, gr. in-4, d.-rel. mar. n.

1776. — Thesaurus temporum : Eusebii Pamphili Chronicorum canonum omnimodæ historiæ libri duo, interprete Hieronymo ; item auctores omnes derelicta ab Eusebio et Hieronymo continuantes; ejusdem Eusebii utriusque partis Chronic. canon. reliquiæ græcæ, quæ colligi potuerunt, opera et studio Jos. Scaligeri. *Lugd.-Batav.,* 1606, in-fol., bas.

1777. — Eusebii Pamphili Ecclesiasticæ Historiæ libri X ; ejusdem de vita Constantini libri IV, gr. et lat. Henr. Valesius græcum textum ex mss. codd. emendavit, latine vertit et annotationibus illustravit. *Parisiis,* 1659, in-fol., v. br.

1778. — Histoire de l'Église, écrite par Eusèbe, Socrate, Sozomène, Theodoret, etc.; trad. par le Pr. Cousin. *Paris,* 1675, 4 v. in-4, v. br.

1779. — Eusebii Pamphili Præparatio evangelica (gr. et lat.), Fr. Vigerus recensuit, latine vertit notis illustravit. — De Demonstratione evangelica libri X, gr. et lat. (interprete Donato Veronensi), quibus accessere nondum hactenus editi nec visi contra Marcellum libri duo ; de ecclesiastica Theologia libri 3, et liber contra Hieroclem, gr. et lat. : omnia studio R. M. (Rich. Montacutii) latine facta, notis illustrata et indicibus locupletata. *Parisiis, Mich. Sonnius,* 1628, 2 v. in-fol.

1780. — La Préparation évangélique, trad. du grec avec notes, par M. Séguier de St-Brisson. *Paris,* 1846, 2 v. in-8, d.-rel. m.

Voir aussi le N° 1809.

1781. **Eustathius**, de Ismeniæ et Ismenes amoribus libri XI, Gilb. Gaulminus primus græce edidit et latine vertit. *Lutetiæ-Paris., Drouart,* 1618, in-8, vél.

1782. **Eustathii**, archiepisc. Antiocheni, in Hexameron commentarius, ac de Eugastrimytho adversus Origenem. Item Origenis de eadem : an videlicet anima ipsa Samuelis fuerit vere evocata incantationibus Pythonissæ. Leo Allatius primus in lucem protulit et latine vertit cum notis. *Lugduni,* 1629, in-4, vél.

1783. **Eutrope.** Abrégé de l'histoire romaine ; trad. de l'abbé Paul, avec le texte et des notes. *Lyon,* 1809, in-12, bas.

1784. **Eutychius**, patriarcha Alexandr. Ecclesiæ suæ origines, ex ejusdem arabico nunc primum typis edidit ac versione et commentario auxit J. Selden. *Londini,* 1642, in-4, d.-rel. mar.

1785. **Evagre.** Histoire de l'Église, trad. par le P. Cousin. Voir le N° 1778.

1786. **Évangiles** (les), traduction nouvelle, avec des notes et des réflexions à la fin de chaque chapitre par F. Lamennais. *Paris,* 1846, gr. in-18, br.

1787. — Les saints Évangiles, traduction de Bossuet, mis en ordre par H. Wallon. *Paris, Didot,* 1855, in-8, mar. n.

> Voir, en outre, pour les Évangiles, Catena,... N° 962 et s.; Feri, N° 1875; Instruction,... N° 2568; Lamy, N° 2831; Leclerc, N° 2892; Lighfoot, N° 3094; Maldonatus, N° 3284; Osiander, N° 3750; Pluche, N° 4005; Réflexions,... N° 4584; Rykel, N° 4681.

1788. **Evesque** (l') de Cour opposé à l'évesque apostolique (par Jean Lenoir). *Cologne,* 1682, 2 v. pet. in-12, bas.

1789. **Examen** de la doctrine et des procédures du Parlement de Provence en la présente année sur les choses appartenantes à la religion. *Lyon,* 1754, 2 part. en 1 v. in-8, v. f.

> Aux armes de Mgr de Becdelièvre, év. de Nimes.

1790. **Examen** du Catéchisme de l'honnête homme, ou dialogue entre un caloyer et un homme de bien (par l'abbé François). *Bruxelles* et *Paris,* 1764, in-12, bas.

1791. **Examen** du Fatalisme, ou exposition et réfutation des différents systèmes de fatalisme (par l'abbé Pluquet). *Paris,* 1757, 3 v. in-12, bas.

1792. **Examen** du pouvoir législatif de l'Église sur le mariage, où l'on relève quelques-unes des erreurs du livre (de Tabaraud) intitulé : *Principes sur la distinction du contrat et du sacrement de mariage,* avec une dissertation sur la réception du concile de Trente dans l'Église de France (par l'abbé Boyer Sulpiciac). *Paris, Le Clère,* 1817, in-8, bas.

1793. **Examen** du sentiment des SS. Pères et des anciens Juifs sur la durée des siècles, où l'on traite de la conversion des Juifs et où l'on réfute 2 traités, l'un de la fin du monde, l'autre du retour des Juifs (par l'abbé Desessarts). *Paris*, 1738. — Suite de la défense du sentiment des SS. Pères sur le retour futur d'Élie (par le même). *Paris*, 1740, 1 v. in-12, v. m.

1794. **Examen** impartial des époques de la nature de M. le comte de Buffon, par l'abbé..... (Feller). *Embrun*, 1781, in-8, br.

1795. **Examen** sérieux et comique des discours sur l'esprit (par l'abbé de Lignac). *Amsterd.*, 1759, 2 v. in-12, bas.

1796. **Examen** théologique sur la société du prêt à rente : dialogue entre Bail et Pontas, docteurs en théologie, par M....., aussi docteur en théologie (le père Grangier). *Nancy*, 1762, in-12, bas.

1797. **Excellence** (l') de la dévotion au cœur adorable de Jésus-Christ (composé en latin et publié à Rome par le P. Jos. de Galliffet, jésuite, traduit en français avec des additions par l'auteur), avec le mémoire qu'a laissé de sa vie la V. M. Marguerite Alacoque, religieuse de la Visitation. *Lyon, P. Valfray*, 1733, in-4, bas.

1798. **Exercices** de piété à l'usage des Religieuses de Port-Royal du S. Sacrement. *Au désert*, 1787, in-12, v. j.

1799. **Exposition** de la doctrine chrétienne (par l'abbé Mesenguy). *Paris, Saillant*, 1767, 4 v. in-12, bas.

1800. **Exposé** de l'état actuel des missions évangéliques chez les peuples infidèles, tel qu'on le connaissait au commencement de 1820. *Genève*, 1821, in-8, d.-rel. bas.

1801. **Exposition** des droits des souverains sur les empêchements dirimants de mariage et sur leurs dispenses (par le P. Dufour, dominicain). *Paris*, 1787, in-12, bas.

1802. **Eymeric** (l'abbé), Prieur-Curé de Celleneuve-les-Montpellier. Traité du légitime ministère de l'Église. *Paris, Desprez*, 1770, 2 v. in-12, bas.

1803. **Eynard** (Ch.). Le chevalier Guisan, sa vie et ses travaux à la Guyane. *Paris*, 1844, gr. in-18, br.

F

1804. **Fable** (la) des Abeilles ou les fripons devenus honnêtes gens, avec le commentaire, où l'on prouve que les vices des particuliers tendent à l'avantage du Public; trad. de l'anglais (de Mandeville par J. Bertrand). *Londres (Amsterdam)*, 1750, 4 v. in-12, v. éc.

1805. **Fabre** (M.-J.-J. Victorin). Tableau littéraire du XVIIIe siècle, suivi de l'éloge de Labruyère. — Tableau littéraire de la France pendant le XVIIIe siècle, par Jay. *Paris, Michaud*, 1810, in-8, cart.

1806. **Fabre** (Pierre). Essai sur les facultés de l'âme considérées dans leurs rapports avec l'irritabilité et la sensibilité de nos organes. 2e édit. *Paris*, 1787, in-12, d.-rel. bas.

1807. **Fabricius** (Jo.-Alb.). Codex pseudepigraphus Vet. Testamenti, collectus, censuris et animadvers. illustratus. Accedit Josephi Vet. Christian. Scriptoris hypomnesticon. *Hamburgi*, 1722-23, 2 v. in-8, vél., *portr.*
Exemplaire de Jo.-Aug. Ernesti.

1808. — Codex apocryphus Novi-Testamenti collectus, castigatus et illustratus. Editio IIa. *Hamburgi*, 1719-43, 3 part. en 2 v. in-8, vél.

1809. — Delectus argumentorum et syllabus scriptorum qui veritatem religionis christianæ adversus atheos, epicureos, deistas, etc., lucubrationibus suis asseruerunt: præmissa sunt Eusebii proœmium et capita priora demonstrationis evangelicæ, quæ in editionibus hactenus desiderantur. *Hamburgi*, 1725, in-4, vél.

1810. — Salutaris lux evangelii toti orbi per gratiam divinam exoriens, sive notitia historico-chronologica, litteraria et geographica propagatorum per orbem totum Christian. sacrorum. *Hamburgi*, 1731, in-4, vél., *frontisp. gr.*

1811. — Opusculorum historico-critico-litterariorum sylloge. *Hamburgi*, 1738, in-4, vél.

1812. — Bibliotheca latina nunc melius delecta, rectius digesta et aucta diligentia J.-Aug. Ernesti. *Lipsiæ,* 1773-74, 3 v. in-8, cart.

1813. — Eadem, nova editio. *Hamburgi,* 1708, in-8, vél.

1814. — Bibliotheca ecclesiastica, sive collectio var. auct. de scriptoribus ecclesiasticis. *Hamburgi,* 1718, in-fol., d.-rel. bas.

1815. — Bibliotheca antiquaria, seu introductio in notitiam scriptorum qui antiquitates hebraïcas, græcas, romanas et christianas, scriptis illustraverunt. *Hamburgi et Lipsiæ,* 1713, in-4, bas.

1816. — Centifolium Lutheranum, sive notitia litteraria scriptorum omnis generis de Luthero ejusque vita, scriptis, et reformatione ecclesiæ, in lucem ab amicis et inimicis editorum. *Hamburgi,* 1728-30, 2 tom. en 1 v. in-8, cart., *portr., fig.*

Sur Fabricius, voir Reimar, N° 4606.

1817. **Faernus** (Gabr.). Phædrus alter, seu Gab. Faerni Cremonensis fabulæ. *Parisiis, apud viduam Cl. Thiboust,* 1697, in-12, v. j.

1818. **Fain** (le baron). Manuscrit de l'an III (de la collection Berville et Barrière). *Paris,* 1828, in-8, br.

1819. — Manuscrit de 1812, contenant le précis des événements de cette année pour servir à l'histoire de Napoléon. *Paris,* 1827, 2 v. in-8, br.

1820. — Manuscrit de 1813. 2e édition. *Paris,* 1825, 2 v. in-8, br.

1821. — Manuscrit de 1814. *Paris,* 1823, in-8, br.

1822. **Falletti** (F.-D.-A.). Vocabulaire encyclopédique de poche français-italien-anglais. *Paris,* 1822, in-8, br.

1823. **Falloux** (le comte de). Histoire de saint Pie V, Pape, de l'ordre des Frères Prêcheurs. 2e éd. *Paris,* 1851, 2 v. in-12, d.-rel. v.

1824. **Faret.** L'honnête homme, ou l'art de plaire à la Cour, par le sieur Faret. *Paris, Toussaincts du Bray,* 1632, pet. in-4, de 83 pp., vél.

1825. **Farnabius** (Th.). Index rhetoricus et oratorius scholis accommodatus. Accessere formulæ oratoriæ et index poeticus. *Amstelodami, Jansson,* 1648, in-16, bas.

1826. **Fasti Senenses** ab Academia Intronatorum editi. In-fol., *2 frontisp. gr.*

1827. **Fauchet** (Claude). Ses œuvres, réunies et corrigées en cette dernière édition, suppléées et augmentées sur la copie, mémoires et papiers de l'auteur, de plusieurs passages et additions en divers endroits. *Paris, Jean de Heuqueville,* 1610, in-4, vél., tr. dorée.

1828. **Faucillon** (M.). OEuvres diverses. Montpellier, 1852-60, in-8, br.

   — La Faculté des Arts de Montpellier (1242 à 1793). — Le Collége du Vergier ou de la Chapelle-Neuve. — La Faculté de Théologie de Montpellier (1613-1790). — Le Collége des Jésuites de Montpellier (1629-1762). Notice historique sur le Collége royal de Montpellier depuis la suppression des Jésuites en 1762 jusqu'en 1793. — La Chaire de Mathématiques et d'Hydrographie de Montpellier (1682-1792). — Recherches historiques sur la paroisse Saint-Denis de Montpellier (1080 à 1817).

1829. **Faugère** (Prosp.). Voir Pascal.

1830. **Favart** (C.-S.). Mémoires et correspondance littéraires dramat. et anecdot., publiées par son petit-fils, et précédées d'une notice historique par H.-F. Dumolard. *Paris, Léop. Collin,* 1808, 3 v. in-8, d.-rel. mar.

1831. **Favre**, prêtre suisse. Lettres édifiantes et curieuses sur la visite apostolique de M. de La Baume, évesque d'Halicarnasse, à la Cochinchine, en l'année 1740. *Venise,* 1753, 2 v. in-12, bas.

1832. **Favre** (J.-B. Castor). Lou Siègé dé Cadaroussa, pouèma patois en trés cans, per défunt Fabre, Prioù de Cellanova. *Mounpeyè, aco de G. Izard et A. Ricard,* 1797, pet. in-12, br.
   Édition originale.

1833. — Obras Patouèzas. Edicioun nouvèla. *Mounpéyè, Virenque,* 1839, 4 v. in-16, d.-rel. m.

1834. **Febronius** (Just.) (de Hontheim). De statu Ecclesiæ et de legitima potestate Romani Pontificis liber. *Bullioni,* 1765, in-4, v. f.

1835. — Traité du Gouvernement de l'Église et de la puissance du Pape par rapport à ce gouvernement, trad. du lat. de Just. Febronius (J. N. de Hontheim). *Venise,* 1767, 3 v. in-12, bas.

1836. — État (de l') de l'Église et de la puissance légitime du Pontife romain (abrégé de l'ouvrage de M. de Hontheim, qui porte le titre de Febronius, par Lissoir, prémontré). *Wurtzbourg (Bouillon),* 1766, 2 v. in-12 rel. en 1, bas.

1837. **Febvre** (Michel). L'état présent de la Turquie, où il est traité des vies, mœurs et coutumes des Ottomans, etc. *Paris,* 1675, in-12, v. br.

1838. **Feillet** (Alph.). La misère au temps de la Fronde et S. Vincent de Paul, ou un chapitre de l'histoire du paupérisme en France. *Paris, Didier,* 1862, in-8, d.-rel. mar. bl.

1839. **Féletz** (Ch.-M. de). Mélanges de philosophie, d'histoire et de littérature. *Paris,* 1828-30, 6 v. in-8, d.-rel. v.

1840. **Félicité** (de la) publique, ou considérations sur le sort des hommes dans les différentes époques de l'histoire (par de Chastellux). *Amsterdam,* 1772, 2 v. in-8 rel. en 1, v. f., fil.

1841. **Félix** (le P.). Le progrès par le christianisme, conférences de N.-D. de Paris, année 1856. *Paris,* 1858, in-8, br.

1842. **Femme** (la) docteur, ou la théologie tombée en quenouille; comédie (par le P. Bougeant). *Liége, veuve Procureur,* 1731, de 7 ff. prélim. et 162 pp.

1843. **Fénélon** (Fr. de Salignac de la Mothe). Explication des maximes des saints sur la vie intérieure. *Paris,* 1697, in-12, bas.

1844. — Lettre pastorale de Mgr Paul De Godet-des-Marais, évêque de Chartres, au clergé de son diocèse, sur le livre intitulé : *Explication des maximes des saints,* etc..... *Lyon,* 1698, pet. in-12, bas.

Voir, en outre, les Nos 3734, 739, 2564.

1845. — Prem. et sec. lettre de l'Archevêque de Cambray, en réponse à la lettre pastorale de l'Évêque de Chartres sur le livre intitulé : *Explication des maximes des saints*. S. l. n. d., in-18, bas.

1846. — Responsio D. Archiep. Cameracensis declarationi Archiep. Parisiensis et aliorum in librum cui titulus est : *Explication des maximes des saints*. S. l., 1698, in-12, bas.

1847. — Lettres de l'Archevêque de Cambray à l'Évêque de Meaux pour répondre à ses traités latins : *Mystici in tuto*, sur l'oraison passive, *Scholastici in tuto*, sur la charité, *Quæstimacula*, etc.... avec ses Préjugés décisifs. S. l. n. d., pet. in-12, bas.

1848. — Première et seconde lettre de l'Archevêque de Cambray à l'Évêque de Meaux *sur les douze propositions qu'il veut faire censurer par les docteurs de Paris*. — Lettre de l'Archevêque de Cambray à l'Évêque de Meaux *sur la charité* et sur sa réponse à l'ouvrage intitulé : *Préjugez décisifs*. S. l. n. d., in-12, bas.

1849. — Première, seconde et troisième lettre de Mgr l'Archevêque de Cambray, pour servir de réponses à celles de Mgr l'Évêque de Meaux. S. l. n. d., pet. in-12, bas.

1850. — Réponse de l'Archevêque de Paris aux IV lettres de l'Archevêque de Cambray. S. l. n. d., in-12, bas.

1851. — Réponse de l'Archevêque de Cambray à l'écrit de Mgr de Meaux, intitulé : *Relation sur le Quiétisme*. S. l. n. d., in-18, bas.

Voir les Nos 740 et 741.

1852. — OEuvres philosophiques. N. éd. *Paris*, 1739, in-8, v. br.

1853. — Lettres sur la religion et la métaphysique, suivi de ses entretiens avec le chev. de Ramsay et de ses lettres sur l'autorité de l'Église. N. éd., revue d'après celle de 1787. *Paris, Ad. Le Clère*, 1802, in-12, bas.

1854. — De l'éducation des filles. Nouv. éd. augm. *Paris,*

Lamy, 1801, *portr.* — Des études des enfants, par M. Rollin. Nouv. édit. *Paris, Lamy,* 1800, 2 v. in-12 rel. en 1, bas.

1855. — Les avantures de Télémaque, fils d'Ulysse, ou suite du quatriesme livre de l'Odyssée d'Homère. *Suivant la copie de Paris, à La Haye, chez Adrien Moetjens,* 1699, 4 part. en 2 v. pet. in-12, bas.

1856. — Six lettres écrites à un ami sur le sujet des nouvelles avantures *(sic)* de Télémaque. S. l. n. d. (1699), in-12, bas.

1857. — La Télécomanie, ou la censure et critique du roman intitulé : *Les aventures de Télémaque* (par l'abbé Faydit). *Eleutéropole, chez Pierre Philalethe,* 1700, in-12, v. f.

1858. — Directions pour la conscience d'un roi, composées pour l'instruction de Louis de France, duc de Bourgogne, par Fénélon, pour servir de supplément au *Télémaque. La Haye,* 1748, in-12, d.-rel. bas.

1859. — Dialogues sur l'éloquence en général et sur celle de la chaire en particulier, par Fénélon. *Paris,* 1740, in-12, bas.

1860. — Sermons choisis de Fénélon, précédés de ses dialogues sur l'éloquence en général et sur celle de la chaire en particulier. *Paris,* 1803, in-12, v. f.

1861. — Dialogues des morts, avec quelques fables composées pour l'éducation d'un prince. *Paris,* 1775, in-12, bas.

1862. — Ordonnance et instruction pastorale de l'Archevêque de Cambray, portant condamnation d'un livre intitulé : *Cas de conscience. Paris,* 1704, in-12, bas.

1863. — Lettres inédites de Fénélon au maréchal et à la maréchale de Noailles. *Paris,* 1838, 1 v. in-8, d.-rel. mar. gr.

1864. — Lettres et opuscules inédits de Fénélon, complément de ses œuvres et de sa correspondance. *Paris,* 1850, in-8, d.-rel. v. bl.

1865. — Lettres de Mgr l'Archevêque de Cambray au P.

Quesnel, imprimées par ordre de Mgr l'Archevêque de Vienne. *Lyon,* 1711, in-12, v. br.

1866. — Justification du silence respectueux, ou réponse aux instructions pastorales et aux écrits de Mgr l'Archevêque de Cambray. 1707, 2 v. in-12, bas.

Le tome 2 manque.

1867. — Lettre d'un théologien à l'Évêque de Meaux, touchant ses sentiments à l'égard de l'Archevêque de Cambray, avec le Traité de S. Bernard de la Grâce et du Libre Arbitre (par René Angevin). S. l., 1698, pet. in-12, bas.

1868. — Histoire de la vie et des ouvrages de Messire François de Salignac de la Mothe-Fénélon (par   ). *Amsterdam, Fr. l'Honoré,* 1729, in-12, v. éc.

Voir aussi le N° 5132.

1869. — Histoire littéraire de Fénélon, ou revue historique et analytique de ses œuvres, pour servir de complément à son histoire et aux différentes éditions de ses œuvres, par M...... *Lyon et Paris,* 1843, gr. in-8, d.-rel. mar. r., *portr.*

Voir encore, pour Fénélon, les N°s 2564 et 5063.

1870. **Ferradin** et **Rozéide**, conte moral, politique et militaire. *A Gaznah,* 1765, 3 v. in-12 rel. en 1, d. bas.

1871. **Ferey** (le P. F.-P.), cordelier. L'aigle transcendant, qui comprend soubs ses aisles vingt-quatre sermons pour les Advents, etc. *Paris,* 1618, in-8, parch.

1872. **Ferguson** (Adam). Essai sur l'histoire de la Société civile, trad. de l'anglais par Bergier. *Paris,* 1783, 2 v. in-12, bas.

1873. — Institutions de Philosophie morale, trad. de l'angl. (par Reverdeil). *Genève,* 1775, in-12, br.

1874. **Feri** (Jo.), concionatoris Moguntini, atque D. Franc. Guardiani opuscula varia. *Lugd., ap. Gul. Rovillium,* 1567, in-8, cham.

1875. — Ejusdem in Evangelium secundum Joannem piæ enarrationes pro concione explicatæ anno 1536 Moguntiæ. *Parisiis,* 1555, in-8, bas.

1876. **Ferrand** (Ant.). Éloge historique de Madame Elisabeth de France, suivi de plusieurs lettres de cette princesse. 2ᵉ éd. *Paris, Desenne,* 1814, in-8, bas. rac.

1877. **Ferrand** (Louis). De la connaissance de Dieu. Ouvrage posthume. *Paris,* 1706, in-12, bas.

1878. — La conduite du Roi à l'égard des Protestans semblable à la conduite de l'empereur Honorius et de S. Augustin à l'égard des Donatistes, avec un abrégé de l'histoire des mêmes Donatistes (par Louis Ferrand). *Paris,* 1686, pet. in-8.

1879. — Observations critiques et curieuses sur les réflexions de M. Ferrand, avocat en parlement, au sujet de la pâque, par D. P. C. *Toulouse,* 1692, in-12, bas.

1880. — Réponse à l'Apologie pour la Réformation, pour les Réformateurs et pour les Réformés (du ministre Jurrieu), par Ferrand. *Paris,* 1685, in-12, bas.

1881. — Summa Biblica. Tomus primus (auctore Lud. Ferrand). *Lutetiæ-Parisior.,* 1690, pet. in-8, bas.

1882. **Ferrand** (Fulgentius), Carthag. ecclesiæ diac. Opera et in ea notæ à Petro Fr. Chiffletio, Soc. Jesu. *Divione,* 1649. — Tabulæ Lodoïcææ, seu universa Eclipseon doctrina, tabulis, præceptis ac demonstrat. explicata. Adjectus est calculus aliquot eclipseon solis et lunæ quæ proxime per totam Europam videbuntur; autore Jacobo de Billy. *Ibid.,* 1656, 2 v. in-4 rel. en 1, bas.

1883. **Ferrari** (Hyac. de) ordin. Prædicatorum. Philosophia Thomistica. *Romæ,* 1851, 3 part. in-12, br.

1884. **Ferrarius** (J.-B.) Senensis, Orationes. *Coloniæ,* 1627, in-32, bas.

1885. **Ferraz.** Voir S. Augustin.

1886. **Feu-Ardent** (Frère François). Theomachia calvinistica, sedecim libris profligata, quibus mille et quadringenti hujus sectæ errores... excutiuntur et refelluntur. In iis Confessio fidei hugnosticæ et Catechismus Calvinianus reprehenduntur et confutantur. *Parisiis, ap. Seb. Nivellium,* 1604, in-fol., v. br., fil.

1887. **Feugère** (Léon). Mlle Gournay, étude sur sa vie et ses ouvrages. *Paris,* 1853, in-8, de 74 pp., cart.

1888. **Feuille** (La) villageoise (commencée par Cerutti et Rabaut de Saint-Etienne le 30 septembre 1790, continuée par Grouvelle et Ginguené jusqu'au 15 thermidor an III (10 août 1795). *Paris,* 1790-1792, tom. I à IV de cette collection, qui en a 10, d.-rel. v. m., *portr. de Cerutti.*

1889. **Feuillet de Conches** (F.). Causeries d'un curieux, variétés d'histoire et d'art, tirées d'un cabinet d'autographes et de dessins, avec nombreux *fac simile. Paris, Plon,* 1862, t. I, II, III, in-8, br.

1890. **Ficinus.** Marsilii Ficini, de Religione christiana opus. *Parisiis, Guliel. Guillard,* 1559, pet. in-8, vél.

1891. — Discours de l'honneste amour sur le banquet de Platon, par Marsile Ficin ; traduit de toscan en français par Guy Lefevre de la Boderie, avec un traité de Picus Mirandulus sur le même subject. *Paris,* 1588, in-8, parch.

1892. **Fielding** (H.). Tom Jones, ou l'enfant trouvé, imitation de l'anglais de Fielding par M. de la Place. *Paris,* an VI (1797), 4 v. in-12, br., *fig.*

1893. — Aventures de J^h Andrews et du ministre Abraham Adams, trad. de l'angl. *Londres,* 1743, 2 v. in-12, bas.

1894. — Histoire de Jonatham Wild le Grand, trad. de l'angl. *Londres,* 1763, 2 v. in-12 rel. en 1, bas.

1895. **Figueiro** (Petr.) Lusit. Operum tomi duo quorum unus habet commentarios in XXV priores psalmos, paraphrases in prophetias Jeremiæ et commentarios in ejusd. lamentationes; alter vero commentarios in XII prophetas minores. *Lugduni, Cardon,* 1615, 2 tom. en 1 v. in-fol., bas., *frontisp. gr.*

1896. **Filachou** (l'abbé J.-E.). La clef de la Philosophie, ou la vérité sur l'être et le devenir, avec un nouvel appendice sur le règne de Dieu. *Montpellier,* 1851, in-8, br.

1896 *bis*. — OEuvres diverses :

De la pluralité des mondes. *Montpellier* et *Paris*, 1861, in-12, br. — Traité des actes sommaires de métaphysique. *Paris* et *Montpellier*, 1862, in-8, br. — Études de philosophie naturelle, N° 1, Système des trois règnes de la nature. *Paris* et *Montpellier*, 1864, in-8, br. — Aperçus fondamentaux de philosophie et de mathématique. *Montpellier* et *Paris*, 1860, in-8, br. — Examen de la rationalité de la doctrine catholique. *Montpellier* et *Paris*, 1849, in-8, br.

1897. **Filesac** (J.). Jo. Filesaci, Theol. Paris., opera varia (id est : de sacra episcoporum auctoritate ; de idolatria magica ; funus vespertinum ; medicina défensa ; sacerdos negligens, etc.). *Parisiis, Cramoisy*, 1621. — Ejusdem de idolatria politica et legitimo principis cultu. *Ibid.*, 1615 ; ensemble 1 v. pet. in-8, parch.

1898. **Fin** (la) du chrétien, ou traité dogmatique et moral, sur le petit nombre des élus (ou refonte avec augmentation de la *Science du Salut* de Desbois, faite par l'abbé Troya d'Assigny). *Avignon (Paris)*, 1751, 3 v. in-12, v. br.

1899. **Firmont** (l'abbé Edgeworth de). Mémoires recueillis par C. Sneyd Edgeworth, et trad. de l'anglais. 3e édit. *Paris, Gide*, 1817, in-8, v. f.

1900. **Fischer** (Johan.), Roffensis episc. Opera omnia in unum collecta. *Wirceburgi, Fleischmann*, 1597, in-fol., v. br., fil., tr. d.

Aux armes de Jacq. Abetoun, archev. de Glascow.

1901. **Fitz-James** (Mgr de), év. de Soissons. OEuvres posthumes... avec des pièces instructives et une vie sommaire du Prélat (publ. en partie par M. Gourlin). *Avignon*, 1769, 2 v. in-12, v. m.

1902. **Fléchier** (Esprit). OEuvres mêlées. *Paris*, 1712, 2 v. in-12, v. br.

1903. — Histoire de Théodose le Grand. *Paris, Cramoisy*, 1679, in-4, bas.

Aux armes de l'évêque Colbert.

1904. — Mémoires de Fléchier sur les grands jours tenus à Clermont en 1665-66, publ. par B. Gonod. *Paris, Porquet*, 1844, gr. in-8, d.-rel. mar., pl.

1905. — Examen critique des mémoires attribués à Fléchier sur les grands jours d'Auvergne de 1665 et 1666, publiés par M. Gonod, par le c^{te} de Résie. *Paris*, 1845. — Réponse à cet Examen critique, par M. Gonod. *Paris*, 1845. — La même réponse, 2e édition. — Lettre à M. le professeur Gonod sur sa réponse par le c^{te} de Résie. *Paris*, 1845. — Un mot à M. Gonod sur l'édition des mémoires de Fléchier et sur sa réponse à l'Examen critique; par un éthophile. *Clermont-Ferrand*, 1845, in-8, br.

1906. — Lettres choisies de Fléchier, avec une relation des fanatiques du Vivarez et des réflexions sur les différents caractères des hommes. *Lyon*, 1747, 2 v. in-12, bas.

1907. — Les mêmes. *Lyon*, 1718, 3 v. in-12, bas.

1908. — Panégyriques et autres sermons. *Paris, Anisson*, 1696, in-4, v. éc.
   Le portrait manque.

1909. — Sermons de morale préchés par Fléchier, devant le Roy, avec ses discours synodaux et autres sermons préchez à l'ouverture des Etats de Languedoc et dans sa cathédrale. *Lyon*, 1713, 2 v. in-12, bas.

1910. — OEuvres posthumes de Fléchier, composées de mandements, lettres pastorales, avec l'oraison funèbre de cet évêque, et œuvres mêlées. *Lyon*, 1712, 2 v. in-12, bas.

1911. **Fleuranges** (le maréchal de). Voir le N° 556.

1912. **Fleury** (Claude). Histoire ecclésiastique (jusqu'en 1414), avec la continuation (jusqu'en 1595) par le P. Jean-Cl. Fabre et Goujet. *Paris*, 1722-43, 36 v. in-4. — Table générale des matières (par Rondet). *Paris*, 1774, in-4, bas.

1913. — Opuscules de Cl. Fleury, pour servir de suite à son Histoire ecclésiastique. *Nismes*, 1780, 5 v. in-8 rel. en 4, d.-rel. bas.

1914. — Critique de l'Histoire ecclésiastique de Claude Fleury, par le docteur J. Marchetti, trad. de l'italien. *Besançon*, 1818, 2 v. in-12, br.

1915. — Nouveaux opuscules. *Paris*, 1807, in-12, d.-rel. bas.

1916. — Discours sur l'histoire ecclésiastique. *Paris, 1747*, in-12, bas.

1917. — Institution au droit ecclésiastique; nouvelle édit. revue et annotée par Boucher d'Argis. *Paris, 1771*, 2 v. in-12, bas.

1918. **Flodoardi**, presbyteri ecclesiæ Remensis canonici, Historiarum ejusdem ecclesiæ libri IV, nunc primum latine cura et studio Jac. Sirmondi. *Parisiis, 1611*, in-8, v. br.

1919. **Florentis** (Franc.), Antecessoris Aurelianensis, Dissertationes selectæ Juris canonici libri II, cum comment. ad titulum de vita et honestate clericorum. *Parisiis, 1632*, in-8, parch.

1920. **Florus** (L.-Jul.). Rerum à Romanis gestarum libri IV, a Jo. Stadio emendati. *Antuerpiæ, ap. Christ. Plantinum, 1584*, in-8, d.-rel. bas.

1921. — Idem, cum notis integris Salmasii et varior. Additus etiam Ampelius. *Amstelodami, Elzevir., 1660*, in-8., v. f., *frontisp. gr.*

1922. — Abrégé de l'histoire romaine de Florus; trad. n., avec des notes par l'abbé Paul. *Paris, Barbou*, an III (1795), in-12, bas.

1923. **Flottes** (l'abbé J.-B.-Marcel). Leçons de philosophie faites à la Faculté des Lettres de Montpellier (1848-56) et recueillies par M. M..... (l'abbé César Durand). 2 v. in-8, d.-rel. mar. n.

1924. — Introduction aux ouvrages de Voltaire, par un homme du monde qui a lu *avec fruit ces ouvrages immortels* (l'abbé Flottes). *Montpellier, Tournel, 1816*, in-12, bas.

1925. — Observations critiques contre l'abbé de La Mennais. In-8, d.-rel. mar. violet.

1º Errata du 3e vol. de l'*Essai sur l'indifférence en matière de religion*, ou observations critiques adressées à l'abbé de La Mennais (sans nom d'auteur). *Montpellier, Tournel aîné*, 1823.
— 2º M. l'abbé de La Mennais réfuté par les autorités mêmes qu'il invoque, ou observations critiques sur la *Défense* de cet illustre écrivain, par l'abbé Flottes. *Montpellier, Seguin*, 1824. —

3º M. l'abbé de La Mennais réfuté, etc., ou observations critiques sur le 3e et le 4e vol. de l'*Essai*, pour faire suite aux observations critiques sur la *Défense*, par le même. *Paris* et *Montpellier*, 1825. — 4º M. l'abbé de La Mennais réfuté par M. le comte de Maistre, ou supplément aux Observations critiques, etc., par le même. *Paris* et *Montpellier*, 1826. — 5º Observations sur la brochure de l'abbé de La Mennais intitulée : *Des progrès de la révolution et de la guerre contre l'Eglise*, par le même. *Montpellier* et *Paris*, 1829.

1926. — Études sur Pascal, suivies d'une lettre extraite du *Correspondant du 25 février 1854* et d'un *Nouvel éclaircissement d'un fait* concernant les Provinciales, pour faire suite aux Etudes sur Pascal. *Montpellier*, 1846, in-8, d.-rel. mar. n.

1927. — Étude sur Daniel Huet, évêque d'Avranches. *Montpellier*, 1857, in-8, d.-rel. mar. v., *portr*.

1928. — Études sur S. Augustin, son génie, son âme, sa philosophie. *Montpellier, Seguin*, 1861, in-8, d.-rel. m., *portr*.

1929. — Mélanges. *Montpellier*, 1839-45, in-8, d.-rel. m. n.

Des attaques dirigées contre les études philosophiques, 1839. — De l'esprit philosophique, 1839. — Précis analytique des leçons de philosophie faites en 1843 à la Faculté des Lettres de Montpellier, suivi de quelques considérations sur l'ensemble du cours, par Léonard Raichlen, 1843. — De l'habitude. Compte-rendu des leçons de l'abbé Flottes par Bordes-Pagès. — Allocution aux détenus de la prison départementale, 1846. — De la Théurgie, 1844. — Spinoza, 1845.

1930. — Recueil de pièces polémiques. In-8, d.-rel. m. n.

1º Réflexions d'un médecin à l'occasion d'une thèse de philosophie présentée à la Faculté des Lettres de Montpellier (extr. du *Montpellier médical*, août 1858). — 2º Réponse à un médecin qui s'est plaint que, dans la discussion d'une thèse sur le spiritualisme de Gassendi, il n'ait pas été question du double dynamisme de l'Ecole de Médecine de Montpellier, par Ch. Jeannel. *Montpellier*, 1858. — 3º Courtes observations sur la réponse précédente, par l'abbé Flottes. *Montpellier*, 1858. — 4º Gassendi spiritualiste, par Ch. Jeannel. *Montpellier*, 1853. — 5º Quelques mots aux lecteurs impartiaux au sujet de la brochure de M. Jeannel, intitulée : *Gassendi spiritualiste*, par l'abbé Flottes. *Montpellier*, 1859. — 6º Note de M. Jeannel sur quelques paroles par lui prononcées dans un de ses cours. Janvier 1859. — 7º Réponse à cette question : *L'hypothèse qui admet un principe de vie distinct de l'âme et des organes est-elle contraire à la morale et à la religion ?* par l'abbé Flottes. *Montpellier*, 1859. — 8º Monsieur l'abbé

Flottes plus gassendiste que Gassendi lui-même, et un mot en réponse aux *Quelques mots* de l'abbé Flottes, par Joseph R....., lecteur impartial. *Montpellier, Martel*, 1859.

1931. **Flourens** (P.). Examen de la phrénologie. 3e édition augmentée d'un essai physiologique sur la folie. *Paris,* 1851, gr. in-18, br.

1932. — De la vie et de l'intelligence. *Paris,* 1858, gr. in-18, d.-rel. m.

1933. — De la longévité humaine et de la quantité de vie sur le globe. 2e éd. *Paris, Garnier,* 1855, in-12, d.-rel. m.

1934. **Foggini** (l'abbé). Traité sur le petit nombre des élus (trad. du lat. par l'abbé Lequeux). *Paris,* 1760, in-12, bas.

1935. **Folie** (la) des prétendus esprits forts, des impies, des indifférents et des séparatistes, dévoilée par divers auteurs. *Berlin,* 1753, 2 v. pet. in-8, bas.

1936. **Fontaine** (Nic.). Mémoires pour servir à l'histoire de Port-Royal. *Cologne,* 1738, 2 v. in-12, bas. — Recueil de plusieurs pièces pour servir à l'histoire de Port-Royal, ou supplément aux mémoires de MM. Fontaine, Lancelot et Du Fossé. *Utrecht,* 1740, in-18, bas.

1936 *bis.* — Les mêmes. *Cologne,* 1753. 4 v. pet. in-12, v. marb.

1937. **Fontaine** (Mme de). Ses œuvres. Voir le No 2776.

1938. **Fontana** (F.-V.-M.). Syllabus magistrorum sacri palatii apostolici. *Romæ,* 1663, in-4, rel. parch.

1939. **Fontanier.** La clef des étymologies pour toutes les langues en général, et pour la langue française en particulier. *Paris,* 1825, in-12, br.

1940. — Commentaire raisonné sur les Tropes de Dumarsais, par Fontanier. *Paris,* 1818, in-12, d.-rel. m.

1941. **Fontenelle** (B. le Bouvier de). Ses œuvres. Nouv. édition. *Paris,* 1766-67, 11 v. in-12, bas., *portr.* et *fig.*

1942. — Réponse à l'histoire des oracles de Fontenelle (par le P. Baltus, jésuite) et suite. *Strasbourg, Doulssecker,* 1708-9, 2 v. in-8, v. br., *frontisp. gr.*

1943. — L'esprit de Fontenelle, ou recueil de pensées tirées de ses ouvrages (par de Prémonval). *La Haye,* 1744, in-12, bas., *frontisp. gr.*

1944. — La république des philosophes, ou histoire des Ajaoiens; ouvrage posthume de M. de Fontenelle; on y a joint une lettre sur la nudité des sauvages. *Genève,* 1768, in-12, v. rac., fil.

1945. **Fonvielle** (R.-F.-A., chevalier de). Mémoires historiques. *Paris,* 1824, 4 v. in-8, bas., fil.

1946. — Essais sur l'état actuel de la France, 1er mai 1796. *Paris, Desenne,* 1796. — Résultats possibles de la journée du 18 brumaire an VIII, ou continuation des Essais précédents. *Paris,* an VIII. Ensemble 1 v. in-8, d.-rel. bas.

1947. **Foquaud** (Jean). Nouvelle doctrine sur le sujet de la connaissance naturelle de l'animal, où il est traité, par occasion et d'une façon aussi nouvelle, des principes et causes physiques, par Jean Foquaud, de la ville de Carcassonne. 2e édition... *Tolose, P. d'Estey,* 1664, pet. in-8, d.-rel. mar. r.

1948. **Forbes.** Ouvrages de feu M. Forbes, lord Président des assises d'Édimbourg, contenant des pensées sur la religion naturelle et révélée, une lettre à un évêque, des réflexions sur l'incrédulité, trad. de l'angl. par le P. Houbigant. *Lyon,* 1769, in-8, bas., rac.

1949. **Forbin** (le comte Cl.). Ses mémoires (rédigés par Reboulet et le P. Le Comte). *Amsterdam,* 1729, 2 v. in-12, bas., *fig.*

1950. **Forcadel** (Ét.). De Gallorum imperio et philosophia libri VII, Steph. Forcatulo authore. *Genevæ* et *Lugd., apud Jacob. Chouet,* 1595, in-8, vél.

1951. **Forestier.** Les justes raisons que les Protestans de France ont eues de se réunir à l'Église Romaine sous le règne de Louis-le-Grand, par M. Forestier, ci-devant ministre..... *Paris, Roulland,* 1687, in-12, bas.

1952. **Formey** (J.-H.-Sam.). Conseils pour former une bibliothèque peu nombreuse, mais choisie, suivi de l'Introduction générale à l'étude des sciences et des belles-lettres, par Lamartinière. *Berlin,* 1756, in-12, v. f., fil., tr. d.

1953. — Elementa philosophiæ, seu medulla Wolfiana in usum auditorum. *Berolini,* 1746, in-12, bas.

1954. — Éloges des académiciens de Berlin et de divers autres savants. *Paris, Ét. de Bourdeaux,* 1757, 2 v. in-12, bas.

1955. — La France littéraire, ou dictionnaire des auteurs vivants. *Berlin,* 1757, in-8, bas.

1956. — Histoire abrégée de la philosophie. *Amsterdam,* 1760, in-12, d.-rel. mar., *frontisp. gr.*

1957. — Le philosophe payen, ou pensées de Pline, avec un commentaire litt. et moral. *Leide,* 1759, 3 v. in-12, bas., *frontisp. gr.*

1958. — Principes de morale déduits de l'usage des facultés de l'entendement humain. *Leide,* 1762, 2 v. in-12, bas.
Voir encore le N° 3480.

1959. **Fortia d'Urban** (le m^{is} de). Mélanges de géographie et d'histoire. *Paris,* 1809, in-12, br.

1960. — Histoire de la Chine avant le déluge d'Ogygès. *Paris,* 1807, 2 v. in-12, br.

1961. **Foucher** (le P. Toussainct.). La fontaine d'Helie arrousant le Parterre de l'Eglise et des ames dévotes, ou est traicté de l'origine, antiquité, graces, privilèges et indulgences de l'ordre de N. Dame des Carmes; augmenté de quelques miracles arrivez en l'année 1622... *Lyon, Jacq. Gaudion,* 1623, pet. in-12, bas.

1962. **Fourmont** (Ét.). Réflexions sur l'origine, l'histoire et la succession des anciens Peuples Chaldéens, Hébreux, Phéniciens, etc., jusqu'au temps de Cyrus; édit. augmentée de la vie de l'auteur. *Paris,* 1747, 2 v. in-4, v. éc.

1963. **Fourmont** (H. de). Annales universelles, contenant l'histoire du monde, de la création à J.-C. *Nantes et Paris*, 1848, 38 tableaux grand in-fol., d.-rel. bas., *frontisp. lithog.*

1964. **Fournier** (M.-Nic.), évêque de Montpellier. Discours sur les vérités fondamentales de la Religion. *Montpellier, Seguin*, 1839, in-8, br.

1965. — Mandements, lettres et instructions pastorales. 1806-1835, in-4, br.

1966. **Fournier** (F.-J.). Dictionnaire portatif de bibliographie. *Paris*, 1805, in-8, d.-rel. v.

1967. **Fourrier** (F.-M.-C.). Publications de l'École Sociétaire. *Paris*, 1842-45, br.

> 1° Bases de l'école positive. Manifeste de l'Ecole Sociétaire fondée par Fourrier. 1842. — 2° Notions élémentaires de la science sociale de Fourrier. 1844. — 3° De la politique nouvelle convenant aux intérêts de la société. 1844. — 4° Le sept avril. Banquets commémoratifs de la naissance de Charles Fourrier. 1844. — 5° Petit cours de politique et d'économie sociale à l'usage des ignorants et des savants. 1844. — 6° Les enfants du phalanstère, dialogues familiers sur l'éducation. 1844. — 7° Jérémie en 1845, par Jean Journet, disciple de Fourrier. 1845.

1968. **Fragosus** (J.-B.), e Soc. Jes. Regimen reipublicæ christianæ ex sacra theol. et ex utroque jure ad utrumque forum convalescens. *Lugduni*, 1641, in-fol., cham.

1969. **Fragmens** relatifs à l'histoire ecclésiastique des premières années du 19° siècle. *Paris, Egron*, 1814, in-8, br.

1970. **Fragments** d'histoire et de littérature (par Larroque de Rouen). *La Haye, Moetjens*, 1706, in-12, v. j.

1971. **Fraguerii** (Cl.-Fr.) carmina. Voir le N° 2510.

1972. **Franc-Alleu** (le) de la province de Languedoc establi et defendu. 2° édition, augmentée d'un second livre et de remarques nombreuses, à laquelle a esté de plus adjoucté un traicté de l'origine, de l'antiquité et des privilèges des Estats généraux de la même Province ; ensemble un recueil de chartes de ses privilèges, libertez et franchises (par Caseneuve). *Tolose, J. Boude*, 1645, in-fol., v. br.

1973. **France** (la) catholique, recueil de nouvelles dissertations religieuses et catholico-monarchiques sur les affaires de l'Église, suivant les principes de Bossuet. *Paris,* 1825-26, 4 v. en 2 tom. in-8, d.-rel. bas.

1974. **France** (la) chrétienne, journal religieux, politique et littéraire. *Paris,* 1821-23, 10 tom. en 5 v. in-8, d.-rel. bas.

1975. **France** (la) littéraire, pour l'année 1758. *Paris,* 1758, 3 part. en 1 v. in-12, bas.

1976. **France** (la) littéraire, par Ch. Malo. *Paris,* 1832-36, 25 v. in-8, br.

1977. **France** (la) toute catholique sous le règne de Louys le Grand, ou entretiens de quelques Protestans français qui, après avoir reconnu que leur secte est impie et pernicieuse à l'État, prennent la belle résolution d'en hâter la ruine si heureusement entreprise par le Roy (par Gautrol). *Lyon,* 1684, 3 v. in-12, bas.

1978. **Francisci Assisiatis** (S.) nec non S. Antonii Paduani Opera omnia, postillis illustrata, etc. *Lugduni,* 1653, in-fol., vél.

1979. — Règle du tiers-ordre de la Pénitence, instituée par le séraph. Patriarche S. François, trad. et expliquée par le P. Claude Frassen. *Paris,* 1692, in-12, bas.

1980. **Franck** (Ad.). Études orientales. *Paris, M. Lévy,* 1861, in-8, d.-rel. mar. v.

1981. **Franklin** (Benj.). Mémoires sur sa vie, écrits par lui-même. Traduct. nouv. *Paris, Renouard,* 1828, 2 v. in-16, d.-rel. m., *portr.*

1982. — Vie de B. Franklin, écrite par lui-même, suivie de ses œuvres. Trad. de l'angl. par J. Castéra. *Paris,* an VI, 2 v. in-8, v. rac., fil., *portr.*

1983. — The way to wealth, or poor Richard improved. *Paris, Renouard,* 1795, in-18, gr. pap., br., *portr.*

1984. **Franzius** (Wolfg.). Animalium historia sacra, in qua plerorumq. animalium præcipue proprietates in gratiam studiosorum theologiæ... accommodantur. Ed. quinta.

Amstelodami, Jo. Janssonius, 1655, in-16, parch., *frontisp. gr.*

1985. **Frassen** (Cl.). Disquisitiones Biblicæ. *Lucæ,* 1769, 2 v. in-fol., vél.

Voir, en outre, les Nos 523 et 1979.

1986. **Frayssinous** (Denis de), évêque d'Hermopolis. Défense du Christianisme, ou conférences sur la Religion. 2ᵉ édit. *Paris, Adr. Le Clère,* 4 v. in-12, d.-rel. v. n.

1987. — Les vrais principes de l'Église gallicane sur la puissance ecclésiastique, la papauté, les libertés gallicanes, la promotion des évêques, les trois concordats et les appels comme d'abus. 3ᵉ éd. *Paris, Adr. Le Clère,* 1826, in-8, br.

1988. **Fréret** (Ant.). Défense de la chronologie fondée sur les monuments de l'histoire ancienne, contre le système chronologique de Newton. *Paris,* 1758, in-4, v.

1989. — Examen critique des apologistes de la Religion chrétienne. *Paris,* 1823, in-16, br.

1990. **Fripponerie** (la) laïque des prétendus esprits forts d'Angleterre, ou remarques de Philéleuthère de Leipsik (Bentley) sur le discours de la liberté de penser, trad. de l'angl. (par Armand de la Chapelle). *Amsterdam, Weistein,* 1738, in-12, bas.

1991. **Frælich** (Wolfg.). De libertate animæ humanæ prælectiones theologicæ et philosophicæ. *Anglipoli,* 1784, in-12.

1992. **Froidour** (M. de). Lettre à M. Barillon-Damoncourt, contenant la relation et la description des travaux qui se font en Languedoc, pour la communication des deux mers. *Toulouse,* 1672, pet. in-8, vél., *fig.*

1993. **Fromentières** (J.-L. de), évêque d'Aire. OEuvres meslées. *Paris,* 1695, in-8, bas.

1994. **Frommann** (Joh.-Christ.). Tractatus de Fascinatione novus et singularis. *Norimbergæ,* 1675, in-4, d.-rel. bas., *frontisp. gr.*

1995. **Fromondus** (Lib.). Commentaria in S. Scripturam,

in duas partes distributa. *Rhotomagi,* 1710, 2 part. en 1 v. in-fol., v. br.

1996. **Frontinus** (Sex.-Julius). Opera ad optimas editiones collata. *Biponti, ex typogr. Societatis,* 1788, in-8, d.-rel. v. rac.

1997. **Fronto.** M. Cornelii Frontonis et M. Aurelii imperatoris epistvlæ : L. Veri Antonini Pii et Appiani epistvlarum reliquiæ : Fragmenta Frontonis et scripta grammatica. Editio prima romana plus centum epistvlis aucta ex codice rescripto bibliothecæ pontificiæ Vaticanæ, curante Ang. Maio. *Romæ,* 1823, gr. in-8, d.-rel. v., *fig.*

1998. **Fronton** (Jean). Religiosissimi doctissimique viri Joan. Frontonis, canonici regularis S. Genovefæ, et universitatis Parisiensis cancellarii, memoria disertis per amicos, virosque clarissimos encomiis celebrata. *Parisiis, Cramoisy,* 1663, in-4, vél.

1999. **Froumenteau** (N.). Le secret des Finances de France, descouvert et départi en trois livres, et maintenant publié pour ouvrir les moyens légitimes et nécessaires de payer les dettes du roy, décharger ses sujets des subsides imposés depuis trente-un ans, et recouvrer tous les deniers prins à Sa Majesté. 1581, s. l. n. d., 3 tom. en 1 v. in-8, vél.

2000. **Fulgentius** (Fab.-Cl.-Gordianus), Ruspensis episc. Opera in vetustissimo codice conscripta, nuper apud Germanos inventa. Item opera Maxentii Johannis. (*Norimbergiæ,* 1519, in-8) mar. br.

    Edition antérieure à celle de 1520 in-fol., indiquée par Brunet comme étant la première; les œuvres de Maxentius, annoncées sur le titre ne se trouvent pas à la suite.

2001. — Opera, librorum multorum accessione locupletata. *Antverpiæ, apud Christophor. Plantinum,* 1574, in-8, v. f.

2002. — Opera omnia, ad mss. codd. necnon ad editiones antiquiores et castigatiores emendata, aucta et in unum omnia volumen nunc primum collecta. *Parisiis, Guil. Desprez,* 1684, in-4, v. m.

2003. **Fumel** (J.-Félix-Henry de), évêque de Lodève. Mandements et instructions pastorales. *Avignon*, 1761, in-12, bas.

2004. **Fundamenta** Juris naturæ et gentium ex sensu communi deducta, in quibus ubique secernuntur principia honesti, justi ac decori, etc., in usum auditorii Thomasiani. *Halæ et Lipsiæ*, 1718, in-4, d.-rel. bas.

2005. **Fungerus** (Jo.) Etymologicum trilingue. Nova edit. *Lugduni*, 1607, pet. in-fol., v. f.

2006. **Furetière** (Ant. de). Le Roman bourgeois; nouv. édition, revue, corrigée et augmentée de remarques historiques, d'une satyre en vers et de figures en taille douce. *Nancy, Cusson*, 1713, in-12, bas.

2007. — Factum pour messire Ant. Furetière contre quelques-uns de l'Académie françoise. — Second factum du même. — Troisième factum, servant d'apologie aux deux précédents. On a joint à ce dernier : Plan et dessein du poëme allégorique et tragico-burlesque intitulé : *Les Couches de l'Académie. Amsterdam, H. Desbordes*, 1686-88, 3 v. pet. in-12, bas.

2008. — Furetieriana, ou les bons mots et les remarques d'histoire, de morale, de critique, de plaisanterie et d'érudition de M. Furetière. *Lyon, Th. Amaulry*, 1696, in-12, bas.

Voir aussi les Nos 1667 et 3686.

G

2009. **Gabriel Metropolita.** Voir Rich. Simon, N° 5010.

2010. **Gage** (Th.). Nouvelle relation, contenant ses voyages dans les Indes occidentales, ou la Nouvelle-Espagne, et son retour par la province de Nicaragua; trad. de l'anglais. *Amsterdam, P. Marret*, 1720, 2 v. in-12, v. br., *fig.*

2011. **Gagnier** (Jean). La vie de Mahomet, trad. et compilée de l'Alcoran., des traditions authentiques de la Sonna, etc. *Amsterdam*, 1732, 2 v. in-12, *fig*.

Voir aussi les Nos 3841, 3194, 3278, 4680, 5414, 5415 et 5507.

2012. **Gaichiès** (le P.). Maximes sur le ministère de la chaire, et discours académiques. *Paris*, 1759, in-12, v. f.

2013. **Gaillard** (G.-H.). Histoire de Charlemagne, suivie de l'histoire de Marie de Bourgogne. *Paris, Blaise*, 1819, 2 v. in-8, d.-rel. v. mar.

2014. — Mélanges académiques, poétiques, littéraires, philologiques, critiques et historiques. *Paris*, 1806, 4 v. in-8, cart.

2015. **Galatini** (Petr. Columnæ, a patria) de arcanis catholicæ veritatis libri XII....; item Joh. Reuchlini Phorcensis, de Cabala seu de symbolica receptione dialogus. *Francofurti*, 1612, in-fol., bas.

2016. **Galerie** (la) des Portraits de Mlle de Montpensier. Recueil de portraits et éloges en vers et en prose des seigneurs et dames les plus illustres de France, la plupart composés par eux-mêmes, dédiés à S. A. R. Mademoiselle. Nouv. édition, avec des notes par Ed. de Barthélemy. *Paris, Didier*, 1860, in-8, d.-rel. mar. v.

2017. **Galien** (le P. Jos.). Lettres théologiques touchant l'état de pure nature, la distinction du naturel et du surnaturel et les autres matières qui en sont des conséquences. *Avignon*, 1745, in-12, bas.

2018. **Galilæi** (Galilæo) Systema Cosmicum : in quo dialogis IV de duobus mundi systematibus Ptolemaico et Copernicano disseritur. *Lugduni*, 1641, in-4, v. f., fil., *portr*. et *frontisp. gr*.

2019. **Gallands** (Th.). Nouveau recueil de divers plaidoyers de feus Mes Auguste et Thomas Gallands, et autres fameux advocats de la Cour de Parlement. *Paris*, 1656, in-4, v. br., fil.

2020. **Gallois** (Léonard). Histoire des journaux et des journalistes de la Révolution française (1789-96). *Paris,* 1845, 2 v. gr. in-8, d.-rel. m., *portr.*

2021. **Gamaches** (Ét.-Sim. de). Dissertations littéraires et philosophiques. *Paris, Nully,* 1755, in-12, bas.

2022. **Garasse** (le P. Fr.). La Doctrine curieuse des beaux esprits de ce temps, ou prétendus tels, combattue et renversée par le P. François Garasse, de la Comp^e de Jésus. *Paris, Séb. Chappelet,* 1623, in-4, vél.

2023. — Jugement et censure du livre de *la Doctrine curieuse* de Fr. Garasse (par Franç. Ogier). *Paris,* 1623, pet. in-8, vél.

2024. — La Somme théologique des vérités capitales de la religion chrestienne, par le P. François Garassus. *Paris,* 1625, in-fol., d.-rel. mar.
Voir aussi le N° 167.

2025. **Garat** (Dom.-Jos.). Mémoires historiques sur la vie de M. Suard, sur ses écrits et sur le XVIIIe siècle. *Paris,* 1820, 2 v. in-8, d.-rel. v.

2026. — Les mêmes. *Paris,* 1829, 2 tom. en 1 v. in-8, avec *2 pl.*

2027. **Gargallo** (Th.). Épigrammes, trad. de l'italien, avec le texte en regard, par J. Cellarier. *Montpellier, Boehm,* 1848, gr. in-18, br.

2028. **Gariel** (Pierre). Idée de la ville de Montpelier recherchée et présentée aux honestes gens. *A Montpelier, par Daniel Pech,* 1665, gr. in-4, *portr.* et *plan.*

2029. — Series Præsulum Magalonensium et Monspeliensium..... ab anno 451 ad ann. 1665. Editio secunda. *Tolosæ, Joan. Boude,* 1665, 2 tom. en 1 v. in-fol., bas, *portr.* et *plans.*
Voir aussi le N° 1694.

2030. **Garnier** (Claude). Les royales Couches sur les naissances de Monsieur le Dauphin et de Madame, composées en vers françois par Claude Garnier, Parisien. *Paris, Abel Langelier,* 1604, in-8 de 10 ff. et 226 pp., vél.

2031. **Garnier** (J.-Jacq.). Traité de l'origine du gouvernement français, où l'on examine ce qui est resté en France, sous la première race de nos rois, de la forme du gouvernement qui subsistait dans les Gaules sous la domination Romaine. *Paris*, 1765, pet. in-12, bas.

2032. **Garonne.** Histoire de la ville de Montpellier sous la domination de ses premiers seigneurs, sous celle des rois d'Aragon et des rois de Mayorque. *Paris, Pichard* (1829-35), 2 v. in-8, br.

2033. **Gasquet** (Hyac. de). L'usure démasquée, ou exposition et réfutation des erreurs opposées à la doctrine chrétienne sur l'intérêt lucratif du prêt à jour et de commerce, etc., *Paris*, 1788, 2 v. in-12, br.

2034. **Gassendi** (Petr.). Opera omnia. *Lugduni, Anisson*, 1658, 6 v. in-fol., bas., *portr.*

2035. — Animadversiones in decimum librum Diogenis Laertii qui est de vita, moribus, placitisque Epicuri. *Lugduni*, 1649, in-fol., bas.

2036. — Syntagma philosophiæ Epicuri, cum refutationibus dogmatum quæ contra fidem christianam ab eo asserta sunt. Præfigitur Sam. Sorberii dissertatio de vita ac moribus Petr. Gassendi. *Hagæ-Comitis*, 1659, pet. in-4, bas., fil.

Voir, pour Épicure, les N°⁸ 3535, 3536.

2037. — Abrégé de la Philosophie de Gassendi, par Fr. Bernier. *Lyon*, 1678, 8 v. in-12, bas.

2038. — Vie de Pierre Gassendi (par le P. Bougerel, de l'Oratoire). *Paris*, 1737, in-12, bas., *portr.*

2039. — Histoire de la vie et des écrits de P. Gassendi, par l'abbé A. Martin. *Paris*, 1853, gr. in-18, br.

2040. — Abrégé de la vie et du système de Gassendi, par de Camburat. *Bouillon*, 1770, in-12, cart.

2041. **Gaudentii**, Brixiæ episcopi (S.), Sermones, ad fidem mss. codd. recogniti et emendati. Accesserunt Ramperti et Adelmanni opuscula : recensuit ac notis illustravit Paulus Galeardus. *Patavii, Jos. Cominus*, 1720, in-4, vél.

2042. **Gaudinus** (Jac.). Assumptio Mariæ Virginis vindicata contra dissertationem Claudii Jolii, ecclesiæ Parisiensis canonici. *Parisiis, Fr. Muguet,* 1670, in-12, bas.

2043. **Gaultier** (Jacques). Tabula chronographica status Ecclesiæ catholicæ a Christo nato (ad annum 1614). *Lugd.,* 1615, in-fol., mar. r.
Le frontispice manque.

2044. **Gayot de Pitaval.** Esprit des conversations agréables, ou mél. de pensées choisies en vers et en prose. *Paris,* 1731, 3 v. in-12, v. br.

2045. **Gedoyn** (l'abbé Nic.). OEuvres diverses. *Paris, de Bure,* 1745, in-12, bas.

2046. **Gellius** (Aulus). Auli Gellii Noctium Atticarum libri undevigenti; cum indicio, etc. *Venundantur (Parrhisiis), ab Joan. Parvo et Jod. Badio Ascensio,* 1517, in-4 de 10 ff. prélim. non chiff., 114 ff. chiff. et 8 ff. à la fin non chiff. pour l'*index capitum*.
Relié avec le N° 4025.

2047. — Noctes Atticæ, cura et recensione Ant. Thysii et Jac. Oiselii. *Lugd.-Batav.,* 1666, in-8, bas., *frontisp. gr.*

2048. — Noctes Atticæ cum notis et emendat. Jo.-Fred. Gronovii. *Lugd.-Batav.,* 1688, in-8, v. f., fil., *frontisp. gr.*
Aux armes de Huet, évêque d'Avranches.

2049. — Les Nuits Attiques d'Aulu-Gelle, trad. en fr. avec le texte en regard et accomp. de remarques par Victor Verger. *Paris, Fournier,* 1820, 3 v. in-8, d.-rel. mar. v.

2050. **Généalogie** des comtes de Provence, depuis l'an DLXXVII jusques à présent, règne du très-chrestien, invincible, auguste et triomphant Henry IIII, roy de France et de Navarre, comte de Provence, etc. *Aix, Tholozan,* 1603, in-4.
Relié avec le N° 5077.

2051. **Génébrard** (Gilb.). Traicté de la Liturgie ou S. Messe, selon l'usage et forme des apostres et de leur disciple sainct Denys, apostre des François. Seconde édition augmentée. *Lyon*, *J. Pillehotte*, 1694, in-8, bas.

2052. — Gilberti Genebrardi, theologi Parisiensis, chronographiæ libri IV. *Lugduni*, *Joan. Pillehotte*, 1619, in-fol., v. f.

2053. **Génie** (le) de la langue française, par le sieur d'.... (d'Aisy). *Paris*, 1685, in-12, bas.

2054. **Genty** (F.-J.-H.). Élémens de philosophie. 2e édition. *Paris*, 1824, 2 v. in-8, br.

2055. **Georgii** Syncelli et Nicephori chronographia, gr. et lat., cum notis Jac. Goar. *Parisiis*, 1652, gr. in-fol., v. br., fil.

2056. **Georgii** Logothetæ Acropolitæ chronicon Constantinopolitanum complectens historiam captæ a Latinis Constantinopoleos et annorum circiter LX, a Balduino Flandro Augusto ad Balduinum ultimum ejus nepotem; nunc primum gr. et lat., notisque illustratum; ex bibliotheca Theodori Dousæ. *Lugd.-Batav.*, 1614, in-8, vél.

2057. **Georgius** (Fr.) Venetus Minoritanæ familiæ. De harmonia mundi totius cantica tria. *Parisiis*, *apud Andr. Berthelin*, 1544, in-fol., bas.

2058. **Gerando** (J.-M. de). Histoire comparée des systèmes de philosophie, considérés relativement aux principes des connaissances humaines. 2e édition, revue et augmentée. *Paris*, *Eymery*, 1822-23, 4 v. in 8, d.-rel. mar. v.

2059. — Des signes et de l'art de penser, considérés dans leurs rapports mutuels. *Paris*, 1800, 4 v. in-8, d.-rel. bas.

2060. — De l'éducation des sourds-muets de naissance. *Paris*, 1827, 2 v. in-8, d.-rel. mar. br.

2061. — Du perfectionnement moral, ou de l'éducation de soi-même. *Paris*, 1824, 2 v. in-8, d.-rel. mar. gr.

2062. — De la bienfaisance publique. *Paris*, 1839, 4 v. in-8, d.-rel. v. rose.

2063. — Le visiteur du pauvre. 3e édition. *Paris*, 1826, in-8, d.-rel. v. vert.

2064. **Gérard** (l'abbé de). La philosophie des gens de cour. *Paris, Loyson*, 1681, in-12, bas.

2065. **Gérard** (Alex.). Essai sur le goût, avec 3 dissertations sur le même sujet par MM. de Voltaire, d'Alembert et de Montesquieu, trad. de l'angl. (par Eidous). *Paris et Dijon*, 1766, in-12, bas.

2066. **Gerbais** (Joan.). Dissertatio de causis majoribus ad caput concordatorum de causis. *Lutet.-Paris.*, 1679, in-4, bas.

2067. **Gerberon** (Gabr.), bénédictin. La règle des mœurs contre les fausses maximes de la morale corrompue. *Utrecht*, 1735. — Essai d'un parallèle entre les temps de J.-C. et les nôtres. S. t. (1re partie seulement). 1 v. in-12, bas.

2068. — Histoire de la robe sans couture de N. S. J.-C., révérée dans l'église du monastère des religieux bénédictins d'Argenteuil, avec un abrégé de l'histoire de ce monastère, par un religieux bénédictin de la congrégation de S. Maur (dom Gabr. Gerberon). 4e édit. *Paris*, 1838, in-12, cart.

2069. **Gerbet** (l'abbé Ph.). Des doctrines philosophiques sur la certitude dans leurs rapports avec les fondements de la théologie. *Paris*, 1826, in-8, br.

2070. — Examen d'un ouvrage intitulé : *Des doctrines philosophiques sur la certitude dans leurs rapports avec les fondements de la théologie*, par l'abbé Gerbet, par J.-L. Rozaven. *Avignon*, 1831, in-8, br.

2071. — Conférences de philosophie catholique. Introduction à la philosophie de l'histoire. *Paris*, 1832-33, 6 cah., br.

2072. — Coup d'œil sur la controverse chrétienne depuis les premiers siècles jusqu'à nos jours, par l'abbé Ph. Gerbet. *Paris*, 1831, in-8, br.

2073. — Le sens commun de M. Gerbet, ou examen de ses doctrines philosophiques dans leurs rapports avec les fondements de la théologie, suivi de deux appendices sur le sens commun de M. de Lamennais et de M. Laurentie, par M.... *Paris*, 1827, in-8, br.

2074. **Gerdil** (le P.), barnabite. Traité des combats singuliers. *Turin* (1759), in-8, bas.

2075. — L'immatérialité de l'âme démontrée contre M. Locke.... avec des nouvelles preuves de l'immatérialité de Dieu. *Turin*, 1747, in-4, bas.

2076. — Discours philosophique sur l'homme considéré relativement à l'état de nature et à l'état de société, par le P. G. B. (le P. Gerdil, barnabite). *Turin*, 1777, in-8, v. j.

2077. — Nouveaux opuscules du cardinal Gerdil, publiés pour la première fois d'après les autographes existants au collége des PP. Barnabites de Rome. *Rome*, 1852, in-fol. à 2 colonn., br.

2078. **Gerhardus** (Joh.). Meditationes sacræ. *Amstelod.*, 1629, in-32, v. f.

2079. **Germain** (Cl.). Icon philosophiæ occultæ, sive vera methodus componendi magnam antiquorum philosophorum lapidem, auctore Claudio Germain. *Parisiis, Couterot*, 1672, pet. in-12, v. br.

2080. **Germain** (Alex.). Histoire de l'Église de Nimes. *Nimes, Giraud*, 1838-42, 2 v. in-8, d.-rel. v.

2081. — Histoire de la commune de Montpellier, depuis ses origines jusqu'à son incorporation définitive à la monarchie française, rédigée d'après les docum. originaux et accompagnée de pièces justificatives, presque toutes inéd. *Montpellier, J. Martel aîné*, 1851, 3 v. in-8, d.-rel. mar.

2082. — Histoire du commerce de Montpellier, antérieurement à l'ouverture du port de Cette, rédigée d'après les docum. originaux, et accompagnée de pièces justificatives inédites. *Montp., J. Martel aîné*, 1861, 2 v. in-8, d.-rel. mar.

2083. — Mélanges académiques d'histoire et d'archéologie, par A. Germain, professeur d'histoire et doyen de la

Faculté des Lettres de Montpellier. *Montp.*, 1860 et suiv., tom. I, II et les parties parues du tom. III, in-4, d.-rel. mar.

2084. — Mélanges littéraires et historiques. In-8, br.

1º De l'influence de la France sur la civilisation européenne (discours), 1839. — 2º Essai littéraire et historique sur Apollinaris Sidonius (thèse), 1840. — 3º De Mamerti Claudiani scriptis et philosophia (thèse), 1840. — 4º Lettre où est narrée la conspiration de Stefano Porcaro contre le pape Nicolas V, 1843. — 5º Recherches historiques sur la secte des Multipliants, 1845. — 6º Aperçu historique sur l'origine et les vicissitudes du monastère de Saint-Germain (discours), 1851.

2085. **Germon** (P.-Barth.). De veteribus regum Francorum diplomatibus, et arte secernendi antiqua diplomata vera a falsis. *Parisiis, Rigaud*, 1706, in-12, bas., br.

2086. **Gersen** (Joh.), abbas S. Stephani Vercellensis. De Imitatione Christi, libri IV; accessit dissertatio qua ii libri auctori suo afferuntur. — Francisci Delfavii et Joh. Mabillonii dissertationes quibus libri IV de Imitatione Christi Johanni Gersen ex authenticis monumentis asseruntur. Tertia editio. *Parisiis, Jacob. Vincent*, 1712, in-12, bas.

2087. **Gerson** (Joan.). Opera omnia....., cura et studio Lud. Ellies Du Pin, qui huic editioni profixit Gersoniana, id est hist. eccles., in quibus historia ecclesiastica temporis Gersonii texitur, etc. *Antuerpiæ*, 1706, 5 tom. en 4 v. in-fol., *portr.*

2088. — L'esprit de Gerson, ou Instructions catholiques touchant le S. Siége (par Le Noble). S. l., 1691, in-12, bas.

2089. **Géruzez** (Eug.). Essais d'histoire littéraire. 2ᵉ édit. *Paris*, 1853, 2 v. gr. in-18, d.-rel. m.

2090. **Gesnerus** (Conr.). Lexicon græco-latinum. *Basileæ*, 1545, in-fol., bas., *frontisp. gr.*

2091. **Gesnerus** (Jo.-Matth.). Socrates sanctus Pæderasta; accessit ejusdem corollarium de antiqua asinorum honestate. *Traj.-ad.-Rh.*, 1769, in-4, de 61 pp., bas.

2092. **Gessner** (Salomon). Ses œuvres. *Paris, Bossange,* an V (1797), 3 v. in-18, v. rac., *fig.*

2093. **Gesta** Caroli Magni ad Carcassonam et Narbonam, et de ædificatione Monasterii Crassensis, edita ex Codice Laurentiano cum observationibus criticis, a Sebastiano Ciampi. *Florentiæ*, 1823, in-8, br.

2094. **Geuffrin.** La Franciade, ou histoire générale des Roys de France depuis Pharamond jusques à Louis-le-Juste, à présent régnant, mise en vers françois par Geuffrin. *Paris, Sommaville,* 1623, pet. in-8 de 181 pp., v. br., fil.

2095. **Gibert** (Balth.). Jugements des savants sur les auteurs qui ont traité de la rhétorique. *Paris,* 1713, 3 v. in-12, v. br.

2096. **Gillies** (John). Histoire de l'ancienne Grèce, de ses colonies et de ses conquêtes..... trad. de l'angl. par Carra, avec cartes. *Paris,* 1787, 6 v. in-8, bas.

2097. **Gillotte** (le P. Colomban). Le Directeur des consciences scrupuleuses examinant tous leurs scrupules et enseignant la manière de les guérir, etc. *Paris,* 1753, in-12, bas.

2098. **Gin** (P.-L.-Cl.). Nouveaux mélanges de philosophie et de littérature, ou analyse raisonnée des connaissances les plus utiles à l'homme et au citoyen. *Paris,* 1785, in-12, bas.

2099. **Ginguené** (P.-L.). Histoire littéraire d'Italie. 2e édit. *Paris,* 1824, 9 v. in-8, d.-rel. v.

2100. — Les noces de Thétis et de Pélée, poème de Catulle, trad. en vers français. *Paris,* 1812, in-12, d.-rel. v.

2101. **Ginoulhiac** (l'abbé). Histoire du dogme catholique pendant les trois premiers siècles de l'Eglise et jusqu'au concile de Nicée. *Paris,* 1852, 2 v. in-8, d.-rel. m.

2102. **Girard de Villethierry** (prêtre). La vie des gens mariés, ou les obligations de ceux qui s'engagent dans le mariage, prouvées par l'Ecriture, les SS. Pères et les Conciles. *Paris,* 1743, in-12, bas.

2103. **Girard** (Ant.), jésuite. Les mémorables journées des François, où sont descrites leurs grandes batailles et leurs signalées victoires. *Paris,* 1647, in-4, bas., *fig.*

2104. **Giraudeau** (Bonav.). Introductio ad linguam græcam...., seu poema in quo regulæ radicesque omnes ad usum et praxim rediguntur. *Rupellæ* et *Parisiis,* 1752, in-8, bas.

2105. **Girou de Buzareignes** (Ch.). OEuvres diverses, br.
> 1o Marie, ou de l'éducation des filles. *Rodez*, 1841, in-12. — 2o Education des garçons. *Rodez*, 1845, in-12. — 3o Morale physiologique. *Rodez*, 1837, in-8. — 4o Nature des êtres; essai ontologique. *Rodez*, 1840. — 5o Précis de morale. *Paris*, 1852, in-8.

2106. **Gisbert** (le P. B.), jésuite. L'éloquence chrétienne dans l'idée et dans la pratique. *Lyon,* 1715, in-4, bas.

2107. **Glassius** (Salomon). Philologiæ sacræ libri V, quorum duo de S. Scripturæ stylo et sensu, duo de grammatica sacra, unus de rhetorica sacra. *Amstelœdami,* 1694, in-4, v., *portr.*

2108. **Goar** (J.). Εὐχολόγιον, sive Rituale Græcorum complectens ritus et ordines divinæ liturgiæ, officiorum, sacramentorum, consecrationum, benedictionum, funerum, orationum, etc., cuilibet personæ, statim vel tempori congruos, juxta usum Orientalis Ecclesiæ, cum selectis mss. et editis exemplaribus collatum : interpretatione latina, nec non mixo barbararum vocum brevi glossario, æneis figuris, et observationibus ex antiquis PP. et maxime græcorum theologorum expositionibus illustratum, opera R. P. F. Jacq. Goar. *Lutetiæ-Parisior., S. Piget,* 1647, in-fol., v. br., fil.

2109. **Gobillon** (   ). La vie de la vénérable Louise de Marillac, veuve de M. Le Gras, fondatrice de la compagnie des Filles de la Charité, revue et augmentée par M. Collet. *Paris,* 1769, in-12, bas., *portr.*

2110. **Godeau** (Ant.), évêque de Vence. Paraphrase des Pseaumes de David en vers françois, et mis en chant par Artus Aucousteaux. 4e édition. *Paris, P. Le Petit,* 1656, pet. in-12, v. j., fil.

2111. — Les mêmes. *Paris*, 1648, in-4, parch.

2112. — Les tableaux de la pénitence. 4e édition. *Paris, Augustin Courbé*, 1673, 2 v. in-12, bas., *fig.*

2113. — La vie de l'apôtre S. Paul. *Lyon*, 1685, in-12, bas., *frontisp. gr.*

2114. — La vie de S. Augustin. 3e éd. *Lyon*, 1685, in-8, bas, *frontisp. gr.*

2115. — La vie de S. Charles Borromée. Nouv. édition. *Paris*, 1748, 2 v. in-12, bas.

2116. — Histoire de l'Église. 6e éd. *Paris*, 1690, 6 v. in-12, bas.

2117. — Éloges des Évêques qui, dans tous les siècles de l'Église, ont fleuri en doctrine et en sainteté. *Paris, Muguet*, 1665, in-4, bas.

2118. — Éloges historiques des Empereurs, des Roys, des Princes, des Impératrices, etc., qui, dans tous les siècles, ont excellé en piété. *Paris, Muguet*, 1667, in-4, bas.

Aux armes du Président de Bon.

2119. — Lettres sur divers sujets. *Paris*, 1713, in-12, bas.

2120. **Godefroy** (Ant.). La conduite canonique de l'Église pour la réception des filles dans les monastères. *Paris, Savreux*, 1668, in-12, v. br.

2121. **Godefroy** (Fréd.). Voir le N° 1241 *bis*.

2122. **Godignus** (N.), e Soc. J. De Abassinorum rebus deque Æthiophiæ patriarchis Jo. Nonnio Barreto et Andrea Oviedo, libri III. *Lugduni, Cardon*, 1615, in-8, bas.

2123. **Gœthe** et **Schiller.** Correspondance, trad. par la bar. de Carlowitz et révisée, annotée, etc., par Saint-René Taillandier. *Paris*, 1863, 2 v. gr. in-18, d.-rel. m.

2124. — Entretiens de Goethe et d'Eckermann. Pensées sur la littérature, les mœurs et les arts, trad. par M. J.-N. Charles. *Paris*, 1862, gr. in-18, br.

2125. **Goldoni** (C.). Scelta di alcune commedie del Goldoni. 5a ediz. *Parigi*, 1813, in-12, d.-rel. v.

14

2126. **Gombauld** (Jean Ogier de). Ses lettres. *Paris, Augustin Courbé,* 1647, in-8, v. f., fil.

2127. **Gomberville** (Marin le Roy de). La Doctrine des mœurs, qui représente en cent tableaux la différence des passions et enseigne la manière de parvenir à la sagesse universelle. *Paris,* 1683, in-12, bas., *fig.*

2128. — Les cinq parties du Polexandre, revues, changées et augmentées en cette dernière édition. *Paris, Augustin Courbé,* 1645, 5 v. in-8, v. j., fil., *fig. d'Abraham Bosse.*

2129. — Exil de Polexandre, où sont racontées diverses avantures de ce grand Prince (par Gomberville). *Paris, A. Courbé,* 1630, in-8, vél.
Exempl. réglé ; le titre imité à la main.

2130. — La Cythérée, par Gomberville. *Paris, Augustin Courbé,* 1640-44, 4 v. in-8, vél.
Les 2 premières parties seulement.

2131. **Gomez** (Mad. de). Crémentine, reine de Sanga ; histoire indienne. *Paris,* 1728, 2 v. in-12, m. br., *fig.*

2132. **Gonçalez**, ou Gonzalès de Mendoça (Fr. Juan). Histoire du grand royaume de la Chine, divisée en deux parties, faite en espagnol par le P. Ivan Gonçalez de Mendoce et mise en fr. par Luc de la Porte. *Paris, Jér. Perier,* 1589, in-8, d.-rel. v.

2133. **Gonod** (B.). Catalogue des livres imprimés et manuscrits de la bibliothèque de la ville de Clermont-Ferrand. *Clermont-Ferrand,* 1839, in-8., br.

2134. **Gonon** (Benedict.), monach. Cœlest. Lugdun. Vitæ et sententiæ Patrum Occidentis, libris VII ex graviss. auctor. collectæ, et annotat. exornatæ opera et studio Bened. Gononi. Accesserunt ad calcem insignium quorumdam eremitarum Orientis vitæ. *Lugd.,* 1625, in-fol., bas.

2135. **Goodwinus** (Th.). Moses et Aaron, seu civiles et ecclesiastici Ritus usitati antiquis Hebræis, etc. (Latine vertit et notis illustravit Joh.-Henr. Reitzius.) *Bremæ,* 1679, pet. in-8, v. br.

2136. **Gordon** (Alex.). Vie du pape Alexandre VI et de son fils César Borgia, avec les pièces originales qui ont rapport à l'ouvrage; trad. de l'anglais. *Amsterdam,* 1732, 2 v. in-12, bas., *portr.*

2137. **Gorini** (l'abbé J.-M.-S.). Défense de l'Église contre les erreurs historiques de MM. Guizot, Aug. et Am. Thierry, Michelet, Ampère, Quinet, Fauriel, Aimé Martin, etc. *Lyon,* 1853, 2 v. in-8, d.-rel. mar. br.

2138. **Görres** (Jos. von). La Mystique divine, naturelle et diabolique; trad. de l'allem. par Ch. Sainte-Foi. *Paris,* 1854-55, 5 v. in-8, d.-rel. mar. br.

2139. **Goudelin** (P.). Las Obros de Pierre Goudelin, augmentados de forço pessos ambé le dictionnari sur la lengo moundino, etc. *Toulouso, Caunes, imprimur,* 1811, in-12, d.-rel. bas., *portr.*

2140. **Goudin** (F.), ord. Prædic. Philosophia juxta inconcussa tutissimaque D. Thomæ dogmata. *Coloniæ-Agrip.,* 1694, 4 v. pet. in-12, bas.

2141. **Goujet** (l'abbé Cl.-Pierre). Bibliothèque française, ou histoire de la Littérature française. *Paris, Mariette* et *Guérin,* 1740-56, 18 v. in-12, v. br.

2142. — Mémoire historique et littéraire sur le Collége de France. *Paris,* 1758, 3 v. in-12, bas.

2143. — Mémoires historiques et littéraires de l'abbé Goujet, dans lesquels on trouve une liste exacte de ses ouvrages. *La Haye,* 1767, in-12, d.-rel. bas.

  Voir, en outre, les Nos 2201, 2380, 2418, 3275, 3358 et 5527.

2144. **Gourcy** (l'abbé de). Quel fut l'état des personnes en France sous la première et la deuxième race de nos rois? *Paris,* 1769, in-12, bas.

2145. **Gourville** (M. de). Mémoires concernant les affaires auxquelles il a été employé par la Cour, depuis 1642 jusqu'en 1698. *Paris, Ganeau,* 1724, 2 v. in-12, v. br.

2146. **Goussault** (l'abbé). Le portrait d'un honnête homme. *Paris,* 1693, pet. in-12, bas.

2147. — Le portrait d'une femme honneste, raisonnable et véritablement chrestienne. *Paris,* 1693, in-12, bas.

2148. **Grabius** (Joan.-Ern.). Spicilegium SS. Patrum, ut et hæreticorum sæculi post Christum natum I, II et III, editio secunda. *Oxoniæ, e Th. Sheldon,* 1700, 2 v. in-8 rel. en 1, vél.

2149. **Græcæ** Grammatices Rudimenta (auctore Nicolao a Martimbos). *Parisiis, Lod. Tiletanus,* 1544. — Tabulæ perbreves, rationem motus verborum omnium barytonorum, circumflexorum, etc., nova dicendi formula complectentes, Renato Guillonio authore, *Parisiis, Richard,* 1549. — Græcarum institutionum Rudimenta, authore Georgio Macropædio. *Ibid.,* 1547. — De syllab. græc. quantitate, authore Renato Guillonio. (Le titre manque.) — 4 part. en 1 v. in-4, v. f.

2150. **Grainville** (C. de). Le dernier homme. Ouvrage posthume. *Paris, Deterville,* 1805, 2 tom. en 1 v. in-12, bas.

2151. **Grammaire** générale et raisonnée, contenant les fondements de l'art de parler, etc. (par Claude Lancelot et Ant. Arnauld), avec les nouvelles méthodes pour apprendre facilement et en peu de temps les langues italienne et espagnole. *Paris, Pierre le Petit,* 1660, 3 part. en 1 v. in-12, bas.

2152. — La même. 4ᵉ édition, *Paris, Pierre le Petit,* 1679, in-12, bas.

2153. — La même, avec remarques (par Duclos). *Paris,* 1780, in-12, bas.

2154. **Grammatica** hebraïca, a punctis aliisque inventis Massorethicis libera. *Parisiis,* 1716, in-12, v. br.

2155. **Grammaire** hébraïque, par un professeur du Séminaire d'Avignon. *Avignon,* 1819, in-8, br.

Voir aussi les Nᵒˢ 2221, 2770, 2868, 3761, 3774 et 5570.

2156. **Granada** (Luiz de). Les œuvres spirituelles du R. P. Louis de Grenade.... trad. en françois par M. Girard. *Paris, P. le Petit,* 1687, in-fol., bas.

2157. — Guia de Pecadores en laqual se contiene una larga y copiosa exhortacion a la virtud.... compuesto por el V. P. M. Fr. Luis de Granada. *Madrid,* 1777, in-4, vél.

2158. — Traité du devoir et de la vie des Evesques (trad. de l'espagnol par Jacques Boileau). *Paris,* 1670, in-12, bas., *frontisp. gr.*

2159. — Catéchisme, ou introduction au symbole de la foi; trad. de l'espagnol par le P. Simon Martin. *Lyon,* 1659, in-fol., d.-rel. bas.

2160. **Grancolas** (J.). Les anciennes Liturgies, ou la manière dont on a dit la messe, dans chaque siècle, dans les églises d'Orient et dans celles d'Occident, par M.... (Grancolas). *Paris, Nully,* 1697-99, 3 v. in-8, v. f., tr. d.

2161. — La tradition de l'Église sur le péché originel et sur la réprobation des enfants morts sans baptême. *Paris, Imbert de Bats,* 1698, in-12, bas.

2162. — La science des confesseurs, ou la manière d'administrer le sacrement de pénitence, selon les Conciles et les SS. Pères. *Paris,* 1700, 2 v. in-12, bas.

2163. **Granier de Cassagnac** (A.). Histoire des Girondins et des Massacres de Septembre, d'après les documents officiels et inédits, avec plusieurs *fac simile. Paris, Dentu,* 1860, 2 v. in-8, d.-rel. m.

2164. **Gratiani** (Ant.-Maria). De casibus virorum illustrium, opera ac studio O. Flecherii, abbatis S. Severini. *Lutetiæ-Parisior.,* 1680, in-4, mar. r., fil., tr. d.

2165. — La vie du cardinal J.-Fr. Commendon, trad. du lat. d'Ant.-M. Gratiani par Esprit Fléchier. *Paris, Cramoisy,* 1671, in-4, v. j.

2166. **Gratry** (A.). Philosophie. De la connaissance de Dieu. 2e éd. *Paris, Douniol,* 1854, 2 v. in-12, d.-rel. v.

2167. — Les sophistes et la critique. *Paris,* 1864, in-8, d.-rel. m.

2168. **Grégoire** (Henri). Histoire des sectes religieuses qui sont nées, se sont modifiées, se sont éteintes dans les différentes contrées du globe, depuis le commencement du siècle dernier jusqu'à l'époque actuelle. *Paris*, 1828-45, 6 v. in-8, d.-rel. v.

2169. — Essais historiques sur les libertés de l'Église gallicane et des autres Églises de la catholicité pendant les deux derniers siècles. N. éd. *Paris, Brissot-Thivars*, 1826, in-8, br.

2170. — De la littérature des nègres. *Paris,* 1808, in-8, br.

2171. **Gregorius Magnus** (S.). Opera omnia, studio et labore monachorum ord. S. Benedicti, e congr. S. Mauri (Dion. Sammarthani et Guil. Bessin). *Parisiis,* 1705, 4 v. in-fol., bas.

2172. — Les morales de S. Grégoire, pape, sur le livre de Job, trad. en franç. (par le duc de Luynes). *Paris, P. le Petit,* 1669, 3 v. in-4, v. br., *portr.*

2173. — Les homélies de S. Grégoire, pape, sur Ezéchiel, trad. en franç. (par P. Leclerc). *Paris,* 1747, in-12, v. m.

2174. — Les quarante homélies, ou sermons de S. Grégoire-le-Grand, pape, sur les évangiles de l'année; trad. en franç. (par le duc de Luynes). *Lyon, Cl. Rey,* 1692, in-8, bas.

2175. — Le livre de S. Grégoire-le-Grand, pape, du soin et du devoir des Pasteurs, trad. par J. Lec., C. de S. (Jean Leclerc, curé de Soisy). *Lyon,* 1690, in-12, bas.

2176. — Le Pastoral du ministère et des devoirs des Pasteurs; trad. en franç. par P.-Ant. de Marsilly. *Paris, Pralard,* 1694, pet. in-12, v. f., fil.

Aux armes de Colbert, év. de Montpellier.

2177. — Sancti Gregorii papæ, primi cognomento magni, Milleloquium morale, auctore R. P. Jac. Hommey. *Lugduni,* 1701, in-fol., bas.

2178. — Gregoriana correctio illustrata, auctore P. Melitone, Perpinianensi capucino. *Coloniæ,* 1743. — Ejusdem, Apologia correctionis Gregorianæ adversus Jacobum Bettazzium diocesis Pistoriensis, S. l., 1745, in-4, bas.

2179. — A. P. Garneri, can. reg. S. Victoris Paris., Gregorianum, hoc est allegoricæ omnium rerum in bibliis contentarum explanationes ex univ. Greg. Pap. scriptis, cura et studio F.-Jo. Picardi. *Parisiis*, 1608, in-8, parch., *tit. gr.*

2180. **Gregorius Nazianzenus** (S.). Opera omnia, gr. et lat., opera et studio monachorum S. Benedicti et congreg. S. Mauri. Tomus I. *Parisiis*, 1788, in-fol., gr. pap. de Hollande. — Tomus II, post operam et studium monachorum ord. S. Benedicti, edente et accurante A.-B. Caillau. *Parisiis*, 1842, 2 v. in-fol., d.-rel. v. f.

2181. — Discours de S. Grégoire de Nazianze sur l'excellence du sacerdoce et les devoirs des Pasteurs (trad. du gr. par l'abbé Troya d'Assigny). *Paris*, 1747, 2 v. in-12 rel. en 1, v. br.

2182. **Gregorius Nyssenus** (S.). Opera, gr. et lat., accuratius edita, aucta et notis ornata. *Parisiis, sumptibus Ægid. Morelli,* 1638, 3 v. in-fol., bas.

2183. **Gregorius Thaumat.** S. Gregorii Thaumaturgi sive Neocæsar. ; Macarii Ægyptii et Basilii, Seleuciæ episcopi, opera omnia, nunc primum gr. et lat., conjunctim edita (a Ger. Vossio) : acc. J. Zonaræ expositio canonicarum epistolarum. *Parisiis*, 1622, in-fol., bas.

2184. **Gregorius Turonensis.** Opera omnia, nec non Fredegarii epitome et chronicon cum suis continuatoribus, et aliis antiquis monumentis : ad codd. mss. et vett. editiones collata, emendata, aucta et illustrata, opera et studio Theod. Ruinart. *Parisiis, Muguet,* 1699, in-fol., bas.

Le frontisp. manque.

2185. — Histoire des Francs. Grégoire de Tours et Frédégaire, traduction de M. Guizot. N. éd., entièrement revue et augm. de la Géogr. de Grég. de Tours et de Frédégaire, par Alfred Jacobs. *Paris, Didier,* 1861, 2 v. in-8, d.-rel. m.

2186. **Grenade** (Louis de). Voy. Granada.

2187. **Greslon** (le P. Adrien). Histoire de la Chine sous la domination des Tartares (de 1651 à 1669). *Paris,* 1671, in-8, bas.

2188. **Gresset** (J.-B.-L.). OEuvres. Nouv. édit. *Londres,* 1765, 2 v. in-12, v. j.

2189. **Gretser** (Jacobus). Mysta Salmuriensis, seu mysterium iniquitatis, editum quidem a Ph. Mornayo Plessiaci domino, etc. ; nunc autem a Jac. Gretsero, soc. Jesu, revelatum et dilucide explanatum. *Ingolstadii, ex typogr. Ederiana,* 1614, in-4, vél.

2190. **Griffet** (le P. H.). L'insuffisance de la Religion naturelle prouvée par les vérités contenues dans les livres de l'Écriture sainte. *Liége* et *Avignon,* 1771, 2 v. in-12 rel. en 1, d.-rel. m.

2191. — Traité des différentes sortes de preuves qui servent à établir la vérité de l'histoire. *Rouen,* 1775, in-12, v. rac.

2192. **Grimaud** (Gilbert). La Liturgie sacrée, où toutes les parties et cérémonies de la sainte Messe sont expliquées avec leurs mystères et antiquités, etc. *Lyon, Jullieron,* 1666, in-4, bas., *frontisp. gr.*

2193. **Grimm** (F.-M.). Correspondance littéraire, philosophique et critique, adressée à un souverain d'Allemagne, par le baron de Grimm et Diderot. Première partie, de 1753 à 1790 (publ. par MM. Michaud aîné et Chéron). *Paris, Buisson,* 1813, 6 v. — Seconde partie, de 1771 à 1782 (publ. par Salgues). *Paris, le même,* 1812, 5 v., *portr.* — Troisième partie, pendant une partie des années 1775 et 1776 et pendant les années 1782 à 1790 inclusiv. (publ. par Suard). *Paris, Buisson,* 1813, 5 v. — Supplément à la correspondance littéraire, contenant : 1º les opuscules de Grimm ; 2º treize lettres de Grimm à Fréd. II, roi de Prusse ; 3º plusieurs morceaux manquant aux 16 v. ; 4º des remarques sur ces 16 v., par Barrier. *Paris, Buisson,* 1814, 1 v. — Correspondance inédite, et recueil de morceaux et fragments retranchés par la censure impériale en 1812 et 1813. *Paris*, *Fournier*, 1829, 1 v. — En tout, 18 v. in-8, d.-rel. v. rose.

2194. — Mémoires politiques et anecdotiques inédits du baron de Grimm, depuis l'année 1743 jusqu'en 1789, traduits de l'allem. par M. Zimmann. *Paris*, 1830, 2 v. in-8, d.-rel. v. rose.

2195. **Grimm** (Jo.-Fred.). De ellipsibus latinis libellus. *Francofurti* et *Lipsiæ*, 1743, in-8, d.-rel. bas.

2196. **Gronovius** (Jac.). Exercitationes academicæ habitæ autumno anni MDCLXXXII de nece Judæ του προδότου et cadaveris ignominia; accedit legitima et perspicua earum defensio. *Lugd.-Batav.*, 1702, in-4, cart.

2197. **Gronovius** (Joh.-Fred.). De sestertiis seu subsecivorum pecuniæ veteris græcæ et romanæ libri IV. *Lugd.-Batav.*, 1691, in-4, bas., *frontisp. gr.*

2198. — Observationum libri IV, curante Frid. Platnero. *Lipsiæ*, 1755, in-8, bas.

2199. **Grotius** (Hugo). De veritate religionis christianæ, editio novissima. *Amstelod.*, 1684, pet. in-8, vél., *frontisp. gr.*

2200. — Idem opus, editio adcuratior quam tertium, recensuit Joan. Clericus..... *Hagæ-Comitis*, 1724, pet. in-8, bas.

2201. — Traité de la vérité de la religion chrétienne, trad. du lat. avec des remarques (par l'abbé Goujet). *Paris*, 1724, in-12, bas.

2202. — Le même, trad. du lat. par le P. Le Jeune, avec deux dissertations de M. Leclerc ayant rapport à la matière. *Amsterdam*, 1728, in-12, bas.

2203. — Defensio fidei catholicæ de satisfactione Christi adversus Socinum. *Salmurii*, 1675, in-12, v. br.

2204. — Annotationes in libros Evangeliorum cum tribus tractatibus et appendice eo spectantibus. *Amsterdami*, *Blaeu*, 1641, in-fol., v. f.

2205. — Hugonis Grotii de jure belli ac pacis libri tres, cura et studio et cum notis Fr. Gronovii. *Hagæ-Comitum*, 1680, in-8, parch., *frontisp. gr.*

2206. — Le droit de la guerre et de la paix, traduit par Jean Barbeyrac, avec des remarques. *Leyde*, 1759, 2 v. in-4, d.-rel. mar. r., *portr.*

2207. — Philosophorum sententiæ de Fato, et de eo quod in nostra est potestate, collectæ partim et de græco versæ per Hugonem Grotium. *Amsterodami, Lud. Elzevir.*, 1648, in-12, vél.

2208. — Traité du pouvoir du magistrat politique sur les choses sacrées ; trad. du lat. de Grotius par (l'Escalopier). *Londres*, 1751, in-12, d.-rel. m.

2209. — Excerpta ex tragœdiis et comoediis græcis tum quæ extant tum quæ perierunt ; emend. et latinis versib. reddita ab Hugone Grotio cum notis et indice. *Parisiis, Nic. Buon*, 1626, in-4, vél.

2210. — Hugonis Grotii Epistolæ quotquot reperiri potuerunt. *Amstelod.*, 1687, in-fol., v. f.

2211. — Epistolæ ineditæ. Nunc prodeunt ex Musæo Meermanniano. *Harlemi*, 1806, in-8, cart.

2212. — Annales et historiæ de rebus Belgicis. *Amstelodami, Joan. Blaeu*, 1658, petit. in-12, v. f., fil.

2213. — Hugonis Grotii de origine gentium Americanarum dissertatio altera, adversus obtrectatorem. *Parisiis, Cramoisy*, 1643, in-8 de 35 p., parch.

    Aux armes de Huet, év. d'Avranches.

2214. — Notæ, ad dissertationem Hugonis Grotii de origine gentium Americanarum. Auctore Joan. de Laët. *Parisiis*, 1643, in-12, parch.

2215. **Gruchius** (Nic.) Rotomag. De comitiis romanorum libri tres. *Lutetiæ, ex offic. typ. Mich. Vascosani*, 1555, in-fol., parch.

2216. **Gruterus** (Janus). Lampas, sive Fax artium liberalium, hoc est thesaurus criticus e bibliothecis erutus. *Francofurti*, 1602-12, 6 v. in-8, cham.

    Manque le 7e vol., donné par Paræus.

2217. **Gruyer** (L.-A.). Essais philosophiques. Nouv. édit. *Paris, Ladrange,* 1855, 4 v. in-8, br.

2217 bis. — Opuscules divers. In-8, br.

1º Du spiritualisme au XIXᵉ siècle, ou examen de la doctrine de Maine de Biran. *Bruxelles,* 1834. — 2º Opuscules philosophiques. *Ibid.,* 1851. — 3º Coup d'œil sur le vitalisme, et analyse critique des lettres sur le vitalisme du Dʳ Chauffard, d'Avignon. 1857. — 4º Observations sur les doctrines vitalistes de Barthez, Stahl et Jeannel. *Paris,* 1859. — 5º *La Vie dans l'homme*, par M. Tissot. 1861. — 6º Rapport sur l'*Introduction à la théorie de la méthode pure*, par M. Bara, avocat à Mons. *Bruxelles,* 1855. — 7º Observations sur le dieu-monde, de MM. Vacherot et Tiberghien. *Paris,* 1860. — 8º L'absolu de Hegel, lettre à M. Tissot. 1861.

2218. **Gualdi** (l'abbé). La vie de Madame Olympe Maldachini. *Cosmopoli, J. Charray,* 1666, pet. in-12, v. br.

2219. **Gualtherus** (Rodolphus). In Prophetas XII quos vocant minores Rodolphi Gualtheri, Tigurini, homiliæ. Accessit chronologia temporum et rerum inter Judeos gestarum a divisione regni usque ad tempora Arcadii et Honorii. *Imp. Tiguri,* 1563, in-fol. parch.

2220. **Guardia** (J.-M.). OEuvres diverses, br.

1º Quelques questions de philosophie médicale (thèse). *Montpellier,* 1853, in-4. — 2º Essai sur l'ouvrage de Huarte : *Examen des Aptitudes diverses pour les sciences* (thèse). *Paris,* 1855, in-8. — 3º De ortu medicinæ apud græcos, progressuque per philosophiam dissertatio academica (thèse). *Ibid.,* 1855, in-8. — 4º Etude médico-psychologique sur l'histoire de Don Quichotte, par le Dʳ Moréjon, trad. et ann. par le même. *Paris,* 1858, in-8.

2221. **Guarin** (Pet.). Grammatica hebraica et chaldaica. *Lut.-Paris.,* 1724, 2 v. in-4, br.

2222. — Lexicon hebraicum et chaldæo-biblicum. *Parisiis, Collombat,* 1746, 2 v. in-4, br.

2223. **Guarini** (Battista). Il Pastor fido, traji-commedia pastorale. *Parigi, nella stamp. di Fr. Amb. Didot, a spese di G. Cl. Molini,* 1782, in-8, gr. pap. d'Annonay, rel. b. j.

2224. **Guasco** (l'abbé de). Dissertations historiques, politiques et littéraires. *Tournay,* 1756, 2 v. in-12, d.-rel. v. f.

2225. **Guenée** (l'abbé). Lettres de quelques juifs portugais, allemands et polonais, à M. de Voltaire, etc., par l'abbé Guenée. 8e édition. *Versailles, Lebel,* 1817, in-8, v. f.

2226. **Guer** (J.-A.). Histoire critique de l'âme des bêtes, contenant les sentimens des philosophes anciens et modernes sur cette matière. *Amsterdam,* 1749, 2 v. in-8 rel. en 1, bas.

Sur l'âme des bêtes, voir les renvois du No 121.

2227. **Guérin du Rocher.** Histoire véritable des temps fabuleux. *Paris,* 1776-79, 4 v. in-8, bas.

2228. **Guerre** (la) séraphique, ou histoire des périls qu'a courus la barbe des capucins, contre les violentes attaques des cordeliers. *La Haye, Pierre de Hont,* 1740, in-12, v. marb.

2229. **Guerre** (la) des auteurs anciens et modernes (par Germ. Gueret). *Paris,* 1671, in-12, bas.

2230. **Guerre** (la) d'Espagne, de Bavière, de Flandre, etc., ou mémoires du marquis de..... contenant ce qui s'est passé de plus secret depuis le commencement de cette guerre jusqu'à présent (par Sandraz de Courtilz). *Cologne, Marteau,* 1708, 2 v. pet. in-12, bas.

2231. **Guerre** (la) d'Italie, ou mémoires historiques, politiques et galants du marquis de Langalerie (par Sandraz de Courtilz). *Cologne (Rouen),* 1709, 2 v. in-12, bas., *portr*.

2232. **Guesnay** (P. Jo.-Bapt.). S. Joannes Cassianus illustratus, sive chronologia vitæ S. Joannis Cassiani, abbatis monasterii S. Victoris Massiliens. *Lugduni,* 1652, in-4, parch.

2233. — Magdalena Massiliensis advena, seu de adventu Magdalenæ in Gallias, et Massiliam appulsu. *Lugduni,* 1643, in-4, parch.

Voir aussi le No 5403.

2234. **Guettée** (l'abbé). Histoire de l'Église de France, composée sur les documents originaux et authentiques. *Paris,* 1857, 10 v. in-8, br.

2235. — Histoire des Jésuites, composée sur des documents authentiques en partie inédits. *Paris,* 1859, 3 v. in-8, br.

2236. **Guevara** (Luiz Perez de). El Diablo coxuelo verdades soñadas y novelas de la otra vida, traducidas a esta por Luiz Perez de Guevara. *Burdeos,* 1817, pet. in-8, bas.

2237. **Guibertus**, abbas Mariæ de Novigentio. Opera omnia, nunc primum in lucem edita, cum appendice, additamentis, notis et observationibus D. Lucæ d'Achery. *Lutetiæ-Parisiorum, Billaine,* in-fol., bas.

2238. **Guichardin** (Fr.). Histoire des guerres d'Italie, trad. de l'ital. (par Favre, rev. par Georgeon). *Londres (Paris),* 1738, 3 v. in-4, v. marb.

2239. **Guido-Papa.** Decisiones Guidonis Papæ j. c., Ant. Rabaudii, Fr. Pisardi, Steph. Ranchini, etc., annotationibus elucidatæ, etc. *Lugduni,* 1610, in-fol., cham.

2240. **Guilielmi** Alverni, episc. Parisiensis, opera ex codd. mss. emendata et aucta (curante Blasio Ferronio). *Aureliæ, Fr. Hotot,* 1674, 2 v. in-fol., v. br.

2241. **Guilliaud** (Claud.). Homiliæ quadragesimales. *Parisiis, apud Michaelem de Roigny,* 1568, in-8, v. br.

2242. **Guillibertus**, Tornacensis. *Fratris Guilliberti Tornacēn. ordinis minorū sermones ad status diversos pertinētes.* S. l. n. d. (*Paris,* 1518), in-4, goth. à 2 col., de 148 ff. non chiffrés.

2243. **Guillié** (le docteur). Essai sur l'instruction des aveugles. *Paris, imprimé par les aveugles,* 1817, in-8, d.-rel. mar., *frontisp. gr.*

2244. **Guillon** (l'abbé) de Montléon. Raoul ou Rodolphe devenu roi de France en 923; dissertation historique. *Paris,* 1827, in-8, br. — Est-il vrai que Pepin ait été autorisé par le pape Zacharie à s'emparer de la couronne de France? Par le même. *Paris,* 1817, in-8, br.

2245. **Guimenii** (Amadæi) Lomarensis (Math. de Moya,

jés.), opusculum singularia universæ fere theologiæ moralis complectens adversus quorumdam expostulationes contra nonnullas jesuitarum opiniones morales. *Lugduni*, 1664, in-4, cham.

2246. **Guinisius** (Vinc.) Lucensis, e societ. Jes. Allocutiones gymnasticæ. *Antver. apud Joan. Cnobbarum*, 1633, in-24, v. br.

2247. **Guise** (Henri de Lorraine duc de). Mémoires (rédigés par Goiband sr Du Bois et publiés par Saint-Yon). *Amsterdam*, 1712, 2 v. in-12 rel. en 1, v. br., fil., *portr.*

2248. **Guizot** (Fr.). Histoire de la république d'Angleterre et de Cromwell (1649-1658). *Paris, Didier*, 1854, 2 v. in-8, d.-rel. m.

2249. — Histoire du Protectorat de Richard Cromwell et du rétablissement des Stuarts (1658-1660). *Paris, Didier*, 1856, 2 v. in-8, d.-rel. m.

2250. — Washington. Fondation de la république des États-Unis-d'Amérique. Vie de Washington, hist. de la guerre de l'indépendance, etc.; trad. de l'anglais de Jared-Sparks par Ch..... et précéd. d'une introduction par M. Guizot. *Paris, Didier*, 1861, 2 v. in-8, d.-rel. m., *portr.* et *fig.*

2251. — Méditations et études morales. *Paris, Didier*, 1852, in-8, d.-rel. m.

2252. — Méditations sur l'essence de la Religion chrétienne. *Paris*, 1864, in-8, d.-rel. m.

2253. — Mélanges. In-8, d.-rel. m.

1º L'Église et la société chrétienne en 1861. *Paris*, 1861. — 2º Pourquoi la révolution d'Angleterre a-t-elle réussi? Discours sur l'histoire de la révolution d'Angleterre. *Paris*, 1850. — 3º De la démocratie en France (janvier 1849). *Paris*, 1849.

2254. **Gumilla** (le P. Jos.). Histoire naturelle, civile et géographique de l'Orénoque et des principales rivières qui s'y jettent, etc., trad. de l'espagnol par Eidous. *Avignon* et *Paris*, 1758, 3 v. in-12, bas.

2255. **Gutherius** (Jacobus). De jure Manium, seu de ritu,

more et legibus prisci funeris, libri III cum indicibus ; et de orbitate toleranda. *Lipsiæ,* 1671, in-8, bas.

<blockquote>Aux armes de Legoux de La Berchère, archev. de Narbonne.</blockquote>

2256. **Guynaud** (Balthasar). La concordance des prophéties de Nostradamus avec l'histoire, depuis Henri II jusqu'à Louis-le-Grand. *Paris,* 1693, in-12, bas.

<blockquote>Le titre manque.</blockquote>

2257. **Guyon** (l'abbé). Histoire des Amazones anciennes et modernes, enrichie de médailles...... *Bruxelles,* 1741, in-12, bas.

2258. **Guys** (P.-Aug.). Voyage littéraire de la Grèce ; troisième édition. *Paris, Vᵉ Duchesne,* 1783, 4 v. in-8, v. marb., fil.

2259. **Gyges** Gallus, Petro Firmiano authore (P. Zacharia, lexoviensi capucino). *Parisiis,* 1659, in-12, v. br., fil.

H

2260. **Habert** (Isaac). ΑΡΚΙΕΡΑΤΙΚΟΝ, seu liber Pontificalis ecclesiæ græcæ ; nunc primum ex regiis mss. eucologiis...... aliisque monumentis collectus, latina interpret., notis ac observationibus antiquitatis ecclesiæ illustratus, studio et labore Isaaci Haberti. *Parisiis, Petr. Blasius,* 1643, in-fol., v. br., fil.

2261. — De Cathedra, seu Primatu singulari S. Petri in Ecclesia cathol., apostol., romana. Secunda editio. *Paris,* 1645, in-4, vél.

2262. — La défense de la Foy de l'Eglise et de l'ancienne doctrine de Sorbonne, touchant les principaux points de la grâce, preschée dans l'église de Paris par M. Isaac Habert, ... contre le livre intitulé *Apologie de Jansénius. Paris,* 1644, 2 part. en 1 v. in-4, vél.

2263. **Habert** (D.-Lud.). Theologia dogmatica et moralis, ad usum Seminarii Catalaunensis. *Parisiis,* 1721, 7 v. in-8, bas.

2264. **Haeften** (B.). Schola cordis, sive aversi a Deo cordis ad eumdem reductio et instructio, auctore D. Benedicto Haefteno ord. S. Benedicti. S. l. *(Antuerpiæ, Joann. Meursius)*, 1635, in-8, grav.

2265. **Halle** (Jos.). Considérations fortuites de Joseph Hall, de la version de M. Chevreau. *Paris, Bobin,* 1660, pet. in-12, bas.

2266. **Haller** (Alb.). Poésies, trad. de l'allem. (par Tscharner). *Berne,* 1760, in-12, bas.

2267. **Hamilton** (Archibald). Calvinianæ confusionis demonstratio, contra maledicam ministrorum Scotiæ responsionem. *Parisiis, apud Th. Brumennium,* 1581.

— Ejusdem, de confusione Calvinianæ sectæ apud Scotos ecclesiæ nomen ridicule usurpantis dialogus, nunc primum in lucem editus. *Parisiis, Th. Brumenius,* 1577, 1 v. in-8, vél.

2268. **Hamilton** (Ant.). Ses œuvres. *Paris,* 1749 et 1777, 7 v. pet. in-12, bas.

Manque le tome I.

2269. — Mémoires du comte de Grammont. *Paris,* 1816, pet. in-12, d.-rel. m.

2270. — Le Bélier, conte. *Paris,* 1730, in-12, v. br.

2271. — Histoire de Fleur d'Épine, conte. S. l., 1749, pet. in-12, v. éc.

2272. **Hamilton** (Elisabeth). Lettres sur les principes élémentaires d'éducation, trad. de l'angl. par L.-C. Chéron. *Paris,* an XII (1804), 2 v. in-8, d.-rel. bas.

2273. **Hamon** (J.). Traités de piété composés pour l'instruction et la consolation des Religieuses de Port-Royal. *Amsterdam,* 1727, 2 part. en 1 v. in-12, v. f.

2274. — Recueil de divers traités de piété (par Hamon). *Paris,* 1689, 2 v. in-12, v. br.

2275. — De la Solitude. 2e édit. *Amsterdam,* 1735, in-12, v. br.

2276. — Recueil de lettres et opuscules. *Amsterdam,* 1734, 2 v. in-12, v. j.

2277. — Relation de plusieurs circonstances de la vie de M. Hamon, faite par lui-même, sur le modèle des confessions de S. Augustin. S. l., 1734, in-12, v. br.
Voir aussi le N° 908.

2278. **Harangues** célèbres et remonstrances faites aux roys, aux princes et autres personnes d'éminente condition, et quelques oraisons funèbres des illustres du temps, recueillies par Me L. G. (Gilbault), advocat au Parlement. *Paris, Legras,* 1655, in-4, vél.

2279. **Harangues** et sermons funèbres prononcez à la mort de deffunct Philippe II du nom, Roy d'Espagne; trad. d'espagnol en fr. et reveües par le fr. Fr. Z. Suarez de Saincte Marie. *Paris, Nicolas du Fossé,* 1606, in-8, parch.

2280. **Harangues** sur toutes sortes de sujets, avec l'art de les composer (par P. Dortigue de Vaumorière). *Paris,* 1683, in-4, bas.

2281. **Harangues** tirées de l'histoire de France de Mézeray. *Lyon,* 1667, pet. in-12, bas.

2282. **Harangues** tirées des historiens grecs (Hérodote, Thucydide et Xénophon), trad. par l'abbé Auger. *Paris,* 1788, 2 v. in-8, bas. rac.

2283. **Hardouin** (le P. Jean). Joannis Harduini, e Soc. Jesu, opera varia cum indicibus et tabulis æneis. *Amstelod., du Sauzet,* 1733, in-fol., v.

2284. — Opera selecta. *Amstelod., Delorme,* 1709, in-fol., v. f.

2285. — Chronologia veteris Testamenti. *Parisiis, Joan. Boudot,* 1697, in-4, vél.

2286. — Commentarius in novum Testamentum. *Amstelod., H. du Sauzet,* 1741, in-fol., bas.
Voir les N°s 597 et s.

2287. — Prolegomena ad censuram scriptorum veterum, juxta autographum (edente Oliveto cum præfatione W. Bowyer). *Londini,* 1766, in-8, bas.

2288. — Antirrheticus de nummis antiquis coloniarum et municipiorum. *Parisiis, Muguet,* 1689, in-4, d.-rel. v.

2289. **Harlay** (Fr. de), Archiep. Rhotomag. Ecclesiæ historiæ liber primus. *Parisiis,* 1629, in-4, parch.

2290. **Harris** (Jacq.). Hermès, ou recherches philosophiques sur la grammaire universelle; trad. de l'angl., avec remarques et additions, par Fr. Thurot. *Paris,* an IV, in-8, bas.

2291. **Hartley** (Dav.). Explication physique des sens, des idées et des mouvements, tant volontaires qu'involontaires; trad. de l'angl. par l'abbé Jurani. *Reims,* 1755, 2 v. in-12, bas.

2292. **Hauchecorne** (l'abbé). Abrégé latin de philosophie, avec une introduction et des notes françaises. *Paris,* 1784, 2 v. in-12, br., *portr.*

2293. **Hauteroche** (N. le Breton, s^r d'). OEuvres de théâtre. *Paris, P.-J. Ribou,* 1736, 3 v. in-12, bas.

2294. **Hauteville** (Nic. de). Voir le N° 4820.

2295. **Hayer** (le P. Hubert). La spiritualité et l'immortalité de l'âme, avec le sentiment de l'antiquité par rapport à l'une et à l'autre. *Paris,* 1757, 3 v. in-12, bas.

2296. **Heeren** (H.-L.). Essai sur l'influence des croisades, trad. de l'all. par Ch. Villers. *Paris,* 1848, in-8, d.-rel. bas.

2297. — Manuel historique du système politique des États de l'Europe et de leurs colonies, depuis la découverte des deux Indes; trad. de l'allem. (par MM. Guizot et Vincens Saint-Laurent). *Paris,* 1821, 2 v. in-8 rel. en 1, v. f.

2298. — Manuel de l'histoire ancienne, considérée sous le rapport des constitutions, du commerce et des colonies des divers États de l'antiquité; trad. de l'allem. (par Thurot). *Paris,* 1823, in-8, d.-rel. bas.

2299. **Heineccius** (Jo.-Gottl.). Elementa philosophiæ rationalis et moralis, ex principiis admodum evidentibus justo ordine adornata. *Amstelæd.,* 1757, in-8, d.-rel. bas.

2300. **Heinsius** (Dan.). Orationes, editio nova, tertia parte auctior. *Lugd.-Batav., Elzev.,* 1627, in-8, vél.

2301. **Heliodorus.** Æthyopicorum libri X, gr.-lat., ab Hieron. Commelino emendati. *Lugduni,* 1611, in-8, parch.

2302. — Amours de Théagène et de Chariclée; histoire éthiopique. *Paris, Coustelier,* 1757, 2 part. en 1 v. in-12, bas., *fig.*

2303. **Helyot** (Pierre), dit le P. Hippolyte. Histoire des Ordres monastiques, religieux et militaires, et des congrégations séculières de l'un et l'autre sexe (par le P. Helyot, continuée par le P. Max. Bullot). *Paris,* 1714-1719, 8 v. in-4, bas., *fig.*

2304. **Hemsterhuis** (Fr.). OEuvres philosophiques. *Paris,* 1809, 2 v. in-8, d.-rel. bas.
Voir aussi le N° 2217, t. 3, p. 329.

2305. **Hénault** (Ch.-J.-F.). Nouvel abrégé chronologique de l'histoire de France. 3ᵉ édit. *Paris, Prault,* 1749, in-4, v. m., fil., *vignettes.*

2306. **Hennet** (A.-J.-V.). Du divorce. 3ᵉ édition. *Paris, Dupont,* 1792, in-8, br.

2307. **Hennequin** (Vict.). Sauvons le genre humain. 2ᵉ édition. *Paris,* 1853, gr. in-18, br.

2308. **Henrion** (M.-R.-A.). Code ecclésiastique français, d'après les lois ecclésiastiques d'Héricourt, avec les modifications commandées par la législation nouvelle et accomp. de notes. *Paris, Blaise aîné,* 1828, in-8, br.

2309. **Herbert** de Cherbury (Ed.). De religione Gentilium errorumque apud eos causis, authore Edoardo barone Herbert de Cherbury. *Amstelod.,* 1665, in-4, v. f.

2310. — De la vérité, en tant qu'elle est distincte de la révélation, du vraysemblable, du possible et du faux; trad. du latin (d'Herbert de Cherbury) par l'auteur. 3ᵉ édit. S. l., 1639, in-4, v. br.

2311. **Herder** (J.-G.). Philosophie de l'humanité, trad. de l'allem. par E. Tandel. *Paris et Bruxelles,* 1861, 2 v. in-8, d.-rel. m. viol.

2312. — Histoire de la poésie des Hébreux, par Herder, trad. de l'all. par la baronne A. de Carlowitz. *Paris, Didier,* 1845, in-12, d.-rel. m.

2313. **Héricourt** (L. de). Les lois ecclésiastiques de France dans leur ordre naturel, et une analyse des livres du droit canonique conférés avec les usages de l'Église gallicane. *Paris,* 1756, in-fol., bas.

2314. — OEuvres posthumes, contenant ses consultations canoniques et civiles. *Paris,* 1759, 4 v. in-4, bas.

2315. **Hermant** (Godefroy). Vie de S. Athanase, patriarche d'Alexandrie. *Paris, Aubouyn,* 1671, 2 v. in-4, bas.

2316. — Vie de S. Basile-le-Grand, archevêque de Césarée, en Cappadoce, et celle de S. Grégoire de Nazianze, archevêque de Constantinople. *Paris, Jean Du Puis,* 1674, 2 v. in-4, bas.

2317. — Vie de S. Ambroise, archevêque de Milan. *Paris, Jean Du Puis,* 1678, in-4, bas., *portr.*

2318. **Hermant** (J.). Histoire de l'établissement des ordres religieux et des congrégations régulières et séculières de l'Eglise. *Rouen,* 1697, in-12, bas.

2319. — Histoire des Conciles. Nouv. éd. *Rouen,* 1704, 4 v. in-12, bas.

2320. — Histoire du diocèse de Bayeux, 1re partie (seule parue). *Caen,* 1705, in-4, bas.

2321. **Herodianus** (Ælius). Historiarum libri VIII cum notis H. Bœcleri. Accessit index gr. locuplet., gr. lat., autore Balthas. Scheidio. *Argentorati,* 1662, 2 v. in-8, rel. parch., *frontisp. gr.*

2322. — Histoire d'Hérodien, trad. du grec, avec remarques (par Nic. Hubert de Montgault). *Paris,* 1700, in-12, bas.

2323. **Herodotus.** Herodoti Halicarn. historia, sive historiarum libri IX ex vetustis exempl. recogniti; Ctesiæ quædam; gr. *Excudebat Henr. Stephanus,* 1570. — Herodoti historiarum libri IX et de vita Homeri libellus, illic ex interpret. Laur. Vallæ adscripta, hic ex interpr. Conr. Heresbachii, utraque ab H. Stephano recognita. Ex Ctesia excerptæ historiæ. Icones quarumdam memorabilium structurarum. Apologia Henr. Stephani pro Herodoto. *Excudeb. H. Steph.*, 1566, 2 tom. en 1 v. in-fol., bas.

2324. — Histoire d'Hérodote, traduite du grec, avec des remarques histor. et critiq., un essai sur la chronologie d'Hérodote et une table géog. par Larcher. *Paris,* 1786, 7 v. in-8, v. éc., fil.

2325. — Histoire d'Hérodote, suivie de la vie d'Homère. Nouv. trad. par Q. F. Miot. *Paris, F. Didot,* 1822, 3 v. in-8, d.-rel. v., *carte.*

2326. — Hérodote historien du peuple hébreu sans le savoir, ou lettre en réponse à la critique msc. d'un jeune philosophe sur l'*Histoire des temps fabuleux* de Guérin du Rocher (par l'abbé Bonnaud). *La Haye* et *Marseille*, 1785, in-8, d.-rel. mar. v.

2327. **Hervey** (Jacq.). Méditations, trad. de l'angl. par Letourneur. *Paris,* 1781, 2 part. en 1 v. in-12, bas., portr.

2328. **Hesiodus.** Opera et Dies; Theogonia; Scutum Herculis; omnia vero cum multis optimisque expositionibus; gr. (cum scholiis gr. edente Trincavello). *Venetiis, in æd. Barth. Zanetti, ære vero et diligentia Jo.-Fr. Trincavelli,* 1537, in-4, v.

2329. — Opera gr. cum interpret. lat. Accessit Herculis Scutum, carmine a Joanne Ramo conversum. *Basileæ, Oporinus* (1544), in-8, parch.

2330. — Les œuvres d'Hésiode, trad. nouvelle par Gui. *Paris,* 1785, in-8, pap. vél., v. rac., fil., tr. d.

2331. — Traduction d'Hésiode, précédée d'une dissertation sur les ouvrages et le siècle de ce poète, et d'un essai sur la Théogonie, par A. Mondot. *Montpellier,* 1835, in-8, br.

2332. **Hespelle** (l'abbé A.). La seule véritable Religion démontrée contre les athées, les déistes et tous les sectaires. *Paris,* 1774, 2 v. in-12, bas.

2333. **Hesychius.** Lexicum (gr.) cum notis variorum, accurante Corn. Schrevelio. *Lugd.-Batav.* et *Roterod.*, *Hackius*, 1668, in-4, bas.

2334. **Hesychius** Milesius. Opuscula (scilicet, de viris doctrina claris, de rebus patriis Constantanopoleos liber) partim hactenus non edita. Jo. Meursius gr. et lat. simul primus vulgavit cum notis : his adjecta Bessarionis epistola græco-barbara. *Lugd.-Batav.*, 1613, in-8, rel. parch.
Voir aussi le N° 1523.

2335. **Hexaples** (les), ou les six colonnes sur la constitution *Unigenitus* (par Boursier, le Fèvre, Fouillou, Quesnel, d'Ettemare et Nivelle). *Amsterdam*, 1714, in-4, v. br.

2336. — Anti-Hexaples, ou analyse des cent et une propositions du Nouveau Testament du P. Quesnel, condamnées par Clément XI, pour servir de réponse aux *Hexaples ou Écrit à six colonnes sur la constitution*, par le P. Paul, de Lyon, capucin. *Paris, Le Clère*, 1715, 2 v. in-12, bas.

2337. **Heyne** (Christ.-Gottl.). Opuscula academica collecta et animadvers. locupletata. *Gottingæ*, 1785-1811, 6 v. in-8, d.-rel. v.
Manque le tome 6.

2338. **Hieremias**, Constantinop. patriarcha. Censura Orientalis Ecclesiæ de præcipuis nostri sæculi hæreticorum dogmatibus, ab Hieremiæ Constantinopolit. patriarcha ad Germanos græce scripta, a Stan. vero Socolovio ex gr. in latinum conversa...... cum notis F. Th. Bouchier Angli. *Parisiis, Arnoldus Sittart*, 1584, pet. in-8, vél.

2339. **Hierocles.** Commentarius in aurea carmina, de Providentia et Fato, quæ supersunt, et reliqua fragmenta, gr. et lat.; græca castigavit, versionem recensuit, notas et indicem adjecit P. Needham. *Cantabrigiæ*, 1709, in-8, v. f.

2340. **Hieronymus.** S. Eusebii Hieronymi opera, emendata studio et opera monachorum ord. S. Benedicti

(Ant. Pouget et Joan. Martianay). *Parisiis*, 1693-1706, 5 v. in-fol., v. br.

<blockquote>Voir aussi les N°s 5009 et 5520.</blockquote>

2341. — Divi Hieronymi, in vitas Patrum percelebre opus... *Venundatur Luyduni abs Jac. Huguetan*..... (In fine) *Impressum per Jacob. Myt. an.* 1515, in-4, goth. à 2 col., de 6 ff. prélim. et 168 ff. chif., rel. cham.

2342. — Lettres de S. Jérôme, trad. en français. 2e édition. *Paris, Couterot*, 1679, in-8, v. br., *frontisp. gr.*

2343. — Lettres, trad. en français sur les éditions et sur plusieurs anciens mss., avec des notes exactes et beaucoup de remarques sur les endroits difficiles, par Guill. Roussel, religieux bénédictin. *Paris, Roulland*, 1713, 3 v. in-8, v. br.

2344. **Hilarius.** S. Hilarii, Pictav. episc., opera, stud. Monachorum S. Benedicti (præcipue Petri Constant). *Parisiis, Muguet*, 1693, in-fol., v. br.

<blockquote>Aux armes de Legouz de la Berchère, archev. de Narbonne.</blockquote>

2345. **Hildebertus** Turonensis. Opera tam edita quam inedita : accedunt Marbodi opuscula : quæ ad mss. codd. recensita notis passim illustrantur : labore et studio Ant. Beaugendre. *Parisiis*, 1708, in-fol., gr. pap., v. br.

2346. **Hincmarus** Remensis. Opera, cura et studio Jac. Sirmondi. *Lutetiæ-Parisior.*, 1645, 2 v. in-fol., bas.

2347. **Hippocrates.** Aphorismi, versibus gr. et lat. expositi per Ger. Denisotum, studio Jac. Denisoti nepotis in lucem editi. *Parisiis*, 1634, gr. in-8, parch., *portr.*

2348. **Hippolytus.** S. Hippolyti, episc. et martyris, opera non antea collecta, et partim nunc primum edita, gr. et lat.; accedunt viror. doctor. notæ et animadversiones : subjuncta appendix scriptorum dubiorum suppositorumque, nec non quæcunque reperiri potuere ex lucubrationibus Hippolyti junioris Thebani ; curante Jo.-Alb. Fabricio. *Hamburgi, Chr. Liebezeit*, 1716-18, 2 tom. in-fol., cart.

2349. **Histoire** abrégée de la paix de l'Église (par de Sainte-

Marthe). *Mons* et *Amsterdam, P. Marteau,* 1698, in-12, bas.

2350. **Histoire** abrégée de la conversion de M. Chanteau, par M. Feuillet, chanoine de S.-Cloud. Nouv. édit. *Paris, Simart,* 1706, pet. in-12, bas.

2351. **Histoire** abrégée de l'église métropolitaine d'Utrecht (par l'abbé de Bellegarde). *Utrecht,* 1765, in-12, v. f.

2352. — Actes et décrets du IIe concile provincial d'Utrecht, tenu le 13 septembre 1763. *Utrecht,* 1764. — Lettre circulaire aux arch. et évêques des principaux sièges de l'Église catholique. S. l., 1764. — VIme lettre d'un théologien français à un théologien des Pays-Bas sur le second concile d'Utrecht. S. l., 1764. In-12, v. f.

2353. **Histoire** abrégée de l'abbaye de Port-Royal, depuis sa fondation (1204) jusqu'à l'enlèvement des Religieuses, en 1709. *Amsterdam, Hook,* 1720. — Les gémissements, au nombre de quatre, d'une âme vraiment touchée de la destruction du saint monastère de Port-Royal-des-Champs (les trois premiers par l'abbé d'Ettemare, le quatrième par le P. Boyer, de l'Oratoire). S. l., 1714, in-12, v. br.

2354. — Histoire de l'abbaye de Port-Royal (par l'abbé Besoigne. *Cologne (Paris),* 1752, 6 v. in-12, v. br.

2355. — Vies des quatre Évesques engagés dans la cause de Port-Royal (MM. d'Alet, d'Angers, de Beauvais et de Pamiers), pour servir de supplément à l'hist. de Port-Royal en 6 vol. (par Jérôme Besoigne). *Cologne,* 1756, 2 v. in-12, v. f.

2356. — Histoire générale de Port-Royal depuis la réforme de l'abbaye jusqu'à son entière destruction (par dom Clémencet). *Amsterdam (Paris),* 1755, 10 v. in-12, v. br.

2357. — Histoire de l'origine des Pénitents et Solitaires de Port-Royal-des-Champs. *Mons,* 1733, in-12 de 28 pp., d.-rel. m.

2358. — Histoire abrégée de la dernière persécution de Port-Royal, suivie de la vie édifiante des domestiques de cette sainte maison. S. l., 1750, 3 v. in-12, bas., *vignettes*.

<blockquote>Sur Port-Royal, voir, en outre, les renvois du N° 4055.</blockquote>

2359. **Histoire** abrégée du Jansénisme et remarques sur l'ordonnance de Mgr l'Archevêque de Paris (par Fouillou). *Cologne, Druckerus*, 1698, in-12, bas.

2360. — Histoire générale du Jansénisme, contenant tout ce qui s'est passé en France, en Espagne, etc...., par M. l'abbé*** (dom Gerberon). *Amsterdam*, 1700, 3 v. in-12, v. br., *portr.*

2361. — Histoire des cinq propositions de Jansénius (par l'abbé Hilaire Dumas). *Trévoux, Ganeau*, 1702, 3 v. in-12, bas.

<blockquote>Sur Jansénius et l'hist. du Jansénisme, voir, en outre, les renvois des Nos 2603 et s.</blockquote>

2362. **Histoire** critique et apologétique de l'ordre des chevaliers du Temple de Jérusalem, dits *Templiers*, par feu R. P. M. J. (le père Mansuet jeune, prémontré). *Paris*, 1789, 2 v. in-4, d.-rel. mar., *fig.*

2363. — Histoire de l'abolition des Templiers. *Paris*, 1779, in-12, v.

2364. **Histoire** critique des journaux, par M. C... (Camusat). *Amsterdam*, 1734, 2 v. in-12 rel. en 1, v. f.

2365. **Histoire** critique de l'Eclectisme ou des nouveaux Platoniciens (par l'abbé Guill. Maleville). S. l., 1766, 2 v. in-12 rel. en 1.

2366. **Histoire** critique de la République des Lettres, tant ancienne que moderne (par Masson). *Utrecht*, 1712-1718, 15 v. pet. in-12, v. br.

2367. **Histoire** critique de la Bastille, ou introduction aux Remarques hist. sur la Bastille, par un prisonnier qui y a été détenu pendant plusieurs années. *Paris*, l'an Ier de la liberté. *Plan.* — Remarques historiques sur la Bastille, sa démolition, etc. *Londres*, 1789. *Plan.* In-8, d.-rel. bas.

<blockquote>Voir les Nos 2554 et 3398.</blockquote>

2368. **Histoire** de Guillaume III, roy de la Grande-Bretagne (par.....). *Amsterdam,* 1703, 2 v. in-12, bas., *portr.*

2369. **Histoire** de Henri II, dernier duc de Montmorency (par.....). *Paris,* 1699, in-12, bas.

2370. **Histoire** de Jacques II, roi de la Grande-Bretagne (par dom Toussaints du Plessis). *Bruxelles,* 1740, in-12, bas., *portr.*

2371. **Histoire** de l'Académie royale des Inscriptions et Belles-Lettres depuis son établissement, avec les éloges des académiciens morts depuis son renouvellement (par de Boze). *Paris,* 1740, 3 v. in-8, v. f., *frontisp. gr.*
Voir aussi le No 25.

2372. **Histoire** de la détention du cardinal de Retz et de ses suites, pour montrer la nécessité de prendre les voies régulières de l'ordre judiciaire pour la punition des délits des évêques, etc., (par Le Paige et le présid. de Meynières). *A Vincennes,* 1755. — Lettre à Mess. de la Chambre Royale, avec une addition importante sur l'affaire du Formulaire. *Avignon,* 1754. — Indication sommaire des principes et des faits prouvant la compétence de la puissance séculière pour punir les évêques coupables de crimes publics, et pour les contenir dans l'obéissance qu'ils doivent aux lois et dans la soumission qu'ils doivent au Roi (par le présid. de Meynières). *En France,* 1755, in-12. Le tout en 1 v. in-12, v. f.

2373. **Histoire** de l'admirable don Guzman d'Alfarache (trad. de l'espagnol de Mateo Alaman par Bremond). *Genève,* 1695, 4 v. in-12, bas., *fig.*

2374. **Histoire** de l'admirable don Inigo de Guipuscoa, chevalier de la Vierge et fondateur de la monarchie des Inighistes; par Hercule Rasiel de Selva (Charles Le Vier). *La Haye,* 1736, 2 tom. en 1 v. in-12, v., fil., tr. dor., *fig.*

2375. — La même, augmentée de l'Anti-Coton (par César de Plaix) et de l'histoire critique de ce fameux ouvrage (par Prosper Marchand). *La Haye (Paris),* 1758, 3 tom. en 1 v. in-12, v., *fig.*

2376. **Histoire** de l'ancien Théâtre Italien depuis son origine en France jusqu'à sa suppression en 1697..... par les auteurs de l'histoire du Théâtre Français (les fr. Parfaict). *Paris*, 1753, in-12, bas.

2377. **Histoire** de l'Opéra Bouffon, contenant les jugements de toutes les pièces qui ont paru depuis sa naissance jusqu'à ce jour (par Contant d'Orville). *Amsterdam* et *Paris*, 1768, in-12, v. éc.

2378. **Histoire** de la Ligue de Cambray entre Jules II, pape, Maximilien Ier, empereur, Louis XII, roy de France, Ferdinand V, roy d'Arragon, et tous les princes d'Italie, contre la république de Venise (par l'abbé Dubos). 4e édition. *Paris*, 1728, 2 v. in-12, bas.

2379. **Histoire** de l'Inquisition et son origine (par l'abbé Marsollier). *Cologne*, *P. Marteau*, 1693, in-12, bas.

2380. **Histoire** des Inquisitions (tirée de Dupin, de Marsollier, de Dellon, avec un discours sur quelques auteurs, qui ont traité de l'inquisition, par Goujet). *Cologne (Paris)*, 1759, 2 v. in-12, bas., *fig.*

Voir aussi le N° 3097.

2381. **Histoire** de l'origine des Dixmes, des Bénéfices et des autres biens temporels de l'Eglise (par l'abbé Marsollier). *Lyon*, *Anisson*, 1692, in-12, bas.

2382. **Histoire** de Maurice, comte de Saxe (par Néel). *Dresde*, 1755, 2 v. in-12, bas.

2383. **Histoire** (l') de Moïse, tirée de la S. Écriture, des SS. Pères, etc. (par L. C. Hugo). *Luxembourg, Chevalier*, 1699, in-8, bas., *fig.*

2384. **Histoire** de Moncade, dont les principales aventures se sont passées au Mexique. *Amsterdam*, 1755, 2 tom. rel. en 1, v. f.

2385. **Histoire** de Suger, abbé de S.-Denis, ministre d'état. etc. (par Dom Gervaise). *Paris*, 1721, 3 v. in-12, bas.

2386. — Défense de la nouvelle histoire de l'abbé Suger (par Dom Gervaise), avec l'Apologie pour feu M. l'abbé de la Trappe, A. J.

Bouthillier de Rancé, contre Dom Vincent Thuillier. *Paris*, 1725, in-12, bas.

2387. **Histoire** des Anabaptistes, leur doctrine, leurs opinions (par le P. Catrou). *Paris, Clouzier,* 1695, in-12, *fig.*
Relié avec le N° 5323.

2388. **Histoire** des Camisards, où l'on voit par quelles fausses maximes de politique et de religion la France a risqué sa ruine sous le règne de Louis XIV. *Londres*, 1754, 2 v. in-12, bas.
Voir aussi les N°s 812, 2428 et 3149.

2389. **Histoire** des Conclaves depuis Clément V jusqu'à présent (par Vanel). *Paris, Barbin,* 1689, in-4, bas.

2390. — La même, 3e édition. *Cologne*, 1703, 2 v. in-8, v. f., *fig.*

2391. **Histoire** des derniers troubles de France, sous les règnes des rois Henri III et Henri IV, divisée en plusieurs livres. Dernière édition, revue et augmentée de l'histoire des guerres entre les maisons de France, d'Espagne et de Savoie. S. l., 1613, in-8, bas.

2392. **Histoire** des Diables de Loudun, ou de la possession des Ursulines, et de la condamnation et du supplice d'Urbain Grandier (par Aubin). *Amsterd.*, 1716, in-12, v. viol. gauf., tr. d., *frontisp. grav.*

2393. — Examen et discussion critique de l'*Histoire des Diables de Loudun, de la possession des Ursulines, et de la condamnation d'Urbain Grandier,* par de la Menardaye. *Liège*, 1749, in-12, bas.

2394. **Histoire** des Galligènes, ou mémoires de Duncan. *Amsterdam* et *Paris*, 1765, 2 part. en 1 v. in-12, bas.

2395. **Histoire** (l') des Imaginations extravagantes de Monsieur Oufle (par l'abbé Bordelon). *Paris*, 1710, 2 v. in-12, bas., *fig.*

2396. **Histoire** des Ordres militaires, ou des chevaliers des milices sécul. et régul. de l'un et de l'autre sexe; nouv. éd., tirée de Guistiniani, de Bonanni, d'Herman, de Schoonebeck, du P. Hélyot, etc.; avec plusieurs dissertations et un traité historique de Basnage sur les duels. *Amsterdam*, 1721, 4 v. in-8, v., *fig*.

2397. **Histoire** des ouvrages des sçavans (par Basnage de Beauval) (de septembre 1687 à août 1697, reprise en janvier 1698 jusques et y compris 1706, et depuis 1708 jusqu'en juin 1709). *Rotterdam*, 24 v. in-12, v. br.

<blockquote>Manque sept. 1695 à août 1696 et janv. à oct. 1698 (2 vol.).</blockquote>

2398. **Histoire** des Papes, où l'on voit ce qui s'est passé de plus remarquable pendant leur Pontificat depuis Saint Pierre jusqu'à Clément XI. *Lyon*, 1703. 2 v. pet. in-12, bas., *portr*.

2399. **Histoire** des Souverains Pontifes qui ont siégé dans Avignon (par Tessier, avocat). *Avignon, Aubert,* 1774, in-4, bas.

2400. **Histoire** des quatre Gordiens prouvée et illustrée par les médailles (par l'abbé Dubos). *Paris*, 1695, in-12, v. j.

2401. **Histoire** des religieux de la Compagnie de Jésus (par l'abbé Quesnel). *Utrecht*, 1741, 2 v. in-12, bas.

2402. — Histoire générale de la naissance et des progrès de la Compagnie de Jésus et analyse de ses constitutions et privilèges (par l'abbé Coudrette). S. l. *(Rouen)*, 1761, 4 v. in-12, v. rac.

2403. — Historia Ordinis Jesuitici. De societatis Jesuitarum auctore, nomine, gradibus, incremento, vita, votis, privilegiis, miraculis, doctrina, morte. Conscripta ab Elia Hasenmillero, et nuper edita à Polyc. Leysero; nunc vero correcta et refutata a Jac. Gretsero, soc. Jesu. *Ingolstadii, ex officina typogr. Dav. Sartorii,* 1594, pet. in-4, bas.

2404. **Histoire** générale de Languedoc, avec des notes et les pièces justificatives, par deux religieux bénédictins de la congrégation de S.-Maur. (D. Jos. Vaissette et D. de Vic). *Paris,* 1730-45, 5 v. in-fol., v. f.

<blockquote>Ex. de M. de Saint-Priest, intendant de Languedoc.</blockquote>

2405. — Abrégé de l'histoire générale de Languedoc, par D. Jos. Vaissette. 1749, 6 v. in-12, bas.

2406. **Histoire** des Sevarambes, peuples qui habitent une partie du troisième continent, communément appelé la Terre Australe (par D. Vairasse d'Alais). *Amsterdam, P. Mortier*, s. d., 2 tom. en 1 v. in-12, v. br., *frontisp. gr.*

2407. **Histoire** des voyages de M. le marquis de Ville en Levant, et du siège de Candie. *Paris*, 1669, in-12, bas.

2408. **Histoire** du Cas de conscience signé par 40 docteurs de Sorbonne, contenant les brefs du Pape, les ordonnances épiscopales, censures, etc., etc., avec des réflexions sur plusieurs des ordonnances (par Louail et Mlle de Joncoux; revue par les PP. Quesnel, Petit-Pied et Fouillou). *Nancy*, 1705, 7 v. in-12, bas.

2409. **Histoire** du Ciel, considéré selon les poëtes, les philosophes et Moïse (par Noël Pluche). *Paris, Ve Estienne*, 1739, 2 v. in-12, bas., *fig.* et *frontisp. gr.*

2410. **Histoire** du différend d'entre le pape Boniface VIII et Philippe le Bel, roi de France, en lat. et en franç. (par Simon Vigor); ensemble le procès criminel fait à Bernard, évêque de Pamiez, l'an MCCXCV (publié par du Puy). *Paris, Cramoisy*, 1655, in-fol., bas.

2411. **Histoire** du Directoire exécutif de la République française depuis son installation jusqu'au 18 brumaire, avec pièces justificatives (par Henry). *Paris*, 1801, 2 v. in-8, d.-rel. v.

2412. **Histoire** du droit public ecclésiastique français, par M. D. B. (du Boulay, avocat). *Londres*, 1750, 2 v. in-12, bas. — Histoire du droit canonique et du gouvernement de l'Eglise par M... (Brunet), avocat au Parlement, suivie de la dissertation sur le droit des Souverains touchant l'administration de l'Église (abrégée de celle de Levayer de Boutigny, par Delpech de Mérinville). *Londres*, s. d. (*Paris*, 1750), in-12, bas.

2413. **Histoire** du ministère du chevalier Robert Walpole (par Dupuy-Demportes). *Amsterd.*, 1764, 3 v. in-12, bas.

2414. **Histoire** du ministère du cardinal Mazarin, sous le règne de Louis XIV. *Cologne, Jacq. Schousle*, 1668, in-12, bas.

2415. **Histoire** d'un voyage littéraire fait, en 1733, en France, en Angleterre et en Hollande, avec une lettre fort curieuse sur les prétendus miracles de l'abbé Paris, et les conclusions risibles du chevalier Folard (par........). *La Haye*, 1735, in-12, v. f.

2416. **Histoire** du Pélagianisme (par l'abbé Patouillet). S. l., 1767, 2 v. in-12, bas.
Voir les Nos 3676, 3677 et 5520.

2417. **Histoire** du P. Lachaize, jésuite et confesseur du roi Louis XIV. *Cologne, Marteau (Hollande)*, 1696, pet. in-12, de 352 pp., b.

2418. **Histoire** du Pontificat de Paul V (par l'abbé Gouget). *Amsterdam*, 1765, 2 v. in-12, bas.

2419. **Histoire** du siège de Lyon, depuis 1789 jusqu'en 1796. *Paris, Lyon*, 1797, 2 tom. en 1 v. in-8, bas. *Plan du siége.*

2420. **Histoire** du Socianisme (par le P. Anastase, religieux Picpus). *Paris*, 1723, in-4, v. br.

2421. **Histoire** (l') du Temps, ou le véritable récit de ce qui s'est passé dans le Parlement depuis le mois d'août 1647 jusqu'au mois de novembre 1648, etc. S. l., 1649, 2 v. pet. in-8 rel. en 1, vél.

2422. **Histoire** et pratique de la clôture des religieuses, selon l'esprit de l'Eglise et la jurisprudence de France (par Seb. Cherrier). *Paris, Desprez*, 1764, in-12, bas.

2423. **Histoire** facétieuse du fameux drille Lazarille de Tormes (par Hurtado de Mendoza). Nouvelle traduction (par l'abbé de Charmes), avec une épître à M. Miton. *Lyon, Antoine Besson* (1697?), in-12, bas., *fig.*

2424. **Histoire** générale de l'Église pendant le XVIIIe siècle, dans laquelle s'expliquent les causes, etc., de la Révolution Française. *Besançon, Gauthier frères*, 1823, tome I, in-8, d.-rel. m.

2425. **Histoire** générale de Provence (par Papon). *Paris*, 1777-86, 4 v. in-4, bas., *fig*.

2426. **Histoire** littéraire des femmes françaises (par l'abbé de la Porte, aidé de La Croix de Compiègne). *Paris, Lacombe*, 1769, 5 v. in-8, bas., *frontisp. gr.*

2427. **Histoire** littéraire de la Congrégation de Saint-Maur, ordre de S. Benoît (par D. Tassin). *Bruxelles* et *Paris*, 1770, in-4, v. m.

2428. **Histoire** nouvelle et abrégée de la révolte des Sevennes (par François Duval). *Paris, N. Pépie*, 1712, in-12, bas.
Voir les Nos 812, 2388 et 3149.

2429. **Histoire** ou antiquités de l'état monastique et religieux (par le P. Cl. Delle). *Paris*, 1699, 4 v. in-12, bas.

2430. **Histoire** secrète des intrigues de la France en diverses cours de l'Europe (par George Lockard), trad. de l'anglais. *Londres*, 1715, 3 v. in-8, v. br.

2431. **Histoire** secrète du cabinet de Napoléon Bonaparte et de la Cour de Saint-Cloud, par Lewis Goldsmith. 2e édition. *Londres*, 1814, 2 v. in-8, br.

2432. **Histoire** véritable des disputes *de Auxiliis* et des autres querelles entre les Jacobins et les Jésuites d'Espagne, depuis leur origine, par l'abbé N.... *Liège*, 1704, 3 v. pet. in-12, bas.

2433. — Historia Congregationum de Auxiliis divinæ gratiæ sub Clemente VIII et Paulo V, in IV libr. distributa, et sub ascititio nomine Augustini Le Blanc primum Lovanii publicata. Accedit liber quintus apologeticus, auctore Hyac. Serry; cum appendice. *Antverpiæ*, 1709, in-fol., bas. — Addenda suis locis in historia Congreg. de Auxiliis anno MDCC edita. *Lovanii*, 1701, pet. in-fol., bas. (sans titre).

2434. — Lettre à Monsieur l'abbé *** sur la nouvelle histoire des disputes *de Auxiliis* qu'il prépare. *Liège* (1698), in-16, bas.

2435. **Historia** Deorum fatidicorum, Vatum, Sibyllarum, Phæbadum, apud priscos illustrium, cum eorum iconibus. Præposita est dissertatio de divinatione et oraculis (auctore P. Mussardo?). *Coloniæ-Allobrog.*, *Petr. Chonet*, in-4, d.-rel., bas.

2436. **Historia** Flagellantium de recto et perverso Flagrorum usu apud christianos (auctore Jac. Boileau). *Parisiis*, 1700, in-12, bas.

Voir le No 684.

2437. **Historiæ** Augustæ scriptores VI, cum notis et scholiis Is. Casauboni et aliorum, cura Corn. Schrevelii. *Lugd.-Batav.*, 1661, in-8, v. br., *frontisp. gr.*

2438. **Historiæ** Bysantinæ scriptores post Theophanem, gr. et lat., cum notis Fr. Combefisii. *Parisiis*, 1605, gr. in-fol., v. br.

2439. **Hobbes** (Th.). Opera omnia philosophica quæ latine scripsit. *Amstelod.*, *Blaeu*, 1668, 2 v. in-4, v. br.

2440. — OEuvres philosophiques et politiques, trad. en fr. par un de ses amis (Sorbière). *Neufchâtel*, 1787, 2 v. in-8, d.-rel. v. viol., *portr.*

2441. — Thomæ Hobbes, Angli Malmesburiensis philosophi, vita (per Jo. Aubrey et Rich. Blackbourne). *Carolopoli, apud Eleutherium Anglicum*, 1681, pet. in-12, cart.

Relié avec le No 1140.

2442. **Hofmannus** (Joh.-Jac.). Lexicon universale, historiam, chronologiam, etc., explanans. *Lugd.-Batav.*, 1698, 4 v. in-fol., v. br., *frontisp. gr.*

2443. **Hogarth** (Guill.). Analyse de la beauté, trad. de l'angl. (par Jansen), précédée de la vie de ce peintre et suivie d'une notice de tous ses ouvrages. *Paris*, 1805, 2 v. in-8, d.-rel. mar. v., *fig.*

2444. **Holden** (Henr.). Divinæ fidei analysis, seu de fidei christianæ resolutione libri II. *Parisiis*, 1767, in-12, bas.

2445. **Hollandre** (J. de). Réplique à la response du sieur Bugnet, ci-devant ministre lez-Compiègne et de présent lez-Calais, par J. de Hollandre, curé de S.-Sauveur à Paris. *Paris, Ant. Estiene*, 1623, in-8, vél.

2446. **Homerus.** Homeri opera omnia, gr. et lat.; ex recensione et cum notis Sam. Clarkii : accessit varietas lectionum cura Jos.-Aug. Ernesti qui et suas notas adspersit. *Lipsiæ*, 1759-64, 5 v. in-8, v. j., fil., *portr.*

2447. — Opera omnia, gr. et lat.; *Amstelœd.*, *apud Joan. Ravesteinium*, 1650, 2 v. pet. in-8, vél.
Le 2e vol., contenant l'*Odyssée*, manque.

2448. — Opera, gr. et lat., ad optimas editiones expressa. *Basileæ*, 1779, 2 v. in-8, d.-rel. bas., *frontisp. gr.*

2449. — L'Iliade et l'Odyssée d'Homère ; trad. avec des remarques par Mme Dacier, 2e édit. *Paris*, 1719, 6 v. in-12, v., *frontisp. gr.*

2450. — Iliade d'Homère, nouv. traduc. en prose, précédée d'un discours sur l'histoire de la poésie (par A. Renouvier, A. C. et le docteur Thomas). *Paris, F. Schoell.* 1810, 2 v. in-8, br.

2451. — Clavis homerica, sive Lexicon vocabulorum omnium quæ in Iliade nec non potissima Odyssæ parte continentur, etc. *Roterodami, Leers*, 1655, pet. in-8, vél.

2452. **Homme** (l') du Pape et du Roy, ou reparties véritables sur les imputations calomnieuses d'un Libelle diffamatoire semé contre sa saincteté et sa majesté très-chrestienne par les ennemis couverts du S. Siége et de la France (par Romule Courteguerre). *Orange, Est. Voisin*, 1635, in-8, de 134 pp., vél.

2453. **Hommey** (Jacq.). Supplementum Patrum. Complectitur multa SS. Patrum, Conciliorum, etc., opera, quæ primum e mss. cod. eruit, notis et dissertationibus illustravit Hommey. *Parisiis*, 1684, in-8, v. br.

2454. — Diarium historico-litterarium anni 1703 (Mens. Janu.-Jun.). *Parisiis, Petr. Ribou*, 1703, in-8, bas.

2455. **Hondorffius** (Andreas). Theatrum historicum, seu promptuarium illustrium exemplorum ad honeste..... vivendum. Ab And. Hondorffio germanice initio conscriptum, et labore Philippi Louiceri latinitate donatum, etc. *Francof.-ad-Mœnum, ap. Jo. Spiess*, 1586, in-fol., bas.

2456. **Honneur** (de l') qu'on doit à Dieu dans ses mystères et dans ses saints les jours consacrés à son culte. *Paris, Guill. Desprez*, 1726, in-12, bas.

2457. **Honoré** (Fr.), prédicateur capucin de Paris. Académie Evangélique pour l'instruction spirituelle de la jeunesse. *Paris, Buon*, 1622, in-12, parch., *frontisp. gr. par L. Gaultier.*

2458. **Honoré** (Oscar). Histoires de la vie privée d'autrefois, avec un avant-propos de M. Guizot. *Paris*, 1853, gr. in-18, d.-rel. m.

2459. **Horatius** Flaccus (Q.), ex fide atque auctoritate decem librorum mss., opera Dionys. Lambini emendatus, ab eodemque comment. copios. illustratus, nunc primum in lucem editus. *Lugduni, Joan. Tornesius*, 1561, in-4, vél., tr. d.

2460. — Q. Horatius Flaccus, ex antiquiss. codd. emendatus opera Jacobi Crucquii. Ejusdem in eumdem observationes et variæ lectiones. *Antuerpiæ, ex offic. Christ. Plant.*, 1579, in-4, parch.

2461. — Q. Horatius Flaccus, cum commentariis selectiss. varior. et scholiis integris Jo. Bond, accur. Corn. Schrevilio. *Lugd.-Batav., ex offic. Hackniana*, 1670, in-8, d.-rel. mar. r., *frontisp. gr.*

2462. — Poemata : ex antiquis codd. emendavit, variasque lectiones adjecit Alex. Cuninghamius. — Alex. Cuninghamii animadvers. in R. Bentleii notas et emend. ad Q. Horatium. Omnia *Londini, Vaillant*, 1721, 2 tom. en 1 v. in-8, v. f., tr. d.

2463. — Carmina nitori suo restituta. *Parisiis*, 1763, in-12, v. f., fil., tr. d., *frontisp. gr.*

2464. — Quintus Horatius Flaccus. *Parisiis, excud. P. Didot*, anno VIII (1800), in-12, v. rac., tr. d., *portr.*

2465. — Q. Horatius Flaccus, cum scholiis perpet. Joan. Bond; edidit Nic.-Lud. Achaintre. *Parisiis, Richomme*, 1806, in-8, pap. vél., m. r., dent., gardes en tabis, *fig.*

2466. — Ars poetica Horatii et in eam paraphrasis Jo. Sambuci. *Antuerpiæ, ex off. Christ. Plant.,* 1564, in-8, parch.

2467. — OEuvres d'Horace, trad. par MM. Campenon et Desprès, accompagnées du commentaire de l'abbé Galiani, précédées d'un essai sur la vie et les écrits d'Horace, et de recherches sur sa maison de campagne. *Paris, Boucher,* 1821, 2 v. in-8, d.-rel. bas.

2468. — Odes et satyres d'Horace, lat.-fr. Nouv. trad. *Paris,* 1670, in-18, v. f., rel. Thompson.

2469. — Remarques critiques sur les œuvres d'Horace, avec une traduction nouvelle (par Dacier). *Paris, Thierry* et *Barbin,* 1681, 10 v. in-12, v. br.

2470. — OEuvres d'Horace, trad. en vers par Pierre Daru (1re édition). *Paris,* an VI (1797), in-8, d.-rel. bas.

2471. — Horatii Flacci vita e vetusto quodam exemplari descripta. — Henrici Stephani diatribæ duo de suæ editionis Horatii accuratione. S. l. n. d., in-8, parch.

2472. — P. Gualterii Chabotii expositio analytica in universum Q. Horatii Flacci poema. *Parisiis,* 1582, in-8, parch.

2473. **Hospital** (M. de l'). Mich. Hospitalii Galliarum cancellarii carmina. *Amstelædami,* 1732, in-8, v. br., *frontisp. gr.*

2474. **Hosschius.** Sidr. Hosschii elegiarum libri sex, item Guil. Becani idyllia et elegiæ. *Alosti,* 1822, in-12, v. f., *portr.*

2475. **Hotoman** (François). La Gaule Françoise de Fr. Hotoman, jurisconsulte, nouvellement traduite du latin en françois (par Simon Goulard). Édition première. *Cologne, H. Bertulphe,* 1574, in-12, vél.

2476. — Hotomanorum (Franc. et Joan.) patris et filii, et clarorum virorum ad eos epistolæ ex biblioth. Jani W. Meelii. *Amstelæd.,* 1700, in-4, v. br.

- 2477. **Houbigant** (Car.-Fr.). Notæ criticæ in universos Veteris Testamenti libros, etc. *Francof.-ad-Mœnum,* 1777, 2 v. in-4, v. rac.

2478. **Houssaye** (Arsène). Histoire du 41me fauteuil de l'Académie française. *Paris, Lecou,* 1855, in-8, d.-rel. mar. br.

2479. **Houteville** (C.-Fr.). La Religion chrétienne prouvée par les faits. *Paris,* 1749, 4 v. in-12, bas.

2480. — Lettres de M. l'abbé..... (Desfontaines) à M. l'abbé d'Houteville, au sujet du livre. De la Religion chrétienne prouvée par les faits. *Paris,* 1722, in-12.

2481. **Huarte** (Juan). L'examen des Esprits pour les sciences, où se monstrent les différences d'Esprits qui se trouvent parmy les hommes et à quel genre de science chacun est particulier, trad. de l'espagnol (par Vion d'Alibray). *Paris, J. le Bouc,* 1645, in-8, v. br.

2482. **Huc** (l'abbé), missionnaire. Souvenirs d'un voyage dans la Tartarie, le Thibet et la Chine, en 1844, 1845 et 1846. 2e édit. *Paris, Ad. Le Clère,* 1853, 2 v. in-12, d.-rel. m., *carte*.

2483. **Hue** (Fr.). Dernières années du règne et de la vie de Louis XVI. *Paris,* 1814. — Mémoires de M. l'abbé Edgeworth de Firmont, trad. de l'angl. *Paris,* 1816, 3 tom. in-8 rel. en 1, bas.

2484. **Huet** (Pier.-Daniel). Tractatus de situ Paradisi terrestris. Accedit ejusdem Commentarius de navigationibus Salomonis. *Amstelod.,* 1698, in-8, bas., *carte*.

Exempl. de D. Fr. Secousse.

2485. — Traité de la situation du Paradis terrestre. *Paris,* 1691, in-12, bas., *frontisp. gr.* et *carte*.

2486. — P. Dan. Huetii Demonstratio evangelica. *Parisiis, Steph. Michallet,* 1679, in-fol., vél.

2487. — Eadem. Editio tertia. *Parisiis,* 1690, in-fol., bas.

2488. — Eadem. Quarta editio recogn. Accessit auctoris tractatus de Paradiso terrestri nunc primum latine ed. *Lipsiæ, Fritsch,* 1694, *portr.* et *carte*. — Ejusdem Alnetanæ quæstiones de concordia rationis et fidei.... juxta exemplar Cadomense et Parisinum recusæ. *Lipsiæ, Grosius,* 1692, 3 part. en 1 v. in-4, rel. parch.

2489. — Alnetanæ quæstiones ; de concordia rationis et fidei. *Parisiis, Th. Moette,* 1690, in-4, v. éc.

2490. — Alnetanæ quæstiones de concordia rationis et fidei. *Lipsiæ,* 1692. — Vossii (Is.) appendix ad librum de LXX interpretibus, continens Responsiones ad objecta aliquot theologorum. *Hagæ-Comitis,* 1663. — Conjectura circa επινομην D. Clementis Romani, cui subjiciuntur Castigationes in Epiphanium et Petavium de Eucharistia, de cælibatu clericorum et orationibus pro vita defunctis, autore Jac. de Ardenna. *Londini,* 1681. 1 v. in-4, vél.

2491. — Alnetanæ quæstiones de concordia rationis et fidei ...... Accedit auctoris Commentarius de rebus ad eum pertinentibus. *Francofurti* et *Lipsiæ,* 1719, in-4, vél.

2492. — Alnetanæ quæstiones de concordia rationis et fidei ; accedit auctoris Commentarius de rebus ad eum pertinentibus. *Venetiis,* 1761, in-4, vél.

2493. — De imbecillitate mentis humanæ, libri tres. *Amstelodami,* 1738, in-12, bas., *portr.*

2494. — Traité philosophique de la foiblesse de l'esprit humain. *Amsterdam, du Sauzet,* 1723, in-12.

On y a joint le cahier de juillet 1726 de la *Bibliothèque des livres nouveaux* (Nancy), où se trouve une dissertation critique sur l'auteur de ce traité.

2495. — Le même. *Londres, Nourse,* 1741, in-12, v.

2496. — P. Dan. Huetii Censura philosophiæ Cartesianæ. *Lutetiæ-Parisiorum,* 1689, in-12, bas.

2497. — Eadem. Editio 4ª. *Parisiis,* 1694, in-12, bas.

2498. — Réponse au livre qui a pour titre : *P. Danielis Huetii Censura philosophiæ Cartesianæ,* par P.-Silvain Regis. *Paris,* 1691, in-12, bas.

2499. — Nouveaux mémoires pour servir à l'histoire du Cartésianisme, par M. G. de l'A. (par Huet, évêque d'Avranches). S. l., 1692, in-12, bas.

2500. — P. Dan. Huetii de Interpretatione libri duo ; quorum prior est de optimo genere interpretandi ; alter de claris interpretibus. *Parisiis, Seb. Cramoisy,* 1661, in-4, d.-rel. bas.

2501. — P. Dan. Huetii Opuscula duo quorum unum est de optimo genere interpretandi et de claris interpretibus; alterum de origine fabularum Romanensium Ed. prima Veneta. *Venetiis,* 1757, in-12, parch., *portr.*

2502. — Dissertations sur différens sujets recueillis par M. l'abbé de Tilladet. *La Haye,* 1720, 2 v. in-12, v. br.

2503. — Histoire du commerce et de la navigation des Anciens. 3e édit. *Paris,* 1727, in-12, v. m.

2504. — La même. *Lyon,* 1763, in-8, bas.

2505. — Les origines de la ville de Caen, revues, corrigées et augm. 2e édit. (par P.-D. Huet). *Rouen,* 1706, in-8, v.

2506. — Traité de l'origine des romans (par Huet). 8e édit. *Paris,* 1711, in-12, v. br.

2507. — Diane de Castro (composé par D. Huet sous le titre du *Faux Inca* et publié sous celui de *Diane de Castro* par l'abbé d'Olivet). *Paris,* 1728, in-12, d.-rel. m.

2508. — P. D. Huetii Commentarius de rebus ad eum pertinentibus. *Amstelod.,* 1718, in-12, bas.

2509. — Mémoires de Daniel Huet, trad. franç. par Ch. Nisard. *Paris,* 1853, in-8, d.-rel. m.

2510. — Pet. Dan. Huetii, et Cl. Fr. Fraguerii carmina. *Parisiis,* 1729, in-12, v. f.

2511. — Huetiana, ou pensées diverses de M. Huet, évêque d'Avranches (publ. par l'abbé d'Olivet, avec un éloge historique). *Paris,* 1722, in-12, v.

2512. — Statuts synodaux pour le diocèse d'Avranches, lus et publiés dans le synode tenu dans cette ville le 23 avril 1693 et imprimés par l'ordre de Mgr l'Évêque (P.-D. Huet). *Caen,* 1693, in-12, cart.

2513. — Étude sur Daniel Huet, évêque d'Avranches, par J.-B.-M. Flottes. *Montpellier,* 1857, in-8, d.-rel. m.

2514. — Huet, évêque d'Avranches, sa vie et ses œuvres, avec des extraits de documents inédits, par F.-A. de Gournay. *Caen*, 1854, in-8. — Histoire de la vie et des ouvrages de Huet, évêque d'Avranches, par J. d'Avenel. *Mortain*, 1853. Ensemble 1 v. in-8, d.-rel. m.

2515. — Le Bréviaire de P.-D. Huet, par M. Julien Travers. *Caen*, 1858, in-8, br.

2516. **Hugonis de S. Victore.** Opera omnia. *Rothomagi*, 1648, 3 v. in-fol., v. br., fil.

2517. **Hugo de S. Charo**, cardinalis S. Sabinæ. *Utriusque Testamenti apostillæ. (Basileæ, Joan. Amerbuchius, 1503.)* Goth., de 34 ff. pour la tab., et 436 ff. à 2 col., bas.

Le commentaire s'arrête au livre de Job.

2518. — *Domini Hugonis, primi cardinalis ordinis Prædicatorum.... Tractatus qui speculum Ecclesie inscribitur.* In-4, goth. de 8 ff. à 2 col. de 41 lig. *(absque nota, sed expensis Joan. de Westfalia).* — *Ejusdem* (?) *Tractatus artis bene moriendi perutilis.* In-4, goth. de 10 ff. à 2 col. de 41 lig. *(Absque nota, sed expensis et diligentiis Joan. de Westfalia).*

Ce dernier opusc. suit ordinairement le *Speculum humanæ vitæ* de Rodericus Sanctius.

2519. — Sacrorum Bibliorum Vulgatæ edit. Concordantiæ, Hugonis cardinalis, cura Fr. Lucæ et Hub. Phalesii recensit. et expurg. *Lugduni*, 1701, in-4, bas.

2520. **Hugo** (Herm.). Pia desideria. Edit. novissima. *Lugduni*, 1679, in-16, rel. toile, *fig.*

2521. **Humblot** (le P. Fr.), minime. Conceptions admirables sur tous les dimanches de l'année, le tout prêché en divers lieux. *Paris*, 1625, 2 v. in-8, parch.

2522. **Hume** (David). Histoire de la maison de Plantagenet sur le trône d'Angleterre, depuis l'invasion de J. César jusqu'à l'avènement de Henry VII, trad. de l'anglais par Mad. B... (Bellot). *Amsterdam (Paris)*, 1765, 2 v. in-4, bas.

2523. — Histoire de la maison de Tudor sur le trône d'Angleterre, trad. de l'anglais par Mad. B... (Bellot). *Amsterdam*, 1763, 2 v. in-4, bas.

2524. — Histoire de la maison de Stuart sur le trône d'Angleterre (trad. par l'abbé Prévost). *Londres (Paris)*, 1760, 3 v. in-4, bas.

2525. — Nouveaux éclaircissements sur l'histoire de Marie, reine d'Angleterre, fille aînée de Henri VIII, adressés à M. D. Hume (par le P. Griffet). *Amsterdam et Paris*, 1766, in-12.

2526. — OEuvres philosophiques de D. Hume, trad. de l'anglais (par J.-Bern. de Merian et Robinet). *Londres*, 1764, 6 v. in-12 rel. en 2, bas.

2527. — Dialogues sur la religion naturelle, ouvrage posthume, trad. de l'anglais. *Edimbourg*, 1780, in-12, v. f., fil.

2528. **Huré** (Ch.). Dictionnaire universel de l'Écriture sainte. *Paris, Coignard*, 1715, 2 v. in-fol., v. m.

2529. — Grammaire sacrée, ou règles pour entendre le sens littéral de l'Écriture sainte. *Paris*, 1707, in-12, bas.

2530. **Huygens** (Gommar). La méthode que l'on doit garder dans l'usage du sacrement de pénitence pour donner ou différer l'absolution. *Paris, Pralard*, 1695, in-12, bas.

2531. **Hyde** (Thom.). Historia religionis veter. Persarum, corumque magorum; Zoroastris vita, etc. *Oxonii, e Th. Sheld.*, 1700, in-4, v. br., *fig*.

2532. **Hyginus.** C. Julii Hygini Augusti liberti, fabularum liber; ejusdem poeticon astronomicon libri IV, quibus accesserunt similis argumenti Palæphati de fabulosis narrationibus liber I, Fulgentii mythologiarum libri III; ejusdem de vocum antiquarum interpretatione libri III; Arati Phænomenon fragmentum; Germanico Cæs. interprete; ejusdem phænomena, gr. et lat., etc. *Lugduni*, 1608, in-8, mar. r., fil., tr. d.

I

2533. **Idée** de la conversion du pécheur et Traité de la confiance chrétienne (trad. du latin d'Opstraet par Fr. Denattes). S. l., 1731, in-12, v. f.

2534. **Idée** de la morale chrétienne tirée des propres paroles des Pères de l'Église (par .....). *Paris, Couterot,* 1676, 2 v. in-12, bas.

2535. **Idée** générale de Jésus-Christ et de son Église, ou exposition des mystères de sa naissance, de sa mort et de sa résurrection, etc. (par.....). *Liège,* 1788, in-12, bas.

2536. **Ignatius** (S.). Epistolæ genuinæ S. Ignatii, martyris (gr.); ex biblioth. Florentina; adduntur S. Ignatii epistolæ quales vulgo circumferuntur : ad hæc S. Barnabæ epist. accessit universis translatio vetus. Edidit et notas addidit Is. Vossius. *Amstelod., J. Blaeu,* 1646, in-4, v. br.

2537. **Ignatius de Loyola** (S.). Exercitia spiritualia. *Antuerpiæ, ap. Jo. Meursium,* 1685, in-12, parch.
   Sur S. Ignace, Voir le N° 3192.

2538. **Illustribus** (de) Ecclesiæ Scriptoribus, authores præcipui veteres : I. Hieronimus Stridonensis; II. Gennasius Massiliensis; III. Isidorus Hispalensis; IV. Honorius Augustodunensis; V. Sigebertus Gemblacensis; VI. Henricus de Gandaro ; opera Suffridi Petri Frisii. *Coloniæ,* 1580, in-12, vél.

2539. **Imitatione** (de) Christi et rerum mundanarum contemptis..., authore Th. de Kempis... *Coloniæ,* 1606, in-24, bas.

2540. — De Imitatione Christi libri IV, in gr. versi, interpr. P.-G. Mayr, editio genuita, edente X. Brosset. *Paris, F. Didot,* 1824, in-18, v. vert, fil., tr. d.

2541. — L'Imitation de J.-C. trad. en vers françois par M. Corneille. *Rouen, Laurens Maurry, et Paris, Ch. de Sercy,* 1653 (pour les deux premières parties); et

Paris, Guill. de Luyne, 1653 (pour la 3e partie). 3 part. rel. en 1 v. in-12, bas.

2542. — Les quatre livres de l'Imitation de J.-C. traduits en vers par J. Desmarets. *Paris, P. le Petit* (1654), in-12, d.-rel. v. v., tr. d., *titre* et *fig. grav.*

2543. — L'Imitation de J.-C., trad. du P. Gonnelieu, avec une pratique et une prière à la fin de chaque chapitre. Nouv. éd. *Paris, Janet (Imp. de P. Didot)*, 1818, in-8, rich. rel. mar. r., dent., tr. d., *fig. d'après les dessins d'Horace Vernet.*

2544. — Imitation de J.-C., trad. nouv. (par Cavallier d'Arnaudy). *Montpellier*, 1856, in-16, br.

2545. — Suite de l'Imitation de J.-C., ou les opuscules de Thomas à Kempis, trad. du latin d'Horstius par l'abbé de Bellegarde. *Paris, Jacq. Collombat*, 1700, pet. in-12, v. rac., fil.

2546. — Imitacion de Cristo. Nueva edicion con laminas. *Paris*, 1826, in-16, br.

Sur l'Imitation, voir, en outre, le. No 2086.

2547. **Imposteurs** (les) démasqués et les usurpateurs punis (par Esprit-Jos. Chaudon). *Paris*, 1776, in-12, bas.

2548. **Incrédulité** (l') convaincue par les prophéties (par Le Franc, év. du Puy). *Paris*, 1769, 3 v. in-12, bas.

2549. **Indagine** (Jean de). Chiromance et Physiognomie par le regard des membres de l'homme, trad. en franç. par Antoine Du Moulin. *Lyon, par Iean de Tournes*, 1549, pet. in-8, v. f., fil. à froid.

2550. **Innocentius III**, Rom. Pont. Epistolarum libri XI : accedunt gesta ejusdem et prima collectio decretalium composita a Rainerio. Steph. Baluzius in unum collegit, magnam partem nunc primum edidit, reliqua emendavit. *Parisiis, Muguet*, 1682, 2 v. in-fol., bas.

2551. **Innocent XI**, Pape. Décrets portant suppression d'un Office de la Conception Immaculée de la T.-S. Vierge. Nouv. éd. *suivant les exempl. de Rome*, 1680, in-12, bas.

2552. — Index Librorum prohibitorum Innoc. XI, P. M., jussu editus, usque ad annum 1681 (cum appendice ad mensem Junii 1704). *Romæ,* 1704, in-8, vél.

2553. **Innocent** (Fr.) (D. Masson). Annales Ordinis Cartusiensis tribus tomis distributi. Tomus primus (le seul paru). *Correriæ,* 1687, in-fol., bas.

2554. **Inquisition** (l') française, ou l'histoire de la Bastille (par Constantin de Renneville). *Amsterdam,* 1715, in-12, bas., *fig.*

2555. **Institutes** du droit canonique, trad. en franç. (de J.-P. Lancelot), avec l'histoire du droit canonique par Durand de Maillane. *Lyon,* 1770, 10 v. in-12, bas.

2556. **Institution** aux Lois Ecclésiastiques de France, ou analyse des actes et lettres qui composent les mémoires du Clergé, par l'abbé de V... (Verdelin), *Paris,* 1783, 3 v. in-12, bas.

2557. **Institution** de l'aumosne générale de Lyon. 7e éd. *Lyon,* 1699. — La forme de la Direction et Æconomie du grand hotel-Dieu de N.-D. de Pitié du Pont du Rône de Lyon. *Lyon,* 1720, *fig.* — Lettres patentes portant confirmation des anciens privilèges du grand hopital et hotel-Dieu de Lyon. *Lyon,* s. d., in-4, d.-rel. bas.

2558. **Institution** des sourds-muets par la voie des signes méthodiques (par l'abbé de l'Épée). *Paris,* 1776, 2 part. in-12 rel. en 1 v., bas.

2559. **Institution** et instruction chrétienne (connue sous le nom de *Catéchisme de Naples*; par l'abbé Gourlin). *Naples (Paris),* 1779, 3 v. in-12, bas.

2560. **Institution** (l') divine des curés et leurs droits au gouvernement général de l'Église, ou dissertation sur le 28e verset du 20e chap. des Actes des Apôtres (par Maultrot). *En France,* 1778, in-12, bas.

2561. **Institutiones** Theologicæ ad usum seminar., authore Gasp. Juenin. *Lugduni,* 1704, 7 v. in-12, bas.

2562. **Institutiones** Theologicæ, ad usum scholarum accommodatæ (auctoribus Valla, Tabaraud et Charrier de la Roche). *Lugduni,* 1780, 6 v. in-12, bas.

2563. **Instruction** pastorale de Mgr l'Archevêque de Paris (de Noailles) sur la perfection chrétienne et sur la vie intérieure contre les illusions des faux mystiques. *Lyon,* 1698, in-12, bas.

2564. **Instruction** familière sur la prédestination et sur la grâce (1711). In-12, bas.
    Le titre manque.

2565. **Instruction** pastorale de Mgr l'Évêque de Senez (Soanen) sur l'autorité infaillible de l'Église et sur les caractères de ses jugements dogmatiques,..... où l'on répond aux défenseurs de la bulle *Unigenitus*. *Amsterdam, Potgieter,* 1728, in-8, bas.

2566. **Instructions** chrétiennes, ou abrégé du catéchisme, par E. B. M. du S. Ev. (Et. Bons). *Zurich,* 1753, in-8, cart.

2567. **Instructions** chrétiennes et prières à Dieu sur les Épîtres et Évangiles pour tous les jours de l'année (par le P. Quesnel). 4e édit. *Paris, Pralard,* 1716, in-12, bas., *portr.*

2568. **Instructions** (les) du diocèse d'Alet (par mre Nic. Pavillon, évêque). 2e édit. *Paris, Savreux,* 1670, in-8, bas.

2569. **Instructions** spirituelles adressées aux bonnes âmes pour se bien gouverner dans la tentation, etc.... tirées des lettres d'un grand serviteur de Dieu. *Paris,* 1676, in-12, bas.

2570. **Instructions** (quatre) spirituelles tirées de diverses lettres d'un serviteur de Dieu. *Paris,* 1676, in-12, bas.

2571. **Instructions** sur tous les mystères de N. S. J.-C. (par l'abbé Gaudron). *Paris, Desprez,* 1767, 6 v. in-12, bas.

2572. **Intérêts** (les) de l'Angleterre mal entendus dans la présente guerre, trad. de l'anglais (par l'abbé Dubos). *Amsterdam, Gallet,* 1704, in-12, bas.

2573. **Introduction** philosophique à l'étude du christianisme, par Mgr l'Archevêque de Paris. 2ᵉ édition. *Paris, 1845*, in-16, br. (275 pp.)

2573 *bis.* — La même. 4ᵉ édit. *Paris,* 1845, in-16, br.

2574. **Inventaire** ou dénombrement, tant des corps saints et tombeaux des Roys qu'autres raretez qui se voyent en l'église S.-Denys, hors du Thrésor. — Abrégé de l'inventaire du Thrésor de S.-Denys, lequel on montre en chaque armoire pour la satisfaction des personnes curieuses. *Paris,* 1659, in-8, d.-rel. v.

Relié avec le Nº 1479.

2575. **Irenæus.** S. Irenæi contra hæreses libri V, post Fr. Feuardenti et J.-E. Grabe recensionem castigati denuo ad mss. codd. nec non ad antiquiores editiones : observationibus ac notis glossariis et indd. illustrati et locupletati, studio et labore Ren. Massuet. *Parisiis, Coignard,* 1710, in-fol., bas.

2576. — Fragmenta anecdota,.... quæ latina versione notisque donavit.... Chr. Math. Pfaffius. *Hagæ-Comitum,* 1715, in-8, vél.

2577. — S. Irenæi contra omnes hæreses libri quinque (gr. et lat.); texte revu et augmenté de fragments, avec des notes par J.-E. Grabe. *Oxoniæ, e Theatro Sheldon.*, 1702, in-fol., v. br., fil., *frontisp. gr.*

2578. — La vie de S. Irénée, second évêque de Lyon (par dom Gervaise). *Paris,* 1723, 2 v. in-12, bas.

2579. **Isidorus** (S.). S. Isidori, Hispalensis episcopi, opera omnia quæ exstant (edente Fr.-Jac. Dubreul). *Coloniæ,* 1617, in-fol., cham.

2580. **Isidorus Pelusiota** (S.). De interpretatione div. Scripturæ epistolarum libri IV (gr. et lat.), quorum tres priores ex interpret. Jac. Billii, quartus a Conr. Rittershusio nunc primum exit novus. *Ex offic. Commeliniana,* 1505, in-fol., v. f., fil.

2581. **Isocrates.** Orationes et Epistolæ cum latina interpret. Hier. Wolfii, ab ipso postremum recognita : H. Stephani in Isocratem Diatribæ VII ; Aristidis et Gorgiæ quædam (gr. et lat.), Guil. Cantero interprete. *Excud. Henr. Stephanus,* 1593, pet. in-fol., v. marb.

2582. — Orationes et Epistolæ (gr.), cum lat. interpret. Hieron. Wolfii ab ipso postremum recognita. *Oliva Pauli Stephani (Genevæ),* 1604, in-8, vél.

2583. — Isocratis opera (16..). In-8, v. f., fil.
> Exempl. sans frontisp., d'une édit. avec notes margin. et trad. interlin.

2584. — OEuvres complètes d'Isocrate, tr. en fr. par l'abbé Ath. Auger. *Paris, De Bure,* 1781, 3 v. in-8, d.-rel. v., non rogn.

2585. **Isla** (J.-F. de). Histoire du fameux prédicateur frère Gerunde de Campazas, dit Zotès : écrite par le P. Jean Isla, sous le nom du licencié dom Franç. Lobon de Salazar, trad. de l'esp. par F. Cardini. *Paris,* 1822, 2 v. in-8, d.-rel. bas.

2586. **Itier** (Jules). Journal d'un voyage en Chine en 1843-46. *Paris,* 1848, 3 v. in-8, d.-rel. m., *fig.*

2587. **Itinéraire** de Buonaparte de l'Ile d'Elbe à l'Ile de Sainte-Hélène, ou Mémoires pour servir à l'histoire de la seconde usurpation, par l'auteur de la Régence à Blois (Fabry). 2e édit. *Paris,* 1817, 2 v. in-8, d.-rel. bas.

2588. **Ivonis** Carnotensis opera omnia in duos partes distributa cum vita authoris (et præfat. J. Frontonis, edidit J.-B. Souchet). *Parisiis,* 1647, in-fol., v. f., fil.

2589. — Epistolæ collatione multorum cod. mss. restitutæ. Ejusdem chronicon de regibus Francorum. Edit. secunda. *Parisiis, Séb. Cramoisy,* 1610, in-8, bas.

2590. — L'esprit d'Yves de Chartres dans la conduite de son diocèse et dans les cours de France et de Rome (par Varillas). *Paris,* 1701, pet. in-12, bas.

2591. **Ives** (le P.) de Paris, capucin. Les Morales chrétiennes, où il est traité des devoirs de l'homme en la vie particulière et publique. *Paris,* 1640-42, 4 v. in-4, parch., *frontisp. gr.*

2592. **Ivellus** (Johan.). Apologia ecclesiæ anglicanæ. *Londini*, 1581, in-16, vél.

J

2593. **Jablonski** (P.-E.). Pantheon Ægyptiorum, sive de diis eorum commentarius. *Francofurti*, 1750-52, 5 v. in-8, v. éc.

2594. **Jacobus** Cartusiensis. *Incipiunt sermones auctori san a dño Nicolao papa qnto per eximiū dnum doctorem sacre theologe prem Jacobū cartusieñ. domus extra muros et forden vicaim.* Pet. in-fol. goth., 185 ff. à 2 col., 37 lign., cham.

2595. **Jacques** Ier, roi d'Angleterre. Jacobi, Dei gratia, Magnæ Britanniæ,..... regis, Opera edita a Jacobo Montacuto. *Londini*, 1619, in-fol., m. r.

2596. **Jacques** (A.), Simon (J.) et Saisset (E.). Manuel de Philosophie à l'usage des colléges. *Paris*, 1846, in-8, br.

2597. **Jacques Jacques**, chanoine de l'Église d'Ambrun. Le Faut mourir et les excuses inutiles qu'on apporte à cette nécessité. *Lyon, A. Molin*, 1762, in-12, bas.

2598. **Jacquinet** (P.). Des prédicateurs du XVIIe siècle avant Bossuet. *Paris, Didier*, 1863, in-8, d.-rel. v.

2599. **Jacutius** (Matth.), benedictinus. Christianarum antiquitatum specimina quæ in vetere Bonusæ et Memnæ titulo e Suburana S. Agathæ basilica, anno MDCCLVII Vaticanum ad museum transvecta exercitationibus philologico-sacris....... collustrantur. *Romæ*, 1758, in-4, bas.

2600. **Jamblichus.** De mysteriis Ægyptiorum....; Proclus in Platonicum Alcibiadem, de anima atque dæmone; Idem de sacrificio et magia; Porphyrius de divinis atque dæmonibus; Psellus de dæmonibus; Mercurii Trismegisti Pimander; Ejusdem Asclepius. *Lugduni, ap. Jo. Tornæsium*, 1552. — Divini Platonis gemmæ sive illustriores sententiæ.... a Nic. Liburnio collectæ.

Parisiis, Hier. de Marnef, 1555. — De Turcarum moribus epitome, Barth. Georg. Peregrino autore. *Lugduni, Joan. Tornæsius,* 1555, *fig. sur bois.* 1 v. in-16, v. f., fil.

2601. — De mysteriis liber. Præmittitur Epistola Porphyrii ad Anebonem Ægyptium. Th. Gale grece nunc primum edidit, latine vertit et notas adjecit. *Oxonii, e Theat. Sheldon.,* 1678, in-fol., v.

2602. **Jansénisme.** Voir notamment les Nos 202, 838 et les renvois, 1448, 2359-61, 3408, 5006, 3382, 3704, 4076, 4149 et les renvois, 4391, 4483, 4488, 4490, 4505, 4507, 4520, 5533, etc.

2603. **Jansenius** (Corn.). Voir Armacanus.

2604. — Augustinus, seu doctrina S. Augustini de humanæ naturæ sanitate, ægritudine, medicina adversus Pelagianos et Massilienses, tribus tomis comprehensa. *Rhotomagi, sumptibus Jo.-Berthelin,* 1645, 3 v. in-fol. rel. en 1, bas.

2605. — Tradition de l'Église catholique et de la fausse église des hérétiques du dernier siècle, sur la doctrine de Jansénius touchant le libre arbitre et la grâce, par le P. Étienne Dechamps. *Paris,* 1688, in-8, v. br.

2606. **Jaquelot** (Is.). Dissertations sur l'existence de Dieu. *Paris,* 1744, 3 v. in-12, bas.

2607. — Dissertations sur le Messie, où l'on prouve aux Juifs que J.-C. est le Messie promis et prédit dans l'Ancien Testament. *Amsterd.,* 1752, in-12, bas.

2608. — Traité de la vérité et de l'inspiration des livres du vieux et du nouveau Testament. *Amsterdam,* 1752, 2 v. in-12, d.-rel. mar. bl.

2609. — Sermons sur divers textes de l'Écriture sainte. *Genève,* 1774, 2 v. in-12, bas.

2610. **Jarchi** (Salom.). Commentarius hebraïcus in V libros Mosis, latine versus cum notis a Joh. Frid. Breithaupto. *Gothæ,* 1713, fort in-4, bas., br., *portr.*
    Exempl. de Mgr Becdelièvre, évêque de Nimes.

2611. **Jardin** (le) des Racines grecques, mises en vers français..... 2ᵉ édit. (par Cl. Lancelot). *Paris, P. le Petit,* 1664, in-12, bas., *frontisp. gr.*

2612. **Jean de Salisbury.** Voy. Joannes Saresberiensis.

2613. **Jeannel** (Ch.). Petit-Jean. 1ʳᵉ et 2ᵉ édit. *Paris,* 1846, in-12, br.

2614. **Jérôme** (S.). Voy. Hieronymus.

2615. **Jesu**, filii Sirach, Σοφια Σειραχ, sive Ecclesiasticus, gr. ad exemplar romanum ; et lat. ex interpretat. J. Drusii, cum notis ejusdem. *Franckeræ, Ægid. Radæus,* 1596, pet. in-4, vél.

2616. **Jésuites.** Voir notamment les Nᵒˢ 201, 213, 296, 1516, 2245, 2401-03, 2616 *bis*, 3537, 3693, 4096, 4404, 4438, 4485, 4486, 4519, 4582, 4793, 5412, 5487.

2616 *bis*. — Les Jésuites marchands, usuriers, usurpateurs, et leurs cruautés dans l'ancien et le nouveau continent. *La Haye,* 1759, in-12, bas..

2617. **Jésus-Christ**, par sa tolérance, modèle des législateurs (par Caraccioli). *Paris,* 1785, in-12, bas.

2618. **Joannes Chrysostomus.** Opera omnia quæ extant vel quæ ejus nomine circumferuntur, ad mss. codd. castigata, aucta, illustrata, locupletata (gr. et lat.), cura et studio Bern. de Montfaucon. *Parisiis, Ludov. Guerin,* etc., 1718-38, 13 v. in-fol., gr. pap., non rognés, d.-rel. v. f., *portr.*

2619. — Apologie de la vie religieuse et monastique, par S. Jean Chrysostôme, où il est traité de l'éducation des enfants et du lieu où on doit les élever, tr. du gr. par Cl. Le Duc. *Paris,* 1698, in-12, v. j.

2620. — Traité du Sacerdoce de S. Jean Chrysostôme, tr. en franç. (par Lamy). *Paris,* 1650, pet. in-12, bas. Le titre manque.

2621. — Homélies, discours et lettres choisis de S. Jean Chrysostôme, avec des extraits tirés de ses ouvrages, tr. par l'abbé Auger. *Paris,* 1785, 4 v. in-8, d.-rel. bas.

2622. — Vie de S. Jean Chrysostôme, patriarche de Constantinople et docteur de l'Eglise (par le sr Menart, doct. en théolog., c.-à-d. Godefroy Hermant). *Paris*, 1664, in-4, bas., *fig*.

2623. — La même, 2e édit. *Paris, Savreux*, 1665, in-8, bas., *portr*.

2624. — Saint Jean Chrysostôme, ses œuvres et son siècle, par l'abbé E. Martin (d'Agde). *Montpellier, Seguin*, 1860, 3 v. in-8, d.-rel. m. bl.

2625. **Joannes Scholasticus**, abbas montis Sina, qui vulgo Climacus appellatur. Opera omnia (gr. et lat.), interprete Matthæo Radero. *Lutetiæ-Parisior., Séb. Cramoisy*, 1633, in-fol., v. br., fil.

2626. — L'Échelle sainte, ou les degrés pour monter au ciel, par S. Jean Climaque; trad. du gr. en fr. par M. Arnauld d'Andilly. *Paris, Pierre le Petit*, 1661, in-12, v. br.

2627. **Joannes Damascenus.** Opera omnia quæ extant, et ejus nomine circumferuntur; et variis edit. et codd. mss. (gr.) collecta, recensita, latine versa atque annot. illustrata, cum præviis dissertationibus, et indicibus opera et studio P. Mich. Lequien. *Paris., Delespine*, 1712, 2 v. in-fol., bas.

2628. **Joannes Saresberiensis.** Policraticus, sive de nugis curialium et vestigiis philosophorum libri VIII. *Lugduni-Batav., Fr. Raphelengius*, 1595, in-8, vél.

2629. — Les Vanités de la Cour (trad. du latin du Polycratic de Jean de Salisbury par D. M. de Mézeray). *Paris, Toussaint Quinet*, 1640, in-4, parch.

2630. **Job.** Traduction nouvelle du livre de Job, par l'auteur de la traduction des prophéties d'Isaïe. *Paris*, 1818, in-8, d.-rel. mar.

Voir aussi le No 961.

2631. **Joffre** (Petr.). Ars syllogistica demonstrata auctore Petro Joffre, ad usum suæ scholæ. *Tarbiæ*, 1712, pet. in-12, bas.

2632. **Johnson** (Sam.). Le Paresseux; trad. de l'anglais par M. Varney. *Paris, Maradan*, 1790, 2 tom. en 1 v. in-8, d.-rel. bas.

2633. **Joliot** (J.-F.). Le Sacramentaire des Pasteurs, tiré des SS. Écritures, des Conciles, etc., contenant le dogme et la pratique de tous les sacrements. *Paris, 1723*, 4 v. in-12, bas.

2634. **Jonas.** La morale chrétienne fondée sur l'Écriture et expliquée par les SS. Pères, par Jonas, év. d'Orléans, trad. par le P. dom Joseph Mège. *Paris, Savreux,* 1661, in-12, v. j.

2635. **Jordan** (Balth.). Histoire de la ville d'Agde depuis sa fondation, et sa statistique au 1er janvier 1824, etc. *Montpellier, Tournel,* 1824, in-8, br.

2636. **Jornandés.** Histoire générale des Goths, trad. du latin (par Drouet de Maupertuy). *Paris, Barbin,* 1603, in-12, bas.

2637. **Josephus** (Flavius). Opera quæ extant; Antiquitates judaicæ et de bello judaico libri, etc.... gr. et lat. *Genevæ, Petr. de la Rovière*, 1611, in-fol., m. r., fil., tr. d.

2638. — Histoire des Juifs, ou Antiquités judaïques de Flavius Joseph ; trad. de M. Arnauld d'Andilly. *Paris, Le Petit,* 1668, 5 v. in-12, bas.

2639. — De l'autorité historique de Flavius Josèphe, par Philarète Chasles. *Paris, Fournier,* 1841, in-8, d.-rel. v. r.

2640. **Joubert** (Laurent). Première et seconde partie des erreurs populaires et propos vulgaires touchant la médecine et le régime de santé, réfutez et expliquez. *Lyon, Pierre Rigaud,* 1602, 2 part. en 1 v. in-12, vél.

2641. **Joubert** (Jos.). Dictionnaire français-latin. *Amsterdam,* 1757, in-4, d.-rel. bas.

2642. **Joubert** (J.). Pensées, précédées de sa correspondance, etc., par M. Paul de Raynal. 3e édit. *Paris,* 1862, 2 v. gr. in-18, d.-rel. m.

2643. **Jourdain** (Ch.). Le budget des cultes en France depuis le Concordat de 1801 jusqu'à nos jours. *Paris, Hachette,* 1859, in-8, br.

2644. **Jouffroy** (Théod.). Mélanges philosophiques. *Paris,* 1833, in-8, d.-rel. mar. gr.

2645. — Nouveaux mélanges philosophiques, avec notice par Damiron. *Paris,* 1842, in-8, d.-rel. mar. viol.

2646. **Journal asiatique.** *Paris,* années 1833 et s., br.

2647. **Journal** de M. le cardinal de Richelieu durant le grand orage de la Cour, en l'année 1630, jusques à 1643, tiré des mémoires qu'il a escrits de sa main, avec diverses autres pièces remarquables de son temps. *(Hollande)* 1650, pet. in-8, de 420 pp., vél.
Édition non citée dans Brunet.

2648. **Journal** de la Cour de Louis XIV, 1684-1715 (extrait des mémoires msc. de Dangeau), avec des notes (par Voltaire). *Londres,* 1770, in-8, d.-rel. bas.

2649. **Journal** de ce qui s'est passé à la tour du Temple pendant la captivité de Louis XVI, par Cléry, son valet de chambre. Nouv. édit., donnée par les héritiers de l'auteur, avec notices curieuses et quatre *fac simile*. *Paris, Patris,* 5 août 1814, in-12, d.-rel. v. j.

2650. **Journal** dédié à Monsieur, frère du Roi. Table générale des journaux anciens et modernes, contenant les jugements des journalistes sur les principaux ouvrages en tout genre, etc.; par une société de gens de lettres (Royou et Geoffroy). *Paris,* 1776-77, 6 v. in-12, v. m.

2651. **Journal des savants**, 1665-août 1728. *Amsterdam,* 1684-1728, 85 v. pet. in-12, v.

2652. **Journal** des choses mémorables advenues durant le règne de Henri III (par P. l'Estoile); édit. nouv., aug. de plusieurs pièces curieuses et enrichie de figures et de notes (par Le Duchat et de Godefroy). *Cologne,* 1720, 3 v. pet. in-8, bas.

2653. **Journal des Débats.** Années 1835 et s., en feuilles.

2654. **Journal historique,** ou Fastes du règne de Louis XV, surnommé *le Bien-Aimé* (depuis septembre 1715 jusqu'à fin 1764), par le Présid. de Lévy. *Paris,* 1766, 2 v. in-12, bas.
Le titre manque.

2655. **Journal historique** de la révolution opérée dans la constitution de la monarchie françoise, par M. de Maupeord, chancelier de France. *Londres,* 1776, 7 v. in-12, v. m., *portr.*

2656. **Journal littéraire** (par les abbés Hugo et Tricaud). *Soleure,* 1705, pet. in-8, bas.
: Manque le mois de déc. et la table.

2657. **Journal littéraire**, mai 1713-22 (par Sallengre, S.-Hyacinthe, Van Effen, etc.), repris en 1729 jusqu'en 1736 (par S' Gravesande, de Joncourt, etc.). *La Haye,* 24 v. in-12, bas.
: Manque 19 à 24.

2658. **Jovet**, chanoine de Laon. L'histoire des religions de tous les royaumes du monde. *Paris,* 1676, 2 v. in-12, bas.

2659. **Jubé de la Perrelle** (C.). Études synoptiques sur la géographie, la chronologie, l'archéologie et la paléographie de l'histoire de France. *Paris, Langlois et Leclercq,* grand in-fol., d.-rel. bas.

2660. **Jubinal** (Achille). Recherches sur l'usage et l'origine des tapisseries à personnages, dites *historiées. Paris, Challamel,* 1840, in-8, d.-rel. mar., *fig.*

2661. — Opuscules divers. *Paris,* in-8, br.
: 1º Un sermon en vers, publ. pour la 1re fois, d'ap. le mss. de la Biblioth. du Roi. 1834. — 2º La bataille et le mariage des VII arts, pièces inéd. du XIIIe siècle, publ. pour la 1re fois. 1838. — 3º Notice sur les armes défensives, spécialement en Espagne, depuis l'antiquité jusqu'au XVIe siècle. 1840. — 4º Recherches sur l'usage et l'origine des tapisseries à personnages dites *historiées.* 1840, *pl.* — 5º Le poème du *Cid,* extr. de la *France littéraire.* 1841. — 6º Les Pensées de la reine Christine, ou l'Ouvrage de Loisir, d'après le mss. de l'Ecole de Médec. de Montpellier. 1845. — 7º Mémoires sur les mss. de Guichenon, conservés dans la même biblioth. 1849. — 8º Lettre à M. P. Lacroix (à propos de l'affaire Libri). 1849.

2662. **Juenin** (Gasp.). Commentarius historicus et dogmaticus de Sacramentis in genere et in specie...... *Lugduni,* 1717, in-fol., bas.

2663. **Jugement** des SS. Pères sur la morale de la philosophie payenne (par le P. Baltus). *Strasbourg,* 1719, in-4, bas.

2664. **Juglaris** (Aloysii), e soc. Jesu, Christus Jesus, hoc est Dei hominis elogia (en vers). *Lugduni*, 1642, in-4, bas., *frontisp. gr.*

2665. **Julianus** imperator. Juliani opera quæ supersunt omnia et Cyrilli Alexandr. contra impium Julianum libri X (gr. et lat.) : accedunt Dion. Petavii in Julianum notæ et aliorum in aliquot ejusd. libros præfationes ac notæ. Ezech. Spanhemius græcum Juliani contextum recensuit, cum mss. codd. contulit, plures lacunas supplevit et observationes addidit. *Lipsiæ, Weidman*, 1696, in-fol., vél.

2666. — Opera omnia, gr. et lat., cum notis. *Parisiis*, 1630, in-4, parch.

2667. — Les Césars de l'Empereur Julien, trad. du grec avec des remarques (par Spanheim). *Heidelberg*, 1660, in-8, bas., *frontisp. gr.*

2668. — Défense du Paganisme, par l'emp. Julien, texte grec et traduction par le m^{is} d'Argens. 3e édit. *Berlin*, 1769, in-12, v. éc.

2669. — Vie de l'empereur Julien (par La Bletterie). *Paris*, 2 part. en 1 v. in-12, v. f.

Voir aussi le N° 2741.

2670. **Julianus** (Petr.), archipresbyt. S. Justæ. Chronicon, cum ejusdem Adversariis et de Eremitariis Hispanis brevis descriptio, atque ab eodem variorum carminum collectio. *Lutetiæ-Paris.*, 1628, in-4, parch.

Le volume ne renferme que la chronique et une vie de S. Ildefonse, par l'évêque Cixille.

2671. **Julius Obsequens.** Prodigiorum liber.

Relié avec le N° 3998.

2672. **Jurieu** (Pierre). Abrégé de l'histoire du Concile de Trente, avec un discours contenant les réflexions historiques sur les conciles, etc., particulièrement sur celui de Trente, pour prouver que les Protestans ne sont pas obligés à se soumettre à ce dernier concile. *Genève*, 1682, 2 v. in-12, v. br., *fig.*

2673. — La Politique du Clergé de France, avec les derniers

efforts de l'Innocence affligée, ou entretiens curieux de deux catholiques romains, l'un Parisien et l'autre Provincial, sur les moyens dont on se sert aujourd'hui pour détruire la religion protestante dans ce royaume. Dernière édition, augmentée de la lettre de M. Spon au P. La Chaise, etc. (par Jurieu). *La Haye*, 1682, 2 v. pet. in-12 rel. en 1, bas.

2674. — Histoire du Calvinisme et celle du Papisme mises en parallèle contre l'histoire du P. Maimbourg (par Jurieu). *Rotterdam, R. Leers*, 1683, 4 v. in-12 rel. en 3, vél.

2675. — Traité de la nature et de la grâce, ou du concours général de la Providence et du concours particulier de la grâce efficace, contre les nouvelles hypothèses de M. P. et de ses disciples. *Utrecht*, 1688, in-12, bas.

2676. — Les derniers efforts de l'Innocence affligée, avec une lettre curieuse d'un particulier à un de ses amis. 3e édition (par P. Jurieu). *Villefranche, P. Dufour*, 1682, in-12, bas.

2677. — Les soupirs de la France esclave, qui aspire après sa liberté (divisés en 15 mémoires, attribués à Jurieu). S. l., 1689, in-4, cart.

2678. — La religion des Jésuites, ou réflexions sur les inscriptions du P. Menestrier et sur les écrits du P. Le Tellier pour les nouveaux chrétiens de la Chine.... dans lesquelles on trouvera la défense de *l'Esprit de M. Arnaud* (par P. Jurieu). *La Haye*, 1689, in-12, bas.

2679. — Histoire critique des dogmes et des cultes qui ont été dans l'Église depuis Adam jusqu'à Jésus-Christ, où l'on trouve l'origine de toutes les idolâtries de l'ancien paganisme expliquées par rapport à celles des Juifs (par Jurieu). — Supplément ou dissertation par lettres de Cuper sur quelques passages du livre de Jurieu. *Amsterdam, Fr. L'Honoré*, 1704-1705, in-4, bas., *fig.*

2680. — Critique des Lettres pastorales de M. Jurieu. Lyon, 1689, in-12, bas.

Pour Jurieu, V. encore les Nos 1880, 3643 et 3644.

2681. **Jussie** (Jeanne de). Relation de l'apostasie de Genève. *Paris, Guinard,* 1682, in-12, bas.

2682. **Juste** (l'archiprêtre). Vie de S. Amable, prestre et curé de la ville de Riom, en Auvergne; trad. du lat. en franç. par l'abbé Faydit. *Paris,* 1702, in-12, v. br.

2683. **Justinianus.** Corpus Juris civilis... cum notis Dionys. Gothofredi. *Lugduni, Anisson,* 1650, 2 v. in-fol., bas.

2684. — Institutionum libri IV, studio S. Crispini et J. Pacii. *Amstelod., Blaeu,* 1642, pet. in-12, bas.

2685. — Institutionum sive elementorum libri IV cum notis Arnol. Vinnii. *Amstelod., ap. Lud. Elzevirium,* 1652, 2 v. in-12, v. j.

2686. **Justinianus** (D. Laurentius). Opera omnia, editio prima Gallicana, *Lugduni, Chevalier,* 1628, in-fol., v. br., fil.

2687. **Justinus.** Historiæ Philippicæ, cum integris comment. varior., curante Abrah. Gronovio. *Lugd.-Batav.,* 1760, in-8, vél., *frontisp. gr.*

2688. — Histoire universelle de Justin, extraite de Trogue-Pompée ; trad. avec des notes par l'abbé Paul. *Paris, Barbou,* 1788, 2 v. in-12, bas.

2689. **Justinus** (S.), philosophus et martyr. Opera. Item Athenagoræ Atheniensis, Theophili Antiocheni, Tatiani Assyrii et Hermiæ philosophi tractatus aliquot. *Parisiis, Cramoisy,* 1636, in-fol., v. br., *fig.*

2690. — Seconde apologie de S. Justin, philosophe-martyr, pour les Chrétiens ; trad. nouvelle (par P. Chanut). *Paris, Savreux,* 1670, in-12, bas.

2691. **Juvenalis** (D. Junius). Satyræ, et in eas commentarii Isaaci Grangæi et aliorum. *Parisiis,* 1614, 2 part. en 1 v. in-4, parch.

2692. — Juvenalis et Persii Satyræ, cum notis varior., curante Corn. Schrevilio. *Lugd.-Batav.,* 1664, in-8, *frontisp. gr.*

2693. — Satirarum libri V, ex recognit. Steph. And. Philipp. *Lutetiæ-Paris., Barbou,* 1754, in-12, v. f., fil., tr. d.

2694. — Satyræ, cum notis Jos. Juvencii. *Parisiis, Barbou,* 1805, in-12, bas.

2695. — Satires de Juvénal, trad. par M. Dusaulx (lat. et fr.). *Paris,* 1782, 2 v. in-8 rel. en 1.

2696. — Les mêmes. 4e éd., avec l'éloge historique de Dusaulx par Villeterque. *Paris, Merlin,* an XI (1803), 2 v. in-8, v. rac., fil. d., tr. d., *portr.*

2697. **Juvénal de Carlencas.** Essais sur l'histoire des belles lettres, des sciences et des arts. *Lyon,* 1744, 2 v. in-12, bas.

K

2698. **Kalkbrenner** (C). Histoire de la musique, avec IX *planches. Paris,* 1802, in-8, d.-rel. bas.
Sur la musique, voir aussi les Nos 538, 3585, 4701 et 4702.

2699. **Kæmpfer** (Engelb.). Histoire de l'empire du Japon, composée en allem. et trad. en franç. sur la version anglaise de Scheuchzer (par Desmaizeaux, ou, selon Barbier, par Naudé, français réfugié à Londres). *La Haye,* 1729, 2 v. pet. in-fol., bas., *fig.*

2700. **Kant** (Emm.). Théorie de Kant sur la religion dans les limites de la raison; trad. de l'allemand par le D. Lortet, avec une introduction par M. Francisque Bouillier. *Paris* et *Lyon,* 1842, in-12, br.

2701. — Philosophie de Kant, ou principes fondamentaux de la philosophie transcendante, par Ch. Villers. 2 part. en 1 v. in-8, v. f.

2702. — Philosophie transcendante, ou système d'Emmanuel Kant, par L.-F. Schön. *Paris,* 1831, in-8, v. tigré, fil.

2703. — Le scepticisme combattu dans ses principes. Revue sommaire des doctrines sceptiques ou demi-sceptiques antérieures ou étrangères au système de Kant, par Émile Maurial. *Paris, Durand,* 1857, in-8, br.
Voir aussi le No 2217, t. 3, p. 180.

2704. **Kempis** (Thomas a). Opera omnia, ad autographa emendata, aucta et in tres tomos distributa, opera ac studio H. Sommalii. Editio secunda. *Antverpiæ,* 1607, 3 v. in-4 rel. en 1, bas.

2705. — Opuscula aurea vereque lucidissima, etc. *Venetiis, apud Juntas*, 1576, in-24, v. br.
: Voir aussi le N° 2545.

2706. **Keratry** (A.-H.). Inductions morales et physiologiques. *Paris*, 1818, in-8, d.-rel. bas.

2707. **Kettnerus** (Fr.-Em.). De duobus Impostoribus Bened. Spinoza et Balth. Bekkero, dissertatio historica. *Lipsiæ*, 1694, in-4, de 10 ff., br.

2708. **Kimhi** (Rabbi David). Commentarii in prophetas minores. In-4, parch.
: Le titre manque.

2709. **King** (Guil.). De origine mali. *Londini, Tooke*, 1702, in-8, v. f.

2710. **Kircheri** (Ath.), Arca Noe, in tres libros digesta, quorum I. de rebus, quæ ante diluvium; II. de iis, quæ ipso diluvio ejusque duratione; III. de iis, quæ post diluvium a Noemo gesta sunt. *Amstel., Jo. Jansson*, 1675, in-fol., bas., *fig*.

2711. — Ars magna lucis et umbræ, in X libros digesta. *Romæ*, 1646, 2 tom. en 1 v. in-fol., vél., *fig*.

2712. — China, monumentis qua sacris, qua profanis..... illustrata. *Amstel.*, 1667, in-fol., bas., *fig*.

2713. **Kirchmann** (Joh.). De Funeribus Romanorum libri IV, cum appendice. Accedit funus parasiticum, sive L. Biberii Curculionis parasiti mortualia, ad ritum prisci funeris, auct. Nic. Rigaltio. *Lugd.-Batav.*, 1672, in-16, *fig*. et *frontisp. gr*.

2714. **Klopstock** (Fr.-G.). Le Messie, poëme en dix chants, trad. de l'allemand. *Paris*, 1769, 2 part. en 1 v. in-12, d.-rel. m.

2715. **Knox** (.....). De l'éducation, trad. de l'anglais sur la 8e édition. *Paris*, 1791, in-8, d.-rel. v. f.

2716. **Koch** (Christ-Guill. de). Tableau des révolutions de l'Europe depuis le bouleversement de l'Empire romain en Occident jusqu'à nos jours..... Nouv. édit. *Paris*, 1814, 4 v. in-8, cart.

2717. **Koenig** (E.). La science du vrai, philosophie théorique et pratique, spéculative et expérimentale, trad. de l'allem. et développée par.... *Paris*, 1844, in-8, br.

2718. **Kolbe** (P.). Description du cap de Bonne-Espérance, tirée des mémoires de P. Kolbe (par J. Bertrand). *Amsterdam*, 1743, 3 v. in-12, *fig*.

2719. **Kornmann** (Henr.). Tractatus secundus de miraculis mortuorum... in quo mirabilia Dei miracula et exempla mortuorum ex vet. et novo Testamento, ex ecclesiast. et prophanis historicis habentur; quæstiones naturales physicæ, medicæ, theologicæ et juridicæ pertractantur. (*Kirchainæ*, 1610.) In-8, d.-rel. m.

2720. **Kortholtus** (Christ.). Historia ecclesiastica, κατ' ἐπιτομὴν a Christo nato ad seculum XVII, deprompta e mss. Christ. Kortholti, cura Seb. Kortholti edita. *Hamburgi*, 1708, in-4, vél.

2721. — De tribus impostoribus magnis (Ed. Herbert de Cherbury, Th. Hobbes et Bened. Spinosa) liber, editus cura Christ. Kortholti. *Kiloni, Joach. Reuman*, 1680, pet. in-8, vél.

2722. — Paganus obtrectator, sive de calumniis gentilium in veteres christianos lib. III. *Kiloni*, 1698, in-4, vél.

2723. **Krascheninnikow** (Steph.). Histoire et description du Kamtchatka, trad. du russe (par Eidous). *Amsterdam*, 1770, 2 v. in-12, v. éc., *cartes* et *fig*.

2724. **Krüdner** (Mme de). Valérie. Nouv. édit., avec préface par Sainte-Beuve. *Paris*, 1842, gr. in-18, br.

2725. **Kuhn** (Jonas). La vie de J.-C. au point de vue de la science, trad. de l'allem. par Fr. Nettement, pour faire suite à *la Raison du christianisme* et servir de réfutation à la *Vie de J.-C.* de Strauss. *Paris*, 1843, in-8, br.

2726. **Kühnholtz** (H.). Cours d'histoire de la médecine et de bibliographie médicale, fait en 1836 à la Faculté de Médecine de Montpellier. *Montpellier,* 1837, in-8, br.

2727. — Idée d'un cours de Physiologie appliquée à la Pathologie. *Montpellier,* 1829, in-8, br.

2728. — Mélanges, *Montpellier,* in-8, br :

1º Du buste d'Hippocrate en bronze antique de la Fac. de Médecine de Montpellier et de son inscription. 1849. — 2º Eloge de Celse. 1838. — 3º Aristote et Pline, tableaux peints par Bézard : fragments pour servir à l'histoire de la Fac. de Méd. de Montpellier. 1832, *planch.* — 4º Floriano Caldani, sur l'anatomie appliquée à la peinture; trad. de l'ital., avec notes. 1845. — 5º Notice sur Rabelais. 1827. — 6º Notice sur Jean Schyron. 1828, *portr.* — 7º Originalité d'une réception doctorale au commencement du XVIIe siècle. 1844. — 8º Samuel Boissière, peintre à Montpellier au XVIIe siècle. 1845, *planch.*

L

2729. **La Baune** (Jac. de). Ludovico Magno panegyricus dictus in regio Ludovici Magni collegio soc. Jesu. *Parisiis,* 1684, in-8, bas., *frontisp. gr.*

2730. **Labbeus** (Phil.). Sacrosancta Concilia ad reg. edit. exacta, a Ph. Labbeo et Gabr. Cossartio, cum duobus apparatibus. *Lutetiæ-Paris., impensis societatis typographicæ,* 1671-72, 17 tom. en 18 v. in-fol., v. f.

2731. — Nova collectio Conciliorum, seu supplementum ad collectionem Ph. Labbei, cura et studio Steph. Baluzii. *Parisiis, Fr. Muguet,* 1707, in-fol., bas.

2732. — Nova bibliotheca manuscript. librorum, seu collectio varior. historiæ ecclesiasticæ monumentorum, ex mss. codd. eruta, cura et studio Ph. Labbe. *Parisiis,* 1657, 2 v. in-fol., bas.

2733. — De scriptoribus ecclesiasticis quos attigit Em. Card. Robertus Bellarminus, philologica et historica dissertatio. *Parisiis, Cramoisy,* 1660, 2 v. in-8, bas.

2734. — Notitia Dignitatum Imperii Romani, ex nova recensione Phil. Labbe, soc. Jesu, cum pluribus aliis opusculis indicibus et notis. *Parisiis, e typ. reg.,* 1651, in-16, bas., *frontisp. gr.*

2735. — Les Étymologies de plusieurs mots françois contre les abus de la secte des hellénistes de Port-Royal, 6ᵉ partie des racines de la langue grecque. *Paris,* 1661, in-12, vél.

2736. — Géographie royale. *Lyon,* 1673, in-12, bas.

2737. **L'Abbé** (Petrus), e societ. Jesu. Elogia sacra.... regia.... historica.... poetica, etc. *Gratianopoli, apud Philippum Charvys,* 1614, in-fol., bas.

2738. **La Beaumelle** (L. Angliviel de). Mémoires pour servir à l'histoire de Mad. de Maintenon et à celle du siècle passé. S. l., 1777, 6 v. in-12, bas.

2739. **La Bertonye** (le P. H.). Ses œuvres pour la défense de la religion chrétienne contre les incrédules et contre les Juifs. *Paris,* 1777, 2 v. in-12, bas.

2740. **Labizardière** (M.-D.). Historia gestorum in Ecclesia memorabilium, ab anno 1517 ad annum 1546. *Parisiis,* 1705, in-12, v. br.

2741. **La Bletterie** (J.-Ph.-R. de). Histoire de l'empereur Jovien et traduction de quelques ouvrages de l'empereur Julien. *Paris,* 1748, 2 v. in-12, bas.

2742. **La Borde** (le P. de). Du Témoignage de la Vérité dans l'Église, dissertation théologique, où l'on examine quel est ce témoignage au regard de la dernière constitution, etc. S. l., 1754, 2 v. in-12, v. br.

2743. **La Broue** (Pierre de), évêque de Mirepoix. Défense de la grâce efficace, par elle-même. *Paris,* 1721, in-12, v. br.

2744. — Lettres pastorales (trois) de Mgr l'Évêque de Mirepoix (Pierre de La Broue) aux nouveaux réunis de son diocèse. *Toulouse, Louis Colomyès,* 1702-1704, in-4, gr. pap., bas.

2745. **Labrune** (J. de). Entretiens historiques et critiques de Philarque et de Polidore sur diverses matières de littérature sacrée. *Amsterdam,* 1733, 2 v. in-12, bas.

2746. **Labruyère** (Jean de). Les caractères de Théophraste, avec les caractères ou les mœurs de ce siècle. Nouv.

édit., augm. de notes et de la défense de Labruyère, par Coste. *Amsterdam, Changuion,* 1743, 2 v. in-12, bas., *frontisp.* et *portraits.*

2747. — OEuvres de Labruyère. *Paris, Belin,* 1820, 1 v. in-8, bas.

  Relié avec le N° 5472.

2748. — Sentimens critiques sur les *Caractères* de M. de la Bruyère (attribué à Vigneul-Marville, Bonav. d'Argonne). *Paris,* 1701, in-12, bas.

  Sur Labruyère, voir le N° 1805.

2749. **La Calprenède** (G. de C., sr de). Voir les Nos 941 et 1112.

2750. **La Chalotais** (Caradeuc de). Compte-rendu des constitutions des Jésuites, par La Chalotais. 1762. — Second compte-rendu sur l'appel comme d'abus des constitutions des Jésuites. 1762. — Arrêt du Parlement de Bretagne jugeant l'appel comme d'abus interjeté par M. le Proc. général du Roi, des brefs, bulles constitutions, etc., concernant les soi-disant Jésuites, du 27 mai 1762. — Remarques sur le compte-rendu précédent. — Essai d'éducation morale, ou plan d'études pour la jeunesse, par La Chalotais. 1763. 1 v. in-12, bas.

2751. — Comptes-rendus des constitutions des Jésuites, par Caradeuc de La Chalotais, Procureur Gl du Roi au Parlement de Bretagne, précédés d'une introduction et d'une notice historique, par P.-D. Joffrés, avocat. *Paris,* 1826, in-8, bas.

2752. **La Chambre** (Marin Cureau de). Les Charactères des passions. *Amst., Michel,* 1658-63, 3 tom. en 4 v. pet. in-12, d.-rel. v.

2753. — Les mêmes. *Paris,* 1648, in-4, v. éc., fil.

2754. — L'art de connoistre les hommes. *Amsterdam, Lejeune,* 1669, in-12, bas., *frontisp.* gr.

2755. — Le système de l'âme. *Paris,* 1665, in-12, bas.

2756. — Traité de la connaissance des animaux, où tout ce

qui a esté dict pour et contre le raisonnement des bestes est examiné. *Paris*, 1648, in-4, v. éc., fil.

2757. **La Chapelle** (Armand de). La nécessité du culte public parmi les chrétiens, établie et défendue contre la lettre de M. D. F. D. M. (Allamand, ministre à Bex) sur les assemblées des religionnaires du Languedoc. Nouv. édit. *Francfort*, 1747, 2 v. in-12, bas.

La lettre d'Allamand est en tête du 1er vol.

2758. **La Chaussée** (P.-Cl. Nivelle de). OEuvres. *Paris, Le Jay*, 1777, 5 v. pet. in-12, bas.

2759. **Lacombe** (Fr.). Dictionnaire du vieux langage françois, enrichi de passages tirés des mss. en vers et en prose, des actes publics, etc. *Paris*, 1766, in-8, v. marb.

2760. **Lacroix** (P.-Firmin). Connaissance analytique de l'homme, de la matière et de Dieu. *Paris*, 1772, in-12, bas.

2761. — Traité de morale, ou devoirs de l'homme envers Dieu, envers la société et envers soi-même. *Paris*, 1767, in-12, d.-rel. bas.

2762. **La Croix du Maine** (Fr. Grusdé) et **Duverdier** (Ant.). Bibliothèques françoises; nouvelle édition, augmentée des remarques de B. de La Monnoye, du Pr. Bouhier et de Falconet; par Rigoley de Juvigny. *Paris*, 1772-73, 6 v. in-4, v. marb.

2763. **La Croze** (Mathurin Veyssière de). Histoire du christianisme d'Ethiopie et d'Arménie. *La Haye*, 1739, pet. in-8, v. lilas, fil., tr. d.

2764. — Histoire du christianisme des Indes. *La Haye*, 1724, pet. in-8, v. f., *carte* et *frontisp. gr.*

2765. **Lactantius** (Firmianus). Opera quæ extant cum commentariis varior. opera et studio Servatii Gallæi. *Lugd.-Batav.*, 1660, in-8, bas., *tit. gr.*

2766. — Opera omnia, editio novissima ad mss. codd. editosque collata atque notis uberioribus illustrata : cui manum primam adhibuit J.-B. Lebrun, extremam imposuit Nic. Lenglet Du Fresnoy. *Parisiis, De Bure*, 1748, 2 v. in-4, v. m.

2767. — Traité de Lactance de la mort des persécuteurs de l'Église, mis en français par M. Maucroix. *Paris*, 1680, in-12, v. j.

    Aux armes de Legouz de la Berchère, archev. de Narbonne.

2768. — Les Institutions divines, trad. en franç. (par Drouet de Maupertuy). Livre 1er, de la fausse religion. *Avignon*, 1710, in-12, bas.

2769. **Lacunes** (les) de la philosophie (par d'Escherny). *Amsterdam* et *Paris*, 1783, in-12.

    Relié avec le N° 121.

2770. **Ladvocat** (l'abbé J.-B.). Grammaire hébraïque. Nouv. éd. *Paris*, 1765, in-8, cart.

2771. — Dictionnaire historique portatif, contenant l'histoire des patriarches, des princes hébreux, etc., etc. Nouv. éd. *Paris*, 1760, 2 v. in-8, v.

2772. — Interprétation historique et critique du Psaume LXVII, *Exurgat Deus*, etc., ouvrage posthume. *La Haye* et *Paris*, 1767, in-12, d.-rel. m.

2773. — Lettre de feu l'abbé Ladvocat, dans laquelle il examine si les textes originaux de l'Écriture sont corrompus et si la Vulgate leur est préférable. *Amsterdam* et *Caen*, 1766, in-8, bas.

2774. — Discours apologétique du chanoine Fr. Agius de Soldanis contre la dissertation historique et critique sur le naufrage de S. Paul dans la mer Adriatique, publiés par l'abbé Ladvocat.... *Avignon*, 1757, pet. in-8, de 112 pp., bas.

2775. **Laet** (Joan. de). Voir Grotius.

2776. **Lafayette** (Mar.-Mad. Pioche de la Vergne, comtesse de). Ses œuvres, avec celles de Mesdames de Tencin et de Fontaines, avec des notices par Auger. *Paris, Ve Lepetit*, 1820, 4 v. in-8, d.-rel. mar., *fig*.

2777. — Lettres à Madame la Marquise***, sur le sujet de la Princesse de Clèves (par de Valincourt). *Paris,* 1678, in-12, bas.

2778. **Lafitau** (Jos.-Fr.). Mœurs des sauvages américains, comparées aux mœurs des premiers temps. *Rouen, 1724*, 4 v. in-12, v. m., *fig.*

2779. **Lafiteau** (Messire Pierre-F^s), évêque de Sisteron. Réfutation d'un ouvrage (de l'abbé Cadry) intitulé : *Histoire de la condamnation de M. l'Évêque de Senez par les prélats assemblés à Embrun. A Florence*, s. d., in-8, bas., br.

2780. **Lafontaine** (Jean de). OEuvres complètes, précédées d'une nouvelle notice sur sa vie. *Paris, Lefèvre, 1818*, 6 v. in-8, v. rac., fil., *portr.* et *fig.*

2781. **Lagane.** Discours contenant l'histoire des Jeux Floraux et celle de Dame Clémence. (*Toulouse*) 1774, in-8; d.-rel. mar.

Voir aussi le N° 4022.

2782. **Laget de Podio** (le chev.). Mémoire à consulter sur la véritable conspiration formée contre la famille des Bourbons, et sur les attaques dirigées par le comte de Montlosier contre la personne même du Roi. *Paris, 1826*, in-8, br.

Voir les N°s 3519 et s.

2783. **La Guette** (Madame de). Mémoires, nouv. édit., revue, annotée et précédée d'une notice par M. Moreau. *Paris, Jannet*, in-16, cart. à l'anglaise.

2784. **Laingæus.** De vita et moribus atque rebus gestis hæreticorum nostri temporis, etc., traduct. ex sermone gallico in latinum, quibus multa addita sunt in priori editione, quorumdam negligentia omissa; authore Jacob. Laingæo Scoto, doctore Sorbonico. *Parisiis, apud Mich. Roigny*, 1581, pet. in-8, vél.

2785. **Laisné.** Commentaire sur le prophète Isaïe, composé par le sieur Laisné, ecclésiastique, conseiller d'Estat. *Paris, P. de Bresche*, 1655, in-fol., v. br., fil.

2786. **Laharpe** (J.-François de). OEuvres choisies et posthumes, avec le portrait de l'auteur (et des mémoires sur sa vie par Petitot). *Paris, 1806*, 4 v. in-8, d.-rel. m.

2787. — Correspondance littéraire adressée à Mgr le Grand-Duc, aujourd'hui empereur de Russie, et à M. le comte André Schowalow, depuis 1774 jusqu'à 1789. *Paris*, an IX (1801)-1807, 5 v. in-8, d.-rel. mar. viol.

2788. — Du fanatisme dans la langue révolutionnaire, ou de la persécution suscitée par les barbares du 18e siècle contre la religion chrétienne et ses ministres ; par J.-F. Laharpe. *Paris*, an V (1797), in-8.
: Relié avec le N° 4623.

2789. **Lallemant** (M.). Essai sur le méchanisme des passions en général. *Paris*, 1751, in-12, bas.

2790. **Lally-Tollendal** (Troph.-Gérard de). Défense des Émigrés français, adressée au Peuple Français. *Paris*, an V (1797), in-8, br.

2791. — Essai sur la vie de T. Wentworth, comte de Strafford, principal ministre du roi Charles Ier, et sur l'histoire générale d'Angleterre à cette époque, par le comte de Lally-Tollendal. Nouv. édition. *Paris, Nicolle*, 1814, in-8, d.-rel. bas.

2792. **La Loubère** (Sim. de). Du royaume de Siam. *Paris*, 1691, 2 v. in-12, *fig*.

2793. **La Luzerne** (Cés.-G., card. de la). Dissertation sur l'existence et les attributs de Dieu, suivie de l'excellence de la religion. *Lyon, Périsse frères*, 1842, in-8, br.

2794. — Sur la déclaration de l'assemblée du clergé de France en 1682. *Paris*, 1821, in-8, bas.

2795. — Instruction pastorale de Mgr l'évêque de Langres sur la Révélation. *Paris*, 1801. — Dissertations sur la Spiritualité de l'âme et sur la Liberté de l'homme, par le même. *Paris et Lyon*, 1822. 1 v. in-12, d.-rel. v.

2796. **La Madeleyne** (Jehan de). Discours de l'Estat et office d'un bon Roi, prince ou monarque, pour bien et heureusement régner sur la terre, etc. ; par maistre Jehan de la Madeleyne, advocat au parlement de Paris. *Paris, Lucas Brayer*, 1575, in-8.
Relié avec le N° 4807.

2797. **Lamartine** (A. de). Histoire des Girondins. *Paris, Furne,* 1847, 8 v. in-8, d.-rel. mar. gr.
  Voir le N° 3617.

2798. **Lambert** (l'abbé Cl.-Fr.). Histoire littéraire du règne de Louis XIV. *Paris,* 1751, 3 v. in-4, *frontisp. gr.*

2799. **Lambert** (Jos.), prêtre. Discours sur la vie ecclésiastique. *Paris,* 1702, 2 v. in-12, bas.

2800. **Lambert** (Anne-Thérèse de Courcelles, m^se de). OEuvres, avec un abrégé de sa vie. *Lausanne,* 1751, in-12, bas.

2801. **La Mennais** (l'abbé Félicité-Robert de). Essai sur l'indifférence en matière de religion (1re édit.). *Paris,* 1817-23, 4 v. in-8, br. — Défense de l'*Essai sur l'indifférence,* etc., par le même. *Paris, Lyon,* 1821, in-8.

2802. — La Doctrine du sens commun, ou Traité des premières vérités et de la source de nos jugements.... par le P. B. D. L. C. D. J..... pour servir d'appendice au tome II de l'*Essai sur l'indifférence en matière de religion. Avignon, Seguin,* 1822, in-8, d.-rel. v. v.

2803. — De la Religion considérée dans ses rapports avec l'ordre politique et civil. *Paris,* 1825-26, 2 part. en 1 v. in-8, br.

2804. — Des progrès de la révolution et de la guerre contre l'Église. *Paris,* 1829, in-8, br.

2805. — Nouveaux mélanges, par M. l'abbé de La Mennais. *Paris,* 1826. — Troisièmes mélanges, par le même. *Paris,* 1835. 2 v. in-8, br.

2806. — Paroles d'un croyant. 2e édition. *Paris,* 1834, in-8, br.

2807. — Esquisse d'une philosophie. *Paris, Pagnerre,* 1840-46, 4 v. in-8, d.-rel. mar. v.

2808. — Tradition de l'Église sur l'institution des Évêques (par l'abbé de La Mennais). *Liége* et *Paris,* 1814, 3 v. in-8, d.-rel. bas.
  Voir encore les N°s 1786 et 4571.

2809. — Recueil de pièces concernant l'abbé de La Mennais. In-8, br.

1° Deux lettres de l'abbé de La Mennais à l'Archev. de Paris. Mars-avril 1829. — 2° Quelques réflexions du même sur le procès du *Constitutionnel* et du *Courrier*, et les arrêts rendus à cette occasion. *Paris*, 1825. — 3° De la vérité, ou dernière réponse à M. de La Mennais. 1824. — 4° Lettre de l'Evêque de Chartres sur l'écrit de La Mennais : *De la Religion considérée*, etc. 1826. — 5° Réflexions sur les écrits de l'abbé de La Mennais et sur le *Mémorial*, par l'abbé Clausel de Coussergues. 1826. — 6° Réfutation de l'opinion de l'abbé de La Mennais sur l'étendue de la puissance temporelle du Pape. 1826. — 7° Antidote contre les aphorismes de M. de La Mennais, par un professeur de théologie. 1826. — 8° Considérations sur le système philosophique de La Mennais, par l'abbé H. Lacordaire. 1834.

2810. — Autre recueil. In-8, br.

1° Examen critique d'une nouvelle traduction de l'*Imitation de Jésus-Christ*, ou M. de La Mennais convaincu de plagiat. *Paris*, 1824. — 2° Du système philosophique de M. de La Mennais et de quelques écrits publiés en faveur de ce système. *Lyon*, 1825. — 3° Quelques observations sur le dernier écrit de l'abbé de La Mennais, par un ancien grand-vicaire. *Ibid.*, 1826. — 4° Nouvelles observations sur le livre de La Mennais intitulé : *De la Religion dans ses rapports*, etc., par un ancien grand-vicaire. *Paris*, 1826. — 5° Dernières observations sur le dernier ouvrage de l'auteur et sur les nouveaux écrits de ses apologistes, par un ancien grand-vicaire (M. l'abbé Clausel de Coussergues). *Paris*, 1826. — 6° Compte-rendu des observations de l'abbé Flottes sur l'ouvrage de La Mennais, ayant pour titre : *Des progrès de la révolution*, etc., par M. C. Huart, censeur des études à Montp. *Montp.* et *Paris*, s. d. — 7° Lettre de l'abbé de La Mennais sur les attaques dirigées contre lui à raison de son dernier ouvrage, suivie d'une réponse à l'ouvrage intitulé : *Antidote contre les aphorismes de M. L. M. Paris*, 1826. — 8° Première lettre de l'abbé Combalot à l'abbé de La Mennais, en réponse à son livre contre Rome, intitulé : *Affaires de Rome*. *Paris*, *Lyon*, 1837.

2811. — Autre recueil. In-8, br.

1° Paroles d'un voyant, en réponse aux *Paroles d'un croyant*, et de l'abbé de La Mennais, par J.-Aug. Chaho. *Paris*, 1834. — 2° Réponse d'un chrétien aux *Paroles d'un croyant*, par l'abbé Bautain. *Strasbourg* et *Paris*, 1834. — 3° Censure de 56 propositions extraites de divers écrits de M. de La Mennais et de ses disciples, par plusieurs Evêques de France, et lettre des mêmes Evêques au Souverain P. Grégoire XVI, avec préface et pièces justificatives. *Toulouse*, 1835, in-8.

2812. — Examen de la doctrine de M. de La Mennais, considéré sous le triple rapport de la philosophie, de la théologie et de la politique, avec une dissertation sur Descartes, considéré comme géomètre, physicien et philosophe, par M. Boyer, directeur de S.-Sulpice. *Paris, Ad. Leclère*, 1834, in-8, br.

Voir aussi le N° 1925.

2813. — Essai biographique sur M. F. de La Mennais, par A. Blaise. *Paris*, 1858, in-8, br.

Voir aussi le N° 4571.

2814. **La Mettrie** (Jul.-Offray de). OEuvres philosophiques, précédées de son éloge par Frédéric II, roi de Prusse. *Berlin* et *Paris*, 1796, 3 tom. en 1 v. in-8, cart.

2815. **Lami** (Joan.). Deliciæ eruditorum, seu veterum ἀνεκδότων opusculorum collectanea; collegit Joan. Lammis. *Florentiæ*, 1736-39, 5 v. pet. in-8, bas.

Il en faudrait 18.

2816. — De Eruditione Apostolorum. Editio altera in qua quædam intersunt dissertationes ut : de re vestiaria Christiani hominis primitivi; de artibus, opificiis et ministeriis veterum christianorum, etc. *Florentiæ*, 1766, 2 v. in-4, d.-rel. v.

2817. **Lamindus.** Voir Muratori.

2818. **La Monnoye** (Bernard de). OEuvres choisies. *La Haye, Paris* et *Dijon*, 1770, 3 v. in-8, v. éc., *portr.*

2819. — Histoire de Bayle et de ses ouvrages. *Amsterdam*, 1716, in-12, bas.

Voir encore, pour La Monnoye, le N° 4429.

2820. **Lamothe Le Vayer** (Franç. de). Ses OEuvres. 2e édition. *Paris, Aug. Courbé*, 1656, 2 v. in-fol., bas.

2821. — Cinq (neuf) dialogues faits à l'imitation des Anciens par Orasius Tubero (Lamothe Le Vayer). *Francfort, J. Savius*, 1716, 2 v. in-12, v. br.

2822. — Hexameron rustique, ou les six journées passées à la campagne entre des personnes studieuses (par Lamothe Le Vayer). *Cologne, P. Brenussen*, 1674, in-12, d.-rel. v. vert.

2823. — La Philosophie de Lamothe Le Vayer (par Alletz). *Paris*, 1783, in-12, bas.

2824. **La Motte** (Ant. Houdard de). Odes, suivies du discours sur la Critique. 5e édit. *Paris, Gallet,* 1719, 3 v. in-12, bas., *portr.*

2825. — L'Iliade, poème, avec un discours sur Homère. *Paris,* 1714, in-8, bas., *frontisp. gr.*

2826. **Lamourette** (l'abbé Adr.). Pensées sur la Philosophie de la foi, ou le système du Christianisme entrevu dans son analogie avec les idées naturelles de l'entendement humain. *Paris,* 1789, in-12, bas., *portr.*

2827. **Lamy** (Bernard). Apparatus biblicus, sive manuductio ad sacram Scripturam, cum figuris æneis. *Lugduni,* 1723, in-4, d.-rel. v. vert.

2828. — Introduction à l'Écriture sainte, par le P. B. Lamy, trad. du lat. (par l'abbé Boyer). *Lyon, J. Certé,* 1693, in-12, bas.

2829. — La même. *Lyon, J. Certé,* 1699, in-4, bas., *fig.*

2830. — Traité historique de l'ancienne Paque des Juifs, où l'on examine la question célèbre si J.-C. fit cette Paque la veille de sa mort, et ce que l'on en a cru. *Paris, And. Pralard,* 1693, in-12, v. br.

2831. — Commentarius in harmoniam, sive concordiam quatuor Evangelistarum. *Parisiis, Joan. Anisson,* 1699, 2 v. in-4, bas.

2832. — Démonstrations ou preuves évidentes de la vérité et sainteté de la morale chrétienne, tirées de sentiments du cœur de l'homme. *Paris, Pralard,* 1688, in-12, d.-rel. bas.

2833. — Défense de l'ancien sentiment de l'Église latine touchant l'office de la S. Magdelaine, ou suite de la dissertation latine sur le même sujet imprimée dans le Commentaire sur l'Evangile. *Rouen* et *Paris,* 1699, in-12, bas.

2834. — La Rhétorique, ou l'art de parler. *Paris, G. Desprez,* 1741, in-12, bas.

2835. — L'art de parler (par le P. Lamy). *Paris,* 1676, in-12, bas.

2836. — Entretiens sur les sciences (par le P. B. Lamy). 2e édit. *Lyon,* 1694, in-12, bas.

2837. — Sentiments de piété sur la profession religieuse, applicables à la profession des chrétiens dans le baptême (par le P. Lamy). *Paris,* 1697, in-12, bas.
 Voir aussi le No 5062.

2838. **Lancelot** (Dom.-Cl.). Voir les Nos 1643, 2611 et 3692.

2839. **Lancre** (Pierre de). L'Incrédulité et mescréance du Sortilège pleinement convaincue, où il est traicté de la Fascination, de l'Attouchement, du Scopelisme, etc. *Paris, Nic. Brion,* 1622, in-4, v. f., fil., *portr.*

2840. **Lanfrancus.** Opera omnia quæ reperiri potuerunt, evulgavit Luc. Dacherius. *Lutetiæ-Paris., Billaine,* 1648, in-fol., v. br.

2841. **Langue** (la) (par l'abbé Bordelon). *Paris, Coustelier,* 1705, 2 v. in-12, v. f., *frontisp. gr.*
 Aux armes de Legouz de la Berchère, arch. de Narbonne.

2842. **Languet** (J.-Jos.), évêque de Soissons. Vie de la vénérable mère Marguerite-Marie, religieuse de la Visitation (nommée Marie Alacoque). *Paris,* 1729, in-4, bas., *frontisp. gr.*

2843. — Lettre pastorale aux ecclésiastiques de son diocèse, contenant des remarques sur l'Instruction pastorale de Mgr le cardinal de Noailles du 14 janvier 1719. *Reims,* 1719, in-12, v. j.

2844. **Lanjuinais** (J.-D.). Ses œuvres, avec *portr.* et *fac simile. Paris,* 1832, 4 v. in-8, d.-rel. m. r.

2845. **La Noue** (Fr. de). Discours politiques et militaires du seigneur de la Noue. *Basle,* 1587, in-8, bas.

2846. **Lansperge** (le P. Jean-Juste). La milice chrestienne ou le combat spirituel ; trad. de l'allem. en français (par le P. Dom. de Roignac). *Paris,* 1670, in-12, bas.

2847. **La Place** (Cl. de). Libri de Clericorum sanctimonia : opusculum primum, de necessaria unius uni clerico ecclesiastici beneficii singularitate, etc. *Parisiis,* 1670, in-8, bas.

2848. **La Place** (Pierre de). Du droict usage de la Philosophie morale avec la Doctrine chrestienne. *Leyde, Elzevier,* 1658, pet. in-12, bas., v. br.

2849. **La Placette** (Jean). Dissertations sur divers sujets de Morale et de Théologie. *Amsterdam,* 1704, pet. in-8, cart.

2850. — Traité de la Conscience, où il est parlé de sa nature, des règles qu'elle doit suivre, etc. *Amsterdam,* 1645, pet. in-8, vél., *frontisp. gr.*

2851. — Traité de la Foi divine. *Amsterdam,* 1697, pet. in-8, vél., *frontisp. gr.*

2852. — Traité de la Restitution, où l'on trouve la résolution des cas de conscience qui ont du rapport à cette matière. *Amsterdam,* 1696, pet. in-8, vél.

2853. — Traité du Pyrrhonisme de l'Église romaine, trad. du lat. en franç. par Nic. Chalaire. *Amsterdam,* 1721, pet. in-8, vél.

2854. — Éclaircissements sur quelques difficultés qui naissent de la considération de la liberté nécessaire pour agir moralement, avec une addition où l'on prouve, contre Spinosa, que nous sommes libres. *Amsterdam,* 1709, pet. in-8, bas.

2855. — Examen de deux traités nouvellement mis au jour par M. La Placette, le premier intitulé : *Réponse à une objection qu'on applique à divers sujets..... avec une addition où l'on examine le dogme de la prémotion physique;* le second : *Éclaircissements sur quelques difficultés qui naissent de la considération de la liberté nécessaire pour agir moralement, avec une addition où l'on prouve, contre Spinosa, que nous sommes libres;* par Ph. Naude. *Amsterdam,* 1713, 2 v. pet. in-12, cart.

2856. **La Peyrère** (Is. de). Præadamitæ, sive exercitatio super versibus 12, 13 et 14 capitis quinti Epistolæ D. Pauli ad Romanos, quibus inducuntur primi homines ante Adamum conditi (absque loco). 1655. — Animadversiones in librum Præadamitarum, in quibus confutatur nuperus scriptor et primum omnium hominum fuisse Adamum defenditur, authore Eusebio Romano (Phil. Priorio) (absque loco). 1656, pet. in-12, derelié.

2857. **Laporte** (P. de). Mémoires. *Genève,* 1755, pet. in-12, v. m.

2858. **La Poype de Vertrieu** (J.-Cl. de). Compendiosæ institutiones theologicæ ad usum seminarii Pictaviensis, jussu et auctoritate illustriss. Joan. Cl. de la Poype de Vertrieu, episc. *Pictavii,* 1752, 5 v. in-12, bas.

2859. **La Rivière** (H.-M., marquis de). Lettres choisies de M. de La Rivière, gendre de M. le comte de Bussy-Rabutin, avec un abrégé de sa vie et la relation de son procès avec son épouse et son beau-père. *Paris, De Bure,* 1751, 2 v. in-12, v. f., fil.

2860. **Larmessin** (Nic.). Les augustes représentations de tous les roys de France, depuis Pharamond jusqu'à Louis XV (65 portraits gravés par Larmessin). *Paris,* 1714, in-fol., bas.

2861. **Laroche-Barnaud** (L.-G. de Villeneuve). Mémoires sur l'expédition de Quiberon, précédés d'une notice sur l'émigration de 1791 et sur les trois campagnes des années 1792, 1793, 1794. 2ᵉ édit. *Paris, Trouvé,* 1824, in-8, d.-rel. bas.

2862. **La Rochefoucauld** (François, duc de). OEuvres complètes. *Paris, Belin,* 1820, in-8, v. r.
Relié avec le Nᵒ 5472.

2863. — Pensées, maximes et réflexions morales de F. duc de La Rochefoucauld, avec des remarques par Amelot de la Houssaie, l'abbé de la Roche, et des maximes chrét. par Mad. de la Sablière. *Paris,* 1777, in-12, bas.
Voir aussi le Nº 3359.

2864. **Larrogue** (Matth.), ministre de Vitré. Histoire de l'Eucharistie. 2ᵉ édit. *Amsterdam, D. Elzevier,* 1671, 3 part., pet. in-8, v. f., fil.

2865. **La Rue** (Ch.). Carol. Ruæi carminum libri IV, editio sexta. *Antuerpiæ,* 1693, pet. in-12, d.-rel. bas.

2866. **La Serre** (Jean Puget de). Le Bréviaire des Courtisans. Nouv. édit. *Bruxelles, Ph. Vleugart,* 1671, pet. in-12, v. f., *grav.*

2867. **Lassay** (A. de Madaillan de Lesparre, m^{is} de). Recueil de différentes choses (1663-1726). *Lausanne (Paris)*, 1756, 4 v. in-12, v. j.

2868. **Latouche** (l'abbé Aug.). Panorama des langues. — Clef de l'étymologie. *Paris*, 1836. — Études hébraïques; grammaire, par le même. *Paris*, 1836, 2 v. gr. in-8, br.

2869. — Dictionnaire idio-étymologique-hébreu, et dictionnaire grec-hébreu. *Paris*, 1836, gr. in-8, br.

2870. **La Trémouille** (H.-Ch. de), prince de Tarente. Mémoires (revus et publiés par le P. Griffet). *Liège, Bassompierre*, 1767, in-12, v. marb.

2871. **Laubrussel** (le P. Ign. de). Traité des abus de la critique en matière de Religion. *Paris*, 1710, 2 v. in-12, bas.

2872. **Launoy** (J. de). Joan. Launoii opera omnia. *Coloniæ-Allobr.*, 1731, 5 tom. en 10 v. in-fol., *portr*.

2873. — Dissertatio continens judicium de auctore librorum de Imitat. Christi. Editio 3ª. *Parisiis*, 1650, in-8, v. f., fil.

2874. — Explicata Ecclesiæ traditio circa canonem omnis utriusque sexus. *Lutetiæ-Paris.*, 1672, in-8, bas.

2875. — Veneranda Romanæ Ecclesiæ circa Simoniam traditio. *Parisiis*, 1775, in-8, bas.

2876. **Laureau**. Histoire de France avant Clovis, pour servir d'introduction à celle de Vely, Villaret et Garnier. *Paris*, 1786, in-12, bas., *fig*.

2877. **Laurenbergus** (J.-Guliel.). Antiquarius, in quo præter antiqua et obsoleta verba ac voces minus usitatas, dicendi formulæ insolentes, plurimi ritus pop. Rom. ac Græcis peculiares exponuntur et enodantur. *Lugduni*, 1622, in-4, parch.

2878. **Laurentius** (Jos.). Amalthea onomastica; in qua voces universæ abstrusiores sacræ, profanæ, antiquæ, antiquatæ, usurpatæ, usurpandæ e latinis, latino-græcis, latino-barbaris, criticis, antiquariis, thesauris, lexicis, onomasticis, glossariis, matheseos, jurisprudentiæ, medicinæ, etc., excerptæ, et italice interpretatæ..... *Lugduni, Anisson,* 1664, in-fol., bas.

2879. **Lauze de Peret** (P.-J.). Éclaircissements historiques en réponse aux calomnies dont les Protestans du Gard sont l'objet, et précis des agitations et des troubles de ce département depuis 1790 jusqu'à nos jours. — Causes et précis des troubles, des crimes, des désordres dans le département du Gard et autres lieux du Midi de la France, en 1815 et 1816, pour faire suite aux *Eclaircissements,* etc. *Paris, Poulet,* 1818-19, 2 v. in-8, d.-rel. bas.

2880. **La Vallière** (L.-Fr. de la Baume Le Blanc, duchesse de). Lettres de mad. la duchesse de La Vallière, morte religieuse carmélite, avec un abrégé de sa vie pénitente (publ. par l'abbé Lequeux). *Liège et Paris,* 1767, in-12, v. m.

2881. **Lebeau** (Car.). Opera latina. *Parisiis,* 1782-85, 4 v. in-8, bas.

2882. **Le Blanc** (Fr.). Traité historique des monnoyes de France, avec leurs figures, depuis le commencement de la monarchie jusqu'à présent. *Paris, J. Boudot,* 1690, in-4, bas., *fig., frontisp. gr.*

2883. — Dissertation historique sur quelques monnoyes de Charlemagne, Louis le Débonnaire, Lothaire et de leurs successeurs, frappées à Rome, où l'on réfute l'opinion de ceux qui prétendent que ces princes n'ont jamais eu aucune autorité dans cette ville que du consentement des Papes. *Paris, Coignard,* 1689, in-4, de 187 pp., *fig.*

Relié avec le N° 4478.

2884. **Leblanc** (l'abbé). Lettres. 5e édit. de celles qui ont paru sous le titre de *Lettres d'un Français. Lyon,* 1758, 3 v. in-12, bas.

2885. **Le Bossu** (P.). Traité du Poëme épique. 6e édit. *La Haye,* 1714, in-12, v. f.

2886. **Le Brun** (le P. P.). Explication de la Messe, contenant les Dissertations historiques et dogmatiques sur les liturgies de toutes les églises du monde chrétien. *Paris,* 1777-78, 4 v. in-8, v. m.

2887. — Discours sur la Comédie, ou traité historique et dogmatique des jeux de théâtre et des autres divertissements comiques soufferts ou condamnés depuis le premier siècle de l'Eglise jusqu'à présent, avec un discours sur les pièces de théâtre tirées de l'Ecriture sainte. 2ᵉ édit., augmentée de plus de la moitié. *Paris,* 1731, in-12, bas.

<small>Sur la Comédie et les Spectacles, voir les renvois du Nᵒ 1362.</small>

2888. — Histoire critique des pratiques superstitieuses qui ont séduit les peuples et embarrassé les savants... par le P. Pierre Le Brun. 2ᵉ édit. *Paris, Vᵉ Delaubre,* 1732, 4 v. in-12, bas.; *frontisp. gr.*

<small>Voir aussi le Nᵒ 3067.</small>

2889. **Le Brun des Molètes.** Voir Moléon.

2890. **Le Cerf** (Ph.) de la Vieville. Bibliothèque historique et critique des auteurs de la congrégation de Saint-Maur. *La Haye, P. Gosse,* 1726, in-12, d.-rel. m., non rogné.

2891. **Leclerc** (David). Davidis Clerici quæstiones sacræ, in quibus multa Scripturæ loca variaque Linguæ S. idiomata explicantur. Accesserunt similis argumenti diatribæ Steph. Clerici. Edidit et annotavit Joan. Clericus, Steph. filius. *Amstelæd.,* 1685, pet. in-8, d.-rel. bas.

2892. **Leclerc** (Jean). Harmonia evangelica, cui subjecta est historia Christi ex IV evangeliis concinnata, etc., gr. et lat., auctore Joan. Clerico. *Amstelod.,* 1700, infol., v. br., *frontisp. gr.*

2893. — Ars critica, in qua ad studia linguarum latinæ græcæ et hebraicæ via munitur, etc. *Amstelod.,* 1712, 3 v. pet. in-8, bas., *portr.*

2894. — Historia ecclesiastica duorum primorum a Christo nato sæculorum, e veteribus monum., deprompta. *Amstelodami,* 1716, in-4, bas.

2895. — Opera philosophica in IV vol. digesta. *Amstelod.*, 1722, 4 v. in-12 rel. en 2, vél.

2896. — Questiones Hieronymianæ, in quibus expenditur Hieronymi nupera editio Parisina.... *Amstelod.*, 1700, in-12, br.

2897. — De l'Incrédulité, où l'on examine les motifs et les raisons générales qui portent les incrédules à rejeter la religion chrétienne, par J. Leclerc. 2e édit. *Amsterdam*, 1714, pet. in-8, d.-rel. bas.

2898. — Mélange critique de Littérature. *Amsterdam*, 1706, in-12, bas.

2899. — Vie du cardinal de Richelieu, édition augmentée de pièces curieuses et historiques. *Amsterdam*, 1753, 5 v. in-12, bas., *portr.*

2900. — Parrhasiana, ou pensées diverses sur des matières de critique, d'histoire, etc. ; par Théod. Parrhase (Jean Leclerc). *Amsterdam*, 1699, 2 v. in-12, bas.

2901. — Bibliothèque universelle...; choisie...; ancienne et moderne. Voir les Nos 644 et s.

2902. — Joan. Clerici vita et opera ad annum MDCCXI. Amici ejus opusculum... *Amstelod.*, 1711, in-12, bas., *portr.*

2903. **Lécluse** (Fl.). Chrestomathie grecque. *Toulouse*, 1825, 2 part. en 1 v. in-12, d.-rel.

2904. **Le Comte** (le P. Louis), jésuite. Nouveaux mémoires sur l'état présent de la Chine. 3e éd. *Paris*, 1697, 3 v. in-12, bas., *portr.* et *fig.*
Manque le t. 3.

2905. — Les cérémonies de la Chine. *Liège*, 1700, in-12, bas.

2906. — Lettre au duc du Maine sur les cérémonies de la Chine. *Paris*, 1700, pet. in-12, bas.

2907. — Histoire de l'édit de l'Empereur de la Chine en faveur de la religion chrétienne, avec un éclaircissement sur les honneurs que les Chinois rendent à Confucius et aux morts, par le P. Ch. Le Gobien, jés. *Paris*, 1698, in-12, bas.

2908. — Lettre de Mess. des Missions étrangères au Pape sur les idolâtries et superstitions chinoises. *Cologne*, 1700, in-12, bas.

2909. — Réponse à la lettre de MM. des Missions étrangères au Pape sur les cérémonies chinoises. S. d. — Éclaircissement sur la dénonciation faite à N. S. P. le Pape des *Nouveaux Mémoires de la Chine*, composés par le P. Louis Le Comte. S. l., 1700, 2 part. en 1 v. in-12, bas.

2910. — Apologie des Dominicains missionnaires de la Chine, ou réponse au livre du P. Le Tellier, intitulé : *Défense des nouveaux chrétiens*, etc...., par un docteur de S. Dominique (le P. Noël Alexandre). *Cologne, Egmond*, 1700.

On y a joint : Documenta.... apologiam Dominicarum missionis Sinicæ confirmantia.

2911. — Conformité des cérémonies chinoises avec l'idolâtrie grecque et romaine, pour servir de confirmation à l'Apologie des Dominicains missionnaires de la Chine (par le P. Alexandre, dominicain). *Cologne, Corneille d'Egmont*, 1700, in-12, bas.

2912. — Six lettres d'un docteur de l'ordre de S. Dominique (le P. Noël Alexandre) sur les cérémonies de la Chine, au P. Le Comte. *Cologne, Egmond*, 1700. — Lettre à M.*** touchant les honneurs que les Chinois rendent au philosophe Confucius et à leurs ancêtres. S. l., 1700. — Lettre de M. Louis de Cicé, évêque de Sabula, aux PP. Jésuites, sur les idolâtries et les superstitions de la Chine. In-12, bas., *fig.*

2913. — Histoire apologétique de la conduite des Jésuites de la Chine, adressée à MM. des Missions étrangères. S. l., 1700, pet. in-12, bas.

2914. — Préjugez légitimes en faveur du décret d'Alexandre VII et de la pratique des Jésuites au sujet des honneurs que les Chinois rendent à Confucius.... tirez des écrits des PP. Dominicains et Franciscains missionnaires en Chine. S. l., 1700, in-12.

2915. — Recueil. In-8, v., fil.

1º Lettre au Pape sur les idolâtries et les superstitions chinoises. S. l., 1700. — 2º Censure de la Faculté de Paris contre les propositions extraites des livres intitulés : *Nouveaux mém. sur l'état présent de la Chine. — Histoire de l'édit de l'Empereur de la Chine. — Lettre des cérémonies de la Chine.* — 3º Lettre à Mad. de Lionne sur le libelle des Jésuites contre l'Evêque de Rosalie, son fils (1701). Lettre de l'Evêque d'Argoli à Mad. de Lionne, en franç. et en ital. — [4º Trois lettres de l'Archevêque de Cambray (Fénélon) à l'Archevêque de Paris sur son instruction pastorale du 27 octob. 1697. S. l. n. d. — 5º Mandement de l'Evêque de Saint-Pons (de Guénet) sur la publication du sentiment d'un grand nombre de docteurs en théologie de Paris qu'il a consultés sur plusieurs propositions. *Béziers, Barbut*,

1699. — 6º Décret de l'inquisition de Rome sur XXXI propositions. *Cologne*, 1691. — 7º Découverte des calomnies de Louys Benoist, par ***, prestre de l'Oratoire. *Cologne*, 1692.]

2916. — Censure de quelques propositions des PP. Le Comte et Le Gobien, jésuites, publiée sous le nom de la Fac. de Théol. de Paris; réfutée par les écrits des Dominicains et des Missionnaires de la Chine les plus opposez aux Jésuites. S. l., 1700. — Remarques d'un docteur en théologie sur la protestation des Jésuites. — Réponse aux remarques de M. *** sur la protestation du P. Le Gobien. 3 part. en 1 v. in-12, bas.

2917. — Six lettres d'un docteur, ou relation des assemblées de la Fac. de Théol. de Paris, tenues en Sorbonne sur les opinions des Jésuites touchant la religion, les cultes et la morale des Chinois, avec la censure de cette Faculté. 2º édit. *Cologne*, 1701. — Septième et dernière lettre d'un docteur sur le même sujet. *Liège*, 1701. — Lettre de M. Maigrot à M. Charmot touchant la fausseté de tout ce que le P. Le Comte a écrit sur la religion des Chinois. S. l., 1701. — Lettre à Mad. de Lionne sur le libelle des Jésuites contre l'Evêque de Rosalie, son fils. 1701. 1 v. in-12, v.

2918. — Journal historique des assemblées tenues en Sorbonne pour condamner les *Mémoires de la Chine*, etc. (par le P. Lallemant, jésuite). *(Paris)* 1701, in-12.

2919. — Défense de la censure de la Faculté de Théol. de Paris, du 18 octobre 1700, contre les propositions des livres intitulés : *Nouveaux mémoires sur l'état présent de la Chine. — Histoire de l'édit de l'Empereur de la Chine. — Lettre des cérémonies de la Chine;* par L. Ellies Dupin. *Paris, A. Pralard,* 1701, in-12, v.

Sur les Cultes des Chinois et sur les Missions de la Chine, voir, en outre, les Nos 3195, 5342 et suiv.

2920. **Le Courtier** (l'abbé F.-M.-J.), évêque de Montpellier. Retraite annuelle des dames, prêchée à N.-D. de Paris, de 1849 à 1860. *Paris*, 1860, gr. in-18, br.

2921. — Le Dimanche ; 2º édition augmentée. *Paris*, 1850, in-12, br.

2922. — Conférences sur l'aumône, prêchées à N.-D. de Paris. Carême de 1856. *Paris*, 1856, in-8, br.

2923. — Instructions sur les béatitudes évangéliques, prêchées dans la chapelle des Tuileries. Carême de 1854. *Paris,* 1861, in-8, br.

2924. — Manuel de la Messe, ou explication des prières et des cérémonies du saint sacrifice. 3ᵉ édit. *Paris,* 1854, gr. in-18, br.

2925. — Litanies de la Sᵗᵉ Vierge, connues sous le nom de *Litanies de Lorette*, paraphrasées par M. Le Courtier. *Paris,* 1861, in-32, br.

2926. — Mandements, lettres et instructions pastorales de Mgr Fˢ-Marie Le Courtier, évêque de Montp. In-4, br.

2927. **Lecteur** (le) royal, ou recueil de pensées, maximes, discours, etc., pour servir d'amusement à S. A. R. Mgr Frédéric, prince de Danemarck. *Amsterdam,* 1733, in-12, bas.., *frontisp. gr.*

2928. **Lecture** (de la) des Pères de l'Église, ou méthode pour les lire utilement (par D.-Bonav. d'Argonne. 2ᵉ édit., avec augmentat. de P. Pellestre). *Paris,* 1697, in-12, bas.

2929. **Le Dieu** (l'abbé). Mémoires et journal sur la vie et les ouvrages de Bossuet, publiés d'après les mss. autographes et accompagnés d'une introduction et de notes par l'abbé Guettée. *Paris, Didier,* 1856-57, 4 v. in-8, d.-rel. mar. br.

2930. **Le Franc de Pompignan** (J.-G.), archev. de Vienne. Lettres à un évêque sur divers points de morale et de discipline concernant l'épiscopat. Ouvrage posthume, précédé d'une notice sur la vie et les écrits de l'auteur (par l'abbé Emery). *Paris,* 1802, 2 v. in-8, bas.
Voir aussi le Nº 2548.

2931. **Légende dorée**, ou sommaire de l'histoire des Frères mendians de l'ordre de S. Dominique et de S. François (par Nic. Vignier). *Amsterdam,* 1734, in-12, v. br.

2932. **Legendre** (l'abbé L.). Mœurs et coutumes des Français dans les premiers temps de la monarchie. *Paris,* 1753, in-12, v. br. (8ᵉ vol. de son hist. de France).

2933. **Le Gendre** (G.-Ch.). Traité de l'Opinion, ou mémoires pour servir à l'histoire de l'esprit humain. 2ᵉ éd. *Paris,* 1735, 6 v. in-12, bas.

2934. **Legge** (l'abbé de). Pièces relatives à l'examen de *Bélisaire*.... et critique théologique du XVᵉ chap. de l'ouvrage. *Paris,* 1768, in-8, br.

2935. **Legrand** (A.-M.). Théâtre. *Paris,* 1731, 4 v. in-12, bas.

2936. **Legrand** (Ant.). Dissertatio de carentia sensus et cognitionis in brutis. *Norimbergœ*, 1679. — Ejusdem, Apologia pro Renato Descartes contra Sam. Parkerum. *Londini,* 1679, 1 v. in-12, bas.

2937. **Legrand** (Jacq.). *Jacobi Magni fratrum Heremit. S. Augustini sophologium; libri X... Impressū Lugduṅ. p. Nicolaum Philippi de Benszheym et Marcū Reinhart de Argentina.* S. d., in-4, goth., de 128 ff. à 2 col.
Relié avec le Nᵒ 2242.

2938. **Legrand** (l'abbé Joachim). Lettres à M. Burnet, touchant l'histoire des Variations, l'histoire de la Réformation et celle du Divorce d'Henri VIII et de Catherine d'Aragon. *Paris,* 1691, in-12, bas.

2939. **Le Jay** (Gabr.-Franç.). Pièces de théâtre en lat. et en franç., jouées au collége Louis-le-Grand. In-12, bas., *frontisp. gr.*
Josephus venditus, tragœdia. 1698. — Josephus Ægypto præfectus, tragœdia. 1699. — Josephus fratres agnoscens, tragœdia. 1695. — Timandre, pastorale, 1701 (avec le portrait gravé du duc d'Anjou). — Daniel, tragœdia. 1703. — Damocles, drama, 1703. — Abdolonimus, drama. 1702.

2940. **Leibnitz** (God.-Guill. de). Goth. Guil. Leibnitii opera omnia; nunc primum collecta, in classes distributa, præfat. et indic. exornata, studio Ludov. Dutens. *Genevæ, ap. fratres de Tournes,* 1768, 6 v. in-4, v. marb., *portr.* et *fig.*

2941. — Œuvres philosophiques latines et françaises de M. de Leibnitz, tirées de ses mss. conservés à Hanovre, et publ. par Rud. Eric Raspe, avec préface par Kaestner. *Amsterdam et Leipzig, J. Schreuder,* 1765, in-4, bas.

2942. — Essais de Théodicée sur la bonté de Dieu, la liberté de l'homme et l'origine du mal, par Leibnitz; édition augmentée de l'histoire, de la vie et des ouvrages de l'auteur, par M. V. de Neuville (M. de Jaucourt). *Amsterd.*, 1734, 2 v. in-12, bas.

2943. — Les mêmes. *Amst.*, 1747, 2 v. pet. in-8, d.-rel. v.
Notes marginales mss. du professeur Draparnaud.

2944. — Virorum celeberr. Got. Gul. Leibnitii et Johan. Bernoullii commercium philosophicum et mathematicum. (1694-1716). *Lausannæ et Genevæ, sumpt. Bousquet*, 1745, 2 tom. en 1 v. in-4, d.-rel. bas., *portr. gr. par Ficquet et pl.*

2945. — Leibnitii Epistolæ ad diversos.... e mss. auctoris cum annotation. suis. Primum divulgavit Christ. Kortholtus. *Lipsiæ*, 1734, 4 v. in-8, parch., *portr.*

2946. — De la tolérance des religions; lettres de M. de Leibniz et réponses de M. Pellisson. *Paris*, 1692, in-12, bas.

2947. — Lettres et opuscules inédits de Leibniz, précédés d'une introduction par A. Foucher de Careil. *Paris*, 1854, in-8, d.-rel. m.

2948. — Nouvelles lettres et opuscules inédits de Leibniz, précédés d'une introduction par A. Foucher de Careil. *Paris*, 1857, in-8, d.-rel. m.

2949. — Otium Hanoveranum sive miscellaneæ ex ore et schedis illustris viri God. Guill. Leibnitii. Notata.... cura Joach. Fred. Felleri. *Lipsiæ*, 1718, in-8, vél., *portr.*

2950. — Historia et commendatio linguæ characteristicæ, universalis quæ simul sit an inveniendi et judicandi, auct Leibnitio. 17 pp. pet. in-4., br.
Copie mss.

2951. — Réfutation inédite de Spinoza, par Leibniz, précédée d'un mémoire par A. Foucher de Careil. *Paris*, 1854, in-8, d.-rel. m.

2952. — Guil. Gott. Leibnitii opusculum adscititio titulo

Systema Theologicum inscriptum, ed. nunc primum ex ipsissimo auctoris autogr. D. P. P. Lacroix, canon. Lugdun. *Lutetiæ-Parisior.*, *Adr. Leclère*, 1845, in-8, gr. pap. tém., cart., *fac sim.*

Ex. de Mgr Thibault, év. de Montpellier.

2953. — Institutions Leibnitiennes, ou précis de la monadologie. *Lyon*, 1767, in-8, d.-rel. m.

2954. — Esprit de Leibnitz, ou recueil de pensées choisies sur la religion, la morale, l'histoire, la philosophie, etc., extraites de toutes ses œuvres (par Emery). *Lyon*, 1772, 2 v. in-12, v. éc.

2955. — Pensées de Leibniz sur la religion et la morale. 2e édition de l'*Esprit de Leibniz* (par Emery). *Paris*, an XI (1803), 2 v. in-8, d.-rel. bas.

2956. — Exposition de la doctrine de Leibniz sur la religion (ouvrage lat. inédit et trad. en fr.), avec un nouveau choix de pensées sur la religion et la morale, extraites des ouvrages du même auteur, par M. Emery. *Paris*, 1819, in-8, d.-rel. bas.

2957. — Recueil de diverses pièces sur la philosophie, la religion naturelle, l'histoire, les mathématiques, etc., par MM. Leibniz, Clarke, Newton et autres (publiées par Desmaizeaux). 2e édition. *Amsterdam, F. Changuion*, 1740, 2 v. in-8, *frontisp. gr.*

2958. — Étude comparative sur Pascal et Leibniz, par M. Ancelot. *Clermont-Ferrand*, 1858. — Leibniz, la philosophie juive et la cabale, par A. Foucher de Careil. *Paris*, 1861. — Étude sur la *Théodicée* de Leibniz, par F. Bonifas. *Paris*, 1863. — Un chapitre détaché de nos controverses religieuses au XVIIIe siècle: Pellisson et Leibnitz (thèse), par A. Riverieux, comte de Varax. *Rome*, 1864. 1 v. in-8, br.

Voir aussi le No 2217, t. 3.

2959. **Le Laboureur** (Louis). Charlemagne, poëme héroïque. *Paris, Billaine*, 1666, in-12 de 196 pp., bas.

2960. **Leland** (J.). Nouvelle démonstration évangélique, où l'on prouve l'utilité et la nécessité de la religion chrétienne, etc.; trad. de l'angl. *Liège*, 1768, 4 v. in-12, bas.

2961. **Lelong** (Jac.). Bibliotheca Sacra, in binos syllabos distincta. *Parisiis, Montalant,* 1723, 2 tom. en 1 v. in-fol., v., br.

Voir aussi le N° 624.

2962. **Lélut** (L.-Fr.). Physiologie de la pensée, recherche critique des rapports du corps à l'esprit. *Paris, Didier,* 1862, 2 v. in-8, d.-rel. m. v.

2963. **Lemaître de Claville** (C.-F.-N.). Traité du vrai mérite de l'homme considéré dans tous les âges et dans toutes les conditions. *Amsterdam,* 1760, 2 part. en 1 v. in-12, bas.

2964. **Lemaistre** (Ant.). Les plaidoyez et harangues de Mr le Maistre. Dernière édition. *Paris, P. le Petit,* 1664, in-4, bas.

2965. **Lemnius** (Levinus). Similitudinum quæ in bibliis ex Herbis atque Arboribus desumuntur explicatio. Access. de Gemmis aliquot, iis præsertim quarum Joan. Apostolus in sua Apocalypsi meminit, etc., libri II, auctore Fr. Rueo. Item Levini Lemnii de Astrologia liber unus. *Francof., Hoffmann,* 1626, in-16, bas.

2966. **Lemoine** (Alb.). L'âme et le corps, études de philosophie morale et naturelle. *Paris,* 1862, in-18, d.-rel. m.

2967. — L'aliéné devant la philosophie, la morale et la société. *Paris, Didier,* 1862, in-8, d.-rel. mar. r.

2968. — Du sommeil au point de vue physiologique et psychologique. *Paris,* 1855, gr. in-18, d.-rel. m.

2969. **Lemoine d'Orgival** (l'abbé). Considérations sur l'origine et le progrès des belles-lettres chez les Romains, et les causes de leur décadence. *Paris,* 1749, in-12, bas.

2970. **Le Moyne** (le P. P.). La Galerie des femmes fortes. *Paris, Sommaville,* 1647, in-fol., d.-rel. bas., *fig. grav. par Mariette.*

2971. — La Galerie des femmes fortes. *Lyon,* 1667, in-12, bas., *frontisp. gr.*

2972. — L'art des Devises, avec divers recueils de devises du même auteur. *Paris, Séb. Cramoisy,* 1666, in-4, *fig.* et *frontisp. gr.*

2973. — De la Dévotion aisée. *Paris,* 1668, in-12, bas.

2974. — Les peintures morales de la doctrine des passions. *Paris,* 1769, 2 part. en 2 v. in-12, bas., *fig.*

2975. **Le Nain** (dom Pierre). Essai de l'histoire de l'Ordre de Citeaux, tiré des annales de l'Ordre et de divers autres historiens. *Paris, Muguet,* 1696, 9 v. in-12, bas.

2976. — Homélies sur plusieurs chapitres du prophète Jérémie. *Paris,* 1697, pet. in-4, bas.

2977. **Lenain de Tillemont** (Séb.). Lettre au R. P. Armand-Jean Boutillier de Rancé, abbé de la Trappe, et les réponses de cet abbé, avec un discours préliminaire, des éclaircissements sur les faits qui y sont rapportés, et plusieurs lettres et pièces justificatives. *Nancy,* 1705, in-12, bas., *portr.*

2978. **Lenfant** (Jacq.). Histoire du Concile de Pise et de ce qui s'est passé de plus mémorable depuis ce concile jusqu'à celui de Constance. *Utrecht,* 1731, 2 v. in-4, v., *portraits.*

2979. — Histoire du Concile de Constance. Nouv. édit. *Amsterdam,* 1727, 2 v. in-4, bas., *portr.*

2980. — Histoire de la guerre des Hussites et du Concile de Basle. *Amsterdam, Humbert,* 1731, in-4, bas., *portr.* et *fig.* — Supplément à l'*Histoire de la guerre des Hussites* de M. Lenfant, par feu M. de Beausobre. *Lausanne,* 1745, in-4, bas.

2981. **Lenglet-Dufresnoy** (Nic.). Tablettes chronologiques de l'histoire universelle jusqu'en l'année 1743. *Paris,* 1744, 2 v. in-8, v. f.

2982. — Méthode pour étudier la géographie. *Paris,* 1742, 7 v. in-12, v. f., *frontisp.* et *cartes gr.*

2983. — Histoire de la philosophie hermétique, accompagnée d'un catalogue raisonné des écrivains de cette science (par Lenglet-Dufresnoy). *Paris,* 1742, 3 v. in-12, v. f.

2984. — Recueil de dissertations anciennes et nouvelles sur les apparitions, les visions et les songes. *Avignon* et *Paris,* 1751, 4 v. in-12, bas.

2985. — Traité historique et dogmatique sur les apparitions, les visions et les révélations particulières. *Avignon* et *Paris,* 1751, 2 v. in-12, bas.

2986. — De l'usage des Romans, où l'on fait voir leur utilité et leurs différents caractères, avec une bibliothèque des romans... par le C. Gordon de Percel (l'abbé Lenglet du Fresnoy). *Amsterdam (Paris),* 1734, 2 v. in-12, v. f.

2987. — L'Histoire justifiée contre les Romans. *Amsterdam,* 1735, in-12, v. marb.

2988. — Traité historique et dogmatique du secret inviolable de la confession. *Paris,* 1715, in-12, mar. vert, tr. d., fil.

2989. — Mémoires pour servir à l'histoire de la vie et des ouvrages de M. l'abbé Lenglet du Fresnoy (par Michault). *Londres* et *Paris,* 1761, in-12, v. br.

2990. **Le Noble** (Eustache). Nouveaux entretiens politiques (juill. 1702-déc. 1706). *Paris,* 5 v. pet. in-12, bas. — *On y a joint :* Rome pleurante, ou dialogue entre le Tibre et Rome. *Avignon,* 1666, de 124 pp.

2991. — Dialogues entre le diable boiteux et le diable borgne (VII). *Paris, P. Ribon,* 1707, in-12, bas., *fig.*

2992. — L'allée de la Seringue ou les Noyers, poème héro-satyrique en IV chants ; la Fradine ou les Ongles rognez, poème héro-satyrique en III chants ; la Rencontre amoureuse ; une Epître morale à Damis et quatre sonnets, par M. D... (Eustache Le Noble). *Francheville (Hollande), Eug. Aletophile,* 1691. — L'hérésie détruite, poème héroïque, par le même. — Ésope, comédie, par le même. *Paris, G. de Luyne,* 1691. — Le triomphe de Mme Deshoulières, reçue dixième muse au Parnasse, par Mlle Lhéritier. *Paris, Mazuel,* 1694. 1 v. in-12, bas.

Voir aussi le N° 4622.

2993. **Le Noble**, baron de S.-Georges. Dissertation chronologique et historique touchant l'année de la naissance de J.-C. *Paris,* 1693, in-12, bas.

2994. **Lenoir** (Alex.). Description historique et chronologique des monuments de sculpture réunis au musée des monuments français, etc. 5ᵉ édit. *Paris,* an VIII, in-8, cart.

2995. **Lenormant** (Ch.). Cours d'histoire (IVᵉ-IXᵉ siècles) professé à la Fac. des lettres de Paris, 1844-46. 2ᵉ édit. *Paris, Douniol,* 1854, 2 v. in-12, d.-rel. m.

2996. **Le Nourry** (Nicolas). Apparatus ad Bibliothecam maximam Veterum Patrum et antiquorum scriptorum ecclesiasticorum Lugduni editam. *Parisiis,* 1694, in-8, v. br.

2997. **Leo magnus** (S.). Opera omnia.... accedunt S. Hilarii, Arelatensis episcopi, opuscula, etc., studio Pasch. Quesnel. *Lutetiæ-Paris.,* 1675, 2 v. in-4, bas.

2998. — Leonis (SS.) magni; Maximi Taurinensis episc.; Petr. Chrysologi; Fulgentii, episc. Ruspensis, et Valeriani, episc. Cemeliensis, opera omnia quæ reperiri potuerunt. *Lutetiæ, Drouart,* 1623, in-fol., v. f.

2299. — S. Leonis magni Sermones; *ex recens. Joan. Andreæ, episc. Aleriensis. Andrœas Parmēsis impressit Venetiis,* MCCCCLXXXV. In-fol. goth. de 104 ff. non chiffrés, à 2 col.

Relié avec le N° 101.

3000. — Sermons de S. Léon, pape, surnommé *le Grand;* trad. sur l'éd. latine du R. P. Quesnel, de l'Oratoire. *Paris, Pralard,* 1698, in-8, v.

Voir aussi le N° 165.

3001. **Leone** (Abarbanel). Philosophie d'amour de M. Léon Hébreu; trad. de l'ital. par Den. Sauvage, Sʳ du Parc. *Lyon, Rigaud,* 1595, in-16, parch.

3002. **Leorat** (le Fr. Ant.). La vérité de la foi catholique victorieuse des erreurs et des sophismes de M. Benedict Pictet, ministre de Genève, contenus dans son livre de l'*Apologie de la Religion des Protestans*. *Avignon, Marc Chave*, 1728, 2 v. in-12, bas.

3003. **Le Paulmier** (P.-N.), e soc. Jesu. Scriptura Sacra in formam meditationum redacta. *Lutet.-Paris.*, 1692, in-12, bas.

3004. **Le Pelletier** (Jean). Dissertation sur l'arche de Noé et sur l'hémine et la livre de S. Benoît. *Rouen*, 1700, pet. in-8, *fig*.

3005. **Le Picard** (François). Sermons et instructions chrétiennes pour tous les jours de l'Advent jusqu'à Noël, etc. *Paris*, 1571, in-8, parch.

3006. **Leporcq** (le P. J.). Les sentiments de S. Augustin sur la grâce, opposés à ceux de Jansénius. *Lyon*, 1700, in-4, v. br.

3007. **Lequeux** (J.-M.-F.). Manuale compendium Juris Canonici juxta temporum circumstantias accommodatum. Secunda editio. *Parisiis*, 1843, 4 v. in-12, br.

3008. — Mémoire justificatif du livre intitulé : *Exposition de la doctrine chrétienne*, par l'abbé Mesenguy (publié par l'abbé Lequeux). S. l., 1763, in-12, bas.
Voir le No 1799.

3009. **Lequien** (Michel.). Oriens Christianus, quo exhibentur ecclesiæ, patriarchæ, etc., totius Orientis. *Parisiis, e typis reg.*, 1740, 3 v. gr. in-fol., v. m.

3010. — Stephani de Altimura (pseudonyme du P. Lequien) Panoplia contra schisma Græcorum, qua Romana et Occidentalis Ecclesia defenditur adversus criminationes Nectarii, patriarchæ Hieorosolym, quas congessit in libro de Primatu Papæ. *Parisiis*, 1718, in-4, v. f.

3011. — Défense du texte hébreu et de la version Vulgate, servant de réponse au livre intitulé : *L'Antiquité des temps*, etc., de dom Pezron), par le P. Lequien. *Paris*, 1690, in-12, bas.

3012. — La nullité des ordinations anglicanes démontrée de nouveau contre la défense du P. Le Courayer, par le P. Lequien. *Paris*, 1730, 2 v. in-12, bas.

3013. **Lequien de la Neufville** (Jacq.). Histoire générale du Portugal. *Paris, Anisson,* 1700, 2 v. in-4, v. br., *portr. gr. par Edelinck.*

3014. **Le Ridant** (P.). Code matrimonial, ou recueil des édits, ordonnances et déclarations sur le mariage, etc. *Paris,* 1766, in-12, bas.

3015. **Leroux de Lincy** (P.). Le livre des Proverbes français (depuis le XIIe siècle jusqu'à nos jours), précédé d'un essai sur la philosophie de Sancho Pança par Ferdin. Denis. *Paris, Paulin,* 1842, 2 v. gr. in-18 rel. en 1, bas.

3016. **Le Roy** (Onés.). Études sur les mystères, monuments historiques et littéraires, la plupart inconnus, et sur divers manuscrits de Gerson, y compris le texte primitif français de l'Imitation de J.-C., récemment découvert. *Paris,* 1837, in-8, d.-rel. v.

3017. **Le Sage.** Histoire de Gil Blas de Santillane, avec des notes historiques et litt. par Fr. de Neufchâteau (et une notice biogr. par M. Patin). *Paris, Lefèvre (imp. de J. Didot),* 3 v. gr. in-8, pap. vél. cavalier, d.-rel. m. r., *portr., carte* et *fig.*

3018. — La même. 4e édit. *Paris,* 1732, 4 v. in-12, v. m., fil., *fig.*

3019. — Aventuras de Gil Blas de Santillana, escritas en francès por M. Le Sage, y traducidas al castellano por el Padre Jose Isla. *Madrid,* 1807, 4 v. in-12, d.-rel. bas.

3020. — Le Bachelier de Salamanque, ou mémoires et aventures de dom Cherubin de la Ronda. *Paris,* 1820, 2 v. in-16, cart.

3021. **Le Sage** (G.-L.). Cours abrégé de Philosophie par aphorismes, auquel on a joint le mécanisme de l'esprit. *Genève,* 1718, 2 part. en 1 v. in-12, bas.

3022. **Lesclache** (Louis de). La Philosophie expliquée en tables. *Paris*, 1656, 5 part. in-4 rel. en 3 v., bas., *texte* et *frontisp. gr.*

Il y a, en outre, un double ex. des 2 prem. part., avec quelques différences.

3023. **Lesley** ou **Leslie** (Jean). Joannes Leslæus, de origine, moribus et rebus gestis Scotorum libri decem; accessit nova et accurata regionum et insularum Scotiæ, cum ejusdem tabula geographica, descriptio. *Romæ, in œdibus Populi Romani*, 1578, in-4, v. f., *portraits*.

3024. **Lesley** (Ch.). Ses ouvrages contre les déistes et les juifs, etc., trad. de l'angl. par le P. Houbigant. *Paris*, 1770, in-8, bas.

3025. **Lespès** (Léo.) et Ch. **Bertrand**. Paris. Album historique et monumental divisé en XX arrondissements, avec 200 grav. sur bois. *Paris*, s. d., in-8, br.

3026. **Lessing** (G.-E.). Du Laocoon, ou des limites respectives de la poésie et de la peinture, trad. de l'allem. par Ch. Vanderbourg. *Paris*, an X (1802), d.-rel. bas., *fig*.

3027. **Lessius** (Leonard.), e soc. Jesu. De Justitia et Jure ceterisque virtutibus cardinalibus, libri IV. *Parisiis*, 1628, in-fol., cham.

3028. — Du choix d'une religion, ou des marques auxquelles on peut connaître la véritable, trad. du lat. du P. Léonard Lessius. *Lyon*, 1715, in-12, bas.

3029. **Leti** (Gregorio). La vie du Pape Sixte V, trad. de l'ital. par Le Peletier. *Lyon*, 1686, 2 v. in-12, bas.

3030. — La vie de l'Empereur Charles V, trad. de l'ital. de Grég. Leti (par ses filles) et enrichie de fig. *Bruxelles*, 1710, 4 v. in-12, v. j.

Manque le 3e.

3031. — La vie d'Olivier Cromwell. *Amsterdam*, 1706, 2 v. in-12, v. j., *portr*.

3032. **Letourneux** (M.). De la meilleure manière d'entendre la sainte Messe. *Paris*, 1706, in-12, v. br., tr. d.

3033. **Lettre** apologétique dans laquelle Fr. Vernet, négociant, expose à Jacob Vernet, son frère, ministre à Genève, les motifs qui l'ont porté à abjurer l'hérésie de Calvin. *Avignon*, 1740, in-12, br.

3034. **Lettre** à Son E. M. le cardinal de Noailles, archevêque de Paris, touchant les intrigues du P. Letellier et de quelques autres Jésuites contre Son Eminence. S. l., 1711, v. br. — L'intrigue découverte, ou réflexions sur la lettre de M. l'abbé Bochart de Saron à l'Evêque de Clermont et sur un modèle de lettre au Roi, avec quelques pièces concernant le différend d'entre Mgr de Noailles et les évêques de Luçon et de la Rochelle. 1711. 1 v. in-12, v. br.

<small>Aux armes de La Rochefoucauld.</small>

3035. **Lettre** de l'Archevêque de Lyon à l'Archevêque de Paris (au sujet du jugement rendu par le premier dans l'affaire des Sœurs Hospitalières du faubourg S.-Marcel, à Paris). *Lyon*, 1760, in-12. — Ordonnance et instruction pastorale de Mgr l'Evêque d'Alais (J.-L. de Buisson de Bauteville) au sujet des *Assertions extraites des livres des soi-disant Jésuites*, etc. *Aix*, 1764. 1 v. in-12, bas.

3036. **Lettre** d'un Abbé régulier sur le sujet des humiliations et autres pratiques de religion (par l'abbé de Rancé). *Paris, Coignard*, 1677, in-12, bas.

3037. **Lettre** d'un Théologien.... sur la question de savoir si la Comédie peut être permise ou doit être absolument défendue (par le P. Caffaro). *Paris*, 1694. — Réfutation d'un écrit favorisant la Comédie (par le P. de Lagrange). *Paris*, 1694. 1 v. in-12, bas.

<small>Sur la Comédie et les Spectacles, voir les renvois du N° 1214.</small>

3038. **Lettre** spirituelle sur les scrupules, par un grand serviteur de Dieu. *Paris*, 1676, in-12, bas.

3039. **Lettres** adressées à Messieurs les Commissaires nommés par le Roi pour délibérer sur l'affaire présente du Parlement, au sujet du refus des sacrements. 1752, in-12, v. br.

3040. — Suite de la réfutation des lettres adressées à MM. les Commissaires nommés par le Roy pour délibérer sur l'affaire présente du Parlement, au sujet du refus des sacrements, ou des lettres prétendues pacifiques. 1755, in-12, v. br.

3041. **Lettres** anecdotes, écrites au cardinal Borromée par Prosper de Ste-Croix, nonce de Pie IV auprès de Catherine de Médicis (1561-1565). In-8, de 170 pp., cart.

3042. **Lettres** à M. le Chevalier de..... entraîné dans l'irréligion par un libelle intitulé : *Le militaire philosophe* (par l'abbé Guidi). *En France,* 1770, in-12, bas.

3043. **Lettres** anecdotes de Cyrille Lucar, patriarche de Constantinople, et sa confession de foi, avec des remarques. Concile de Jérusalem, tenu contre lui, avec un examen de sa doctrine. Attestations touchant la créance des Grecs modernes, etc. *Amsterdam,* 1718, in-4, v. br.

    Publié d'abord à La Haye, en 1708, par Jean Aymon, sous le titre de : *Monuments authentiques de la religion des Grecs,* etc.

3044. **Lettres** Athéniennes, extraites du portefeuille d'Alcibiade (par Crébillon fils). *Londres,* 1771, 4 v. in-12, bas.

3045. **Lettres** à un Ecclésiastique sur la Justice chrétienne et sur les moyens de la conserver ou de la réparer. S. l., 1733, in-12, bas.

3046. **Lettres** critiques sur divers sujets de Littérature, ou nouvelles littéraires, critiques et amusantes (par Clément de Genève ; même ouvrage que *Les cinq années littéraires*). *Amsterdam,* 1761, 2 v. in-12, bas.

3047. **Lettres** de Madame..... à une de ses amies sur les motifs et les moyens de mener une vie plus chrétienne (par le P. de Beauvais, jésuite). *Paris,* 1755, in-12, bas.

3048. **Lettres** de Junius, trad. de l'angl. avec notes par J.-T. Parisot. *Paris,* 1823, 2 v. in-8, d.-rel. mar. v.

3049. **Lettres** d'Eusèbe Philalèthe à M. François Morenas, sur son prétendu abrégé de l'Histoire Ecclésiastique de M. Fleury (par dom Clémencet). *Liège (Paris)*, 1757, in-12, bas.

3050. **Lettres** du cardinal duc de Richelieu, où l'on voit la fine politique et le secret de ses plus grandes négociations. *Cologne*, 1695, in-12, bas., *portr.*

3051. **Lettres** du cardinal Mazarin, où l'on voit le secret de la négociation de la paix des Pyrénées et la relation des conférences qu'il a eues pour ce sujet avec D. Louis de Haro, etc. *Amsterdam, André Pierrot*, 1692, in-12, bas.

3052. **Lettres** d'un Abbé à un Évêque, où l'on démontre l'équité de la Constitution *Unigenitus*, etc. *Lyon*, 1714, in-8, bas.

3053. **Lettres** d'un Docteur à un Missionnaire sur la Constitution apostolique *Unigenitus*. *Basle*, 1715, in-12, bas.

3054. **Lettres** d'un Docteur allemand à un gentilhomme protestant de Strasbourg sur les six obstacles au salut qui se rencontrent dans la religion luthérienne (par le P. Scheffmaker, jés.). 2e édit. *Strasbourg*, 1730. — Lettres du même à un des principaux magistrats de la ville de Strasbourg suivant la confession d'Ausbourg, sur les principaux obstacles à la conversion des Protestans. *Strasbourg*, 1732, 2 v. in-4, bas.

3054 *bis*. — Lettre d'un Chrétien au P. Scheffmacher, jésuite de Strasbourg, en réponse à ses lettres sur les *six obstacles au salut qu'il prétend qui se rencontrent dans la religion luthérienne*. Nouv. édit. — Lettre d'un théologien réformé à un gentilhomme luthérien, pour servir de réponse à celles qu'un docteur allemand de l'université catholique de Strasbourg a écrites à ce gentilhomme (par Arm. de la Chapelle, pasteur à La Haye). *Amsterdam*, 1737, 2 v. in-12, bas.

3055. **Lettres** (quatre) d'un Docteur de Sorbonne à un homme de qualité touchant les hérésies du XVIIe siècle (par Hilaire Dumas). *Paris*, 1711, 2 v. in-12, bas.

3056. **Lettres** (trois) d'un Prédicateur pour expliquer, soutenir et confirmer la doctrine catholique, prêchée dans le cours d'un carême, contre les erreurs du temps (sur la prédestination et la grâce). *Liège,* 1712, in-8, bas.

3057. **Lettres** d'un Sauvage dépaysé, contenant une critique des mœurs du siècle et des réflexions sur des matières de religion et de politique (par Joubert de la Rue). *Amsterdam,* 1738, in-12, bas.

3058. **Lettres** d'un Sauvage civilisé à son correspondant en Amérique (par Joubert de la Rue), pour servir de continuation aux *Lettres d'un sauvage dépaysé,* du même auteur. *Amsterdam,* 1747, 3 tom. en 1 v. in-12, bas.

3059. **Lettres** d'une Solitaire inconnue, ou Jeanne-Marguerite de Montmorency révélée par sa correspondance avec le P. Luc de Bray. 1re édit. *Orange, Jules Escoffier,* 1841, 2 tom. en 1 v. in-8, d.-rel. v., *fig.*

3060. **Lettres** d'un Suisse à un Français, où l'on voit les véritables intérêts des princes et des nations de l'Europe qui sont présentement en guerre (par Jean de la Chapelle, de l'Acad. franç.). *Basle (Paris),* 1703-5, 5 v. in-12, bas.

Manque le tome 5.

3061. — Helvetii Galliæ incolæ ad Gallum apud Helvetios versantem Epistolæ circa rerum Europæ statum ; de gallico idiomate in latinum conversæ. *Basileæ,* 1703, 2 part. en 1 v. in-12, bas.

3062. **Lettres** d'un Théologien à M. *** sur la distinction de religion naturelle et religion révélée, et sur les opinions théologiques (par l'abbé Rivière, dit Pelvert). S. l. ni frontisp., in-12, bas.

3063. **Lettres** écrites de la Plaine (par l'abbé Sigorgne), en réponse à celles de la Montagne (de J.-J. Rousseau). *Amsterdam,* 1765, in-12, bas.

3064. **Lettres.** *Ne repugnate vestro bono....* (par Dan. Bargeton, avocat). *Londres,* 1750, in-12, bas.

3065. **Lettres** philosophiques sérieuses, critiques et amusantes, traitant de la Pierre philosophale, de l'Incertitude de la médecine, etc. (par l'abbé Saunier de Beaumont). *Paris, Saugrain*, 1733, in-12, v. br.

3066. **Lettres** philosophiques sur les Physionomies (attribuées à l'abbé Pernety). 3ᵉ édit., augmentée de quelques lettres (trois). *La Haye*, 1760, in-12, bas., *frontisp. gr.*

3067. **Lettres** qui découvrent l'illusion des philosophes sur la Baguette, et qui détruisent leurs systèmes (par le P. Lebrun). *Paris*, 1693, in-12, bas.

3068. **Lettre** à une demoiselle de qualité, contenant des avis pour sa conduite. — De la foy et de la vérité de la religion chrétienne; lettre à M.... — Des offices divins; lettre à une religieuse carmélite. *Avignon*, 1706, in-12, bas.

3069. **Lettres** spirituelles, par *** (le P. Surin, revues et corrigées par le P. Champion). *Nantes* et *Paris*, 1704, 3 v. pet. in-12, bas.

3070. **Lettres** spirituelles, qui contiennent divers avis pour la pratique des vertus chrétiennes et pour les retraites. *Paris*, 1676, in-12, bas.

3071. **Lettres** sur la manière de gouverner les maisons religieuses (par le P. Guill. Beaufils, jés.). *Paris*, 1740, in-12, bas.

3072. **Lettres** sur la Religion (par Dom. de Vienne). *Avignon*, 1756. — Lettres flamandes, ou histoire des variations et contradictions de la prétendue religion naturelle (par l'abbé Du Hamel). 3ᵉ édit. *Lille*, 1755, 2 v. in-16 rel. en 1.

3073. **Lettres** sur la Religion essentielle à l'homme, distinguée de ce qui n'en est que l'accessoire (par Mˡˡᵉ Hubert). Nouv. édit. *Londres*, 1739, 2 v. pet. in-8, mar. r., fil., tr. d.

3074. — Défense du Christianisme, ou Préservatif contre l'ouvrage intitulé : *Lettres sur la Religion essentielle à l'homme*, par Fr. de Roches, pasteur. *Lausanne* et *Genève*, 1740, 2 v. in-8, mar. r., fil., tr. d.

3075. — Lettres sur les vrais principes de la Religion, où l'on examine un livre intitulé : *La Religion essentielle à l'homme* (de Mlle Hubert); avec la défense des Pensées de Pascal contre la critique de Voltaire, et trois lettres relatives à la philosophie de ce poète (par Boullier). *Amsterd.*, 1741, 2 v. in-12, v. m.

3076. **Lettres** sur le Bosphore, ou relation d'un voyage en différentes parties de l'Orient, pendant 1816 à 1819. *Paris*, 1821, in-8, bas.

3077. **Lettres** sur le Péché imaginaire, au sujet du Mandement de Mgr de Paris, relatif à l'autorité de l'Église, à la soumission due à la Constitution *Unigenitus*, etc. *En Europe*, 1756, in-12, v. m.

3078. **Lettres** sur les Sourds et Muets, à l'usage de ceux qui entendent et qui parlent (par Diderot). *Amsterdam*, 1772, in-12, bas.

3079. **Lettres** théologiques aux écrivains défenseurs des Convulsions et autres prétendus miracles du temps (au nombre de 21, par dom la Taste). S. l., 1733-40, 2 v. in-4, v. br.

A la fin du 1er vol. on trouve : *Ordonnance de Mgr de Paris sur les prétendus miracles du diacre Paris*. Avignon, 1736; et au commencement du second : *Consultation sur les convulsions*. S. l., 1738.

3080. — Défense du *Traité des miracles* contre le fanatisme et les erreurs capitales des XV lettres adressées à l'auteur de ce Traité (l'abbé Hervieux de la Boissière), avec une dissertation préliminaire sur les miracles de l'appel. 1769, in-12, bas.

3081. — Suite des Lettres à l'auteur du *Traité des miracles*, ou réplique à la défense de ce Traité. *Amsterdam*, 1774, 3 v. in-12, v. br.

3082. **Lettres** théologiques contre le mandement de Mgr Henri de Thiard de Bissi, évêque de Meaux, sur le Jansénisme. S. l., 1712, in-12, bas.

3083. **Lettres** théologiques, historiques et morales sur la forme des mariages, ouvrage dans lequel on examine la nouvelle forme de mariage proposée en faveur des protestants de France, et où l'on prouve l'inséparabilité du contrat civil d'avec le sacrement de mariage, etc. *Paris*, 1765, in-12, bas.

3084. **Leusden** (Joh.). Novi Testamenti clavis græca, in qua et themata novi Testam. reserantur, et ejusdem dialectici, hebraismi, ac multæ constructiones explicantur. *Ultrajecti,* 1672, pet. in-8, v. f., *frontisp. gr.*

3085. **Le Vayer de Boutigny** (Rol.). Traité de l'autorité des Rois touchant l'administration de l'Église. Nouv. édit. *Londres,* 1753, in-12, bas.

3086. **Levis** (P.-M.-J., duc de). Souvenirs et portraits (1780-89). Nouv. édit., augm. d'articles supprimés par la censure de Buonaparte. *Paris,* 1815, in-8, bas. marb.

3087. — Maximes, préceptes et réflexions sur différents sujets de morale et de politique. 5e édit. *Paris,* 1825, in-16, d.-rel. m.

3088. **Libanius.** Libanii sophistæ præludia oratoria, declamationes et dissertationes morales; F. Morellus e mss. nunc primum edidit (gr.) itemque latine vertit: adjectæ sunt notæ et variæ lectiones cum duplici indicc. *Parisiis, Cl. Morellus,* 1606, in-fol., bas.

3089. — Libanii sophistæ orationes XVII (gr.), Ant. Bongiovanni nunc primum ex mss. codicibus eruit, latine vertit, notisque illustravit. *Venetiis,* 1754, in-4, d.-rel. m. v.

3090. **Liberté** de conscience resserrée dans des bornes légitimes (par l'abbé Yvon). *Londres,* 1754, 3 part. in-12 rel. en 1 v., v. f., fil.

3091. **Liberté** de penser (la), revue philosophique et littéraire (15 déc. 1847-17 nov. 1850). Tom. 1 à 6. *Paris, Joubert,* 6 v. in-8, en livr.

3092. **Libertinage** (le) combattu par le témoignage des auteurs profanes, par un bénédictin de la congrég. de S.-Vanne (dom Remy Desmonts). *Charleville,* 1747, 4 v. in-12, bas.

3093. **Libertés** de la France contre le pouvoir arbitraire de l'Excommunication, ouvrage dont on est spécialement redevable aux sentiments généreux et supérieurs de Mlle Clai... (Clairon) (par Huerne de la Mothe). *Amsterdam,* 1761, in-12, bas.

3094. **Lightfoot** (Joh.). Horæ Hebraicæ et talmudicæ in IV evangelistas, cum tractatibus chorographicis : nunc primum cum indic. editæ. *Lipsiæ,* 1675, in-4, bas., portr. et *frontisp. gr.*

3095. **Lignac** (l'abbé de). Le témoignage du sens intime et de l'expérience, opposé à la foi profane et ridicule des fatalistes modernes. *Auxerre,* 1760, 2 v. in-12, bas.

3096. — Lettres à un Américain sur l'histoire naturelle, générale et particulière de M. de Buffon (par l'abbé de Lignac). *Hambourg (Paris),* 1751, 3 v. in-12, bas.
Voir le N° 4078.

3097. **Limborch** (Phil.-A.). Historia Inquisitionis, cui subjungitur liber Sententiarum Inquisitionis Tholosanæ ab anno Christi 1307 ad 1323. *Amstelod.,* 1692, in-fol., bas., *grav.*

3098. **Lingard** (John). Les antiquités de l'Église anglo-saxonne, trad. de l'angl. sur la 2e édit. par A. Cumberworth fils. *Paris,* 1828, in-8, d.-rel. v. f.

3099. **Lingendes** (Cl. de), e soc. Jesu. Conciones decem de sanctiss. Eucharistiæ sacramento. *Parisiis, Muguet,* 1663, in-8, bas.

3100. **Linguarum** (de) artificio et doctrina. *Parisiis,* 1751, in-12, v.

3101. **Linguet** (S.-Nic.-H.). Histoire du siècle d'Alexandre. 2e édit. *Amsterdam* et *Paris,* 1769, in-12, bas.

3102. — Mémoires sur la Bastille et la détention de l'auteur depuis le 27 sept. 1780 jusqu'au 19 mai 1781. *Londres,* 1783, in-8, br., *fig.*

3103. — Mémoires de Linguet et Dusaulx (de la collection Barrière). *Paris,* 1821, in-8, br.

3104. **Lipsius** (Just.). Justi Lipsii, de Constantia libri duo. Editio quinta. *Lugduni, in officina Hug. a Porta,* 1592, pet. in-4, cart.

3105. — Justi Lipsii : de Militia romana, commentarius ad Polybium. — Analecta, sive observationes reliquia ad militiam. — Poliorceticum, sive de machinis, tormentis, telis. — De Amphitheatro liber. — Saturnalium sermonum, libri duo, etc. *Antuerpiæ, ex offic. Plantin.*, 1602-05, 5 part. en 1 v. in-fol., v. f., *fig. nombreuses.*

3106. — Fax historica, seu lucidissimum operum Justi Lipsii compendium ad historicorum, politicorum et veterum scriptorum intellectum, opera unius Presb. congreg. Oratorii. *Massiliæ*, 1671, in-12, bas.

3107. **Liset** (Pierre), premier P^t au Parlement de Paris. Petri Lizetii.... adversus pseudo-evangelicam heresim libri, seu commentarii novem. *Lutetiæ, ap. Mich. Vascosanum*, 1551, in-4, bas.

3108. **L'Isle** (C. S. de). Voy. Sorel.

3109. **Lisle** (Cl. de). Tables généalogiques et historiques des Patriarches, des Rois, des Empereurs, etc., depuis la création du monde jusqu'à maintenant. *Paris*, 1718, gr. in-4, v. j., *texte* et *frontisp. gr.*

3110. **L'Isle** (le P. Joseph de). Histoire dogmatique et morale du jeûne, où l'on traite les questions et où l'on résout les difficultés qui y ont du rapport. *Paris*, 1741, in-12, bas.

3111. **Liturgies.** Voy., outre les N^{os} suivants, les N°s 675, 693, 2160 et 2192.

3112. **Liturgia** Sancta D. Petri apostoli (gr. et lat.), opera Joan. a sancto Andrea. — S. Gregorii papæ quem dialogum græci cognominant, divinum Officium sive Missa, cum interpretat. græca Georgii Codini. *Lutetiæ, Fred. Morellus*, 1595. — Divina Liturgia S. apostoli et evangelistæ Marci, gr. et lat. (opera G. Sirleti card.); Clementis papæ, de Ritu missæ, etc. *Parisiis, Ambros. Drouard*, 1583. — Constantini imperat. rescriptum ad Arium et arianos, gr. et lat. *Lutetiæ, Fred. Morellus*, 1695, 1 v. in-12, v. éc., fil.

3113. **Liturgie** (la), ou Formulaire de prières publiques, de l'administration des sacrements et des autres cérémonies et coutumes de l'Eglise, selon l'usage de l'église anglicane, etc. *Londres*, 1717. — Les Pseaumes de

David, avec la musique notée. *Amsterdam, H. Desbordes,* s. d., 1 v. pet. in-8, mar. r., fil., tr. d.

3114. **Liturgie** (la), ou la manière de célébrer le service divin dans l'église de Genève. *Genève, Paschoud,* in-4, d.-rel. bas.

3115. **Livius** Patavinus (Titus). Historiarum libri qui supersunt XXXV ; recensuit et notis ad usum scholarum accommodatis illustravit J.-B.-L. Crevier. *Parisiis,* 1785, 6 v. in-12, bas.

3116. — Supplementa Liviana, auctore Joh. Freinshemio. *Argentorati* et *Francofurti,* 1642, in-4, bas.

3117. — Fragmentum ex lib. XCI historiar. Titi Livi Patav. Texte et trad. fr. par Hardouin d'un fragment découvert à Rome, en 1772, par Burns et publié par Delalain en 1773. *Paris, Didot,* 1794, in-12, br.

3118. — Histoire romaine de Tite Live, trad. de Dureau de la Malle, revue par Noël. *Paris, Michaud f.,* 1810-12, 15 v. in-8, v. rac.

3119. **Livre** (le) des Singularités, par Philomneste (G. Peignot). *Dijon, V. Lagier,* 1841, in-8, d.-rel. mar. citr.
Voir le N° 3864.

3120. **Lobineau** (D.-Guy.-Alexis). Les vies des Saints de Bretagne. Nouvelle édit., revue et augmentée par l'abbé Tresvaux. *Paris,* 1836-39, 6 v. in-8, br.
Le 6e vol. contient l'histoire de l'église de Bretagne jusqu'à nos jours.

3121. **Locis** (de) theologicis, dissertationes theologi Lovaniensis (Joan. Opstraet.). *Insulis Flandrorum,* 1737, 3 v. in-12, bas.

3122. **Locke** (John). OEuvres philosophiques ; nouv. édit. revue par M. Thurot. *Paris, imp. de F. Didot,* 1821-25, 7 v. in-8, d.-rel. mar.
Édition non terminée.

3123. — Essai philosophique concernant l'Entendement humain, trad. de l'angl. par Coste. *Amsterdam,* 1742, in-4, v. éc., *portr.*

3124. — Abrégé de l'essai de M. Locke sur l'Entendement humain, trad. de l'angl. par M. Bosset. *Londres,* 1751, in-12, bas.

3125. — De l'éducation des enfants, trad. de l'angl. par Pierre Coste. *Paris,* 1711, in-12, v. j.

3126. — Le même. 8e édit. *Lausanne,* 1760, 2 v. in-12 rel. en 1, bas.

3127. — Le christianisme raisonnable, tel qu'il nous est représenté dans l'Ecriture sainte ; trad. de l'angl. (par ......) 3e édit. *Amsterdam,* 1731, 2 v. in-12, bas.

3128. — OEuvres diverses (trad. en fr.). *Rotterdam,* 1710, in-12, bas.
    Voir le No 2075.

3129. **Logique** (la) où l'art de penser, 5e édit. *Paris, G. Desprez,* 1683, in-12, bas.

3130. **Loisel** (Ant.). Pasquier, ou Dialogues des Advocats du Parlement de Paris, avec une introduction et des notes, la suite chronolog. des plus notables avocats depuis l'an 1600 jusqu'à ce jour, et des notices biogr. sur Pasquier, Loisel et les frères Pithou, par M. Dupin, proc-gén. *Paris,* 1844, gr. in-16, br.

3131. **Lombardus** (Petr.). Sententiarum libri IV..... per Joan. Aleaume pristino suo nitori nunc primum restituti, etc. *Parisiis, Joan. Ruelle,* 1538, in-4.

3132. — Petri Lombardi Sententiarum libri IV. *Antuerpiæ,* 1758, in-4, d.-rel. bas.

3133. **Longinus** (Dionysius). De Sublimi genere dicendi, gr. cum triplici in latinum expositione. *Bononiæ,* 1644, in-4, v. br.

3134. **Longuerue** (L.-D. de). Description historique et géographique de la France ancienne et moderne. *Paris,* 1719, 2 tom. en 1 v. in-fol., bas., *cartes.*

3135. — Longueruana, ou recueil de pensées, de discours et de conversations de feu M. Louis Dufour de Longuerue (publ. par Desmarets). *Berlin (Paris),* 1754, in-12, bas.

3136. **Longueval** (Jacq.). Histoire de l'Église gallicane (depuis l'an de J.-C. 150, jusqu'en 1559), continuée par les PP. Fontenoy, Brumoy et Berthier. *Paris, 1732-49*, 18 v. in-4, v. br.

3137. **Longus.** Les amours pastorales de Daphnis et de Chloé, double traduction du grec en françois d'Amyot et d'un anonyme (Le Camus), et ornées des estampes originales du fameux B. Audran, gravées aux dépens du feu duc d'Orléans, régent. *Paris, 1757*, pet. in-4, v. f., *fig*.

3138. **Lord** (Henri). Histoire de la religion des Banians, trad. de l'angl. (par Briot). *Paris, 1667*, in-12, bas.

3139. **Lordat** (J.). Essai sur l'Iconologie médicale ou sur les rapports d'utilité qui existent entre l'art du dessin et l'étude de la médecine. *Montpellier, 1833*, in-8, br.

3140. — Preuve de l'Insénescence du sens intime de l'homme, et application de cette vérité à la détermination du dynamisme humain, à la comparaison de ce dynamisme avec celui des animaux, etc. *Montpellier, 1844*, in-8, d.-rel. mar.

3141. — Idée pittoresque de la physiologie humaine médicale enseignée à Montpellier. *Montpellier, 1851*, in-8, br.

3142. — Réponses à des objections faites contre le principe de la dualité du dynamisme humain, lequel est une des bases de l'anthropologie médicale enseignée à Montpellier,.... *Montpellier, 1854*, in-8, br.

3143. — Rappel des principes doctrinaux de la constitution de l'homme énoncés par Hippocrate, démontrés par Barthez et développés par son école, et application de ces vérités à la théorie des maladies. *Montpellier, 1857*, in-8, br.

3144. **Loredano.** La vie d'Adam, avec des réflexions, traduite de l'ital. de Loredano (par le Chevalier de Mailly). *Paris, 1695*, in-12, bas.

3145. **Losa** (Franç.). Vie du bienheureux Grégoire Lopez, trad. de l'espagnol par Arnauld d'Andilly. *Paris, 1674*, in-12, bas.

3146. **Louis XII.** Lettres du roy Louis XII et du cardinal G. d'Amboise, avec plusieurs autres lettres, mémoires et instructions, depuis 1504 jusques à 1514. *Brusselle, Foppens,* 1712, 4 v. in-12, v. br., *portraits.*

3147. **Louis XIV.** Lettres aux princes de l'Europe, à ses généraux, ses ministres, recueillies par M. Rose, secrét. du cabinet, avec remarques par Morelly. *Paris et Francfort,* 1755, 2 v. pet. in-12, v. marb.

3148. **Louise de Savoie.** Journal. Voy. le N° 556.

3148 *bis.* **Louvet** (J.-B.). Mémoires. Voy. le N° 3377.

3149. **L'Ouvreleuil** (J.-B.). Le Fanatisme renouvelé, ou histoire des sacrilèges... et autres attentats que les calvinistes révoltés ont commis dans les Cévennes. *Avignon,* 1704-06, 4 v. in-12, bas.

Voir aussi les Nos 815, 2388 et 2428.

3150. **Lowth** (R.). Leçons sur la Poésie sacrée des Hébreux, trad. du lat. en franç. (par M. Sicard, de Montpellier). *Lyon,* 1812, 2 v. in-12, d.-rel. bas.

3151. — Les mêmes. 2e édit. *Avignon,* 1839, 2 v. in-12, d.-rel. m.

3152. **Lubin** (le P. Aug.). Orbis Augustinianus sive conventuum ordinis Eremitarum S. Augustini chorographica et topographica descriptio. *Parisiis, OEgid.-Alliot,* 1672, pet. in-12, bas.

3153. **Lucanus** (Annæus). Pharsalia, sive de bello civili... cura et studio Thom. Farnabii. *Amsterd., Blaeu,* 1643, pet. in-12, v. br.

3154. — Lucanus, de bello civili, cum Grotii, Farnabii notis integris et varior. selectiss., curante Corn. Schrevelio. *Lugd.-Batav.,* 1658, v. br., *frontisp. gr.*

3155. — OEuvres de Lucain contenant l'histoire des guerres civiles entre César et Pompée, avec le poème de Pétrone, etc., en latin et en français, de la traduction de M. de M. A. D. V. (Marolles, abbé de Villeloin.) *Paris, Guill. de Luyne,* 1654, in-8, v. f., fil.

3156. — La Pharsale de Lucain, ou les guerres civiles de

César et de Pompée, en vers français (par Brébeuf). *La Haye*, 1683, pet. in-12, v. f., *fig.*

3157. — La Pharsale, trad. de Marmontel, avec le texte en regard. Nouv. éd., par M. Amar. *Paris, Delalain,* 1816, 2 v. in-12, v. f.

3158. **Lucianus** Samosatensis. Opera (gr. et lat.), Jo. Benedictus emendavit et versionem recognovit. *Salmurii,* 1619, 2 v. in-8, vél.

3159. — Opera., gr., cum nova versione lat. Tib. Hemsterhusii et Jo.-Mat. Gesneri, græcis scholiis ac notis variorum, cura Tib. Hemsterhusii et Jo.-Frid. Reizii. *Amstelodami,* 1743. — Index verborum ac phrasium Luciani, sive lexicon Lucianeum concinnatum a Car.-Conr. Reitzio. *Trajecti ad Rhen.,* 1746, 4 v. in-4, gr. pap., m. r., tr. d., fil.

3160. — Opera, gr. et lat., ad editionem Hemsterhusii et Reitzii accurate expressa cum varietate lectionis et annotat. *Biponti,* 1789-91, 10 v. in-8, d.-rel. mar. cit.

3161. — Les œuvres de Lucian de Samosate, philosophe excellent, trad. du grec par Filbert Bretin, Aussonois, docteur en méd., repurgée de parolles impudiques et profanes, qui sont resduites en propos plus honnestes. *Paris, pour Abel L'Angelier,* 1582, in-fol., v.

3162. — Lucien, de la traduction de N. Perrot d'Ablancourt. *Mons,* 1670, 2 v. in-12, bas.

3163. — OEuvres de Lucien, trad. du grec (par Belin de Ballu). *Paris, Bastien,* 1788, 6 v. in-8, bas., dent.

3164. — Mythologie dramatique de Lucien, trad. en franç. par J.-B. Gail, avec le texte grec et une version latine. *Paris, l'auteur,* an VI (1798), gr. in-4, d.-rel. m. v.

3165. **Lucretius Carus** (Titus). Titi Lucretii Cari, de rerum natura libri sex, ad postremam Oberti Gifanii emendationem restituti; cum interpret. gallica (de l'abbé de Marolles). *Lutetiæ-Paris., Guil. de Luyne,* 1659, in-8, vél.

3166. — Les œuvres de Lucrèce, trad. en fr. par le baron de Coutures. *Paris,* 1692, 2 v. in-12, v., *fig.*

3167. — Lucrèce, trad. nouv., avec des notes, par L. (Lagrange). *Paris*, 1768, 2 v. in-12, *fig.*

3168. **Ludlow** (Edm.). Mémoires contenant ce qui s'est passé de plus remarquable sous le règne de Charles I jusqu'à Charles II, trad. de l'angl. *Amsterdam, Paul Marret*, 1699-1707, 3 v. in-12, v. br., *portr.*

3169. **Ludolphus** seu Leutholphus de Saxonia, Carthusiensis. Vita Jesu Christi....., cui accessit vita divæ Annæ ac beati Joachim, parentum gloriosissimæ Virginis Mariæ, etc. *Venetiis*, 1568, pet. in-4, bas.

3170. **Luitprandus.** Opera quæ extant. Chronicon et adversaria nunc primum in lucem exeunt, Hier. de la Higuera et Laur. Ramirez de Prado notis illustrata. *Antuerp., Balth. Moretus*, 1640, in-fol., v. br., *frontisp. gr.*

3171. **Lullius** (Raymundus). *Hic continentur libri Remundi pii eremite* || *Primo* || *liber de laudibus beatissime Virginis Marie : qui est ars intentionū apellari potest* || *Secundo* || *libellus de natali pueri parvuli* || *Tertio* || *Clericus Remundi* || *Quarto* || *Phantasticus Remundi* || In-4, goth.

Manque le 85e et dernier feuillet, sur lequel doit se trouver la mention suivante : *Impressum Parhisii per Guidonem Mercatoř : sumptibus et expēsis* || *Joannis Parvi. Anno......* 1499.

Relié avec le N° 1248.

3172. — Raymundi Lullii Opera, ea quæ ad inventam ab ipso artem universalem pertinent, cum diversorum commentariis : accessit Valerii de Valeriis opus in artem Lullii. *Argentorati, sumptibus Hœr.-Laz. Zetzneri*, 1651, in-8, de 1109 pp. et l'index, bas.

3173. **Lupus Servatus.** De tribus quæstionibus liber..... cura et studio Jac. Sirmondi. *Parisiis, Cramoisy*, 1650, in-8, parch.

3174. **Lutrigot**, poëme héroï-comique, parodie du *Lutrin* de Boileau (par Bonnecorse). *Marseille, Brebion*, 1686, in-12, bas.

3174 bis. **Luynes** (Ch.-Ph. d'Albert, duc de). Mémoires. *Paris, Didot,* 1859; tom. I à IV, br.

3175. **Lycophronis** Chalcidensis Alexandra, obscurum poema, gr. et lat., cum græco Is. seu potius Joan. Tzetzæ commentarius : accedunt versiones, variantes lectiones, emendationes, annotationes et indices; cura et opera Joan. Potteri. *Oxonii, e theatro Sheld.,* 1702, pet. in-fol., vél.

3176. **Lyra** (Nic. de). *Expositio super psalterio una cū hymnorum et canticorum totius anni... per Johan. de Platea et Jacob. Myt. Impressa Lugduni XIIII die maii MDIX.* In-4, goth. de 175 ff., d.-rel. v. f.

3177. — Postillæ in vetus Testamentum. S. l. n. d., 2 v. in-fol., goth., à 2 col., bas.,

3178. **Lysias.** Ses œuvres complètes, trad. en fr. par l'abbé Auger. *Paris, De Bure,* 1783, in-8, v. f.

3179. **Lyttelton** (Georg.). La Religion chrétienne démontrée par la conversion et l'apostolat de S. Paul, trad. de l'angl. (par l'abbé Guénée). *Paris,* 1754, in-12, bas.

M

3180. **Mabillon** (Jean). Museum italicum, seu collectio veterum scriptorum ex bibliothecis italis eruta a D. J. Mabillon et D. Mich. Germain. *Lutetiæ-Paris., Montalant,* 1724; 2 v. in-4, vél., *fig.*

3181. — Præfationes actis sanctorum ordinis S. Benedicti in sæculorum classes distributis, præfixæ; quibus accedit ejusdem disquisitio de cursu gallicano. *Rotomagi,* 1732, in-4, bas.

3182. — Joan. Mabillonii et Theod. Ruinart Opera posthuma, cura et studio V. Thuillier. *Parisiis,* 1724, 3 v. in-4, d.-rel. mar. v., non r.

3183. — Traité des études monastiques, avec une liste des principales difficultés qui se rencontrent en chaque siècle dans la lecture des originaux, et un catalogue des livres choisis pour composer une bibliothèque ecclésiastique. 2ᵉ édit. *Paris*, 1692, 2 v. in-12, v. br.

Voir les Nᵒˢ 4381 et s.

3184. — Réponse au *Traité des études monastiques* (de dom Mabillon), par M. l'abbé de la Trappe (Bouthillier de Rancé). *Paris, Muguet,* 1692, in-4, v. f.

3185. — Réflexions sur la *Réponse de M. l'abbé de la Trappe* au *Traité des études monastiques* par dom J. Mabillon. *Paris,* 1693, 2 v. in-12, bas.

Sur Mabillon, voir aussi le Nᵒ 4768.

3186. **Mably** (Gabriel Bonnot, abbé de). Doutes proposés aux philosophes économistes sur l'ordre naturel et essentiel des sociétés politiques. *La Haye et Paris,* 1768, in-12, bas.

3187. **Machiavel** (Nic.). OEuvres, trad. en français. *Paris, Volland,* 1793, 8 v. in-8 rel. en 4, bas.

3188. — Discours sur les moyens de bien gouverner et maintenir en bonne paix un royaume ou principauté.... contre Machiavel (par Innocent Gentillet). 3ᵉ édition. S. l., pet. in-12, v. br.

3189. **Ma-Geoghegan** (l'abbé). Histoire de l'Irlande ancienne et moderne tirée des monuments les plus authentiques. *Paris,* 1758, 3 v. in-4, v. marb.

3190. **Mackintosh** (James). Mélanges philosophiques, trad. de l'angl. par L. Simon. *Paris,* 1829, in-8, d.-rel. v. bl.

3191. **Macrobius** (Aurelius-Theodosius) Opera; accedunt integræ Is. Pontoni et varior. notæ et animadversiones. *Londini,* 1694, in-8, v. br., *frontisp. gr.*

3192. **Maffei** (J.-Pet.). De vita et moribus divi Ignatii Loyolæ libri III, auctore Jo. Petro Maffeio; accessit de divi Ignatii Loyolæ gloria liber singularis, Jos. Roccho Vulpio auctore. *Patavii,* 1727, pet. in-8, bas.

3193. **Magnus** (Jacobus). Sophologium, libri X. *Impressū Lugduñ. p. Nic. Philippi de Benszheym et Marc. Reinhart de Argentina...* In-4 goth. à 2 col. de 46 lignes, 128 ff.

Relié avec le Nᵒ 2242.

3194. **Mahomet.** Le Coran, trad. de l'arabe, précédé d'un abrégé de la vie de Mahomet, par Savary. *Amsterdam,* 1786, 2 v. in-12, bas.

Sur Mahomet ou le Coran, voir les Nos 2011, 3278, 3841, 4680, 5414, 5415 et 5507.

3195. **Maigrot** (Car.). Historia cultus Sinensium, seu varia scripta de cultibus Sinarum inter vicarios apostolicos Gallos aliosque missionarios et patres soc. Jesu controversis (Car. Maigrot et Nic. Charmot), adjuncta appendice, et continuatione ejusdem historiæ. *Coloniæ,* 1700, 3 part. en 2 v. in 12, bas.

3196. — De ritibus Sinensium erga Confucium permissis decreto Alexandri VII : adversus librum inscriptum *Historia cultus Sinensium. Leodii,* 1700, pet. in-12, bas.

Voir le No 2904 et suiv.

3197. **Maimbourg** (le P. Louis). Histoire du Pontificat de Grégoire-le-Grand. *Lyon,* 1686, 2 v. pet. in-12, bas.

3198. — Histoire du Luthéranisme. *Paris,* 1680, 2 v. pet. in-12, bas.

3199. — Histoire de la Ligue. *Paris,* 1683, in-4, v. br., *frontisp. gr.*

3200. — Trois Traités de controverse : I. Méthode pacifique pour ramener sans dispute les Protestans à la vraye Foi sur le point de l'Eucharistie. II. Traité de la vraye Eglise de J.-C., pour ramener les enfants égarés à leur mère. III. Traité de la vraye parole de Dieu, pour réunir toutes les sociétés chrestiennes dans la créance catholique, par M. Maimbourg. 3e édit. *Paris,* 1682, in-12, bas.

3201. — Triomphe des libertés gallicanes. Nouv. édit. par M. de Roquefeuil, curé. *Nevers,* 1831, in-8, br.

3202. — Entretiens d'Eudoxe et d'Eucharistе sur les histoires de l'Arianisme et des Iconoclastes du P. Maimbourg, etc. (par Jacques Lefèvre). In-12, bas.

3203. **Maimonides** (R. Moses). More Nevochim : hoc est Doctor Perplexorum latine translatus a Joh. Buxtorfio, fil. *Basileæ,* 1629, in-4, bas.

3204. — Le Guide des Égarés, traité de théologie et de philosophie, de Moïse ben Maimoun, dit *Maimonide*, trad. pour la première fois sur l'original arabe et accompagné de notes, par S. Munk. *Paris, Frank*, 1856, tom. I et II, in-8, d.-rel. mar. r.

3205. — R. Mosis Maimonidæ de Idolatria liber, cum interpret. lat. Dion. Vossii. *Amsterdami, Blaev*, 1642, in-4.
<small>Relié avec le N° 5582.</small>

3206. **Maine de Biran** (M.-F.-P.-G.). OEuvres philosophiques, publ. par V. Cousin. *Paris*, 1841, 3 v. in-8, d.-rel. mar. v.

3207. — Nouvelles considérations sur les rapports du physique et du moral de l'homme ; ouvrage posthume de Maine de Biran, publié par M. Cousin. *Paris*, 1834, in-8, d.-rel. v. v.

3208. — Influence de l'habitude sur la faculté de penser, par Maine de Biran. *Paris, Enrichs*, an XI, in-8, d.-rel. mar. viol.

3209. — Étude sur Maine de Biran, d'après le journal intime de ses pensées, par Aug. Nicolas. *Paris*, 1858, gr. in-18, d.-rel. m.

3210. — Maine de Biran, sa vie et ses pensées, par Ernest Naville. *Paris*, 1857, gr. in-18, d.-rel. m.
<small>Voir aussi le N° 2217, t. 3.</small>

3211. **Maintenon** (Mme de). Lettres, précédées de sa vie, par Auger. 2e édit. *Paris*, 1815, 4 v. in-12, d.-rel. v., *portr.*

3212. **Maiolus** seu Majolus. Simonis Majoli Dierum Canicularium tomi septem, colloquiis XL seu physicis novis ac penitus admirandis necnon lectu jucundis..... absoluti. Opus hac ultima editione revisum et plane novum, triplicique accessione adauctum. *Francofurti, impensis Joan.-Godef. Schonwetteri*, 1642, in-fol., v. m., fil.

3213. — Le troisième tome des Jours Caniculaires, c.-à-d. plusieurs et rares discours de l'origine, progrez et douteux événemens de la guerre, etc...., embellis d'exemples et d'histoires....., composez en latin par Messire Simon Majole, évesque de Valtourre, et mis en françois par F. de Rosset. *Paris, Robert Fouet,* 1612, in-4, d.-rel. m.

3214. **Mairan** (J.-J. Dortous de). Traité physique et historique de l'Aurore boréale. 2e édit. *Paris, impr. roy.,* 1754, in-4, v. j., fil.

3215. — Dissertation sur la Glace, ou explication physique de sa formation. *Paris, impr. roy.,* 1749, in-12, v. éc.

3216. — Éloges des académiciens de l'Académie royale des sciences, morts dans les années 1741, 1742 et 1743. *Paris,* 1747, in-12, bas., *frontisp. gr.*

3217. — Lettres au R. P. Parrenin, missionnaire de la Compagnie de Jésus à Pékin, contenant diverses questions sur la Chine. *Paris,* 1759, in-12.
Relié avec le No 2525.

3218. **Maire** (le) du Palais (par Clément de Boissy) (1771). in-12, v. br.

3219. **Maistre** (le comte Joseph de). Ses œuvres. *Lyon, Ruraud,* 1821-23, 6 v. in-8, d.-rel. v.

3220. — Lettres à un gentilhomme russe, sur l'inquisition espagnole. *Paris,* 1822, in-8, d.-rel. v.

3221. — Lettres et opuscules inédits du comte Joseph de Maistre, précédés d'une notice biographique par son fils. *Paris, Vaton,* 1851, 2 v. in-8, d.-rel., *portr. gr.*

3222. — Examen de la philosophie de Bacon, où l'on traite différentes questions de philosophie rationnelle. Ouvrage posthume. *Paris,* 1836, 2 v. in-8, d.-rel.

3223. **Maistre** (X. de). OEuvres complètes du comte Xavier de Maistre. Nouv. édit. *Paris, Charpentier,* 1840, gr. in-18, br.

3224. **Maldonatus** (Joannes). Commentarii in quatuor evangelistas. *Lugduni,* 1682, 2 tom. en 1 v. in-fol., bas.

3225. **Malebranche** (Nic.). Méditations chrétiennes et métaphysiques. *Lyon, Plaignard,* 1707, in-12, v. m.

3226. — Traité de la nature et de la grâce. *Rotterdam, Leers*, 1712, in-12, v. m.

3227. — De la recherche de la vérité. 5e édit. *Paris, David*, 1700, 3 v. in-12, v. br.

3228. — De la recherche de la vérité, où l'on traite de la nature de l'esprit de l'homme, etc. 7e édit. *Paris, Mich. David*, 1721, 4 v. in-12, v. m.

3229. — Conversations chrétiennes, dans lesquelles on justifie la vérité de la religion et de la morale de J.-C. *Paris, Anisson*, 1702, in-12, bas.

3230. — Traité de morale. *Lyon, Plaignard*, 1707, 2 v. in-12, bas.

3231. — Traité de l'amour de Dieu, en quel sens il doit être désintéressé. *Lyon, Plaignard*, 1707, in-12, v. m.

3232. — Lettres du P. Lamy, pour répondre à la critique du P. Malebranche, sur les trois derniers éclaircissements de la connoissance de soi-mesme touchant l'amour désintéressé. S. l. n. d., in-12, bas.

3233. — Entretiens sur la métaphysique, sur la religion et sur la mort. *Paris, David*, 1711, 2 v. in-12, v. m.

3234. — Entretien d'un philosophe chrétien et d'un philosophe chinois sur l'existence et la nature de Dieu (par N. Malebranche). *Paris, David*, 1708, in-12; avec la réponse à la critique de ces entretiens, insérée dans le journal de Trévoux, 1708, in-12, bas.

3235. — Recueil de toutes les réponses du P. Malebranche à M. Arnauld, docteur de Sorbonne. *Paris, David*, 1709, 4 v. in-12, v. m.

3236. — Réflexions sur la Prémotion physique. *Paris, David*, 1715, in-12, v. m.

3237. — Recueil de pièces fugitives par le P. Malebranche, M. de Varignon et autres auteurs célèbres (attribuées à ces auteurs et publiées avec une préface par J. Vernet). *Genève*, 1751, in-8, bas.

Voir aussi le No 3376.

3238. **Malherbe** (Fr. de). Ses œuvres, avec les observat.

de Ménage et les remarques de Chevreau sur ses poésies. *Paris, Barbou*, 1723, 3 v. in-12, v. br.

3239. — Poésies, suivies d'un choix de ses lettres. Édition nouv. *Paris, Janet et Cotelle*, 1822, in-8, v. f., *portr. gr.*

3240. **Malou** (J.-B.), évêque de Bruges. L'Immaculée Conception de la B. V. Marie, considérée comme dogme de foi. *Bruxelles*, 1857, 2 v. in-8, d.-rel. m.

3241. **Malthus** (T.-R.). Essai sur le principe de population, trad. de l'angl. par MM. P. et G. Prévost, précédé d'une introduct. par M. Rossi, et d'une Notice sur la vie et les ouvrages de l'auteur, par Ch. Comte. *Paris, Guillaumsum*, 1845, 1 v. gr. in-8 rel. en 2, d.-rel. m., *portr.*

3242. **Mamachi** (Fr.-Th. Mar.) Originum et antiquitatum christianarum libri XX. *Romœ*, 1749-55, 5 v. gr. in-4, *fig.*

3243. **Manhart** (Franç.-Xav.). Idea Magni Dei adversus atheismum hujus ævi. Ejusdem quinque intimi consiliarii hominis Christiani. Ejusdem Thebaïs Christo Patienti consecrata. *Augustæ-Vindelic.*, 1765, 3 tom. en 1 v. in-8, bas., *frontisp. gr.*

3244. **Mantica** (Fr.). Vaticanæ lucubrationes, de tacitis et ambiguis conventionibus, in libros XXVII dispertitæ, auctore Francisco Mantica. *(Romœ) Jac. Crispinus*, 1631, 2 v. in-fol., cham.

3245. **Manuale** vocabulorum exoticorum, obscurorum, latino-barbarorum..... industria Academici Wirceburgensis. *Wirceburgi*, 1736, in-8, v.

3246. **Manuel de Jaen.** Instruccion utilisima y facil para confesar, y generalmente para prepararse y recibir la sagrada comunion,..... con la vida del su autor el P. Fr. Manuel de Jaen. *Gerona*, 1825, pet. in-8, br.

3247. **Manuel** (le) de Xéfolius. *Au Grand Orient*, 1788, in-8, d.-rel. mar.

3248. **Manuel** des Pèlerins de Port-Royal-des-Champs (par

l'abbé Gazaigne, dit Philibert). *Au désert*, 1767, in-12, v. br.

3249. **Manuel** des supérieurs ecclésiastiques et réguliers, des confesseurs, etc., ou l'art de guérir les maladies de l'âme ; ouvrage utile à tous les fidèles dans toutes les conditions, par M. A. P. C. D. L. O. D. M. (Ansart, prieur conventuel de l'Ordre de Malte). *Paris*, 1776, in-12, bas.

3250. **Manuel** des Théophilanthropes ou adorateurs de Dieu et amis des hommes, rédigé par C.... 2ᵉ édit. *Paris*, an V (1797), pet. in-12, d.-rel. v.

3251. **Manzoni.** Défense de la morale catholique contre l'*Histoire des républiques italiennes* de Sismondi, trad. de l'ital. par l'abbé Delacouture. *Paris, Gaume frères*, 1835, in-12, br.

3252. **Marandé** (le sʳ de). Abrégé curieux et familier de toute la philosophie logique, morale, physique et métaphysique, etc. *Lyon, Bachelu*, 1652, pet. in-12, bas.

3253. **Maraviglia** (D. Jos.). Leges honestæ vitæ, scriptore D. Jos. M. Maraviglia. 3ᵃ editio correctior. *Bononiæ*, 1657, in-16, bas., *frontisp. gr.*

3254. **Marca** (Petr. de). Dissertationum de concordia sacerdotii et imperii, seu de libertatibus ecclesiæ gallicanæ, lib. VIII ; cura Steph. Baluzii.... *Parisiis, Muguet*, 1669, in-fol., v. j.

3255. — Marca Hispanica, sive limes Hispanicus, hoc est descriptio Cataloniæ, Ruscinonis, etc.... ab anno 817 ad ann. 1258 : accedunt varia chronica et appendix actorum veterum..... ad hujus historiæ illustrationem ; ex edit. Steph. Baluzii. *Parisiis, Muguet*, 1688, in-fol., bas.

3256. — Dissertationes tres : edidit Steph. Baluzius. *Parisiis*, 1669, in-8, bas.

3257. — Opuscula nunc primum in lucem edita (cura Steph. Baluzii). *Parisiis, Muguet*, 1681, in-8, v. br.

3258. **Marcel** (C.). Tablettes chronologiques, contenant l'état de l'Eglise en Orient et en Occident, les conciles, les auteurs ecclésiastiques, les schismes, etc. *Paris*, 1682, pet. in-8, réglé, bas., tr. d., *frontisp. gr.*

3259. **Marcel** (J.-J.). Vocabulaire français-arabe des dialectes vulgaires africains d'Alger, de Tunis, de Marok et d'Egypte. *Paris*, 1837, in-8, br.

3260. **Marcellus Ancyranus.** Voir Boileau (Jacq.).

3261. **Marchand** (Prosper). Dictionnaire historique, ou mémoires critiques et littéraires, concernant la vie et les ouvrages de diverses personnes distinguées dans la république des lettres. *La Haye*, 1758, 2 tom. en 1 v. in-fol., v. m.

3262. **Maréchal** (dom Bernard). Concordance des SS. Pères de l'Eglise grecs et latins, sur le dogme, la morale et la discipline. *Paris*, 1759, 2 v. in-4, v. j.

3263. **Maret** (H.-L.-C.). Théodicée chrétienne, ou comparaison de la notion chrétienne avec la notion rationaliste de Dieu. *Paris*, 1850, in-8, br.

3264. **Marguerite de Valois**, reine de France. Mémoires, auxquels on a ajouté son éloge, celuy de M. de Bussy et la Fortune de la Cour. *Liège, Broncart (Bruxelles, Foppens)*, 1713, in-12, v. f., *portr.*

3265. **Mariana** (Joan.). De rege et regis institutione libri III. Ed. sec. *Typ. Wechell*, 1611, 2 v. in-8 rel. en 1, vél.

3266. — De ponderibus et mensuris. *Typ. Wechel.*, 1611, in-8.
   Relié avec le précédent.

3267. **Marie de Jésus** (Sœur) d'Agréda. La cité mystique de Dieu, trad. de l'espagnol par le P. Thomas Croset. *Bruxelles, Foppens*, 1715, 3 v. in-4, bas. rac., *frontisp. gr.*

3268. — Correspondance inédite de la sœur Marie d'Agréda et de Philippe IV, roi d'Espagne, trad. de l'esp. par A. Germond de Lavigne. *Paris*, 1855, gr. in-18, d.-rel. m.

3269. — L'affaire de Marie d'Agréda et la manière dont on a cabalé en Sorbonne sa condamnation. *Cologne*, 1697, pet. in-12, v. f.

3270. — Benedicti XIV, ad ministrem gen. ord. minorum S. Francisci de Observantia. Epistola una cum decreto congregationis habitæ dies dec. 1747 in causa ven. sor. Mariæ a Jesu de Agreda circa examen libri nomine illius vulgati, cui titulus : *Mystica civitas Dei. Augustæ Vindelic.*, 1748. — Controversia de Revelationibus Agredanis, cum Epicrisi ad ineptas earum vindicias editas a P. Did. Gonzalez Matheo et P. Landelino Mayr; authore R. D. Euseb. Amort. *Augustæ Vind. et Herbipoli*, 1749, 1 v. in-4, d.-rel. vél.

3271. **Marigny** (Jac. Carpentier de). Lettres. *La Haye, Ant. Lafaille,* 1655, pet. in-12 de 54 pp., d.-rel. v.

3272. **Marivaux** (P. Carlet de). Le Spectateur Français, ou recueil de tout ce qui a paru imprimé sous ce titre. *Paris,* 1728, 2 v. in-12, bas.

3273. **Marmontel** (J.-Franç.). Mémoires d'un père pour servir à l'instruction de ses enfants, précédés d'un éloge de Marmontel par Morellet (T. I et II de ses œuv. compl.). *Paris, Verdière,* 1818, 2 v. in-8, d.-rel. mar. r., *portr.*

3274. — Mémoires sur la Régence du duc d'Orléans (T. XVIII de ses œuvres complètes). *Paris, Verdière,* 1829, in-8, cart.
Voir aussi le N° 2934.

3275. **Marolles** (Michel de). Mémoires (2e édit. donnée par l'abbé Goujet). *Amsterdam (Paris),* 1755, 3 v. in-12, bas.

3276. **Marot** (Clément). Ses œuvres, revues et augmentées de nouveau. *Rouen, Th. Mallard,* 1596, in-16, m. r.

3277. — OEuvres. *Genève,* 1781, 2 v. carin., fil., tr. d., v. éc., *portr.*

3278. **Marraccius** (Ludov.). Prodromus ad Refutationem Alcorami, in quo... Mahumetanæ sectæ falsitas ostenditur; christianæ religionis veritas comprobatur. In quatuor partes divisus. *Romæ*, 1691, 4 v. pet. in-8, vél.

3279. **Marsham** (Joham). Chronicus canon ægyptiacus ebraicus, græcus et disquisitiones. *Londini*, 1672, in-fol., v. f.

3280. **Marsollier** (l'abbé J. de). La vie de dom Armand-Jean le Bouthillier de Rancé, abbé de la Trappe. *Paris, Nully*, 1703, in-4, mar. r., tr. d., *portr.*
Aux armes du Cardinal de Noailles.

3281. — Histoire de Henri VII, roy d'Angleterre. *Paris, Pralard*, 1697, 2 v. in-12, bas.
Manque le t. I.

3282. **Martène** (Edmond). De antiquis Ecclesiæ ritibus. *Rotomagi*, 1700-02, 3 v. in-4, v. br.

3283. — Tractatus de antiqua Ecclesiæ disciplina in divinis celebrandis officiis, varios diversarum ecclesiarum ritus et usus exhibens, Italiæ, Germaniæ, Hispaniæ, Angliæ, sed maxime Galliæ, collectos... *Lugduni, Anisson*, 1706, in-4, v. br.
Forme le 4e vol. de l'ouvrage précédent.

3284. — De antiquis monachorum ritibus libri V. *Lugduni, Anisson*, 1690, 2 v. in-4 rel. en 1, bas.

3285. — Thesaurus novus anecdotorum studio et opera D. Edm. Martène et D. Urs. Durand. *Lutetiæ-Paris., Delaulne*, 1717, 5 v. in-fol., v. br., *portr. du card. de Rohan-Soubise.*
Voir aussi le No 5594.

3286. — La Vie du vénérable P. dom Claude Martin, religieux bénédictin, décédé en odeur de sainteté au monastère de Marmoutier, le 9 août 1696, écrite par un de ses disciples (dom Martène). *Tours, Masson*, 1697, in-8, bas.

3287. **Martialis** (M. Val.). Epigrammata cum notis Th. Farnabii. *Amsterdami, Jo. Blaeu*, 1644, pet. in-12, bas.

3288. — Epigrammata cum notis Farnabii et varior., cura Corn. Schrevelii. *Lugd.-Batav.*, 1670, in-8, d.-rel. m., *frontisp. gr.*

3289. — Epigrammatum libri. *Lutetiæ-Parisior.*, *Barbou*, 1754, 2 v. in-12, v. f., fil., tr. d., *frontisp. gr.*

3290. — Martialis Epigrammata. Voy. Perotti Cornucopiæ.

3291. **Martianay** (dom Jean). Défense du texte hébreu et de la chronologie de la Vulgate contre le livre de l'*Antiquité des temps rétablie* (du P. Paul Pezron). *Paris*, 1689, in-12, bas.

3292. — Traités de la vérité et de la connaissance des livres de la Sainte Écriture. *Paris, P. Witte*, 1703, 2 v. in-12, bas.

3293. **Martianus Capella.** Voir Capella.

3294. **Martin** (L.-Aimé). Éducation des mères de famille, ou de la civilisation du genre humain par les femmes. 3e édit. *Paris*, 1840, gr. in-18, br.

3295. **Martin**, d'Agde (l'abbé E.). Saint Jean Chrysostôme, ses œuvres et son siècle. *Montpellier, F. Seguin*, 1860, 3 v. in-8, d.-rel. m.

3296. **Martin** (D.-Jac.). Histoire des Gaules et des conquêtes des Gaulois, depuis leur origine jusqu'à la fondation de la monarchie française ; ouvrage enrichi de monuments antiques et de cartes, continué par D. Jean-François de Brezillac. *Paris*, 1752, 2 v. in-4, bas., *fig.*

3297. — Explication de divers monumens singuliers qui ont rapport à la religion des plus anciens peuples, avec l'examen de la dernière édition de S. Jérôme et un traité sur l'astrologie judiciaire (par D. Jac. Martin). *Paris, Lambert*, 1739, in-4, v. br., *fig.*

3298. — Explication de plusieurs textes difficiles de l'Écriture Sainte ; ouvrage enrichi d'antiques gravés en taille douce (par le P. Jacques Martin). *Paris*, 1730, 2 v. in-4, bas., *fig.*

3299. **Martineau** (le P.), jésuite. Recueil des vertus de Louis de France, duc de Bourgogne et ensuite dauphin. *Lyon*, 1712, in-12, bas.

3300. **Martinelli** (Jos.). Nouv. dictionnaire de poche français-italien et italien-français. 3e édit. *Paris, Bossange*, 1807, 2 tom. en 1 v. in-8, carré, d.-rel. bas.

3301. **Martinelli** (Vinc.). Histoire critique de la vie civile, en lettres familières ; trad. de l'ital. *Amsterdam*, 1769, 2 v. in-12, d.-rel. bas.

3302. **Martini** (Mart.). De bello Tartarico historia. *Antverpiæ*, 1654, pet. in-12, bas.

3303. **Martinus** (Emman.), Ecclesiæ Alonensis decanus. Epistolarum libri XII. Accedunt auctoris vita a Gregorio Majansio nec non præfatio Petri Wesselingii. *Amstelod., Evetsten,* 1738, 2 tom. en 1 v. in-4, *portr. et pl.*

3304. **Marty** (Ant.). Novum de Philosophica institutione tentamen. *Francopoli-Averon.*, 1819, in-8, br.

3305. **Marty** (l'abbé). OEuvres inédites (littérature, philosophie-religion). *Paris, Douniol,* 1862, in-8, br., *fac simile.*

3306. **Martyrologium Romanum** ad novam Kalend. rationem, et ecclesiasticæ historiæ veritatem restitutum, Gregorii XIII Pont. Max. jussu editum. *Antuerpiæ,* 1586, gr. in-8, v.

3307. **Mas** (l'abbé). Cours élémentaire d'histoire de la philosophie. *Paris et Marseille,* 1847, in-12, bas.

3308. **Mascaron** (Jules). Oraisons funèbres. *Paris*, 1745, in-12, bas.

3309. **Massillon.** OEuvres. *Paris, Ve Estienne,* 1776, 13 v. in-12, bas.

    Manquent le 3e vol. des Conférences et le 2e vol. des Pseaumes.

3310. — Mémoires de la minorité de Louis XV (publ. par Soulavie l'aîné). *Paris*, 1792, in-8, d.-rel. bas.

3311. **Masson** (le P. Claude), de l'Oratoire. Sermons de l'Avent. *Lyon*, 1696, in-8, bas.

3312. **Massoulié** (le P. Antonin). Traité de la véritable oraison..... ou réfutation des erreurs des quiétistes. *Paris*, 1699, in-12, bas.

3313. **Mastrofini** (l'abbé). Discussion sur l'usure ; trad. de l'ital. par C***, suivie des décisions du Saint-Siége parues dans ces derniers temps sur la matière. *Lyon*, 1834, in-8, br.

3314. **Matani** (Ant.) Pistoriensis, oratio de rationali philosophia ejusque præstantia. *Pisis*, 1757, in-4 de 26 pp., br.

3315. **Matignon** (le P. A.), jés. Les morts et les vivants, entretiens sur les communications d'outre-tombe. *Paris*, 1862, gr. in-18, br.

3316. **Matter** (Jacques). Histoire critique du Gnosticisme et de son influence sur les sectes religieuses et philosophiques des VI premiers siècles chrétiens. *Paris*, 1828, in-8, br., *pl.*

3317. — Essai historique sur l'École d'Alexandrie. *Paris, Levrault*, 1820, 2 v. in-8, bas.

3318. — De l'affaiblissement des idées et des études morales. *Paris*, 1841, in-8, br.

3319. — Saint Martin le philosophe inconnu, sa vie et ses écrits, son maître Martinez et leurs groupes, d'après des documents inédits. *Paris, Didier*, 1862, in-8, d.-rel. mar. viol.
Voir le N° 1707.

3320. — Emmanuel de Swedenborg, sa vie, ses écrits et sa doctrine. *Paris, Didier*, 1863, in-8, d.-rel. mar. viol.

3321. **Mauduit** (le P.). Traité de Religion contre les athées, les déistes et les nouveaux pyrrhoniens. *Paris*, 1699, in-12, v. j.

3322. **Maupeou** (M. de). La vie du très-révérend Père dom Armand-Jean Le Bouthillier de Rancé, abbé et réformateur du monastère de la Trappe. *Paris, L. d'Henry*, 1703, 2 v. in-12, bas., *portr.*

3323. **Maury** (L.-F.-Alfred). Le Sommeil et les Rêves, études psychologiques sur ces phénomènes, et recherches sur le développement de l'instinct et de l'intelligence dans leurs rapports avec le phénomène du sommeil. 2e édit. *Paris, Didier*, 1862, in-12, d.-rel. m.

3324. **Maximus Tyrius.** Maximi Tyrii Dissertationes XLI, græce cum interp. et notis Danielis Heinsii : accessit Alcinoi in doctrinam Platonis introductio ab eodem emendata : et alia ejusdem generis. *Lugduni-Batav.*, 1607, 3 tom. en 1 v. pet. in-8, vél.

3325. — Dissertations de Maxime de Tyr, trad. du grec, avec notes par J.-J. Combes-Donous. *Paris, Bossange,* an XI (1802), 3 tom. en 1 v., d.-rel. v.

3326. **Maximus** (B.) monachus. Capitum theologicorum centuriæ quinque cum interpretatione latina Joannis Pici. *Parisiis, ap. Guill. Morelium* (gr.-lat.), 1560. — Epiphanii episcopi, Hesychii et Chrysippi presbyterorum hierosolymit. sermones aliquot ; gr., cum interpret. lat. ejusdem Pici. *Parisiis, apud. viduam Guil. Morelii,* 1565, 3 part. en 1 v. in-12, rel. parch.

3327. **Maximes** du Droit public François tirées des Capitulaires, des Ordonnances du royaume et des autres monuments de l'histoire de France (rédigées par l'abbé Mey). 2e édit. augmentée par Maultrot, Aubry, Michau, de Montblin, Blonde, etc. *Amsterdam,* 1775, 6 v. in-12 rel. en 3, v. éc.

3328. **Maynard** (Fr.). OEuvres (avec préface par Gomberville). *Paris, Augustin Courbé,* 1646, in-4, vél., *portr.*

3329. — Lettres de Fr. Maynard. *Paris, Toussaint Quinet,* 1653, in-4, vél., *portr.*

3330. **Mead** (Rich.). Medica sacra : sive de morbis insignioribus qui in Bibliis memorantur commentarius. *Londini,* 1749, in-8, vél.

3331. **Méditations** métaphysiques de l'origine de l'âme, sa nature, sa béatitude, son devoir, son désordre, etc.... (par René Fédé, médecin), avec une version latine en regard. (*Amsterdam,* 1683.) Pet. in-12 de 95 pp., bas.

3332. **Méditations** sur les Épitres catholiques de S. Jacques, S. Pierre et S. Jean (par l'abbé Le Gros). *Paris, Savoye,* 1754, 6 v. in-12, bas.

3333. **Mège** (dom Joseph). Commentaire sur la règle de S. Benoît, où les sentiments et les maximes de ce saint sont expliqués par la doctrine des conciles, des SS. Pères, etc. *Paris*, 1687, in-4, v. j.
Sur S. Benoît, voir les renvois du N° 573.

3334. **Meignan** (l'abbé Guill.). Les Prophéties Messianiques de l'ancien Testament, ou la divinité du christianisme démontrée par la Bible. *Paris*, 1856, in-8, d.-rel. m. v.

3335. **Meister** (J.-H.). De la Morale naturelle. Dern. édit. *Paris*, an VI (1798), pet. in-12, br.

3336. **Melanchtonis** (Philippi) Epistolarum libri IV, quibus accesserunt Thomæ Mori et Ludov. Vivis epistolæ. *Londini*, 1642, in-fol., v. j., fil.
Réuni au N° 1704.

3337. **Mélanges**, in-8, d.-rel. mar. v.
1° Huet, évêque d'Avranches, ou le scepticisme théologique; par Christian Bartholmèss. *Paris*, 1850. — 2° Etudes sur les sermons de Bossuet, d'après les mss.; thèse par l'abbé V. Vaillant. *Paris*, 1851. — 3° Lettre à M. Vacherot sur son 3e vol. de l'*Histoire critique de l'Ecole d'Alexandrie*; par l'abbé Gratry. *Paris*, 1851. — 4° Réponse de M. Vacherot au journal l'*Univers*.

3338. **Mélanges** de littérature, d'histoire et de philosophie (par d'Alembert). Nouv. édit. *Amsterdam, Chatelain*, 1773, 5 v. in-12, bas.

3339. **Mélanges** historiques et critiques contenant diverses pièces relatives à l'histoire de France (par Damiens de Gomicourt). *Amsterdam* et *Paris*, 1768, 2 tom. en 1 v. in-12, bas.

3340. **Mélanges** de traductions de différents ouvrages grecs, latins et anglais, sur des matières de politique, de littérature et d'histoire; par l'auteur de la traduction d'Eschyle (Le Franc de Pompignan). *Paris*, *Nyon*, 1779, in-8, bas.

3341. **Mélanges Occitaniques**, recueil politique, religieux, philosophique et littéraire (par Alex. Garnier et autres). *Montpellier*, 1831-34, 12 v. in-8, d.-rel. parch.

3342. **Melvil** (Jacques). Mémoires historiques.... sous le règne d'Elisabeth, de Marie Stuart et de Jacques Ier, trad. de l'angl. par G. D. S. *La Haye*, 1694, 2 v. in-12, v. br.

3343. **Mémoire** à consulter sur la question de l'Excommunication que l'on prétend encourue par le seul fait d'*acteurs de la Comédie française* (par Huerne de la Mothe), 1761, in-12, bas.

3344. **Mémoire** à consulter et consultation pour Jean Lioncy de la maison de commerce de Lioncy frères et Gouffre, de Marseille, contre le corps et la société des PP. Jésuites. *Paris*, 1761, in-12, v.

3345. **Mémoire** de M. Kinglin, prêteur royal de la ville de Strasbourg. *Grenoble*, 1753, in-12, bas.

3346. **Mémoire** sur les États-Généraux, leurs droits, et la manière de les convoquer (par le c^{te} d'Entraïgues). S. l., 1788, in-8, d.-rel. bas.

3347. **Mémoire** théologique et politique au sujet des mariages clandestins protestans de France (par de Montclar et Quesnel). S. l., 1756, in-12, bas.

3348. **Mémoires** chronologiques et dogmatiques pour servir à l'histoire ecclésiastique, depuis 1600 jusqu'en 1716, avec des remarques critiques (par le P. d'Agrigny, jés., revue par le P. Lallemant). *Nismes*, 1781, 2 v. in-8, bas.

3349. **Mémoires** concernant Christine, reine de Suède, pour servir d'éclaircissement à l'histoire de son règne, etc., suivis de deux ouvrages de cette savante princesse qui n'ont jamais paru (recueillis par Archenholtz). *Amsterd.* et *Leipzig*, *P. Mortier*, 1751, 2 v. in-4, v. marb., *portr.*

3350. **Mémoires** d'Anne de Gonzague, princesse Palatine (par Sénac de Meilhan). *Londres* et *Paris*, 1786, in-8, bas.

3351. **Mémoires** de M. d'Artagnan, contenant quantité de choses partic. et secrètes sur le règne de Louis XIV. *Amsterdam*, *P. Rougé*, 1704, 4 v. in-12, bas., *portr.*

3352. **Mémoires** d'Estat (par le m^al d'Estrées) contenant les choses les plus remarquables arrivées sous la régence de Marie de Médicis et le règne de Louis XIII (publ. par le P. Le Moyne). *Paris, Barbin,* 1666, pet. in-12, v. éc., fil, tr. d.

3353. **Mémoires** (les) de feu M. le duc de Guise (rédigés par Ph. Goibaud Sr Dubois, et publ. par St-Yon). 2e édit. *Paris,* 1668, in-12, bas.

3354. **Mémoires** de Jean de Witt, grand pensionnaire de Hollande, traduits de l'original (hollandais de Van den Hoef) en françois par M. de... (Mme de Zoutelandt). *La Haye,* 1709, in-12, bas.

3355. **Mémoires** de l'abbé Terray, contrôleur-général des finances (par Coquereau). *Londres,* 1776, in-12, bas.

3356. **Mémoires** de l'Académie des Sciences, Inscriptions, Belles Lettres, Beaux Arts, etc., nouvellement établie à Troyes en Champagne (par P.-J. Grosley, André Le Fevre et David). *Paris,* 1756, 2 v. in-12 rel. en 1, bas., *frontisp. gr.*

3357. **Mémoires** de la Cour de Vienne contenant les remarques d'un voyageur curieux sur l'état présent de cette Cour et sur ses intérêts (par Casimir Freschot). *Cologne, Guill. Etienne,* 1706, in-12, bas.

3358. **Mémoires** de la Ligue contenant les événements les plus remarquables, depuis 1576 jusqu'à la paix entre le roi de France et le roi d'Espagne en 1598 (par Simon Goulart). Nouvelle édit. revue, augm. et annot. (par l'abbé Goujet). *Amsterdam (Paris),* 1758, 6 v. in-4, v. éc.

3359. **Mémoires** de la minorité de Louis XIV, et sur ce qui s'est passé à la fin de la vie de Louis XIII et pendant la régence d'Anne d'Autriche (par Larochefoucauld, avec des notes d'Amelot de la Houssaye). *Villefranche (Amsterdam),* 1689, 2 v. in-12, v. br.

3360. **Mémoires** de la régence de M. le duc d'Orléans (par le Chev. de Piossens). *La Haye,* 1730, 3 v., in-12, bas., *fig. et portr.*

3361. **Mémoires** de la vie de Fr. de Scepeaux sire de Vieilleville, maréchal de France, contenant plusieurs anecdotes des règnes de François I, Henri II, François II et Charles IX, composés par V. Carloix, son secrétaire (revus et publ. par le P. Griffet). *Paris,* 1757, 5 v. in-12, v. marb.

3362. **Mémoires** de la vie de Jacques-Auguste de Thou. Nouv. édit., enrichie de portraits et d'une Pyramide fort ancienne. *Amsterdam,* 1713, in-12, v. br.

3363. **Mémoires** de l'Institut national des Sciences et Arts : Sciences morales et politiques (thermidor an VI-fructidor an XII). 5 v. in-4, d.-rel. bas.

3364. **Mémoires** de littérature, par de S... (de Sallengre). *La Haye,* 1715-17, 4 tom. en 2 v. pet. in-8, v. br., *fig.*
    Voir le N° 1423.

3365. **Mémoires** de Madame de Barneveldt (par d'Auvigny, revus par Desfontaines). *Amsterdam,* 1732, 2 v. in-12 rel. en 1, bas.

3366. **Mémoires** (les) de M. L. P. M. M. (Marie Mancini) Colonne, gr. connétable du royaume de Naples. *Cologne, P. Marteau,* 1676, in-12, bas.

3367. **Mémoires** de M. Duguay-Trouin (continués par M. de Lagarde, son neveu, et publiés par Godard de Beauchamps). *Amsterdam, P. Mortier,* 1740, in-12, bas., *portr.*

3368. **Mémoires** de Monsieur L.... (Lenet), conseiller d'Etat, contenant l'histoire des guerres civiles des années 1640 et s., principalement celles de Guienne et autres provinces. S. l., 1729, 2 v. in-12, v. f., fil.

3369. **Mémoires** de Mr L. C. D. R. (le comte de Rochefort), contenant ce qui s'est passé de plus particulier sous le ministère du cardinal de Richelieu et du cardinal Mazarin, etc. (par Sandraz de Courtilz). 2e édit. *Cologne, P. Marteau,* 1692, in-12, bas.

3370. **Mémoires** de M. le duc de Montausier, écrits sur

les mémoires de Mme la duchesse d'Uzès, sa fille, par N.... (Le Petit, jés.). *Rotterdam,* 1731, 2 v. in-12, v. br., *portr.*

3371. **Mémoires** des divers emplois et des actions du maréchal Du Plessis-Praslin (rédigés par César de Choiseul, son frère). *Paris, Cl. Barbin,* 1676, in-12, bas.

3372. **Mémoires** des intrigues du conclave de l'année 1689 pour l'élection du pape Alexandre VIII. In-12, v. br., *portr.*

3373. **Mémoires** divers relatifs à l'affaire du Collier. *Paris,* 1786, 2 v. in-8, bas.

3374. **Mémoires** du comte de Varack (par de Croismare, conseiller au Parlement de Rouen), contenant ce qui s'est passé de plus intéressant en Europe, depuis 1700 jusqu'au dernier traité d'Aix-la-Chapelle en 1748. *Amsterdam (Rouen),* 1751, 2 v. in-12, bas.

3375. **Mémoires** du comte de Vordac, général des armées de l'Empereur (1665-95) (par l'abbé Cavard, ex-jés.). *Bruxelles,* 1709, in-12, bas.

Il y a un 2^d vol. par l'abbé Olivier, ex-cordelier.

3376. **Mémoires** du marquis de Langallery, lieut.-gén. au service de France, etc. (publiés par Gautier de Faget, hollandais). *La Haye,* 1743, in-12, bas.

3377. **Mémoires** d'un détenu (Rioufie) pour servir à l'histoire de la tyrannie de Robespierre. 2e édit. *Paris,* an III (1795), in-12, gr. pap. de Holl., m. r. — Quelques notices pour l'histoire et le récit de nos périls depuis le 31 mai 1793, par J.-B. Louvet, l'un des représentants proscrits en 1793. *Paris,* an III (1795). Ensemble 1 v. in-8, d.-rel. v.

3378. **Mémoires** et aventures d'un homme de qualité qui s'est retiré du monde (par l'abbé Prévost). *Paris,* 1758, 8 v. in-12, v.

3379. **Mémoires** et observations faites par un voyageur en Angleterre (Max. Misson). *La Haye,* 1698, in-12, v. j.

3380. **Mémoires** et réflexions sur les principaux événements du règne de Louis XIV, par M. L. M. D. L. F. (le marquis de la Faré). *Rotterdam,* 1716, in-12, bas.

3381. — Les mêmes. *Amsterdam,* 1755, pet. in-12, v. marb.

3382. **Mémoires** historiques sur le Formulaire. *La Haye,* 1756, 2 v. in-12, v. éc.

3383. **Mémoires** historiques et chronologiques sur l'abbaye de Port-Royal-des-Champs (1660-1752) (par l'abbé Guilbert). *Utrecht,* 1755-56, 7 v. in-12, bas.

3384. **Mémoires** historiques sur les affaires ecclésiastiques de France, pendant les premières années du XIXe siècle (par G.-J. Jauffret, év. de Metz). *Paris,* 1819-24, 3 v. in-8, d.-rel. bas.

3385. **Mémoires** littéraires de la Grande-Bretagne, par Michel de la Roche. *La Haye,* 1720-24, 16 v. in-12 rel. en 8, v. br.

3386. **Mémoires** particuliers pour servir à l'histoire de France sous les règnes de Henri III, de Henri IV, sous la régence de Marie de Médicis et sous Louis XIII (contenant : 1º les mémoires du duc d'Angoulême, avec un discours sur le traité de paix de Vervins ; 2º les mémoires du duc d'Estrées (avec la lettre du père Lemoyne) ; 3º les mémoires de M. Déageant ; 4º les mémoires du duc d'Orléans, rédigés par Algay de Martignac). *Paris, Didot,* 1756, 4 v. in-12 rel. en 3, v. marb.

3387. **Mémoires** philosophiques du baron de... (par l'abbé de Crillon). 2e édition. *Paris,* 1779, 2 v. in-8, v. éc. fil., *fig.*

3388. **Mémoires** politiques, amusans et satiriques de messire J. N. D. B. C. de L. (Jean Nicole Moreau de Brasey). *Veritopolis, chez Jean disant vrai (Amsterdam, Roger,* 1716), 1735, 3 v. in-8 rel. en 2, v. f., *fig.*

3389. **Mémoires** pour rendre la paix perpétuelle en Europe. *Cologne,* 1712, pet. in-12, bas.

3390. **Mémoires** pour servir à l'histoire de France et de Bourgogne, contenant un journal de Paris sous les règnes de Charles VI et de Charles VII ; l'histoire du meurtre de Jean sans peur, duc de Bourgogne, avec les preuves ; les états des maisons et officiers des ducs de Bourgogne, etc. (recueillis par dom des Salles, bénédict., et publ. par de la Barre). *Paris,* 1729, 2 part. en 1 v. in-4, v. br.

3391. **Mémoires** pour servir à l'histoire de la Barbe de l'homme (par dom Fangé, bénédictin). *Liège,* 1774, in-8, v. éc.

3392. **Mémoires** pour servir à l'histoire de la guerre de la Vendée, par le comte de... (Vauban). *Paris,* 1806, in-8, d.-rel. bas.

3393. **Mémoires** pour servir à l'histoire de la vie et des ouvrages de M. l'abbé Lenglet Dufresnoy (par Michault). *Londres* et *Paris,* 1761, in-12, bas.

3394. **Mémoires** pour servir à l'histoire de plusieurs hommes illustres de Provence (par Bougerel de l'Oratoire). *Paris,* 1752, in-12, v. br.

3395. **Mémoires** pour servir à l'histoire des sciences et des beaux-arts, depuis 1701 jusqu'en 1767 inclusivement (par Catrou, Tournemine, Buffier, Du Cerceau, Brumoy, etc.). *Trévoux* et *Paris,* 878 part. en 265 v. pet. in-12, bas.
Exemplaire très-incomplet.

3396. **Mémoires** secrets pour servir à l'histoire de la République des Lettres en France, depuis 1762 jusqu'à nos jours (1787) (par de Bachaumont, Pidanzat de Mairobert, Mouffle d'Angerville et autres). *Londres, John Adanson,* 1780-89, 36 v. in-12, bas.

3397. **Mémoires** sur divers genres de littérature et d'hist., mêlés de remarques et de dissertations critiques, par la Société des Curieux (publiés par Martel de Toulouse). *Paris,* 1722. — Critique désintéressée des journaux littéraires et des ouvrages savants (par Fr. Bruys). *La Haye,* 1730, tome I, 1 v. in-12, v. br., fil.

3398. **Mémoires** sur la Bastille depuis 1745 jusqu'à nos jours (publ. par L. Carra). *Londres* et *Paris*, 1785, 3 v. in-8, d.-rel. bas., *fig.*
   Le plan de la Bastille, indiqué dans le titre, manque.

3399. **Mémoires** sur la destruction de l'abbaye de Port-Royal-des-Champs (recueillis et publiés par Fouillou). S. l., 1711, in-12, bas.

3400. **Mémoires** touchant les ambassadeurs et les ministres publics, par **L. M. P.** (le ministre prisonnier de Wicquefort). *Cologne, P. Marteau*, 1677, in-12, bas.

3401. — Réflexions sur les *Mémoires pour les ambassadeurs* et responce au ministre prisonnier (par Galardi). *Villefranche, P. Petit*, 1677, in-12, bas.

3402. **Mémorial Catholique**, ouvrage périodique (par l'abbé Gerbet, O'Mahony et autres). *Paris*, 1824-1829, 12 tom. en 6 v. in-8, d.-rel. bas. Nouvelle série. *Paris*, 1830, tom. I, in-8, d.-rel. bas.

3403. **Ménage** (Gilles). Ægidii Menagii Juris civilis amœnitates. *Luteciæ-Parisior., G. de Luyne*, 1664, in-8, d.-rel. bas.

3404. — Juris civilis amœnitates, secunda editio, priori longe auctior et emendatior. *Luteciæ-Parisior., Gabr. Martin*, 1677, in-8, v. j., fil.

3405. — Juris civilis amœnitates, editio nova prioribus emendatior cum præfatione Jo. Guil. Hoffmanni. *Francofurti et Lipsiæ*, 1738, in-8, bas.

3406. — Dictionnaire étymologique, ou origines de la Langue Françoise, avec les origines françoises de Caseneuve, un discours sur la science des Étymologies par le P. Besnier et le vocabulaire hagiologique de l'abbé Chastelain. *Paris, Anisson*, 1694, in-fol., v. j.

3407. — Observations sur la Langue Françoise. *Paris, Barbin*, 1672, in-12, bas.

3408. — Menagii Poemata. Tertia editio, auctior et emendatior. *Parisiis, Courbé*, 1658, in-8, v. br., fil.
   Poésies latines, grecques, italiennes et françaises.

3409. — Historia mulierum philosopharum, scriptore Ægidio Menagio; accedit ejusdem Commentarius italicus in VII sonettum Fr. Petrarchæ... *Lugduni,* 1690, in-12, v. br.

3410. — Vita Matthæi Menagii, scriptore Ægidio Menagio. *Luteciæ-Parisior.*, 1674, in-4, v. br., fil.

3411. — Vitæ Petri Ærodii et Guil. Menagii, scriptore Ægidio Menagio. *Parisiis, Journel,* 1675, in-4, v. br., *portr.* et *fig.*

3412. — Menagiana, ou les bons mots et remarques critiques, historiques, morales, etc., de Ménage. Nouv. édition (publiée par de la Monnoye). *Paris, veuve Delaulne,* 1729, 4 v. in-12, v. br.

3413. **Menandri** et **Philemonis** reliquiæ, gr. et lat., cum notis Hug. Grotii et Joan. Clerici. *Amstelod.,* 1709, in-8, v. rac., fil.

3414. — Fragments de Ménandre et Philémon, suivis d'un choix de fragments de divers autres poètes comiques grecs, et de nouveaux fragments d'Euripide; trad. par Raoul Rochette. *Paris,* 1825, in-8, d.-rel., *portr.*

3415. **Ménard** (Léon). Histoire civile, ecclésiastique et littéraire de la ville de Nismes, avec des notes et les preuves. *Paris,* 1750-58, 7 v. in-4, d.-rel. v., *fig.*

3416. — Histoire des Evêques de Nismes. *La Haye,* 1757, 2 v. in-12, bas.

3417. — Les mœurs et les usages des Grecs. *Lyon,* 1743, in-12, v. br.

3418. **Menasseh ben Israel.** De resurrectione mortuorum, libri III, ex sacris litteris et veter. Rabbinis eruti. Editio secunda. *Groningæ,* 1676, in-12, v. éc.

3419. **Menckenius** (Joan.-Burch.). De Charlataneria eruditorum declamationes duæ, cum notis; accessit epistola Seb. Stadelii (Christ.-Aug. Heumanni) de circumforanea litteratorum vanitate. *Amstelod.,* 1747, in-8, v.

3420. **Mendelssohn** (Moses). Phedon, ou entretiens sur la

spiritualité et l'immortalité de l'âme, trad. de l'allem. par Junker. *Paris,* 1772, in-8, v. éc., *frontisp. gr.*

3421. **Menestrier** (Cl.-Fr.). La Philosophie des Images, avec un ample recueil de Devises et du Jugement des ouvrages qui ont été faits sur cette matière. — Devises des princes, cavaliers, dames, savants et autres personnages illustres de l'Europe. *Paris, de la Caille,* 1682, 2 part. en 1 v. in-8, v. br.

3422. — Les divers caractères des ouvrages historiques, avec le plan d'une nouvelle histoire de la ville de Lyon, etc. *Lyon,* 1694, in-12, bas.

3423. — Bibliothèque curieuse et instructive de divers ouvrages anciens et modernes de Littérature et des Arts (par le P. Cl.-Fr. Menestrier). *Trévoux, Ganeau,* 1704, 2 part. en 1 v. in-12, bas., br.

3424. **Menin** (Nic.). Traité historique et chronologique du Sacre et Couronnement des Rois et des Reines de France..... et de tous les Princes souverains de l'Europe. *Paris,* 1723, in-12, v. éc., fil.

3425. **Mérault** (l'abbé). Les apologistes, ou la religion chrétienne prouvée par ses ennemis comme par ses amis, suite des apologistes involontaires. *Orléans,* 1821, in-8, d.-rel.

3426. **Mercator** (Marius). Opera. Stephanus Baluzius ad fidem veter. codd. mss. emendavit et illustravit. *Parisiis, Muguet,* 1684, in-8, bas.

3427. **Mercure** historique et politique, contenant l'état présent de l'Europe, etc. In-12, bas.
   Années 1701, 1710, 1711, complètes; 1714-17 incomplètes.

3428. **Mercure** (nouveau), choix de pièces tirées des anciens Mercures et des autres journaux (par de la Place, etc.). Tomes 85, 86, 91, 92, 93, 94, 97, 98, 101, 102, 10 v. rel. en 5, v. f.
   La collection complète en comprend 108 rel. en 54.

3429. **Mercure** (le) de France, littéraire et politique, tomes 31 à 61. *Paris,* 1808-14, 28 v. in-8, d.-rel. bas.

3430. **Mercure** (le) du XIX⁰ siècle, rédigé par une société de gens de lettres (Tissot, Jay, C. de Lavigne, Lemontey, etc.). *Paris, Baudoin frères,* 1823-27, tom. 1 à 18, in-8, d.-rel. bas.
Manquent 16 et 17.

3431. **Mercurius**, sive Hermes Trismegistus. Divinus Pymander Hermetis Mercurii Trismegisti, cum commentariis Annibalis Rosseli. *Coloniæ-Agrip.*, 1630, 6 part. en 1 v. in-fol., v. br.

3432. **Méré** (George Brossin, chevalier de). Discours de l'esprit, de la conversation, des agrémens, de la justesse, ou critique de Voiture, avec les conversations du même chevalier et du maréchal de Clérambault. Nouv. édit. — Lettres diverses de M. le chevalier d'Her..... *Amsterdam, P. Mortier,* 1687, 2 v. in-12 rel. en 1, parch.

3433. — Les Conversations D. M. D. C. E. D. C. D. M. (du maréchal de Clérambault et du chevalier de Méré). *Lyon, Cl. Muguet,* in-12, bas.

3434. — Lettres de M. le chevalier de Méré. *Paris, D. Thierry* et *Cl. Barbin,* 1682, 2 v. in-12, v. br.

3435. — Les agréments. Discours à Madame ***. *Paris, D. Thierry* et *Cl. Barbin;* 1678, in-12, bas.

3436. — OEuvres posthumes : De la vraie honnêteté, de l'éloquence et de l'entretien, de la délicatesse dans les choses et dans l'expression, le commerce du monde. *Paris,* 1700, in-12, v. br.

3437. **Merez** (M. de), prévôt de la cathédrale d'Alais. Les entretiens d'Arquée et de Néotère sur divers sujets qui regardent la Religion. *Lyon,* 1706, 2 v. in-12, bas.

3438. **Mersenne** (Marin). L'impiété des déistes, athées et libertins de ce temps, combattue et renversée de point en point par raisons tirées de la philosophie et de la théologie. Ensemble la réfutation du Poème des déistes. *Paris, P. Billaine,* 1624, in-8, vél.

3439. — F. Marini Mersenni quæstiones in Genesim. In hoc

volumine Athei et Deistæ impugnantur et Vulgata editio ab hæreticorum calumniis vindicatur. Græcorum et Hebræorum musica instauratur. Fr. Georg. Veneti cabalistica dogmata repelluntur. *Lutetiæ-Parisior.*, *Seb. Cramoisy*, 1625, 2 part. en 1 v. in-fol., cham.

3440. — La vérité des sciences contre les Sceptiques ou Pyrrhoniens. *Paris*, *Toussaint Dubray*, 1625, in-8, vél.

3441. **Mesmer** (F.-A.). Mémoire sur ses découvertes. *Paris*, *Fuchs*, an VII (1799), in-8, br.

3442. **Messager** (le) du Midi. *Montpellier*, *Gras*, années 1848 à 1865, en feuilles.

3443. **Massahalæ**, antiquiss. ac laudatiss. inter Arabes astrologi, libri tres : de revolutione annorum mundi, de significatione planetarum in nativitatibus; de receptione. *Norimbergæ*, *apud Joan. Montanum*, 1549, in-4 de 70 ff., d.-rel. mar. gr.

3444. **Messe** (la) trouvée dans l'Ecriture (par Lucas Jansse). S. l., 1651, pet. in-12, v. br.

3445. **Mestrezat** (Jean). Traité de l'Escriture Sainte, où est monstrée la certitude et plénitude de la Foy, et son indépendance de l'authorité de l'Eglise, contre les prétendues démonstrations catholiques du jésuite Regourd, etc. *Genève*, 1633, in-8, vél.

3446. **Métaphysique** (la), qui contient l'ontologie, la théologie naturelle et la pneumatologie (par Cochet). *Paris*, 1753, in-12, bas.

3447. **Méthode** facile pour apprendre la fable héroïque ou l'histoire des dieux; par Mr D. *Paris*, 1707, in-12, v. br., *frontisp. gr.*

3448. **Meursius** (Joan.). De Ludis græcorum, liber singularis. *Lugd.-Batav.*, *Isaac. Elzevir.*, 1622, pet. in-8.
Relié avec le N° 5048.

3449. **Meusi** (l'abbé Nic.). Code de la Religion et des mœurs, ou recueil des principales ordonnances depuis l'établissement de la monarchie françoise, concernant la Religion et les mœurs, *Paris*, 1770, 2 v., in-12, bas.

3450. **Mézeray** (Eudes de). Abrégé chronologique de l'histoire de France, divisé en 6 tomes. *Amsterdam, Abr. Wolfgang,* 1673-74, 6 v. pet. in-8, bas., *fig.*

Manquent 5 et 6, et le volume préliminaire qu'on joint à cet abrégé.

3451. **Mézeray** (Fr.-Eudes de). Mémoires historiques et critiques sur divers points de l'histoire de France et plusieurs autres sujets curieux (publ. par Camusat). *Amsterdam,* 1753, 2 v. in-12 rel. en 1, bas.

3452. — La vie de François-Eudes de Mézeray, historiographe de France (par Daniel de La Roque). *Amsterdam,* 1726, in-12, v. j.

3453. **Michaelis** (Joan.-David.), Spicilegium Geographiæ Hebræorum exteræ post Bochartum. *Goettingæ,* 1769, 2 part. en 1 v. in-4. — Jo. Reinoldi Forsteri epistolæ ad Jo.-Dav. Michaelis hujus spicilegium geographiæ jam confirmantes jam castigantes. *Goettingæ,* 1769-72, 2 part. en 1 v. in-4, bas.

3454. — De l'influence des opinions sur le langage et du langage sur les opinions, par M. J.-Dav. Michaelis; trad. de l'allem. (par Mérian). *Brême,* 1762, in-8, d.-rel. v. f.

3455. **Michaelis** (Joh.-H. et Christ. Bened.), Uberiores adnotationes philologico-exegeticæ in Hagiographos vet. Testamenti libros. *Halæ,* 1720, 3 v. in-4, vél.

3456. **Michault** (J.-Bern.). Mélanges historiques et philologiques. *Paris,* 1754, 2 v. in-12, v. éc.

3457. **Michelet** (J.). Du Prêtre, de la Femme, de la Famille. 2ᵉ édition. *Paris,* 1845, gr. in-18, br.

3458. — Le Peuple. *Paris,* 1846, gr. in-18, br.

3459. — Des Jésuites, par Michelet et Quinet. *Paris,* 1843, gr. in-18, br.

3460. — Mémoires de Luther, écrits par lui-même, traduits et mis en ordre par M. Michelet..... *Paris, Hachette,* 1837, 2 v. in-8, d.-rel. mar. v.

3461. **Micrælius** (Joh.). Lexicon philosophicum terminorum Philosophis usitatorum. Ed. 2ª. *Stelini*, 1661, *fig.* et *frontisp. gr.* — Judicii Metaphysici minoris Disputationes septem absolventes Tractatum de Ente, auctore Joach. Lütkemanno. *Rostochii*, 1639, 2 v. pet. in-4 rel. en 1, parch.

3462. **Middleton** (Conyers). Traité du Sénat Romain, trad. de l'angl., avec notes par M. (d'Orbessan). *Montauban*, 1755. — Le Prince, ou conseils politiques adressés à la noblesse de Venise; trad. de l'ital. de Fra Paolo Sarpi (par l'abbé de Marsy). *Berlin*, 1751, 1 v. in-12, v. br.

3463. **Mignet** (F.-A.). Notices historiques. 2ᵉ édit. *Paris*, 1853, 2 v. in-8, d.-rel. m.

3464. **Millieus** (Ant.), e soc. Jes. Moyses viator, seu imago militantis ecclesiæ mosaïcis peregrinantis synagogæ typis adumbrata. *Lugduni*, *Boissat*, 1636, in-8, m. r., tr. d.

3465. **Millin** (A.-L.). Dictionnaire des beaux-arts. *Paris*, 1806, 3 v. in-8, bas.

3466. **Milton** (J.). Le Paradis perdu, poème héroïque; trad. de l'angl., avec les remarques d'Addisson. Nouv. édit., augmentée du Paradis reconquis du même auteur. *La Haye*, 1748, in-12, bas.

3467. — Le même. Traduction nouv., avec des notes et remarques d'Addisson, par Racine fils. *Paris*, 1755, 3 v. in-12, gr. pap., v. éc.

3468. — Joan. Miltoni pro populo Anglicano defensio contra Claudii anonymi, alias Salmasii, *Defensionem regiam*. *Londini*, *typis Du Guardianis*, 1651, pet. in-12, vél.

3469. — Joan. Miltoni, defensio secunda pro populo Anglicano, contra infamem libellum anonymum cui titulus : *Regii sanguinis clamor ad cœlum adversus parricidas Anglicanos*. Edit. 2ª. *Hagæ-Comitum*, *Adr. Vlacq*, 1654, pet. in-12, bas.

3470. **Minucius** (Félix). Octavius, cum integris omnium notis ac comment., novaque versione Jac. Ouzeli, cujus et accedunt animadvers. : insuper Jo. Meursii notæ et liber Julii Firmici Materni de errore profanar. religionum. *Lugduni-Batav., ex offic. Hackiana*, 1672, in-8, vél. gauf., *frontisp. gr.*

3471. **Minutoli.** Motifs de la conversion de noble Joachim-Frid. Minutoli, avec les caractères de 40 ministres de l'Académie de Genève, desquels sont tirez les susdits motifs de conversion. *Modène,* 1714, in-12, bas.

3472. **Mirabeau.** Théorie de la Royauté d'après les principes de Milton, avec la défense du Peuple. S. l., 1791, in-8.
Voir le N° 4534.

3473. **Miraculis** (de) quæ Pythagoræ, Apollonio Tyanensi, Francisco Assisio, Dominico et Ignatio Loyolæ tribuuntur, libellus, auctore Phileleuthero Helvetio (Joan. Jac. Zimmermann). *Douai,* 1734, in-8, bas.

3474. **Miræus** (Aubertus). Notitia Episcopatuum orbis christiani, in qua christianæ religionis amplitudo elucet. *Antverpiæ, ex officina Plantiniana,* 1613, in-8, vél.

3475. **Miroir** (le) des prédicateurs, où l'on voit la sainteté et les devoirs du prédicateur évangélique, par un religieux bénédictin. *Toulouse, Pech,* 1684, in-12, bas.

3476. **Mirville** (J.-E. de). Question des esprits, ses progrès dans les sciences. Examen de faits nouveaux et de publications importantes sur les tables, les esprits et le surnaturel. *Paris, Delaroque,* 1855, in-8, br. — On y a joint : Budget du spiritisme, ou exploitation de la crédulité humaine, par le commandant F. Leblanc de Prébois. *Alger,* 1863, in-12, br.

3477. **Modestie** (de la) des femmes et des filles chrétiennes dans leurs habits et dans tout leur extérieur, par Timothée Philalèthe. *Lyon,* 1686, in-12, bas.

3478. **Mœhler** (Jos.-Adam). La Patrologie, ou histoire des trois premiers siècles de l'Eglise chrétienne, œuvre posthume; publié par F.-X. Reithmayer et trad. de l'allem. par J. Cohen. *Paris,* 1843, 2 v. in-8, d.-rel. mar. r.

3479. **Mœurs** (les) (par Toussaint). S. l., 1748, in-12, bas., *frontisp. gr.*

3480. — Pensées raisonnables opposées aux pensées philosophiques, avec un essai de critique sur le livre intitulé : Les Mœurs (par Formey). *Berlin*, 1749, in-12, v.

3481. **Moine** (le) marchand, ou traité contre le commerce des Religieux, trad. du lat. de Renatus a Valle (Théophile Reynaud, jésuite). *Amsterdam*, 1761, 2 part. en 1 v. in-12, d.-rel mar. v., *frontisp. gr.*

3482. **Moines** (les) empruntés, par P. Joseph (de Haitze). *Cologne, P. Marteau*, 1696, 2 v. in-12 rel. en 1, bas., *frontisp. gr.*

3483. — Les Moines travestis, par P. Joseph (de Haitze). *Cologne, P. Marteau*, 1698, 2 v. in-12, bas.

3484. **Moissy** (l'abbé de). La méthode dont les Pères se sont servis en traitant des mystères. *Paris*, 1683, in-4, bas.

3485. **Moléon** (de). Voyages liturgiques de France, ou recherches faites en diverses villes du royaume, par le sieur de Moléon (Le Brun des Molètes). *Paris, Delaulne*, 1718, in-8, v. br., *fig.*

3486. **Molesworth.** Mémoires dans lesquels on voit l'état du royaume de Danemarck, trad. de l'angl. *Paris*, 1705, in-12, bas., *frontisp. gr.*

3487. **Molière** (J.-B. Poquelin de). Ses œuvres, avec un commentaire historique et littéraire, précédé du tableau des mœurs du XVIIe siècle, et de la vie de Molière, par Petitot. *Paris, Gide fils*, 1820, 6 v. in-8, ornés d'un portrait et de 50 pl., v. rac.

Voir le N° 5159.

3488. **Molinæi** (Petri) opera philosophica ; logica, physica, ethica. *Amsterdami, Jo. Blaeu*, 1645, 3 part. en 1 v. in-8, bas.

3489. **Monarchie** (la) des Solipses ; trad. de l'orig. lat. de Melchior Inchofer, avec des remarques (par Restaut). *Amsterdam*, 1754, in-12, bas.

3490. **Mondot** (Armand). Histoire des Indiens des États-Unis, faite d'après les statistiques et les rapports officiels que le congrès a publiés en 1851. *Montpellier,* 1858, in-8, d.-rel. mar., *fig.*

3491. — Histoire de la vie et des écrits de lord Byron; esquisse de la poésie anglaise au commencement du XIXe siècle. *Paris,* 1860, in-8, br.

3492. **Mongez** (A.). Histoire de la reine Marguerite de Valois, première femme du roi Henri IV. *Paris,* 1777, in-8, bas.

3493. **Monopole** (le) universitaire destructeur de la religion et des lois, ou la charte et la liberté de l'enseignement. *Lyon* et *Paris, bureau de l'Univers,* 1843, pet. in-8, br.

3494. **Monspeliensis** civitatis panegyricus in Monsp. Reg. et Acad. Colleg. societ. Jesu dictus. *Monspelii, Dan. Pech,* 1687, in-4, br.

    Copie mss. du Panégyrique du P. Charbonneau, accompagnée d'une notice bibliographique et analytique.

3495. **Montacutius** (Rich.), Norwic. episc. Theanthropicon, seu de vita Jesu Christi D. N. originum ecclesiasticarum libri duo,..... *Londini, Flesher* et *Young,* 1640, 2 tom. en 1 v. pet. in-fol., v. f.

3496. **Montaigne** (M.-E. de). Essais de Messire Michel, seigneur de Montaigne.... reveus et augmentez. *Paris, Jean Richer,* 1587, in-12 de 4 ff. prélim. et 1075 pp., v. br.

3497. — Les mêmes. Nouv. édit., exactement purgée des défauts des précédentes, selon le vray original, enrichie aux marges du nom des autheurs citez et de la version de leurs passages; avec la vie de l'autheur et deux tables..... *Bruxelles, François Foppens,* 1659, 3 v. in-12, v. j., fil.

3498. — Les mêmes. Nouv. édit.... augmentée de quelques lettres de l'auteur...... avec des notes par P. Coste. *Paris* (1725), 3 v. gr. in-4, v. m.

3499. — Journal du voyage de Mich. de Montaigne en Italie par la Suisse et l'Allemagne, en 1580 et 1581, avec notes par Querlon. *Rome* et *Paris,* 1774, 3 v. pet. in-12, v. éc., fil., *portr.*

3500. — Éloge analytique et historique de Michel Montaigne...... par de la Dixmerie. *Amsterdam* et *Paris,* 1781, in-8, bas.

3501. — La vie publique de Montaigne; étude biographique, par Ad. Grün. *Paris,* 1855, in-8, d.-rel. m.

3502. — Notices et observations pour préparer et faciliter la lecture des *Essais* de Montaigne, par Vernier. *Paris,* 1810, 2 v. in-8, bas., tr. d.

3503. — Le Christianisme de Montaigne, ou pensées de ce grand homme sur la religion, par M. L.... (Labouderie). *Paris,* 1819, in-8, d.-rel. m.

Sur Montaigne, voir aussi le N° 1887.

3504. **Montalembert** (le c^te de). Les Moines d'Occident, depuis S. Benoît jusqu'à S. Bernard. *Paris,* 1860, tom. I et II, in-8, d.-rel. m.

3505. **Montaud** (Nic. de). Le miroir des Français, compris en trois livres, contenant l'état et le maniement des affaires de France, tant de la justice que de la police, et le tout mis en dialogues. S. l. n. d. (1582), in-8, bas.

3506. **Montecucculi** (R. de). Mémoires de Montecucculi, généralissime des troupes de l'Empereur, divisés en 3 livres. Nouv. éd. *Strasbourg,* 1735, in-18, v., *fig.*

3507. — Les mêmes (trad. de l'ital. par Jac. Adam). *Strasbourg,* 1740, in-12, bas.

3508. **Montesquieu** (Ch. S. de). OEuvres, nouv. édit. *Amsterd.* et *Leipsig,* 1772, 7 v. in-12 rel. en 6, bas.

3509. — Considérations sur les causes de la grandeur des Romains et de leur décadence. *Paris,* 1748, in-12, bas., *frontisp. gr.*

3510. — Observations sur l'*Esprit des lois,* ou l'art de lire ce livre, de l'entendre et de le juger; par l'abbé de (Laporte). *Amsterdam,* 1751, 2 v. in-12 rel. en 1, bas.

3511. — Apologie de l'*Esprit des Lois*, ou réponses aux *Observations* de M. de (Laporte); par M. de R. (Boulanger de Rivery). *Amsterdam*, 1751, in-12.
Relié avec le N° 3462.

3512. **Montfaucon** (D. Bern. de). Bibliotheca bibliothecarum manuscriptorum nova. *Parisiis, Briasson*, 1739, 2 v. in-fol., v. br.

3513. — La vérité de l'histoire de Judith, par le P. B. de Montfaucon. 2ᵉ édit. *Paris, Simon Langronne*, 1692, in-12, bas.

3514. — Collectio nova Patrum. Voy. le N° 1132.

3515. **Montgeron** (C. de). La vérité des Miracles opérés par l'intercession de M. de Paris, démontrée contre l'archevêque de Sens. *Utrecht*, 1737, in-4, bas., *pl.* et *frontisp. gr.*
Voir les renvois du N° 1224.

3516. — Préservatif contre les faux principes et les maximes dangereuses établies par M. de Montgeron pour justifier les secours violents qu'on donne aux Convulsionnaires. (Attrib. à Hervieux, connu sous le nom de la Boissière, curé de S.-Jacques de Corbeil, et à l'abbé de la Molère.) 1750, in-12, bas.

3517. **Montglat** (Fr. de P., mⁱˢ de). Ses Mémoires (1635-1660). *Amsterdam*, 1727, 4 v. in-12, v. br.

3518. **Montgon** (l'abbé de). Mémoires publiés par lui-même, contenant ses différentes négociations dans les cours de France, d'Espagne... (1725-1730). *Lausanne*, 1750-52, 7 v. in-12, v. br.

3519. **Montis** (l'abbé de). La vie de la vénérable sœur Marie de l'Incarnation, fondatrice des Carmélites de France. *Paris*, 1778, in-12, bas.

3520. **Montlosier** (F.-D.-R., cᵗᵉ de). Mémoire à consulter sur un système religieux et politique tendant à renverser la religion, la société et le trône. 2ᵉ édit. *Paris, Dupont*, 1826, in-8, br.

3521. — Dénonciation aux Cours royales, relativement au système religieux et politique signalé dans le *Mémoire à consulter*, précédé de nouvelles observations et de réponses aux apologies. *Paris, Dupont*, 1826, in-8, br.

3522. — Consultation du Barreau de Paris sur la dénonciation adressée à la Cour royale par M. le comte de Montlosier. *Paris, Dupont*, 1826, in-8, br.

3523. — Pétition à la Chambre des Pairs, précédée de quelques observations sur les calamités objet de la pétition, pour faire suite au *Mémoire à consulter*. *Paris, A. Dupont,* 1827, in-8, br.

3524. — Les Jésuites, les Congrégations et le Parti prêtre, en 1827. Mémoire au comte de Villèle, P^t du conseil des ministres. *Paris, Dupont,* 1827, in-8, br.

3525. — Les Jésuites modernes, pour faire suite au mémoire du comte de Montlosier; par l'abbé M. Marcet de La Roche Arnaud. *Paris, Dupont,* 1826, in-8, br.

3526. — Mémoires d'un jeune Jésuite, ou conjuration du Mont-Rouge développée par les faits; par l'abbé M. Marcet de La Roche Arnaud. *Paris, Dupont,* 1828, in-8, br.

3527. — Intérieur de Saint-Acheul peint par le Comte de... *Paris,* 1828, in-8.

Voir aussi le N° 2782.

3528. **Montluc** (Blaise de). Commentaires de messire Blaise de Montluc, mareschal de France, où sont descrits les combats, etc., esquels ce grand et renommé guerrier s'est trouvé durant cinquante ou soixante ans qu'il a porté les armes (1521-1572); ensemble diverses instructions qui ne doivent être ignorées de ceulx qui veulent parvenir par les armes à quelqu'honneur et sagement conduire tous exploits de guerre (avec différents poèmes sur sa mort). *Paris, Gabr. Buon,* 1594, 2 v. in-8, d.-rel. m.

3529. **Montpensier** (A.-M.-L. d'Orléans, d^{sse} de). Mémoires (revus par Segrais, avec une préface de J.-Fr. Bernard). *Amsterdam, Wetstein,* 1735, 8 v. in-12, v. br., *portr.*

3530. **Montrésor** (Cl. de Bourdeille, comte de). Mémoires, avec diverses pièces durant le ministère du cardinal de Richelieu, etc. *Leyde, J. Lambriœ, Bruxelles, Foppens,* 1665, pet. in-12, vél.

3531. **Montreuil** (Mathieu de). OEuvres. Nouv. édition. *Paris, Osmont,* 1680, in-12, bas., *portr.*

3532. **Monuments** inédits sur l'apostolat de Ste Marie-Madeleine en Provence, et sur les autres apôtres de cette contrée, S. Lazare, S. Maximin, Ste Marthe et les SS. Maries Jacobé et Salomé, par l'auteur de la dernière vie de M. Olier (Faillon). *Paris,* 1848, 2 v. gr. in-8, d.-rel. mar., *grav.*

3533. **Morale** chrétienne rapportée aux instructions que J.-C. nous a données dans l'Oraison dominicale (par P. Floriot). *Bruxelles,* 1741, 5 v. in-12, bas.

3534. **Morale** (la) de Confucius (par la Brune). *Amsterdam, Paris,* 1688, in-12, v. br.

3535. **Morale** (la) d'Épicure, avec des réflexions (par Descoutures). *Paris,* 1685, in-12, v. br., *portr.*

3536. **Morale** (la) d'Épicure tirée de ses propres écrits, par l'abbé Batteux. *Paris,* 1758, in-12, *frontisp. gr.*

3537. **Morale** (la) des Jésuites, extraite fidèlement de leurs livres, par un docteur de Sorbonne (Nic. Perrault, avec préface par Alex. Varet). *Mons,* 1702, 3 v. in-12, v. éc.

3538. — Histoire de dom Jean de Palafox, évêque d'Angellopolis (par Ant. Arnauld). 1690, in-12, bas.
    Forme le 4e v. de l'ouvrage précéd.

3539. **Morale** du sage (ou les proverbes de l'Ecclésiaste et la Sagesse, en lat., avec une paraphrase en franç. (par Marie Eléonore de Rohan, abbesse de Malnoüe). *Paris, Barbin,* 1667, in-12, bas.

3540. **Morale** (la) évangélique comparée à celle des différentes sectes de religion et de philosophie (par M. R. P. D. en Th. (Rose, prêtre, docteur en théologie). *Besançon,* 1772, 2 v. in-12, bas.

3541. **Moratin** (Nic. Fernandez). Obras postumas (publicadas por su hijo D. Leandro). *Barcelona*, 1821, pet. in-4, d.-rel. bas., *portr.*

3542. **More** ou **Morus** (Thomas). Utopia, a mendis vindicata. *Amsterdam, Joan. Janson*, 1651, in-32, vél.

3543. — La République d'Utopie, par Thomas Morus, œuvre grandement utile et profitable, démonstrant le parfait estat d'une bien ordonnée politique; trad. en franç. *Lyon, par J. Saugrain*, 1559, in-16, vél.

3544. — Idée d'une République heureuse, ou l'Utopie de Morus; trad. en françois par Guendeville. *Amsterdam*, 1730, in-12, *frontisp. gr.*

3545. **Morel** (Hyacinthe). Lou Galoubé de Jacintou Morel, ou Pouesious provençalous d'aquel outour, réculidous per seis amis. *En Avignoun*, 1828, gr. in-18, br., *fig.*
— Le Temple du Romantisme, en prose et en vers, par le même. *Paris*, in-12 de 26 pp., br.

3546. **Morel** (P.). Essai sur les voix de la langue française, ou recherches sur l'accent prosodique des voyelles, etc. *Paris*, an XIII (1804), in-8, d.-rel., bas.

3547. **Morellet** (l'abbé René). Mélanges de littérature et de philosophie du 18e siècle. *Paris*, 1818, 4 v. in-8, d.-rel. v.

3548. — Mémoires sur le 18e siècle et sur la révolution, précédés de l'éloge de Morellet par Lémontey. *Paris*, 1821, 2 v. in-8, cart.

4349. **Morellius** (Guil.). Verborum latinorum cum græcis gallicisque conjunctorum commentarii. *Lugduni, Ravot*, 1580, in-8, rel. cham.

3550. **Morellus** (Theod.). Enchiridion ad verborum copiam. *Lugduni, apud. Seb. Gryphium*, 1551, in-8, vél.

3551. **Morelly**. Code de la nature; réimpression complète augmentée par Villegardelle. *Paris, Masgana*, 1841, gr. in-18.
Relié avec le N° 892.

3552. **Morgues** (Mathieu de). Diverses pièces pour la défense de la Royne, mère du Roy très-chrestien Louis XIII, faites et reveues par Messire Mathieu de Morgues, abbé de St-Germain. In-fol., v. br., fil.

3553. **Morgues** (le P. Michel), jésuite. Plan théologique du Pythagorisme et des autres sectes savantes de la Grèce, pour servir d'éclaircissement aux ouvrages polém. des Pères; avec la traduction de la Thérapeutique de Théodoret sur le même sujet. *Toulouse,* 1712, in-8, bas.

3554. **Morhofius** (Georg.-Dan.). Polyhistor litterarius, philosophicus et practicus, cum accessionibus Joan. Fickii et Joh. Molleri; editio quarta cui præfat. notitiamque diariorum litterariorum Europæ præmisit Jo.-Alb. Fabricius. *Lubecæ,* 1747, 2 v. in-4 rel. en 1, vél., *portr.*

3555. **Morin** (Jean). Joan. Morini Exercitationes ecclesiasticæ et biblicæ, de patriarcharum et primatum origine, etc. *Parisiis,* 1669, in-fol., v. éc.

Aux armes de Fléchier, év. de Nimes.

3556. — Commentarius hist. de disciplina in administratione sacramenti Pœnitentiæ. *Parisiis,* 1651, in-fol., bas.

3557. — Commentarius de sacris Ecclesiæ ordinationibus. *Parisiis,* 1686, in-fol., v. br.

3558. — Opuscula Hebræo-Samaritica. *Parisiis,* 1657, in-12, bas.

3559. — Histoire de la délivrance de l'Eglise chrétienne par l'empereur Constantin, et de la grandeur et souveraineté temporelle donnée à l'Eglise romaine par les roys de France, par Jean Morin. *Paris, D. Moreau,* 1630, in-fol., d.-rel. v. br., *frontisp. gr.*

3560. **Mornay**, sieur du Plessis-Marly (Ph. de). De la vérité de la religion chrétienne contre les Athées, Epicuriens, Payens, Juifs, Mahométans et autres infidèles. *Leyde, Elzevier,* 1651, in-8, v. j.

Voir aussi le N° 1761.

3561. **Morus** (Heinr.). Tractatus de Anima ejusque facultatibus et naturali immortalitate. *Roterod.*, 1677, in-12, bas.

3562. **Morus** (Th.). Voy. More.

3563. **Mosheim** (Jo.-Laur.). Dissertationum ad historiam ecclesiasticam pertinentium, vol. duo. Editio secunda. *Altonaviæ* et *Flensburgi*, 1743, 2 v. in-8, bas.

3564. — Histoire ecclésiastique ancienne et moderne, trad. en français sur la version anglaise de Maclaine (par de Felice). *Yverdun*, 1776, 6 v. in-8, bas.

3565. — Joan.-Laur. Mosheimii Institutiones historiæ christianæ majores. Sæculum primum. *Helmstadii*, 1729, in-4, d.-rel. bas.

3566. — Institutionum historiæ christianæ compendium. *Helmstadii*, 1752, in-8, bas.

3567. — De rebus christianorum ante Constantinum magnum commentarii. *Helmstadii*, 1753, in-4, d.-rel. bas.

3568. — Observationum sacrarum et historico-criticarum liber primus. Accedit oratio ejusdem de studiis linguarum et critices. *Amstel.*, 1721, in-8, gr. pap., tém., br.

3569. — Dissertationum ad sanctiores disciplinas pertinentium syntagma. Accedunt Gualtheri Moylii et P. Kingii dissertationes de Legione Fulminatrice, ex angl. latine versæ. *Lipsiæ*, 1733, in-4, d.-rel. bas.

3570. — Vindiciæ antiquæ christianorum disciplinæ adversus Jo. Tolandi *Nazarenum*. Editio secunda. Accedit de vita et factis Jo. Tolandi commentatio. Præfationem præmisit J. Fr. Buddæus. *Hamburgi*, 1722, in-8, rel. vél.

3571. — Historia Tartarorum ecclesiastica. *Helmstadii*, 1741, in-4, rel. parch., *carte*.

3572. **Mots** (des) à la mode et des nouvelles façons de parler, avec des observations sur diverses manières d'agir et de s'exprimer (par Franç. de Callières). 2e édition, augmentée de plusieurs mots nouveaux et d'une lettre sur les mots à la mode. *Paris, Cl. Barbin*, 1692, in-12, bas.

3573. **Motteville** (Mad. de). Mémoires pour servir à l'histoire d'Anne d'Autriche, épouse de Louis XIII. *Amsterdam*, 1723, 5 v. in-12, bas.

3574. **Moulinet** (Nic. de), s^r du Parc (Ch. Sorel). L'histoire comique de Francion, où les tromperies, les subtilitez, les mauvaises humeurs, les sottises et tous les autres vices de quelques personnes de ce siècle sont naïvement représentés. Dernière édition. *Paris, Boulanger*, 1636, in-8, vél.

3575. **Mourgues** (le P. Michel). Parallèle de la morale chrétienne avec celle des anciens philosophes. *Paris*, 1702, in-12, bas.

3576. — Traité de la poésie française. Nouv. édit. *Paris*, 1729, in-12, bas.

3577. **Moyen** (le) de parvenir, contenant la raison de tout ce qui a été, est et sera (par Beroalde de Verville). Dernière édition, exactement corrigée et augmentée d'une table des matières. *Nulle part*, 1000700504, 2 v. pet. in-12 de 363 et 366 pp., v. m.

3578. **Muller** (J.-B.). Mœurs et usages des Ostiackes, et la manière dont ils furent convertis en 1712 à la religion chrétienne du rit grec, etc..... — Description de la ville de Pétersbourg et châteaux de Cronstadt, etc..... — Manifeste du procès criminel du Czarewitz Alexis Petrowitz, du 25 juin 1718, trad. sur l'orig. russien. S. l. n. d., in-12, bas.

3579. **Muratori** (Ludov.-Ant.). Della forza della Fantasia umana. Edizione terza. *Venezia*, 1760, in-8, cart.

3580. — Traité sur le bonheur public; trad. de l'italien de L.-A. Muratori par J.-Fr. Soli Muratori, avec la vie et le catal. des ouvrages du premier par L. P. D. L. B. (le Père de Livoy, barnabite). *Lyon*, 1772, 2 v. in-12, bas.

3581. — Lamindi Pritanii (Ludov. Muratori), de ingeniorum moderatione in religionis negotio, ubi quæ jura, quæ fræna futura sint homini christiano in inquirenda et tradenda veritate, ostenditur, etc. *Lutet.-Paris.*, 1714, in-4, v. br.

3582. — Lamindi Pritanii (Ludov. Muratori), de ingeniorum moderatione in religionis negotio.... ubi S. Augustinus vindicatur a censura Jo. Phereponi. *Venetiis,* 1768, in-8, parch.

3583. **Muretus** (Mar.-Ant.). Orationes XXIII, etc.; ejusdem interpretatio quincti libri Ethicorum Aristotelis ad Nicomachum. *Coloniæ-Agrip., apud Joan. Gymnicum,* 1581, pet. in-8, v. rac., fil.

3584. — Juvenilia. Voy. le N° 622.

3585. **Musique** (de la) considérée en elle-même et dans ses rapports avec la parole, les langues, la poésie et le théâtre (par de Chabanon). *Paris,* 1785, in-8, d.-rel. bas.

Voir aussi les Nos 538, 2699, 3585 et 4701.

3586. **Musset-Pathay** (M.). Histoire de la vie et des ouvrages de J.-J. Rousseau. Nouv. (2e) édit. *Paris, Brière,* 1822, 2 v. in-8, v. j., tr. d.

3587. **Muzzarelli** (Alph.). Complément de la correspondance de la Cour de Rome avec Bonaparte, contenant les allocutions de N. S. P. le P. Pie VII dans les consistoires secrets de 1808, etc. 2e édit. *Paris,* 1816, *fig.* — Allocution du Pape Pie VII dans le consistoire secret de 1817, la convention passée entre S. S. et le Roi très-chrétien, etc. *Avignon, Seguin aîné,* 1817, 1 v. in-8, d.-rel. bas.

3588. **Mylæus** (Crist.). De scribenda universitatis rerum historia libri quinque. *Basileæ, ex offic. Joan. Oporini,* 1551, in-fol., bas.

3589. **Mystères** (les) du christianisme approfondis radicalement et reconnus physiquement vrais (par Bebescourt). *Londres,* 1775, 2 v. in-8, v. éc., fil.

3590. **Mythographi** latini : C. Jul. Hyginus; Fab. Planciades Fulgentius; Lactantius Placidus; Albricus philos.; omnes Th. Munckerus emendavit et comment. perpet. instruxit, cum notis varior. *Amstelod.,* 1681, 2 tom. en 1 v. in-8, rel. vél., *portr.* et *frontisp. gr.*

N

3591. **Nadal** (l'abbé A.). Histoires des Vestales, avec un traité du luxe des dames romaines. *Paris,* 1725, in-12, v. br.

3592. **Naironus Banensis** (Faustus). Evoplia fidei catholicæ romanæ historico-dogmatica, ex vetustiss. Syrorum seu Chaldæorum monumentis eruta; authore Fausto Nairono Banensi maronita. *Romæ,* 1694, in-8, vél.

3593. **Nani** (Bapt.). Histoire de la république de Venise (trad. de Fr. Tallemant). *Cologne, P. Marteau,* 1682, 4 v. in-12, mar. r.

3594. **Nanus** (Dom.). Polyanthea, opus suaviss. floribus exornatum, authore Dominico Nano Mirabellio. *Salingiaci, excudeb. Joan. Soter, an.* 1539, in-fol., v. br.

3595. **Naturalisme** (le) des Convulsions dans les maladies de l'épidémie convulsionnaire (par Phil. Hecquet). *Soleure (Paris),* 1733, 3 v. in-12, bas.
    Voir les renvois du N° 1224.

3596. **Nature** (de la) (par Robinet). *Amsterdam,* 1761, 2 v. pet. in-8, d.-rel. bas.

3597. **Naucler** (Johan). Chronica compræhendens res memorabiles seculorum omnium ac gentium ab initio mundi usque ad annum Christi nati MCCCCC, cum appendice usque ad septembrem 1564 per Laur. Surium congesta. *Coloniæ,* 1564, 2 tom. en 1 v. in-fol., v. br., fil.

3598. **Naudé** (Gabr.). Apologie pour les grands hommes soupçonnés de magie, avec quelques remarques. *Amsterdam,* 1712, in-12, v. br., *frontisp. gr.*

3599. — Sciences des Princes, ou considérations politiques sur les coups-d'état, avec les réflexions de L. D. M. (Louis du May). S. l., 1752, 2 v. pet. in-8, bas.

3600. — Naudæana et Patiniana, ou singularités remarquables prises des conversations de mess. Naudé et Patin. *Paris, Delaulne,* 1701, in-12, bas.

3601. **Naudet** (J.). Conjuration d'Étienne Marcel contre l'autorité royale, ou l'histoire des États généraux de la France, pendant les années 1355 à 1358. *Paris*, 1815, in-8, bas.

3602. **Naville** (Ern.). La vie éternelle. Sept discours. 2ᵉ édit. *Genève, Cherbuliez*, 1862, in-12, d.-rel. m.

3603. **Navailles** (Phil. de Montault, duc de). Ses Mémoires. *Amsterdam*, 1701, in-12, v. f.

3604. **Neander** (Mich.). Gnomologia græco-lat.; hoc est insigniores sententiæ Philosophorum ex magno Jo. Stobæi anthologio excerptæ. — Accedit Luciani Samosatensis Somnium seu Gallus, dialogus, gr. et lat. *Basileæ (J. Oporinus*, 1557), in-8, v. br.

3605. **Necker** (Jacq.). De l'importance des opinions religieuses. *Londres*, 1788, fort in-8, d.-rel. v. vert, *portr.*

3606. **Necker** (Suzanne Churchod de Nasse, dame). Mélanges extraits de ses manuscrits. *Paris, Ch. Pougens*, an VI (1798), 3 v. in-8, d.-rel. m.

3607. **Necker de Saussure** (Mᵐᵉ A.-G.). L'éducation progressive, ou étude du cours de la vie. *Paris*, 1836, 3 v. in-8, d.-rel. m.

3608. **Nécrologe** de l'abbaye de Notre-Dame de Port-Royal-des-Champs, ordre de Citeaux (par dom Rivet, bénédictin). *Amsterdam*, 1723, in-4, v. br., *fig.*

3609. — Le même, suivi des Actes des religieuses de Port-Royal, du 28 août 1665, contenant leur disposition à la vie et à la mort touchant la signature du Formulaire, etc. S. l., 1722, 1 v. in-4, bas.

3610. — Supplément au nécrologe de l'abbaïe de Notre-Dame de Port-Royal-des-Champs (publié par Le Fèvre de Saint-Marc). S. l., 1735, in-4, bas.

3611. **Nécrologe** des plus célèbres confesseurs et défenseurs de la vérité du 17ᵉ et du 18ᵉ siècle (par l'abbé Cerveau). 1760-1763-1778, 7 v. in-12, d.-rel. v., *fig.*

3612. **Nemeitz** (J.-C.). Séjour de Paris, c.-à-d. instructions fidèles pour les voyageurs de condition, comment ils se doivent conduire..... comme aussi une description suffisante de la Cour de France, du Parlement, de l'Université, des Bibliothèques, avec une liste des plus célèbres savants, artisans et choses remarquables qu'on trouve dans cette grande ville. *Leide, J. Van Abcoude*, 1727, 2 tom. in-8, v. j., *fig.*

3613. **Nemesius.** De Natura hominis liber, G. Valla Placent. interprete. *Lugduni, apud Seb. Gryphium*, 1538, in-4.
Relié avec le N° 4769.

3614. — Nemesii episcopi et philosophi, de Natura hominis liber (gr.), nunc primum in lucem editus et latine conversus a Nicasio Ellebodio. *Antuerpiæ, Plantinus*, 1565, in-8, v.

3615. **Nersetis** Clajensis Armeniorum patriarchæ, Preces viginti quatuor linguis editæ. *Venetiis, in insula S. Lazari*, 1837, in-12, pap. vél., mar., tr. dr, *portr.*

3616. **Nettement** (Alfr.). Vie de Marie-Thérèse de France, fille de Louis XVI. 2ᵉ édit. *Paris*, 1843, in-8, br.

3617. — Études critiques sur les Girondins. *Paris*, 1848, in-8, d.-rel. m.

2618. **Neubrigensis** (Guil.), de rebus anglicis sui temporis libri V, nunc primum auctiores XI capitulis, et notis Joan. Picardi. *Parisiis*, 1610, in-8, vél.

3619. **Neuhusi** (Edonis), Fatidica sacra, sive de recta Futurorum præsensione. *Amstelod., Jansson*, 1648, pet. in-8, v. j.

3620. **Neuhusii** (Reineri), Synopsis etymologica, sive de origin. linguæ latinæ, cum centuria epigrammatum ejusdem ad amicos. *Amstelod., Jansson*, 1652, in-16, bas.

3621. — Apparatus Eloquentiæ, sive selecta classicorum authorum. *Amstelod., Jansson*, 1663, in-16, v., fil., tr. d.

3622. **Newman** (J.-H.). Discours sur la théorie de la croyance religieuse; trad. de l'angl. par M. l'abbé de Ferrière. *Paris*, 1850, in-8, d.-rel. m.

3623. **Niceron** (J.-Pierre). Mémoires pour servir à l'histoire des hommes illustres dans la république des lettres (avec quelques notices par le P. Oudin, J.-B. Michault et l'abbé Goujet). *Paris*, 1727-45, 44 v. in-12, v. br.

3624. **Nicetas.** Nicetæ Acominati Choniatæ historia, gr. et lat. Ed. C.-Ann. Fabroto. *Parisiis*, 1670, gr. in-fol., v. br., fil.

3625. **Nicole** (P.). Essais de Morale contenus en divers traités sur plusieurs devoirs importants. *Paris, Desprez*, 14 v. in-12, y compris la vie de Nicole, qui forme partie du 14e; bas.

3626. — Les mêmes : *suivant la copie imprimée à Paris, chez la veuve Ch. Savreux*, 1672-77, t. I et II, pet. in-12, rel. en 1, v. vél.

3627. — Instructions théologiques et morales sur le Décalogue. *Paris, Desprez*, 1730, 2 v. in-12, v. br.

3628. — Instructions théologiques et morales sur l'Oraison Dominicale, etc. *Paris, Osmont*, 1718, in-12, v. br.

3629. — Instructions théologiques et morales sur le Symbole. *Paris, Osmont*, 1716, 2 v. in-12, v. br.

3630. — Instructions théologiques et morales sur les Sacrements. *Paris, Osmont*, 1719, 2 v. in-12, v. br.

3631. — La Perpétuité de la Foi de l'Eglise catholique touchant l'Eucharistie défendue contre le livre du sieur Claude, ministre à Charenton. *Lausanne*, 1781-82, 7 v. in-4, bas.

Réuni aux œuvres d'Ant. Arnauld (N° 257).

3632. — Réponse au livre de M. Arnaud intitulé : *La Perpétuité de la foi de l'Eglise catholique touchant l'Eucharistie défendue*, etc. (par Jean Claude). *Quevilly, Lucas*, 1670, in-4, d.-rel., bas.

3633. — La même. *Genève*, 1671, 2 v. in-8, bas.

3634. — Réponse générale au nouveau livre de M. Claude

(contre *La Perpétuité de la Foi* par Nicole et Arnauld). *Paris*, 1671, in-12, bas.

3635. — La Perpétuité de la Foi de l'Eglise catholique touchant l'Eucharistie (par P. Nicole). *Paris, Savreux*, 1664, in-12, bas.

    Livre connu sous le nom de *Petite Perpétuité*, pour le distinguer du précédent.

3636. — La même. *Paris, Savreux*, 1666, in-12, v. éc.

3637. — Réponse aux deux traités intitulés : *La Perpétuité de la Foi de l'Eglise catholique touchant l'Eucharistie* (par Jean Claude). *Charenton*, 1666, pet. in-8, bas.

3638. — Défense de la *Perpétuité de la Foi* contre les calomnies et faussetés du livre intitulé : *Monuments authentiques de la religion des Grecs* (de J. Aymon) (par Eusèbe Renaudot). *Paris, Gabr. Martin*, 1709, in-8, bas.

3639. — Préjugés légitimes contre les Calvinistes (par Nicole). *Paris*, 1671, in-12, v. br.

3640. — Le même. Nouvelle édit. augmentée. *Paris*, 1754, 2 v. pet. in-12, bas.

3641. — Examen du livre qui porte pour titre : *Préjugés légitimes contre les Calvinistes* (de Nicole), par Ch. Pajon. *Bionne*, 1673, 3 part. en 2 v. in-12, vél.

3642. — Les prétendus Réformés convaincus de schisme (par Nicole), pour servir de réponse à un écrit (de Claude) intitulé : *Considérations sur les lettres circulaires de l'assemblée du Clergé de France, de l'année 1682*. *Paris, Cailleau*, 1723, 2 v. in-12, v. j.

3643. — De l'Unité de l'Eglise, ou réfutation du nouveau système de M. Jurieu (par Nicole). *Paris, G. Desprez*, 1687, in-12, m. n.

3644. — Le même. *Paris*, 1729, in-12, v. br.

3645. — Les Imaginaires et les Visionnaires, ou lettres sur l'Hérésie imaginaire par le sr Damvilliers (P. Nicole). *Liège, Adolphe Beyers*. (*Amsterdam, Dan. Elsevier*), 1667, 2 v. pet. in-12, v. br.

3646. — Les Imaginaires et les Visionnaires (par Nicole);

le Traité de la Foi humaine (par Arnauld et Nicole), et le Jugement équitable tiré des œuvres de S. Augustin (par Arnauld); lettre de M. Pavillon, év. d'Alet, à Mgr Hardouin de Péréfixe, archev. de Paris. *Cologne, P. Marteau,* 1683, in-8, v. br.

3647. — Réfutation des principales erreurs des Quiétistes, contenues dans les livres censurés en 1694 (par Nicole). *Paris, Desprez,* 1695, in-12, bas.

3648. — Traité de l'Oraison divisé en sept livres (par Nicole). *Lyon,* 1687, in-8, v. br.

3649. — Traité de la Prière. *Paris, Josse* et *Robustel,* 1730, 2 v. in-12, v. j.

3650. — Traité de l'Usure, ouvrage utile à tous les chrétiens, mais principalement aux marchands et aux négociants. *Paris,* 1720, in-12, bas.

3651. — Traité de la Foi humaine par (Nicole et Arnauld), auquel on a joint le Jugement équitable de S. Augustin, sur la Grâce (par Arnauld), et plusieurs autres pièces curieuses au sujet du Formulaire (par Nicole). *Liège,* 1692, in-12, bas.

3652. — Traité de la Grâce générale (par Nicole). S. l., 1715, 2 v. in-12, bas.

3653. — Réflexions sur le *Traité de la Grâce générale* par dom Hilarion, bénédictin. S. l., 1716. — Réfutation du système de M. Nicole touchant la Grâce universelle, par l'abbé D. G. et par dom Hilarion. S. l, 1716, in-12, bas.

3654. — Lettres choisies de M. Nicole. *Paris,* 1702, in-12, v. br.

3655. — Lettres de feu M. Nicole. N. éd. *Lille,* 1718, 2 v. in-12, bas.

3656. — De l'Éducation d'un prince (par Nicole). *Paris, V^e de Ch. Savreux,* 1670, in-12, bas.

3657. — La Lettre à M. Nicole défendue par deux dissertations : la première contre la Lettre d'un Figuriste à un Théologien, du mois de décembre 1726; la seconde contre deux nouvelles Lettres d'un autre Figuriste, sous le titre de *Défense de M. Nicole.* 1734, in-12, v. br.

3658. — L'Esprit de M. Nicole, ou instructions sur les vérités de la religion, tirées des ouvrages de ce théologien. 2e éd. *Paris, Desprez*, 1771, in-12, bas.

    Pour Nicole, voir, en outre, les Nos 203, 3691, 4520 et 5206 et s.

3659. **Nieupoort** (G.-H.). Rituum qui olim apud Romanos obtinuerunt, succincta explicatio. Editio nova auctior. *Argentorati*, 1738, in-8, cart., *fig.*

3660. — Explication abrégée des coutumes et cérémonies observées chez les Romains; trad. du latin par l'abbé... (Desfontaines). *Paris, Desaint*, 1741, pet. in-8, v. br.

3661. **Niewentyt.** L'existence de Dieu démontrée par les merveilles de la nature (trad. de l'angl. par Noguez). *Amsterdam* et *Leipzig*, 1760, in-4, bas., *frontisp. gr. et fig.*

3662. **Nilus** Asceta (S.). Opera quædam nondum edita (gr. et lat.), Petr. Possinus recensuit et lat. vertit. *Parisiis, Cramoisy*, 1639, in-4, v. br., fil.

3663. — S. Nili Epistolæ (gr. et lat.), opera et studio Petr. Possini. *Paris, typ. reg.*, 1657. — Ejusdem opera quædam nondum edita (gr. et lat.), Petr. Possinus recens. et lat. vertit. *Parisiis, Cramoisy*, 1658, 1 v. in-4, v. br., fil.

    Voir aussi le No 1523.

3664. **Nisard** (Dés.). Études de critique littéraire. *Paris*, 1858, gr. in-18, d.-rel. m.

3665. **Noailles** (Ch. de), évêque de S.-Flour. L'Empire du juste selon l'institution de la vraye vertu. *Paris, Mabre-Cramoisy* (1632), 2 part. en 1 v. in-4, m. r., fil., tr. d., *frontisp. gr.*

3666. **Nodier** (Ch.). Dictionnaire raisonné des Onomatopées françaises. *Paris*, 1808, in-8, bas.

3667. — Souvenirs, épisodes et portraits pour servir à l'histoire de la Révolution et de l'Empire. *Paris*, 1831, 2 v. in-8, d.-rel. bas.

    Voir aussi le No 4561.

3668. **Nodin** (Fr.-Joan.), francisc. Victoria Hebræorum adversus Ægyptios : catholicorum triumphum contra hæreticos præsignificans : hoc est commentaria in priora XV Exodi capita..... opera ac labore Desid. Richard. *Lugduni*, 1612, in-fol., bas., *frontisp. gr.*

3669. **Noel** (J.-F.) et **Planche**. Éphémérides politiques, littéraires et religieuses, présentant pour chaque jour de l'année un tableau des événements remarquables qui datent de ce même jour dans l'histoire de tous les siècles jusqu'au 1er janvier 1803, par J.-F. Noel et Planche. 2e édit. *Paris*, 1803, 12 v. in-8, d.-rel., bas.

3670. **Nogaret** (l'abbé). Sa réponse à une lettre qui lui a été écrite de Genève. *Paris*, 1720, in-8, bas.

3671. **Noirot** (l'abbé). Leçons de philosophie professées au lycée de Lyon. *Lyon*, 1852, in-8, d.-rel. m.

3672. **Nonnotte** (l'abbé). Les erreurs de Voltaire. 5e édit. *Lyon*, 1770, 2 v. in-12, bas.

3673. **Noodt** (Germ.). Du pouvoir des souverains et de la liberté de conscience, trad. du lat. par J. Barbeyrac. *Amsterdam*, 1714, in-12, v. br., *frontisp. gr.*

3674. **Noringius**. Livii Noringii Doct. Theologi dissertatio de Aulæ et Aulicismi fuga. *Mediolani, ap. Melchiorem Malatesta*, 1626, pet. in-8, bas.

3675. **Noris** (H.), cardinalis. Annus et Epochæ Syro-Macedonum in vetustis urbium Syriæ nummis præsertim Mediceis expositæ. Additis Fastis Consularibus anonymi. Accesserunt dissertationes de Paschali Latinorum cyclo annor. LXXXIV ac Ravennate annor. XCV. *Lipsiæ*, 1696, in-4, bas., *portr.* et *carte*.

3676. — Historia Pelagiana et dissertatio de synodo V æcumenica.... in qua Aquileiense schisma describitur, etc. *Patavii*, 1673, in-fol., bas.

3677. — Historiæ Pelagianæ Henr. Noris ab anonymi scrupulis vindiciæ : accedit historica dissertatio de uno ex Trinitate carne passo, etc..... *Romæ*, 1695, in-4, vél.

Sur le Pélagianisme, voir les renvois du No 2416.

3678. **Nostradamus** (Michel). Éclaircissement des véritables quatrains de messire Michel Nostradamus, docteur et professeur en médecine, conseiller et médecin ordinaire des roys Henry II, François II et Charles IX, grand astrologue de son temps, et spécialement pour la connaissance des choses futures (par Et. Joubert, médecin). S. l., 1656, pet. in-12, vél.

Voir aussi le N° 2256.

3679. **Notice** biographique sur le général comte Claparède. *Montpellier,* 1842, in-8 de 16 pp. (avec son portrait et celui du président Claparède, son neveu), d.-rel. mar. gr.

On y a joint une série de croquis satiriques sur M. Thiers, exécutés par E. Lafontan, parent du général Claparède.

3680. **Nourrisson** (J.-F.). Essai sur la philosophie de Bossuet, avec des fragments inédits. *Paris,* 1852, in-8, d.-rel. m.

3681. — Tableau des progrès de la pensée humaine, depuis Thalès jusqu'à Leibniz. 2e édit. *Paris,* 1859, gr. in-18, d.-rel. m.

3682. **Nouveau** (le) Diable boiteux, ou Tableau philosophique et moral de Paris, mis en lumière et enrichi de notes par le docteur Didaculus de Louvain (Chaussard). *Paris,* 1799, 2 v. in-8, v. rac., *fig.*

3683. **Nouveau** Mémoire pour servir à l'histoire des Cacouacs (par Moreau). *Amsterdam,* 1757. — Catéchisme et décisions des cas de conscience à l'usage des Cacouacs... (par l'abbé de S.-Cyr). *A Cacopolis,* 1758, 1 v. in-12, bas.

3684. **Nouveau** Secrétaire de Cour (le), ou lettres familières sur toutes sortes de sujets, avec des réponses, etc. *Paris,* 1761, in-12, bas.

3685. **Nouveaux** Dialogues des morts, ou Réflexions sur les Passions. *Amsterdam,* 1711, in-12, v. br.

3686. **Nouvelle** allégorique, ou histoire des derniers troubles arrivés au royaume d'Eloquence (par Furetière). *Paris, Lamy,* 1658, pet. in-8, vél.

3687. **Nouvelle** Bibliothèque choisie, où l'on fait connaître les bons livres en divers genres de littérature et l'usage qu'on en doit faire (par Barat, élève de Richard Simon). *Amsterdam, Dav. Mortier,* 1714, 2 v., in-12, bas.

3688. **Nouvelle** Bibliothèque d'un homme de goût, ou tableau de la littérature ancienne et moderne (par Chaudon). 3e édit., corrigée et augmentée par une société de gens de lettres. *Paris, Desessarts,* 1798, 3 v. in-8, bas. — Supplément à la Bibliothèque d'un homme de goût. T. IV, par Desessarts. *Paris,* an VII, in-8, d.-rel., m.

3689. **Nouvelle** Brochure, ou Frivolités importantes. *Amsterdam,* 1756, in-12, de 114 pp., v. f.

3690. **Nouvelle** Histoire abrégée de l'abbaye de Port-Royal... accompagnée de vies choisies des religieuses, de quelques dames et des messieurs qui ont été attachés à ce monastère (par Mlle Poulain de Nogent). *Paris, Varin,* 1786, 4 tom. en 1 v. in-12, bas.

3691. **Nouvelle** Méthode pour apprendre facilement la langue latine (par Lancelot, Arnauld et Nicole). 7e éd. *Paris, P. Le Petit,* 1667, in-8, v. br.

3692. **Nouvelle** Méthode pour apprendre facilement la langue grecque (par Lancelot). *Paris,* 1754, in-8, v.

3693. **Nouvelles** Considérations philosophiques et critiques sur la société des Jésuites, sur les causes et les suites de sa destruction (par l'abbé Tharin). *Versailles,* 1817, in-8, d.-rel., m.

3694. **Nouvelles** Découvertes sur l'état de l'ancienne Gaule du temps de César (par Mandajors). *Paris, de Luyne,* 1696, in-12, bas.

3695. **Nouvelles** de la République des lettres (de mars 1684 à février 1687 par Bayle; depuis cette époque jusqu'en avril 1689, par La Roque et Barrin. — Suite, de 1699 à juin 1718, par Jacq. Bernard et Leclerc). *Amsterdam,* 1684-1718, 56 v. pet. in-12, v. f.

Manquent les v. de mai-août 1710 et de 1711 à 1718.

3696. **Nouvelles** des Missions orientales reçues à Rome, depuis 1794 jusqu'en 1807, inclusivement. *Lyon,* 1808, in-12, bas.

3697. **Nouvelles** Ecclésiastiques, ou mémoires pour servir à l'histoire ecclésiastique (*alias,* de la constitution *Unigenitus*), années 1728-34; 42-44. 4 v. in-4, v. br., *frontisp. gr.*

3698. **Nouvelles** Littéraires, contenant ce qui se passe de plus considérable dans la république des lettres (par du Sauzet et autres). *La Haye, H. du Sauzet,* 1715-20, 11 v. in-12 rel. en 13, v. m.

3699. **Nouvelliste** (le) du Parnasse, ou réflexions sur les ouvrages nouveaux (par Desfontaines). *Paris,* 1734, 2 v. in-12, v. f.

3700. **Novarini** (Aloys.) Adagia ex sanctorum Patrum, ecclesiasticorumque scriptorum monumentis prompta.... *Lugduni, L. Durand,* 1637, in-fol., vél.

3701. **Noviomagus** (Joan.). De numeris libri duo... *Parisiis, Wechel,* 1539, in-8.
Relié avec le N° 911.

3702. **Novitius**, seu dictionarium latino-gallicum ad usum Delphini. *Lutetiæ-Paris.*, 1733, 2 v. in-4, bas.

3703. **Nyctologues** de Platon (par le marquis de Saint-Simon. *Utrecht,* 1784). 2 part. en 1 v. in-4, bas.
Tiré à quelques exemplaires seulement.

O

3704. **Obedientiæ** credulæ vana religio, seu silentium religiosum in causa Jansenii explicatum et salva fide ac auctoritate Ecclesiæ vindicatum, adversus obedientiæ credulæ defensores. 1708, 2 v. in-12, v. f.

3705. **Observations** sur la littérature moderne (par l'abbé de la Porte). *La Haye,* 1749-52, 9 v. in-12, v. f.

3706. **Observations** critiques sur l'ouvrage intitulé : *Le Génie du christianisme,* par M. de Châteaubriand. *Paris,* 1817, in-8, d.-rel. bas.

3707. **Observations** modestes sur les pensées de M. d'Alembert, et sur quelques écrits relatifs à l'ouvrage intitulé: *La nature en contraste avec la religion et la raison*, etc. (par le P. Richard). *Deux-Ponts et Paris,* 1774, in-8, de 76 pp., d.-rel. bas.

3708. **Observations** sur un écrit intitulé : *Extrait du proc.-verb. de l'assemblée gén. du Clergé de France, tenue à Paris en 1750.* S. l., 12 nov. 1750. — Déclaration du Roy (17 août 1750) ordonnant aux bénéficiers du Clergé français de donner, dans 6 mois, l'état des biens et revenus de leurs bénéfices. — Arrêt du Conseil du Roi (1er juin 1750) portant suppression d'un livre qui a pour titre *Lettres ne repugnate,* etc. — Discours des commissaires du Roi à l'ass. du Clergé du 17 août 1750. In-4, bas., m.

3709. **Ocellus Lucanus**, en grec et en françois, avec des dissertations par le m^{is} d'Argens. *Berlin,* 1762, in-12, bas.

3710. — Ocellus Lucanus. De la nature de l'univers. — Timée de Locres. De l'âme du monde. — Lettre d'Aristote à Alexandre sur le système du monde, le tout avec la trad. fr. et des remarques par l'abbé Batteux. *Paris,* 1768, 3 part. en 1 v. in-8, v. éc.

3711. — Histoire des causes premières, ou exposition sommaire des pensées des philosophes sur les principes des êtres, par l'abbé Batteux. *Paris, Saillant,* 1869, in-8, v. m.

3712. **OEconomie** de la vie humaine ; ouvrage trad. en fr. sur la trad. anglaise du mss. Indien d'un ancien Bramine (trad. de l'anglais de Dodsley par Daine). *Paris,* 1774, in-12, v.

3713. **OEcumenius.** Commentaria in Acta Apostolorum, in omnes Pauli epistolas, in epistolas catholicas omnes; acced. Arethæ explanationes in Apocalypsin; omnia gr. et lat., interprete Joan Hentenio, emendatore et prælectore hujus editionis Fed. Morello. *Lutetiæ-Paris., Cl. Sonnius,* 1631, 2 v. in-fol., d.-rel. bas.

3714. **Officia propria** congregationis Oratorii Domini Jesu. (Ed. Ab. Lud. de S. Marthe ejusd. Congreg. Preposit. Gen.). *Parisiis*, 1683, pet. in-12, v.

    Exemplaire donné par M. Codde, arch. de Sébaste, au R. P. Quesnel, qui le donna, le 22 mars 1719, à l'abbé Dilhe, et celui-ci à F. Joubert, syndic des États de Languedoc.

3715. **Officium** græco-lat. B. M. Virginis reformatione Pii V. Access. hymni gr. translati, etc., per Feder. Morellium. *Parisiis, H. de Marnef*, 1609, in-16, v., fil., tr. d., *grav. sur bois*.

3716. **Officium parvum** gr. et lat., ad usum congr. B. M. Virginis. *Avenione, Fr. Seguin*, 1823, in-12, v. f.

3717. **Ogerius** ou **Ogier** (Carolus). Ephemerides sive iter Danicum, Suecicum, Polonicum : accedunt Nic. Borbonii ad eumdem legatum epistolæ. *Parisiis, P. le Petit*, 1656, in-8, vél.

3718. **Olearius** (Adam). Relation d'un voyage de Moscovie, Tartarie et de Perse ; trad. de l'allem. d'Olearius par L. R. D. B. *Paris, Clouzier*, 1656, in-4, parch.

3719. **Oleaster** (Hier.). Commentaria in Pentateuchum Mosi juxta interpretat. sancti Pagnini Lucensis. *Lugduni*, 1686, in-fol., bas.

3720. — Hier. Oleastri Commentarii in Isaïam prophetam, opera Raymundi de Hezecque. *Lutetiæ-Parisior., Seb. Cramoisy*, 1622, in-fol., bas.

3721. **Ombre** parlanti. Trattato molto curioso (cioe : Il Card. Mazzarino, Ferdinando Secondo, Don Ferrante delle Monti, e il Ré d'Inghilterra). S. l. n. d., in-16, d.-rel.

    A la fin du vol. se trouve une traduction msc. en français de la table.

3722. **Opinion** sur le prêt gratuit et sur le prêt utile, par M. L***. *Castres*, 1824, in-8, br.

3723. **Opinion** (de l') et des mœurs, ou de l'influence des lettres sur les mœurs (par l'abbé Petiot). *Paris*, 1777, in-12, bas.

3724. **Oporinus** (Joach.). Historia critica doctrinæ de immortalitate mortalium. *Hamburgi, Brandt*, 1735, in-8, bas.

3725. **Optatus** (S.). Libri VII de schismate Donatistarum ad mss. codd. et vett. editiones collati et emendati, quibus accessere historia Donatistar., una cum monumentis ad eam spectantibus, nec non geographia episcopalis Africæ; opera et studio L. Ellies du Pin. *Lutetiæ-Parisior., Pralart*, 1700, in-fol., bas.

3726. **Opuscula** aurea Theologica quorumdam clariss. virorum posteriorum græcorum..... videlicet Joan. Vecci Patriarchæ Constantinop.; Bessarionis cardin.; Demetrii Cydonis; Maximi Planudis, etc., Petro Arcudio collectore et interprete. *Romæ*, 1630, in-4, vél.

3727. **Opuscula** omnia Actis eruditorum Lipsiensibus inserta (choix des meilleurs morceaux publiés dans les *Acta eruditorum*, de 1682 à 1740). *Venetiis*, 1740 et s., 7 v. in-4, cart.

Manquent VI et VII.

3728. **Opuscules** sur la langue française, par divers académiciens (l'abbé Dangeau, Choisy, d'Olivet, Huet et Patru (recueillis et publiés par d'Olivet). *Paris, Brunet*, 1754, in-12, bas.

3729. **Oracle** (l') des nouveaux philosophes, pour servir de suite et d'éclaircissement aux œuvres de Voltaire (par l'abbé Guyon). *Berne*, 1759, 2 v. in-12, bas.

3730. **Oracula** Sibyllina, ex veter. codd. aucta et notis illustrata a Johanne Opsopæo, cum interpret. lat. Seb. Castalionis. — Oracula magica Zoroastri, cum scholiis Plethonis et Pselli, nunc primum edita studio Jo. Opsopæi. *Parisiis*, 1607, in-8, v. f.

3731. **Oraisons** (les) et discours funèbres de divers autheurs, sur le trespas de Henry-le-Grand, très-chrestien Roy de France et de Navarre; dédiés au Roy par G. Du Peyrat, aumosnier servant de S. M. *Paris, Robert Estienne*, 1611, in-8, parch.

3732. **Orationes** clarorum hominum, vel honoris officiique causa ad Principes, vel in funere de virtutibus eorum habitæ. *Parisiis*, 1577, in-16, parch.

3733. **Ordo** Officii divini recitandi in ecclesia cathedrali et diœcesi Montispessulani (années 1748, 1778, 1783, 1784, 1786, 1789). *Montispessulani*, 6 v. in-8, bas.

3734. **Ordonnance** et instruction pastorale de Mgr l'Évêque de Chartres (P. Godet Desmarets), pour la condamnation des livres intitulés : *Analysis orationis mentalis*, etc. ; *Moyen court et très-facile de faire oraison*, etc. ; *Règle des associés à l'Enfance de Jésus*, etc. ; *Le Cantique des cantiques, interprété selon le sens mystique*, etc., et d'un msc. intitulé : *Le torrent*. 3ᵉ édit. Lyon, 1698. — Lettre pastorale du même sur le livre intitulé : *Explication des maximes des Saints*, etc., et sur les explications différentes que Mgr l'Archev. de Cambray en a données. *Lyon*, 1698. — Première réponse donnée par M. l'Archev. de Cambray aux difficultés de M. l'Evêque de Chartres sur le livre de l'*Explication des maximes des Saints*. In-12, bas.

3735. **Ordonnances** synodales du diocèse de Grenoble. In-12, parch.
Incomplet.

3736. **Ordres** monastiques ; histoire extraite de tous les auteurs qui ont conservé à la postérité ce qu'il y a de plus curieux dans chaque ordre (par l'abbé Musson). *Berlin*, 1751, 5 v. in-12, cart.
D'après Quérard, il en faudrait 7.

3737. **Oriflamme** (l'), journal de littérature, de sciences et arts, d'histoire et de doctrines religieuses et monarchiques. *Paris*, 1824-25, 4 v. in-8 rel. en 2, d.-rel. mar. v.

3738. **Origenes.** Hexaplorum quæ supersunt (hæbr., gr. et lat.); ex mss. et ex libris editis eruit et notis illustravit B. de Montfaucon : accedunt opuscula quædam anecdota. *Parisiis, Lud. Guerin*, etc., 1713, 2 v. in-fol., bas., *portrait du card. d'Estrées*.

3739. — Origenis in S. Scripturas commentaria quæcumque græce reperiri potuerunt. P. D. Huetius græca primus maxima ex parte edidit, varias edit. contulit, lat. interpretat. adjunxit, notis et observat. illustravit. *Rhotomagi, Bertholius*, 1668, 2 v. in-fol., bas.

3740. — Origenis contra Celsum libri VIII; ejusdem Philocalia (gr. et lat.). Guliel. Spencerus utriusque operis versionem recognovit et adnotationes adjecit. *Cantabrigiæ, Field*, 1658, in-4, v. br.

3741. — Traité d'Origène contre Celse, trad. du grec par Élie Bouhéreau. *Amsterdam,* 1700, in-4, v. br., *frontisp. gr.*

> L'ex. contient la préface, les *errata* et l'*index* des notes, qui manquent à beaucoup d'exempl.

3742. — Philosophumena, sive hæresium omnium confutatio, opus Origeni adscriptum, e codice Parisino productum recensuit, latine vertit, notis variorum suisque instruxit, prolegomenis et indicibus auxit Patricius Cruice. *Parisiis, excusum in typographeo imperiali*, 1860, in-8 de XL et 548 pp., d.-rel. mar. r.

3743. — Origenis de Libertate arbitrii doctrina, dissertatio philosophica (auctore E. Maurial). *Monspelii*, 1856, in-8, d.-rel. m.

3744. — Histoire des mouvements arrivés dans l'Église au sujet d'Origène et de sa doctrine, par le P. Louis Doucin. *Paris, Leclère,* 1700, in-8, bas.

> Voir aussi, pour Origène, le N° 1782.

3745. **Origine** (l') des Cardinaux du Saint-Siège, et particulièrement des françois, avec deux traités curieux des légats *a latere*, etc. (par Guill. du Peyrat). *Cologne*, 1670, pet. in-12, vél.

3746. **Origine** des lois, des arts et des sciences, et de leurs progrès chez les anciens peuples (par Goguet et Fugère). *Paris,* 1758, 3 v. in-4, bas.

3747. **Orléans** (Gaston duc d'). Mémoires, de 1608 à 1636. Voir le N° 3386.

3748. **Orléans** (duchesse d'), princesse Palatine. Mémoires, fragments historiques et correspondance de Mad. la duchesse d'Orléans, princesse Palatine, mère du Régent, précédés d'une notice par Ph. Busoni. *Paris, Paulin,* 1833, in-8, br.

3749. **Orosius** (Paulus). Historiarum adversus Paganos libri VII, ut et apologeticus contra Pelagium, de arbitrii libertate, ad fidem mss. adjectis integris notis Fr. Fabricii et L. Lautii, recensuit suisque animadvers. illustravit Sigeb. Havercampus. *Lugd.-Batav.*, 1738, in-4, v. marb.

3750. **Osiander** (Andreas). Harmoniæ evangelicæ libri IV et annotationum liber unus. *Lutetiæ, Rob. Stephanus*, 1545, in-16, v. br.

3751. **Osorius** (Hieron.). De justitia cœlesti libri X. *Coloniæ-Agripp.*, 1574, pet. in-8, bas.

3752. — Hier. Osorii, Lusitan. episc., Paraphrasis in Isaïam. Libri V. *Coloniæ-Agrippinæ*, 1584, in-12, parch.

3753. **Ossat** (A., card. d'). Ses lettres. Seconde édition. *Paris, Bouillerot*, 1624, 2 part. en 1 v. in-4, parch.

3754. **Ossian**, fils de Fingal. Poésies galliques, trad. sur l'angl. de Macpherson par Letourneur. *Paris*, 1777, 2 v. in-8, d.-rel. bas.

3755. **Ostentum** nullo vel levi situ exlocatum, autore omnino incognito; sed quem facile experiaris : tametsi non videatur unus, quique exprimitur A. P. Anton. Gonzalez de Rosende, cleric. regular. minorum, etc. — De essentiali libertate Dei et creaturæ contra libellum probrosum et diffamatorium cui titulus est : *De consilio*, R. P. Ant. Gonzalez de Rosende, nonnullæ præsumptiones, etc. *Lugduni*, s. d., pet. in-12, bas., *frontisp. gr.*

3756. **Osterwald** (J.-F.). Catéchisme. 1702, in-8.
   Le titre et la fin manquent.

3757. **Otto** (Ever.). De Diis vialibus plerorumque populorum dissertatio. *Halæ-Magdeburgicæ*, 1714, in-8, bas., *frontisp. gr.*

3758. **Otto Frisingensis.** Chronicon rerum ab orbe condito ad sua usque tempora gestarum, libri VIII; ejusdem, de gestis Frederici I libri II, Radevici libri II (de eodem Frederico), Guntheri poetæ Ligurinus seu de gestis Frederici libri X,.... *Basileæ, ap. Petr. Pernam,* 1569, pet. in-fol., bas.

3759. **Oudeau.** L'Illustre Criminel, ou les inventions merveilleuses de la colère de Dieu dans la punition du pécheur, représenté par le roy Balthazar, divisé en 24 discours travaillez selon les règles de la véritable rhétorique, et remplis de belles moralités et de mouvemens pressans qui sont deux pièces nécessaires à un Prédicateur; par le sieur Oudeau, prédicateur, etc. *Lyon, Cellier,* 1665, in-8, bas.

3760. — Panégyriques pour toutes les festes de la S. Vierge, travaillez selon les règles de la véritable rhétorique, et remplis de plusieurs belles moralités tirées du mystère que l'on y considère, par le s^r Oudeau, prédicateur, etc. *Lyon,* 1668, pet. in-8, bas.

3761. **Ouseel** (Phil.). Introductio in accentuationem Hebræorum metricam. — Ejusdem introductio in accentuationem Hebræorum prosaïcam. *Lugd.-Batav.*, 1714-15, 2 v. in-4, cart.

3762. — **Ovidius Naso** (Publius). Ovidii opera, ex recens. Nic. Heinsii, cum notis var., accurante Corn. Schrevelio. *Lugd.-Batav.*, 1661, 3 v. in-8, bas., *fig.* et *frontisp. gr.*

3763. — OEuvres complètes d'Ovide, trad. en fr. (par Banier, Bayeux, Kervillars, etc.), publiées par Poncelin. *Paris,* an VII (1799), 7 v. in-8, bas. rac., *fig.*

3764. — Les Métamorphoses d'Ovide, trad. en fr. par P. Duryer, avec des explications. *Lyon,* 1678, in-8, bas., *fig.*

3765. — Les mêmes, trad. en fr. avec des remarques par l'abbé Banier. *Paris,* 1738, 2 tom. en 1 v. in-4, *fig.*

3766. — Commentaires sur les Epîtres d'Ovide par Gaspard Bachet de Méziriac, de l'Acad. fr. N. éd., avec plusieurs autres ouvrages du même auteur. *La Haye,* 1716, 2 v. in-8, v. br., *frontisp. gr.*

3767. **Owen** (J.). Epigrammatum Joan. Owen, editio postrema, correctissima et posthumis quibusdam adaucta. *Amsterodami, ap. Lud. Elzevirium*, 1647, in-18, mar. r., fil., tr. d.

3768. **Ozanam** (J.). Récréations mathématiques et physiques. *Paris, Jombert,* 1735, 4 v. in-8, bas., *fig.*

P

3769. **Pacca** (le cardinal B.). Mémoires sur la captivité du pape Pie VII et le concordat de 1813, trad. de l'italien et augmentés des pièces authentiques, par L. Bellagnet. *Paris*, 1833, 2 v. in-8, d.-rel. bas.

3770. **Paciani**, episc. Barcin., opera quæ extant. Obras de S. Paciano, obispo de Barcelona, traducid. e illustrad. por don Vicente Noguera. *Valencia*, 1780, in-4, bas.

3771. **Paëpp** (Jos.). Artificiosæ memoriæ fundamenta, ex Aristotele, Cicerone, Thoma Aquinate, etc., petita... — Ejusdem: Introductio facilis in praxim artificiosæ memoriæ. — Vita Ciceronis in annos digesta, ac in epitomen secundum artem mnemonicam redacta. — Schenckelius detectus: seu memoria artificialis hactenus occultata, nunc primum luce donata. *Lugduni*, 1617, 4 part. en 1 v. in-16, v. f., fil.

3772. **Pagès** (l'abbé E.). Dissertation sur le prêt à intérêt. 2e éd. *Lyon*, 1820, in-8, br.

3773. — La même, dans laquelle l'encyclique *Vix pervenit* de Benoît XIV, sur l'usure, est expliquée, etc. 4e édit. *Lyon*, 1826-38, 2 v. in-8, br.

3774. **Pagninus.** Hebraicorum Institutionum libri IIII, Sancte Pagnino authore. *Lutetiæ-Paris., Rob. Stephanus,* 1549, in-4, mar. r., fil.

3775. **Pagus** (Franciscus). Breviarium historico-chronologico-criticum, illustriora Pontificum Romanorum gesta, Conciliorum generalium acta.... complectens. *Antverpiæ*, 1717-27, 4 v. in-4, bas.

3776. **Palacio** (Paulus de) Granatensis, et in Acad. Conimbricens. profess. Enarrationes in J.-C. Evangelium secundum Matthæum. *Lugd., hæredes Jac. Juntæ,* 1569, in-8, cham.

3777. **Palafox de Mendoça** (dom), évêque d'Osma. Ses œuvres spirituelles. *Avignon,* 1746, in-12, m. r., tr. d., dent.

3778. **Paleotinus** (Lucius). Antiquitatum sive originum ecclesiasticarum Summa ex probatiss. scriptor. desumpta. Accessit ichnographia veteris templi Christianorum. *Aug. Vindelic., Rieger,* 1747, in-4, d.-rel. m.

3779. **Paleotti** (Alph.). Historia admiranda de J.-Christi stigmatibus sacræ sindoni impressis, ab Alph. Paleoto archiep. Bonon. explicata, figuris æneis, quæstionibus, etc., illustrata; cum universa Passionis serie, mysteriis et sacratiss. Virginis Deiparæ agonibus, auctore Dan. Mallonio. — Historiæ admirandæ tomus alter complectens M. Vigerii cardinalis, de præcipuis incarnati Verbi mysteriis decachordum christianum; ejusdem lucubratio de instrumentis Dominicæ Passionis; omnia castigata..... per Rich. Gibbonum, e soc. J. *Duaci, ex offic. Balth. Belleri,* 1607, 2 tom. en 1 v. in-4, bas., *fig.*

3780. **Paley** (Will.). Principes de Philosophie morale et politique, trad. de l'angl. par J.-L.-S. Vincent. *Paris,* 1817, 2 v. in-8, d.-rel. m. v.

3781. — La vérité sur l'histoire de saint Paul, telle qu'elle est rapportée dans l'Ecriture; trad. de l'anglais. *Paris,* 1821, in-8, d.-rel. mar.

3782. **Palingenius** (Marcellus). Zodiacus vitæ, id est de hominis vita, studio ac moribus optime instituendis; libri XII. *Roterod.,* 1722, pet. in-8, v. éc., fil., *frontisp. gr.*

3783. **Palissot** (Ch.). Mémoires pour servir à l'histoire de notre Littérature, depuis François Ier jusqu'à nos jours. *Paris,* an XI (1803), 2 v. in-8, d.-rel. m.

3784. — Les Philosophes, comédie par Palissot. *Paris,* 1760, *fig.* —

Lettre de l'auteur de la comédie des Philosophes au public, pour servir de préface. 1760. — Conseil des Lanternes, ou la véritable vision de Palissot, pour servir de *Post-Scriptum* à la comédie des Philosophes. *Aux remparts,* 1760. — Lettre d'un original aux auteurs très-originaux de la comédie très-originale des Philosophes. *Berlin,* 1760. — Préface de la comédie des Philosophes. *Paris,* 1760. — Lettres de Voltaire à Palissot, avec les réponses, à l'occasion de la comédie des Philosophes. *Genève,* 1760. — Discours sur la satire contre les Philosophes (par l'abbé Coyer). *Athènes,* 1760. — La Vengeance de Thalie, poëme critique de la pièce des Philosophes. *Genève,* 1760. — Réponse aux différents écrits publiés contre la comédie des Philosophes. 1760. — Les Philosophes manqués, comédie en 1 acte. *A Criticomanie, chez la Satyre, fig.* — Les Philosophes de bois, comédie en 1 acte par M. Cadet de Beaupré... *Paris,* 1760, *fig.* — Les Originaux ou les Fourbes punis, parodie, scène par scène, des prétendus Philosophes. *Nancy,* 1760, *fig.* 1 v. in-12, v. m.

3785. **Palmerius** (Jac.). Græciæ antiquæ descriptio. *Lugd.-Batav.,* 1678, pet. in-4, bas.

3786. **Panegyrici** veteres; interpret. et notis illustravit Jac. de La Baune ad usum Delphini. *Paris.,* 1676, in-4, bas.

3787. **Pannonii** (Jan.) Poemata. *Trajecti ad Rhen.,* 1784, 2 v. in-8, d.-rel. v.

3788. **Panormitano** (Nic. Tedeschi, ou Nic.). Traité du célèbre Panorme touchant le Concile de Basle, mis en françois par M. Gerbais, docteur de Sorbonne. *Paris,* 1697, in-8, parch.

3789. **Pantheisticon**, sive formula celebrandæ Sodalitatis Socraticæ, etc. (auctore Joan. Tolando). *Cosmopoli (Londini),* 1720, in-8, mar. verd., tr. d.

3790. **Panvinius** (Onuphrius). Reipublicæ Romanæ commentariorum libri III : accesserunt Frontini commentarii de aquæductibus et coloniis. *Parisiis, ap. Ægid. et Nic. Gillios,* 1588, pet. in-4, vél.

3791. **Papillon** (l'abbé Philib.). Bibliothèque des auteurs de Bourgogne. *Dijon,* 1742, 2 v. in-fol., v. br., *portr.*

3792. **Papin.** Recueil des ouvrages de feu M. Papin en faveur de la Religion. Nouv. édit., donnée par sa veuve (publiée par le P. Pajon, de l'Oratoire). *Paris,* 1733, 3 v. in-12, v. j.

3793. **Para du Phanjas** (l'abbé). Théorie des êtres insensibles, ou cours complet de métaphysique sacrée et profane, mise à la portée de tout le monde. *Paris*, 1779, 3 v. in-8, br.

3794. **Paradoxes** métaphysiques sur le principe des actions humaines, ou dissertation philosophique sur la Liberté de l'homme; trad. de l'angl. (de Collins, par Lefèvre de Beauvray). 1754, in-12, bas.

3795. **Parallèle** de la doctrine des Payens avec celle des Jésuites, et de la Constitution *Unigenitus* (par le P. Boyer, oratorien). 1726, in-8, bas.

3796. **Pardies** (le P. I.-G.). Discours de la connaissance des bestes. *Paris*, 1701, in-12, bas.

3797. **Paris** (Math.), monach. albanensis. Historia major (Angliæ) juxta exemplar Londinense 1571 recusa, et cum Rogeri, Wendoveri, Will. Rishangeri, authorisque majori minorique historiis chronicisque mss... collata. Huic editioni access. duorum Offarum Merciorum regum et XXIII abbatum S. Albani vitæ, una cum libro additamentorum per eumdem authorem; editore Willielmo Wats, qui et variantes lectiones, adversaria, vocumque barbar. glossarium adjecit, etc. *Parisiis, ap. viduam Guil. Pelé,* 1644, in-fol., v.

3798. **Pâris** (l'abbé Fr. de), diacre du diocèse de Paris. Explication de l'Épitre aux Romains. — Explication de l'Epitre de S. Paul aux Galates. — Prière au bienheureux Fr. de Pâris, etc. *Paris,* 1732-33, 4 v. in-12, bas.

Voir aussi le N° 5516.

3799. **Pariseïde** (la), ou Pâris dans les Gaules (par Godard d'Aucourt). *Paris,* 1773, 2 part. en 1 v. in-8, v., *frontisp. gr.*

3800. **Parisot** (.....). La Foi dévoilée par la raison dans la connaissance de Dieu, de ses mystères et de la nature, 2ᵉ édit. *Paris*, 1681, in-8, vél.

3801. **Parkerus** (Sam.). Disputationes de Deo et Providentia divina. *Londini*, 1678, in-4, d.-rel. vél.
   Voir aussi le Nº 1399.

3802. **Particularitez** remarquées en la mort de MM. de Cinq-Mars et de Thou, à Lyon, le vendredy 12 sept. 1642. S. l. n. d., 28 pp. in-12.
   Relié avec le Nº 4359.

3803. **Pascal** (Blaise). OEuvres. *La Haye (Paris)*, 1779, 5 v. in-8, v. éc., fil., *portr.* et *fig.*

3804. — Lettres escrites à un Provincial par un de ses amis (et lettre aux RR. PP. Jésuites sur la morale et la politique de ces Pères (sans nom d'auteur et s. l. n. d.). Lettres 7 à 16 de l'édit. originale (le commencement de la 7ᵉ est déchiré). In-4, br.

3805. — Les Provinciales, ou les lettres écrites par L. de Montalte à un Provincial de ses amis et aux RR. PP. Jésuites, sur le sujet de la morale et de la politique de ces Pères. *Cologne*, 1657, in-4. — On y a joint : Lettre au P. Annat sur son escrit qui a pour titre : *La bonne foi des Jansénistes*, etc. — Advis de mess. les Curés de Paris... Requeste de mess. les Curés de Rouen.... Table et extrait des plus dangereuses propositions de la morale de plusieurs nouveaux casuistes... — Suite de l'Extrait... — Lettres (deux) d'un curé de Rouen à un curé de la campagne... — Lettre de M. Arnauld à une personne de condition sur ce qui est arrivé depuis peu dans une paroisse de Paris à un seigneur de la Cour. *Paris*, 1657. 1 v. in-4, v. br.

3806. — Les Lettres écrites par Louis de Montalte à un Provincial de ses amis et aux RR. PP. Jésuites, avec la Théologie morale desdits Pères et nouveaux casuistes : représentée par leur pratique et par leurs livres, divisée en cinq parties. *Cologne, Nic. Schoute*, 1666. — On y a joint : Censura sacræ Facultat. Theologiæ Parisiensis in librum cui titulus est : *Amadai Guimenii Loma-*

rensis (Math. de Moya, jés.).... *opusculum singularia universæ fere Theologiæ moralis complectens,* etc. 1666, pet. in-8, mar. r.

3807. — Ludov. Montaltii Litteræ Provinciales de morali et politica Jesuitarum disciplina, a Willelmo Wendrockio (Nicole) e gallica in latinam linguam translatæ. Editio quinta. *Coloniæ, apud Nic. Schouten,* 1679, pet. in-8, v. br.

3808. — Les Provinciales.... trad. en latin par Guil. Wendrock (Nicole), en espagnol, par Gratien Cordero et en italien par Coscino Brunetti. *Cologne, Balth. Winfelt,* 1684, in-8, v. j.

3809. — Les Provinciales.... avec les notes de Guillaume Wendrock (Nicole), traduites en françois. *Amsterdam,* 1734, 3 v. pet. in-8, v. j., *portr.* et *frontisp. gr.*

3810. — Les mêmes.... Nouv. édit. *Amsterdam,* 1734 et 1741, 4 v. in-12, v. br., *portr.* et *frontisp. gr.*

3811. — Les mêmes. Nouv. édit. S. l., 1755, pet. in-12, v. rac.

3812. — Les mêmes. Nouv. édit. S. l., 1766, pet. in-12, bas.

3813. — Les mêmes... publiées sur la dernière édition revue par Pascal, avec les variantes des éditions précédentes; et leur Réfutation par M. l'abbé Maynard. *Paris, F. Didot,* 1851, 2 v. gr. in-8, d.-rel. m.

3814. — Divers écrits des curés de Paris, Rouen, Nevers, Amiens, Evreux et Lisieux, contre la morale des Jésuites, publiés pendant les années 1656 à 1659, pour servir de suite aux *Lettres Provinciales.* S. l., 1762, pet. in-12, v. br.

3815. — Responses aux *Lettres Provinciales,* publiées par le secrétaire de Port-Royal contre les PP. de la Compagnie de Jésus (par les PP. Nouet et Amat, jésuites). *Liège, Hovius,* 1658, pet. in-12, bas.

3816. — Entretiens de Cléandre et d'Eudoxe sur les *Lettres Provinciales* (par le P. Daniel). *Cologne, P. Marteau (Rouen),* 1697, in-12, bas.

3817. — Apologie des *Lettres Provinciales* contre la dernière réponse des PP. Jésuites, intitulée : *Entretiens de Cléandre et d'Eudoxe* (par D. Mathieu Petit-Didier, bénédictin de Saint-Vanne). *Rouen, se vend à Delft, chez Van Rhyn,* 1698, 4 part. en 3 v. in-12, v. br.

3818. — Pensées de M. Pascal sur la religion et sur quelques autres sujets, qui ont été trouvées après sa mort parmi ses papiers (2e édit.). *Paris, Guill. Desprez,* 1670, pet. in-12, v. br.

3819. — Pensées de Pascal sur la religion et sur quelques autres sujets. — Discours sur les Pensées de M. Pascal, où l'on essaie de faire voir quel était son dessein, avec un autre discours sur les preuves des livres de Moyse (par Filleau de la Chaise). — Suite des Pensées de M. Pascal, où l'on voit quel était son dessein sur la vérité de la religion, augmentée de beaucoup de pensées et de la vie de l'auteur (ne contient que cette dernière, par Mad. Perier, sœur de Pascal). *Lyon, Roux et Chize,* 1694, pet. in-12, bas.

3820. — Pensées de Pascal.... Nouv. édit. *Paris, Desprez,* 1734, in-12, v. br., tr. d.

3821. — Les mêmes. Nouv. édit. *Paris, Desprez,* 1761, in-12, bas.

3822. — Les mêmes, avec les notes de Voltaire. *Londres,* 1785, 2 v. pet. in-12, v. éc., fil., tr. d., *portr.* (Cazin).

3823. — Les mêmes, rétablies suivant le plan de l'auteur, publiées par l'auteur des *Annales du moyen âge. Dijon,* 1835, in-8, d.-rel. m.

3824. — Pensées, fragments et lettres de Pascal, publiés pour la première fois conformément aux mss. originaux en grande partie inédits, par Prosper Faugère. *Paris, Andrieux,* 1844, 2 v. in-8, br.

3825. — Pensées de Pascal, publiées dans leur texte authentique, avec un commentaire suivi et une étude littéraire, par Ernest Havet. *Paris, Dezobry,* 1852, in-8, d.-rel. m.

3826. — Les mêmes. Editio variorum par Ch. Louandre. *Paris,* 1854, gr. in-18, d.-rel. m.

3827. — Éloge et Pensées de Pascal, par M. de.... (Condorcet). *Paris,* 1778, in-8, d.-rel. bas., *portraits.*

3828. — Opuscules philosophiques de Pascal. Nouv. édit., accompagnée de notes et précédée d'une introduction et de l'analyse de chaque fragment, par Alph. Aulard, inspecteur d'Académie, etc. *Paris, E. Belin,* s. d. (1864), in-12, br.

3829. — Lettres, opuscules et mémoires de Mad. Perier et de Jacqueline, sœurs de Pascal, et de Marguerite Perier, sa nièce, publiés sur les mss. originaux, par P. Faugère. *Paris, A. Vaton,* 1845, in-8, d.-rel. m.

3830. — Études sur Pascal, par l'abbé Flottes. *Montpellier, Seguin,* 1846, in-8, d.-rel. mar. n.

3831. — Pascal, sa vie et son caractère, ses écrits et son génie, par l'abbé Maynard. *Paris, Dezobry,* 1850, 2 v. in-8, d.-rel. m.

3832. — Études sur Blaise Pascal, par A. Vinet. 2e édit. *Paris,* 1850, in-8, d.-rel. m.

3833. — Mélanges sur Pascal. 1 v. in-8, d.-rel. v.

1º De l'ouvrage de Pascal contre les athées, par Léon Lescœur. 1re partie : De la méthode philosophique de Pascal et son application à la question de l'existence de Dieu. *Dijon,* 1850. — 2º Apologétique de Pascal dans le livre des *Pensées,* par Numa Recolin (thèse). *Toulouse,* 1850. — 3º Génie et écrits de Pascal, trad. de l'*Edinburgh.-Review* de janv. 1847, par M. P. Faugère. *Paris,* 1847. — 4º Recherches sur la maison où Blaise Pascal est né et sur la fortune d'Etienne Pascal, son père, par M. Gonod. *Clermont,* 1847, *pl.* — 5º Abrégé de la vie de J.-C., par Blaise Pascal, publié par M. P. Faugère, d'après un mss. découvert avec le testament de Pascal. *Paris,* 1846, *fac simile.* — 6º De l'Amulette de Pascal, par Lélut. (Extrait des *Annales médico-psychologiques.*) — 7º Encore un mot sur Pascal, les Jésuites et l'enseignement, par V. de Bonald. *Avignon,* 1845. — 8º Philosophie de Pascal, par l'abbé Maynard, 1847.

3834. — Recherches sur la maison où Blaise Pascal est né et sur la fortune d'Étienne Pascal, son père, par B. Gonod. *Clermont,* 1847, in-8, br.

Sur Pascal, voir aussi les Nos 1272-74.

3835. **Paschal** (Ch.). Caroli Paschalii Coronæ, opus X libris distinctum, quibus res omnis coronaria e priscorum eruta et collecta monumentis continetur. *Lugd.-Batav.,* 1681, in-8, vél., *frontisp. gr.*

3836. **Pasor** (Georg.). Lexicon græco-latinum in novum D. N. J.-C. Testamentum. Editio sexta. *Herbornæ Nassoviorum*, 1654, in-8, vél.

3837. — G. Pasoris, Manuale novi Testamenti, auctum vocibus quæ occurrunt in version. antiquis Græcis... auctore Christ. Schotano. *Amstelod., Elzevir.*, 1672, in-16, bas.

> Ex. aux armes de Legouz de la Berchère, arch. de Narbonne.

3838. **Pasquier** (Estienne). Ses œuvres..., et les lettres de Nic. Pasquier, fils d'Estienne. *Amsterdam (Trévoux)*, 1723, 2 v. in-fol., v. br.

3839. — Lettres d'Estienne Pasquier. *Avignon, Brumereau*, 1590, 2 v. in-16, v. marb.

> Voir aussi le No 4135.

3840. — Les Recherches des Recherches et autres œuvres de Me Estienne Pasquier, pour la défense de nos Roys, contre les outrages, calomnies et autres impertinences dudit autheur (par le P. Garasse). *Paris, Séb. Chappelet*, 1622, in-8, v. f.

3841. **Pastoret** (E.-C.-J.-P. m^{is} de). Zoroastre, Confucius et Mahomet, comparés comme sectaires, législateurs et moralistes. *Paris*, 1787, in-8, bas.

3842. — Moyse, considéré comme législateur et comme moraliste. *Paris*, 1788, in-8, d.-rel. bas.

3843. **Paterculi** (V.) quæ supersunt ex Historiæ Romanæ voluminibus duobus, cum notis varior., curante Dav. Ruhnkenio. *Lugd.-Batav.*, 1779, 2 v. in-8, d.-rel. bas.; *frontisp. gr.*

3844. — Abrégé de l'Histoire Grecque et Romaine de Velleius Paterculus; trad. lat., avec le texte corrigé et des notes par l'abbé Paul. *Paris, Barbou*, 1785, in-12, bas.

3845. **Patin** (Gui). Lettres choisies. *Paris, Jean Petit*, 1692, 3 v. in-12, bas.; *portr.* — Nouvelles lettres de Gui Patin, tirées du cabinet de M. Ch. Spon (publ. par Mahudel). *Amsterdam*, 1718, 2 v. in-12, bas.

3846. — Lettres choisies. *La Haye*, 1707, 3 v. in-12, bas., *portr.*

5847. — L'Esprit de Gui Patin tiré de ses conversations, etc. (par l'abbé Bordelon ou par Ant. Lancelot). *Amsterdam*, 1709, in-12, bas.

5848. **Patin** (Charles). Histoire des Médailles, ou introduction à la connaissance de cette science. *Amsterdam*, 1695, in-12, *fig.*

5849. **Patin** (Jos.). Theologia exegetica, seu opuscula de sacris bibliis. *Avenione*, 1712, pet. in-12, bas.

5850. **Patricius**. Francisci Patricii Senensis, pontif. Caietani, Enneas de Regno et Regis institutione, opus.... *Venundatur in œdibus Joan. Parvi*, MDXXXI, in-fol., bas., *frontisp. gr.*

5851. — De Regno et Regis institutione libri IX. *Parisiis, apud Ægid. Gorbinum*, 1567, in-8, vél.

5852. — De institutione Reipublicæ libri novem. *Ap. Joan. Parvum*, MDXXXIIII, in-fol., *frontisp. gr.*

5853. **Patrum** (SS.) qui temporibus apostolicis floruerunt opera, gr. et lat.; cura J.-B. Cotelerii. *Antverpiæ*, 1698, 2 v. in-fol., bas.

5854. **Patrum** (SS.) opera. Voir, outre le N° précédent, les Nos 1132, 1149, 2453, 2996, 3478 et 4724.

5855. **Paulinier** (Théod.). Græca nec-non latina carmina nonnulla Homeri; Catulli, Martialis, Ausonii francogallicis versibus reddita; auctore J. P. L. Theod. Paulinier Monspel. *Parisiis Monspeliique*, cIɔ. Iɔ. ccc. L, in-8, br.

5856. — Caii seu Quinti-Valerii Catulli erotica nec-non epigrammatica carmina. Trad. complète en vers français, par Louis-Théodore Paulinier. *Paris et Montpellier*, 1839, in-8, br.

5857. **Paulinus** Nolanus (S.). Opera secundum ordinem temporum nunc primum disposita et ad mss. codd. atque editt. antiquiores emendata et aucta, necnon varior. notis illustrata (cura Jo.-B. Lebrun des Marettes). *Paris, Couterot*, 1685, 2 tom. en 1 v. in-4, bas.

5858. **Paulus** (R. P.), a Lugduno capucinus. Totius Theologiæ specimen ad usum Theologiæ candidatorum..... *Lugduni*, 1731, 5 v. in-12, bas.

3859. **Pausanias.** Græciæ descriptio (gr. et lat.), a Guil. Xylandro recognita; access. ejusdem annotat. a Frid. Sylburgio continuatæ; addita etiam Romuli Amasæi versio latina, etc. *Francofurti*, 1583, in-fol., bas.

3860. — Description de la Grèce; trad. n., avec le texte grec, par Clavier. *Paris*, 1814, 6 v. in-8, d.-rel., bas.

3861. — Pausanias, ou voyage historique de la Grèce, trad. en franç. par Gedoyn. *Amsterdam*, 1733, 4 v. in-12, d.-rel. m., *fig.*

3862. **Pavillon** (Étienne). OEuvres, nouv. édit. augmentée. *Paris*, 1720, pet. in-8, v. br.

3863. **Pearsonius** (Jo.). Opera posthuma chronologica, videlicet de serie et successione primorum Romæ Episcoporum; Annales Paulini et lectiones in Acta Apostolorum. Curavit et notas addidit H. Dodwellus. *Londini*, 1688, in-4, bas., br.

3864. **Peignot** (Gabriel). Traité du choix des livres. *Paris et Dijon*, 1817, in-8, br.

Voir aussi le N° 3119.

3865. **Pellico** (Silvio). Mes Prisons, suivies du discours sur les devoirs des hommes; trad. par Ant. de Latour. 8e édit., avec des additions et des notes. *Paris*, 1846, gr. in-18, br.

3866. — Lettres de Silvio Pellico, recueillies et mises en ordre par G^{me} Stefani; trad. et précédées d'une introduction par Ant. de Latour. *Paris, Dentu*, 1857, in-8, d.-rel., m., *portr.* et *fac simile.*

3867. **Pellisson** ou **Pélisson-Fontanier** (Paul). Histoire de l'Académie française, nouv. édit. *Amsterdam*, 1730, in-12, bas.

3868. — Histoire de l'Académie française, par Pellisson et d'Olivet; 3e édit. *Paris*, 1743, 2 v. in-12, bas.

3869. — La même, avec une introduction, des éclaircissements et notes par Ch.-L. Livet. *Paris*, 1858, 2 v. in-8, d.-rel. mar. br., *planche gr.*

3870. — OEuvres diverses de Pellisson. *Paris, Didot*, 1735, 3 v. in-12, bas., *portr.*

3871. — Réflexions sur les différends de la Religion, avec les preuves de la tradition ecclésiastique (par Pellisson). 2ᵉ édit. *Paris*, 1686, in-12, v. br.

3872. — Les mêmes. *Paris, Martin*, 1689-90, 3 v. pet. in-12, bas.

3873. — Lettres historiques de M. Pellisson-Fontanier. *Paris, Fr. Didot*, 1729, 3 v. in-12, bas.

3874. — Recueil de pièces galantes, en prose et en vers, de Mᵐᵉ la comtesse de la Suze et de M. Pellisson; nouv. édit., augmentée du Voyage de Chapelle et Bachaumont, des Poésies d'Aceilly et des Visionnaires de Desmaretz. *Trévoux*, 1741, 5 v. in-12, bas.

3875. **Pelloutier** (Simon). Histoire des Celtes, et particulièrement des Germains et des Gaulois. N. éd. revue par M. de Chiniac. *Paris*, 1770, 8 v. in-12, bas.

3876. **Penn** (Guill.). Histoire abrégée de l'origine et de la formation de la société dite des *Quakers*, trad. de l'angl. par Ed.-P. Bridel. *Philadelphie*, 1803, 2 v. in-18, bas.

3877. **Pennotus** (Gabriel). Propugnaculum humanæ libertatis, seu controversiarum pro humani arbitrii libertate contra philosophos, astrologos, judicarios et hæreticos tuenda... libri X. *Lugduni*, 1624, in-fol., d.-rel. bas.

3878. **Pensées** critiques sur les mathématiques, où l'on propose divers préjugés contre ces sciences, à dessein d'en ébranler la certitude, et de prouver qu'elles ont peu contribué à la perfection des beaux arts (par Cartaud). *Paris*, 1733, in-12, v. br.

3879. **Pensées** ingénieuses des Pères de l'Eglise (recueillies par le P. Bouhours). *Paris*, 1700, in-12, bas.

3880. **Pensées** théologiques relatives aux erreurs du temps (par dom Nic. Jamin, bénédictin). *Paris*, 1769, in-12, bas.

3881. **Pentatheuque** (le) avec une traduction française et des notes philos. par J.-B. Glaire et M. Franck. *Paris, Blaise*, 1835, in-8., br. T. Ier, Genèse.

3882. — Nouveaux éclaircissements sur l'origine et le Pentatheuque des Samaritains, par un religieux bénédictin de la congrégation de S.-Maur (dom Maurice Poncet, avec préface et additions de dom Clément). *Paris, Nyon*, 1760, in-8, bas.
   Sur le Pentatheuque, voir les N°s 3719, 4148 et 5025.

3883. **Pérès** (E.-J.). Noologie, ou philosophie de l'intelligence humaine. *Paris*, 1862, 2 v. in-8, br.

3884. **Perfectibilité** (de la) humaine, par A. M. *Paris et Lyon*, 1835, in-8, br.

3885. **Perottus** (Nic.). Cornucopiæ D. Nicol. Perotti episc. Sipont., qd. est ærarium latinæ linguæ rerumque, ac verborum fæcundissimum, in lepidissimi epigrammatistæ Martialis explanationem editum, una cum ipsius Martialis epigrammatis,... ad exemplar Aldinum recentius repositum... *Paris., Jehan Petit*, 1525, in-fol. de 242 feuillets, sans compter l'index, v. j.

3886. **Perrault** (Ch.). Les hommes illustres qui ont paru en France pendant le XVIIe siècle. *La Haye*, 1736, 2 v. in-12 rel. en 1, v. j.

3887. — Mémoires de Ch. Perrault, contenant beaucoup de particularités et d'anecdotes curieuses du ministère Colbert. *Avignon*, 1769, in-12.
   Relié avec le N° 4515.

3888. **Perrens**. V. Savonarole.

3889. **Perroniana** et **Thuana**. Editio secunda. *Coloniæ*, 1669, pet. in-12, bas.

3890. **Persius Flaccus** (A.). Satyræ sex cum comment. Jo. Bond. *Parisiis*, 1641, in-12, bas.

3891. — Satires de Perse, trad. en fr. avec des remarques par Selis. *Paris, Fournier*, 1776, in-8, v. br.

3892. **Petau** (Den.). Dionys. Petavii, e societ. Jes. Rationarium temporum in partes duas libros tredecim tributum. *Parisiis, Cramoisy*, 1641, in-8, v. f.

3893. — Rationarium temporum... — Autre édition. *Parisiis, Cramoisy,* 1673, 2 v. in-12 rel. en 1, bas.

3894. — Dionys. Petavii de Theologicis Dogmatibus. *Lutet.-Paris.,* 1644, 5 v. in-fol., v. br., fil.

3895. — Ejusdem Orationes. *Lutetiæ-Parisior., Cramoisy,* 1654, in-8, v. f.

3896. — De la Pénitence publique et de la Préparation à la communion, par le P. Denys Petau, jés. 2e édit. *Paris,* 1644, in-4, vél.

3897. **Petit** (Pet.). Dissertatio de Amazonibus. *Amstelod.,* 1687, pet. in-8, vél., *fig.*

3898. **Petitpied** (Nic.). Examen pacifique de l'acceptation et du fond de la bulle *Unigenitus,* ouvrage posthume. *Cologne,* 1749, 3 v. in-12, v. m.

3899. **Petrarca** (Fr.). Il Petrarca, con nuove spositioni. — Tavola di tutti le rime de sonetti et canzoni del Petrarca.... *En Venetia, G. Angelieri,* 1586, 2 v. in-16 rel. en 1, bas.

3900. — Francisci Petrarchæ de Remediis utriusque fortunæ libri duo. — Ejusdem de contemptu mundi colloquiorum liber. *Roterod.,* 1649, pet. in-12, bas.

3901. — Vie de François Pétrarque, suivie d'une imitation en vers français de ses plus belles poésies (par l'abbé Roman). *Vaucluse et Paris,* 1786, in-8, bas.

3902. — Le Génie de Pétrarque, ou imitation en vers français de ses plus belles poésies, précédées de sa vie, etc. (par l'abbé Roman). *Parme et Paris,* 1778, in-8, bas.

Même ouvrage que le précédent.

3903. **Petronius Arbiter** (Titus). Satyricon; accedunt divers. poetarum lusus in Priapum, etc. Omnia commentariis et notis doct. viror. illustrata, concinnante Michaele Hadrianide. *Amstelod., J. Blaeu,* 1669, in-8, v. br., *frontisp. gr.*

3904. — Pétrone, latin et français, traduction entière avec des remarques et additions (par Nodot). S. l., 1698, 2 v. in-8, v. f., tr. d., *fig.*

3905. — Le même. Nouv. édit. augmentée de la Contre-Critique de Pétrone. *(Hollande)* 1709, 2 v. pet. in-8, *fig.*

3906. — Satyre de Pétrone, par Boispréaux (Dujardin). *La Haye, Néaulme,* 1742, 2 v. in-12 en 1, v. f. éc., *frontisp. gr.*

3907. — Poème de Pétrone sur la guerre civile entre César et Pompée, avec deux épîtres d'Ovide; le tout trad. en vers français avec des remarques, et des conjectures sur le poème intitulé : *Pervigilium Veneris* (par le Pr. Bouhier). *Amsterdam,* 1737, in-4, d.-rel. mar.

3908. **Petrus Blesensis** Bathoniensis, in Anglia archidiaconus. Opera omnia, ad fidem mss. cod. emendata. Editio nova. *Parisiis, Joan. de la Caille,* 1672, in-fol., v. br., fil.

3909. **Petrus**, abbas Cellensis, post deinde S. Remigii Remensis abbas, et episc. Carnotensis. Epistolarum libri IX. Item Alexandri III Papæ ad eumdem et alios epistolæ. *Lutetiæ-Parisior.*, 1613, in-8, v.

Aux armes de Legouz de la Berchère, arch. de Narbonne.

3910. **Pey** (l'abbé). La loi de la nature développée et perfectionnée par la loi évangélique. *Montauban,* 1789, in-12, d.-rel. v. v.

3911. **Peyrot** (C.). OEuvres complètes de C. Peyrot, ancien prieur de Pradinas, suivies d'un petit vocabulaire patois-français. 4e édit., ornée d'un portrait. *Millau,* 1824, in-8, br.

3912. **Pezron** (le P. Paul). Antiquités de la nation et de la langue des Celtes, autrement appelés Gaulois. *Paris,* 1703, in-12, bas.

3913. — Essai d'un commentaire littéral et historique sur les Prophéties. *Paris,* 1643, in-12, bas.

3914. — Histoire évangélique confirmée par la judaïque et la romaine. *Paris, J. Boudot,* 1696, 2 v. pet. in-8, v. br., tr. dr.

Voir aussi les Nos 3011 et 3291.

3915. **Phædrus** (Jul.). Fabularum Æsopiarum libri V, cum

interpr. et notis Petri Danetii, ad usum Delphini. *Parisiis, Barbou,* 1726, in-4, v. br.

3916. — Fabulæ novæ et veteres. *Parisiis, Nicole*, 1812, in-8, v. j.

3917. **Phalaris**. Phalaridis et Bruti epistolæ (gr. et lat.). *Apud Hieron. Commelinum*, 1597, in-8, vél.

3918. **Phantasiologie**, ou Lettres philosophiques à Mad. de.... sur la faculté imaginative (par le m^{is} de Feuquières). *Oxford et Paris*, 1760, in-16, bas.

3919. **Philippe IV**, roi d'Espagne. Correspondance avec la sœur Marie d'Agréda. Voir Agréda.

3920. **Philo**. Philonis Judæi, in libros Mosis de Mundi opificio, historicos, de legibus. Ejusdem libri singulares, gr. *Parisiis, Adr. Turnebus, typis regiis*, 1552, in-fol., bas. 1re édition.

3921. — Philonis Judæi opera, partim ab Adr. Turnebo partim a Dav. Hæschelio edita et illustrata; gr. cum lat. interpr. Sigism. Gelenii. *Coloniæ-Allobrog.*, 1613, in-fol., bas.

3922. — OEuvres de Philon Juif, contenant l'interprétation de plusieurs divins et sacrés mystères,... mises du grec en fr. par Pierre Bellier. *Paris*, 1588, in-8, d.-rel. v.

3923. **Philosophie** du Bon-Sens, ou Réflexions philosophiques sur l'incertitude des connaissances humaines. Nouv. édit. (par le m^{is} d'Argens). *La Haye*, 1768, 3 v. in-16, bas.

3924. **Philosophie** (la) de l'histoire, par feu l'abbé Bazin (Voltaire). *Amsterdam*, 1765, in-8, bas.

3925. — Supplément à la *Philosophie de l'histoire* de feu l'abbé Bazin (Voltaire, par Larcher). *Amsterdam*, 1769. — Réponse à la *Défense de mon oncle*, précédée de la relation de la mort de l'abbé Bazin et suivie de l'Apologie de Socrate, trad. du grec de Xénophon (par le même). *Amsterdam*, 1767, in-8, bas.

3926. **Philosophie** (la) naturelle, civile et morale (par François Hutcheson), trad. de l'angl. (par M.-Ant. Eidous). *Lyon*, 1770, 2 v. in-12, bas.

3927. **Philostorgii** Cappadocis, veteris sub Theodosio juniore scriptoris ecclesiasticæ historiæ a Constantino M. Ariique initiis ad sua usque tempora, libri XII, a Photio (extra Bibliothecam ejus hactenus editam) in Epitomen contracti, gr. et lat., cura Jacob. Gothofredi. *Genèvæ, Jac. Chouet*, 1643, in-4, v. f., fil.

3928. **Philostratus.** Philostratorum quæ supersunt omnia; accessere Apollonii Tyanensis epistolæ, Eusebii liber adversus Hieroclem, Callistrati descript. statuarum, gr. et lat.; omnia recensuit, notis perpet. illustravit, versionem totam fere novam fecit Gottfrid. Olearius. *Lipsiæ, Fritch*, 1709, in-fol., bas.

3929. — Philostrate, de la vie d'Apollonius Thyanéen, de la trad. de Bl. de Vigenère, revue par F. Morel, avec les comm. d'Arthur Thomas, sieur d'Embry. *Paris*, 1611, 2 v. in-4, v. f., fil.

3930. — Philostrate, de la vie d'Apollonius, par Bl. de Vigenère; ensemble la Démonstration de l'immortalité de l'ame, ensuite de la vision fabuleuse du dernier chapitre; response d'Eusèbe de Césarée contre Hiéroclès; vie des Sophistes grecs. *Tournon, Guill. Linocier*, 1611, in-8, vél.

Forme le t. 3 d'autres œuvres de Philostrate publiées par le même.

3931. — Philostrate, Vie d'Apollonius de Thyane, avec les commentaires (tirés des papiers de Herbert de Cherbury) donnés en anglais par Ch. Blount, trad. de l'angl. (par Castilhon). *Berlin*, 1774, 4 v. pet. in-8, cart.

3932. — Même traduction. *Amsterdam*, 1779, 4 v. in-12, bas.

3933. **Phlegon.** Phlegontis Tralliani Opuscula, gr. et lat., e recensione Joh. Meursii..., edidit Joan.-Georg.-Frid. Franzius. *Halæ-Magdeburg.*, 1775, pet. in-8, d.-rel. v. br.

3934. **Phocylide.** Préceptes de Phocylide, trad. du grec, avec des remarques et des pensées, et des peintures critiques à l'imitation de cet auteur (par Duché). *Paris*, 1698, in-12, bas.

3935. **Photius.** Nomocanon, cum commentariis Th. Balsamonis, patriarchæ Antiocheni, etc. *Lutetiæ-Paris.*, 1615, in-4, parch.

3936. — Myriobiblion, sive bibliotheca librorum quos legit et censuit Photius; gr. edidit D. Hæschelius et notis illustravit, latine vero reddidit et scholiis auxit And. Schottus. Opus..... hac ultima editione recognitum, locisque aliquot suæ integritati restitutum. *Rothomagi, Berthelin*, 1652, in-fol., bas.

3937. — Epistolæ, gr., per Ric. Montacutium lat. redditæ et notis illustratæ. *Londini, Daniel*, 1651, in-fol., v. br., fil.

3938. **Physique** (la) occulte, ou traité de la Baguette divinatrice (par l'abbé de Vallemont). *La Haye, Moetjens*, 1722, 2 v. in-12, bas., *fig.*

3939. **Piancinus** (Jo.-Bapt.), e soc. J. In historiam Creationis Mosaïcam commentatio. *Parisiis et Tornaci*, s. d., in-8, br., *fig.*

3940. **Piccolomini.** Voy. Æneas Sylvius.

3941. **Picus Mirandulæ** (Joan.). Opera quæ extant omnia. Ea autem sunt: Joan. Pici Mirand. vita a Joan.-Francisco, illustris principis Galeoth Pici filio, conscripta; Heptaplus de opere sex dierum Geneseos; Deprecatoria ad Deum, elegiaco carmine; Apologia tredecim quæstionum; Tractatus de Ente et uno, variis objectionibus et responsionibus divisus; Oratio de hominis celsitudine et dignitate; Epistolarum libri II; Testimonia ejus vitæ doctrinæ; Disputationum adversus astrologos libri XII, etc. *Venetiis, Hieron. Scot*, 1557, pet. in-fol., bas.

3942. — De animæ immortalitate docta et arguta digressio. Accedit Jo. Ferrerii Entelechia, cum nonnullis aliis. *Parisiis, apud Joan. Roygni*, 1541, in-4, de 60 pp., lettres italiques, vél.

3943. **Pichon** (le P. Jean), jés. L'esprit de J.-C. et de l'Eglise sur la fréquente communion. *Nancy*, 1745, in-12, bas.

3944. **Pie VI.** Collection générale de ses brefs et instructions relatifs à la Révolution françoise ; trad. nouv., avec observat. hist. et crit., supplément, etc... ; par N.-S. Guillou, prêtre. *Paris*, *Leclère*, 1797-98, 2 v. in-8, bas., *portr.*

3945. **Pièces** fugitives d'Histoire et de Littérature anciennes et modernes, avec les nouvelles historiques de France et des pays étrangers sur les ouvrages du temps..... pour servir à l'histoire anecdote des gens de lettres (attribué à Du Perrier et à l'abbé Tricaud). *Paris, Jean Cot* et *Giffart*, 1704-06, 5 part. en 3 v. in-12, bas.

  L'ex. contient la 4me partie, qui est d'une excessive rareté. Voir le Dict. de Barbier.

3946. **Pièces** historiques sur la peste de Marseille et d'une partie de la Provence, en 1720, 1721 et 1722, trouvées dans les archives de la ville..., publiées en 1820, à l'occasion de l'année séculaire de la peste, avec le portrait de Belsunce et un *fac simile* de son écriture. *Marseille*, 1820, 2 v. in-8 réunis en 1, d.-rel. bas.

3947. **Pièces** philosophiques et littéraires par M. B. (Bouillier, minist. protestant). S. l., 1759, in-12, bas.

3948. **Pièces** philosophiques contenant : 1º Parité de la vie et de la mort; 2º Dialogues sur l'ame ; 3º J. Brunus redivivus, ou traité des erreurs populaires, imité de Pomponace. S. l. n. d. (1771), in-12, v. br.

3949. **Pièces** relatives aux contestations survenues au Chapitre général de l'Ordre de Cluny, entre les religieux de l'étroite observance de cet ordre et le cardinal de Bouillon, abbé commendataire de l'abbaye de Cluny. 1701-08, 4 fasc. in-4, br.

3950. **Pierquin** (E.). Traité de la Folie des animaux, de ses rapports avec celle de l'homme et les législations actuelles. *Paris*, 1839, 2 v. in-8, br.

3951. **Piété** (de la) des chrétiens envers les morts. 3e édit. augmentée (par Cl. de Sainte-Marthe). *Paris*, *Desprez*, 1679, in-12, v. éc.

3952. **Pieux** (les) délassements de l'esprit. Agathon et Tryphime, histoire sicilienne (par J.-P. Cusson). *Nancy, J.-P. Cusson*, 1711, in-12, bas.

3953. **Piganiol de la Force.** Description de Paris, de Versailles, de Marly, etc., et de toutes les autres belles maisons et châteaux des environs de Paris. *Paris, Cavelier*, 1742, 8 v. in-12, v. f., *fig.*

3954. — Nouvelle description des châteaux et parcs de Versailles et de Marly. 5e édit. *Paris*, 1724, 2 v. in-12, v. br., *fig.*

3955. **Pighius** (Albertus). Controversiarum præcipuarum in Comitiis Ratisponensibus tractatarum, et quibus nunc potissimum exagitur Christi fides et religio, diligens et luculenta explicatio. *Coloniæ, ex offic. Melch. Novesiani*, 1545, in-fol., bas.

3956. **Pighius** (Steph. Vinandus). Hercules Prodicius, seu principis juventutis vita et peregrinatio : per Steph. Vinandum Pighium. Historia principis adolescentis institutrix; et antiquitatum, rerumque scitu dignarum varietate non minus utilis quam jucunda. *Antwerpiæ*, 1587, pet. in-8, vél.

<small>Livre à la louange du prince Ch.-Fréd. de Clèves, Juliers, etc., mort à Rome, le 9 février 1575.</small>

3957. **Piles** (Roger de). Cours de Peinture par principes. *Paris*, 1766, in-12, bas., *fig.*

3958. **Pinchinat** (B.). Dictionnaire chronologique, historique, critique, sur l'origine de l'idolâtrie, des hérésies, des schismes, etc. *Paris*, in-4, bas.

3959. **Pindarus.** Olympia, etc.; cæterorum octo lyricorum carmina..., nonnulla etiam aliorum. Edit. 3ª. *Apud H. Stephanum*, 1586, in-24, mar. r., fil.

3960. — Pindari Olympia, etc... cæterorum octo lyricorum carmina... nonnulla etiam aliorum. Edit. 4ª græcolat. H. Stephano recognita.... *Lugduni, apud Joan. Pillehotte*, 1598, 2 v. in-24, rel. v.

3961. — Olympia, Nemea, Pythia, Isthmia, gr. et lat. *Genevæ, Oliva Pauli Stephani*, 1599, in-4, d.-rel., bas.

3962. — Les Olympiques de Pindare, trad. en fr., avec des remarques historiques (par de Sozzi). *Paris,* 1754, in-12, bas.

3963. — Nouv. traduction de quelques odes de Pindare, avec notes histor. et grammat., et un discours sur ce poëte par M. Vauvilliers. *Paris,* 1776, in-12, bas., *frontisp. gr.*

3964. — Odes Pythiques de Pindare, trad. par Chabanon. *Paris,* 1772, in-8, v. marb., fil.

3965. **Pinto** (Fr.-Hector) Lusitanus. Opera omnia latina (scilicet, in Esaiam, Threnos, Ezechielem, Danielem et Nahum commentaria, et Imaginis christianæ vitæ Dialogorum opus, recens latinitate donatum). *Lutetiæ-Parisior., Laur. Sonnius,* 1617, 4 tom. en 1 v. in-fol., cham.

3966. **Piron** (Alexis). OEuvres inédites (prose et vers), accompagnées de lettres, également inédites, à lui adressées par MM^{lles} Quinault et de Bar, publiées sur les mss. originaux avec introduction et notes par Hon. Bonhomme. *Paris,* 1859, gr. in-18, br.

3967. **Pisis** (Rainerius de). Pantheologia, ex edit. et cum præfat. fratris Jac. Florentini. *Impressum Venetiis cura ac impensis Hermanni Liechtensteyn Coloniensis : anno..... millesimo quadringentesimo octuagesimo sexto.* 2 v. in-fol., goth., bas.

3968. — Pantheologia, sive universa theologia, ordine alphab. distributa, et auctior facta per Fr. Jo. Nicolai. *Lugduni,* 1615, 3 vol. in-fol., d.-rel. cham., *frontisp. gr.*

3969. **Pitard** (Elie), Sainctongeois. La Philosophie morale, comprise en sept discours. *Paris, Toussainct du Bray,* 1629, in-8, vél.

3970. **Pizzurnus** (G.). Manipulus Minimorum ex regulari Sum. Pontif..., sacrarum congreg. et ipsius ordinis agro collectus : olim opera Balth. d'Avila constrictus, nunc Gerv. Pizzurni studio auctus. *Genuæ,* 1677, in-12, parch.

3971. **Placentinus** (Georg.). Commentarium Græcæ Pronunciationis, in veteres inscriptiones locupletatum. *Romæ*, 1751, in-4, d.-rel. bas.

3972. **Plaintes** (les) des Protestants cruellement opprimés dans le royaume de France (par Claude). *Cologne, P. Marteau*, 1686, in-12, v. f.

3973. **Platina** (Bapt.). De vita et moribus Summorum Pontificum historia, cui aliorum omnium qui post Platinam vixerunt ad hæc usque tempora Pontificum res gestæ sunt additæ, etc. *(Parisiis) in œdibus Joan. Parvi*, 1530, in-8, d.-rel. bas.

3974. — De vitis Pontificum Romanorum a D. N. J. C. usque ad Paulum secundum; annotat. Onuphrii Panvinii illustrata... cum ipsius Platinæ tum Onuphrii opusculis locuplet. *Coloniæ, ap. Mat. Cholinum*, 1568. — Beati Rhenani rerum Germanicarum libri tres... cum ejus vita a Joan. Sturmio conscripta. *Basileæ*, 1551, 1 v. in-fol., d.-rel. bas.

3975. **Plato**. Platonis Opera omnia, gr. et lat., ex nova Joan. Serrani interpretatione perpetuis ejusdem notis illustrata : H. Stephani de quorumdam locorum interpretatione judicium, et multorum contextus græci emendatio. *Excud. Henr. Stephanus*, 1578, 3 tom. en 2 v. in-fol., v. br., fil. (ex. en gr. pap., non rogné).

3976. — Platonis quæ exstant opera (gr.) : accedunt Platonis quæ feruntur scripta; ad optim. librorum fidem recensuit, in linguam latinam convertit, adnotationibus explanavit indicesque rerum ac verborum accuratiss. adjecit Frider. Astius. *Lipsiæ, Weidmann*, 1819-32, 11 v. in-8 rel. en 10, d.-rel. mar. citr.

Les 2 derniers contiennent les *Annotationes*.

3977. — Lexicon Platonicum, sive vocum Platonicarum index; condidit D. Frider. Astius. *Lipsiæ*, 1835-38, 3 v. in-8, d.-rel. v. f.

3978. — Le Timée traitant de la nature du monde et de l'homme, etc., par Loys le Roy, dit *Regius*. — Plutarque, de la création de l'ame que Platon descrit en son Timée. *Paris, Abel Langelier*, 1581, in-4, parch.

3979. — In Platonis Timæon Commentariorum Procli libri V et in ejusdem Politicen enarratio. Gr. (edente Sim. Grynæo et Jo. Oporino). *Basileæ, ap. Jo. Valderum,* 1534, in-fol., v. br.

3980. — Études sur le Timée de Platon par Th.-H. Martin, professeur à la Faculté des lettres de Rennes. *Paris, Ladrange,* 1841, 2 v. in-8, d.-rel. v.

3981. — Dix dialogues de Platon traduits, avec des remarques, par André Dacier. *Paris,* 1799, 2 v. in-12, v. br.

3982. — Le Banquet de Platon trad., un tiers par feu M. Racine, et le reste par mad. de (Mortemart). *Paris,* 1732, in-12, v. j.

3983. — La République de Platon, trad. du grec (par l'abbé Grou). *Paris,* 1762, 2 v. in-12, v. f., fil., tr. d.

3984. — Les Loix de Platon, trad. du grec par le traducteur de la *République* (J. Gron.). *Amsterdam,* 1769, 2 v. in-12, cart.

3985. — Pensées de Platon sur la religion, la morale, la politique, texte grec, avec la trad. par J.-V. Leclerc. *Paris,* 1819, in-8, v.

3986. — De la Psychologie de Platon, par A.-Ed. Chaignet. *Paris,* 1862, in-8, d.-rel. m.

3987. — Le Platonisme dévoilé, ou essai touchant le verbe platonicien (par Souverain, ministre calviniste). *Cologne, Marteau,* 1700, in-8, bas.

3988. — Essai historique sur Platon et coup d'œil rapide sur l'histoire du Platonisme, depuis Platon jusqu'à nos jours, par J.-J. Combes-Donous. *Paris,* 1809, 2 v. in-12, d.-rel. bas.

3989. — Comparaison de Platon et d'Aristote (par le P. Rapin). *Paris,* 1671, in-12, bas.

3990. **Plautus.** M. Accii Plauti Comœdiæ, ex recens. Jani Gruteri qui bona fide contulit cum mss. Palatinis : accedunt comment. Frid. Taubmanni, item indices rerum et verborum. *Witebergæ, ap. Zach. Schuremm,* 1621, 2 tom. in-4, bas.

3991. — Comœdiæ ; accedit commentarius ex varior. notis quorum plurimæ ex museo Zverii. *Boxhornii,* 1645, in-8, vél., *frontisp. gr.*

3992. — Comédies de Plaute, trad. en fr. par Mlle Le Fèvre, avec remarques et le texte latin. *Paris*, 1691, 3 v. in-12, v., *fig.*

3993. — Les Captifs de Plaute, trad. en fr. avec des remarques par Coste. *Amsterdam*, *Mortier*, 1716, in-12, v.

3994. **Plessis-Praslin** (Messre Gilbert de Choiseul du), év. de Tournay. Mémoires touchant la religion. 2e éd. *Paris*, *Cl. Barbin*, 1681, 2 v. in-12, v. br.

3995. **Plinius** Secundus (Caius). Naturalis historiæ libri XXXVII cum notis varior.; recensuit Joann. Fred. Gronovius. *Lugd.-Batavorum*, 1669, 3 v. in-8, cham., *frontisp. gr.*

3996. — Histoire naturelle de Pline, trad. par Ajasson de Grandsague, annotée par Beudant, Brouguiart, Cuvier, Daunou, etc... *Paris*, *Panckoucke*, 1829, 20 v. in-8, d.-rel. bas.

3997. — Morceaux extraits de l'histoire naturelle de Pline, par P.-C.-B. Guéroult. Nouv. édit., avec le texte. *Paris*, *Nicolle*, 1809, 2 v. in-8, bas. rac.

3998. **Plinius** Junior. Caii Plinii Secundi, Epistolarum libri X; ejusdem Panegyricus; de Viris illustribus; Suetonii de claris Grammaticis; Julii Obsequentis Prodigiorum lib., etc. *Paris.*, *Rob. Stephanus*, 1529, pet. in-8, v. f., fil., tr. d.

3999. — Epistolæ et Panegyricus Trajano dictus. Nova edit. recens. J.-N. Lallemand. *Parisiis*, *Barbou*, 1769, in-12, v. f., fil., tr. d.

4000. — Lettres de Pline le Jeune (trad. en fr. par M. de Sacy). *Paris*, 1721, 3 v. in-12, bas.

4000 *bis*. — Panégyrique de Trajan, trad. par M. de Sacy. *Paris*, 1709, in-12, bas.

4001. **Plotinus.** Plotini Platonici operum omnium philos. libri LIV, nunc primum gr. editi cum lat., Mars. Ficini interpret. et commentat. *Basileæ*, 1580, in-fol., d.-rel. parch.

4002. — Les Ennéades de Plotin trad., pour la première

fois, en français par M. N. Bouillet, accompagnées de sommaires, notes et éclaircissements, et précédées de la vie de Plotin, avec des fragments de Porphyre, Simplicius, etc. *Paris, Hachette,* 1857-61, 3 v. in-8, d.-rel. mar. viol.

4003. **Pluche** (N.-A.). Lettre sur la sainte Ampoule et sur le sacre de nos rois à Reims, écrite de Laon le 3 fév. 1719... *(Paris)* 1775, in-12, d.-rel. bas.

4004. — Concordance de la Géographie des différents âges. *Paris,* 1765, in-12, bas.

4005. — Harmonie des Pseaumes et de l'Evangile, ou traduction des pseaumes et des cantiques de l'Eglise, augmentée du texte latin. Ouvrage posthume. *Paris,* 1776, in-12, d.-rel. m.

4006. — La mécanique des langues et l'art de les enseigner. *Paris,* 1752, in-12, bas.

4007. **Pluquet** (Fr.-Anne). Mémoires pour servir à l'histoire des égarements de l'esprit humain par rapport à la religion chrétienne, ou dictionnaire des hérésies. *Paris, Didot,* 1776, 2 v. in-8, bas.

4008. — De la Sociabilité. *Paris,* 1767, 2 v. in-12, v. f.

4009. **Plutarchus.** Opera quæ supersunt omnia, gr. et lat., principibus ex editionibus castigavit, virorumque doctorum, suisque annotationibus instruxit Jo.-Jac. Reiske. *Lipsiæ,* 1774-82, 12 v. in-8, v. rac., fil., tr. d., *portr.* et *fig.*

4010. — De Placitis Philosophorum libri V, gr. et lat., cum notis et dissert. Ed. Corsini. *Florentiæ,* 1750, gr. in-4, d.-rel. v.

4011. — Apophtegmata regum et imperatorum, etc., gr. et lat. (edidit Michel Mettaire). *Londini,* 1741, gr. in-4, d.-rel. mar. r.

4012. — Plutarchi Vitæ parallelæ cum singulis aliquot, gr. et lat. : adduntur variantes lectiones ex mss. codd. veteres et novæ, doctorum viror. notæ et emendationes, et indices accuratissimi. Recensuit Aug. Bryanus. *Londini, Tonson et Watts,* 1729, 5 v. gr. in-4, bas.

4013. — Les Vies des hommes illustres, Grecs et Romains, comparées l'une avec l'autre par Plutarque de Chæronée, translatées premièrement de grec en franç. par Jacq. Amyot, lors abbé de Bellozane, et depuis, en ceste troisième édit., reveuës et corrigées en infinis passages par le traducteur.... *Paris, par Vascosan,* 1567, 6 v. pet. in-8. — Les OEuvres morales et meslées de Plutarque, translatées de grec en franç. par Jacq. Amyot... reveuës et corrigées, en ceste seconde édit., en plusieurs passages par le traducteur. *Paris, par Vascosas,* 7 v. pet. in-8. En tout, 13 v. rel. en v. br. *(de la Bibliothèque de S.-Ange).*

On trouve à la fin du tome VI des Vies, le supplément de Ch. l'Ecluse.

4014. — Les Vies des hommes ill. de Plutarque, avec des remarques hist. et crit. par Dacier. *Amsterdam,* 1735, 10 v. in-12, bas., *fig.*

4015. **Poemata** didascalica, primum vel edita, vel collecta studiis Fr. Oudin, in ordinem digesta et emendata a J. Oliveto. Sec. édit. *Parisiis, Delalain,* 1813, 3 v. in-12, v. f.

4016. **Poetæ** Græci gnomici : Theognis, Tyrtheus, Solon, Simonides, Pythagoras, Phocylides, græce, curante J.-Fr. Boissonade. *Paris, Lefèvre,* 1823, gr. in-32, pap. vél., d.-rel. m.

4017. **Poetæ** Græci veteres, tragici, comici, lyrici, epigrammatici, additis fragmentis, etc., gr. et lat., cura et recensione Jac. Lectii. *Coloniæ-Allobr.,* 1614, 2 v. in-fol., bas.

4018. **Poetæ** minores Græci, cum observat. Radulphi Wintertoni in Hesiodum, gr. et lat. *Cantabrigiæ,* 1684, pet. in-8, v. f.

4019. **Poetarum** ex Academia Gallica qui latine aut græce scripserunt Carmina, scilicet : Huetii, Fraguerii, Ουσανος (Boivin), Massiæi, Oliveti et Monetæ. *Parisiis, Boudot,* in-12, v., pap. vél.

Ex. de M. de Joubert, syndic des Etats du Languedoc.

4020. **Poëme** sur la Grâce (par Louis Racine). *Paris, 1723*; in-8, vél.

4021. **Poisson**, comédien aux Champs-Élisées; nouvelle historique, allégorique et comique, où l'on voit les plus célèbres *Orateurs* représenter une comédie intitulée : *La Comédie sans femme*, par M. D. C. *Paris, Leclère,* 1710, in-12, v. j.

4022. **Poitevin-Peytavi** (M.). Mémoire pour servir à l'histoire des Jeux Floraux. *Toulouse,* 1815, 2 v. in-8, d.-rel. bas., *portr.*
   Voir aussi le N° 2781.

4023. **Polignac** (Melchior de). Anti-Lucretius, sive de Deo et natura libri IX, Melch. de Polignac opus posthumum, Caroli d'Orléans de Rothelin cura editum... *Parisiis,* 1747, 2 tom. en 1 v. in-8, v. m., *portr.*

4024. — L'Anti-Lucrèce, poème sur la religion naturelle; par le cardinal de Polignac; trad. par de Bougainville. 2 v. in-12, v.

4025. **Politianus** (Angelus-Ambr.). Angeli Politiani sylva: cui titulus est Rusticus, cum Nic. Beraldi interpretat. *Venundatur ab Ascensio.* S. d., in-4, de 30 ff. chiff. et 6 ff. prélim.

4026. — Le Stanze è l'Orfeo d'Angelo Poliziano. *Firenze,* 1821, in-32, d.-rel. v., *portr.*

4027. **Politique** de tous les cabinets de l'Europe pendant les règnes de Louis XV et de Louis XVI (ouvrage de Favier, publié par Roussel). *Paris, Buisson,* 1793, 2 v. in-8, bas.

4028. **Politique** (la) du temps, traitant de la puissance, autorité et du devoir des princes des divers gouvernements; jusqu'où l'on doit supporter la tyrannie (attribué à d'Avesne). S. l., 1704, in-12, bas.

4029. **Polyænus.** Stratagematum libri VIII; Isaac. Casaubonus græce nunc primum edidit, emendavit et notis illustravit; adjecta est Justi Vulteii latina versio. *Lugd., ap. Jo. Tornæsium,* 1589, pet. in-12, v. f.

4030. **Polybius.** Polybii historiarum libri qui supersunt, gr. et lat.; Is. Casaubonus emendavit, lat. vertit et commentariis illustravit : Æneæ Tactici comment. de toleranda obsidione. *Parisiis, Drouard,* 1609, in-fol., v., tr. d.

4031. **Pomey** (Franc.). Syllabus, seu lexicon latino-gallico-græcum. *Lugduni,* 1736, in-8, bas.

4032. **Pompignan** (J.-G. Lefranc de), évêque du Puy. La dévotion réconciliée avec l'esprit. *Montauban* et *Paris,* 1755, in-12, v.

4033. — Questions diverses sur l'Incrédulité. *Paris,* 1752, in-12, bas.

   Voir aussi le N° 2930.

4034. **Pomponius Mela.** De situ orbis, libri tres.

   Relié avec le N° 5027.

4035. — Pomponius Mela, trad. en fr. sur l'édition de Gronovius, avec des notes par Fradin. *Paris,* 1804, 3 v. in-8, cart. angl.

4036. **Ponlevoy** (le P. A. de). Vie du R. P. Xavier de Ravignan, de la compagnie de Jésus. 5e éd. *Paris, Douniol,* 1862, 2 v. in-12, d.-rel. m., *portr.*

4037. **Pontas** (Jean). Dictionnaire des cas de conscience. *Paris,* 1715-19, 3 v. in-fol., bas.

4038. **Pontanus** (Joh.-Isaac.). Rerum et urbis Amstelodamensium historia. *Amsterodami,* 1611, pet. in-fol., bas., *grav.*

4039. **Pontier** (Gédéon), prêtre. Les questions d'une princesse sur divers sujets, avec les réponses. *Paris, G. de Luyne,* 1685, in-12, bas.

4040. **Pontificale** Romanum, Clementis VIII Pont. max. jussu restitutum atque editum. *Parisiis, apud Rolinum Thierry* et *Eust. Foucault,* 1615, in-fol., bas.

4041. **Pontis** (Louis de). Ses Mémoires (rédigés par Dufossé). Nouv. édit. *Paris,* 1715, 2 v. in-12, v. f.

4042. **Pontmartin** (Armand de). Causeries littéraires. 2e édit. *Paris,* 1855, gr. in-18, d.-rel. m.

4043. — Nouvelles causeries littéraires. *Paris*, 1855, gr. in-18, d.-rel. m.

4044. — Contes et nouvelles. 2ᵉ édit. *Paris*, 1856, gr. in-18, d.-rel. m.

4045. — Les jeudis de Mᵐᵉ Charbonneau. 2ᵉ édit., augmentée d'une préface. *Paris*, 1862, gr. in-18, br.

4046. **Pope** (Alex.). OEuvres diverses, trad. de l'anglais (par différents auteurs, recueillies par Élie de Joncourt). *Amsterdam, Arstée et Merkus*, 1758, 7 v. in-12, v. m., *fig.*

4047. — Lettres choisies sur différents sujets de morale et de littérature, trad. de l'angl. par Genet. *Paris et Strasbourg*, 1753, in-12, v. f.

4048. — Essai sur l'homme, trad. en vers français, précédé d'un discours et suivi de notes, avec le texte anglais; par M. de Fontanes. *Paris, Lenormant*, 1822, in-8, v. j.

4049. **Porcheti** Genuensis carthusiani, Victoria Verbi divini contra Judæos. In-4, mar. r., tr. d.

Copie mss. faite en 1599.

4050. **Porée** (Carolus), e soc. Jesu. Orationes. *Parisiis*, 1747, in-12, bas.

4051. — Tragœdiæ, editæ opera P. Cl. Griffet, ejusd. soc. *Lutetiæ-Paris.*, 1745, in-12, bas.

4052. — Oraison funèbre de Louis le Grand. *Paris*, 1716.

Réflexions critiques (de l'abbé Guérin) sur l'éloge funèbre du Roy prononcé par le P. P. (Porée). 1716. — Réponse à la critique faite par M. G. (Guérin), professeur de rhétorique au collège de (......), sur l'éloge funèbre de Louis le Grand par le père Porée, par l'abbé Lafargue. 1716. — Lettre à M. Grenan, régent de seconde au collège d'Harcourt, auteur de l'oraison funèbre prononcée en Sorbonne le 11 décembre 1715 (par l'abbé Lemasson). — Lettre du P. Porée à M. Grenan sur le même sujet. — Lettre de M... (Guérin) à un de ses amis sur l'oraison funèbre de Louis XIV, par le P. Porée. 1 v. in-12, bas.

Aux armes du Président de Bon.

4053. **Porphyrius.** Porphyrii philosophi de abstinentia ab esu animalium, cum notis P. Victorii et Jo. Valentini et interpret. lat. Jo. Bern. Feliciani, cura et studio Jac. Reiskii. *Trajecti ad Rhenum*, 1767, in-4, v.

4054. — Traité de Porphyre touchant l'abstinence de la chair des animaux, avec la vie de Plotin, etc. ; (trad.) par de Burigny. *Paris*, 1747, in-12, bas.

4055. **Port-Royal.** Voir principalement les N°s 203, 267, 1211, 1511, 1512, 1554, 1643, 1710, 1798, 1936, 2273, 2333 et s., 3248, 3383, 3399, 3608 et s., 3690, 4367, 4431, 4481, 4482, 4495, 4546, 4797 5534.

4056. **Porta** (Jo.-Bapt.). De humana Physiognomia, lib. VI. *Neapoli*, 1602, in-fol., mar. r., fil., *fig*.

4057. — La Magie naturelle divisée en 4 livres, par J.-B. Porta, contenant les secrets et miracles de nature, et nouvellement l'*Introduction à la nouvelle Magie*, par Lazare Meyssonier, et divers secrets de Toussaint Bourgeois et d'Est. Telam. *Lyon, Potin et Langlois*, 1678, 2 part. in-12 rel. en 1, bas.

4058. **Portalis** (J.-E.-M.). De l'usage et de l'abus de l'esprit philosophique durant le dix-huitième siècle, précédé d'une notice sur l'auteur et d'un discours préliminaire. *Paris, Egron*, 1820, 2 v. in-8, bas., *portr*.

4059. — Discours, rapports et travaux inédits sur le concordat de 1801, etc.... *Paris*, 1845, in-8, d.-rel. m.

4060. **Portefeuille** (le) de M. L. D. F.... (la Faille, auteur des Annales de Toulouse). *Carpentras, Labarre*, 1694, pet. in-12, bas.

4061. **Portraits**, poids et prix des espèces d'or et d'argent, tant de France qu'estrangères, auxquelles le Roy (Louis XIII) donne cours par le présent édit (de 1614?). In-12, parch.
Manquent le titre et le texte de l'édit.

4062. **Possevinus** (Ant.). Bibliotheca selecta de ratione studiorum ad disciplinas et ad salutem omnium gentium procurandam. *Coloniæ-Agripp.*, 1607, 2 v. in-fol. rel. en 1, *frontisp. gr*.

4063. **Pougens** (Charles de). Mémoires et souvenirs, commencés par lui et continués par Mme Louise B. de S^t.Léon. *Paris*, 1834, in-8, d.-rel. m.

4064. **Pouget** (Fr.-Amatus). Institutiones catholicæ in modum catecheseos, ex gallico in latinum conversæ. *Nemausi,* 1765, 6 v. in-4, bas.

4065. **Pour** et contre la Bible, par Sylvain M. (Maréchal). *Jérusalem,* 1801, in-8, d.-rel. bas.

4066. **Pour** (le) et contre, ouvrage périodique d'un goût nouveau (par l'abbé Prévost, l'abbé Desfontaines et Lefèvre de St-Marc). *Paris, Didot,* 1733-40, 20 v. in-12, v. f.

4067. **Pouvoir** (du) du Pape sur les Souverains au moyen âge, ou recherches hist. sur le droit public de cette époque relativement à la déposition des Princes, par M. (Gosselin), dir. du sém. de S.-Sulpice. *Lyon, Perisse,* 1839, in-8, d.-rel. mar.

4068. **Pouvoir** du Pape au moyen âge, ou recherches historiques sur l'origine de la souveraineté temporelle du Saint-Siége et sur le droit public du moyen âge relativement à la déposition des Souverains, etc., par M.... (Gosselin), directeur au séminaire de S.-Sulpice. *Paris et Lyon,* 1845, in-8, d.-rel. mar. bl.

4069. **Pradi** (Hieron. et Johan. **Villalpandi**), Explanationes in Ezechielem; explanationes et apparatus urbis ac templi Hierosolytani commentariis et imaginibus illustratus. *Romæ,* 1596-1604, 3 v. in-fol., bas., *fig.*

4070. **Pradon** (Nic.). Ses œuvres. Nouv. édit., corrigée et augmentée. *Paris,* 1744, 2 v. in-12, bas.

4071. — Le Triomphe de Pradon. *Lyon,* 1684, pet. in-8 de 88 pp., bas.

4072. **Pradt** (D. de), anc. arch. de Malines. Les quatre Concordats. *Paris,* 1818-20, 4 v. in-8, br.

4073. **Præstantium** ac eruditorum virorum Epistolæ ecclesiasticæ et theologicæ, inter quas eminent eæ quæ a Jac. Arminio, Conr. Vorstio, Sim. Episcopio, Hug. Grotio, Gasp. Barlæo conscriptæ sunt. *Amstardami,* 1660, in-8, parch.

4074. **Pratique** facile pour élever l'âme à la contemplation (par François Malaval). *Paris*, 1670, 2 part. en 2 v. in-12, bas.

4075. **Precationes** aliquot celebriores e sacris Bibliis desumptæ, ac in studiosorum gratiam lingua hebraïca, græca et latina in enchiridii formulam redactæ. *Parisiis, apud Martinum juvenem*, 1554, in-12, mar. r., fil., tr. d.

4076. **Préjugés** légitimes contre le Jansénisme, par un docteur de Sorbonne (François de Ville). *Cologne, Abraham Dubois*, 1686, in-12, bas.

4077. **Prémontval** (A.-P. Leguay de). Vues philosophiques, ou protestations sur les principaux objets des connaissances humaines. *Amsterdam*, 1757, 2 v. in-12, bas.

4078. **Présence** corporelle de l'homme en plusieurs lieux, prouvée possible par les principes de la bonne philosophie, etc., par l'auteur des Lettres à un Américain (l'abbé de Lignac, ouvrage posthume publ. par Brisson). *Paris*, 1764, in-12, bas.

4079. **Prévost** (Pierre). Essais de Philosophie, ou étude de l'esprit humain, suivis de quelques opucules de feu C.-L. Lesage. *Genève*, an XIII, 2 v. in-8 rel. en 1, d.-rel. v.

4080. **Pricæus** (Johan.). Matthæus ex sacra pagina sanctis Patribus græcisque ac latinis gentium scriptoribus ex parte illustr. *Parisiis, Pépingué*, 1646, pet. in-8, vél.

4081. **Prideaux** (Humphrey). Histoire des Juifs et des peuples voisins depuis la décadence des royaumes d'Israël et de Juda, jusqu'à la mort de J.-C.; trad. de l'anglais. *Amsterdam*, 1728, 6 v. in-12, *fig.*

4082. **Prière** à J.-C., ou Pseaume sur l'espérance qu'on doit avoir en lui, et Réflexions sur les principales vérités chrétiennes contenues dans ce poème. *Paris*, 1725, in-12, mar. r., fil., tr. d.

4083. **Prières** Chrétiennes en forme de méditations sur tous les mystères de N. S. et de la Sainte-Vierge, etc. (par le P. Quesnel). *Paris, Josse,* 1738, 2 v. in-12, m. r., dent., tr. d.

4084. **Primauté** (de la) du Pape; ouvrage où l'on se propose de démontrer que la primauté de l'Evêque de Rome n'est qu'une primauté de rang et d'honneur, et qu'elle n'est ni d'institution divine ni de juridiction (par le P. Pinel, de l'Oratoire), en latin et en fr. *Londres (La Haye),* 1770, in-8, bas.
Table mss. à la fin.

4085. **Principes** de la Législation universelle (par Schmid d'Avenstein). *Amsterdam,* 1776, 2 v. in-8, bas.

4086. **Principes** de la Pénitence et de la Conversion, ou vie des Pénitens (par l'abbé Besoigne). 3e éd. *Paris, Simon,* 1764, 2 v. in-12, v.

4087. **Principes** de la Philosophie morale, ou essai de M. (Shaftesbury) sur le mérite et la vertu (trad. de l'angl. par Diderot). *Amsterd. (Paris),* 1772, in-12, bas.

4088. **Principes** généraux pour l'intelligence des Prophéties (par l'abbé Bausset). *Paris,* 1763, in-12, bas.

4089. **Principes** politiques sur le rappel des Protestans en France par M. Turmeau de la Morandière). *Paris,* 1764, in-12, 2 part. en 1 v., bas.

4090. **Principes** sur l'essence, la distinction et les limites des deux puissances spirituelle et temporelle, ouvrage posthume du P. Laborde, de l'Oratoire. 1751. — Recueil de Pièces où sont établies la distinction, l'étendue et les bornes des deux puissances ecclésiastique et temporelle, conformément à la doctrine des IV articles de la déclaration de 1682. 1753. — Dissertation sur l'origine, les droits et les prérogatives des Pairs de France (par D. Simonnel). S. l., 1753, 1 v. in-12, v. f.

4091. **Principium** et illustrium virorum Epistolæ, ex præcipuis scriptor., tam antiquis quam recentior. collectæ (ab Hieron. Donzellino). *Amsterod., apud Lud. Elzevirium,* 1644, pet. in-12, v. f., fil.

4092. **Priscianus.** Opera grammatica omnia, cum expositione Joan de Aingre et Dan. Caïetan. *Impr. Venetiis* *per Bonetum Locatellum, impensis Octaviani Scoti Modoetiensis, 9 kal. mart.*, 1496, in-fol. de 285 ff., d.-rel. v.

4093. **Projet** d'office pour l'anniversaire du S. Baptême, avec l'anniversaire de la Confirmation et de la première Communion (par l'abbé Bucaille, autrement Dumont, ci-dev. Lazariste). *Paris, Osmont,* 1737, in-12, bas.

4094. **Projet** pour rendre la Paix perpétuelle en Europe (par l'abbé de Saint-Pierre). *Utrecht,* 1713, 2 v. in-12, bas., *portr. et frontisp. gr.*

4095. **Probabilité** (de la) et comment il faut choisir les opinions, avec un traité de l'ignorance et deux règles importantes du droit (par Louis Fouquet, évêque d'Agde). *Lyon,* 1685, in-12, bas.

4096. **Problème** historique, qui des Jésuites ou de Luther et de Calvin ont le plus nui à l'Eglise chrétienne? (par l'abbé Mesnier). *Utrecht,* 1763, 2 v. in-12, bas.

4097. **Procès** pour la succession d'Ambroise Guy; on y a joint les affaires des Jésuites de Liège, Fontenoy-le-Comte, Châlons, Brest, Bruxelles. *A Brest,* s. d. — Relation de l'affaire de M. l'Evêque de Luçon avec les Jésuites, au sujet de son séminaire. S. l., 1758. — Supplique de plusieurs milliers de Juifs polonais, etc.... désirant embrasser la foi catholique, à l'archevêque de Léopold. 1759, 1 v. in-12, bas.

4098. **Procès-verbal** de l'assemblée extraord. des Archev. et Evêq. tenue à Paris en 1681, avec les brefs d'Innocent XI et qq[s] arrêts du Parlement. *Paris,* 1681. — Sermon prêché à l'ouverture de l'assemblée du 9 nov. 1681, par Bossuet. *Paris,* 1682. — Édit du Roi sur l'usage de la régale. *Paris,* 1682. — Epistola Cleri Gallic. Parisiis congreg. ad Innocentium XI (lat. et fr.). *Paris,* 1682. — Epistola conventus Cleri Gallicani ad universos Gallicanæ Ecclesiæ præsules. *Parisiis,* 1682, — Édit du Roy sur la déclarat. du Clergé de France, de ses sentiments touchant la puissance ecclésiastique. *Paris,* 1682. — Actes de l'assemblée du Clergé de

1682 touchant l'affaire de Toulouse et de Pamiers. *Paris*, 1682. — Liste de MM. les Députés à l'assemblée générale de 1681 et 1682. — Actes de l'assemblée de 1682 touchant la Religion. *Paris*, 1682. — Actes de l'assemblée des Archev. et Ev. tenue à Paris pour les affaires de leurs diocèses, le 30 sept. 1688. — Lettre du Roy au cardinal d'Estrées du 6 sept. 1688. — Acte d'appel au futur concile par M. le Proc.-Gén. du Roy et arrêt rendu en conséquence (27 sept. 1688). 1 v. in-4, bas.

Voir le No 743.

4099. **Processionibus** (de) Ecclesiasticis liber, in quo eorum institutio, significatio, ordo et ritus, etc., explicantur. *Parisiis*, 1641, pet. in-8, parch.

4100. **Propertius**, ex recens. Vulpii. Voy. Catullus.

4101. — Élégies de Properce, trad. en fr., avec des notes par Deslongchamps. Nouv. édition. *Paris*, 1802, 2 v. in-8, pap. vél., v. rac., fil., tr. d., *fig*.

4102. **Proprium** insignis Ecclesiæ cathedralis et diœcesis Montispessulani (olim Magalonensis), jussu illustr. et reverend. Carol. Joach. Colbert episcopi Montispessulani, ac ejusdem ecclesiæ Capituli consensu. Editio nova. *Montispessulani, Rochard*, 1763, in-8, bas.

4103. **Prosper Aquitanus** (S.). Opera, accurata vetustor. exemplarium collatione per viros eruditos recognita. *Lugduni, apud. Seb. Gryphium*, 1539, in-fol., v. br., *frontisp. gr.*

4104. — S. Prosperi opera. *Coloniæ-Agripp.*, 1630, in-8, v. br., fil.

4105. — OEuvres de S. Prosper d'Aquitaine sur la Grâce de Dieu, le Libre Arbitre de l'homme et la Prédestination des saints (trad. de Lemaistre de Sacy). *Paris*, 1762, in-12, bas.

4106. — Poëme de S. Prosper contre les Ingrats, trad. en vers et en prose. 2e édit., avec la lettre du même à Ruffin et un abrégé de la doctrine de S. Prosper touchant la Grâce et le Libre Arbitre (par Le Maistre de Sacy). *Paris,* 1750, in-12, bas.

4107. **Protestant** (le) cité au tribunal de la parole de Dieu dans les saintes Ecritures, au sujet des points de foi controversés, trad. de l'angl. (par Besset de la Chapelle). *Paris,* 1765, in-12, bas.

4108. **Proudhon** (P.-J.). De la Justice dans la Révolution et dans l'Eglise ; nouveaux principes de philosophie pratique, adressés à Mgr Mathieu, cardinal-archevêque de Besançon. *Paris, Garnier,* 1858, 3 v. gr. in-18, br.

4109. — La Fédération et l'unité en Italie. *Paris, Dentu,* 1862, gr. in-18, br.

4110. — Du Principe fédératif et de la nécessité de reconstruire le parti de la révolution. *Paris, Dentu,* 1863, gr. in-18, br.

4111. **Prudentius.** Aurelii Prudentii Clementis opera, a Vict. Giselino correcta, etc. *Parisiis, apud Hieron. de Marnef,* 1562, in-24, v. br.

4112. — Opera quæ extant. Nic. Heinsius recensuit et animadversiones adjecit. — Nic. Heinsii in Prudentium adnotata. *Amstelod., apud Dan. Elzevirium,* 1667, 2 tom. en 1 v. pet. in-12, v. f., fil., tr. d.

4113. **Prudhomme** (L.). Histoire générale des crimes commis pendant la révolution française sous les quatre législatures, et particulièrement sous le règne de la Convention nationale, avec des gravures et des tableaux. *Paris,* an V (1796), 6 v. in-8, d.-rel. v.

4114. **Psalterium.** Liber Psalmorum hebr. cum versione lat. Santis Pagnini. *Basileæ, König,* 1638, in-16, v.

4115. — Psalmi hebraïci. *Amstelod., sumptibus J. Jansonii,* in-18, bas.

4116. — Psalterium Davidis carmine redditum per Eobanum Hessum, cum annotat. Viti Theodori Noribergensis; accedit Salomonis Ecclesiastes eodem genere carminis redditus. *Argentorati, ex offic. Cratonis Mylii,* 1540-41, in-8, m. bl., fil., tr. d.

4117. — Psalterium Davidicum græco-lat., ad fidem veter. exemplarium. *Parisiis, excudebat Carola Guillard,* anno MDXLV, in-32, mar.

4118. — Psalmorum Davidis et aliorum prophetarum libri quinque, argum. et latina paraphrasi illustrati, ac etiam vario carminum genere latine expressi. 1579, in-18, v., tr. d.

Aux armes de Jacq. Abeton, archev. de Glasgow.

4119. — Liber Psalmorum Davidis, ex idiomate syro in latinum translatus, a Gabriele Sionita. *Parisiis,* 1625, in-4, bas.

4120. — Liber Psalmorum cum argumentis, paraphrasi, et annotationibus (studio et opere Lud. Ferrandi. *Lutet.-Parisior., Pralard,* 1683, in-4, bas.

4121. — Liber Psalmorum, additis canticis cum notis Jacobi-Ben. Bossuet. *Lugduni,* 1691, in-8, bas., *frontisp. gr.*

4122. — Liber Psalmorum Vulgatæ editionis cum notis, opera et studio U. E. S. F. P. D. F. B. P. L. (unius e sacræ facultatis Parisiensis doctoribus, Francisco Bellanger, presbytero Lexoviensi); accessit appendix ad notas. *Parisiis, Estienne,* 1729, in-4, bas.

4123. — Liber Psalmorum cum notis in quibus explicantur: titulus, occasio, sensus litteralis, etc... studio Fr. B. (Bellanger). *Parisiis,* 1747, 2 part. en 1 v. pet. in-12, bas.

4124. — Joan. Bocchii Psalmorum Davidis parodia heroica; et variæ in Psalmis observationes physicæ, ethicæ, etc. Accedit ejusdem historia Davidica, sive prophetæ regii vita. *Antuerpiæ,* 1608, 3 part. en 1 v. in-8, parch.

4125. — Les Pseaumes de David; trad. nouvelle selon l'hébreu et la Vulgate (par Le Maistre de Sacy). *Paris, Le Petit,* 1679, in-12, bas.

4126. — Les Pseaumes en vers fr. (par Ranchin, conseiller à la Cour des Aides de Montpellier). *Paris, Delaulne,* 1697, in-12, bas.

4127. — Les Pseaumes de David en français, distribués pour

tous les jours de la semaine, avec des hymnes, oraisons, etc. (par Le Maistre de Sacy). *Paris, Th. de Hansy,* 1753, in-8, v., tr. d.

4128. — Pseaumes de David, expliqués par Théodoret, S. Basile et S. J. Chrysostôme, trad. en franç. par le P. J. Duranty de Bonrecueil. *Paris,* 1761, 7 v. in-12, br.

4129. — Les Pseaumes de David, trad. sur le texte hébreu, avec notes, par M. Baudrier ; on y a joint le texte latin de la Vulgate et la traduction de M. de Sacy. *Paris,* 1785, 2 v. pet. in-8, bas.

4130. — Cento Salmi di David in rime italiane. *Genevra,* 1683, in-12, bas.

Avec le plain-chant imprimé.

4131. — Principes discutés, pour faciliter l'intelligence des Livres prophétiques, et spécialement des Psaumes, relativement à la langue originale (par Louis de Poix et autres capucins). *Paris,* 1755 et s., 15 v. in-12, bas.

4132. — De la distinction primitive des Psaumes en monologues et en dialogues, ou Exposition de ces divins cantiques tels qu'ils étaient exécutés par les lévites dans le temple de Jérusalem ; nouvelle trad., avec notes (par Viguier, lazariste). *Paris, veuve Nyon,* 1806, 2 v. in-12, d.-rel. m.

Sur les Psaumes, voir aussi les Nos 554 et 737.

4133. **Psycanthropie** (la), ou nouvelle théorie de l'homme. Spectacle des esprits (par Falconnet de la Bellonie). *Avignon,* 1752, 2 v. in-12 rel. en 1, v. éc., fil.

4134. **Ptolemæi** (Cl.). Cosmographia, latine. *Hoc opus.... impressum fuit et completum Romæ, anno... M. CCCC. LXXXX..... arte ac impensis Petri de Turre.* In-fol., bas., avec les cartes.

4135. **Puce** (la) de Madame des Roches, qui est un recueil de divers poëmes grecs, lat. et franç., composez par plusieurs doctes personnages, aux grands jours tenus à Poitiers, l'an 1579. *Paris, Ab. L'Angelier,* 1583, in-4, bas.

4136. **Puffendorff** (Sam.). Le droit de la nature et des

gens, trad. du lat. par J. Barbeyrac, avec des notes. *Amsterdam,* 1712, 2 v. in-4, br., *portr.*

4137. — Les devoirs de l'homme et du citoyen suivant la loi naturelle, trad. du lat. par Jean Barbeyrac. *Londres,* 1741, 2 v. in-12, v. j., *portr.*

4138. — Religio gentium, arcana. *Hannoveræ* et *Lipsiæ,* 1773, in-8, br.

4139. — Severini de Mozambano Veronensis (Samuel Puffendorf), de statu Imperii Germanici. *Genevæ,* 1667, pet. in-12, parch.

4140. **Puteanus** (Erycius) (Henri Dupuy). Erycii Puteani epistolæ ad diversos. *Coloniæ,* 1636-41, 2 v. pet. in-12, bas.

4141. **Pybrac** (Gui du Faur de). Quatrains du seigneur de Pybrac..., avec les Plaisirs de la vie rustique, extraicts du plus long poëme composé par ledit seig. de Pybrac. *Paris, Nic. Bonfons,* 1586, in-16 de 31 ff. — Les Plaisirs du gentilhomme champêtre et autres poëmes, par N. R. P. Nicolas Rapin. 16 ff. vél. (Le titre manque.)

4142. **Pyrrhonisme** (le) de l'Église romaine, ou lettres du P. H. B. D. R. A. P. (du P. Hayer) à M... (Boullier), avec les réponses. *Amsterdam,* 1757, in-12, bas.

Q

4143. **Quatremère de Quincy** (A.-C.). Considérations morales sur la destination des ouvrages de l'art., etc. *Paris, Crapelet,* 1815, in-8, cart.

4144. — Essai sur la nature, le but et les moyens de l'Imitation dans les beaux arts. *Paris,* 1823, gr. in-8, v. j.

4145. — Histoire de la vie et des ouvrages de Raphael, ornée d'un portrait. 3e édit., avec un appendice. *Paris, Didot,* 1835, gr. in-8, d.-rel. v. gr.

4146. **Quelques** défauts des chrétiens d'aujourd'hui, par

l'auteur du *Mariage au point de vue chrétien*. *Paris* et *Genève*, 1853, gr. in-18, br.

4147. **Querelles** littéraires, ou mémoires pour servir à l'histoire des révolutions de la république des lettres, depuis Homère jusqu'à nos jours (par l'abbé Irailh). *Paris*, 1761, 4 v. in-12, bas.

4148. **Quesnel** (le P. P.). Voir notamment les Nos 271, 273, 763, 972, 1484, 2336, 2401, 2408, 2568, 4083, 4423, 4468, 4473, 4478, 4480, 5210 et s., et 5361.

4149. **Questions** curieuses sur la Genèse expliquées par les Pères de l'Eglise et les plus doctes interprètes, utiles aux Prédicateurs, etc.; par le P. Antoine Masson, minime. *Paris*, 1685, in-12, v. br.

4150. **Questions** sur l'Encyclopédie par des amateurs (Voltaire). *Genève*, 1775, 6 v. in-8, br.

4151. **Quinet** (Edg.). Mes vacances en Espagne. *Paris*, 1846, in-8, br.

Voir aussi le No 3458.

4152. **Quintilianus** (Mar. Fab.). Institutionum oratoriarum libri XII et Declamationes, cum notis varior. (edente Corn. Schrevelio et Fed. Gronovio). *Lugd.-Batav.*, 1665, 2 v. in-8, v. br.

4153. — Institutionum Oratoriarum libri XII, cum brevibus notis a Carolo Rollin accommodatis. *Parisiis*, 1741, 2 v. in-12, bas.

4154. — Quintilien, de l'Institution de l'Orateur; trad. par M. l'abbé Gédoyn. 4º édit., revue et augm. *Paris, Barbou*, 1803, 4 v. in-12, bas.

4155. — Les grandes et entières Déclamations du fameux orateur Quintilien (XIX), mises en françois par le sieur du Teil (Bernard). *Paris, Loyson*, 1659, in-8, vél.

4156. **Quitard** (P.-M.). Dictionnaire étymologique, historique et anecdotique des proverbes et des locutions proverbiales de la langue française.... *Paris*, 1842, in-8, d.-rel. m.

R

4357. **Rabanus**, Archiepisc. Mogunt. De prædestinatione Dei adversus Gothescalcum epistolæ III, nunc primum in lucem editæ cura Jac. Sirmondi. *Parisiis, Cramoisy,* 1647, in-8, parch.

4358. **Rabardeus** (Mich.), e soc. Jesu. *Optatus Gallus* de cavendo schismate, etc., benigna manu sectus. *Parisiis*, 1641, pet. in-4, vél.

4359. **Rabat-Joye** (le) du triomphe monacal, tiré de quelques lettres recueillies par P. D. P. D. S. Hilaire (par Camus, évêque de Belley). *L'Isle,* 1634, pet. in-12, bas., 238 pp.

4360. **Rabelais** (Fr.). Ses œuvres, augmentées de la vie de l'auteur et de quelques remarques sur sa vie et sur l'histoire; avec l'explication de tous les mots difficiles. *(Amsterdam, L. et D. Elzevier)* 1663, 2 v. pet. in-12, v.
Le 2d vol. est de l'édition de 1666.

4361. — Les mêmes, avec des remarques historiques et critiques (de Jac. Le Duchat et Bern. de La Monnoye). *Amst., Henri Bordesius,* 1711, 5 v. pet. in-8 rel. en 4, v. br., *fig.*

4362. — Lettres de François Rabelais escrites pendant son voyage d'Italie, nouvellement mises en lumière, avec des observat. hist. par Mrs de Sainte-Marthe, et l'abrégé de sa vie. *Bruxelles, F. Foppens,* 1710, in-12, v. br., *portr.*

4363. **Rabelais** (le) réformé par les ministres, et nommément par le P. Du Moulin, ministre de Charenton, pour réponse aux bouffonneries insérées en son livre de la *Vocation des Pasteurs* (par le P. Garasse). *Bruxelles, Christ. Girard,* 1620, in-8, d.-rel. mar. br.

4364. **Racan** (H. de Beuil, s^r de). Ses œuvres. *Paris, Coustelier,* 1724, 2 v. in-12, v. j.

4365. **Racine** (Jean). Ses œuvres, avec commentaires de J.-L. Geoffroy. *Paris, Lenormant,* 1808, 7 v. in-8, v. r., *portr., fig.* et *fac simile.*

4366. — Recueil de lettres de Jean Racine. S. l. n. d. — Mémoires sur la vie de Jean Racine. *Lausanne et Genève,* 1747. — Discours de Racine à l'Acad. franç. — Hymnes du Bréviaire romain, en vers fr. 2 v. in-12, bas.

4367. — Abrégé de l'histoire de Port-Royal, par Racine. *Paris,* 1767, pet. in-12, bas.

4368. **Racine** (Louis). La Religion et la Grâce, poèmes. Nouv. édit. *Londres,* 1785, 2 v. pet. in-12, v. éc., fil., tr. d., *portr.* (Cazin).

4369. **Racines** de la lanque latine en vers.... avec un discours de S. Jean Chrysostôme sur l'éducation des enfants (par Etienne Fourmont). *Paris, Barbou,* 1789, in-12, bas.

4370. **Radonvilliers** (Cl.-F.-L., abbé de). OEuvres diverses, précédées du discours prononcé par le cardinal Maury lors de sa réception à l'Institut, et publ. par Fr. Noel. *Paris,* 1807, 3 v. in-8, d.-rel. v. v.

4371. — De la manière d'apprendre les langues (par l'abbé de Radonvilliers). *Paris,* 1768, in-8, bas.

4372. **Ræmound** (Florimond de). L'Anti-Christ et l'Anti-Papesse, à la majesté du très-chrétien, victorieux..... Henry IIII, roy de France et de Navarre. *Paris, Abel Langelier,* 1607, in-8, vél.

4373. — L'histoire de la naissance, progrès et décadence de l'hérésie de ce siècle. *Paris,* 1610-23, 2 v. in-4, bas.

4374. **Raguenet** (l'abbé). Histoire du vicomte de Turenne. Nouv. édit. *Amsterdam,* 1772, in-12, bas., *pl.*

4375. **Ramieri** (le P. H.), jésuite. L'Église et la civilisation moderne. *Lyon, Périsse,* s. d., in-8, d.-rel. m.

4376. **Ramirez** (Jos.). Via lactea, seu vita candidissima S. Philippi Neri, cunctis olim cœlestem pandens viam, nunc pulchrioribus sacrorum bibliorum stellulis, noviter orbi illuscens ,..... *Valentiæ*, 1678, pet. in-4, vél., *portr.* et *frontisp. gr.*

4377. **Ramsay** (M.-A.). Les voyages de Cyrus, avec un discours sur la mythologie. *Paris*, 1728, 2 v. in-12 rel. en 1, bas.

4378. **Ramus** (Petr.). Petri Rami Aristotelicæ animadversiones. *Lugduni*, *ap. Ant. Vincent.*, 1545, pet. in-8, vél.

4379. — P. Rami Veromandui Institutionum dialecticarum libri III. *Lugduni*, *Theob. Paganus*, 1553, pet. in-8, de 152 pp., v. br.

4380. — P. Rami Ciceronianus. *Parisiis, apud. Andr. Wechelum*, 1557, d.-rel. v.
Voir aussi le N° 5556.

4381. **Rancé** (A.-J. Le Bouthillier de), abbé de la Trappe. De la sainteté et des devoirs de la Vie Monastique. *Paris, Muguet*, 1683, 2 v. in-4, v. éc.

4382. — Éclaircissements de quelques difficultés que l'on a formées sur le livre *De la sainteté et des devoirs de la Vie Monastique* (par l'abbé de Rancé). *Paris, Muguet*, 1685, in-4, v. j., *frontisp. gr.*

4383. — Les mêmes. 2ᵉ édit., augmentée par l'auteur. *Paris*, 1686, in-12, v. j.
Voir Mabillon, N° 3183-85.

4384. — La Règle de S. Benoît traduite et expliquée par l'auteur des *Devoirs de la Vie Monastique* (l'abbé de Rancé). *Paris*, 1689, 2 v. in-4, v. j., *portr.*
Pour l'abbé de Rancé, voir, en outre, les Nᵒˢ 936, 1407, 1487, 2977, 3036, 3280, 3322, 4439 et 4584.

4385. **Ranchin** (François). Opuscules ou Traictés divers et curieux en médecine. *Lyon*, 1611, in-8, d.-rel. v.

4386. **Rangouse** (le sieur de). Lettres aux grands de l'Estat. Pet. in-8, v. m.
Exempl. incomplet, dont le titre et les premiers feuillets manquent, et qui ne renferme que les *Lettres missives*.
Au chiffre d'Anne d'Autriche.

4387. **Ranke** (L.). Histoire de la Papauté pendant les 16e et 17e siècles ; trad. de l'allem. par Haiber, publiée, augment... et continuée jusqu'à nos jours par Alex. de St-Chéron. 2e édit. *Paris*, 1848, 3 v. in-8, d.-rel. m.

4388. **Rapin** (R.). Renati Rapini Carmina multo quam antea emendatiora. *Venetiis*, 1733, in-8, mar. r., dent., tr. d.

4389. — OEuvres diverses de P. Rapin concernant les belles-lettres. *Amsterdam*, 1686, in-12, bas.

4390. — OEuvres diverses (sur la religion). *Amsterdam*, 1695, in-12, bas.

4391. — Histoire du Jansénisme depuis son origine jusqu'en 1644, par le P. René Rapin ; ouvr. complètement inéd., revu et publié par l'abbé Domenech. *Paris, Gaume*, s. d., in-8, d.-rel. m.

4392. — Réflexions sur la Philosophie ancienne et moderne (par le P. Rapin). *Paris*, 1676, in-12, bas.

4393. — Comparaison de Platon et d'Aristote (par le P. Rapin). *Paris*, 1671, in-12, bas.

4394. — Réflexions sur la Poétique d'Aristote et sur les ouvrages des poëtes anciens et modernes (par le P. Rapin). *Paris*, 1674, in-12, v. br.

4395. **Rapports et Discussions** de toutes les classes de l'Institut de France, sur les ouvrages admis au concours pour les prix décennaux. *Paris*, novembre 1810, in-4, v. f.

4396. **Rariora** maximi moduli Numismata, selecta ex bibliotheca Casp. Carpegnæ cardinalis. — Selecti nummi duo Antoniani..., ex biblioth. Camilli cardinalis Maximi ; editi a Pet. Bellorio. *Amstelod., H. Westenius*, 1685, pet. in-12, v. br., *planches*.

4397. **Ratramne** ou Bertram. Du Corps et du Sang du Seigneur, en lat. et en franç. ; par Alix, minist. protestant (ou, suivant Barbier, par P. de la Bastide, autre ministre). *Grenoble*, 1673, in-12, bas.

4398. — Le même; avec la traduction franç. (par J. Boileau). *Paris, Vᵉ d'Edme Martin,* 1686, in-12, v. f.

4399. **Ravanellus** (Petr.). Bibliotheca sacra, seu Thesaurus scripturæ canonicæ amplissimus. *Genevæ, P. Chouet,* 1660, 3 v. in-fol., v. j., *frontisp. gr.*

4400. **Ravignan** (le P. de). Clément XIII et Clément XIV. *Paris,* 1854, 2 v. in-8, d.-rel. mar. n.

4401. **Ray** (J.). L'existence et la sagesse de Dieu manifestées dans les œuvres de la création; trad. de l'angl. (par....). *Utrecht,* 1723, in-12, bas.

4402. **Raymond** (l'abbé). Du catholicisme dans les sociétés modernes considéré dans ses rapports avec les besoins du XIXᵉ siècle. *Paris,* 1843, in-8, br.

4403. **Raynal** (G.-Th.). Histoire philosophique et politique des établissements et du commerce des Européens dans les deux Indes. *Genève, Pellet,* 1781, 10 v. in-8, v. éc., fil., *portr.*
    Voir le Nº 4529.

4404. **Raynouard** (F.-J.-M.). Monuments historiques relatifs à la condamnation des Chevaliers du Temple et à l'abolition de leur ordre. *Paris,* 1813, in-8, d.-rel. bas.

4405. **Réalité** (la) du projet de Bourg-Fontaine démontrée par l'exécution (par le P. Sauvage, jés.). *Paris, Vᵉ Dupuy,* 1756, 2 v. in-12, v.

4406. **Reboul** (Guill.). Les Salmonées du sieur de Reboul contre les ministres de Nismes et ceux du Languedoc. *Arras, Guill. de la Rivière,* 1600, pet. in-12, vél.

4407. **Reboul** (Jean), de Nimes. Poésies. *Paris, Gosselin,* 1836, in-8, mar. v., non rogn.

4408. **Recherches** curieuses et morales sur la naissance de J.-C. — Eloge de la Sainte Vierge, etc. *Paris, Journel,* 1683, 2 v. pet. in-12 rel. en 1, bas.

4409. **Recherches** sur la valeur des monnoies et sur les prix des grains avant et après le Concile de Francfort (par Dupré de Sᵗ-Maur). *Paris,* 1762, in-12, bas.

4410. **Recherches** sur les vertus de l'eau de goudron, où l'on a joint des réflexions philosophiques sur divers autres sujets importants ; trad. de l'angl. de Berkeley (par Boullier). *Amsterdam, P. Mortier,* 1748, in-12, bas.

4411. **Recherches** sur l'origine des idées que nous avons de la beauté et de la vertu (par Fr. Hutcheson), trad. de l'angl. (par Eidous). *Amsterdam,* 1749, 2 v. pet. in-8 rel. en 1, bas.

4412. **Recluz** (l'abbé). Histoire de S. Roch et de son culte. *Montpellier,* 1858, in-8, br.

4413. **Récréations** historiques, critiques, morales et d'érudition, avec l'histoire des fous en titre d'office, par M. D. D. A. (Dreux de Radier). *La Haye,* 1768, 2 v. in-12, d.-rel. v. f.

4414. **Recueil** A-Z (publié par Pérau, de Querlon, Mercier, S.-Léger, de la Porte, Barbazan et Graville). *Fontenoy,* etc., 1745-62, 24 v. in-12 rel. en 12, v. m.

4415. **Recueil** de conférences ecclésiastiques imprimées par délibération de la dernière assemblée du Clergé de la province de Narbonne. *Pézénas, Martel,* 1666, in-4, bas.

4416. **Recueil** de conversions remarquables nouvellement opérées dans quelques protestants, nouvelle édition, augmentée d'une notice sur la conversion de M. de Haller. *Lyon et Paris,* 1822, in-12, br.

4417. **Recueil** de décisions importantes sur les obligations des Chanoines ; sur l'usage que les bénéficiers doivent faire des revenus de leurs bénéfices, et sur la pluralité des bénéfices ; par un chanoine de Noyon (L. Ducandas, mort en 1758). *Paris,* 1746, in-12, bas.

4418. **Recueil** de différents mémoires sur l'affaire des Princes Légitimés. S. l. n. d., in-8, bas.

4419. **Recueil** de divers mémoires, harangues, remonstrances et lettres servans à l'histoire de nostre temps (1453 à 1620, publ. par Auger de Moléon, sieur de Granier). *Paris, Chevalier,* 1623, in-4, vél.

4420. **Recueil** de divers traités de théologie mystique qui entrent dans la célèbre dispute du Quiétisme, contenant divers traités mystiques de Mme Guyon et du Fr. Laurent, avec une préface où l'on voit beaucoup de particularités de la vie de la première (par P. Poiret). *Cologne, Jean de la Pierre,* 1699, in-12, v. br.

4421. **Recueil** de diverses oraisons funèbres, harangues, discours et autres pièces d'éloquence des plus célèbres auteurs de ce temps. *Bruxelles, Foppens,* 1682, 4 v. pet. in-12.
　　Manque le 1er.

4422. **Recueil** de diverses oraisons funèbres, harangues, discours, etc. *Lille, J. Henri,* 1712. T. I et II, in-12, bas.
　　Il en faudrait 6.

4423. **Recueil** de diverses pièces sur la philosophie, la religion naturelle, l'histoire, les mathématiques, etc., par MM. Leibnitz, Clarke, Newton (Collins) et autres auteurs célèbres (publ. par Desmaizeaux). *Asmterd.,* 1720, 2 v. in-12, bas.

4424. **Recueil** de lettres spirituelles sur divers sujets de morale et de piété (par le P. Quesnel), publié par le P. Le Courayer. *Paris, Barrois,* 1721, 3 v. in-12, bas.

4425. **Recueil** de lettres sur plusieurs points de morale contestés entre les PP. Jésuites et le P. Alexandre, dominicain, avec quelques pièces de poésie. *Lille, Jérome mécontent, à la Patience,* 1697, pet. in-12, bas.

4426. **Recueil** de littérature, de philosophie et d'histoire (par Jordan, de Berlin). *Amsterdam, Fr. Lhonoré,* 1730, in-12, v. br.

4427. **Recueil** de mandements, instructions, ordonnances et lettres pastorales de Mgr l'Archevêque d'Embrun (de Tencin). *Grenoble* et *Paris,* 1729-1732, in-4, bas.

4428. **Recueil** de maximes véritables et importantes pour l'institution du Roy, contre la fausse et pernicieuse politique du Cardinal Mazarin (par Claude Joly). *Paris,* 1653, pet. in-12, v. f.

4429. **Recueil** msc. de notes bibliographiques et critiques (en latin) sur les livres composant la bibliothèque de la Chartreuse de Villeneuve-lez-Avignon, par un ancien bibliothécaire du couvent. In-fol., rel. bas.
<small>Composé au commencement du 17e siècle.</small>

4430. **Recueil** de pièces choisies, tant en prose qu'en vers, rassemblées en deux volumes (par Bern. de La Monnoye). *La Haye, Van-Lom,* etc., 1714, 2 v. pet. in-8, bas., fil.
<small>Ier vol. Voyage de Chapelle et Bachaumont. — Lettre de Racine à l'auteur des Hérésies imaginaires. Poésies de d'Aceilly. — Avis à Ménage sur son églogue intitulée *Christine.* — Commencement de Lucrèce, en vers, par Hesnault. — Satire des satires par Boursault.
IIe vol. Poëme de la Madeleine, par Pierre de S.-Louis. — Le Louis d'or, par Isarn. — Relation des campagnes de Fribourg. — Les Visionnaires, par Desmarets.</small>

4431. **Recueil** de pièces concernant les Religieuses de Port-Royal-des-Champs qui se sont soumises à l'Eglise. *Paris, de l'Imp. roy.,* 1710, in-12, bas.

4432. **Recueil** de pièces concernant la thèse de M. l'abbé de Prades, soutenue en Sorbonne le 18 nov. 1751, censurée par la Faculté de Théologie le 27 février 1752, et par Mgr l'Archevêque de Paris, le 29 du même mois; divisé en 3 parties. 1753, in-4, mar. v., fil.

4433. **Recueil** de pièces d'histoire et de littérature (par l'abbé Granet et le P. Desmolets). *Paris,* 1731, 4 v. in-12 rel. en 2, bas.

4434. **Recueil** de pièces diverses relatives à la promesse de fidélité à la *Constitution* exigée des prêtres. *Paris,* 1800-1801. In-8, bas.

4435. **Recueil** de plusieurs pièces servant à l'histoire moderne (de Henri IV et Louis XIII). *Cologne, P. Marteau (Hollande),* 1663, pet. in-12 de 2 ff. et 524 pp., vél.

4436. **Recueil** de pièces pour servir à l'histoire ecclésiastique de la fin du XVIIIe siècle et du commencement du XIXe. S. l. ni nom d'imprimeur, 1823, d.-rel. mar. viol.

4437. **Recueil** de pièces touchant le différent entre le P. Desmothes, jésuite, prédicateur du collège de son ordre à Amiens, avec les Curés de lad. ville touchant la confession paschale, et jugement définitif de l'Archevêque de Rheims sur cette affaire. *Paris, Muguet,* 1687, in-4, bas.

4438. **Recueil** de pièces touchant l'histoire de la compagnie de Jésus, du P. Jouvency, jésuite (publiée par Nicolas Petit-Pied). *Liège,* 1716, in-12, v., *fig.*

4439. **Recueil** de quelques pièces qui concernent les quatre lettres écrites à M. l'abbé de la Trappe (par dom de Sainte-Marthe). *Cologne, Jean Sambix (Tours),* 1693, in-12, bas.

L'édition entière de ce recueil fut supprimée.

4440. **Recueil** de statuts de la congrégation de l'Oratoire de Jésus. *Paris, Roulland,* s. d., 2 v. pet. in-8, bas.

4441. **Recueil** de toutes les pièces du procez entre le P. Gérard, jésuite, et Catherine Cadière, jugé par arrest du Parlement de Provence, le 10 octobre 1731. *Amsterdam,* 1732, 5 tom. en 3 v. in-8, bas.

4442. — Éloge funèbre du P. Gérard par les RR. PP. Jésuites de Dôle, avec les notes d'un jésuite de Paris, etc. 1733. Voir le N° 4500.

4443. **Recueil** des Edicts de pacification, ordonnances et déclarations faites par les rois de France, sur les moyens plus propres à apaiser les troubles et séditions survenus par le faict de la Religion, etc., depuis l'année 1561 jusqu'à présent; par P. D. B. (Pierre de Belloy). *Genève,* 1626, pet. in-12, vél.

4444. **Recueil** des Miracles opérés au tombeau de M. de Paris, diacre, avec les requêtes présentées à M. de Vintimille, archevêque de Paris, par les curés de cette ville, et un discours préliminaire sur les Miracles. *Utrecht,* 1733, 3 v. in-12, bas.

4445. **Recueil** des Traictés de confédération et d'alliance entre la couronne de France et les Princes et Estats étrangers, depuis l'an 1621 jusqu'à présent. S. l., 1651, pet. in-8, vél.

4446. **Recueil** des Harangues prononcées par M^rs de l'Académie française dans leurs réceptions et autres occasions (1640-1782). *Paris,* 1714-87, 8 v, in-12, bas.
Manque 5 à 8 (1730-82).

4447. — Pièces d'éloquence qui ont remporté le prix de l'Académie française, depuis 1671 jusqu'en 1771. *Paris,* 1766-74, 4 v. in-12, bas.

4448. **Recueil** de pièces d'éloquence et de poésie qui ont remporté les prix donnés par l'Académie française. 1671-1761, 39 v. in-12, bas.
Manque : T. 6 (1687), 8 (1690), 30 (1732), 31 (1733), 32 (1737) et 34 et s. (1742 et s.).

4449. **Recueil** général des questions traictées ès Conférences du Bureau d'adresse, sur toutes sortes de matières; par les plus beaux esprits de ce temps. *Paris, Cardin Besongne,* 1660, 2 v. in-8, renfermant 100 conférences en deux centuries, bas.

4450. **Recueil** (le) du Parnasse, ou nouveau choix de pièces fugitives en prose et en vers (par Philippe). *Paris, Briasson,* 1743, 4 v. in-12, v. j.

4451. **Recueil** historique contenant diverses pièces curieuses de ce temps. *Cologne, Christ. V. Dyck,* 1666, pet. in-12, v. br.

4452. **Recueil** historique des bulles, constitutions et autres actes concernant les erreurs de ces deux derniers siècles (par le P. Le Tellier). *Mons (Rouen), G. Migeot,* 1697, in-8, bas.

4453. **Recueil** (premier et second) philosophique et littéraire de la société typographique de Bouillon (publ. par Castilhon et Robinet). *Bouillon,* 1769, 2 v. in-12, bas.
Ce recueil a été suivi de 8 autres. Le 10e a paru en 1779.

4454. **Recueil** in-4, bas.

1. Tabulæ breves et expeditæ in præceptiones Rhetoricæ, Georgii Cassandri. *Parisiis, ap. Th. Richardum,* 1549. — 2. Pub. Virgilii Maronis, Æneidos lib. VII et II. — Ejusdem, Georgicon lib. IV cum scholiis Ph. Melanchtonis. *Parisiis, ap. Th. Richardum,* 1550. — 3. P. Ovidii Nasonis, Metamorphoseon liber secundus. *Parisiis, ap. Th. Richardum,* 1552. — 4. Ejusdem, in quemdam quem vocat Ibin. *Parisiis, Th. Richard,* 1548. — 5. Q. Horatii Flacci, Epistolarum libri II. *Parisiis, Th. Richard,* 1550. — 6. Ejusdem, de Arte poetica liber. 1552. — 7. M. Valerii Martialis, Xenia et Apophoreta. *Parisiis, ap. Joan.-Lod. Tiletanum,* 1544. — 8. C. Suetonii Tranquilli, e XII Cæsaribus, C. Julius Cæsar. *Parisiis, ap. G. Morelium,* 1549. — 9. Aur. Cassiodori, Rhetoricæ compendium. *Parisiis, Th. Richard,* 1549. — 10. Petr. Gallandii oratio in funere Francisco Francorum Regi a professoribus facto, habita Lutetiæ nonis maii MDXLVII. — 11. Ejusdem, contra novam Academiam Petri Rami oratio. *Lutetiæ, apud Vascosanum,* 1551.

4455. **Recueil** in-4, bas. (restes d'un recueil plus considérable).

1. Tabulæ præceptionum dialecticarum quæ quam brevissime et planissime artis methodum complectuntur, in puerorum et rudium gratiam, Georgii Cassandri. Editio tertia. *Parisiis, Th. Richardus,* 1552. — 2. Horatii Flacci, Epodon liber. *Parisiis, Th. Richardus,* 1553 (paginé 131-60). — 3. M. Annæi Lucani poema, ad Calphurnium Pisonem. *Parisiis, apud viduam P. Attaignant,* 1558. — 4. Hermolai Barbari compendium scientiæ naturalis, ex Aristotele. *Parisiis, ap. Th. Richardum,* 1556. — 5. Compendium Physice, Franc. Titelmani, ad libros Aristot. de naturali Philosophia utilissimum, cui libellus accessit de mineralibus, plantis et animalibus. *Parisiis, ap. Th. Richardum,* 1557. — 6. Hermolai Barbari compendium scientiæ de vita et moribus, ex Aristotele. *Parisiis, ex typ. Th. Richardi,* 1558. — 7. M. T. Ciceronis de Fato liber, Petri Rami prælectionibus explicatus. Editio secunda. *Lutetiæ, ap. Vascosanum,* 1554.

4456. **Recueil** in-8, vél.

1. Brief discours contre la vanité et abus d'aucuns trop fondez et abusez en l'astrologie judiciaire et devineresse, et de ceulx qui s'y amusent et croyent trop de legier, par F. Leger Bon-Temps. *Paris, P. Gaultier,* 1559. — 2. Oraison funebre es obseques de très haute et très vertueuse Princesse Marie, par la grace de Dieu royne douairière d'Escoce, prononcée à N. D. de Paris le 12 aoust 1560. *Paris, M. de Vascosan,* 1561. — 3. Trattato del santiss. Sacrificio de l'altare detto Messa (da Ant. Possevino). *Lione, Mich. Giove,* 1563. — 4. De la couronne du soldat, trad. du lat. de Tertullien par Audebert Maccré. *Paris, M. Vascosan,* 1563. — 5. Oraison funèbre faite à Rome aux obseques et funérailles de feu tres puissant et magnanime Prince François de Lorraine, duc de Guise, par J. Pogia-

nus. *Paris, Nic. Chesneau,* 1563, lat. et fr. — 6. Leodegarii a Quercu præfatio in librum secundum satyrarum Horatii, habita in regio auditorio, kal. octob. an. 1563. *Paris, Dionys. a Prato.* — 7. Oratio habita in sessione octava S. Concilii Tridentini per rever. Franç. Richardotum, episc. Atrebat. *Duaci, Jac. Boscardi,* 1563. — 8. Briefve narration de tous les succés du siège de Malte ..... par relation d'un capitaine qui s'y est trouvé. *Paris, Thib. Bessault,* 1565. — 9. Arrest de la Cour de Parlement portant condamnation capitale contre Symon du May, et déclaration d'innocence des sieurs d'Avantigny et la Tour. *Paris, Rob. Estienne,* 1566. — 10. Lettres patentes et commission du Roy pour la recherche, perquisition et poursuyte des usuriers..... *Paris, Rob. Estienne,* 1567. — 11. Recueil de l'abjuration de la secte lutherienne, confession d'Augsbourg, etc., faite par tres hault et tres puissant seigneur Ulderich, comte de Helffenstain. *Anvers, Seb. le Galois,* 1567. — 12. Premières lettres patentes sur la grace et pardon à ceux qui ont faict approche de la majesté du Roy sur le chemin d'entre Meaux et Paris, donnée à Paris le 28 sept. 1567. *Paris, Guil. de Nyverd.* — 13. Seconde déclaration du Roy sur la grace et pardon à ceux qui ont esté de l'intelligence des perturbateurs du public, tant en la ville de S.-Denys qu'ailleurs, pourveu qu'ils viennent à cognoissance dans le temps y déclaré. *Paris, Guil. de Nyverd,* 1567. — 14. Déclaration de ceux que le Roy veult et entend estre courusus. 1567. — 15. Ordonnance du Roy permettant à toutes personnes d'apporter.... à Paris toutes espèces de vivres, bleds, vins et aultres, sans payer pour iceux aucunes daces, subsides ou imposition quelsconques. *Paris, Rob. Estienne,* 1567. — 16. Ordonnance du Roy par laquelle il révoque l'exemption de l'imposition du vin cy devant publiée. 1567. — 17. Desfences du Roy de n'achepter, ne faire achepter des soldatz et gens de guerre du parti du prince de Condé aucunes choses provenans du pillaige et sacagement, ni aussi aucuns biens de ceux de la religion prétendue reformée. *Paris, de Nyverd,* 1567. — 18. Lettres patentes portant commission aux prévost des marchans et eschevins de Paris de lever et assembler 4400 hommes de guerre à pied, etc. *Paris, Rob. Estienne,* 1567. — 19. Déclaration du Roy par laquelle il admoneste pour la dernière fois ceulx qui ont pris les armes contre luy, de se retirer en leurs maisons dedans 24 heures, sur peine d'estre déclarez rebelles et criminaux de leze majesté. *Paris, Estienne,* 1567. — 20. Déclaration sur le faict des résignations des offices qui ont esté cidevant venales..... — 21. Lettres patentes ordonnant que doresnavant ceulx qui seront pourveus d'estats et offices de judicature feront profession de leur foy et religion. — 22. Lettres patentes contenant le pouvoir donné à M. le duc d'Anjou. *Paris, J. Dallier,* 1567. — 23. Ordre et police que le Roy entend estre doresnavant gardé et observé en sa ville de Paris, pour la seureté et conservation d'icelle. 1567. — 24. Ja. Carpentarii regii professoris oratio, habita in auditorio regio, 4 non. Januar. 1567. *Parisiis, Ægid. Gorbinus.* — 25. Dissuasion de la Paix Fourrée, à Charles IX, trad. des vers latins de M. a Quercu, lecteur royal, par Jacq. Bourlé (en vers françois). *Paris, Jehan Cha-*

ron, 1567. — 26. Responce à un certain escrit publié par l'admiral et ses adhérans pour couvrir et excuser la rupture qu'ils ont faicte de l'Edit de Pacification..... *Paris, Cl. Frémy*, 1568. — 27. Livre merveilleux contenant en bref la fleur et substance de plusieurs traictez, tant des prophéties et révélations qu'anciennes Croniques faisant mention de tous les faicts de l'Eglise universelle, comme des schismes, discords et tribulations qui doyvent advenir en l'Eglise de Rome, et d'un temps auquel on ostera et tollira aux gens d'église et clergé leurs biens temporels, etc..... *Paris, Ant. Houic*, 1568. — 28. Regrets de la France sur les misères des Troubles, composez (en vers franç.) par Arn. Sorbin, prestre de Monteig. *Paris, Guil. Chaudière*, 1568. — 29. Ad Perduellionis admiralii causas responsio. *Parisiis, Cl. Frémy*, 1568. — 30. Advertissement à la noblesse, tant du party du Roy que des rebelles. *Paris*, 1568. — 31. Déclaration du Roy supprimant tous offices de présent tenuz par personnages estant de la nouvelle Religion. — 32. Autre déclaration pour la saisie de tout le temporel des bénéfices possédés par gens desvoyéz de la Religion catholique et déserteurs d'icelle. 1568. — 33. Ordonnances pour le faict de la police du camp. 1568. — 34. Lettres patentes du Roy pour faire publier et vérifier les édits et déclaration contenant le pouvoir donné par ledict seigneur à tous les huissiers et sergens de son royaume. 1568. — 35. Ordonnance du Roy pour l'assemblée des compaignies de sa gendarmerie dedans le XX du mois de sept., tant en sa ville d'Orléans que aultres lieux. 1568. — 36. Lettres patentes pour la restitution et payement des dismes et autres biens mal détenuz, appartenans aux gens d'église. 1568. — 37. Lettre escripte par le sieur de Dampierre, suyvant M. le duc de Rouanois, grand escuyer de France, à Mad. la duchesse sa femme : par laquelle il se voit la façon dont ledict grand escuyer a esté pillé, pris et emmené de sa maison par ceux qui portent les armes contre le Roy. 1568. — 38. Lettres du Roy par lesquelles il veult que ceulx de la Religion prétendue réformée soyent receus à faire leurs plainctes et doléances, et droict leur estre faict sur icelles : prenant iceulx en sa protection et sauvegarde. 29 août 1568. — 39. Edict contenant déclaration du Roy qu'il ne veult doresnavant plus servir de ses officiers de Judicature ou de Finances qui sont de la nouvelle prétendue religion. 1568. — 40. Edict du Roy contenant interdiction et défense de tout presche, assemblée et exercice d'autre religion que de la catholique romaine. *Paris*, sept. 1568. — 41. Lettres patentes pour faire saisir le revenu temporel des Abbayes et Prieuréz au dedans de la juridiction de Paris, entre les mains de leurs fermiers et receveurs. 1568. — 42. Abjuration de plusieurs erreurs et hérésies, faicte publiquement et volontairement par le seigneur J. Mathieu Grillo, gentilhomme salernitain, en la présence de Mgr le cardinal d'Armagnac, etc. *Paris, J. Dallier*, 1568. — 43. Jac. Carpentarii regii professoris oratio habita in auditorio regio, 18 kalend. Jul. 1568. *Parisiis, Th. Brumennius*, 1568. — 44. Ad Carolum IX Sylva Parænetica, authore Leod. à Quercu. 1568.

4457. **Recueil** pet. in-8, vél.

1. Ordonnance du Roy contenant l'ordre et règlement que S. M. veult et entend estre doresnavant durant la paix observé et pratiqué en la ville de Paris et aultres lieux circonvoisins. *Paris, Rob. Estienne*, 1568. — 2. Abjuratione di molti errori heretici, fatta dal sign. Gio Matheo Grillo gentilhumo Salernitano, etc. *In Avignone, per Piet. Rosso*, 1568. — 3. Jac. Carpentarii ad Dionys. Lambinum epistola. *Parisiis, ap. Th. Brumennium*, 1569. — 4. Responce aux calomnies et injures d'un certain ministre soy disant Robert Masson, par J. Robert, docteur d'Orléans. *Paris, Gabr. Buon*, 1569. — 5. Praxis celebrandi divini Officii ad explicationem rubricarum Breviarii Romani nuper restituti confecta. *Parisiis, ap. Jac. Kerver*, 1569. — 6. To the Quenes Majesties poore deceived subjects of the northe contrey, drawen into rebellion by the Earles of Nopthumberland and Westmerland, written by Th. Norton. (In fine) *Imprinted by H. Bynneman for Lucas Harrison*, 1569; goth. — 7. Arrest et ordonnance de la Court du Parlement contenant injonction à tous estrangers qui sont diffamez, nottez et suspects de la prétendue nouvelle religion, de vuyder ceste ville et faulx-bourgs de Paris.... *Paris, J. Cannet et J. Dallier*, 1569. — 8. Chant funèbre sur la mort et trespas de très-hault et illustre seigneur messire Leb. de Luxembourg, comte de Martignes, gouverneur de Bretagne. *Paris, J. Hulpeau*, 1569. — 9. Lettres patentes du Roy, par lesquelles S. M. valide et authorise les taxes des offices qui seront faictes au Conseil estably à Paris près Mgr le duc d'Alençon, etc. *Paris*, 1569. — 10. Les Souspirs du bon Pasteur qui sont lieux recueillis de la Bible et rapportez aux misères du temps. *Paris, J. Dallier*, 1570. — 11. Remonstrances de M. de Montluc à la majesté du Roy sur son gouvernement de Guienne. 1570. — 12. Confession de la Foy catholique, adressée au Peuple François, par Cl. de Sainctes. *Paris, Cl. Frémy*, 1570. — 13. Illustriss. Galliæ et Poloniæ regis Henrici fælix in Galliam reditus, authore Hercule Rolloco, Scoto. *Pictavii, ex offic. Bochetorum*, 1574. — 14. Inhibitions et défenses du Roy, à toutes personnes, de faire tirer ou transporter hors de son royaume aucuns bleds ou autres grains sans l'expres congé et permission de S. M. *Paris, Féd. Morel*, 1574. — 15. Ample Déclaration du vouloir et intention du très-chrestien Roy de France et de Pologne Henry de Valois, 3e du nom, touchant le retour de ses subjects en son obéissance. *Lyon, par Mich. Jove*, 1574. — 16. Discours de la victoire du mercredi 14 avril 1574, la quelle il a pleu à Dieu donner au Roy catholique par le bon conseil et vertueuse conduite de don Sancho d'Avila, capitaine de la citadelle d'Anvers. *Paris, Denis du Pré*, 1574. — 17. Joan. Leslæi Scoti, episc. Rossen., pro libertate impetranda oratio, ad sereniss. Elisabetham Angliæ reginam. *Parisiis, Petr. Lhuillier*, 1574. — 18. Advertissement envoyé à la noblesse de France tant du parti du Roy que des rebelles et conjurez. *Paris, J. Poupy*, 1574. — 19. Caroli noni, christianiss. Francorum regis, pompa funebris, per A. B. J. C. *Parisiis, Mich. de Roigny*, 1574. — 20. Arrest mémorable de la Cour de Parlement de Dole, donné

à l'encontre de Gilles Garnier, Lyonnois, pour avoir en forme de loup garou dévoré plusieurs enfants et commis autres crimes : enrichy d'aucuns points recueillis de divers autheurs pour éclaircir la matière de cette transformation. *Lyon, Bén. Rigaud*, 1574. — 21. Lettres patentes de la Régence pour la Royne mère ;.... attendant la venue du Roy tres chrestien Henry III de ce nom. *Paris, Féd. Morel*, 1574. — 22. De priore Astronomiæ parte, seu de Sphæra, libri II, auctore Jac. Cheyneio ab Arnage, Scoto. *Duaci*, 1575. — 23. Ejusdem, de Sphæræ seu globi cœlestis Fabrica, brevis præceptio. *Duaci, Joan. Bogardus*, 1575. — 24. Carmen consolatorium in tristissim. obitum illustr. et reverend. Caroli cardinalis Lotharingi, archiepisc. Remensis (auctore E. Maignan). *Parisiis, Joan. de Bordeaux*, 1575. — 25. Défense pour M. de Montluc, evesque et comte de Valence contre un livre n'aguerres imprimé soubz le nom de Zacharias Furnesterus; tr. du lat. en franç. *Paris, Rob. Le Mangnier*, 1575. — 26. L'Anti-Pharmaque du chevatier Poncet, dédié aux princes, seigneurs et à tous les Estats de ce royaume. *Paris, Féd. Morel*, 1575. — 27. M. Ant. Mureti oratio pro Carolo IX, Galliarum rege, Gregorio XIII Pont. max. debitam obedientiam præstante. *Parisiis, ap. Mich. de Roigny*, 1573. — 28. Lettres du Roy portant injonction de faire dresser un estat de tous gentilshommes habiles à porter armes et les advertir d'eux tenir prets : de persévérer en la fidélité et obéissance qu'ils doivent à S. M., et ne suyvre le duc d'Alençon ny ceux de son party. *Paris, Féd. Morel*, 1575. — 29. Epithalame et chant nuptial sur la nopce du tres chrestien roy de France et de Pologne, Henry III, et mad. Loïse de Lorraine, par N. Gillet. *Rheims, J. de Foigny*, 1575. — 30. La Trefve générale et suspension d'armes accordée par le Roy avec Mgr le duc d'Alençon, frère de S. M., pour tout son royaume, pays, terres et seigneuries de son obéissance. *Paris, Féd. Morel*, 1575.

4458. **Recueil** pet. in-8, vél.

1. De l'autorité du Roy et crimes de leze-majesté, qui se commettent par ligues, désignation de successeur et libelles escrits contre la personne et dignité du Prince (par P. de Belloy). 1587. — 2. Advertissement des advertissemens au pevple très-chrestien. S. l. 1587. — 3. Sommaire, responce à l'examen d'un hérétiqve, sur un discours de la Loy salique, faussement prétendu contre la maison de France et la branche de Bourbon. 1587. — 4. Remonstrance faite au Roy, en l'assemblée des trois Estats tenus à Blois. 1577. — 5. Replicque faicte à la responce que ceux de la Ligue ont publiée contre l'examen qui avoit esté dressé sur leur précédent discours touchant la Loy salique de France. 1587. — 6. Exhortation aux catholiques de se réconcilier les vns aux autres, pour se défendre des hérétiques. 1587. — 7. De l'union des catholiques avec Dieu et entre eux-mêmes, par Jehan de Caumont. *Paris, Nic. Nivelle*, 1587. — 8. Discours ample et très-véritable, contenant les plus mémorables faits advenuz en l'année 1587..., envoyé par un gentilhomme François à la Royne d'Angleterre (par le maréchal de la Chastre). *Paris, G. Bichon*,

1588. — 9. Coppie de lettre envoyée par un gentilhomme de l'armée du Roy à un sien amy, contenant au vray ce qui s'y est passé depuis le partement de Sa Majesté de la ville de Paris, jusques à la desroute des Reistres. *Paris, veufve Nic. Rosset*, 1587. — 10. Remonstrance av Pevple Francoys sur la diversité des vices qui règnent en ce temps avec le remède à iceux.. P. F. L. B. T. (Frère le Breton?). 1587. — 11. Discours de la mort de tres haute et tres illustre princesse madame Marie Stouard, Royne d'Escosse, fait le 18e jour de Feurier 1587. 8 pp. — 12. Oraison funèbre pour la mémoire de feu illustriss. et révérend. Sgr Fabie Frangipain Meurte, nunce de N. S. Pere Xiste V vers nostre T. Ch. Roy de France et de Polongne Henry 3, par F. Jacques Berson. *Paris, G. Jullien*, 1587. — 13. Nihil, Henrico Memmio pro xeniis, per Joan. Passeratium. Quelque chose, par Philip Girard, Vandomois. *Paris, Est. Prevosteau*, 1587. — 14. Tout, au tout-puissant (par J. Passerat.). *Paris, Guill. Autray*, 1587. — 15. Le discours de la deffaicte totale du Conte de Chastillon avec ses troupes, par mss. de Mandelot de Tournon et autres grands Seigneurs (le 27 déc. 1587, près Annonay). *Paris, par Hubert Velu.* — 16. Discours de la charge donnée par M. de Mandelot sur les trouppes de M. de Chastillon près la ville de S.-Bonnet en Forets, le 13 déc. 1587. *Paris, Didier Millot*, 1587. — 17. A copie of a lettre written by an English gentleman, out of the campe of te low côtreys, unto the reverend, master doctor Allain, touching the act of rendring the Towne of Deventer and other Places, unto the cathol. King : and his answere and resolution unto the same. 1587. — 18. Mariæ Stuartæ Scotorum reginæ, principis catholicæ, nuper ab Elisabetha regina et ordinibus Angliæ, post nonendecim annorum captivitatem in arce Fodringhaye interfectæ supplicium et mors pro fide catholica constantissima. Additis succinctis quibusdam animadversionibus et notis : brevi totius reginæ ejusdem vitæ chronologia ex optimis quibusque auctoribus collecta. *Coloniæ, ap Godefridum Kempensem*, 1587. (rare.) — 19. Lettre d'un gentilhomme catholique françois à mess. de la Sorbonne à Paris, sur la nouvelle victoire obtenue par le Roy de Navarre contre M. de Joyeuse, a Coutras le mardy 20e d'octobre 1587. *Imprimé nouvellement* (s. d.), de 62 pp. — 20. Discours sommaire de la miraculeuse victoire obtenue par le Roy de Navarre contre ceux de la Ligue, le 20e d'octobre 1587. — 21. Le tombeau et éloge du tres illustre et tres magnanime duc de Joyeuse, accompagné de plaintes et regrets de la France et des heureux anagrammes lat. et franç. du nom d'iceluy, par André Derossant. *Paris, Mich. de Roigny*, 1587. — 22. Discours triomphal et chant de liesse sur l'entière et heureuse desfaicte des Reistres, etc., par le même. *Paris*, 1587. — 23. Le vray discours contenant au vray les progrets, conduite et exécution de la victoire obtenue par M. de la Valette en Dauphiné, contre les Suisses protestans qui y estoient entrés pour les Hugenots. *Paris, Jamet Mettayer*, 1587. — 24. Mandement du Roy sur la convocation et monstre des compagnies de sa gendarmerie, es lieux et provinces désignez par iceluy. *Paris, Fed. Morel*, 1587. — 25. Discours de la deffaicte qu'a faicte M. le duc

Joyeuse et le sieur de Laverdin contre les ennemys du Roy... à la motte Saint Eloy le 21esme juin 1587. *Paris, V*e *de Laurent du Coudret.* — 26. Déclaration du Roy contre ceux qui se sont retirez à Sédan et autres terres delà de la Meuse, appartenantes au duc de Bouillon. *Paris, Fed. Morel*, 1587. — 27. Edict du Roy pour la vente et alliénation à faculté de rachapt perpétuel, des parts et portions du domaine de S. M. dont jouissoit la feue Royne d'Escosse pour son dot et douaire. *Paris, V*e *Nic. Rosset*, 1587. — 28. Les larmes de S. Pierre imitées du Tansille, au Roy (par Malherbe). *Paris, Pierre Ramier*, 1587, de 2 ff. et 17 pp. (rare). — 29. La prinse de la ville de S. Maixant par Mgr le duc de Joyeuse. *Paris, P. des Hayes*, 1587. — 30. Remonstrance aux Princes Françoys de ne faire point la paix avec les mutins et rebelles; à Mgr. le duc de Guyse. 1587. — 31. Déclaration du Roy pour l'exécution de son Edict du mois de juillet 1585, touchant la réunion de ses subjects à l'Eglise romaine. *Paris, Fed. Morel*, 1587. — 32. Ordonnances du Prévost de Paris, ou lieutenant civil touchant la police des vins et bleds. *Paris, Fed. Morel*, 1587.

4459. **Recueil** in-8, vél.

Sommaire de la guerre faicte contre les hérétiques Albigeois, extraicte du Trésor des chartes du Roy. *Paris, Rob. Nivelle*, 1590. — Bref advertissement de M. l'Evesque d'Evreux à ses diocèsains, contre un prétendu arrest donné à Caen, le 28 de mars dernier, par lequel il appert de l'introduction et établissement en France, du schisme, hérésie et tyrannie d'Angleterre; avec ledit arrest, etc. *Paris, Guil. Bichon*, 1589. — Lettre du sieur de Lamet, gouverneur de Coucy, contenant sa réunion au party catholique, escrite à un gentilhom. de la suite du roy de Navarre. *Paris, Rolin Tierry*, 1591. — Les raisons pour lesquelles Henry de Bourbon, soy disant Roy de Navarre, ne peult et ne doit estre receu, approuvé ni recogneu Roy de France..... *Paris, Rob. Nivelle*, 1591. — Copie d'une lettre escripte èt d'une suplication faicte à Henry de Bourbon, prince de Byart et duc de Vendosme, Roy prétendu de France et de Navarre; ensemble les responses de sa prétendue majesté aux dictes lettres, et requeste à luy présentée par ses adhérans politiques et prétendus catholiques P. F. I. B. *Imprimé jouxte la vérité contenue es-originaux :....* 1591. — Des Croix miraculeuses apparues en la ville de Bourges, le jour et lendemain de l'Ascension, 1591. *Paris, Guil. Bichon.* — La dispute d'un catholique de Paris, contre un politique de Tours. *Paris, Nivelle*, 1591. — Mission envoyée par un prélat d'Espagne à Mess. de la Faculté de Théologie de Paris : ou la volonté du Roy catholique est déclarée; lat. et fr. *Paris, Féd. Morel*, 1591. — Response à la lettre d'un excommunié, touchant la création de leur caliphe ou patriarche. *Paris, Nivelle*, 1591. — La diffinition des peines des schismatiques bien prouvée et leur aveuglement pour avoir supporté le Béarnais, avec la vraye prédiction de leur ruine, etc., par J. P. *Paris, J. Leblanc*, 1591. — Discours des honneurs, pompes et magnificences faictes au couronnement de N. S. P. le Pape Grégoire XIIII....

trad. de l'ital. *Paris, Leger Delas*, 1591. — Traduction du bref de N. S. P. le Pape envoyée à Mgr de Mayenne, lieut. gén. *Paris, J. Leblanc*, 1591. — Bref de N. S. P. le Pape Grég. XIIII à Mgr l'Evêque de Plaisance..... *Paris, Nivelle*, 1591. — Bulle du même, contenant les facultez données à Mgr le rév. Landriani, nonce en France. — Facultez données par le même au même. — Bulles de Grégoire XIV, contre tous ecclésiastiques, princes, seigneurs, etc., suyvant le party de Henry de Bourbon, jadis roy de Navarre. *Paris, Nivelle*, 1591. — Déclaration de N. S. P. le Pape Grégoire XIV sur les lettres à luy escrites par la noblesse qui suit le Navarrois; translatées d'ital. en franç. *Paris, Nivelle*, 1591. — Responses aux articles du conciliabule tenu à Chartres par aucuns prélats politiques, le 21 sept. 1591, dédié à eux-mêmes. *Paris, Guil. Bichon*, 1591. — Arrest de la Cour contre les défenses faictes à Chaalons sur la publication des bulles de N. S. Père. *Paris, Rolin Tierry*, 1591. — Arrest du Parlement contre certain prétendu arrest donné à Tours sur le faict des bulles monitoires de N. S. Père. *Paris, Nivelle*, 1591. — Défence pour les dites bulles contre les perverses intentions et pestiférès vomissemens des impostures politiques, qui faulsement se disent juges en paarlement de Chaalons. *Paris, Nivelle*, 1591. — Le pouvoir et commission de Mgr le Cardinal de Plaisance, légat du Saint-Siège au royaume de France, lat. et franç. — Bulle de Clément VIII, contenant les facultez données audit Cardinal. *Paris, Nivelle*, 1592. — Arrest de la Court de Parlement contre certain prétendu arrest donné à Chaalons sur le faict des bulles de la légation. 1692. — Illustriss. Cardinalis Placentini de latere legati, ad catholicos qui in regno Franciæ ad hæretici partibus stant, exhortatio. *Parisiis, Nivelle*, 1593. — La même en français. — Bulle de Clément VIII, touchant les prières publiques ordonnées par S. S. en la ville de Rome, avec une exhortation de Mgr le Cardinal de Plaisance, légat en France, sur ce même subject. *Paris, Rol. Tierry*, 1593. — Distribution des douze heures du jour, par les paroisses de Paris, pour les prières ordonnées par Mgr de Plaisance durant la tenue des Estats. — Litanies et prières ordonnées par Mgr de Plaisance, accommodées à la nécessité du temps et particulièrement pour obtenir de Dieu un roy tres chrestien. *Paris, Nivelle*, 1593. — Déclaration faicte par Mgr le duc de Mayenne pour la réunion de tous les catholiques du royaume. *Paris, Féd. Morel*, 1593. — Propositions de Mess. les princes, prélats, officiers et autres catholiques estans du parti du roy de Navarre, avec les responses du duc de Mayenne et de Mess. les princes, prélats, seigneurs et députés des provinces assemblez à Paris. *Paris, Féd. Morel*, 1593. — Theologorum Parisiensium ad ill^{mi} legati Placentini postulata super propositione in libello quodam factionis Navarenæ contenta, responsum. *Paris, Tierry*, 1693. — Advertissement à Mess. les députez des Estats assemblez à Paris au mois de janvier 1593.

4460. **Recueil** pet. in-12, vél.

1. Joannis Geometræ hymni V, in B. Deiparam, e gr. lat. facti per Fed. Morellum (gr. et lat.). *Lutetiæ, Morellus*, 1591. —

2. Brevis descriptio civitatis Avenionensis pestilentia laborantis, per F. Jacobum Corenum, cum appendice. *Avenione*, 1630. — 3. Discorso fatto da Pasquino a Marphorino sopra el Proverbio : chi d'altrui si veste presto si spoglia. 1629, de 8 pp. — 4. Discours véritable de la prise du Prince de Salm et du sieur de Bassompierre et autres chefs et seigneurs de qualité, par le comte Ringrave Ottho, suédois, après la mort du Walestein. *Jonste la copie imprimée à Paris*, 1634, de 8 pp.

4461. Recueil pet. in-8, bas.

1. Torrent de feu sortant de la face de Dieu pour desseicher les eaux de Mara encloses dans la chaussée du molin d'Ablon, ou est amplement *prouvé le Purgatoire* et suffrages pour les trespassez et sont descouvertes les faussetez et calomnies du ministre Molin ; par le P. Jacq. Suarez de Ste-Marie. *Paris, Michel Sonnius*, 1603. — 2. Des XII manières d'abus qui sont en ce monde en diverses sortes de gents et du moyen d'iceux corriger et s'en donner garde. Taitté extrait des œuvres de *Sainct Cyprian*, nouvellement reveu et corrigé, ensemble les 12 règles de M. Jan Pic de la Mirandole. *Turin, P. Bernard*, 1582. — 3. Fides Caietana in controversia conceptionis B. Virginis Mariæ. *Parisiis, ap. Gerv. Clousier*, 1569. — 4. Vérification de quelques propositions sur le sujet du tres auguste et tres adorable Sacrement Eucharistique, par la déposition et tesmoignage des anciens Pères et Docteurs.... à la requeste d'un professeur au ministère de la Religion Prétendue appellé Mr Faucher, de la ville de Nismes, faicte par un religieux observantin, recolé, demeurant à présent au couvent de son ordre en la dite ville. *En Avignon, Bramereau*, 1619. — 5. Traicté de l'institution et vray usage des processions qui se font en l'Eglise catholique, contenant un ample discours de ce qui s'est passé pour ce regard en Champagne, du 22 juillet au 25 octobre 1583, par M. H. Meurier. *A Rheims, J. de Forgny*, 1584. — 6. Catholiques conclusions sur les principaux poincts et plus signalez mystères de notre Foy, par B. de Normanville. *Rouen, Mich. Souillet*, 1641. — 7. Index expurgatorius in libros Theologiæ mysticæ D. Henrici Harphii. — 8. Oratio publicæ alacritatis in adventu illustriss. et reverend. domini Ludov. de Fortia et de Mont-Real, episcopi et condomini Cavellionis, a D. Petro Rey habita, anno 1646 die 24 decembris. *Avenione, Jac. Bramereau*, 1647. — 9. Motifs de la conversion à l'Eglise catholique de M. le maréchal de Rantzau, décrits par le F. Véron (1645). — Les justes motifs de la conversion catholique du marquis d'Andelot, fils du Mgr le maréchal de Chastillon, représentez par F. Véron, curé de Charenton. *Paris, L. Boulanger*, 1643.

4462. Recueil in-4, cart.

1. Oratio Franc. Venturii, patricii et canon. Florentiæ, habita in funere Henrici IV, Galliarum regis. *Parisiis, Dav. Le Clerc*, 1610, *portr.* — 2. Jul. Mazarini cardinalis, luctus maternus. *Lutetiæ-Paris.*, 1644. — 3. Relation véritable de la mort barbare et cruelle du Roy d'Angleterre, arrivée à Londres, le huictiesme

février 1649. *Paris, Fr. Preuvereau*, 1649. — 4. Le procez, l'adjournement personnel, l'interrogatoire et l'arrest de mort du Roy d'Angleterre, etc.; trad. de l'angl. par le sieur de Marsys. *Paris, Preuvereau*, 1649. — 5. Relation générale et véritable de tout ce qui s'est fait au procez du Roy de la Grand'Bretagne, son arrest et la manière de son execution, etc., trad. de l'angl. par le s⟨r⟩ Angò. 1649. — 6. Lettre de consolation à la Reyne d'Angleterre sur la mort du Roy son mary et ses dernières paroles. *Paris, Sassier*, 1649. — 7. Lettre du prince de Galle envoyée à la Reyne d'Angleterre, avec les regrets du mesme prince sur la mort du Roy de la Grand'Bretagne, son seigneur et père, arrivée d'Amsterdam le 24 février 1649. *Paris, veuve A. Musnier*, 1649. — 8. Advis chrestien et politique à Charles II, roy de la Grand'-Bretagne. *Paris, veuve J. Remy*, 1649. — 9. Exhortation de la Pucelle d'Orléans, à tous les Princes de la Terre, de faire une paix générale tous ensemble pour venger la mort du Roy d'Angleterre par une guerre toute particulière. *Paris, A. Cotinet*, 1649. — 10. Advertissemens aux Roys et aux Princes pour le traité de la paix et le sujet de la mort du Roy de la Grande Bretagne. *Paris, veuve Musnier*, 1649. — 11. Récit de ce qui a été observé à l'ouverture du tombeau de Charles I, roy d'Angteterre, le 1er avril 1813, par sir H. Halford (copie msc.). — 12. Relation de tout ce qui se passe à Rome à la mort du Pape, le siège vacant, etc. *Toulouse, J. Boude*, (1689.) — 13. Election du Pape Alexandre VIII, faite le 6 oct. 1689. — 14. Relation fidèle des cérémonies observées dans l'élection du nouveau Pape Alexandre VIII, etc.; trad. de l'ital. en franç. *Toulouse, J. Boude*, 1689. — 15. Réfutation des prophéties faussemens attribuées (à S. Malachie), sur les élections des Papes, depuis Célestin II, jusqu'à la fin du monde (par le P. Ménétrier). *Toulouse, J. Boude*, 1689. — 16. Prophéties de S. Malachie, sur les élections des Papes, depuis Célestin II, en 1143, jusques à la fin du monde. *Toulouse, J. Boude*, 1689.

4463. **Recueil** in-8, v. éc.

Recueil des Prophéties et Révélations tant anciennes que modernes, contenant un sommaire des révélations de saincte Brigide, S. Cyrille, et plusieurs autres saincts et religieux personnages. *Troyes, P. Chevillot*, 1611. — Les Prophéties et Divinations touchant les horribles calamitez dont est menacé le monde universel, de la subversion de l'Empire des Turcs et conversion des infidèles à l'Eglise cathol., apost. et romaine, et la ruyne entière du royaume de l'Antéchrist; tirées des mémoires de quelques SS. Pères et plus excellents astrologues, par Grég. Jordan, Vénitien. 1622, 9 *pl. gr. sur cuivre.* — Discours sur l'affaire de la Valteline; trad. de l'ital. *Paris*, 1625. — Histoire véritable de ce qui s'est passé en la Valteline par l'armée de Sa Majesté..... *Paris*, 1625. — Relation de tout ce qui s'est passé sur le fait et expédition de la Valteline; trad. du lat. *Paris*, 1626.

4464. **Recueil** pet. in-8, bas.

1. Harangue funèbre sur la mort de messire Nic. de Verdun...,

premier présid. au Parlement de Paris, prononcée devant ledit Parlement, en l'église des Jacobins du fauxbourg S.-Honoré, par un religieux du mesme couvent. *Paris, G. Alliot,* 1617. — 2. Harangue funèbre prononcée en la chapelle des Pénitens bleus de Tolose, aux honneurs du feu roi Henry le Grand, par M. P. L. Catel, chanoine. *Tolose, Ve Colomiez,* 1611. — 3. Harangue funèbre prononcée à Paris en l'église de S.-Benoist, au service fait pour le repos de l'ame de Henri IIII.... par F. N. Coeffeteau. *Paris, F. Huby,* 1610. — 4. Oraison funèbre de Marie Thérèse d'Austriche, reyne de France, par le P. J. E. Grosez, jés. (le titre manque). — 5. Oraison funèbre pour la même princesse, prononcée dans l'église des Célestins d'Avignon par le P. P. Dubaye, minime. *Avignon, Lemolt,* 1683. — 6. Le thrésor et le tombeau des Princes, sermon..... prononcé en l'église d'Orange le 23 janv. 1661, à l'occasion de la mort de S. A. Royale d'Orange, par Jacq. Pineton de Chambrun le fils, pasteur en la même église. *Nimes, Ed. Raban,* 1661.

4465. Recueil in-12, bas.

1. La Véronique, ou remède salutaire contre la morsure du vieil serpent, par laquelle sont descouvertes les supercheries du Cartel et Thèses générales concertées à Paris entre les sophistes: et débitées par le sieur Véron, prédicateur des hales et marchez, et théologien en l'église romaine; par Jean Faucher, ministre de N. S. J.-C. et professeur en l'Eglise et Académie de Nismes. *A Nismes, par la Vefve de Jean Vaguenar,* 1625. — 2. Apologie des Protestans du royaume de France sur leurs assemblées religieuses. *Au désert,* 1745. — 3. Instruction pastorale aux Réformez de France sur la persévérance dans la foi et la fidélité pour le souverain (par Basnage). *Rotterdam,* 1719. — 4. Lettre écrite à Monsieur***, contenant la Réponse au libelle publié contre le Synode du Bas-Languedoc, qui a pour titre: *Observations servant de griefs contre la déposition du sieur Dumont, donnée à Nismes le 24 avril* 1671, *pour les habitans de Montpellier faisant profession de la Religion prétendue réformée.* — 5. Edict du Roy (donné à Nantes en avril 1598) et déclaration sur les précédents édicts de pacification; articles particuliers extraits des généraux que le Roy a voulu n'être compris esdits généraux n'en l'édict qui a été faict sur iceux à Nantes, et néanmoins accordé sadite Majesté qu'ils seront entièrement accomplis et observés tout ainsi que le contenu audit édict, etc. — 6. Déclaration du Roy en faveur de ses subjects de la Religion P. R., confirmative des édicts de pacification, déclarations, règlements et articles à eux cidevant accordés, donnée à St Germain en Laye, le 21 may 1652. — 7. Réponse des Protestans de France à l'auteur d'une lettre qui a pour titre: *Lettre sur les assemblées des Religionnaires du Languedoc,* écrite à un gentilhomme protestant de cette province par M. D. L. F. D. M. à Rotterdam, 1745. *Au désert,* 1745.

4466. Recueil pet. in-8, parch.

1. Très humble remonstrance du Parlement au Roy et à la Reyne régente. *Paris,* 1649. — 2. Les Raisons ou les motifs

véritables de la défense du Parlement et des habitans de Paris contre les Perturbateurs du repos public et les ennemis du Roy et de l'Estat. *Paris*, 1649. — 3. La Raison d'Estat et le bouclier du Parlement. *Paris, Rholin Delahaye*, 1649. — 4. Contract de mariage du Parlement avec la ville de Paris. *Paris, Ve Guillemot*, 1649. — 5. Motifs et raisons principales du Parlement de Rouen pour sa jonction avec celuy de Paris. *Paris, Musnier*, 1649. — 6. Advis d'Estat à la Reyne sur le gouvernement de sa régence. 1649. — 7. Manuel du bon citoyen, ou bouclier de deffense légitime contre les assauts de l'ennemy. *Paris, Rob. Sara*, 1649. — 8. Lettre d'advis à Mess. du Parlement de Paris, escrite par un provincial. *Paris*, 1649. — 9. Lettre d'un religieux, envoyée à Mgr le Prince de Condé, à St-Germain, contenant la vérité de la vie et mœurs du cardinal Mazarin... *Paris, Rholin Delahaye*, 1649. — 10. Lettre du chevalier Georges de Paris à Mgr le Prince de Condé. *Paris, Henri Ruffin*, 1649. — 11. Lettre à Monsieur le Cardinal burlesque. *Paris, Arn. Cotinet*, 1649. — 12. Lettre du vray soldat françois au cavalier Georges, ensuitte de la lettre à M. le Cardinal burlesque. *Paris, J. Morbois*, 1649. — 13. Le Courrier estranger, contenant la lettre de créance de l'archiduc Léopold.... *Paris, Jacq. Langlois*, 1649. — 14. Le Courrier extraordinaire, apportant les nouvelles de la réception de Mess. les gens du roy à St-Germain. *Paris, R. Delahaye*, 1649. — 15. Le Visage de bois au nez de Mazarin et son exclusion de la conférence de Ruel, par le Ch. D. L. *Paris, J. Hénault*, 1649. — 16. Le Philosophe d'Estat, ou réflexion politique sur les vertus civiles du Parlement et Peuple de Paris. *Paris, Cardin Besongne*, 1649. — 17. Le Théologien d'Estat, à la Reyne, pour faire desboucher Paris. *Paris, J. du Bray*, 1649. — 18. Décision de la question du temps. A la Reyne régente. *Paris, Cardin Besongne*, 1649. — 19. Raisonnement sur les affaires présentes et leur comparaison avec celles d'Angleterre. *Paris, J. Morbois*, 1649. — 20. Les généreux sentimens du véritable François sur la Conférence et Paix de Ruel... 1649. — 21. Dialogue contenant la dispute et l'accord de la paix et de la guerre, en vers burlesques. *Paris, J. Morbois*, 1649. — 22. Le Passeport et l'adieu de Mazarin, en vers burlesques. *Paris, Cl. Huot*, 1649. — 23. Le soldat Bourdelois. — 24. Arrest de la Cour de Parlement de Bourdeaux, portant convocation des villes et campagnes, etc., 30 avril 1649. — 25. Autre arrest du 13 may 1649. — 26. Ordonnance de M. d'Argenson, portant que le travail de la citadelle de Libourne cessera..... 14 mai 1649. — 27. Très humble remonstrance du Parlement de Provence au Roy sur le gouvernement de M. le comte d'Alais. — 28. Manifeste de la ville d'Aix sur les mouvemens de cette province.

4467. **Recueil** de divers ouvrages touchant la Grâce. *Paris*, 1645, in-4, bas.

Abrégé de la doctrine de S. Augustin touchant la Grâce, par Conrius. — Censures des Facultés de Théologie de Louvain et de Douay, contre les opinions du jésuite Lessius sur la Grâce. — Mémoire de l'Université de Louvain au Pape pour la défense de

Jansénius. — Response... où est prouvée la conformité de la doctrine du Concile de Trente avec celle de Jansénius. — Response à F. Irénée, touchant la Grâce et la Pénitence. — Censure du livre du P. Sirmond intitulé : *Prædestinatus.* — Considérations sur une censure prétendue de la Fac. de Paris, touchant des propositions de la Grâce et de la Liberté.

4468. **Recueil** pet. in-12, bas.

1. La vie du Bienheureux Pierre cardinal de Luxembourg, évesque de Metz, etc. (par le P. M. de Bonrey, célestin). *Paris, Fr. Noel,* 1645. — 2. Recueil des vertus de M. d'Entrechaux, chanoine de N. D. des Dons, par le P. François Roque. *Avignon,* 1710. — 3. La vie de Ste Catherine de Boulogne, religieuse de Ste Claire, canonisée par le Pape Clément XI le 22 may 1712. *Lyon, And. Molin,* 1713. — 4. Remarques abrégées sur le Traité de la Barrière fait entre S. M. Britannique et les Etats généraux, à La Haye le 29 oct. 1709, etc.; trad. de l'angl. — 5. Dialogues entre deux Paroissiens de St Hilaire-du-Mont sur les ordonnances contre la traduction du N. T. imprimée à Mons (par Mich... Girard, abbé de Verteuil), 15 décemb. 1667. — 6. Histoire de l'image miraculeuse de N. D. de Pradelles... et ensuite des miracles qui se font dans sa sainte chapelle; par le P. Geyman. *Au Puy, De la Garde,* 1672.

4469. **Recueil** pet. in-fol., vél.

1. Dæmonomastix de Signo Crucis.... authore Phil. Codurco. *Avenione,* 1655. — 2. Clementis X Constitutio, in qua Regularium privilegia quoad Prædicationem et Pœnitentiæ administrationem declarantur, 1670. — 3. Les Eloges des XII dames illustres, grecques, romaines et françaises, dépeintes dans l'alcôve de la Reine. *Paris, J. du Bray,* 1646. — 4. Le Nouveau Testament, de la traduction de Louvain... collationnée au grec, avec les arguments extraits des SS. Pères et les notes chronologiques prises de Baronius et de Salian, par François Véron, 1646. — 5. Sujets des conférences du diocèse de Sens, pour 10 mois de l'année 1662. — 6. Recueil de quelques conférences ecclésiastiques du diocèse de Sens, tenues par ordre de l'évêque H[i] de Gondrin. *Sens,* 1660. 7. La vraie défense des sentiments du vénérable Vincent de Paul... touchant quelques opinions de feu l'abbé de S. Cyran; par L. Abilly, évêque de Rodez. *Paris,* 1668. — 8. Eclaircissements nécessaires touchant les contestations qui restent sur la doctrine de Jansénius... *Paris,* 1668. — 9. Seconde lettre du sieur Fr. Romain, théologien, à un de ses amis d'Alet, sur la lettre circulaire signée de quatre Evesques. *Paris,* 1668. — 10. Discussion de deux écrits intitulés, l'un : *Lettre d'un Théologien à un Evesque...* et l'autre : *Mémoire touchant les moyens d'apaiser les disputes présentes.* — 11. La bonne foy des Jansénistes en la citation des autheurs... par le P. Fr. Annat. *Paris,* 1665. — 12. Arrest du Parlement supprimant la lettre escrite au Roy par l'Evesq. d'Alet. *Paris,* 1665. — 13. Délibération de l'assemblée des Evesques qui se sont trouvés à Paris le 2 oct. pour la réception du bref d'Alexandre VII, sur le sujet des cinq propos. de Jansénius. *Paris,* 1663.

— 14. Relation de ce qui s'est fait depuis un an dans l'affaire des Jansénistes pour servir de réponse à divers écrits publiés sur ce sujet; par le P. J. Ferrier, de la C^e de Jésus. *Paris*, 1664. — 15. Défense de la vérité catholique touchant les miracles, contre les déguisements et artifices de la response de mess. de Port-Royal.... par le s^r de Sainte-Foi. *Paris*, 1667. — 16. La vérité de ce qui s'est passé sur le fait de l'exercice de la Religion prétendue réformée au pays de Gex. — 17. Censura sacr. Facultatis Théolog. Parisiensis in libellum : *Le Pacifique véritable;* par Théophile Brachet de la Milletière... *Parisiis*, 1644. — 18. Missions volantes pour les provinces réduites à l'extrémité de la faim. — 19. L'Etat des Lys avant la perte d'un grand support, ou les grands sujets qu'a la France de regretter son Richelieu. *Rouen*, 1643. — 20. Jugement souverain donné par M. Pellot, intendant es généralités de Montauban, Poitiers et Limoges, contre les habitans de la R. P. R. de la ville de Milhau ; le 5 juillet 1663. — 21. Justification du procédé des catholiques contre les Jansénistes, tirée de S. Augustin. — 22. Lettre à l'auteur des Hérésies imaginaires. — 23. Arrêt du Conseil contre un mandement des évêques d'Alet, d'Angers et de Noyon, 1665. (Extrait msc.) — 24. Bref d'Alexandre VII aux archevêques et évêques de France. 1663. — 25. Arrêt du Conseil contre la lettre circulaire des évêques d'Alet, Pamiers, Beauvais et Angers, du 4 juillet 1668. — 26. Extractum ex registris Facultatis Theologiæ Parisiensis quo ab omni censura immunis concluditur appendix Theseos Michaelis Bourdaille, de Purgatorio. 1665. — 27. Elenchus novæ Theseos de Purgatorio, studio Theologi cujusdam Parisiensis. *Parisiis, die XVI julii* 1665. — 28. Le Pacifique en la pratique présente des sacrements de confession et communion pour les Pasques, contre les perturbateurs du repos en icelle; ou le Baillon des Arnoldistes, par le P. Véron. — 29. Censura S. Fac. Theol. Paris. in librum cui titulus est : *La Défense de l'autorité de N. S. P. le Pape, de Noss. les Cardinaux... et de l'employ des religieux mendiants, contre les erreurs de ce temps,* par Jac. de Vernant, 1658. *Parisiis*, 1664. — 30. Lettre de Mgr d'Alet à Mgr de Rodez (Pérefixe), nommé à l'archevêché de Paris, et réponse de ce dernier. — 31. Elenchus librorum Romæ damnatorum die 23 april. 1654 et die 6 sept. 1657. — 32. Lettre d'Alexandre VII au cardinal Ant. Bichi, son neveu, sur l'estime que SS. fait de la vertu et des escrits de François de Salle, évesque de Genève. *Paris*, 1665. — 34. Dessein des Mémoires de l'Eglise, qu'on donnera au public toutes les semaines, commençant en janvier 1670. *Paris*, 1669. — 35. Qui pascunt gregem Dei? Thesis a Gabr. de la Coudertz in Sorbona habita die 23 maii, an 1670. — 36. Paulmy, ou la délivrance de Tours, tragédie dédiée à Mgr de Voyer de Paulmy, évêque de Rodez, par les écoliers de cette ville, de la Compagnie de Jésus de Rodez, 1668.

4470. **Recueil** in-18, bas.

1. Les fausses démarches de la France sur la négociation de la paix. 1668. — 2. Remarques sur le procédé de la France touchant la négociation de la paix. 1668. — 3. Discours d'un véritable Hollandois sur les affaires présentes de la guerre et de la paix avec l'Angleterre. 1668.

4471. Recueil pet. in-12, bas.

1. La guerre des Suisses, trad. du I livre des Commentaires de J. César, par Louis XIV. *Grenoble, Fr. Champ,* 1694, portr. — 2. Dissertation physique où l'on démontre clairement que les talens qu'on attribue à l'homme à Baguette, de suivre à la piste les meurtriers, les voleurs et les transplanteurs de limites; de trouver de l'eau, l'argent caché, les mines d'or, d'argent, de fer, etc., sont tous talens supposez; par M. de..... *Grenoble, J. Verdier,* 1693. — 3. Dissertation sur les principes des mixtes naturels, faite en l'année 1677, par le sr Duclos. *Amsterdam, Dan. Elsevier,* 1680. — 4. Relation et lettres sur ce qui s'est passé dans l'hopital général de la Charité de Marseille cette présente année 1700. — 5. Réfutation d'un escrit favorisant la comédie (par le P. de la Grange). *Paris,* 1694.

4472. Recueil pet. in-12, bas.

1. Instruction sur la mort de dom Muce. (*Paris, Et. Michallet,* 1690.) — 2. Oraison funebre de M. Louis Marie Suarez, protonotaire du S. Siége et prevost de l'Eglise métropolitaine de N. Dame des Dons d'Avignon (par P. de Gourdan, jésuite). *Avignon,* 1674. — 3. Oraison funebre de tres hault et tres puissant seigneur messire François de Bonne de Crequy, duc de Lesdiguières, gouverneur du Dauphiné, prononcée à Grenoble le 21 janv. 1677, par mess. Laurent de Bressac. *Grenoble,* 1677. — 4. Oraison funebre du révér. P. Martial de St Paulin, général des carmes déchaussez, prononcée à Avignon par le R. P. Jacinthe de l'Assomption, prieur des carmes déchaussés d'Avignon. *Avignon,* 1687. — 5. Oraison funebre de Marie Anne Christine de Bavière, dauphine de France, prononcée à N. D. le 15 juin 1690, par Esp. Fléchier, nommé à l'évêché de Nismes. — 6. Eloge funebre de très haut et très puissant seigneur François d'Aubusson, duc de Roannois, pair et maréchal de France..... gouverneur du Dauphiné, prononcée par le sieur J. F. Duguet dans l'église des confrères du S. Sacrement de Roanne le 12 nov. 1691. *Lyon,* 1692. — 7. Relation de la mort de dom Abraham Beugnier, religieux de la Trappe..... avec la lettre pastorale de Mgr l'Evesque de Boulogne. *Paris, F. Muguet,* 1699.

4473. Recueil de pièces, in-12, v. br.

Manifeste ou préconisation en vers burlesques d'un nouveau livre intitulé : *Réflexions sur les vérités évangéliques,* contre la traduction et les traducteurs de Mons,...... *A Riorti,* 1681. — Crisis de societatis Jesu pietate, doctrina et fructu multiplici, auctore R. P. Andrea Mendo, e soc. Jesu. *Lugduni,* 1666. — Theologorum venetorum Joan. Marsilii, Pauli Veneti, Fr. Fulgentii, ad excommunicationis, citationis et monitionis Romanæ sententiam in ipsos latam, responsio. *Venetiis,* 1673. 1 v. in-12, v. br.

4474. Recueil pet. in-12, d.-rel. bas.

1. Lettre de M. de Ligny à un de ses amis, où ce professeur fait le récit de son voyage de Carcassonne et de ses autres aven-

tures. 1692. — 2. Lettre écrite au P. de St^e-Marthe au sujet des IV lettres par lui écrites à M. l'abbé de la Trappe. — 3. Le Jardin de la santé, où les malades la recouvrent bien-tost et les sains la conservent longtems, par l'usage des remèdes bien faisans et faciles à prendre du sieur Théodore Desjardins. *Avignon*, 1702. — 4. Godefroy de Bouillon, ou Jérusalem délivrée (premier chant); traduction nouvelle. *Paris*, 1703. — 5. Congratulations publiques sur la consommation des mariages de France et d'Espagne. Réunion des Princes par la conférence de Loudun. Ensemble les souhaits des François. Par R. Romany, advocat. *Paris, vefve de J. Regnoul* (1615), *frontisp. gr.* — 6. Lettre à M. de L. C. P. D. B. sur le livre intitulé : *Historia Flagellantium* (attribuée au P. du Cerceau).

4475. **Recueil** in-12, bas.

1. Discours sur la liberté de penser, trad. de l'anglois d'A. Collins, par H. Scheurleer et J. Rousset, et augmenté d'une lettre d'un médecin arabe. *Londres*, 1714. — 2. Lettre d'un des amis de l'auteur de la *Méchanique du Feu* (Gauger), à l'occasion de la prétendue nouvelle découverte de M. de Pr.. de Mol... (Privast de Molière). *Paris*, 1714. — 3. Remontrances d'un hollandais à M. le comte de S. P. *A Utrecht* (1712). — 4. Les Moines, comédie en musique, composée par les RR. PP. Jésuites et représentée devant le P. D. L. C. (de la Chaize, par l'abbé de Villiers). *Berg-op-Zoom*, 1709. — 5. Instructions pour les Religieuses, par le R. P. G..... (Guibert), prêtre de l'Oratoire (en vers, sur l'air de Joconde). *Paris*, 1712.

4476. **Recueil** in-12, bas.

1. Brevis descriptio civitatis Avenionensis pestilentia laborantis, per R. P. F. Jacob. Corenum, minoritam. *Avenione, Joan. Bramereau*, 1630. — 2. Manifeste pour le ministère présent d'Angleterre, contenant les raisons qu'a cette couronne de faire la paix, trad. de l'angl. *Liège*, 1712. — 3. Le chemin des gens d'esprit, dialogue enjoué et sérieux entre M. Dupétit et M. Augrand, par le sieur R. Mauny. *Paris*, 1712. — 4. Jugement des ouvrages de M. D. de M. (Drouet de Maupertuy), extrait du Journal des Savants de Paris et des mémoires de Trévoux, 1702-5. — 5. Assemblée publique de la Société royale des Sciences de Montpellier, du 5 déc. 1709. *Avignon*, 1710. — 6. Lettres de Polémarque à Eusèbe et d'un théologien à Polémarque sur le sujet du livre intitulé : *Théologie morale des Jésuites* (par Ant. Arnauld). — 7. Harangues faites par messire Pierre Scarron, evesque et prince de Grenoble. *Grenoble, P. Marniolles*. (1622-27.)

4477. **Recueil** in-4, bas.

Protestation de M. de Lavardin, ambassadeur à Rome, et autres pièces relatives à la Bulle du Pape, concernant les franchises de la ville de Rome, et sur l'ordonnance rendue en conséquence. 1648. — Lettre du Roy au cardinal d'Estrées du 6 sept. 1688, et autres pièces s'y référant. — Lettre du Roy à ses ambassadeurs sur l'enlèvement du Prince de Fenstemberg. 1674. — Discours prononcé à la Cour des Aydes le 22 mars 1686, par M. de Tessé, pour la présentation des lettres de M. le Chancelier. 1686. — Harangue des ambassadeurs de Siam au Roy le 14 janv. 1687, à leur audience de congé. — Diverses pièces relatives aux démêlés du cardinal de Bouillon avec le Chapitre de Liège. 1694. — Arrêt du conseil souverain de Malines, défendant de recevoir la Bulle contre la traduction du N. Testament imprimée à Mons en 1667. — Exacta facti species cum solida remonstratione non existentis prætensæ electionis sereniss. Pr. Jos. Clementis Bavariæ ducis. 1688. — Réflexions sur la décrétale d'Innocent III, pour l'élection du Patriarche de Constantinople. 1688. — Dissertation historique sur quelques monnoyes de Charlemagne et de ses successeurs, frappées à Rome, etc. (par Leblant). 1689. — Compliment au Roy sur la mort de la Dauphine par Lesourt, recteur de l'université de Paris, le 19 mai 1690.

4478. Recueil pet. in-8, v. br.

Lettres au R. P. Alexandre, où se fait le parallèle de la doctrine des Thomistes avec celle des Jésuites sur la probabilité et sur la grâce. S. l., 1698. — Traité théologique, touchant l'efficacité de la grâce, par le P. Gabr. Daniel, jés. *Paris*, 1705. — Table de passages choisis, tirés des Ecritures pour la preuve des principales vérités catholiques contre les Protestans, avec des instructions à l'usage des nouveaux convertis, par Serre. *Paris*, 1698.

4479. Recueil in-12, bas.

1. Méthode courte et facile pour discerner la véritable religion chrétienne d'avec les fausses qui prennent ce nom aujourd'hui, (par le P. Lombard, jésuite). *Paris*, 1766. — 2. Bulle du Pape Clément XI contre le silence respectueux. 1705. — 3. Bulle *Unigenitus*, 8 sept. 1713. — 4. Instruction pastorale de nosseign. les cardinaux, archevêques et évêques de l'assemblée de 1714, pour l'acceptation de la Constitution *Unigenitus* — 5. Les cent et une propositions extraites du livre des Réflexions morales sur le Nouveau Testament, qualifiées en détail. — 6. Theologia erronea, sive propositiones a summis Pontificibus et ab Ecclesia damnatæ ab anno 1566, usque ad præsens tempus. *Parisiis*, 1739. — 7. Catalogue de livres pour les ecclésiastiques.

4480. Recueil pet. in-12, bas.

1. Lettre du P. Quesnel à M. Boileau (18 février 1698), avec la réponse par l'auteur des *Remarques sur l'Ordonnance de Mgr l'Archevêque de Paris du 20 août* 1696. — 2. Lettre du P. Quesnel à un Archevêque sur les calomnies répandues contre lui par les Jésuites. S. l., 1704. — 3. Lettre du P. Quesnel au P. Lachaise. — 4. Lettre du P. Quesnel à un de ses amis, au sujet du *Procès ou Motif de droit* publié contre ce Père par l'Archev. de Malines. *Cologne*, 1705. — 5. Le P. Quesnel séditieux dans ses *Réflexions sur le N. T.* 1705. — 6. Lettre du P. Quesnel au Roy. *Liège*, 1704. — 7. Lettre du même à M. le Chancelier. 1704. — 8. Les adieux du P. Quesnel à la grâce molinienne.

4481. Recueil in-12, bas.

1. Pièces concernant les Religieuses de Port-Royal. 17 janvier 1708. — 2. Histoire abrégée de Port-Royal depuis sa fondation, 1204, jusqu'à l'enlèvement des Religieuses en 1709. *Paris*, 1710. — 3. Avertissement sur les prétendues rétractations des Religieuses de Port-Royal. 1711. — 4. Prière ou effusion de cœur sur l'enlèvement des Religieuses de Port-Royal. 1710. — 5. Gémissement d'une âme vivement touchée de la destruction du S. Monastère de Port-Royal. 1710. — 6. Second Gémissement, etc. — 7. Bulle du Pape Clément XI à l'Official de Paris, sur l'affaire des Religieuses de Port-Royal, du 27 mars 1708. — 8. Lettres des Religieuses de Port-Royal au Pape, au Roi et à mess. les cardin. de Noailles et d'Estrées, touchant les bulles du Pape Clément XI, du 27 mars 1708, sur la suppression du titre de leur abbaye... 1709. — 9. Ordonnance de M. de Péréfixe, archev. de Paris, en faveur des Religieuses. — 10. Lettre des Religieuses au cardinal de Noailles sur son mandement du 15 avril 1709. — 11. Réflexions sur ce mandement. — 12. Réponse des Religieuses de P.-R. des Champs aux requêtes que les Religieuses de P.-R. de Paris ont présentées contre elles.

4482. Recueil in-4, br. (mss.)

1. Relation du voyage à Aleth. 1667 (par Cl. Lancelot). — 2. Quelques particularités de la vie et des vertus de la mère Angélique de S. Jean Arnauld, abbesse de Port-Royal. — 3. Lettre de l'abbé de Pont-Château à Mgr de Péréfixe pour lui demander la liberté de M. de Sacy et des Religieuses de P.-R. — 4. Lettre de M. de Sainte-Marthe, confesseur des Religieuses de P.-R., sur la signature du Formulaire. — 5. Lettre de M. Hardy, théologal d'Alet, à M... sur la suppression de P.-R. et la signature du Formulaire. — 6. Lettre de M. Cl. de Sainte-Marthe, premier prêtre et confesseur des Religieuses de P.-R., à M... sur la conduite extraordinaire qu'on a tenue dans l'affaire de la signature du Formulaire. — (Extraits des factums pour les R. P. Jésuites de Nantes et la dame Emire Lefèvre, épouse de messire Olivier Busson, sieur de la Villejégu, maître des comptes à Nantes.)

4483. Recueil in-4, br. (mss.)

1. Recueil de quelques propositions dangereuses en matière de foi, contenues dans le livre de la *Morale chrestienne*, rapportées aux instructions de J.-C. dans l'Oraison Dominicale. — 2. Copie d'une lettre escrite de Tolose sur ce qui s'est passé à l'égard de la Congrégation des Filles de l'Enfance. — 3. Mémoire de ce qui s'est passé à Rome et à Pamiers sur l'affaire de la Régale. — 4. Mémoire pour servir à l'histoire (par César Durconis, advocat au Parl. de Bourdeaux) : sur l'affaire des quatre Evêques d'Angers, de Pamiers, d'Aleth et de Beauvais. — 5. Les cinq propositions que l'Eglise a condamnées comme étant de Jansénius sont véritablement de lui, et se trouvent en substance dans le livre de Jansénius.

4484. Recueil in-4, bas.

Mémoire de Mgr le Dauphin pour notre S. P. le Pape, 1712. — Lettre de l'abbé Bochart de Saron à Mgr de Clermont, son oncle, msc. — Lettre des Evêques de Luçon et La Rochelle au Roy, msc. — Epitre de Clément Marot aux dames réformées de la cour de France, en vers. — Lettres à Mgr l'Evêque de.... sur l'accommodement des affaires de l'Eglise. — Délibération de l'assemblée des cardinaux, archevêques et évêques, en 1713 et 1714, sur l'acceptation de la Constitution. — Bref du pape Clément XI sur leur acceptation de la *Constitution.* — Décret de la faculté de Théologie de Paris. — Arrêt du Conseil supprimant le mandement de Mgr de Metz pour la publication de la Bulle. — Autre arrêt du 27 août 1714 supprimant le privilège du libraire Brouelles, pour avoir imprimé le livre de *l'Action de Dieu sur les créatures.* — Arrêt du Parlement supprimant l'*Extrait des témoignages*, etc., de Mgr de Soissons. — Lettre à un magistrat sur la question de savoir si ceux qui persistent dans leur appel peuvent être accusés d'imprudence. — Mandement de Mgr de St-Brieuc. — Déclaration de Mgr de Soissons à l'occasion de l'arrêt rendu contre sa lettre. — Explication sur la bulle *Unigenitus.* 1720. — Déclaration du Roy sur la même... — Discours de Mgr d'Angers, prononcé au Synode du 28 mai 1712. — Mandement de Mgr de Verdun sur la publication de la Bulle. — Preuves de la liberté de l'Eglise de France dans l'acceptation de la Constitution, ou recueil des ordres émanés de l'autorité séculière pour y faire recevoir la Bulle. *Amsterdam*, 1726, *fig.* — Lettre de Mgr de Montpellier au Roy sur la Légende de Grégoire VII.

4485. Recueil in-12, bas.

Réponse de l'abbé Margon au P. Tournemine sur son extrait d'un livre intitulé : *Le Jansénisme démasqué.* S. l., 1716. — Seconde lettre de l'abbé de (Margon) au P. Tournemine, par laquelle il désavoue une fausse édition qui a paru de sa Ire lettre.... et donne une idée de la politique et des intrigues des Jésuites. S. l., 1716, 173 pp. — Lettre du P. Porée à M. Grenan au sujet de l'oraison funèbre du Roi qu'il a prononcée en Sorbonne le 11 déc. 1715. 1716. — Lettre de Monsieur *** à un de ses amis, au sujet de l'oraison précédente. S. l., 1716. — Lettres de MMgrs les Evêques de Meaux et de Montpellier sur la constitution *Unigenitus.* S. l., 1716, 46 pp.

4486. Recueil in-12, bas.

Seconde lettre de M. l'abbé de (Margon) au P. Tournemine, par laquelle il désavoue une fausse édition qui a paru de sa première et donne une idée de la politique et des intrigues des Jésuites. — Troisième lettre aux RR. PP. Jésuites, adressée au P. Lallemant. 1716. — Lettre sur celle que l'abbé de Margon a adressée au P. Tournemine, en réponse à l'extrait donné par ce Père, dans le journal de Trévoux, d'un livre intitulé : *Le Jansénisme démasqué.* — Lettre d'un théologien à un évêque sur cette question importante : S'il est permis d'approuver les Jésuites pour prêcher et pour confesser (par B. Couet).

4487. **Recueil** in-12, bas.

Instruction familière au sujet de la constitution *Unigenitus*. 1718. — Lettre à Mgr l'Evêque de.... où l'on montre que l'on ne peut recevoir la constitution *Unigenitus* même avec explication. 1715. — Neuvième discours de l'abbé Fleury sur les libertés de l'Eglise gallicane. — Mandement de Mgr l'Evêque de Mirepoix aux fidèles de son diocèse. 1714. — Nouveau catéchisme à l'usage de ceux qui recevront la Constitution. — Les Plaintes de Madame Ursule de la Grange à l'église de France. 1713. — Réponse d'un docteur de.... sur un cas proposé au sujet de la Constitution. *Cologne*, 1716. — Satyre de M. Boileau-Despréaux sur l'Equivoque, suivie de quelques autres pièces. *Cologne*, 1716. — Deux satires par.....

4488. **Recueil** in-4, bas.

1. Lettre de Mgr d'Auxerre à Mgr de Noailles, pour lui exposer les motifs qui l'engagent à ne pas prendre part à l'accommodement de 1720. — 2. Lettre de Mgr de Noailles au Pape Benoît XIII, du 1er oct. 1724. — 3. Lettre de Mgr de Montpellier au même, du 1er févr. 1725. — 4. Lettre du même au Roy, sur la Légende de Grégoire VII. 31 déc. 1725. — 5. Défense de M. Nicole sur sa maxime de la plus grande autorité visible, contre l'auteur de la lettre à M. Nicole. 1734. — 6. Seconde lettre à l'auteur de cette lettre. — 7. Réponse de Mgr de Montpellier à l'évêque de Chartres. 1727. — 8. Instruction pastorale de Mgr de Noailles sur la *Dissertation sur la validité des ordinations des anglais* et sur la *Défense de cette dissertation*. 1727. — 9. Mandement de Mgr de Langres sur les conférences ecclésiastiques de son diocèse. 1725. — 10. Lettre de plusieurs archev. et évêques au Roy, avec une Réponse à cette lettre. 1734. — 11. Ordonnance de Mgr de Rohan, archev. de Reims, sur les pouvoirs de prêcher et de confesser. 1750. — 12. Lettre circulaire de Mgr de Montpellier aux évêques de France sur son différend avec l'archev. de Narbonne relativ. à la bénédiction pontificale. 30 sept. 1733. — 13. Mémoire justificatif des remontrances du clergé de Sens, au sujet du nouveau catéchisme de M. l'Archevêque, etc. — 14. Lettre de Mgr d'Auxerre à M.... où il donne une idée de l'écrit intitulé : *Réfutation des anecdotes, adressée à leur auteur par M. Lafiteau, évêque de Sisteron*. 1734. — 15. Avertissement de Mgr de Montpellier à son Chapitre, sur un abus introduit depuis quelque temps parmi les musiciens de la cathédrale. 1734. — 16. Lettre du P. Foucquet, de l'Oratoire, à Mgr de Senez. 1732. — 17. Consultation sur la juridiction et approbation nécessaires pour confesser, par M..... prêtre du diocèse de..... 1734 (par l'abbé Travers).

4489. **Recueil** in-4, bas.

1. Ordonnance et instruct. pastor. de l'Archev. de Paris (Vintimille), sur la bulle *Unigenitus*. 1729. — 2. Decretum S. Facultatis Theolog. Paris. XV dec. 1729. — 3. Statutum ejusdem Facultatis super materia Conceptionis immaculatæ.... anno 1496. —

4. Mémoire de l'Arch. de Paris au Roy, sur l'arrêt du Parlement du 5 mars 1731, qui reçoit le Procureur du Roy appelant comme d'abus de son ordonnance du 10 janv. précédent, avec l'arrêt du Conseil rendu en conséquence. 1731. — 5. Mandement de Mgr de Paris contre trois écrits intitulés : *Vie de M. de Paris, diacre*, etc. 1731. — Mandement du même contre les *Nouvelles ecclésiastiques*. 1732. — 7. Acte de dépost devant notaire de la requête présentée à feu Mgr de Noailles par le sieur Isoard, promoteur de l'archevêché, tendant à faire informer des miracles attribués au diacre Paris, etc. 1736. — 8. Ordonnance de l'Archev. de Paris, sur la requête du Promoteur, au sujet des prétendus miracles attribués à l'intercession du diacre Pâris, inhumé au cimetière de S. Médard ; avec pièces justific. 1735. — 9. Ordonnance du même contre le *Mémoire* pour les sieurs Samson, curé, d'Olivet et autres, appelans comme d'abus. 1731. — 10. Lettre de Mlle Mossaron au même, sur ce qui est dit dans son ordonnance du 8 nov. 1735 contre le miracle de sa guérison.... 1737. — 11. Mandatum Rev. Paris. Archiepisc. novo Missali præfixum. 1738. — 12. Acta quædam Ecclesiæ Ultrajectinæ in defensionem jurium archiepiscopi et capituli ejusdem ecclesiæ adversus scripta cardinalis archiepisc. Mechliniensis.... *Hagæ-Comitum*, 1737.

4490. Recueil in-4, bas.

Lettre de Mgr d'Embrun à Mgr de Senez..... 1729. — Double lettre de l'Archevêque de Paris au Roi et réponse du Roi. 1730. — Lettre de Mgr de Senez au Roy sur la sentence portée contre lui par les évêques assemblés à Embrun. 1729. — Mandement de Mgr d'Orléans, condamnant la Consultation des avocats du Parlement au sujet de cette sentence. — Mandement de Mgr de St-Brieuc sur le même sujet. — Réflexions sur divers endroits de quelques libelles publiés sous le titre de *Mémoires sur les projets des Jansénistes*. — Lettre de Mgr de Montpellier au Roy sur l'exil du sieur Estève, curé de son diocèse. — Défense de la consultation de MM. les Avocats du Parlement de Paris, en faveur de Mgr de Senez. — Lettre de M. Petitpied. 1729. — Mandement de Mgr de Bayonne sur l'acceptation de la Bulle. — Recueil de pièces justificatives sur le miracle arrivé à Avenay, sur la tombe de Gérard Rousse. 1729. — Mandement de Mgr de Montpellier condamnant une feuille imprimée contenant un prétendu office pour la fête de Grégoire VII. — Les Intrigues secrètes des Jésuites, traduites du *Monita secreta*. — Lettre pastorale du vic.-général de Mgr de Senez. 1729. — Quatrième lettre de Mgr d'Embrun à Mgr de Senez.... — Remontrances des fidèles du diocèse de Paris à leur archevêque, sur l'ordonnance du 29 septembre 1729, suivies de cette ordonnance. — Lettre pastorale de Mgr de Blois sur la même ordonnance. — Mandement de Mgr d'Embrun condamnant l'écrit intitulé : *Représentations justes et respectueuses*..... — Lettre pastorale de Mgr de Montpellier sur l'écrit répandu dans le public sous le titre : *Instruction pastorale de l'évêque de Marseille*, etc.

4491. Recueil in-4, bas.

Accommodement de Louis XI avec son Parlement sur le refus de vérifier un édit inique. — Lettre de Mgr de Senez à Mr de Rougemont, prisonnier à la Conciergerie. 1731. — Mémoire succinct sur la demarche du Parlement, *fig.* — Mémoire sur l'origine et l'autorité du Parlement. — Ordonnance de Mgr de Montpellier contre *l'Histoire du Peuple de Dieu*, de Berruyer. 1731. — Mémoire sur l'Assemblée générale des Pères de l'Oratoire du mois de sept. 1729. — Lettre au P. Tournemine, jésuite, sur son désaveu des lettres qui lui sont attribuées. 1732. — Mémoire justificatif des propositions condamnées par la bulle sur les Vertus théologales. — Lettre du P. Chamillart, jésuite. — Arrêt du Conseil supprimant l'instruction de Mgr d'Embrun d'août 1731. — Mandement de l'Evêque d'Anvers sur un miracle. — Lettre de Mgr de Senès aux religieuses de... 1731. — Lettre de Mgr d'Auxerre sur la vie de Marie Alacoque. 1732. — Remontrances du Parlement au Roy sur la déclaration du 18 août 1732, etc., *fig.* — Projet de remontrances au Roy. — Lettre d'un jésuite de Paris à un prélat sur le Père Marion, jésuite de Lyon. — *Vignette.*

4492. Recueil in-12, bas.

Harangues (trois) des habitans de la paroisse de Sarcelles, désabusés au sujet de la constitution *Unigenitus*, à Mgr l'Archev. de Paris (en vers burlesques, par Nic. Jouin), et Philotanus (par Grécourt) revu et corrigé. *Aix*, 1731, *frontisp. gr.* — Catéchisme en vers selon la morale des Jésuites, et autres poésies anti-jésuitiques (le titre manque). — Les nouveaux appellans, ou la bibliothèque des damnez, nouvelles de l'autre monde. S. l. n. d. — Mandement de Mgr de Mérinville, év. de Chartres, pour la mission de Mantes (en vers burlesques). S. l., 1717. — Mandement de Mgr l'Ev. de Bethléem (en vers burlesques), à l'occasion de la lettre de M. l'abbé Bochart de Saron à Mgr de Clermont, son oncle; ... (V^r le N° 4484.) S. l., 1712.

4493. Recueil in-4, bas.

1. Humbles remontrances de plusieurs Bénédictins au cardinal de Bissy et autres prélats au sujet des approbations données à la sec. lettre de D. V. Tuillier... 1731. — 2. Lettre de l'auteur de la *Dissertat. sur les Miracles* à un de ses amis sur l'objection de Mgr de Sens, contre les miracles des appellans...(1731). — 2. Remontrances des Curés de Rhodez à leur Evêque, contre plusieurs propositions quiétistes enseignées par le P. Lamejou au séminaire de cette ville. 1732. — 4. Lettre pastorale de Mgr d'Auxerre sur la lettre de Mgr de Sens du 25 déc. 1732. — 5. Quatrième lettre de Mgr d'Auxerre à Mgr de Sens, sur le même sujet. 1733. — 6. Sixième lettre de Mgr de Montpellier à Mgr de Sens, sur la 8e lettre pastor. de ce dernier. 1732. — 7. Lettre ou l'on examine la source d'ou Mgr de Soissons, à présent archev. de Sens, tire les passages dont il enrichit ses ouvrages. — 8. Instruction pastorale de Mgr de Troyes (Bossuet) sur les calomnies du journal de Trévoux, de juin 1731, contre l'ouvrage posthume

de feu Bossuet : *Elévations à Dieu... Paris*, 1733. — 9. Requête du même au Parlement sur le même sujet, et arrêt du Parlement du 7 sept. 1733.

4494. Recueil in-4, bas.

1. Réflexions sur le bref *Apostolicæ Providentiæ*.... du 2 oct. 1733. — 2. Lettre de J. Boulouffe, notaire apostolique, sur sa guérison miraculeuse par les reliques du diacre Paris(1733). — 3. Lettre d'un Appellant aux PP. Bénédictins de S. Maur, opposants à la Bulle *Unigenitus*. — Lettre du P. Lami, bénédictin, sur le violement habituel des observances religieuses dans les cloîtres. — 5. Eclaircissements sur la crainte servile et la crainte filiale selon S. Augustin et S. Thomas. 1734. — 6. Lettres de M... sur la crainte et la confiance. 1734. — 7. Lettre de Mgr de Montpellier (Colbert) à M. de St Florentin, ministre, au sujet de la lettre du Roy qui ordonne un *Te Deum* (13 janvier 1734). — 8. Lettre d'un ecclésiastique à un évêque. — 9. Mandement de Mgr d'Auxerre sur le miracle arrivé à Seignelay, le 6 janvier 1733. — 10. Lettre de dom A. Léauté à M. F... sur l'écrit intitulé : *Nouvelles Observations*. 1733. — 11. Lettres (huit) de M. à un de ses amis sur l'œuvre des Convulsions. 1734. — 12. Déclaration du P. Colinet, de l'Oratoire, sur la guérison miraculeuse de Mad. de Megrigny, religieuse à Troyes. 1732. — 13. Copie d'une lettre écrite de Hollande le 26 déc. 1733, sur un miracle arrivé dans ce pays. — 14. Lettre de M. Petitpied à M... (27 déc. 1733). — 15. Lettre d'un ecclésiastique au P. La Taste (15 février 1734).

4495. Recueil in-12, v. br.

La vérité combattue et victorieuse dans tous les âges, ou discours sur les événements de tous les siècles envisagés par rapport à la Religion. *Francfort*, 1733. — Relation de la retraite de M. Arnauld dans les Pays-Bas en 1679, avec quelques anecdotes qui ont précédé son départ de France. *Mons*, 1733. — Histoire de l'origine des Pénitens et Solitaires de Port-Royal-des-Champs. *Mons*, 1733. — Le Portefeuille du diable, ou suite du Philotanus; poème. 1733.

4496. Recueil in-12, bas.

Deux lettres de l'auteur du *Discours sur les nouvelles Ecclésiastiques* à l'auteur de l'écrit intitulé : *Système du mélange... confondu*. — Lettres sur l'œuvre des Convulsions, ... Lettres théologiques aux écrivains défenseurs des Convulsions et autres prétendus miracles du temps, par dom La Taste.... Lettres de M^r d'Et... sur les faits avancés dans la lettre 19 de dom La Taste. Lettre de Mr B... D. de la M. et S. de S., sur ce qui est dit contre lui dans la même lettre.

4497. Recueil in-4, bas., *frontisp. gr.*

Procès-verbaux de plusieurs médecins et chirurgiens sur qq^s personnes soi-disantes agitées de convulsions. 1732. — Réponse aux écrits qui ont paru contre l'abbé Bescherand et les miracles de St-Médard. 1732. — Lettre de M... à un de ses amis, sur le miracle d'Anne Lefranc. — Ordonnance du Roy fermant le cimetière de St-Médard. 1732, *fig.* — Réflexions sur cette ordonnance. 1732. — Troisième et quatrième lettre de l'abbé de l'Isle sur les miracles de M. Pâris. — Déclaration de Mad. de Mégrigny sur sa guérison miraculeuse. — Lettre d'un nouveau converti à son frère encore protestant, sur les miracles de M. Paris. 1732. — Guérison miraculeuse de Guill. Boudonnay. — Plan général de l'œuvre des Convulsions... 1733. — Réponse à ce plan. 1733. — Instruction de Mgr de Montpellier sur les miracles de Dieu en faveur des appellans de la bulle. — Lettres diverses sur les miracles. — Guérison de Gautier de Pézénas. — Premier discours sur les miracles de Mr de Paris, *fig.* — Acte notarié sur la guérison de Marguerite Loysel. — Lettre de M. Dumont à l'abbé de... — Réponse générale au Père dom Louis de La Taste sur ses *Lettres théologiques*. — Réflexions et lettre apologétique sur les miracles de M. de Pâris.

4498. **Recueil** in-12, v. br.

Analyse de l'Epitre de S. Paul aux Hébreux (par l'abbé Boucher). 1733. — Eclaircissements sur les miracles opérés par l'intercession de M. Paris, seconde partie. *Paris,* 1733.

4499. **Recueil** in-12, bas.

1. Justification des PP. de l'Oratoire de Marseille contre les accusations de l'Evêque de cette ville. S. l., 1721. — 2. Justification des réflexions sur le Nouveau Testament composées en 1699, contre le *Problème ecclésiastique,* etc., par feu Bén. Bossuet. *Lille,* 1734. — 3. Lettre dans laquelle on prouve que le retour des Juifs est proche. S. l., 1739.

4500. **Recueil** in-12, bas.

Le droit des souverains touchant l'administration de l'Eglise. 1734. — Relation abrégée de la vie et de la mort édifiante du père Arnoul. — Lettre d'un D. au R. P. L. T. P. D. B. M. (La Taste). 1733. — Lettres de M. Duguet à Van-Espen. 1733. — Déclaration et protestation de Nic. Maillart, prêtre, sur son excommunication par l'official de Cambray. — Lettre de Mgr de Montpellier au Roy sur l'arrêt du Conseil qui supprime son instruction du 1er février 1733, sur les Miracles. — Eloge funèbre du père Girard, par les RR. PP. Jésuites de Dôle, avec les notes d'un J. de Paris. 1733. — Lettre au père de G., jésuite, sur son apologie pour sa société. — Gravure sur la destruction de la communauté de Ste Barbe. — Réponse à l'apologie que le P. de Gênes, jésuite, a faite de sa société. — Theatrum sit ne vel esse possit schola informandis moribus idonea, oratio. a Car. Porée. 1733.

4501. **Recueil** in-4, bas.

1. Arrêt du Parlement qui supprime la Lettre Pastorale de Mgr de Cambrai du 19 mai 1735. — 2. Observations sur le sentiment de Mgr de Cambrai, où l'on examine si dans son système l'obligation de rapporter toutes nos actions à Dieu est réellement

contenue dans le premier précepte du Décalogue, et Réflexions d'un théologien sur l'instruction pastor. du même prélat touchant cette obligation. — 3. Discours de M. Arnauld sur l'amour de Dieu. — 4. Examen théologique des *Réflexions d'un théologien....* Liège, 1736. — 4. Mandement de Mgr de Sens contre les *Lettres à un Ecclésiastique* sur la *Justice chrétienne*, et la *Consultation sur la juridiction et approbation nécessaires pour confesser*, etc. 1735. — 5. Examen en forme de lettres (neuf) de l'instruction pastor. de Mgr de Cambray, du 14 avril 1734, sur la nécessité de rapporter toutes nos actions à Dieu par le motif de la charité. *En France*, 1736. — 6. Mémoire sur le refus des sacrements au lit de la mort, fait dans plusieurs diocèses à ceux qui ne reçoivent pas la Constitution. — 7. La cause de Dieu reconnue par les miracles chez les appellans, suivant des principes établis par le P. Lallemand, jésuite, dans ses *Réflexions morales...* 1737. — 8. Démonstration de la vérité et de l'autorité des miracles des appellans suivant les principes de M. Pascal. 1737. — 9. Remontrances du Parlement au Roy sur l'arrêt du Conseil du 10 mars 1734, et les mémoires y joints au sujet de l'instruction pastor. de Mgr de Cambray du 14 avril 1734, et la Thèse en Sorbonne du 30 oct. 1734. — 10. Arrêt du Conseil du 10 mars 1735. — 11. Mémoire de l'archev. de Cambray au Roy sur l'arrêt du Parlement du 18 févr. 1735, contre l'instruction pastor. et la Thèse.

4502. **Recueil** in-12, v. br.

Recueil des pièces concernant les informations juridiques faites par Mgr de Noailles, évêque de Chalons, sur les miracles opérés par l'intercession de feu Messire Félix Vialard, évêque de Chalons. *Nancy*, 1735. — Réponse aux observations générales publiées contre le livre intitulé : *Dissertation historique et critique sur l'ancienneté et l'origine de l'abbaye de S. Bertin.* 1738. — Lettre dans laquelle on prouve que le retour des Juifs est proche (par Gron Chanoine, dont le vrai nom est Jourdan). 1729. — L'Echo du Public, ouvrage périodique (par Bridard de la Garde). T. Ier, 1er numéro.

4503. **Recueil** in-4, bas.

Examen de la *Consultation* au sujet des convulsions. 1735. — Réponse succincte à cet écrit. — Plan de questions sur le bruit qu'on ferait actuellement signer une consultation contre les convulsions. 1735. — Exposition du sentiment de plusieurs théologiens, défenseurs de l'œuvre des convulsions et des miracles, sur la *Consultation des docteurs* du 7 janv. 1735. — Mémoire sur le terme *d'Œuvre des convulsions*. — Exposé de l'opinion de l'abbé d'E..., touchant l'évènement des convulsions. — Mémoire de M. B... d. de la M. et S. de S. sur la *Consultation des XXX docteurs*. — Préjugés légitimes pour les convulsions. — Lettre d'un docteur en médecine, pour répondre à la *Successe convulsionnaire, ou la Psylle miraculeuse*. — Lettre à l'auteur des examens sur le pouvoir des démons. — Nouvelles ecclésiastiques (30 juin — 6 octobre 1736).

4504. **Recueil** in-4, bas.

1. Histoire de la nouvelle édition de S. Augustin donnée par les Bénédictins (composée par D. Thuillier et publiée avec des notes par l'abbé Goujet). (*Paris*), 1736. — 2. Lettres à un Bénédictin, où l'on prouve, contre la lettre de Dom de la Taste, qu'il ne faut pas attribuer au démon les miracles du B. Pâris. 1737. — 3. Lettre d'un Bénédictin de Cluny... sur plusieurs décrets des Chap. gén. de son ordre sur la bulle *Unigenitus*. — 4. Histoire des derniers Chapitres généraux de la Congrégation de S. Maur. — 5. Mémoire pour les Religieuses d'Etampes au sujet de l'élection nulle et irrégulière de la mère Marie de Jésus. — 6. Discours sur les *Nouvelles ecclésiastiques* et lettres de l'auteur des *Nouvelles difficultez* à celui des *Nouvelles ecclésiastiques*. 1735-37. — 7. Justification de la démarche de Dom Pacôme de la Trappe, forcé par les persécutions de ses supérieurs de se retirer en Hollande. — 8. Lettre de M***, prêtre, à son évêque, sur la juridiction et approbation nécess. pour confesser... — 9. Nouv. preuve de l'autorité des bulles contre Baïus. — 10. Trois consultations sur un refus de sépulture fait par un curé missionnaire au Cap François. 1737-38. — 11. Journal de ce qui s'est passé au Parlement au sujet de l'affaire de Douai. 1737. — 12. Lettres à un magistrat sur la démarche de M. de Montgeron, etc. — 13. Justification de la démarche de M. de Montgeron par les Evêques de Senez et de Montpellier. 1737. — 14. Discours à Henri IV par M. Arnauld, proc. gén. de Catherine de Médicis, et consultation du jurisc. Dumoulin sur la nouvelle secte ou espèce d'ordres religieux des Jésuites. 1735 (sur l'imprimé de 1603). — 15. Remontrances des habitans de Laon au Roy au sujet de l'usurpation de leur collège par les Jésuites, avec l'aide de M. de La Fare, leur évêque. — 16. Cruauté inouïe des Jésuites de Liège en la ville de Munau, avec l'arrêt de la Cour souveraine de Bouillon. 1736. — 17. Anti-Coton, ou réfutation de la lettre du P. Coton, livre où il est prouvé que les Jésuites sont coupables du parricide commis en la personne du Roi Henri IV, avec les inscriptions gravées sur la pyramide du Palais, et les arrêts du Parlement contre Jean Châtel, les Jésuites et François Ravaillac. — 18. Portrait des Jésuites dont les traits sont tirés de la Constitution *Unigenitus*, adressé au cardinal de Fleury.

4505. **Recueil** in-4, bas.

Mandement de l'Evêque de Troyes (Bossuet) pour la publication du nouveau Missel de Troyes. — Mandements de l'Archevêque de Sens (Languet) au sujet du même Missel. 1737, etc. — Trois lettres à l'Evêque de Troyes sur les sentimens de M. Bossuet contre le Jansénisme. 1737. — Lettre de l'Archev. d'Embrun à l'Evêque de Troyes. 1738. — Lettre de Mgr de Babylone à un missionn. du Tonquin. 1734. — Deux lettres de Mgr de Senez : l'une, à Mgr de Babylone, avec la réponse; l'autre à M. Legros. 1736. — Lettre de Mgr de Babylone à Mgr de Senez. 1737. — Lettre de Mgr de Senez, sur les erreurs avancées dans quelques nouveaux écrits. 1736. — Lettres d'un théologien contre un anonyme... — Suite des remontrances des fidèles vexés au sujet de la Constitution. — Mandement de Mgr de Laon sur un miracle d'Arras et une relique de S. Vincent de Paul. 1738 (msc.). — Lettre de M... à M... sur S. Vincent de Paul. —Arrêt du Parlement supprimant l'écrit : *Canonisatio B. Vincentii a Paulo*..... 1738, etc.

4506. Recueil in-4, bas.

Deux lettres de Mgr de Senez à l'évêque de Babylone et à M. Legros. 1736. — Ordonnance de l'abbé d'Estival condamnant les réquisitions du promoteur de l'évêché de Toul... — Epistola Benedicti XIV papæ, ad episcopos. 1740. — Consultation sur la juridiction et approbation nécessaires pour confesser. 1734. — Troisième instruction pastorale de Mgr de Troyes sur son Missel. 1738, etc. — Autres consultations des avocats du Parlement de Paris sur la procédure instruite contre Bardon, chanoine de Leuze, au sujet de son refus de souscrire à la Bulle. 1740. — Consultation des avocats du Parlement au sujet de la procédure faite contre M. Villebrun, curé de Ste-Anne de Montpellier, et du mandement de Mgr de Montpellier du 7 mars 1739, contenant la signature du Formulaire d'Alexandre VII.

4507. Recueil in-12, bas.

1. Abrégé historique des détours et des variations du Jansénisme, depuis son origine jusqu'à présent. S. l., 1739. — 2. Instruction sur l'obéissance due aux décisions de l'Eglise. *Avignon*, 1738. — 3. Clementis XI Papæ, confirmatio et innovatio constitutionum Innocentii X et Alexandri VII adversus Jansenianam hæresim, etc. *Avenione*, 1705.

4508. Recueil in-12, bas.

Système de M. Nicole touchant la Grâce universelle. *Cologne*, 1700. — Moyens de récusation contre plusieurs des évêques assemblés à Paris en 1761, au sujet de l'affaire des Jésuites. S. l. n. d. — Les Appelans de nouveau justifiés par le P. Berti, augustin, contre l'archev. de Sens (Languet). S. l., 1758. — Réponse au P. Tournemine sur son extrait d'un livre intitulé : *Le Jansénisme démasqué*. S. l., 1716, in-12, bas.

4509. Recueil in-12, bas.

1. Dissertation si la grandeur temporelle de l'Eglise n'est pas contraire à la loi de Dieu et aux maximes des temps apostoliques. 1751. — 2. La Voix du Prêtre (par l'abbé Constantin). *Utrecht*, 1750. — 3. Mémoire sur l'exemption des subsides et impositions involontaires prétendue par le Clergé de France. *Berlin*, 1751. — 4. Le B... (aux auteurs des lettres pour et contre les Immunités du Clergé. 1750. — 5. La Voix du Sage et du Peuple (par Voltaire). *Amsterdam*, 1750. — 6. Remerciment sincère à un homme charitable (à propos de l'*Esprit des loix*). *Amsterdam*, 1750. — 7. Mémoire sur le refus des sacrements à la mort, qu'on fait à ceux qui n'acceptent pas la Constitution (par Maultrot). 1750. — 8. Lettre critique sur les devoirs d'un curé, par un ecclésias-

tique de province à un curé de Paris. *Utrecht*, 1751. — 9. Lettre d'un théologien sur l'exaction des certificats de confession pour administrer le S. Viatique. 1751. — 10. Mémoire apologétique des sentences rendues au Bailliage et Présidial de Reims en faveur de la dlle Vinet (à propos de refus de sacrements). 1745. — 11. Remontrances du Parlement présentées au Roy, le 4 mars 1751. — 12. Remontrances du Parlement de Flandres au Roy sur la perception du vingtième (mss.).

4510. **Recueil** in-12, bas.

1. Défense de l'immunité des biens ecclésiastiques. *Londres*, 1750. — 2. Discours des commissaires du Roi à l'assemblée du Clergé du 17 aoust 1750. — 3. Mémoire concernant l'utilité des Etats provinciaux (par le marquis de Mirabeau). *Rome*, 1750.

4511. **Recueil** pet. in-8, d.-rel. parch.

1. Odes sur la Religion par M. de Claris, président en la Cour des Aydes de Montpellier. *Paris*, 1747. — 2. Instruction pastorale de Mgr l'évêque de Lodève sur le culte des Saints Anges... *Montpellier, Rochard*, 1765. — 3. Réponse aux deux lettres imprimées à Genève au mois d'août 1726, au sujet du miracle publié à Paris le 10 août 1725, publié par un docteur de Sorbonne du diocèse de Genève, 1727. — 4. Nouvelles indulgences pour l'Angélus concédées par le pape Clément X. *Paris*, 1672. — 5. Bulle des indulgences concédées par le Pape Clément XIII à l'association de N. D. (dite de l'Esclavage) en la ville de Montpellier. *Montpellier, Rochard*, 1762. — 6. Lettre touchant l'usage des biens ecclésiastiques, et s'il est permis d'en faire des acquêts. 1689. — 7. Portrait d'une fille chrétienne.

4512. **Recueil** in-4, bas.

Mandement de Mgr de Belzunce, évêque de Marseille, et autres prières relatives à la condamnation des cahiers de théologie dictés par le P. Crozet, professeur au couvent des frères Prêcheurs de Marseille. 1740.

4513. **Recueil** in-8, bas.

1. Discours qui a remporté le prix à l'Académie de Dijon, en 1750, sur cette question : Si le rétablissement des sciences et des arts a contribué à épurer les mœurs, par M. Rousseau, genévois. — 2. Réponse au Discours de M. Rousseau (par le roi Stanislas et le P. de Menoux, jésuite). 1751. — 3. Second Discours sur les avantages des sciences et des arts, par M. B.... (Borde). *Avignon et Lyon*, 1753. — 4. Deux Discours, dont l'un a été couronné par l'Académie de Besançon, et l'autre a concouru au prix de l'Acad. française en 1755 (par l'abbé Millot). *Paris*, 1756. — 5. Les Philosophes, comédie par Palissot. *Avignon*, 1760. — 6. Hudibras, poème héroï-comique, trad. de l'anglais de Sam. Butler, avec notes et fig. *Londres* et *Paris*, 1755 (le 1er chant seulement). — 7. De l'intérêt d'un ouvrage, discours par le P. Cérutti à sa réception de l'Acad. de Nancy, le 8 mai 1763. — 8. Discours sur l'origine et les effets de ce désir si général et si

ancien de transmettre son nom à la postérité (par le P. Cérutti). *La Haye*, 1761.

4514. Recueil in-12, bas.

1. Réflexions d'un Franciscain, avec une lettre préliminaire adressée à M..... auteur en partie du *Dictionnaire encyclopédique* (par le P. Fruchet, cordelier, augmentées par le P. Hervé, jésuite). 1752. — 2. Lettre d'un avocat de Rouen à M. V..... avocat au Parlement de Paris, au sujet du feu abbé Desfontaines (par Meunier de Querlon). 1746. — 3. Justification de la tragédie d'*Oreste*, par l'auteur. — 4. Lettre d'un académicien de province à Mess. de l'Académie française (sur *Catilina*, de Crébillon, par Dumolard). 1749. — 5. Lettre et remercîment envoyez aux Comédiens françois pour leur servir d'hommage envers un auteur obligeant, etc. — 6. Lettre à M. de V.... sur la tragédie d'*Oreste*. — 7. Lettre à Mlle G.... sur les pièces intitulées : *Le Sage étourdi* et *La Folie du jour*. *Paris*, 1745. — 8. Lettre d'un archer de la Comédie française à M. de la Chaussée, sur l'heureux succès de l'*Ecole des mères*. *Paris*, 1744. — 9. Natilica, conte indien, ou critique de *Catilina* (par Desforges). *Amsterdam*, 1740.

4515. Recueil in-12, bas.

1. Récréations littéraires, ou anecdotes et remarques sur différents sujets, recueillies par M. C. R. (Cizeron-Rival). *Lyon*, 1766. — 2. Parallèle des trois principaux poètes tragiques françois : Corneille, Racine et Crébillon. *Paris*, 1765. — 3. Mémoires de Charles Perrault, contenant beaucoup de particularités et d'anecdotes du ministère Colbert. *Avignon*, 1769. — 4. Lettre à mylord.... sur Baron et la d^{lle} Lecouvreur, où l'on trouve plusieurs particularités théâtrales. *Paris*, 1730.

4516. Recueil in-12, bas.

Remontrances du Parlement au Roi, du 9 avril 1753. — Tradition des faits qui manifestent le système d'indépendance que les évêques ont opposé dans les différens siècles aux principes invariables de la justice souveraine du Roi sur tous ses sujets indistinctement; et la nécessité de laisser agir les juges séculiers contre leurs entreprises, pour maintenir l'observation des loix et la tranquillité publique (1753; attribué à l'abbé Chauvelin). — Principes sur l'essence, la distinction et les limites des deux puissances spirituelle et temporelle; ouvrage posthume du P. de la Borde, de l'Oratoire. 1753.

4517. Recueil in-12, bas.

1. Lettre à mess. les auteurs du *Journal des Sçavans* (sur le livre intitulé : *Introduction à la révolution des Pays-Bas et à l'hist. des Provinces Unies*, par Lejean). *Paris*, 1754. — 2. Suite de la défense de *l'Esprit des Loix*, ou examen de la réplique du Gazettier ecclésiastique à la défense de *l'Esprit des Loix* (par La Beaumelle). *Berlin*, 1751. — 3. OEuvres meslées d'un auteur célèbre qui s'est retiré de France (Voltaire). *Berlin*, 1753.

— 4. Maximes sur le devoir des Rois et le bon usage de leur autorité, tirées de diff. auteurs (par l'abbé Barral). *En France,* 1754.
— 5. Mémoire concernant l'utilité des Etats Provinciaux relativement à l'autorité royale, aux finances, au bonheur et à l'avantage des peuples (par le m^{is} de Mirabeau). *Rome,* 1750. — 6. Lettre à M. l'abbé Velly sur les tom. 3 et 4 de son Histoire de France, au sujet de l'autorité des Etats, etc. (par le président Rolland). 1756.

4518. **Recueil** in-12, bas.

1. Lettres au Public (trois) par S. M. le Roy de Prusse. *Berlin,* 1753. — 2. Mes loisirs, ou pensées diverses de M. le chevalier d'Arc, etc. *Paris,* 1756. — 3. Lettres du maréchal de Belle-Isle au maréchal de Contades, en 1758, etc., trouvées parmi les papiers de M. de Contades, après la bataille de Minden. *Amsterdam,* 1759. — 4. Mémoire historique sur la négociation de la France et de l'Angleterre depuis le 26 mars 1761 jusqu'au 20 sept. de la même année, etc. *Paris,* 1761.

4519. **Recueil** de pièces sur les Jésuites du Portugal. 2 v. in-12, bas.

4520. **Recueil** in-12, bas.

1. Analyse de *l'Esprit du Jansénisme*, par (Denesle). *Amsterdam,* 1760. — 2. Instruction du P. Gardien des Capucins de G... à un jeune frère quêteur partant pour le château de F..., ouvrage trad. de l'italien par le R. P. Adam. *Amsterdam,* 1772. — 3. Testament politique de M. de Voltaire (par Marchand, avocat). *Genève,* 1771. — 4. Les *Quand,* notes utiles sur un discours prononcé devant l'Académie française, le 10 mars 1760; 6e édit., augmentée des *Si* et des *Pourquoi. Genève,* 1760, 20 pp. imprimées en rouge. — 5. L'inoculation du bon sens (par Jean Soret). *Londres,* 1761.

4521. **Recueil** in-12, bas.

1. Abrégé chronologique de l'histoire de la Société de Jésus (par Jacques Taillié). *En France,* 1760. — 2. Maximes de la morale des Jésuites prouvées par les extraits de leurs livres...., ou Table analytique des *Assertions dangereuses,* imprimées en 1762. — 3. Mémoire justificatif des sentiments de S. Thomas sur l'indépendance absolue des souverains et sur le régicide. *Paris,* 1762. — 4. Explication de quatre paradoxes qui sont en vogue dans notre siècle, avec une préface où l'on rend compte de ce qui s'est passé en Italie à l'occasion de l'histoire du *Probabilisme* et de la condamnation des nouveaux *Mamillaires;* par le P. Dan. Concina, de Venise; trad. de l'ital. par le chev. Philaleti. *Avignon,* 1753. — 5. Les Jésuitiques, odes, enrichies de notes curieuses (par l'abbé Du Laurens et Grouber de Groubentale). *Rome,* 1761.

4522. **Recueil** pet. in-8, bas.

1. Essai sur l'étude de la Littérature (par Gibbon). *Londres,*

1762. — 2. Examen historique et politique du gouvernement de Sparte, etc., par Vauvillers, *Paris*, 1769. — 3. Histoire d'une jeune anglaise, précédée de quelques circonstances concernant l'enfant hydroscope, etc. *Imprimé à Physicopolis et se trouve à Paris*, 1773. — 4. Gabrielle d'Estrées à Henri IV, héroïde. *Au château d'Anet*, 1762. — 5. Discours de M. Servan, avocat gén. au Parlem. de Grenoble, dans la cause d'une femme protestante. *Grenoble*, 1767. — 6. Ode à M. Servan sur le discours précédent, par M. B., avocat. *En France*, 1767.

4523. **Recueil** in-12, bas.

1. Pensées secrètes et observations critiques attribuées à feu M. de S. Hyacinthe. 1735. *Londres*, 1769. — 2. Traité des trois Imposteurs. (*Amsterdam, MM. Rey,* vers 1768.) (Même ouvrage que *l'Esprit de Spinosa*). — 3. Opinion des Anciens sur les Juifs, par feu M. de Mirabaud. *Londres,* 1769. — 4. Lettre ou réflexions d'un milord à son corespondant à Paris, au sujet de la Requête des Marchands des Six-Corps contre l'admission des Juifs aux brevets, etc. (par M. Bernard). *Londres*, 1767. — 5. Lettres patentes et autres pièces en faveur des Juifs Portugais. *Paris*, 1753.

4524. **Recueil** in-8, d.-rel. bas.

1. Fontenelle jugé par ses pairs, ou éloge de Fontenelle en forme de dialogue entre trois académiciens des Académies française, des sciences et des belles-lettres. 2e édit. *Paris*, 1783. — 2. Voyage en Espagne, par le Mis de Langle. *Londres*, 1786. — 3. Le Pot au noir. *Londres*, 1787.

4525. **Recueil** in-12, bas.

Les Appelans pleinement justifiés, par Tournely.... *En France*, 1771. — Lettre à M. Ribailler, censeur royal, en faveur des censures de l'auteur des *Nouvelles ecclésiastiques*, etc. 1771. — Lettre à M. Bergier, sur son ouvrage : *Le Déisme réfuté par lui-même*. 1770.

4526. **Recueil** sur l'État civil des Protestans. 2 v. in-8, d.-rel. bas.

Réclamation du Parlement en faveur des Protestans de France, par M. de St-Vincent. 1787. — Mémoire sur le mariage des Protestans, en 1785 (par Lamoignon de Malesherbes). — Second mémoire (par le même). *Londres*, 1787. — Lettre d'un bon catholique en réponse aux Réflexions impartiales d'un philanthrope sur la situation présente des Protestans à Rome. — Lettre de M... (le P. Lambert, dominicain), à M. l'abbé A. (Asseline), censeur et approb. du libelle int. : *Discours à lire au Conseil*. S. d. (1787). — Conférences de jurisprudence sur l'édit concernant ceux qui ne font pas profession de la religion catholique, par M. Cairol, anc. avocat à la Cour des Aides de Montpellier. *Paris*, 1788. — Lettre d'un magistrat de Provence à M.... au sujet des Protestans (par H. Jabineau). — Vues sur l'intolérance.... par du Closel d'Arnery. *Bruxelles*, 1788. — Lettres à un magistrat du Parle-

— 455 —

ment de Paris, au sujet de l'édit sur l'état civil des Protestans, par l'abbé Proyart. *Avignon,* 1787. — Lettre importante sur l'édit des Protestans à M. le Cte de... 1788.

4527. **Recueil** in-12, d.-rel. bas.

Remarques historiques sur la Bastille, sa démolition et révolutions de Paris en juillet 1789, avec un grand nombre d'anecdotes intéressantes. *Londres,* 1789. — Révolutions de Paris, dédiées à la nation (12 juillet-août 1789). — Histoire des brigandages commis dans le Limousin, le Périgord, l'Auvergne, le Rouergue, etc., et le Languedoc, depuis la fin de 1789 et au commencement de 1790, par l'abbé de Mondésir. *Montauban,* 1790.

4528. **Recueil** in-8, d.-rel. bas.

1. Réponse à la censure de la Faculté de Théologie de Paris contre l'*Histoire Philosophique......* par l'abbé Raynal. *Londres,* 1782. — 2. Lettre d'un docteur de Paris à un de ses confrères ou Réflexion d'un patriote impartial sur quelques affaires du temps (par l'abbé Besson). 1790. — 3. Observations sur la déclaration ou protestation de la minorité sur le décret concernant la religion. — 4. Le livre de sang, ou calcul abrégé des assassinats commis ou occasionnés par les prêtres. — 5. Histoire naturelle des Moines, écrite d'après la méthode de Buffon, ornée d'une figure. *Paris,* 1790. — 5. Réflexions impartiales sur l'ouvrage : *Les inconvénients du célibat des prêtres. Paris,* 1790.

4529. **Recueil** in-8, d.-rel. bas.

1. De la loi naturelle (par de Barret). *Paris,* 1790. — 2. Avantages pour la nation française du rapprochement des marines militaire et marchande, par le m^{is} de Cipières. — 3. Sur la formation des assemblées de départ^t et de district. — 4. L'abus des mots. — 5. L'Evangile du jour, ou *In illo tempore.* Imprimé *par ordre de la noblesse et du clergé,* 1785. — 6. La légitimité du divorce justifiée par les Ecritures, les Pères, les Conciles, etc., aux Etats généraux, par M. Linguet. *Bruxelles,* 1789.

4530. **Recueil** in-8, d.-rel. bas.

1. Les Vœux d'un Français en considération sur les principaux objets dont le Roi et la nation vont s'occuper. — 2. Observations sur les moyens d'exécution proposés pour le remboursement de la dette exigible, par la vente des domaines nationaux. — 3. Les quatre préjugés du ministère, ou la France perdue, tragédie welche, en six actes et en prose. 1790. — 4. Rapport à l'Assemblée nat. au nom du comité ecclésiastique, par M. Martineau, député de Paris, sur la constitution du clergé. *Paris,* 1790.

4531. **Recueil** in-8, cart.

1. Discours sur les moyens de nationaliser les spectacles en les rendant utiles aux mœurs, par le cit. Saint-Jean. *Toulouse,* an IX. — 2. Les vies de Pétrarque et Laure, etc., par Delon. *Nimes,* 1788, *fig.* — 3. Mon conclave, suivi des deux Italies, par Th. Desorgues, 179..? — 4. Histoire d'une détention de 39 ans

dans les prisons d'état, écrite par le prisonnier lui-même (Latude, ou plutôt le m^is de Beaupoil). *Amsterdam*, 1787. — 5. Voyage en l'air par M. Sulau. *A Balonnapolis.*

4532. **Recueil**, 2 v. in-8, d.-rel. bas.

Histoire de la Sorbonne, dans laquelle on voit l'influence de la Théologie sur l'ordre social, par l'abbé J. Duvernet. *Paris*, 1790. — Prônes civiques (IV), ou le pasteur patriote, par l'abbé Lamourette. *Paris, Lejay.* — Décret de l'Assemblée nationale sur le serment à prêter par les évêques, curés, etc., 27 nov. 1790. — Discours de Mirabeau, du 25 nov. 1790, sur l'exposition des principes de la constitution civile du clergé par les évêques députés à l'Assemblée nationale. — Le décret de l'Assemblée nationale sur les biens du clergé, considéré dans son rapport avec la nature et les lois de l'institution ecclésiastique, par l'abbé (Lamourette).

4533. **Recueil** in-8, d.-rel. bas.

1. Vues sur la Révolution actuelle, ou Considérations sur les Anciens et les Modernes. *Paris*, 1790. — 2. Les droits du Peuple sur l'Assemblée nationale, par Louis la Vicomterie. *Paris*, 1791. — 3. Supplément au N° 787 du *Courrier universel.* — 4. Le Triomphe de la Vérité, ou Dialogue entre un moine apostat, un paysan et un curé.

4534. **Recueil** in-8, d.-rel. bas.

1. Les Imposteurs découverts, ou les deux brefs attribués à Pie VI convaincus de supposition, par M. de la Croix. *Paris*, 1791. — 2. De la morale naturelle, suivie du bonheur des sots, par M. Necker. *Paris*, 1788, *portr.* — 3. Du droit du souverain sur les biens-fonds du clergé séculier et régulier, et de leur emploi; par de Cerfvol. 3e édition. *Paris*, 1790.

4535. **Recueil** in-8, d.-rel. bas.

1. Histoire apologétique du comité ecclésiastique de l'Assemblée nationale, par Durand Maillane. *Paris*, 1791. — 2. Maximes du droit naturel sur le bonheur, par M. Meyniel. *Paris*, 1791. — 3. Opinion sur le *veto* et la sanction royale. — 4. Adresse aux députés de la seconde législature, par M. Grégoire, membre de la première.

4536. **Recueil**, 2 v. in-8, d.-rel. bas.

1. Droits de l'homme, en réponse à l'attaque de M. Burke contre la révolution française, par M. Th. Paine; trad. de l'angl. *Paris*, 1791. — 2. Adresse à tous les Français, ou Exposition religieuse et patriotique des sentimens et de la doctrine du nouveau clergé de Paris sur la constitution civile du clergé, décrétée par l'Assemblée nation. et sanctionnée par le Roy. *Paris*, 1791. — 3. Lettre écrite au nom du Roi par M. de Montmorin aux ambassadeurs et ministres résidans près les cours. *Paris*, 1791. — 4. Lettre pastorale de M. l'Evêque métropolitain de Paris (Gobel) au clergé et aux fidèles de son diocèse. *Paris*, 21 avr. 1791. —

5. Oraison funèbre d'Honoré Riquetti, ci-devant comte de Mirabeau, prononcée au café Procope. 1791. — 6. Eloge funèbre de M. de Mirabeau, prononcé à St-Eustache le jour de ses funérailles, par Cerutti, au nom de la section de la Grange-Bâtelière, devant l'Assemblée nationale. *Paris*, 1791. — 7. Discours de Mirabeau sur les successions, prononcé après sa mort dans l'Assemblée nation. par l'organe de M. l'évêque d'Autun.... — 8. Discours de M. Thouret à l'Assemblée sur l'obligation du Roi de résider dans le royaume ; 28 mars 1791. — 9. Les Tribuns du Peuple habillés à la françoise. — 10. Le Pape traité comme il le mérite, ou réponse à la Bulle de Pie VI ; par M. L. Henriquez. — 11. Le sens commun, ouvrage adressé aux Américains, trad. de l'angl. de Th. Paine. *Paris*, 1791.

4537. **Recueil**, 3 v. in-8, bas.

I. 1. Lettre pastorale de Mgr l'Archev. de Lyon sur l'usurpation de son siège par le sieur Lamourette, soi-disant élu évêque du dépt de Rhône et Loire (4 mai 1791). — 2. Instruction de l'évêque de Langres aux prêtres de son diocèse qui n'ont pas prêté le serment, avec l'adoption qu'en a fait l'évêque de Montpellier pour son diocèse, 15 mars et 5 avril 1791. — 3. Mandement de M. l'Evêque de Toulon, ordonnant la publication de deux brefs du Pape des 10 mars et 13 avril 1791. — 4. Lettre d'un ecclésiastique des Cévennes à Mgr l'Evêque de Nimes sur la situation de son diocèse, en conséquence de la loi du 7 vendém. an IV. 1797. — 5. Lettre des évêques députés à l'Assemblée nationale, en réponse au bref du Pape du 10 mars 1791.

II. 1. Instructions familières sur l'Eglise, le schisme, l'hérésie et l'apostasie. — 2. Discours et rapport de Camille Jordan sur la liberté, l'exercice et la police de tous les cultes. An V (1791). — 3. Exposition des principes sur la constitution du clergé par les évêques députés à l'Assemblée nationale. 30 oct. 1790. — 4. Bref du Pape Pie VI à ces évêques, au sujet de la constitution civile du clergé. 10 mars 1791 ; lat. et franç. — 5. Lettre pastorale des évêques d'Auch, Lavaur et Castres, du 17 févr. 1793. — 6. Lettre de Mgr l'Archev. d'Auch aux Religieuses. 1796.

III. 1. Précis exact des évènements qui ont eu lieu aux Tuileries le 20 juin 1792. — 2. Défense de Louis, prononcée à la barre de la Convention par le citoyen de Sèze, l'un de ses défenseurs officieux. *Paris*, 1792. — 3. Appel à la postérité sur le jugement du Roi. 1793. — 4. Au Peuple souverain, sur le procès de Louis XVI ; par un républicain. — 5. *Plédoyé pour Louis sèze fait par le citoyen J. Jacque Liberté, laboureur du dépt de Lille et Vilenne, adressé à la Convention nationale le 20 déc.* 1792, *l'an I de la Rép. Francèse*. — 6. Monument érigé à la mémoire de Louis XVI. *Paris*, 1793. — 7. Réflexions sur l'Inviolabilité des Rois et sur la prétendue Souveraineté des Peuples. *Paris*, 1793. — 8. Lettres de N. S. P. le Pape Pie VI sur le serment civique prêté par les ecclésiastiques, et sur les élections et consécrations des faux évêques en France. *Paris*, 1791 ; lat. et franç. — 9. Instruction dressée par ordre du Pape Pie VI sur quelques questions proposées par les évêques de France ; franç. et lat. *Paris*, 1791.

4538. Recueil in-8, d.-rel. bas.

1. Réflexions d'un curé constitutionnel sur le décret de l'Assemblée nationale concernant le mariage. *Paris*, 1791. — 2. Discours sur la Constitution française par Ch. Hervier, prêtre, prononcé le 25 sept. 1791 dans l'église métropolitaine de Paris. — 3. Mandement de Mr l'Evêque métropolitain de Paris, ordonnant un *Te Deum* dans toutes les églises de son diocèse, en action de grâces de l'heureuse conclusion des travaux de l'Assemblée nationale, etc. *Paris*, 1791. — 4. Aperçu rapide de la position de la France à l'époque de la prétendue coalition des souverains de l'Europe contre sa constitution (par Ad.-Ph. Custine). 26 avril 1791. — 5. La France vue dans l'avenir, ouvr. dédié au district des Cordeliers. No I. 20 nov. 1789. — 6. Traité philosophique, théologique et politique de la loi du divorce, demandée aux Etats généraux par S. A. Mgr Louis-Ph.-Jos. d'Orléans... Juin 1789. — 7. Observations sur l'accord de la raison et de la religion pour le rétablissement du divorce, l'anéantissement des séparations entre époux et la réformation des loix relatives à l'adultère ; par Bouchotte. *Paris*, 1790, *fig.*

4539. Recueil in-8, d.-rel. bas.

1. Eveil du patriotisme sur la révolution, par un citoyen de Paris (Foucher d'Obsonville). *Paris*, 1791. — 2. Aux Français, par Elzear-Louis-Zozime de Sabran. *Paris*, 1791. — 3. Catéchisme nouveau et raisonné sur la constitution nouvelle de la France, par l'auteur du *Naviget Anticyras. Bruxelles* et *Paris*, 1791. — 4. Discours de M. Mirabeau l'aîné sur l'éducation nationale. *Paris*, 1791. — 5. Projet de décret sur l'organisation des écoles publiques. — 6. Déclaration du Roi adressée à tous les Français, à sa sortie de Paris. — 7. Grand détail sur la conspiration de MM. Barnave et Louis XVI contre le peuple, par un garde national de Varennes, qui accompagnait le Roi et qui a tout entendu. — 8. Grande pétition présentée ce matin à l'Assemblée nat. par 40000 citoyens de Paris rassemblés au Champ-de-mars et signée sur l'autel de la Patrie, avec la réponse de M. Ch. Lameth, président. — 9. Louis XVI et Antoinette traités comme ils le méritent. *Paris*, s. d. — 10. Le règne de Louis XVI mis sous les yeux de l'Europe. 1791. — 11. Dernier discours de M. Robespierre sur la fuite du Roi. — 12. Adresse de Maximilien Robespierre aux Français. *Paris*, 1791.

4540. Recueil in-8, d.-rel. bas.

1. Déclaration des Droits de l'Homme et du Citoyen, décrétée par l'Assemblée nationale, comparée avec les lois des peuples anciens et modernes, etc. *Paris*, an III. — 2. La Constitution française, projet présenté à l'Assemblée nationale par les Comités de constitution et de révision. *Paris*, 1791. — 3. Rapprochement des dépositions dans l'affaire du 5 au 6 octobre 1789, d'où l'on tire le résultat de la procédure. *Paris*, 1790. — 4. Rapport

fait au Comité de Recherches de la municipalité de Paris, tendant à dénoncer MM. Maillebois, Bonne-Savardin et Guignard Saint-Priest, suivi des pièces justificatives et de l'arrêt du Comité. *Paris*, 1790.

4541. **Recueil** in-8, d.-rel. bas.

1. Lettre de M. l'Evêque de Viviers à Mess. les Curés, Vicaires, etc., du département de l'Ardèche. *Paris*, 1791. — 2. Examen des principes de la constitution civile du clergé..... par M. l'Evêque de Viviers. *Lyon*, 1792. — 3. Rapport sur les troubles intérieurs, fait à l'Assemblée nationale au nom du Comité des douze, par M. Français (de Nantes), le 26 avril 1792.

4542. **Recueil** in-8, bas.

1. Relation d'un voyage à Bruxelles et à Coblentz (1791) (par Louis XVIII). *Paris*, 1823. — 2. Mémoires partic. sur la captivité de la famille royale au Temple, formant, avec l'ouvrage de M. Hue et le journal de Cléry, l'histoire complète de cette captivité. *Paris*, 1817, *fig.* — 3. Copie d'un msc. intitulé : *Mémoire écrit par Marie-Charlotte-Thérèse de France, sur la captivité des Princes et Princesses ses parents, depuis le 10 août 1792 jusqu'à la mort de son frère, arrivée le 9 juin 1795*. Montpellier, *Seguin*, 1817. — 4. Note historique sur le procès de Marie-Antoinette d'Autriche et de Mad. Elisabeth au tribunal révolutionnaire, par Chauveau-Lagarde. *Paris*, 1816. — 5. Quelques souvenirs, ou notes fidèles de mon service au Temple, depuis le 8 déc. 1792 jusqu'au 26 mars 1793.... par Le Pitre. *Paris*, 1817. — 6. Oraison funèbre de Louis XVI, prononcée en 1814 par Mgr de Boulogne, évêque de Troyes. *Paris*, 1817.

4543. **Recueil** in-8, br.

1. Eloge de Louis XVI sur le rappel des cours souveraines. S. l., 1789. — 2. L'Eloge de la Peur par elle-même, en présence de l'Assemblée nationale et des Parisiens. S. l., 1790. — 3. Etrennes de l'Orateur du genre humain (Anacharsis Cloots) aux cosmopolites. *Le 1er nouvel an de la République, au chef-lieu du globe*, 1793. — 4. Arrêté du Comité du Salut Public et de la Convention nationale, portant qu'au frontispice des édifices ci-devant consacrés au culte, on substituera aux mots : *Temple de la Raison*, ceux-ci : *Le Peuple François reconnoit l'Etre Suprême et l'Immortalité de l'âme*. 23 floréal an II, in-4. — 5. Discours d'apothéose du citoyen Marat, l'ami du Peuple, prononcé dans la société républicaine des sans-culottes montagnards de Tonnerre, le 28 juil. 1793 (an II), par Ch.-L. Rousseau. In-4. — 6. Relation du voyage des 132 Nantais envoyés à Paris par le Comité révolutionnaire de Nantes. 30 thermidor an II. — 7. Procès instruit et jugé au tribunal révolutionnaire contre Hébert et consorts. An II. — 8. Rapport sur la bibliographie, par Grégoire; séance du 22 germ. an II. — 9. Rapport du même sur le Vandalisme; séance du 14 fructidor an II. — 10. Troisième rapport du même sur le Vandalisme; séance du 24 frimaire an III. — 11. La queue de Robespierre écorchée, ou la tactique de ses ri-

vaux dévoilée (par le député Couturier). An III. — 12. Rapport de Barère, au nom du Comité du Salut Public, sur les moyens d'extirper la mendicité dans les campagnes, etc. 22 floréal. — 13. Du Tribunal révolutionnaire, par J.-B. Sirey. *Paris*, an III. — 14. Relation de ce qu'ont souffert les prêtres français insermentés déportés, en 1794, dans la rade de l'isle d'Aix (le titre manque). — 15. Loi concernant la division du territoire de la République et l'administration. 28 pluv. an VIII. — 16. Bref du Pape Pie VII aux archevêques et évêques français. 15 août 1801 (lat. et fr.). — 17. Traduction de la lettre de Mgr de Thémines, évêque de Blois, au Pape Pie VII, du 1er août 1802. — 18. Traduction de la lettre écrite au même par l'év. de St-Pol de Léon. *Londres*, 15 mars 1803. — 19. Avis de Mgr l'Ev. de La Rochelle à des prêtres de son diocèse non résidans en France. 29 mai 1802. — 20. Supplément au mémoire des Evêques français qui n'ont pas donné leur démission, résidans à Londres. *Londres*, février 1803. — 21. Réclamations canoniques, etc. V. le No 4546.

4544. Recueil in-8, br.

Lettre d'un citoyen de la province de Languedoc à un autre citoyen de la même province. S. l., 1789. — Discours prononcé dans l'église des Pénitens blancs de Montpellier pendant l'octave de la Pentecôte de 1790, par M. Léger, chapelain de la Compagnie des Pénitens blancs. *Montpellier, Picot*, 1790. — Déclaration de l'Evêque de Béziers (Nicolay) aux administrateurs du Directoire du dépt de l'Hérault. 9 nov. 1790. — Entretiens patriotiques sur la constitution civile du clergé.... par J. Courdin, profess. de physique en l'Université de Montpellier. *Montpellier, Tournel*, 1791. — Mémoire sur les noms à substituer aux noms de baptême et projet de prénoms étrangers à tout culte et très-diversifiés, par J.-A. Carney, membre de la société populaire de Montpellier. 26 vendém. an III. — L'Administration centrale du dépt de l'Hérault à ses administrés sur le cours de papier monnaie, 25 thermidor an V. — Lettre de l'évêque d'Usez à un de ses vic.-généraux. *Londres*, 15 mai 1801. — Pierre Sépet, de Montpellier, coiffeur pour femme, à ses concitoyens patriotes de 1789. 11 germ. an II. Nouv. édit. — Pétition au Roi par MM. Thuéri et Devès, au nom des citoyens de Montpellier opprimés par une bande de brigands qui se fait sacrilégement appeler *le Pouvoir exécutif*. 8 pp.

4545. Recueil in-8, d.-rel. vél.

1. De la mort des persécuteurs de l'Eglise, par Lactance, trad. avec notes par J.-Fr. Godescard. *Paris*, 1797. — 2. Compte rendu par le cit. Grégoire au concile national, des travaux des évêques réunis à Paris. *Paris*, 1797. — 3. Lettre des évêques et prêtres assemblés à Paris en concile national à leurs frères les évêques et prêtres résidens en France. — 4. L'Eglise de France assemblée en concile national, à N. S. P. le Pape Pie VI; 25 août 1797. — 5. Instruction du concile national sur le serment décrété le 19 fructidor an V. — 6. Décret de pacification proclamé par le concile national de France à N.-D. de Paris, le dimanche 24 septembre 1797.

— 7. Actions de grâces pour la paix signée à Udine le 26 vendém. an VI. — 8. Compte rendu par le citoy. Grégoire au concile national, des travaux des évêques réunis à Paris, imprimé par ordre du concile national. — 9. Rapport concernant la religion dans les colonies du nouveau monde, fait au concile national de France par un de ses membres. — 10. Lettres synodiques (IV) du concile national de France aux pasteurs et aux fidèles, etc. 1797. — — 11. Décret du concile national sur les élections. — 12. Autres décrets sur diverses matières. — 13. Lettre d'un paroissien de St-Roch à J.-B. Boyer, se disant évêque métropolitain de Paris. — 14. Pii Papæ VII, litteræ encyclicæ. *Gerundæ*, 1801. — 15. Bula del Sant. Padre Pio VI por laqual se condenan muchas de las proposiciones de un libro italiano, con el titulo : Atti et decreti del concilio diocesano di Pistoja dell'anno 1786. *Madrid y Girona*, 1801 (lat. et espagnol).

4546. Recueil in-8, mar. r., fil.

1. Réclamations canoniques et très-respectueuses adressées à N. S. P. Pie VII, contre différens actes relatifs à l'Eglise gallicane... *Bruxelles*, 1804. — 2. Controverse pacifique sur les principales questions qui divisent et troublent l'Eglise gallicane..., par un membre de cette église (l'abbé Blanchard). Déc. 1802. — 3. Défense du jugement de l'Eglise sur la constitution civile du clergé. 1803.

4547. Recueil in-8, d.-rel. mar. gr.

1. Les Ruines de Port-Royal-des-Champs en 1809, année séculaire de la destruction de ce monastère; par Grégoire. Nouv. édition augmentée. *Paris*, 1809. — 2. La Jérémiade d'un moraliste, ou le cri des consciences sur la résurrection du concordat de Léon X et de François Ier, ... par Alex. Crevel. *Paris*, janvier 1818. — 3. Le Vieux Cordelier, journal rédigé par Camille Desmoulins, suivi de la lettre écrite par lui à sa femme, datée de la prison du Luxembourg. — 4. Traité de l'accord des institutions républicaines avec les règles de l'Eglise. — 5. OEuvres de Reyrac; nouv. édition. *Paris*, an VII, *portr.*

4548. Recueil, 2 v. in-8, bas.

Correspondace authentique de la Cour de Rome avec la France, depuis l'invasion de l'Etat Romain jusqu'à l'enlèvement du Souverain Pontife, le 1er jour d'août, fête de S. Pierre dans les liens. 1809. — Exposition des faits et trames qui ont préparé l'usurpation de la couronne d'Espagne, et des moyens dont s'est servi l'Empereur des Français pour la réaliser; par M. de Cévallos; trad. de l'espagnol. 1809.

La nouvelle Eglise gallicane convaincue d'erreur, ou réfutation du *Catéchisme à l'usage de toutes les églises de l'empire français.* — Pièces offic. touchant l'invasion de Rome par les Français, en 1808, pour servir de suite à la Correspondance. *Rome*, 1809.

4549. Recueil in-8, d.-rel. bas.

1. Discours et fragments de M. Bergasse. *Paris*, 1808. — 2. De

l'intérêt de la France à l'égard de la traite des nègres, par Sismonde de Sismondi. *Genève* et *Paris*, 1814. — 3. Des résultats de la dernière campagne, par Mathieu Dumas. *Paris*, 1797. — 4. Tachygraphie française, par Coulon.

4550. Recueil in-8, d.-rel. bas.

1. La Religion prouvée par la Révolution, par M. l'abbé Clausel de Montals. 2e édit. *Paris*, 1817. — 2. Relation très-détaillée de ce qu'ont souffert pour la religion les prêtres et autres ecclésiastiques françois détenus en 1794 et 1795, pour refus de serment, à bord des vaisseaux *Les deux Associés* et *le Washington*, dans la rade de l'île d'Aix ou aux environs; par M. Labiche de Reignefort. 2e édit. *Paris et Lyon*, 1818. — 3. Acte des martyrs qui ont généreusement consommé leur sacrifice à Montpellier, dans les années 1793 et 1794. *Montpellier, Seguin*, 1822.

4551. Recueil in-8, bas.

1. De la constitution et des lois fondamentales de la monarchie française, par Ch. Delalot. *Paris*, 1814. — 2. Observations sur l'ancienne constitution française et sur les lois et les codes du gouvernement révolutionnaire (par Bernardi). *Paris*, 1814. — 3. Encore un mot sur la liberté de la presse, par M. de B... (Bonald). — 4. Réflexions sur l'intérêt général de l'Europe, suivies de quelques considérations sur la noblesse; par le même. *Paris*, 1825. — 5. De l'Epicuréisme, considéré dans les sciences physiologiques et médicales, par un médecin (Gensanne). *Paris*, 1817. — 6. Instruction de Mgr l'Evêque de Troyes sur l'excellence et l'utilité des missions, considérées dans l'ordre de la Religion et de l'Etat. *Paris*, 1822. — 7. Lettres à un gentilhomme russe sur l'Inquisition Espagnole, par J. de Maistre. *Paris*, 1822.

4552. Recueil in-8, d.-rel. bas.

1. Lettres à un gentilhomme russe sur l'Inquisition espagnole, par Joseph de Maistre. 1822. — 2. Jean Claude Têtu, maire de Montagnole, district de Chambéry, à ses concitoyens les habitans du Mont-Blanc : salut et bon sens (par le même). *Montpellier, Seguin.* — 3. Lettre d'un habitant des Vosges sur MM. Buonaparte, de Châteaubriand, Grégoire, etc., publiée par de Sénancour. *Paris*, 1814. — 4. Seconde et dernière lettre du même. — 5. Réflexions sur l'intérêt général de l'Europe, suivies de quelques considérations sur la noblesse; par M. de Bonald. *Paris*, 1815. — 6. Dernières considérations sur la conduite que la France a tenue jusqu'à ce jour, et sur celle qu'elle doit tenir à l'avenir vis à vis de l'Espagne; par MM. D. et R. Première partie. *Paris*, 1823. — 7. Recherches sur les sources de la prospérité publique, par J.-G.-J. Roentgen. *Paris*, 1825. — 8. De la Septennalité et de ses conséquences, par F. Delarue. *Paris*, 1824. — 9. Observations sur le Renouvellement intégral et la Septennalité. *Paris*, 1823.

4553. Recueil in-8, d.-rel. bas.

Réflexions sur l'état de l'Eglise en France pendant le 18e sié-

cle et sur sa situation actuelle (par La Mennais). *Paris*, 1814.
— Du droit de la Primauté du Souverain Pontife touchant la confirmation de tous les évêques. *Avignon*, 1816.

4554. Recueil in-8, d.-rel. bas.

1. Nouvelle relation de l'Itinéraire de Napoléon de Fontainebleau à l'île d'Elbe, par le comte de Waldbourg-Truchsen; trad. de l'allem. 4e édit. *Paris*, 1815. — 2. Itinéraire de Buonaparte depuis son départ de Doulevent, le 28 mars, jusqu'à son embarquement à Fréjus, le 29 avril... *Paris*, 1814. — 3. Le Manuscrit de Ste-Hélène apprécié à sa juste valeur. *Paris*, 1817. — 4. Notice sur M. le vicomte de Châteaubriand, par J.-R.-P. Sarran. *Montpellier*, 1817.

4555. Recueil in-8, br.

1. La Régence à Blois, ou les derniers moments du gouvernement impérial, recueillis par un habitant de Paris, réfugié à Blois. 2 édit. *Paris*, 1814. — 2. Itinéraire de Buonaparte depuis son départ de Doulevent, etc.; pour faire suite à la *Régence à Blois*. *Paris*, 1814. — 3. Nouvelle relation de l'itinéraire de Napoléon de Fontainebleau à l'île d'Elbe, rédigé par le comte de Waldbourg-Truchsen; trad. de l'allem. *Paris*, 1815. — 4. Extraits de lettres écrites pendant la traversée de Spithead à Ste-Hélène. *Paris*, 1817. — 5. Description historique de l'île de Ste-Hélène, extraite de l'ouvrage de Brooke, trad. par J.-Cohen, avec vues. 2e édit. *Paris*, 1815.

4556. Recueil in-8, d.-rel. bas.

1. Messénienne sur lord Byron, par Cas. Delavigne. 2e édit. *Paris*, 1824. — 2. Malet, ou coup d'œil sur l'origine, les éléments, le but et les moyens des conjurations formées en 1808 et 1812 par ce général et autres ennemis de la tyrannie; par Alexand. Le Mare. *Paris*, 1814. — 3. Rapport fait au Roi sur la situation de la France le 15 août 1815; mémoire présenté au Roi dans le même mois; attribués au duc d'Otrante. Observations critiques sur ces deux ouvrages; par M. de Lanoe. *Paris*, 1815. — Proposition faite à la Chambre des Pairs par M. Châteaubriand, le 23 nov. 1816, tendante à ce que le Roi soit humblement supplié de faire examiner ce qui s'est passé aux dernières élections, etc. — 4. Notice sur le msc. original de la relation des derniers événements de la captivité de Monsieur, frère de Louis XVI, publiée par Eckard. *Paris*, 1823. — 5. Le Robespierre de Hambourg démasqué. Réponse à la brochure *Hambourg et le maréchal Davoust*. *Paris*, 1814. — 6. Extrait des mémoires inédits sur la révolution française, par Méhée de la Touche. *Paris*, 1823. — 7. Explication aux hommes impartiaux par le comte Hullin, au sujet de la commission militaire instituée en l'an XII pour juger le duc d'Enghien. *Paris*, 1823. — 8. Lettres à son Exc. le Cte de Villèle sur le projet de remboursement ou de réduction des rentes, par le Cte de Mosbourg. *Paris*, 1824. — 9. Renseignemens faisant suite au mémoire sur l'administration militaire de l'armée des Pyrénées, du 28 janv. au 28 avr. 1823;

par Sicard. *Paris*, 1825. — 10. Un soldat à un soldat, sur l'histoire de la campagne de Russie de M. de Ségur. *Paris*, 1825. — 11. Avis sur les dangers de l'usage des champignons sauvages dans la cuisine, par A. Raffeneau-Delile.

4557. **Recueil** d'éloges et de notices biogr., 2 v. in-8, d.-rel. bas.

T. Ier. 1. Histoire de Jeanne d'Arc. *Montpellier*, 1817. — 2. Oraison funèbre du duc d'Enghien, assassiné dans les fossés de Vincennes, 1804. — 3. Le duc de Berry peint par lui-même, ou lettres et paroles remarquables de ce prince. *Montpellier*, 1820. — 4. Eloge funèbre de Louis XVIII, par l'abbé Leautard. *Paris*, déc. 1824. — 5. Notice sur Châteaubriand, par J.-R.-P. Sarran. *Montpellier*, 1817. — 6. Eloge funèbre de M. Jean-Joseph de Méallet, comte de Faynes, maire de Lyon; par M. Bonnevie. *Lyon*, 1818. — 7. Notice sur Jean Plantavit de la Pause, évêque de Lodève, et sur l'abbé de Margon, son petit-neveu, par Poitevin-Peitavi. *Béziers*, 1817. — 8. Eloge de Rollin, par Maillet-Lacoste. *Paris*, 1818. — 9. Prédiction de Cazotte en 1788, rapportée par Laharpe, avec notes. *Paris*, 1817. — 10. Notice sur Guill. Durand, évêque de Mende; par Poitevin-Peitavi. — 11. Notice sur Séb. Bourdon, par Poitevin. (1811), *portr.*

T. II. 1. Eloge funèbre de Mirabeau, prononcé dans l'église de Pézénas, par Henri Reboul. *Pézénas, Fr. Bois*, 1791. — 2. Eloge de J.-J. Rousseau, prononcé dans le temple de la Raison à Montpellier, par J.-J. Rouvière, membre de la Société populaire de Montpellier. *Montpellier*, an II. — 3. Notice sur Benoît d'Alignan, évêque de Marseille, par Poitevin-Peitavi. *Montpellier*, 1810. — 4. Portrait de Pie VI, avec détails sur son voyage en France. — 5. Eloge historique de M. L. Théron, curé de N. D. des Tables à Montpellier; par Mme... *Montpellier*, 1812. — 6. Vie de Ste Angélique Mérici, fondatrice des religieuses Ursulines. *Montpellier*, 1809.

4558. **Recueil** in-8, d.-rel. bas.

1. Des moyens de perfectionner les études littéraires à Genève, par Jean Humbert. Autres pièces relatives au même sujet. *Genève*, 1821. — 2. Essai historique sur les cérémonies du Conclave pour l'élection du Pape et sur l'origine des Cardinaux. *Paris*, 1823. — 3. Notice sur Jacques Necker. — 4. Notice sur Christ. Colomb. — 5. Lettre pastorale de Mgr de Troyes, à l'occasion de son entrée dans son diocèse. 1809. — 6. Instruction pastorale du même sur les missions. *Paris*, 1822. — 7. *Id.* sur les mauvais livres et notamment sur les nouvelles éditions de Voltaire et Rousseau. *Lyon*, 1821. — 8. Du vote de l'impôt, par Delalande-Mesnildrey. — 9. Quelques réflexions sur le remboursement de la dette publique. *Paris*, 1824. — 10. Discours de M. de Châteaubriand à la Chambre des Députés, le 25 février 1823. — 11. Le roi est mort: vive le roi! par le même. *Paris*, 1824. — 12. Notice sur l'Ecole spéc. de Commerce établie à Lyon, sous la direction de M. Guillard-Lièvre. *Lyon*, 1823.

4559. **Recueil**, 2 v. in-8, d.-rel. bas.

T. Ier. 1. S. Jean Chrysostôme aux filles et femmes mondaines du 18e siècle, adonnées à l'immodestie et au luxe immodéré des vaines parures. — 2. Sermon de l'abbé Bacalon sur l'influence du ministère sacerdotal sur le bien de la société. *Montpellier*, 1817. — 3. Lettre pastorale et mandements de Mgr de Boulogne, év. de Troyes, 1809, 1819, 1821, 1822. — 4. Lettre de Ch.-L. de Haller à sa famille, pour lui annoncer son retour à l'Eglise Romaine. *Avignon* et *Montpellier*, 1821. — 5. Portefeuille d'un protestant converti. *Montpellier*, 1822. — 6. Conversion de M. Jayet, protestant, en 1817. *Montpellier*, 1817. — 7. Examen impartial de l'Avis du Conseil d'Etat sur la lettre pastorale du cardinal de Clermont-Tonnerre. *Paris*, 1824. — 8. Nouvelles observations sur la promesse d'enseigner les quatre articles de la déclaration de 1682, exigée des professeurs de théologie par le ministre de l'intérieur. *Paris*, 1824. — 9. Aphorismatibus in IV articulos declarationis an. 1682 editæ ad juniores theologos, auctore F.-D. L. M. (Lamennais), alia opponuntur aphorismata, auctore J.-B.-M. F. (Flottes). — 10. Considérations sur les libertés de l'Eglise gallicane, et justification de Fleury, par A. K. — 11. Exposition de la doctrine de Benoît XIV sur le prêt, l'usure, etc. (par M. Flottes). *Montpellier*, 1826. — 12. De la Juridiction épiscopale, ou observations sur l'écrit de Lanjuinais : *Des Officialités anciennes et modernes*. — 13. Exposé de l'état présent et des besoins des missions étrangères. — 14. Jugemens portés, sur la traduction de la Bible de M. de Genoude, par Lamennais, Châteaubriand, Lamartine, etc. — 15. Extrait du mandement de Mgr l'Archev. de Reims, à l'occasion du sacre du roi Charles X.

T. II. 1. Conjectures sur la fin prochaine du monde, pour servir d'antidote contre les séductions du temps. *Paris*, 1828; *Toulouse*, 1831. — 2. Concordance singulière de deux prétendues apparitions pendant les 17e et 19e siècles sous Louis XIV et Louis XVIII. *Paris*, 1831. — 3. Recherches sur les connaissances intellectuelles des sourds-muets par rapport à l'administration des sacrements, par l'abbé Montaigne. *Paris*, 1829. — 4. Antidote contre les aphorismes de M. F. de L. M., par un professeur de théologie, directeur de séminaire. *Paris*, 1826. — 5. Observations sur la brochure de Lamennais intitulée : *Des Progrès de la révolution et de la guerre contre l'Eglise;* par l'abbé Flottes. *Montpellier*, 1829. — 6. Compte-Rendu des Observations précédentes, suivi de réflexions sur un article du Cte O'Mahoni, par Huart. — 7. Discours de l'Evêque de Beauvais, ministre des affaires ecclésiastiques, à la Chambre des Députés, le 7 juillet 1828.

4560. **Recueil** in-8, d.-rel. v. gr.

1. Démonstration eucharistique, où l'on fait sentir aux Protestans, aux gens du monde, etc., la magnificence et l'infaillibilité de l'Eglise romaine.... par Madrole. — 2. Mémoire sur la Liturgie, avec 3 odes latines à l'honneur de Louis XVIII, par l'abbé Pousson de la Rosière..... ancien curé de Baïssan.... — 3. Lettres d'un curé d.... à M. G., vic.-capitulaire du diocèse de

Besançon, sur sa prétendue justification de la théologie du B. Liguori. *Reims*, 1834. — 4. Explication de l'Encyclique de Benoît XIV sur les usures, par le P. Michel Archange, capucin. *Lyon et Paris*, 1822. — 5. Exposition de la conduite du Clergé de France relativ. à l'acceptation des décrets de discipline du Concile de Trente. *Avignon*, 1825.

4561. **Recueil** in-8, d.-rel. mar. gr.

1. Essai sur la Propriété, ou considérations morales et politiques sur la question de savoir s'il faut restituer aux émigrés les héritages dont ils ont été dépouillés durant le cours de la révolution; par Bergasse. *Paris*, 1821. — 2. Questions de littérature légale : du plagiat, de la supposition d'auteurs, des supercheries qui ont rapport aux livres, etc. (par Ch. Nodier). *Paris*, 1812. — 3. Panégyrique de S. Vincent de Paul, par Mgr de Boulogne, évêque de Troyes. *Paris*, 1822. — 4. Du fanatisme dans la langue révolutionnaire..... par Laharpe. *Paris*, an V (1797). — 5. Vocabulaire des latinismes de la langue française, par J. Planche. *Paris*, 1822. — 6. La Colombe messagère, plus rapide que l'éclair, plus prompte que la nue; par Michel Sabbagh, texte et traduction par A.-S. Silvestre de Sacy. *Paris*, an XIV (1805).

4562. **Recueil** in-8, d.-rel. bas.

1. A la colonne Vendôme, par Victor Hugo. *Paris*, 1827. — 2. Notice sur la vie politique et les travaux de G. Canning, par Alph. Rabbe. *Paris*, 1827. — 3. Histoire du général Lafayette, par un citoyen américain; trad. de l'angl. par M. B..... *Paris*, 1825. — 4. Discours de Casimir Delavigne, le jour de sa réception à l'Académie, et réponse de M. Auger. *Paris*, 1825.

4563. **Recueil** in-8, d.-rel. v. gr.

1. Tableau des évêques constitutionnels de France de 1791 à 1801. *Paris*, 1827. — 2. Basilidès, évêque grec de Carystos en Eubée..... à M. le comte de Montlosier, sur son *Mémoire à consulter*,...... trad. du grec moderne par N...... O. *Paris*, 1826. — 3. De la Fraternité consanguine du peuple lyonnais avec la nation vraiment milanaise, par M. Aimé Guillon de Montléon. *Lyon*, 1828. — 4. Analyse de la dissertation de l'abbé Guillon sur Raoul ou Rodolphe, et commission de censure éclose le 24 juin 1827. — 5. Jean-Claude Têtu, maire de Montagnole, district de Chambéry, à ses chers concitoyens les habitans du Mont-Blanc (par J. de Maistre). — 6. Rome à Paris, poëme en IV chants, par Barthélemy et Méry. *Paris*, 1827. — 7. Peyronnéide, épitre à M. de Peyronnet, par les mêmes. *Paris*, 1827.

4564. **Recueil** in-8, d.-rel. bas.

1. De l'éducation des vers à soie, d'après la méthode du comte Dandolo, par Mathieu Bonafous. *Lyon*, 1821. — 2. Epître à Jacques Delille, par P. Daru. *Paris*, 1801. — 3. Notice sur les Puits artésiens, etc., par Marcel de Serres. *Montpellier*, 1830. — 4. Mémoire sur la captivité de la duchesse de Berry, par Chateaubriand. *Paris*, 1833. — 5. Un mot sur l'affaire d'Haïti, par

un intéressé dans l'emprunt négocié à Paris en 1825. *Paris*, juillet 1832.

4565. Recueil in-12, d.-rel. mar. gr.

1. Défense de la révélation contre les objections des esprits forts; par Euler, publiée par l'abbé Emery. *Montpellier*, 1825. — 2. Discours sur l'irréligion par le baron de Haller, trad. de l'allem. par Seigneux de Correvin. *Lausanne*, 1760. — 3. Essai sur la faiblesse des esprits forts (par Tekely de Szek). *Amsterdam*, 1761. — 4. Examen de l'évidence intrinsèque du Christianisme, par Soame Jenyns, trad. de l'angl. (par Feller). *Liège*, 1779.

4566. Recueil in-8, d.-rel. v. gr.

1. De la Raison et de la Foi, à l'occasion de l'écrit de M. l'Ev. de Strasbourg relatif à l'enseignement de M. l'abbé Bautain, par le baron Massias. *Strasbourg*, 1834. — 2. Observations adressées à M. Marcel de Serres sur son ouvrage *de la Cosmogonie de Moïse comparée aux faits géologiques* (par M. de Bonald). *Avignon*, 1841. — 3. Notice sur M. le vicomte de Bonald, par M. Henri de B. *Paris*, 1841. — 4. Discours de M. de Feletz à sa réception à l'Acad. fr. (17 avril 1827) et réponse de M. Auger. — 5. Nouvelles réflexions sur l'ordonn. du 16 juin 1828, concernant les petits séminaires. *Paris*, 1828.

4567. Recueil in-8, d.-rel. mar. gr.

1. Histoire de la Jeune Allemagne, par Saint-René Taillandier. *Paris*, 1848. — 2. Essai sur les écrits politiques de Christine de Pisan, par Raymond Thomassy. *Paris*, 1838. — 3. Discours de M. Jules Simon à l'ouverture du cours d'histoire de la Philosophie ancienne, déc. 1839 (sur la philosophie de Platon). — 4. Du Commentaire de Proclus sur le Timée de Platon, par Jules Simon. *Paris*, 1839. — Lettre à M. Combes-Donnous, auteur de l'*Essai historique sur Platon*, par Encontre. *Paris* et *Montpellier*, 1811.

4568. Recueil in-8, br.

De la Théogonie d'Hésiode; dissertation de philosophie ancienne, par J.-G. Guigniaut. *Paris*, 1835. — De la Philosophie Platonicienne et du Catholicisme, lettre au prince A. de Broglie (par l'abbé Maynard?). *Paris*, 1856. — La Psychologie de Galien, par E. Chauvet. *Caen*, 1860. — De la Philosophie au XVIIIe siècle et de son caractère actuel, par L. D. de Caraman. *Paris*, 1840. — Défense de la vraie Philosophie et du Christianisme.... par l'abbé Cacheux. *Paris*, 1854. — Les Impossibilités, ou les libres Penseurs désavoués par le simple bon sens, par Mgr Parisis, év. d'Arras. *Paris*, 1857. — De l'oisiveté de la jeunesse dans les classes riches, par A. Bonnet. *Paris*, 1858. — La Philosophie de M. Ernest Renan, par P. Janet (extr. du *Magasin de librairie*). — Leçons d'ouverture du Cours de Philosophie du même, à la Fac. des lettres de Paris, le 16 déc. 1862. — Du principe vital... par l'abbé Thibaudier. *Lyon*, 1862. — De l'origine du langage d'après MM. de Bonald, Renan, J. Simon et le P. Chastel; par Ladevi-Laroche. *Bordeaux,* 1860. — Aperçus philosoph. et moraux sur la création de l'univers, sur celle de l'homme, etc., par Aubineau. *Montpellier,* 1841, *pl.*

4569. **Recueil** in-8, d.-rel. mar. gr.

1. Discours d'ouverture prononcé à la Faculté des lettres de Besançon, le 12 nov. 1853, par M. Lévêque, profess. de philosophie. — 2. Le désir du bien-être est légitime; il peut obtenir satisfaction, mais sous quelles conditions? Discours d'ouverture du cours d'économie politique au Collége de France, le 15 janv. 1851, par Michel Chevalier. — 3. Dissertation sur l'origine des idées, ou le principe générateur de la connaissance humaine (thèse), par Ch. Breton. 1842. — 4. Etude sur Bayle (thèse), par C. Lement. *Paris,* 1855.

4570. **Recueil** in-8, d.-rel. mar. gr.

1. Essai historique et critique sur l'étude et l'enseignement des lettres profanes dans les premiers siècles de l'Eglise (thèse), par l'abbé H.-Joseph Leblanc. *Paris et Lyon,* 1852. — 2. L'Eclectisme, par Armand Fresneau. *Paris,* 1847. — 3. Essai sur le symbolisme antique d'Orient, principalement sur le symbolisme égyptien.... par M. de Brière. *Paris,* 1847. — 4. Discours en vers sur les facultés de l'homme, par P. Daru. *Paris,* 1824. — 5. Principes les plus généraux de la langue française, mis en vers par M. L. P. — 6. Bibliographie La Mennaisienne, par M. J.-M. Quérard. *Paris,* 1849. — 7. Les auteurs déguisés de la littérature française au XIXe siècle, essai bibliogr. pour servir de supplément au dictionnaire de A. Barbier, par J.-M. Quérard. *Paris,* 1845.

4571. **Recueil** gr. in-8, br.

1. Des caractères de l'Atticisme dans l'éloquence de Lysias, par J. Girard. *Paris,* 1854. — 2. Etudes sur l'antiquité grecque, par E. Havet. *Paris,* 1858. — 3. Mémoire sur le berceau de la puissance macédonienne des bords de l'Haliacmon à ceux de l'Axius, par M. Delacoulonche. *Paris,* 1858. — 4. Mémoire sur la Poésie pastorale avant les poètes bucoliques, par M. E. Egger. *Paris,* 1859. — 5. Mémoire du même sur cette question : Si les Athéniens ont connu la profession d'avocat. *Paris,* 1860. — 6. De l'Etat civil chez les Athéniens, observations historiques.... par le même. *Paris,* 1861.

4572. **Recueil**, 2 v. in-8, d.-rel. m.

1. Essai littéraire et historique sur Apollinaris Sidonius, par Alex. Germain (thèse). *Montpellier,* 1840. — 2. Scot Erigène et la Philosophie scholastique, par St-René Taillandier (thèse). *Strasbourg et Paris,* 1843. — 3. Ænesidème, par Emile Saisset (thèse). *Paris,* 1840. — 4. Le Premier Moteur et la Nature dans le système d'Aristote, par Ch. Lévêque. *Paris,* 1852. — 5. De varia S. Anselmi in proslogio argumenti fortuna; thèse par Em. Saisset. 1840. — 6. De summa Providentia res humanas administrante quid senserint priores Ecclesiæ scriptores.... thèse

par St-R. Taillandier. 1843. — 7. De Mamerti Claudiani scriptis et philosophia; thèse par Alex. Germain. 1840. — 8. Speusippi de primis rerum principiis placita qualia fuisse videantur ex Aristotele; thèse par F. Ravaisson. — 9. De l'habitude; thèse par le même. 1838. — 10. De l'influence de l'habitude sur les maladies; thèse par H. Parlier. 1844. — 11. De l'habitude, de son influence sur le physique et le moral de l'homme, etc., par le dr Martin jeune. 1843. — 12. De l'habitude, compte-rendu des leçons de l'abbé Flottes, par A. Bordes-Pagès. 1845. — 13. Quid Phidiæ Plato debuerit ? thèse par Ch. Lévêque. 1852.

4573. **Recueil** in-8, br.

De la Pragmatique Sanction attribuée à St Louis, par R. Thomassy. *Montpellier*, 1844. — La question d'Orient sous Louis XIV, par le même. *Paris*, 1846. — Les Papes géographes et la cartographie du Vatican, par le même. *Paris*, 1852. — De la Numismatique Papale, par l'abbé V. Pelletier. *Paris*, 1859. — Libertés gallicanes, par Guillon de Montléon (extr. de l'Encyclop. mod.). Attila défendu contre les Iconoclastes Roulez et de Reiffenberg, par Pierquin de Gembloux. *Paris*, 1843. — Lettre sur l'*Y*, par le même. *Ibid.* 1843. — Notice histor. sur les croyances religieuses en Russie, par E. Borély. *Havre*, 1855. — Les archives du Havre, par le même. *Ibid.*, 1857. — De la civilisation en Chine et de son avenir, par Itier. *Marseille*, 1860. — Etude histor. sur le Castell. de Força-Réal, par V. Aragon, président à Montpellier. *Perpignan*, 1859.

4574. **Recueil** in-8, d.-rel. bas.

1. Considérations philosophiques sur la vie et les ouvrages de Séb. Bourdon (par X. Atger). *Paris*, 1818, *portr.* — 2. Mémoires de Voltaire écrits par lui-même. *Genève*, 1784. — 3. Le Bureau d'Esprit, comédie en cinq actes et en prose (par le chev. Rutlige). *Liège*, 1777. — 4. Des avantages de l'esprit d'observation dans les sciences et les arts, avec quelques remarques relatives à la Physionomie (par X. Atger). *Paris*, 1809.

4575. **Recueil** in-8, d.-rel. mar. gr.

1. Discours sur la constitution de l'esclavage en Occident pendant les derniers siècles de l'ère payenne, par M. de St-Paul. *Montpellier*, 1837. — 2. Notice littéraire sur M. Ch. de St-Paul, par J. Renouvier, avec portrait. *Montpellier*, 1841. — 3. Des vieilles maisons de Montpellier (par Renouvier). 1835. — 4. Notes sur les monuments gothiques de quelques villes d'Italie, par J. Renouvier. *Caen*, 1841. — 5. La vie du général Campredon (par St-Paul). *Montpellier*, 1837. — 6. Livre d'une mère écrit pour son amie. *Lyon*, 1837.

4576. **Recueil** in-4, br.

Oraison funèbre de Mgr Pierre de Bonzy, cardinal, archev. et primat de Narbonne, prononcée dans l'église de N.-D. de Montpellier, en présence des Etats de Languedoc, le 17 janv. 1704, par M. Poncet de la Rivière, vic.-gén. de l'évêché d'Usez. *Montpel-*

lier, J. *Martel*, 1704. — Oraison funèbre de Mgr de Beauveau, archevêque de Narbonne, prononcée à Montpellier le 13 janv. 1740, à N.-D. des Tables, en présence des Etats, par l'abbé Guerguil, profess. de théol. en l'Université de Toulouse. 2ᵉ édit. *Paris, Vincent*, 1740. — Oraison funèbre de Louis XV, prononcée en présence des Etats de Languedoc au service solennel célébré par leur ordre à N.-D. des Tables de Montpellier, le 13 déc. 1774, par Mgr J.-H.-F. de Fumel, év. de Lodève. *Paris, Saillant*, 1775. — Mandement de Mgr l'Evêque de Montpellier (J.-F. de Malide) pour faire chanter un *Te Deum*, dans les églises de son diocèse, à l'occasion du sacre de Louis XVI. *Montpellier, Rochard*, 1775. — Procès-verbal de l'assemblée des Trois Ordres du diocèse de Montpellier, tenue le 9 janv. 1789. *Montpellier, Picot*, 1789. — Proc.-verb. de la fête funèbre consacrée à la mémoire de Marat, l'*Ami du Peuple*, par le Peuple de Montpellier. *Montpellier, Tournel*, an II. — Discours prononcé par l'orateur de la Société Populaire de Montpellier à la cérémonie funèbre votée par le Peuple au représentant Beauvais. *Montpellier, de l'impr. révolutionnaire, chez Bonnariq* et *Avignon*. — Adresse à S. M. Louis XVIII, par plus. prêtres réunis de la ville de Montpellier. Mai 1814. — Proc.-verb. de la cérémon. du 11 nov. 1819, pour la pose de la 1ʳᵉ pierre du monument voté par le conseil municipal de la bonne ville de Montpellier à la mémoire de Louis XVI. — Relation de ce qui s'est passé à Montpellier pendant le séjour de S. A. R. Mad. duchesse d'Angoulême les 6, 7, 21, 22 et 23 mai 1823. — Proc.-verb. de la cérémonie du 19 août 1829, pour l'inauguration de la statue de Louis XVI. *Montpellier, Ricard*, 1829.

4577. Recueil in-8, br.

1. Le Patriotisme chrétien, discours prêché aux Etats du Languedoc par dom Ferlus, professeur à Sorèze. *Montpellier, Picot*, 1787. — 2. Sermons sur l'Incrédulité, le Jugement dernier, etc. (par l'abbé de Belleville). 1800. — 3. Eloge historiq. de M. Louis Théron, curé de N. D. des Tables à Montpellier, par Mᵐᵉ..... *Montpellier, Tournel*, 1812. — 4. Notice pour servir à la vie de S. A. Madame, duchesse d'Angoulême; par P. Malbec fils. *Montpellier, Seguin*, 1816. — 5. Discours pour la bénédiction d'une cloche, prononcé le 4 mai 1834, par Carrière, curé. *Montpellier, Jullien*, 1834. — 6. Oraison funèbre de Mgr M.-N. Fournier, év. de Montpellier, prononcé le 29 janv. 1835, par l'abbé Ginoulhiac. *Montpellier, Seguin*, 1835. — 7. Discours en faveur des Salles d'Asile pour l'enfance, par Mgr Thibault, év. de Montpellier, le 14 mars 1835. *Montpellier, Seguin*, 1837. — 8. Une visite à la Salle d'Asile municipale de Montpellier, par Gr... (Grasset), juge au trib. *Montpellier, Vᵉ Picot*, 1837. — 9. Eloge de Bossuet, par Maffre de Fontjoye, avocat. *Montpellier, Boehm*, 1842.

4578. Recueil in-8, br.

1. Notes sur Montpellier (par de Belleval). — Substantion (par M. de Saint-Paul). 1835. — 2. Relation de la mission du père Brydaine à Montpellier, en 1743; nouv. édit. *Montp.*, 1820. — 3. Interdit contre l'usage excessif de la poudre à cheveux, adressé à Mgr

l'Evêque de Montpellier par S. S. future; suivi d'un avis sur la nécessité d'introduire le rabat de velours galonné d'argent (en vers). *Montp., J. Martel*, 1751. — 4. J.-J. Rousseau à Montpellier, par le présid. Grasset. 1854. — 5. Young à Montpellier, scène lyrique par G. Beauroche. *Montp.*, an V. — 6. Rapport à la Société des sciences et belles-lettres de Montpellier, sur l'inauguration de la statue de Voltaire au musée de la même ville, par P.-E. Martin-Choisy. An XII (1803). — 7. Procès-verbal de ce qui s'est passé à Montpellier, au passage de Monsieur, frère du Roy, etc. *Montp., J. Martel*, 1814. — 8. Procès-verbal de la cérémonie du 17 avril 1855, pour la pose de la première pierre du nouveau chœur de la cathédrale. *Montp., Gelly*. — 9. Les commencements de l'Eglise réformée de Montpellier (sermon), par Ch. Corbière, pasteur. 1859. — 10. De la nouvelle Bibliothèque de Montpellier, dite du Musée Fabre; par P. Blanc, bibliothéc. 1844. — 11. Recueil des Epitaphes ou Inscriptions pour G. Renaud, bibliothéc. à Montpellier. 1830. — 12. Notice sur la Bibliothèque de la Faculté de Médecine de Montpellier, par Ch. Anglada. 1859. — 13. Notice des dessins, tableaux, esquisses, etc., réunis à la même bibliothèque. 1830. — 14. Notice histor. sur le Lycée de Montpellier, par M. Dunglas, ancien proviseur. 1844. — 15. Rapport de M. Grasset au Conseil municipal, sur la création d'un petit Lycée et l'agrandissement du Lycée actuel. *Montp., Gras*, 1860.

4579. **Recueil** in-8, br.

Coup d'œil sur l'histoire des Botanistes et du Jardin des Plantes de Montpellier, par Ch. Martins. *Montp., Ricard*, 1852. — Inauguration du buste de Candolle dans le Jardin des Plantes de Montpellier, le 4 fév. 1854. *Montp., Ricard*, 1854. — Leçon d'ouverture du cours d'A. Raffeneau-Delile à la Faculté de Médecine de Montpellier, le 11 avril 1833. — Rapport sur quelques-unes des herborisations faites aux environs de Montpellier par la Société Botanique de France, en juin 1857; par Paul Marès. — Etudes sur les Plantes Indigoféres en général... par N. Joly, prof. d'hist. nat. au collège de Montpellier. *Montp., Ve Picot*, 1839. — Eloge historique de F. Dunal, par M. J.-E. Planchon. *Montp.*, 1856. — Notice sur la vie et les travaux de Jacq. Cambassèdes, par le même. *Paris*, 1864. — La Pharmacie à Montpellier, depuis son origine jusqu'à la fondation des écoles spéciales (discours), par le même. *Montp., J. Martel*, 1861. — Hommage à feu M. le prof. Pouzin, par le même. 1860. — Des Globulaires au point de vue botanique et médical, par G. Planchon. *Montp., Boehm*, 1859.

4580. **Recueil** d'éloges et de notices biogr., in-8, br.

Dortous de Mairan par l'abbé Sabatier. 1842. — J. Barbeyrac, par Laissac. 1838. — Cambacérès, par J. Massot-Reynier, av. général. — Le général Claparède. 1842. — M.-N. Fournier, évêque de Montpellier, par l'abbé de Péry. 1835. — Oraison funèbre du même prélat par l'abbé Ginoulhiac. 1835. — M. Viger, premier président à Montpellier; par M. Calmètes. 1852. — Le Président Claparède. 1847. — P. Laborie, par Pierquin. 1823. — Le Professeur Serres, par Alquié. 1850. — Dugès, par Bouisson. 1840.

— Gergonne, par Bouisson. 1849. — Caizergues, par Hubert Rodrigues. — A.-J. Chrestien, par A.-T. Chrestien. 1856. — Fréd. Bérard, par Jaumes. 1858. — Barthez, par Dupré. 1864. — Marcel de Serres, par P.-G. de Rouville. 1863. — P. Lenthéric, par Marié-David. 1850. — Le même, par O. Terquem. — — M. Querret, anc. profess. de mathématiques, par A. Macé. 1840. — A.-P. Bascou, profess. à la Faculté des lettres de Montpellier; par M. Siguy. 1843. — Le pasteur Ch. Grawitz, par A. Rolland. 1853. — Edouard Adam, par J. Girardin. 1856. — Discours prononcés sur la tombe d'Emile Saisset. 1863. — Introduction à l'étude de Guy de Chauliac, par Cellarier (thèse). 1856.

4581. **Recueil** in-8, d.-rel. mar. viol.

1. Mémoires sur les poids et les mesures, présenté au Directoire du dépt de l'Hérault le 12 nov. 1791, par M. Carney. *Montpellier, J.-Fr. Picot*, 1792. — 2. Histoire des antiquités de la ville de Nismes et de ses environs. Nouv. édit., ornée de 14 grav., par M. Menard. *Nîmes*, 1829. — 3. La Société des sciences et belles-lettres de Montpellier, à M. le chevalier de Hogelmüller. — 4. Dissertation sur le vrai système du monde comparé avec le récit que Moyse fait de la création, par Encontre. *Avignon*, 1808. — 5. Les tombeaux de l'abbaye royale de St-Denis, par M. Treneuil. 2e édit. *Paris*, 1806. — 6. Discours sur la philosophie des sciences, par J. Draparnaud. *Montpellier*, an X.

4582. **Recueil** de poésies diverses, in-8, br.

1. Le Berger de Sicile, ou Alphée et Aréthuse, par le P. Lombard. 1775. — 2. Les Etrennes des dieux et déesses de l'Olympe à Louis XVI, pour l'an 1780, par M. V**. *Toulouse*, 1780. — 3. L'Ennui, élégie par le P. Venance. *Nîmes*, 1788. — 4. Discours sur la manière de lire les vers, par Fr. de Neufchâteau. *R. Crapelet*, an VII. — 5. Satire du XIXe siècle, par un officier de dragons (R. de Ginestous). *Paris, Dentu*, 1821. — 6. Le Jubilé à Ste-Geneviève, par M. J. J. *Paris*, 1826. — 7. Essai de poésies diverses, etc. *Carcassonne*, 1827. — 8. Ode sur la croix lumineuse apparue en 1826 à Migne, près Poitiers. *Montp.*, 1828. — 9. La Sœur de Charité, par un voyageur homme de lettres. *Castres*, 1829. — 10. Elégie sur la Mort, par Floret aîné, d'Agde. *Béziers*, 1832. — 11. Poésies par P. Battle. *Perpignan*, 1837. — 12. Improvisations, par Eugène de Pradel. *Montp.*, 1842. — 13. Poëme sur les Salles d'asile, par Pr. Barthélemy. *Montp., Grollier*, 1847. — 14. La Nymphe d'Aubenas, poëme héroï-com., par un habitant du lieu (l'abbé Reboul). 1er chant. *Montp., Grollier*, 1847. — 15. Souvenirs d'un habitant d'Aubenas sur la mission de 1851. — 16. Le Monde invisible, par Aimé Camp. *Béziers*, s. d. — 17. Album d'un sourd-muet par C. d'Ambuyant. *La Guillotière*, s. d. — 18. Li Prouvençalo, par J. Roumanille; introduction par St-René Taillandier. *Avignon*, 1852. — 19. Edme Champion, ou l'homme au petit manteau bleu; poëme historique, par E. Guinard, de Montpellier. *Montp.*, 1854. — 20. Ode à Napoléon III, par J.-H. Rédarez St-Remy. *Paris*, 1854. — 21. Expédition de Crimée, chronique en vers par R. Taillan-

dier père. *Paris,* 1856. — 22. Paris et ses archevêques, par Cl. Rodier. *Paris,* 1857. — 23. Epîtres au Czar sur le retour à l'unité catholique, par l'abbé Reboul. *Montp., Grollier,* 1858.

4582 *bis.* **Recueil** in-8 sur l'affaire de la Salette.

La Salette devant le Pape, ou rationalisme et hérésie découlant du fait de la Salette (par l'abbé Deléon); suivie du mémoire au Pape, par plusieurs membres du clergé diocésain (l'abbé Cartellier). *Grenoble,* 1854, in-8. — Mandement de Mgr Ginoulhiac, évêque de Grenoble, du 4 nov. 1854, condamnant les deux ouvrages précédents. — La conscience du prêtre et le pouvoir d'un évêque (par l'abbé Deléon?). *Grenoble,* 1855, in-8. — Mémoire de l'abbé Deléon contre Mlle Lamerlière et jug^t du tribunal civil de Grenoble, du 2 mai 1855. — Théophile, ou le vrai chrétien; entretiens sur la Salette. *Paris,* 1856, gr. in-18. — Lettre à M. Jules Favre, en réponse à son mémoire pour Mlle Lamerlière, par l'abbé Deléon. *Grenoble,* 1857, in-8, br. — Affaire de la Salette : Mlle Lamerlière contre les abbés Deléon et Cartellier; demande en 20,000 fr. de dommages..... recueilli et publié par Sabatier. *Grenoble et Paris,* 1857, gr. in-18. — Lettres à l'abbé Burnoud, ancien supérieur des missionnaires de la Salette, en réponse à sa lettre du 12 mai 1856 versée au procès, par l'abbé Deléon. *Paris,* 1857.

4583. **Réflexions** critiques sur la méthode de l'abbé de Villefroy, pour l'explication de l'Ecriture Sainte, adressées aux auteurs des *Principes discutés....* (par L. Dupuy). *Cologne (Paris),* 1755, in-12, bas.

4584. **Réflexions** morales sur les quatre Evangiles, par le R. P., ancien abbé de la Trappe. *Paris, Muguet,* 1699, 4 v. in-12, bas.

4585. **Réflexions** sur la colonie de St-Domingue, ou examen des causes de sa ruine, et des mesures pour la rétablir (par Barbé Marbois). *Paris,* 1796, 2 tom. en 1 v. in-8, bas.

4586. **Réflexions** sur l'histoire des Juifs, pour servir de preuves à la vérité de la Religion chrétienne, etc. (par Jacq. Plantier, de Genève). *Genève,* 1721, 2 v. in-12, v. f.

4587. **Réflexions** sur les défauts d'autrui (par l'abbé de Villiers). *Paris, Cl. Barbin,* 1690, in-12, v. f., tr. d.

4588. **Réflexions** sur les O de l'Avent, en forme d'homélies (par l'abbé Gaultier, curé de Savigny). *Paris, Lottin,* 1780, in-12, bas.

4589. **Réflexions** sur les ouvrages de Littérature (par l'abbé Granet). *Paris, Briasson,* 1742-1760, 12 v. in-12, v. m.

4590. **Reginaldus** (Valerius), è soc. Jes. Praxis fori pœnitialis ad directionem confessarii in usu sacri sui muneris. *Lugduni, Cardon,* 1620, 3 tom. en 2 v. in-fol., v. br., *frontisp. gr.*

4591. **Regis** (Pet.) Monregalensis. Moses Legislator, seu de mosaicarum legum præstantia. *Augustæ-Taurin.,* 1779, in-4, d.-rel. mar. v.

4592. **Régis** (P.-S.). Système de philosophie, contenant la logique, métaphysique, physique et morale. *Lyon,* 1691, 7 v. in-12, bas.

4593. — L'usage de la raison et de la foi, ou l'accord de la foi et de la raison. *Paris,* 1704, in-4, bas.
Voir aussi le N° 2498.

4594. **Règles** de la discipline ecclésiastique, etc... (par le P. Guillard d'Arcy). *Paris,* 1675, 2 part. in-12, rel. en 1 v., bas.

4595. **Règles** et Constitutions des religieuses de N.-D., dont le premier établissement fut fait dans la ville de Bordeaux, par mad. de Lestonac, fondatrice de l'Ordre (rédigées par P. Gellé, jésuite). *Bordeaux* (1722), in-12, bas.

4596. **Regnard** (J.-F.). OEuvres, avec des avertissements sur chaque pièce par Garnier; n. éd. collationnée sur les édit. orig. et augm. de variantes. *Paris, A. Lequien,* 1820, 6 v. in-8, v. rac. b., *portr.*

4597. **Regnier** (Mathurin). OEuvres. *Londres (Paris),* 1750, 2 v. pet. in-12, v., marb.

4598. **Regnier** (....). Certitude des principes de la Religion contre les nouveaux efforts des incrédules. *Paris,* 6 v. in-12, bas.
Manque 3 à 6.

4599. **Regnier Desmarais** (l'abbé). Histoire des démêlés de la Cour de France avec la Cour de Rome, au sujet de l'affaire des Corses. S. l., 1707, in-4, v., *fig.*

4600. — Traité de la grammaire française. *Paris, Coignard,* 1705, in-4, bas.

4601. **Regourd** (le P. Alex.), jés. La Conformité de l'Eglise Romaine d'aujourd'hui avec l'Eglise des Apostres et des IV premiers siècles, touchant la Transsubstantiation ; à l'occasion de la Conférence faicte à Beziers sur le mesme subject, le 3 d'avril 1625, entre le P. Alex. Regourd, de la Cᵉ de Jésus, et le sieur Croy, ministre de Roujan-lez-Beziers. — Croy, ministre de Roujan-lez-Beziers, prévenu de faux en l'impression de la Conférence de Beziers faicte, le 3 d'avril 1625, par le P. Alex. Regourd, de la Cᵉ de Jésus. — Correction fraternelle du sieur Croy, ministre de Roujan-lez-Beziers, sur les actes de la Conférence faicte audit Beziers le 3 d'avril 1625, imprimés à faux par luy à Nismes, chez la vefve de Jean Vaguenar; avec la desroute honteuse du sieur Faucheur, ministre de Montpellier, sur les actes susdits; suivie très heureusement de l'abjurat. publique de la R. P. R. faicte par le sʳ de la Cassagne, baron du Puget, thresorier general de France, ès mains de M. l'Evesque de Montpellier, le cinquiesme de juin courant. — Acte de la verification des faussetez commises par Croy... en l'impression des actes de la Conférence du 3 avril 1625. *Beziers, Jean Pech,* 1625, in-8, vél.

4602. **Regula** S. P. Benedicti, et Constitutiones Congregationis S. Mauri. *Parisiis, Desprez,* 1770, in-8, bas.
Voir les renvois du Nᵒ 573.

4603. **Regulæ** intelligendi Scripturas sacras. *Lugduni, ap. Gulielm. Rovilium,* 1646, pet. in-8, v. f.
Voir aussi le Nᵒ 1579.

4604. **Reid** (Th.). OEuvres complètes, publiées par M. Th. Jouffroy, avec des fragments de M. Royer-Collard et une introduction de l'éditeur. *Paris, Sautelet,* 1828 et s., 6 v. in-8, d.-rel. bas.

4605. — Recherches sur l'entendement humain ; trad. de l'angl. *Amsterdam, Meyer,* 1768, 2 v. in-12, bas.

4606. **Reimar** (H.-S.). De vita et scriptis Joannis Alberti Fabricii commentarius. *Hamburgi*, 1737, in-8, d.-rel. mar. n., *portr.*

4607. — Observations physiques et morales sur l'instinct des animaux, leur industrie et leurs mœurs; trad. de l'allem. par M. R. de L. (Reneaume de Latache). *Amsterdam* et *Paris*, 1770, 2 v. in-12, v. m.

4608. **Reineccius** (Christ.). Janua hebrææ linguæ veteris Testamenti, una cum lexico hebræo chaldaïco. Editio VIII. Iterum edidit ex recens. sua Jo. Frid. Renkopf. *Lipsiæ*, 1788, 2 tom. en 3 v. pet. in-8, br.

4609. **Reinelius** (Mich.). De Plagio litterario dissertatio philosophica publice defendenda : nunc recusa et sex accessionibus locupletata. *Suobaci*, 1692, *portr.* — Joh. Alberti Fabri decas decadum sive Plagiariorum et Pseudonymorum centuria. Accessit exercitatio de lexicis græcis, eodem auctore. *Lipsiæ*, 1689. — Ad disputationem M. Jac. Thomasii de Plagio litterario accessiones. *Ienæ*, 1679, 1 v. in-4, vél.

4610. **Rei venaticæ** auctores antiqui, cum comment. Jani Vlitii. *Lugd.-Batav., ap. Elzevirios*, 1653, pet. in-12, v. éc., tr. d.

4611. **Reland** (Adr.). Antiquitates sacræ veterum Hebræorum breviter delineatæ. Editio tertia. *Trajecti-Batav.*, 1717, pet. in-8, bas., *frontisp. gr.*

4612. — Dissertationes miscellaneæ; scilicet : de Paradiso, de Mari Rubro, etc. Pars prima. *Trajecti ad Rhen.*, 1706, in-8.
Relié avec le précédent.

4613. — Palæstina ex monument. vetér. illustrata. *Trajecti-Batav.*, 1714, 2 v. pet. in-4, vél. gauff., *frontisp. gr.* et *cartes*.

4614. — La Religion des Mahométans exposée par leurs propres docteurs, avec des éclaircissements sur les opinions qu'on leur a faussement attribuées; trad. du lat. d'Adr. Reland (par David Durand) et augmentée d'une profession de foi mahométane. *La Haye*, 1721, in-12, bas., *fig.*

4615. **Relation** de ce qui s'est passé dans les Indes Orientales, en les trois provinces de Goa, de Malabar, du Japon, etc., par les Pères de la Compagnie de Jésus. *Paris, Cramoisy*, 1651, pet. in-8, vél.

4616. **Relation** de ce qui s'est passé de plus remarquable ès missions des Pères de la Compagnie de Jésus en la nouvelle France, ès années 1650 et 1651, par le P. P. Ragueneau. *Paris, Cramoisy*, 1652, pet. in-8, vél.

4617. **Relation** des Pères Loys Froes et Nic. Pimenta, de la C^e de Jésus, au R. P. Cl. Aquaviva, général de la même C^e, concernant l'accroissement de la foy chrestienne au Japon et autres contrées des Indes Orientales, ès années 1596 et 1599; trad. du lat. imprimé à Rome. *Lyon, J. Pillehotte*, 1602, in-8, vél.

4618. **Remarques** sur Virgile et sur Homère et sur le style poétique de l'Ecriture sainte, où l'on réfute les inductions de Spinosa, Grotius et Le Clerc, et quelques opinions du P. Malebranche, etc. (par l'abbé Faydit). *Paris, Cot*, 1705, in-12, v. br.

4619. **Relation** de l'origine, du progrès et de la condamnation du Quiétisme répandu en France (par l'abbé Phelipeaux). S. l. n. d. (1732), 2 part. en 1 v. pet. in-8, bas.

4620. **Relation** de ce qui s'est passé dans l'affaire de la paix de l'Eglise sous le Pape Clément XI (par Alex. Varet). S. l., 1706, 2 v. in-12, bas.

4621. **Relation** de l'état présent de la cour de Rome, ou mémoires des intrigues du conclave de 1689, pour l'élection du pape Alexandre VIII. Pet. in-12, vél.

On y a joint 3 dialogues de Lenoble, faisant partie de la *Pierre de touche politique. Cologne, P. Dubours*, 1689. (Songe de Pasquin. — Suite du songe. — Dialogue entre Rome et la France.)

4622. **Relation** fidèle des assemblées de Sorbonne, touchant la Constitution *Unigenitus*, avec le mémoire des sieurs Charton et consorts. *Anvers*, 1716, in-12, bas.

4623. **Relation** véritable de la mort cruelle et barbare de Charles I, Roi d'Angleterre; avec la harangue faite par

S. M. sur l'échafaud ; trad. de l'angl. en franç. par J. Ango, sur l'imprimé de Londres. 3e éd. *Paris,* 1792, *portr.* — L'Angleterre instruisant la France, ou tableau hist. et polit. du règne de Charles I et de Charles II. *Londres* et *Paris,* 1793, in-8, bas., *frontisp. gr.*

4624. **Relation** du combat de Steinkerke. *Paris, M. Brunet,* 1692, pet. in-12, vél.

4625. **Relation** d'un voyage à Bruxelles et à Coblentz (par Louis XVIII), (1791). *Paris,* 1823, in-16, d.-rel. m.

4626. **Religion** (la) ancienne et moderne des Moscovites, enrichie de figures. In-12, bas.
    Le titre manque.

4627. **Religion** (la) des Gaulois, tirée des plus pures sources de l'antiquité, par le R. P. (Dom Martin). *Paris, Saugrain,* 1727, 2 v. in-4, d.-rel. bas., gr. pap., non rogné.

4628. **Religion** (la) chrétienne, prouvée par l'accomplissement des Prophéties de l'ancien et du nouveau Testament, suivant la méthode des SS. Pères (par le P. Baltus, jés.). *Paris,* 1728, in-4, bas.

4629. **Religion** chrétienne (la) prouvée par un seul fait, ou dissertation où l'on démontre que des catholiques à qui Huneric, roi des Vandales, fit couper la langue, parlèrent miraculeusement le reste de leur vie... Par Rulié, curé à Cahors. *Paris* et *Villefranche de Rouergue,* 1766, in-12, bas.

4630. **Religionis** naturalis et revelatæ principia (auctore L.-J. Hooque). *Parisiis,* 1774, 3 v. in-8, bas.

4631. **Remarques** sur les Canons apostoliques. *Rouen,* 1697, in-8, bas.

4632. **Remy** (Nic.). Nicolai Remigii... Dæmonolatriæ libri tres ; ex judiciis capitalibus nongentorum plus minus hominum, qui sortilegii crimen intra annos quindecim in Lotharingia capite luerunt.... *Lugduni, in officina Vincentii,* 1595, in-4 de 12 ff. prélim., titre compris, et 394 pp., vél.

4633. **Renan** (Ernest). Etudes d'histoire religieuse. *Paris, Lévy,* 1857, in-8, br.

4634. — La vie de Jésus. *Paris, Lévy,* 1863, in-8, br.

4635. — Examen de la *Vie de Jésus*, de M. Renan, par M. Poujoulat. *Bar-le-Duc,* 1863. — Id. par l'abbé Freppel. 3e édition. *Paris,* 1863. — Lettre de Mgr Ginoulhiac, évêque de Grenoble, à l'un de ses vicaires généraux sur la *Vie de Jésus* par Renan. — Instruction pastorale de Mgr Plantier, év. de Nimes, contre un livre intitulé : *La Vie de Jésus.* — M. Renan et son école : réflexions sur la *Vie de Jésus*, par Volusien Pagès. — Jésus et la Liberté, réponse à M. Renan (en vers), par Achille Montel. *Montpellier, Grollier,* 1864, in-8, br.

4635 *bis*. — La Vie de Jésus et son nouvel historien, par M. H. Wallon. *Paris,* 1864, gr. in-18, br. — Réponse directe à M. Renan, ou démonstration philosophique de l'Incarnation, par E. Filachou. *Paris et Montpellier,* 1864, in-12, br. — M. Renan démasqué, ou lettre de l'abbé Cros sur la philosophie de M. Renan, etc. *Montpellier,* 1863, in-12, br.

4636. **Renaud de Vilbach.** Voyages dans les départements formés dans l'ancienne prov. de Languedoc. Esquisse de l'hist. de Languedoc et description de l'Hérault, avec 6 pl. géog. et 20 dessins lith. *Paris,* 1825, in-8, d.-rel. m.

4637. **Renouvier** (C.). Manuel de Philosophie moderne. *Paris, Paulin,* 1842, gr. in-18, br.

4638. — Manuel de Philosophie ancienne. *Paris, Paulin,* 1844, 2 v. gr. in-18, br.

4639. — Essais de critique générale. *Paris, Ladrange,* 1854-59, 2 v. in-8, br.

4640. **Renouvier** (Jules). Histoire de l'origine et des progrès de la gravure dans les Pays-Bas et en Allemagne, jusqu'à la fin du XVe siècle. *Bruxelles,* 1860, in-8, demi-rel. mar. bl., *planche.*

4641. **Réponse** au livre intitulé : *Extraits des assertions dangereuses et pernicieuses en tout genre que les soi-disants jésuites ont dans tous les temps et persévéramment soutenues, enseignées et publiées dans leurs livres,* etc. (rédigé principalement par le P. Grou et publié par les soins du P. Sauvage, jésuite). S. l., 1763-65, 10 part. en 7 v. in-12, v. éc.

<small>Manquent les vol. 3 et 6.</small>

4642. **Réponse** de M. l'Evêque de Tournay aux *Réflexions* de M. J. M. D. L. D. V., sur les mémoires de ce prélat touchant la religion. *Paris, Cl. Barbin*, 1685, in-12.

<small>D'après Bayle, ces initiales désignent M. Jacquelot, ministre de l'église de Vassy.</small>

4643. **Réponse** de M. Varillas à la critique de M. Burnet sur les deux premiers tomes de l'*Histoire des Révolutions arrivées dans l'Europe en matière de religion. Paris, Cl. Barbin,* 1687, in-8, bas.

4644. **Réponse** d'un docteur en droit civil et canonique à la lettre d'un de ses amis sur le droit du prest et du retardement. *Avignon,* 1708, pet. in-12, bas.

4645. **Réponses** aux raisons qui ont obligé les Prétendus Réformés de se séparer de l'Eglise catholique, et qui les empêchent maintenant de s'y réunir, par Mme B.... (Beaumont). *Paris, Cavelier,* 1718, in-12, bas.

4646. **Repos** (le) de Cyrus, ou l'histoire de sa vie depuis sa 16e jusqu'à sa 40e année (par l'abbé Pernetty). *Paris,* 1732, in-8, bas., *fig.*

4647. **Requier** (J.-B.). Vie de Nicolas-Claude Peiresc. *Paris,* 1770, in-12, bas.

4648. **Restaurant** (M.). L'Accord des sentiments d'Aristote et d'Epicure sur les principes des corps naturels et sur les couleurs, avec la réfutation de Gassendi, Descartes et autres, sur ce sujet. *Lyon,* 1682, 3 part. en 1 v. in-16, m. v., fil., tr. d., dent.

4649. **Rétif de la Bretonne** (Nic. Ed.). L'Andrographe, ou idées d'un honnête homme sur un projet de règlement proposé à toutes les nations de l'Europe pour opérer une réforme générale des mœurs, et par elle le bonheur du genre humain. *La Haye,* 1782, 2 part. in-8, br.

4650. **Retz** (J.-Fr.-P. de Gondy, card. de). Mémoires, contenant ce qui s'est passé de remarquable en France pendant les premières années du règne de Louis XIV. *Amsterdam, Fréd. Bernard,* 1731, 4 v. pet. in-8, bas., *portr.*

4651. — Mémoires de Gui-Joly et de la duchesse de Nemours. *Amsterdam, Fréd. Bernard,* 1718, 3 v. pet. in-8 rel. en 1, v. f., fil.

4652. — Mémoires du cardinal de Retz, suivis de ceux de Gui-Joly et de la duchesse de Nemours. *Genève,* 1779, 6 v. in-12, bas.

4653. — Les mêmes. *Paris, Ledoux,* 1820, 6 v. in-8, d.-rel. mar., *portr.*

4654. **Revillout** (Ch.-J.). De l'Arianisme des peuples germaniques qui ont envahi l'Empire Romain. *Paris et Besançon,* 1850, in-8, br.

4654 bis. — Le Clergé chrétien dans les campagnes après la grande invasion. § 1er. Etablissement des paroisses rurales. *Paris, Impr. Impér.,* 1864, in-8, br.

4655. **Revue du Midi** (publiée sous la direction de M. A. Jubinal, professeur à la Faculté des lettres). *Montpellier, Gras,* 1843 à 1845, 6 v. in-8 en livr., br.

4656. **Revue** (nouvelle) Encyclopédique, publiée par Firmin Didot frères. *Paris,* 1846-47, 1er et 2e année. 3 v. in-8, br.

4657. **Reybaud** (Louis). Etudes sur les réformateurs contemporains, ou socialistes modernes, Saint-Simon, Charles Fourier, Robert Owen. 2e éd. *Paris,* 1841, in-8, br.

4658. **Reyer** (C.). Histoire de la colonie française en Prusse, trad. de l'allem. par Ph. Corbière. *Paris,* 1855, gr. in-18, br.

4659. **Regnauld** (l'abbé). Recueil d'écrits polémiques, 2 v. in-12, v. éc.

Lettres à un ami sur le mandement de M. de Condorcet, évêque d'Auxerre, sur les missions de son diocèse. 12 oct. 1756. — Réfutation d'un écrit intitulé : *Le Style des disputes,* ou réflexions sur les lettres précédentes. 20 janvier 1757. — Préservatif contre les livres et les sermons des Jésuites. 25 nov. 1757. — Le Secourisme détruit dans ses fondements. — Lettre de l'abbé Delisle à un curé du diocèse d'Auxerre, et réponse de ce dernier sur la nécessité de l'amour de Dieu dominant dans le sacrement de Pénitence. 26 janvier 1761. — Abrégé de la vie de M. Creusot, curé de Saint-Loup d'Auxerre, décédé le 31 déc. 1761. S. l., 1764. — Le Philosophe redressé, ou réfutation de l'écrit intitulé : *Sur la destruction des Jésuites en France*. 1765. — Le Philosophe à Paradoxes devenu prédicateur, ou réponse à l'écrit intitulé : *De la Prédication*. 29 août 1766. — Lettre à M. Marmontel sur son *Bélisaire*, par un déiste converti. 1767. — Traité de la foi des simples. 1770.

4660. — Histoire de l'abbaye de S. Polycarpe, de l'ordre de S. Benoît (par l'abbé Regnauld, curé du diocèse d'Auxerre). S. l., 1785, in-12, v. j.

4661. **Rhenanus** (Beatus). Rerum Germanicarum libri tres.... cum ejus vita a J. Sturmio conscripta. *Basileæ*, 1551, in-fol.

Relié avec le N° 3974.

4662. **Reynolds** (Josué). OEuvres complètes, trad. de l'angl. sur la 2e édit. (par Jansen). *Paris*, 1806, 2 v. in-8 rel. en 1, d.-rel. bas., *portr*.

4663. **Rhamiste et Ozalie**, roman héroïque (par....). *Paris, Denis Monchet*, 1729, in-12, bas.

4664. **Rhétorique** des clercs, divisée en deux traités. *Paris*, 1787, in-12, v. éc.

4665. **Rhodiginus** (L.-C.). Lectionum antiquarum libri triginta. *Genevæ, Philip. Albertus*, 1620, in-fol., v. br., fil.

4666. **Rians** (le P. P. de). Des Saintes Croix des personnes du monde et du bon usage qu'elles doivent en faire. *Aix*, 1707, pet. in-12, bas., *frontisp. gr.*

4667. **Riccius** (Jos.). Orationes Jos. Riccii, Brixiani clerici. *Venetiis*, 1645, in-8, vél.

4668. **Richardus** a Sancto Victore. Opera, accurate castigata et emendata, cum vita ipsius antehac nusquam edita. *Rhotomagi, Berthelin*, 1650, in-fol., v. br.

4669. **Richard** (le P. Ch.-L.). L'Accord des lois divines, ecclésiastiques et civiles, relativement à l'état du clergé, contre l'ouvrage ayant pour titre : *L'Esprit ou les principes du droit canonique* (de Huerne de la Motte.) *Paris, Moutard*, 1775, in-12, bas.

4670. **Richard** (l'abbé). Parallèle du cardinal de Richelieu et du cardinal Mazarin, contenant les anecdotes de leurs vies et de leur ministère. *Paris*, 1716, in-12, v. br.

4671. — La Théorie des Songes. *Paris*, 1766, in-12, bas.

4672. **Richelet** (P.). Les plus belles Lettres des meilleurs auteurs françois, avec des notes. *Amsterdam, Wetstein*, 1690, in-12, vél.

4673. **Richelieu** (Arm. du Plessis, card. de). Traité qui contient la méthode la plus facile et la plus assurée pour convertir ceux qui se sont séparés de l'Eglise. *Paris, Séb. Cramoisy*, 1663, in-4, bas.

4674. — Traité de la Perfection du Chrestien, par l'éminentissime cardinal duc de Richelieu. Seconde édition, in-4, v. br.
   Le titre manque.

4675. **Richer** (Ed.). Emundi Richerii libellus de ecclesiastica et politica Potestate, cum defensione hujus libelli. *Coloniæ*, 1701, 2 v. in-4, bas., *portr.*

4676. — Histoire du syndicat d'Edm. Richer, par Edm. Richer lui-même. *Avignon*, 1753, in-12, bas.

4677. **Richerand** (Ant.). Nouveaux élémens de Physiologie; 10e édition revue, corrigée et augmentée par l'auteur et par M. Bérard aîné. *Paris*, 1833, 3 v. in-8, d.-rel. bas.

4678. **Rigoley de Juvigny.** De la décadence des lettres et des mœurs, depuis les Grecs et les Romains jusqu'à nos jours. *Paris*, 1787, in-8, bas.

4679. **Rikel.** Speculum conversionis peccatorum magistri Dionysii de Leuwis alias Rikel, ordinis Cartusiensis. *Impressum Lovanii per me Joan. de Westfalia.* In-4, goth. de 15 ff. à 2 col. de 41 lign.
   Relié avec le No 1483.

4680. — Dionysii (Rikel) Carthusiani, contra Alchoranum et Sectam Machometicam libri V, etc. *Coloniæ*, 1533, in-8, v. f. gauf.

4681. — In Evangelium Mathæi et Johannis enarratio. *Parisiis, Gazeau,* 1542, 2 v. in-8, bas.

4682. — De doctrina et regulis vitæ christianæ. *Coloniæ*, 1577, in-16, bas.

4683. — Liber de quatuor hominis novissimis, nempe morte, judicio, inferni pœnis, gaudiis cœli, etc. *Venetiis*, 1584, in-16, bas.

4684. **Rival** (P.). Dissertations historiques et critiques sur divers sujets. *Amsterdam* et *Londres*, 1726, in-12, bas.

4685. **Rivarol** (A. de). Mémoires, avec des notes et une notice par M. Berville. *Paris, Baudouin frères,* 1824, in-8, d.-rel. v.

4686. **Rivaz** (P. de). Eclaircissements sur le martyre de la légion Thébéenne, et sur l'époque de la persécution des Gaules sous Dioclétien et Maximien. *Paris,* 1779, in-8, d.-rel. bas.

4687. **Rivet** (Andr.). Critici sacri specimen, hoc est, censuræ Doctorum tam ex Orthodoxis quam ex Pontificiis in scripta quæ Patribus plerisque priscorum sæculorum vel affinxit incogitantia vel supposuit impostura, etc. *Dordrechti,* 1619, pet. in-8, bas.

4688. **Robbe** (Jacq.). Dissertation sur la manière dont on doit prononcer le Canon et quelques autres parties de la messe... *Neufchateau,* 1770, in-12, bas.

4689. **Robert**. Géographie sacrée et historique de l'ancien et du nouveau Testament. *Paris,* 1747, 2 v. in-12, bas.

4690. **Robertson** (Will.). Histoire d'Ecosse sous les règnes de Marie Stuart et de Jacques VI, jusqu'à l'avènement de ce prince à la couronne d'Angleterre; trad. de l'angl. (par Besset de la Chapelle). *Londres,* 1764, 3 v. in-12, bas.

4691. — Histoire du règne de l'empereur Charles-Quint; trad. de l'angl. (par Suard). *Amsterd.* et *Paris,* 1771, 6 v. in-12, bas.

4692. — Histoire de l'Amérique; trad. de l'angl. (par Suard et Jansen). *Paris,* 1778, 4 v. in-12, bas.

4693. — Recherches historiques sur la connaissance que les Anciens avaient de l'Inde; trad. de l'angl. *Paris,* 1792, in-8, d.-rel. bas., *cartes.*

4694. **Robinet** (J.-B.-R.). Parallèle de la condition et des facultés de l'homme, avec la condition et les facultés des autres animaux; ouvrage trad. de l'angl. *Bouillon,* 1770, in-12, bas.

4695. **Robinson** (G.). Tableaux comiques. *Paris,* 1860, gr. in-18, br.

4696. **Rocca** (de). Mémoires de la guerre des français en Espagne. 2ᵉ éd. *Paris,* 1814, in-8, d.-rel. bas.

4697. **Rochefort** (L. de). Souvenirs et mélanges littéraires, politiques et biographiques (1796-1805). *Paris,* 1826, 2 v. in-8, br.

4698. **Rodericus Sancius de Arevalo.** *Ad sanctissimum et beatiss. dominum Paulum II, Pont. max. Liber incipit dictus Speculum humane vite, editum a Roderico Zamorensi et postea Galagaritano (episc.)..... diligentiis et expensis Mag. Joan. de Westfalia, viri quidem in impressoria arte non parum industrii, florida in universitatate Lovaniensi.* In-4, goth. de 90 ff. à 2 col. de 41 lignes.

La table commence au recto du 86ᵉ fl.; elle est précédée des six vers :
Edidit hoc lingue clarissima norma latine, etc.
Relié avec le N° 1483.

4699. **Rodier de la Bruguière** (E.). Essai sur la philosophie des religions. *Paris* et *Genève,* 1862, in-8, br.

4700. **Roger** (Abraham). La porte ouverte pour parvenir à la connaissance du paganisme caché... ou la vie, les mœurs et le service divin des Bramines des côtes de Coromandel, avec des remarques; trad. en français par Thomas de la Grue. *Amsterdam,* 1670, in-4, bas., *fig.*

4701. **Roger** (Jos.-Ludov.). Tentamen de vi soni et musices in corpus humanum. (Thèse de Montpellier.) *Avenione*, 1758, in-8, bas., *fig.*

4702. — Traité des effets de la musique sur le corps humain, par J.-L. Roger; trad. du lat., avec notes, par Et. Ste-Marie. *Paris, Lyon*, an XI (1803), in-8, d.-rel. bas.

4703. **Rognat** (Aimé). Essai d'inductions philosophiques d'après les faits. *Paris, Ladrange*, 1836, in-8.

4704. **Rohan** (Henri II duc de). Mémoires sur les choses advenues en France depuis la mort d'Henri le Grand jusqu'à la paix faite avec les Réformez, au mois de juin 1629 ; augmentés d'un 4e livre, de divers discours politiques du même auteur, cy devant non imprimés ; ensemble le voyage du même fait en Italie, Allemagne, etc. *Paris, sur l'imprimé à Leyden, chez L. Elzevier*, 1661, 2 v. pet. in-12, v. jasp., fil.

4705. **Rohault** (Jacq.). Traité de Physique. *Amsterdam, Jacques le Jeune (à la Sphère)*, 1672, 2 v. pet. in-12, v. br., *planches*.

4706. — Entretiens sur la Philosophie. S. l., 1672, pet. in-12, bas.

4707. **Roland** (Madame). OEuvres de J.-M.-Ph. Roland, femme de l'ex-ministre de l'intérieur ; contenant ses mémoires, son procès, ses ouvrages philosoph., sa correspond. et ses voyages ; avec notes par l'éditeur Champagneux. *Paris,* an VIII, 3 v. in-8, bas., *portr.*

4708. **Rollin** (Ch.). De la manière d'enseigner et d'étudier les belles-lettres. *Paris, Ve Estienne*, 1740, 2 v. in-4, v. m., *portr.*

4709. — Traité des Études. *Paris,* 1736, 4 v. in-12, bas.

4710. — Supplément au Traité de la manière d'enseigner et d'étudier les belles-lettres. *Paris, Ve Estienne*, 1734, pet. in-12, bas.

4711. — Des Études des enfants, par M. Rollin. Nouv. édit. *Paris, Lamy*, 1800, in-12.

Relié avec le No 1854.

4712. — Histoire ancienne. *Paris, Ve Estienne,* 1740, 6 v. in-4, v. m., *portr. et cartes.*

4713. — Histoire Romaine depuis la fondation de Rome jusqu'à la bataille d'Actium, commencée par M. Rollin et cont. par M. Crevier. *Paris,* 1752, 8 v. in-4, v. m.

4714. — Opuscules de feu M. Rollin, avec son éloge par M. de Boze (publ. avec des notes par Rob. Estienne, libraire). *Paris, frères Estienne,* 1772, 2 v. in-12, bas.

4715. — Supplément aux *Essais de Critique* sur les écrits de M. Rollin (par Vander Meulen, masque de l'abbé Bellanger). *Amsterdam,* 1741, in-12, bas.

4716. **Rome délivrée**, ou la retraite de Caius Martius Coriolanus, avec son apologie (par Mascaron). *Paris, Aug. Courbé,* 1686, in-4, bas., *frontisp. gr.*

4717. **Romanus** (C.-Frid.). Schediasma Polemicum expendens quæstionem an dentur spectra magi et sagæ, etc. *Lipsiæ,* 1717, in-4.

Relié avec le N° 4929.

4718. **Rondellus** (Jac.). De vita et moribus Epicuri. *Amstelod.,* 1693, pet. in-12, vél.

4719. **Rorarius** (Hicron.). Quod animalia bruta sæpe ratione utantur melius homine libri II, quos rescensuit, dissertatione de anima brutorum, adnotationibus auxit Georg. H. Ribovius. *Helmstadii,* 1728, in-8, d.-rel. v. bl.

4720. **Roscoe** (Will.). Vie et pontificat de Léon X, trad. de l'angl. par P. F. Henry, et ornée du portrait de Léon X et de médailles. 2e édit. *Paris,* 1813, 4 v. in-8, d.-rel. bas.

4721. **Rose** (l'abbé). L'esprit des Pères comparés aux plus célèbres écrivains, sur les matières les plus intéressantes de la Philosophie et de la Religion. *Besançon et Paris,* 1823, 3 v. in-12, bas.

4722. **Rosinus.** Interpretationes academicæ ad exercitationem litterariam sub elogiorum forma habitæ in academia Offuscatorum Cæsenæ, Rosino abbate canon. reg.

Lateran. auctore (en vers latins). *Cæsenæ, ex typ. Nerii*, 1647. — Ejusdem Galaxia exposita, seu lactei circuli origines investigatæ et elogiis exornatæ ad stemma ejusdem Academiæ. — Ejusdem Obstetrix in opere de Universo Scip. Claramontii elogium. *Cæsenæ*, 1644, 1 v. in-4, parch.

4723. **Ross** (Alex.). Les religions du monde, trad. de l'angl. par Th. Lagrue. *Amsterdam*, 1669, 3 v. in-12, bas., *fig.*
Manque 2 volumes.

4724. **Rossi** (Jean-Victor). Voyez *Erythræus*.

4725. **Rosweydus** (Herib.). Vitæ Patrum. De vita et verbis seniorum libri X, historiam eremiticam complectens... opera et studio Heriberti Rosweydi, è soc. J. *Antverpiæ, ex offic. Plantin.*, 1615, in-fol., bas., *frontisp. gr.*

4726. **Roucher** (J.-A.). Consolations de ma captivité, ou correspondance de Roucher, mort victime de la tyrannie décemvirale, le 7 thermidor an II (publiée par F. Guillois, gendre de l'auteur). *Paris, Agasse*, an VI (1797), 2 v. in-8, d.-rel., bas., *portr.*
Manque qq. feuillets.

4727. **Rouget** (Ferdin.). Traité pratique de magnétisme humain, ou résumé de tous les principes et procédés du magnétisme humain pour rétablir et développer les fonctions physiques et les facultés intellectuelles dans l'état de maladie. *Paris* et *Toulouse*, 1858, gr. in-18, br.

4728. **Rouget-Beantian.** Dictionnaire d'hygiène alimentaire. Traité des aliments, etc. *Toulouse*, 1862, in-12, d.-rel. m.

4729. **Rouillard** (Séb.). Histoire de Melun, contenant plusieurs raretez notables et non descouvertes en l'histoire générale de France; plus la vie de Bouchard, comte de Melun, soubs Hues Capet, trad. du lat.; ensemble la vie de mess. Jacq. Amiot, evesque d'Auxerre, etc. *Paris, Guil. Loyson*, 1628, in-4, vél.

4730. **Rousseau** (J.-B.). OEuvres, avec un commentaire hist. et litt., précédé d'un nouvel essai sur la vie et les écrits de l'auteur (par Aman-Duvivier). *Paris, Lefevre, impr. de Crapelet,* 5 v. in-8, d.-rel. m., *portr.*

4731. — Anti-Rousseau, par le Poète sans fard (Gacon). *Rotterdam,* 1712, in-12, v. éc.

4732. **Rousseau** (J.-J.). Emile, ou de l'Education. *Paris,* 1792, 4 v. in-12, v. j.

4733. — Les Plagiats de J.-J. Rousseau sur l'éducation, par D. J. C. B. (dom Jh. Cajot, bénédictin). *La Haye* et *Paris,* 1766, in-12, bas.

4734. — Censure de la Faculté de Théologie de Paris, contre le livre intitulé : *Emile, ou de l'Education. Paris,* 1762, in-12, bas.

4735. — Les Confessions de J.-J. Rousseau. *Paris, Lequien,* 1822, 3 v. in-8, br., *portr.*

4736. — Julie, ou la nouvelle Héloïse. *Paris,* 1817, 4 v. in-18, br.

4737. **Roustan** (A.-J.). Lettres sur l'état présent du Christianisme et la conduite des incrédules. *Londres,* 1762, in-12, bas.

4738. **Rouvière** (H. de). Voyage autour de la France. *Paris,* 1713, in-12, bas.

4739. **Roverus Pontanus.** Rerum memorabilium ab anno MD ad annum LX in Rep. Christ. gestarum, ex plerisque historiogr., præcipue Fontano, theol. Paris., et Jo. Sleidano; interprete F. Rovero Pontano, carmelita. *Coloniæ,* 1559, in-fol., bas.

4740. **Rowe** (Mad.). L'Amitié après la mort, contenant les lettres des morts aux vivans, et les lettres morales et amusantes; trad. de l'angl. sur la 5e édit. (par Jean Bertrand). *Genève,* 1753, 2 tom. en 1 v. in-12, d.-rel. m.

4741. **Ruffinus,** Aquileiensis presbyter. Opuscula quædam, partim antehac nunquam in lucem edita, emendata et castigata studio et labore Renati Laur. de la Barre. *Parisiis, Sonnius,* 1580, in-fol., bas.

4742. — La vie de Rufin, prêtre de l'Eglise d'Aquilée (par dom Gervaise). *Paris,* 1724, 2 v. in-12, bas.

4743. **Ruinart** (dom Theod.). Acta primorum Martyrum sincera et selecta, notis et observat. illustr. ; editio secunda, emendata et aucta. *Amstelœd., Wetsten*, 1713, in-fol., bas.

4744. — Les véritables actes des Martyrs recueillis... sous le titre de : *Acta primorum Martyrum selecta*, par le R. P. D. Thierry Ruinart, et trad. en franç. par Drouet de Maupertuy. Nouv. éd. *Paris, Guerin*, 1756, 2 v. in-12, v.

4745. — Apologie de la mission de S. Maur, apôtre des Bénédictins en France. *Paris, P. de Bats,* 1702, in-8, bas., *frontisp. gr.*

4746. — Abrégé de la vie de dom Mabillon. *Paris*, 1709, in-12, v. br., *portr.*

4747. **Rupertus** abbas. Opera quotquot hactenus haberi potuerunt, auctiora quam antea. *Venetiis*, 1748-51, 4 v. in-fol., bas., *frontisp. gr.*

4748. **Ryan** (B.). Bienfaits de la Religion chrétienne, ou histoire des effets de la Religion sur le genre humain... trad. de l'angl., et suivi de l'éloge historique de Marie-Gaëtane Agnesi. *Paris, Garnery,* 1807, 2 v. in-8, bas.

S

4749. **Sa** (Emm.). Scholia in IV Evangelia ex selectis Doctorum sacr. sententiis collecta, etc. *Lugduni*, 1610, in-4, vél., *frontisp. gr.*

4750. **Sabatier** (l'abbé L.). L'Eglise catholique vengée du reproche de favoriser le despotisme politique et ecclésiastique. *Montpellier,* 1841, in-8, br.

4751. — Le même. 2ᵉ édition, considérablement augment. *Montpellier, Malavialle,* 1844, in-8, br.

4752. **Sablier** (Ch.). Variétés sérieuses et amusantes. Nouv. édit. *Amsterdam et Paris*, 1769, 4 v. in-12, v. éc.

4753. **Sabunde** ou **Sebon** (R.). Theologia naturalis, sive liber creaturarum, specialiter de homine et de natura ejus.... *Impress. Lugduni per Jac. Wyt*, 1526, pet. in-4, goth., d.-rel. m.

4754. — Theologia naturalis... *Lugduni*, 1648, in-8, bas.

4755. — Théologie naturelle de Raymond Sebon, traduicte nouvellement en françois par messire Michel seigneur de Montaigne. *Paris, Michel Sonnius*, 1581, in-8, v. f., fil.

4756. — R. Sebundii, de Natura hominis Dialogi. *Lugduni*, 1568, in-16, bas.

4757. — Dialogues de Raimond de Sabunde sur la nature de l'homme, ses devoirs envers Dieu et le prochain, etc.; trad. du latin sur l'imprimé. *Lyon, Thibaud Païen, 1568 (copie msc. par un solitaire à dessein de s'occuper, achevée le 1er septembre 1756)*, in-4, bas.

4758. **Sacontala**, ou l'anneau fatal; drame trad. du sanscrit en angl. par W. Jones, et de l'angl. en franç. par A. Bruguière. *Paris*, 1803, in-8, d.-rel. mar. v.

4759. **Sacre** (le) et couronnement de Louis XIV, roy de France, dans l'église de Reims, le 7 juin 1654. *Paris*, 1720, in-12, bas., *frontisp. gr.*

4760. **Sacre royal** (le), ou les droits de la nation française, reconnus et confirmés par cette cérémonie (par Morizot). *Amsterdam*, 1776, 2 v. in-12, v. f., fil.

4761. **Sacrifice** (le) de Jephté, description historique et critique. *Avignon*, 1818, in-12, br.

4762. **Sacy** (L.-I. Le Maistre de). Lettres chrestiennes et spirituelles. *Paris, Desprez*, 1690, 2 v. in-8, v. br.

4763. — Heures canoniales contenues dans le commencement du psaume 118; tiré des SS. PP. (par L.-I. Le Maistre de Sacy). *Paris, Savreux*, 1672, in-12, bas.

4764. — Poëme contenant la tradition de l'Eglise sur le T. S. Sacrement de l'Eucharistie. *Paris, Desprez*, 1695, pet. in-12, v. br.

4765. **Sacy** (Sylvestre de). Variétés littéraires, morales et historiques. 2e édit. *Paris, Didier*, 1859, 2 v. in-8, d.-rel. mar.

4766. **Sadi de Schiraz** (Musladini). Musladini Sadi Rosarium politicum, sive amænum sortis humanæ theatrum, de persico in latinum versum, necessariisque notis illustratum a Geor. Gentio. *Amstelœd., Blaeu,* 1651, pet. in-fol., bas.

4767. — Gulistan, ou l'Empire des Roses, traité des mœurs des rois, composé par Musladini Saadi, prince des poètes persiens ; trad. du persan par M... (D'Alègre). *Paris,* 1737, in-12, v. br.

4768. **Sadoletus** (Jac.). Opera omnia ad eloquentiam, philosophiam ac theologiam pertinentia. *Moguntiæ,* 1607, in-8, bas.

4769. — Jac. Sadoleti, de laudibus philosophiæ libri duo. *Lugduni, ap. Seb. Gryphium,* 1538, in-4, bas.

4770. **Sæculi Genius**, Petro Firmiano authore (P. Zacharia, Lexoviensi capucino). *Parisiis,* 1659, in-12, v. br., *frontisp. grav.*

4771. **Saint-Amant** (M.-A. de Girard, sieur de). Moyse sauvé, idyle héroïque. *Paris, Sommaville,* 1660, pet. in-12, v. j., *frontisp. gr.*

4772. **Saint-Amour** (M. de). Journal de ce qui s'est passé à Rome dans l'affaire des Cinq Propositions, imprimé par ses soins. S. l., 1672, in-fol., v. br.

4773. **Saint-André**. Lettres de M. St-André, conseiller-médecin du Roy, à quelques-uns de ses amis, au sujet de la Magie, des Maléfices et des Sorciers. *Paris,* 1725, in-12, bas.

4774. **Saint** (le) déniché, ou la banqueroute des marchands de miracles, comédie (par le P. Danton). *La Haye,* 1732, in-12, d.-rcl. v., *frontisp. gr.*

4775. **Saint-Estéve** (A.-B.). Réforme radicale. Nouvel Eucologe à l'usage de l'Eglise catholique française. *Paris,* 1834, in-16, bas., *portr. de l'abbé Châtel.*

4776. **Saint-Evremond** (Ch. de S. Denys, s^r de). Ses OEuvres. Nouv. édit. augmentée de la vie de l'auteur (par Desmaizeaux). *Londres, Tonson,* 1725, 7 v. in-12, v. j., *portr.*

4777. — Apologie des OEuvres de M. de S*t*-Evremont, avec son éloge et son portrait, et un discours sur la critique (par Royer de la Rivière). *Paris*, 1698, in-12, bas.

4778. **Saint-Hilaire** (Barth.). Le Bouddha et sa religion. *Paris, Didier,* 1860, in-8, d.-rel. mar. v.

4779. **Saint Ignace** (H. de). Gratiæ per se efficacis, sive Augustiano-Thomisticæ adversus injustam Jansenismi accusationem justa defensio... per F. Henricum a S. Ignatio ordinis Carmelitarum. *Lovanii, Denique,* 1713, in-12, bas.

Voir aussi le N° 5412.

4780. **Saint Joseph** (dom P. de). Idea Theologiæ sacramentalis, speculativæ et moralis. *Lugduni,* 1649-50, 3 v. pet. in-12, bas.

4781. — Idea Philosophiæ rationalis seu Logica; universalis seu Metaphysica; naturalis seu Physica; moralis seu Ethica, authore D. Petro a S^{to} Josepho fuliensi. *Parisiis,* 1654, 4 v. pet. in-12, bas.

4782. — La Défense des Evêques touchant certains points de la doctrine de Jansénius, en réponse à une lettre de Jansénistes écrite au Saint Père. *Paris, Gosse,* 1751, in-4, bas. br.

4783. **Saint-Jure** (le P. J.-B.). L'Homme Spirituel, où la vie spirituelle est traitée par ses principes. *Paris,* 1691, in-8, bas.

4784. — De la connaissance et de l'amour du Fils de Dieu, N. S. J.-C. *Lyon* et *Paris,* 1823, 5 v. in-8, bas.

4785. — La vie de M. de Renty. *Lyon,* 1659, in-12, bas.

4786. **Saint-Louis** (Pierre de). La Magdeleine au désert de la Sainte-Beaume en Provence, poëme. *Lyon, Grégoire,* 1668, in-12, d.-rel. v.

Le titre manque.

4787. **Saint-Marc Girardin.** Essais de littérature et de morale. Nouv. édit. *Paris,* 1853, 2 v. gr. in-18, d.-rel. m.

4788. **Saint-Martin** (L.-Cl.). OEuvres posthumes. *Tours,* 1807, 2 v. in-8, bas.

Voir aussi les N°s 3319 et 5139.

4789. **Saint-Pierre** (l'abbé de). Ouvrages sur divers sujets. *Paris, Briasson*, 1728-30, 2 v. in-12, v. br.

4790. — Extrait du projet de paix perpétuelle de M. l'abbé de Saint-Pierre, par J.-J. Rousseau. S. l., 1761, in-12, d.-rel. bas.

4791. **Saint-Pierre** (Bernardin de). Études de la nature. 2ᵉ édit. *Paris*, 1787, 3 v. in-12, d.-rel. bas., *fig.*

4792. — La Chaumière indienne, suivie du Café de Surate et du Voyage en Silésie. *Paris*, 1807, in-18, d.-rel. m.

4793. **Saint-Priest** (le Cᵗᵉ Alexis de). Histoire de la chute des Jésuites au XVIIIᵉ siècle (1750-82). *Paris*, 1844, in-8, br.

4794. **Saint-Réal** (l'abbé de). OEuvres. *Paris, David,* 1745, 6 v. in-12, bas., *fig.*

4795. — Entretiens historiques moraux et politiques (par l'abbé de Saint-Réal). *Paris, Cl. Barbin,* 1684, in-12, bas.

4796. **Sainte-Beuve** (J. de). Résolutions de plusieurs cas de conscience touchant la morale et la discipline de l'Eglise. *Paris, Desprez,* 1689 et 1704, 3 v. in-4, bas., *portr.*

4797. **Sainte-Beuve** (C.-A.). Port-Royal. *Paris, E. Renduel*, 1840, 5 v. in-8, d.-rel. m., et un fascicule de table, br.

4798. — Portraits de femmes. Nouv. édit. *Paris, Didier,* 1856, gr. in-18, br.

4799. — Derniers portraits littéraires. *Paris,* 1852, gr. in-18, d.-rel. m.

4800. **Sainte-Croix** (Guil.-Emm.-Jos. Guilhem de Clermont-Lodève de). L'Ezour-Vedam, ou ancien comment. du Vedam; trad. du samscretan par un brame, revu et publié avec des notes. *Yverdon,* 1778, 2 v. in-12, d.-rel. v.

4801. — Recherches historiques et critiques sur les mystères du Paganisme. 2ᵉ édit., revue par S. de Sacy. *Paris*, 1817, 3 v. in-8, d.-rel. m. viol.

4802. **Sainte-Croix Charpy** (l'abbé de). Les Saintes Ténèbres, en vers français, avec le latin à côté et des notes... *Paris, Guil. Desprez*, 1670, in-12, bas.

4803. **Sainte-Garde** (J. Carel de). Réflexions académiques sur les orateurs et sur les poètes. *Paris,* 1676, in-12, bas.

4804. **Sainte-Irène** (de). Traité historique des querelles faites autrefois aux PP. de l'Eglise sur leur doctrine et leur conduite ; recueilli par le sieur de Sainte-Irène. *Grenoble*, 1661, in-8, parch.

4805. **Sainte-Marie** (Honoré de). Réflexions sur les règles et sur l'usage de la critique touchant l'histoire de l'Eglise, les ouvrages des Pères, etc. *Paris,* 1713, in-4, bas.

4806. **Sainte-Marthe** (Scévole de). Éloges des hommes illustres qui depuis un siècle ont fleuri en France dans la profession des lettres ; mis du lat. en franç. par G. Calletet. *Paris,* 1643, in-4, vél.

4807. — Scævolæ Sammarthani carmina varia. *Lutetiæ, ex offic. Feder. Morelli,* 1575, in-8, de 68 ff., vél.

On y a joint : Olympia Pindari latino carmine reddita per Nic. Sudorium. 1576.

4808. **Sainte-Marthe** (dom Denis). Traité de la Confession contre les erreurs des Calvinistes..., avec la réfutation du livre du ministre Daillé contre la Confession auriculaire. *Paris,* 1685, in-12, bas.

4809. — Histoire de S. Grégoire le Grand, pape, tirée principalement de ses ouvrages. *Rouen,* 1697, in-4, bas., *portr.*

4810. **Sainte-Marthe** (Cl. de). Traités de piété, ou discours sur divers sujets de la morale chrétienne. *Paris,* 1702, 2 v. in-12, v. br., *portr.*

4811. — Lettres sur divers sujets de piété, de morale et de conduite, pour la vie chrétienne. *Paris,* 1709, 2 v. in-12, v. br.

4812. **Sainte-Palaye** (Lacurne de). Mémoires sur l'ancienne Chevalerie, considérée comme un établissement politique et militaire. *Paris, Duchesne*, 1759, 2 v. in-12, bas.

4813. **Saisset** (Emile). Essai de philosophie religieuse. *Paris, Charpentier,* 1859, in-8, d.-rel. mar. v.

4814. — Introduction critique aux œuvres de Spinoza. *Paris, Charpentier,* 1860, in-8, d.-rel. mar. v.

4815. — Précurseurs et disciples de Descartes. *Paris, Didier,* 1862, in-8, d.-rel. mar. v.
Don de l'auteur.

4816. **Sales** (S. François de). OEuvres complètes, publiées d'après les éditions les plus correctes, ornées de son portrait et d'un modèle de son écriture. *Paris, Blaise,* 1821-23, 16 v. in-8, bas. (y compris la vie du Saint par Marsollier, 2 v.); plus 1 fascicule de tables, br.

4817. — OEuvres du bienheureux François de Sales, revues et corrigées, avec un abrégé de sa vie. *Paris, Huré,* 1652, in-fol., d.-rel., bas.

4818. — Nouvelles lettres inédites de St François de Sales, publ. par M. le chevalier P. L. Datta. *Paris, Blaise,* 1835, 2 v. in-8, d.-rel. mar. viol.

4819. — Divers suppléments aux œuvres de S. François de Sales, recueillis par l'abbé Baudry. *Lyon,* 1836, in-8, d.-rel. mar. viol.

4820. — La Maison naturelle, historique et chronologique de S. François de Sales, où l'on voit l'origine et la succession de la maison de Sales, avec les belles actions de ses prédécesseurs et de ses descendants; par Nic. de Hauteville; depuis l'an 1000 jusqu'en 1669. *Paris,* 1669, in-4, bas.

4821. — Vie de Saint Françoie de Sales, Evêque et Prince de Genève, d'après les mss. et les auteurs contemporains; par M. le Curé de St-Sulpice (Hamon). 2e édit. revue, corr. et enrichie d'une carte de l'ancien diocèse de Genève. *Paris, J. Lecoffre,* 1856, 2 v. in-8, d.-rel. v., *portr.*

4822. **Salgues** (J.-B.). De la Littérature des Hébreux, ou des Livres Saints considérés sous le rapport des beautés littéraires. *Paris, Dentu,* 1825, in-8, d.-rel. mar.

4823. — De la Littérature des offices divins, ou les offices divins considérés sous le rapport des beautés littéraires; par l'auteur de la *Littérature des Hébreux* (J.-B. Salgues), et pour faire suite à cet ouvrage. *Paris, Dentu,* 1829, in-8, d.-rel. mar.

4824. — Des Erreurs et Préjugés répandus dans les diverses classes de la société. 3e édit. *Paris,* 1818, 4 v. in-8, d.-rel. v.

4825. — De Paris, des Mœurs, de la Littérature et de la Philosophie. *Paris,* 1813, in-8, br.

4826. **Sallengre** (H. de). Histoire de Pierre de Montmaur. *La Haye,* 1715, 2 v. pet. in-8, v. f., *fig.*
Voir aussi le No 3364.

4827. **Sallustius.** C. Sallustii Crispi quæ extant, ex recens. Gronovii, cum varior. observat., ab Ant. Thysio collecta. *Lugd.-Batav.,* 1665, in-8, v. f., *frontisp. gr.*

4828. — Opera quæ extant, in usum Delphini recensuit Daniel Crispinus. *Parisiis,* 1674, in-4, v.

4829. — OEuvres de Salluste, trad. par Le Brun. *Paris,* 1809, 2 tom. en 1 v. in-12, d.-rel. bas.

4830. — Histoires de Salluste, trad. en fr., avec le texte lat. et notes, par Beauzée. *Paris, Barbou,* 1781, in-12, bas.

4831. **Salluste** le Philosophe. Traité des dieux et du monde, trad. du grec (par Formey), avec un commentaire littéraire et moral. *Paris,* 1808, in-16, br.

4832. **Salm** (Constance, psse de). Ses pensées. *Aix-la-Chapelle* et *Paris,* 1833, in-12, br.

4833. **Salmasius** (Cl.). De Usuris liber. *Lugd.-Batav., ex officina Elzeviriorum,* 1638, in-8, v. f., fil.

4834. — De Annis Climactericis et antiqua Astrologia diatribæ. *Lugd.-Batav., ex offic. Elzevir.,* 1648, in-8, vél.

4835. — Cl. Salmasii librorum de Primatu Papæ pars prima, cum apparatu. Accessere Nili et Barlaam tractatus (gr. lat.). *Lugd.-Batav., ex offic. Elzevir.,* 1645, pet. in-4, v. br., fil.

4836. **Salvador** (J.). Histoire des institutions de Moïse et du Peuple Hébreu. *Paris,* 1828, 2 v. in-8, d.-rel. mar. bl.

4837. — Jésus-Christ et sa doctrine, histoire de la naissance de l'Eglise, de son organisation et de ses progrès pendant le premier siècle. *Paris,* 1838, 2 v. in-8, d.-rel. v. f.

4838. **Salverte** (Eusèbe). Des sciences occultes, ou essai sur la magie, les prodiges et les miracles. Seconde éd. *Paris,* 1843, gr. in-8, d.-rel. m.

4839. **Salvianus.** SS. Salviani Massiliensis et Vincentii Lirinensis opera, ad fidem codd. msc. emendata et illustrata opera Steph. Baluzii. Ed. 2ª. *Parisiis, Muguet,* 1669, in-8, bas.

4840. — Editio tertia. *Parisiis, Muguet,* 1684, in-8, bas.

4841. **Samson**, tragédie lyrique (par Voltaire). *Paris,* 1750, in-12, d.-rel. vél.

4842. **Sanchez** (Fr.), doctor medicus Tolosanus. Tractatus Philosophiæ. *Roterodami, Arn. Leers,* 1649, in-16, d.-rel. bas., *frontisp. gr.*

4843. **Sanchez** (Thomas). Disputationes de S. Matrimonii Sacramento. *Lugduni,* 1625, 3 v. in-fol., bas.

4844. **Sanctius** (Fr.). Minerva, seu de causis linguæ latinæ commentarius, cui inserta sunt, uncis inclusa, quæ addidit Gasp. Scioppius, et subjectæ suis paginis notæ Jac. Perizonii. Edit. septima. *Lugduni,* 1789, in-8, v. f.

4845. **Sanderus** (Nic.). Nicolai Sanderi, de origine ac progressu Schismatis Anglicani libri tres, aucti per Edovardum Rishtonum, Romæque impressi : nunc vero in Germania iterum locupletius et castigatius editi. *Ingolstadii, ex offic. typogr. Wolfgangi Ederi,* 1586, pet. in-8, sign. A-B6, plus 8 ff. prélim.

4846. — Les trois livres du docteur Nicolas Sanderus, contenant l'origine et progrez du scisme d'Angleterre, es quels est descrite une narration ou histoire ecclésiastique depuis le temps de soixante ans, pitoyable certes et calamiteuse : augmentez par Edouard Rishton, et trad. en françois (S. l.); impr. en 1587, pet. in-8, de 281 ff., vél.

Le titre manque.

4847. **Sandius** (Christ.). Bibliotheca anti-trinitariorum, sive catalogus scriptorum et succincta narratio de vita eorum auctorum qui, præterito hoc sæculo, vulgo receptum dogma de tribus in unico Deo per omnia æqualibus personis vel impugnaverunt, vel docuerunt solum Patrem D. N. J.-Christi esse illum verum seu altissimum Deum, etc. *Freistadii, Joan. Aconium,* 1684, pet. in-8, vél.

4848. **Sanlecque** (le P.). Ses poésies. Nouv. édit. augm. *Harlem,* 1726, in-12, bas.

4849. **Sangutellus** (Ant.). De Gigantibus nova disquisitio historica et critica. *Altonæ,* 1756, in-8, de 84 pp., d.-rel. bas.

4850. **Sannazarius** (A.-S.). Poemata; scilicet : de Partu Virginis; Elegiarum et Epigrammatum libri. *Venetiis* (1745), in-8, d.-rel. v.

4851. **Sanazzaro** (Jac.). L'Arcadia. *Pisa,* 1820, in-18, v. f., *portr.*

4852. **Santé** (la) de la France, ou l'Alceste françoise resuscitée par l'Hercule gaulois. Au Roy. Ensemble les litanies des huguenots à la mesme majesté, par Anthoine de Ruel. *En Avignon, Bramereau,* 1622, pet. in-8, vél.

4853. **Santes Pagninus.** Voy. Pagninus.

4854. **Santeuil** (J.-B.). Operum omnium editio tertia (cum not., cura And.-Fr. Bilhard). *Parisiis,* 1729, 3 v. in-12, v. br., *portr.* — Ejusdem Hymni sacri et novi, editio noviss. *Amstel.,* 1760, in-12, bas.

4855. — Santoliana; ouvrage qui contient la vie de Santeuil, ses bons mots, ses démêlés avec les Jésuites, ses lettres, ses inscriptions et l'analyse de ses ouvrages, par l'abbé Dinouart. *Paris, Nyon,* 1764, in-12, v. br.

4856. **Sarasin** (J.-Fr.). Ses œuvres. *Paris, Aug. Courbé,* 1656, in-4, v. br., *portr. gr. par Nanteuil.*

4857. — OEuvres de M. Sarasin. *Paris, L. Billaine,* 1663, 2 part. en 1 v. in-12, bas., *portr.*

4858. **Sarpi** (Fra Paolo). Historia del concilio Tridentino di Pietro Soave Polano (Fra Paolo Sarpi). 4ª ediz. *Geneva, Chouet,* 1660, in-4, bas.

4859. — Histoire du concile de Trente; trad. de l'ital. en franç. par Le Courayer. *Amsterdam, Wetstein,* 1736, 2 v. in-4, v., *portr.*

4860. — Traité des bénéfices de Fra Paolo Sarpi. 2ᵉ édit. *Amsterdam,* 1687, in-8, bas.

4861. — Le Prince, ou conseils politiques adressés à la noblesse de Venise; trad. de l'ital. (par l'abbé de Marsy). *Berlin,* 1751, in-12.
Relié avec le Nº 3462.

4862. **Sarrau** (Cl.). Claudii Sarravii senat. Paris. Epistolæ, opus posthumum. *Arausioni,* 1654, in-8, vél., *frontisp. gr.*

4863. **Satiræ** duæ : Hercules tuam fidem sive Munsterus hypobolymæus : et Virgula divina. Cum brevibus annotatiunculis quibus nonnulla in rudiorum gratiam illustrantur (a Dan. Heinsio). Accessit his accurata Burdonum Fabulæ confutatio (per J. Rutgersium), quibus alia nonnulla hac editione accedunt. *Lugd.-Batav., apud Ludov. Elzevir. (typis Is. Elzevirii),* 1617, pet. in-12, v. br.

4864. **Satire** latine et française. S. l. n. d., in-8, de 16 p., bas.
En tête de la pièce on lit :
« Argumentum invehitur in corporis humani animique vitia;
» ibique ostenditur homines nunquam tanta vixisse mollitie
» ac superbia, nunquam tamen adeo miseros, ridiculos, adeo
» que scelestos extitisse. »
Imprimée en caractères italiques du XVIIᵉ siècle.

4865. **Satyre Ménippée** de la vertu du Catholicon d'Espagne et de la tenue des Etats de Paris (avec les notes du P. Dupuy). *Ratisbonne, Math. Kerner,* 1664, pet. in-12, mar. r., tr. d., fil.

4866. — Satyre Ménippée de la vertu du Catholicon d'Espagne et de la tenue des Etats de Paris (par P. Le Roy, Gillot, Passerat, Rapin, Florent-Chrétien et P. Pithou). Edition enrichie de figures, augmentée de nouvelles remarques (par Le Duchat) et de plusieurs pièces qui servent à prouver et à éclaircir les endroits les plus difficiles. *Ratisbonne, les héritiers de Mathias Kerner (Bruxelles, Foppens),* 1752, 3 v. in-8, bas., *fig.*

4867. **Saulcy** (F. de). Histoire de l'art judaïque, tirée des textes sacrés et profanes. *Paris, Didier,* 1858, in-8, d.-rel. mar. v.

4868. **Saurin** (Jacq.). Sermons sur divers textes de l'Ecriture sainte. Nouv. édit. *Londres* et *Lyon,* 12 v. in-12, bas.

4869. **Saussure** (H.-B. de). Voyages dans les Alpes, précédés d'un essai sur l'hist. nat. des environs de Genève. *Neufchâtel,* 1803, 8 v. in-8, v. rac., fil., *fig.*

4870. **Sautel** (P.-J.), e soc. Jesu. Lusus poetici, allegorici, sive elegiæ oblectandis animis.... accommodatæ. — Gabr. Madeleneti carminum libellus. *Parisiis, Barbou,* 1754. 1 v. in-12, bas.

4871. **Sauvage** (L. de). Dictionnaire languedocien-français; par M. L. D. S. Nouv. édition. *Nismes,* 1785, 2 v. in-8 rel. en 1, v. rac.

4872. **Saverien** (Alex.). Histoire des Philosophes anciens, jusqu'à la renaissance des lettres, avec leurs portraits. *Paris,* 1771, 5 v. in-12, v. m., *fig.*

4873. — Histoire des Philosophes modernes, avec leurs portraits gravés dans le goût du crayon. *Paris,* 1762-69, 8 v. in-12, v. éc., *fig.*

4874. — Histoire des Progrès de l'Esprit humain dans les sciences naturelles, les sciences intellectuelles, les sciences de l'hist. naturelle, et les sciences exactes. *Paris,* 1775-76, 4 v. in-8, bas., *fig.*

4875. **Savonarola** (Hier.). Triumphus Crucis, sive de veritate fidei; libri IV. *Lugd.-Batav., Maire,* 1633, in-16, parch.

4876. — Jérôme Savonarole, d'après les documents originaux, et avec pièces justific. et inéd.; par F.-T. Perrens. *Paris,* 1856; gr. in-18, d.-rel. m.

4877. **Scaligerus** (J.-Cæs.). Exotericarum exercitationum liber XV, de Subtilitate; ad Hieron. Cardanum. *Lugduni,* 1615, in-8, vél.

4878. **Scaligerus** (Jos.). Epistolæ omnes : præfixa est ea quæ est de gente Scaligera, in qua de autoris vita, et Dan. Heinsii de morte ejus altera. *Francofurti,* 1628, in-8, vél.

4879. — Opuscula diversa græca et latina, partim nunquam hactenus edita, partim ab auctore recensita atque aucta. *Parisiis,* 1605, in-8, v. j.

4880. — Scaligerana, editio altera, ad verum exemplar restituta et innumeris mendis purgata. *Coloniæ-Agripp., Scagen,* 1667, in-12, v. br.

4881. **Scarron** (P.). Harangues faites par messire Pierre Scarron, évesque et prince de Grenoble. *Grenoble, par Pierre Marniole* (1622-25).

Relié avec le No 4476.

4882. **Scarron** (Paul.). Ses œuvres. *Paris, M. David,* 1727, 1730 et 1734, 12 v. in-12, bas.

Manque 4 vol.

4883. — Le Roman comique, par Scarron. *Paris,* 1757, 3 v. pet. in-12, bas.

4884. — Le même. *Londres (Paris, Cazin),* 1785, 3 v. d.-rel. m., *portr.*

4885. **Scheiner** (Christ.). Rosa Ursina, sive Sol ex admirando Facularum et Macularum suarum phœnomeno varius. *Bracciani,* 1626, seu 1630, in-fol., d.-rel. mar., *fig.*

4886. **Schiller** (Fréd. de). Romans, trad. par Pitre Chevalier. *Paris,* 1838, 2 v. in-8, d.-rel. v. v.

4887. — Correspondance. Voir Gœthe.

4888. **Schlegel** (F.). Histoire de la Littérature ancienne et moderne ; trad. de l'allemand par W. Duckett (qui, depuis, a désavoué cette traduction). *Paris, Balli-more*, 1829, 2 v. in-8, d.-rel. mar. citr.

4889. — Philosophie de l'histoire; trad. de l'allem. par l'abbé Lechat. *Paris,* 1836, 2 v. in-8, d.-rel. v.

4890. **Schmitt** (H.-J.). Rédemption du genre humain, annoncée par les traditions et les croyances religieuses, etc.; trad. de l'allemand par R.-A. Henrion. *Paris,* 1827, in-8, bas.

4891. **Schrevelius** (C.). Lexicon manuale græco-latinum. *Rhotomagi*, 1779, in-8, bas.

4892. **Scholtz** et **Schrœder**. Voir le N° 4929.

4893. **Schultingius** (Corn.). Steinwichius. Hierarchica anacrisis, seu animadversionum variarum lectionum libri XVI. Quibus varii de politica ecclesiastica Calvinistarum libri et diversæ ab iisdem celebratæ synodi abhinc jam L annis, convelluntur, arcana eorum mysteria evulgantur, etc. *Coloniæ, apud Steph. Hemmerden,* 1604, in-fol., v. f., fil.

4894. **Schumaker** (J.-H.). De cultu animalium inter Ægyptios et Judæos. *Brunsvigiis,* 1773, in-4, de 64 pp., bas.

4895. **Schurman** (Anna-Mar. a). Opuscula hebræa, græca, latina, gallica, prosaica et metrica. *Trajecti ad Rhenum, Johan. a Waesberge,* 1652, pet. in-8, vél.

4896. **Science** (la) des médailles (par le P. Jobert). *Paris,* 1695, in-12, v. br.

4897. **Scioppius** (Casp.). Suspectarum lectionum libri V...; in quibus Plautus, Apuleius et alii corriguntur, notantur, etc. — Ejusdem Verisimilium libri IV, de Symmacho, Corn. Nepote, Propertio, etc. — Pascasii Grosippi Paradoxa litteraria, in quibus multa de litteris contra Ciceronis, Varronis, Quinctiliani, etc., sententiam disputantur. *Amstelod., Pluymer,* 1664 et 1659, 3 v. in-12 rel. en 1, bas.

4898. **Scoppa** (Ant.). Les vrais principes de la versification développés par un examen comparatif entre la langue italienne et française. *Paris,* 1811, in-8, d.-rel. bas.

4899. **Scribanus.** Caroli Scribani, e soc. Jesu, Politico-Christianus. *Antuerpiæ*, 1634, in-4, rel. cham., *frontisp. gr.*

4900. **Scribonius** (J.-M.). Pantalitheia, seu summa totius Veritatis Theologicæ. *Parisiis, apud Dion. Moreau*, 1661, in-fol., v. br., *frontisp. gr.*

4901. **Scriptura** S. Trinitatis revelatrix, authore Herm. Cingalio (Christophoro Sandio). *Gondæ (Amsterdam)*, 1678, in-12, v. br.

4902. **Scriverius** (Petr.). Collectanea veterum tragicorum, Livii Andronici, Q. Ennii, Cn. Nævii aliorumque fragmenta; quibus accedunt castigationes et notæ Ger. Jo. Vossii. *Lugd.-Batav.*, 1620, 2 tom. en 1 v. in-8, parch.

4903. — Respublica Romana. *Lugd.-Batav., Elzevier*, 1629, in-16, parch., *frontisp. gr.*

4904. **Scudéry** (G. de). Alaric, ou Rome vaincue, poème héroïque. *Leyde, Sambix*, 1654, pet. in-12, v. f.

4905. — Les Femmes illustres, ou les Harangues héroïques de M. de Scudéry, avec les véritables portraits de ces héroïnes, tirés des médailles antiques. *Lyon, Comba*, in-12, bas., fil., *fig.*

L'ouvrage est de Magdeleine de Scudéry, sa sœur.

4906. — Les Femmes illustres, ou harangues héroïques de M. de Scudéry. Seconde partie. *Paris, Toussaint Quinet*, 1644, in-4, bas., *fig.* et *frontisp. gr.*

4907. — Discours politiques des Rois, par M. de Scudéry. *Paris, Legras*, 1663, pet. in-12, vél., *frontisp. gr.*

4908. **Scudéry** (Magdeleine de). Clélie, histoire romaine. *Paris, Augustin Courbé*, 1656-60, 10 v. pet. in-8, v. f., fil., *fig.* et *carte du Tendre*.

Aux armes de Condé.

4909. — Artamène, ou le Grand Cyrus. 2ᵉ édit. *Paris, Augustin Courbé*, 1650-53, 10 v. pet. in-8, v. f., *fig.* de Chauveau.

Aux armes de Montmorency Luxembourg.

4910. — Ibrahim, ou l'illustre Bassa (par Magdeleine de Scudéry). Nouv. édit... augmentée de fig. *Paris, P. Witte*, 1723, 4 v. in-12, bas.

4911. — Mathilde (par Magdeleine de Scudéry). *Paris, Edme Martin*, 1667, pet. in-8, bas., *frontisp. gr.*

4912. — Les Conversations sur divers sujets, par Mlle de Scudéry. 5e édition. *Amsterdam, Dufresne*, 1686, 2 tom. en 1 v. pet. in-12, d.-rel. bas.

4913. — La Morale du monde, ou conversations de M. de S. D. R. (Mlle de Scudéry). *Amsterdam, P. Mortier*, 1686, 2 v. pet. in-12, vél., *frontisp. gr.*

4914. — Esprit de Mlle de Scudéry (par de la Croix). *Amsterdam* et *Paris*, 1766, in-12, bas.

4915. **Scupoli** (Lor.). Combattimento spirituale, in quest'ultima impressione revisto. *Parigi,* 1659, in-16, mar. r., fil., tr. d., *portr.*

4916. **Séances** des Écoles normales. Leçons et débats. *Paris*, 1800-01, 13 v. in-8, d.-rel. bas.

4917. **Sébastien** (le P.) de Senlis. Épistres morales. *(Troyes)* 1645, in-8, vél.
Le titre manque.

4918. **Sebon.** Voy. Sabonde.

4919. **Secousse** (D.-F.). Mémoires historiques et critiques sur les principales circonstances de la vie de Roger de S.-Lary, maréchal de Bellegarde. *Paris,* 1664, in-12, bas.

4920. **Secundi** (Joan.) Hagiensis, Juvenilia. Voy. le N° 622.

4921. **Segrais** (J.-R. de). OEuvres diverses. *Amsterdam (Paris), Changuyon*, 1723, 2 v. in-12, bas., *portr.*

4922. — Segraisiana, ou mélanges d'histoire et de littérature recueillis des entretiens de M. de Segrais; ses églogues.... ensemble la relation de l'Isle imaginaire et l'histoire de la reine de Paphlagonie, par feue Mlle de Montpensier. *Paris, Prault,* 1722, in-8, v. j.
D'après une note marginale, ce serait l'ex. de Lamonnoye, qui aurait même pris la peine de refaire à la main le titre manquant.

4923. — Zayde, histoire espagnole par M. de Segrais (Mme de la Fayette), avec un Traité de l'origine des romans par M. Huet. *Paris*, 1725, 2 v. in-12, bas.
   Voir aussi le N° 5555.

4924. **Séguier de Saint-Brisson.** Voir le N° 1780.

4925. **Seguy** (A.). Philosophia ad usum scholarum accommodata. *Parisiis*, 1771, 5 v. in-12, bas.

4926. **Selden** (J.). Joannis Seldeni Syntagmata II de Dis Syris. *Londini*, 1617, in-8, vél.

4927. — De Synedriis et præfecturis juridicis veterum Ebreorum, libri III. *Amstelœd.*, 1679, in-4, bas.

4928. **Selecta** carmina orationesque clarissim. quorumdam in universitate Parisiensis Profess., ou recueil de discours publics prononcés par plusieurs Professeurs, etc... (publ. par D. Gaullyer, profess. au Collége du Plessis-Sorbonne). *Paris, Quillau*, 1728, 2 v. pet. in-12, bas.

4929. **Selectorum** Litterariorum Pentas, continens dissertationes historico-morales : I. De Misanthropia Eruditorum. II. De Misogymia Eruditorum. III. De Misocodmia Eruditorum, auctore M.-G. Schrædero. IV. De Malis Eruditorum uxoribus, auctore M.-G. Boettnero. V. De Eruditis sine moribus, auctore M.-F.-E. Scholtzio. Specimen Bibliothecæ eruditorum longævorum. *Lipsiæ*, 1730, in-4, vél.

4930. **Semaine littéraire** par une société de gens de lettres (Daquin et de Caux). *Paris*, 1759, 4 v. in-12, bas.

4931. **Senac de Meilhan.** Portraits et caractères de personnages distingués de la fin du XVIIIe siècle, précédés d'une notice sur la personne et les ouvrages de l'auteur, par M. de Lévis. *Paris, Dentu*, 1813, in-8, d.-rel. bas.

4932. — Du gouvernement, des mœurs et des conditions en France avant la révolution, avec le caractère des principaux personnages du règne de Louis XVI. *Paris, Maradan*, 1814, in-8, bas.
   Voir aussi le N° 3350.

4933. **Senault** (le P. J.-Fr.). De l'usage des Passions. *Paris* (1641), pet. in-12, v. br.

4934. — Le même. 7ᵉ éd. *Paris, 1649*, in-4, bas., *frontisp. gr.*

4935. — L'Homme Criminel, ou la corruption de la nature par le péché, selon les sentimens de S. Augustin. *Paris, Le Petit, 1663*, in-4, bas.

4936. — L'Homme Chrétien, ou la réparation de la nature par la grâce. *Paris, Pierre Le Petit*, 1648, in-4, bas.

4937. — Le Monarque ou les devoirs du Souverain. *Paris, Le Petit*, 1662, pet. in-12, bas.

4938. **Seneca** (Luc.-Ann.). Opera omnia, ex edit. Cœlii Secundi, cura et studio Vinc. Pralli. *Basileœ*, 1573, in-fol., bas.

4939. — Opera philosophica quæ extant omnia, a Justo Lipsio emendata et scholiis illustrata. *Antuerpiœ, ex offic. Plantin.*, 1632, in-fol., v. f., *portr.* et *frontisp. gr.*

4940. — Opera, latine et gallice, interp. P. F. X. D. (Pierre-François-Xavier Denis). *Paris, Barbin*, 1761, in-12, fil.

4941. — OEuvres de Sénèque le Philosophe, trad. en fr. par La Grange (publiées par Naigeon), avec des notes. *Paris, De Bure*, 1778-79, 7 v. in-12, bas.

4942. — Epistolæ. *Parisiis, ap. Ant. Vitray*, 1637, pet. in-12, bas., *frontisp. gr.*

4943. — Epistres de L. Annæe Sénèque, philosophe très-excellent, traduictes en françois, avec le Cléandre, ou de l'honneur et de la vaillance (par Pressac). 2ᵉ édit. *Paris, Guill. Chaudière*, 1583, in-8, vél.

4944. — Senecæ tragediæ cum notis Th. Farnabii. *Amstelod.*, 1643, pet. in-12, bas.

4945. — Tragediæ, F. Gronovius recens. Accesserunt ejusdem et variorum notæ. *Amstelodami*, 1662, in-8, rel. vél., *frontisp. gr.*

4946. — Les tragédies de Sénèque, en latin et en français, de la traduction de M. de Marolles, abbé de Villeloin, avec remarques. *Paris*, *Lami*, 1660, 2 v. in-8, v. éc., *portr.* et *fig*.

4947. — Théâtre de Sénèque, trad. par J.-B. Levée, avec notes par Amaury et Alexandre Duval. *Paris*, 1822, 3 v. in-8, d.-rel. bas.

4948. **Senguerdius** (Arn.). Idea metaphysicæ generalis et specialis. *Ultrajecti*, 1643, in-16, d.-rel. mar.

4949. **Sentimens** qu'il faut inspirer à ceux qui s'engagent dans la profession religieuse (par le P. Chartonnet). *Paris*, 1716, in-12, bas.

4950. **Sentimens** sur les historiens de Provence (par Pitton). *Aix*, 1682, in-16, bas.

4951. **Séparations** (les), ou l'Eglise justifiée contre ceux qui s'en sont séparés, ouvrage préparatoire à une réunion, par un prêtre (M. Armely). *Bourg*, 1809, in-8, br.

4952. **Serarius** (Nic.), e soc. Jesu. Josue, ab utero usque ad tumulum, e Moysis Exodo.... et e proprio ipsius libro, etc., libris quinque explanatus. *Lutetiæ-Paris.*, 1610, 2 tom. en 1 v. in-fol., cham.

4953. **Serces** (Jacq.). Traité sur les Miracles, dans lequel on prouve que le diable n'en saurait faire pour confirmer l'erreur, etc. *Amsterd.*, 1729, in-12, v. éc.

4954. **Series** ordinationum ex Pontif. Rom. jussu Clementis VIII Pont. Max. edito. *Lugduni*, 1680, pet. in-12, bas.

4955. **Sermons** du temps de S. Bernard; trad. en français par le P. dom Ant. de Saint-Gabriel, feuillant. *Paris*, 1677, in-8, v. br.

4956. **Serres** (Jean de). Inventaire général de l'histoire de France, illustré par la conférence de l'Eglise et de l'Empire. *Paris*, *Saugrain*, 1603, 2 v. in-8, vél.
Voir le N° 1616.

4957. **Serres** (Cl.). Les Institutions du droit français suivant l'ordre de Justinien, accommodées à la jurisprudence moderne, enrichies d'un grand nombre d'arrêts du Parlement de Toulouse. *Paris*, 1778, in-4, bas.

4958. **Serre** (le docteur), d'Uzès. Essai sur les Posphènes ou animaux lumineux de la rétine considérés dans leurs rapports avec la physiologie et la pathologie de la vision. *Paris*, 1853, in-8, br., *fig.*

4959. **Serres** (Marcel de). La Cosmogonie de Moïse, comparée aux faits géologiques. *Paris*, 1838, in-8, bas.

4960. **Servau** (J.-M.-A.). Réflexions sur quelques points de nos lois à l'occasion d'un événement important (le procès de M. de Vocance, conseiller au Parlem. de Grenoble, accusé d'empoisonnement). *Genève*, 1782, in-8, br.

4961. **Serviez** (de). Les femmes des douze Césars; tiré des anciens auteurs. *Paris*, 1720, in-12, bas.

4962. **Seutter** (Math.). Atlas géographique. 2 v. in-4, d.-rel. mar. r.

> On y a joint un certain nombre de cartes par Brion, Mentelle, etc.

4963. **Severus** (Sulpicius). Opera omnia, cum lectissim. comment., accurante Georgio Hornio. *Lugd.-Bat., Hackius*, 1647, in-8, bas. anc., *frontisp. gr.*

4964. — Abrégé de l'histoire sacrée de Sulpice Sévère; trad. nouv., avec des notes et une table géogr., par l'abbé Paul. *Lyon*, 1805, in-12, bas. rac.

4965. **Sévigné** (mad. de). Lettres de mad. de Sévigné, de sa famille et de ses amis, avec trois portraits et trois *fac simile*. *Paris, Blaise*, 1818, 12 v. in-12, v. f.

4966. **Sevoy** (Fr.-Hyac.). Devoirs ecclésiastiques. Première partie : Introduction au sacerdoce, ou instructions ecclésiastiques.... sur les saints ordres. *Paris*, 1763, in-12, bas.

4967. **Sextus Empiricus**. Opera, gr. et lat., Pyrrhoniarum institutionum libri III, cum H. Stephani versione et notis; contra mathematicos libri VI; contra philosophos libri V, cum versione Gentiani Herveti; græca ex mss. cod. castigavit, versiones emendavit suplevitque, et toti operi notas addidit Jo. Alb. Fabricius. *Lipsiæ, Gleiditsch*, 1718, in-fol., vél.

4968. — Les Hipotiposes de Sextus Empiricus, ou institutions pyrrhoniennes, trad. du grec, avec notes (par Huart). S. l., 1725, in-12, v. m., *portr*.

4969. **Seyssel.** Claudii Scysselli, archiepisc. Taurinensis, adversus errores et sectam Valdensium disputationes. (*Parisiis*), *Regnault-Chaudière*, 1520, in-4 de 12 ff. prélim. non chif. et 90 ff. chif., rel. v. f.

4970. **S' Gravesande.** Introduction à la philosophie, contenant la métaphysique et la logique; trad. du lat. (par Elie de Joncourt). *Leyde*, 1748, in-12, bas.

4971. **Sguropulus** (S.). Vera historia unionis non veræ inter Græcos et Latinos, sive Concilii Florentini narratio gr. scripta per Sylvestrum Sguropulum, cum versione lat. et notis Roberti Creyghton. *Hagæ-Comitis*, 1660, in-fol., bas.

4972. **Shaftsbury** (A.-C. Cte de). Ses OEuvres, contenant ses Charactéristiques, ses lettres, etc.; trad. de l'angl. (par Van-Effen et Samson). *Genève*, 1769, 3 v. in-8, v. éc.
   Voir aussi le N° 4087.

4973. **Sherlock** (Guill.). De l'Immortalité de l'âme et de la vie éternelle; trad. de l'angl. (par de Marmande). *Amsterdam*, 1708, in-8, bas.

4974. — Traité sur la Providence; trad. de l'angl. de Guill. Sherlock. *Amsterdam*, 1721, in-8, vél., *portr*.

4975. — Préservatif contre le Papisme, divisé en 4 parties; trad. de l'angl. (par Élie de Joncourt). *La Haye*, 1721, in-8, bas., *portr*.

4976. — Sermons sur divers textes importants de l'Ecriture sainte, par Guill. Sherlock; trad. de l'angl. par Élie de Joncourt. *La Haye*, 1723, 2 v. in-8, vél., *portr*.

4977. **Sherlock** (Th.). L'usage et les fins de la Prophétie dans les divers âges du monde...; trad. de l'angl. par Abr. Lemoine. *Paris*, 1754, 2 v. in-12, bas.

4978. — Les Témoins de la résurrection de Jésus-Christ examinés et jugés selon les règles du Barreau contre

Woolston; trad. de l'angl. (de Th. Sherlock) par A. Lemoine. *Paris*, 1755, in-12, bas.

4979. **Shuckford** (Sam.). Histoire du monde sacrée et profane, depuis la création jusqu'à la décadence des royaumes de Juda et d'Israël, pour servir d'introduction à l'hist. des Juifs du docteur Prideaux ; trad. de l'angl. *Leyde*, 1738, 2 v. in-12, bas.

4980. **Sicard** (R.-A.). Élémens de Grammaire générale appliqués à la langue française. *Paris*, an VII, 2 v. in-8, bas. rac., fil.

4981. **Sidney** (Alg.). Discours sur le Gouvernement ; trad. de l'angl. par Samson. *Paris*, an II, 3 v. in-8, br.

4982. **Sidonius Apollinaris**. Opera, Jac. Sirmondi cura et studio recognita notisque illustrata. Editio secunda (curante Ph. Labbeo). *Parisiis, Cramoisy*, 1652, in-4, v. j.

4983. — OEuvres de Sidonius Apollinaris, trad. en franç., avec le texte en regard et des notes, par J.-F. Grégoire et F.-Z. Collombet. *Lyon, Rusand*, 1836, 3 v. in-8, d.-rel. m. viol.

Voir aussi le N° 2084.

4984. **Siècle** (le), ou mémoires du comte de S... par Madame L... (Lévêque). *Paris*, 1736, in-12, bas.

4985. **Sigonius** (Car.). De antiquo jure civium Romanororum libri II ; ejusdem de antiquo jure Italiæ libri III ; ejusdem denique orationes. *Parisiis*, 1573, 3 part. en 1 v. pet. in-8, vél.

4986. — De republica Hebræorum libri VII, in lucem altera vice editi a Joanne Nicolai. *Lugd.-Batav.*, 1701, in-4, bas.

4987. **Silhon** (Jean de). Le Ministre d'État, avec le véritable usage de la politique moderne. Dernière édition. *Amsterdam, Ant. Michiels*, 1661, 3 v. pet. in-12, vél.

4988. — De l'Immortalité de l'Ame. *Paris, Billaine*, 1634, in-4, v., fil.

4989. **Silius Italicus**. C. Silii Italici Punicorum libri XVII, e recens. Arn. Drakenborck ; curavit et glossarium latinitatis adjecit J.-P. Schmidius. *Mitaviæ*, 1775, in-8, d.-rel. v. br.

4990. — Seconde Guerre Punique, de Silius Italicus ; poëme, trad. en franç. par Lefebvre de Villebrune. *Paris*, 1781, 3 v. in-12, bas.

4991. **Silva** ou **Sylva** (S. de). Recueil chronologique de tout ce qu'a fait au Portugal la Société de Jésus depuis son entrée dans ce royaume, en 1540, jusqu'à son expulsion, en 1759; trad. du portug. *Lisbonne, M. de Costa*, 1769, 3 v. in-12, v. f., fil.

4992. **Simon** (Jules). La Liberté de conscience. *Paris*, 1857, gr. in-18, d.-rel. m.

4993. — La Religion Naturelle. 3e édit. *Paris, Hachette*, 1857, in-12, d.-rel. m.

4994. **Simon** (Richard). Histoire critique du Vieux Testament. *Amsterdam*, 1685, in-4, v. éc.

4995. — Réponse au livre intitulé : *Sentimens de quelques théologiens de Hollande* (par J. Le Clerc) *sur l'Histoire critique du Vieux Testament*, par le prieur de Bolleville (Richard Simon). *Rotterdam, Leers*, 1686, in-4, bas.

4996. — De l'Inspiration des livres sacrés : avec une réponse au livre intitulé : *Défense des sentimens de quelques théologiens de Hollande sur l'Histoire critique du Vieux Testament*, par le prieur de Bolleville (Richard Simon). *Rotterdam, Leers*, 1687, in-4, bas.

4997. — Défense des *Sentimens de quelques théologiens de Hollande sur l'histoire critique du Vieux Testament* (de R. Simon), contre la réponse du Prieur de Bolleville (le même Simon) (par Jean Le Clerc, qui était déjà l'auteur des *Sentimens*). *Amsterdam*, 1686, in-12, bas.

Barbier attribue la *Défense* à Daniel, frère de Jean.

4998. — Richardi Simonis, Gallicanæ ecclesiæ Theologi, opuscula critica adversus Is. Vossium, Anglicanæ ecclesiæ canon., in quibus defenditur sacer codex Ebraicus et B. Hieronymi tralatio. *Edimburgi, Io. Calderwood*, 1685, in-4, v. br.

4999. — Histoire critique des principaux commentateurs du Nouveau-Testament. *Rotterdam*, 1693, in-4, bas.

5000. — Cérémonies et coutumes qui s'observent aujourd'huy parmy les Juifs; traduites de l'italien de Léon de Modène, rabin de Venise, avec un supplément touchant les sectes des Caraïtes et des Samaritains de nostre temps, par dom Recared Sciméon (Richard Simon). *Paris, Billaine*, 1674, in-12, v. br.

<small>Aux armes du ministre Colbert.</small>

5001. — Le même ouvrage, 2e édition augmentée d'une seconde partie qui a pour titre : *Comparaison des cérémonies des Juifs et de la discipline de l'Eglise*, avec un discours touchant les différentes messes ou liturgies qui sont en usage dans tout le monde, par le sieur de Simonville (Richard Simon). *Paris, Ve Osmont*, 1681, in-12, bas.

5002. — La créance de l'Eglise grecque touchant la Transsubstantiation défendue contre la réponse du ministre Claude au livre de M. Arnauld (par Richard Simon). *Paris, Savreux*, 1672, in-12, v. br.

5003. — La créance de l'Eglise orientale sur la Transsubstantiation, avec une réponse aux nouvelles objections de M. Smith (par Richard Simon). *Paris*, 1687, in-12, bas.

5004. — Bibliothèque critique, ou recueil de diverses pièces critiques dont la plupart ne sont point imprimées, etc., publiées pas M. de St-Jore (Richard Simon). *Amsterdam*, 1708-10, 4 v. in-12. — Nouvelle bibliothèque choisie, où l'on fait connaître les bons livres en divers genres, etc. (par Barat). *Amsterdam*, 1714, 2 v. rel. en 1; en tout, 5 v. in-12, bas.

5005. — Histoire des matières ecclésiastiques, ou mémoires, selon l'ancien et le nouveau droit, de tout ce qui regarde l'origine et les progrès des revenus de l'Eglise, de la Régale, etc., par Jérôme Acosta (Rich. Simon). *La Haye, Leers*, 2 v. pet. in-12, bas.

5006. — Difficultés proposées au R. P Bouhours, sur la traduction des quatre Evangélistes (par Richard Simon, sous le nom de Romainville et d'Eugène). *Amsterdam, Braakman,* 1697, in-12, bas.

5007. — Lettres choisies de M. (Richard) Simon, où l'on trouve un grand nombre de faits, anecdotes de littérature. 2e édition augmentée. *Rotterdam, Leers,* 1702, 3 v. in-12, bas.

5008. — Les mêmes. Nouv. édit. *Amsterdam,* 1730, 4 v. in-12, bas.

5009. — Lettres critiques où l'on voit les sentimens de M. Simon sur plusieurs ouvrages nouveaux, publ. par un gentilhomme allemand (par Richard Simon). *Basle, par Christian Wackerman,* 1699, pet. in-12, bas. (rare).

5010. — Fides Ecclesiæ orientalis, seu Gabrielis metropolitæ Philadelphiensis opuscula, nunc primum de græcis conversa, cum notis quibus nationum orientalium persuasio maxime de rebus eucharisticis, ex libris præsertim mss. vel nondum Latio donatis, illustratur..... opera Richardi Simon. *Paris.*, 1671, in-4, v. br.

5011. — Le Grand Dictionnaire de la Bible, ou explication littéraire et histor. de tous les mots propres du V. et du N. Testament, etc., par M. Simon, prêtre. *Lyon, J. Certe,* 1703, 2 v. in-fol., bas.

Voir, en outre, pour Richard Simon, les Nos 899, 1341 et 5217.

5012. **Simplon** (le) et l'Italie méridionale, promenades et pèlerinages. *Paris, Belin-Leprieur,* gr. in-8, mar. br., fil., tr. d., *grav.*

5013. **Simson** (Edw.). Chronicon historiam catholicam complectens, ab exordio mundi ad ann. Christi LXXI, ex recens. et cum animadv. P. Wesselingii. *Lugd.-Batav.*, 1752, in-fol., vél. gauf., *frontisp. gr.*

5014. **Sincerus** (Jod.). Itinerarium Galliæ, cum appendice de Burdigala. *Amstel., Jansson.*, 1649, in-16, v. éc., fil.

5015. — Idem opus. *Amstelod.*, *Jansson.*, 1655, in-12, parch., *fig.*

5016. **Singlin** (de). Instructions chrétiennes sur les mystères de N. S. Jésus-Christ et sur les principales fêtes. Nouv. édit. revue (par l'abbé Lequeux), avec la vie de l'auteur (par l'abbé Goujet). *Paris*, 1736, 12 v. in-12, v. éc.

5017. **Sirmond** (Jacq.). Historia Pœnitentiæ publicæ; ejusdem disquisitio de Azymo apud Latinos. *Parisiis, Cramoisy*, 1651, in-8, parch.

5018. **Sismondi** (J.-C.-L. Simonde de). Lettres inédites de J.-C.-L. de Sismondi, de M. de Bonstetten, de Mad. de Staël et de Mad. de Souza à Mad. la comtesse d'Albany, publiées sur les originaux conservés à la bibliothèque du Musée-Fabre, avec une introduction par M. St-René Taillandier. *Paris, Michel Lévy*, 1863, in-12, d.-rel. mar.

5019. **Sixtus Senensis.** Bibliotheca sancta, ex præcipuis catholicæ ecclesiæ auctoribus collecta. *Parisiis*, 1610, in-fol., d.-rel. bas.

5020. **Sleidanus** (Jo.). De statu religionis et reipublicæ, Carolo quinto, Cæsare, commentarii. *Excudebat Th. Courteau* (1555), in-8, bas.

5021. **Smith** (Ad.). Métaphysique de l'âme, ou théorie des sentiments moraux, trad. de l'angl. (par Eidous). *Paris*, 1764, 2 v. in-12, bas.

5022. **Société** littéraire et scientifique de Castres (Tarn). Procès-verbaux de ses séances, 2e, 3e et 4e année. *Castres*, 1858-62, 3 v. in-8, br.

5023. **Socratis** Scholastici, Hermiæ Sozomeni historia ecclesiastica. Henr. Valesius græcum textum collatis mss. codicibus emendavit, latine vertit, et annotationibus illustravit. *Parisiis*, 1668, in-fol., bas.

5024. — Histoire de l'Eglise, par Socrate le grammairien, trad. par le Pr. Cousin. Voy. Eusèbe.

5025. **Solarius** (Chrys.). Chrysanthi Solarii, Pentateuchus mortuorum, in quo leges traduntur quibus mortui ad cælestes ædes evehuntur. *Patavii*, 1645, in-fol., bas.

5026. **Soldinus** (Franc.). De anima brutorum commentaria. *Florentiæ, Cajetan Cambiagi*, 1776, gr. in-8, d.-rel. bas., *fig. en rouge et en bleu*.

5027. **Solinus** (C.-Julius). Rerum toto orbe memorabilium thesaurus locupletissimus, huic ob argumenti similitudinem Pomponii Melæ de situ orbis libri tres adjuncti sunt. *Basileæ, Mich. Isingrinius*, 1543, pet. in-fol., bas.

5028. **Solis** (Ant. de). Historia de la conquista de Mexico. .... Escriviala don Antonio de Solis. *En Madrid*, 1768, in-4, bas.

5029. — Histoire de la conquête du Mexique, ou de la nouvelle Espagne, par Fernand Cortez ; trad. de l'espagnol (par de Citry de la Guette). *Paris*, 1759, 2 v. in-12, v. m., *fig*.

5030. **Solorzano Pereira** (Joan. de). Emblemata centum regio politica æneis laminis affabre cælata, vividisque et limatis carminibus explicata.... quibus quidquid ad Regum institutionem et rectam Reip. administrationem conducere videtur, summo studio disseritur. *(En Espagne)*, 1653, in-fol., v. br., fil.

5031. **Somaize** (A.-B. de). Le Grand Dictionnaire des Prétieuses. *Paris, J. Ribou*, 1661, 2 v. pet. in-8, d.-rel. toile.

5032. — Le Dictionnaire des Précieuses. Nouv. édit., augmentée de divers opusc. du même auteur, et d'une clef par Ch.-L. Livet. *Paris, Jannet*, 1856, 2 v. in-16, cart. à l'angl.

5033. **Sommier** (J.-Cl.). Histoire dogmatique de la Religion sous la loy naturelle, la loy escrite et la loy de grâce, par messire J.-Cl. Sommier, prêtre. *Paris*, 1710, 3 v. in-4, bas.

5034. **Sophocles.** Tragœdiæ VII (gr.), in quibus præter multa menda sublata, carminum omnium ratio hactenus obscurior, nunc apertior proditur, opera Guil. Canteri. *Antuerp., Plantinus,* 1579 (in fine 1580), in-16, de 446 pp. chiffrées jusqu'à 431, v. éc., fil.

5035. — Tragœdiæ septem, cum scholiis gr., et lat. interpr. Viti Winsemii. Accesserunt Joach. Camerarii et Henr. Stephani annotat. *Excudeb. P. Stephanus,* 1603, in-4, cham.

5036. — Tragœdiæ VII (gr. et lat.); una cum omnibus græcis scholiis ad calcem adnexis. *Cantabrigiæ,* 1673, in-8, v. br.

5037. — Tragœdiæ septem, cum versione et notis, ex editione R.-Fr.-Phil. Brunck. *Argentorati, Treuttel,* 1786, 4 v. in-8, rel. vél.

5038. — Tragœdiæ septem quæ extant (græce). *Genevæ, e typogr. Bonnanti,* 1810, in-8, d.-rel. bas.

5039. — Théâtre de Sophocle; trad. en entier, avec des remarques, par de Rochefort. *Paris,* 1788, 2 v. in-8, v. éc.

5040. — OEdipe, tragédie de Sophocle, et les Oiseaux, comédie d'Aristophane; trad. par Boivin. *Paris, Didot,* 1729, *in fine.*

5041. **Sorberiana**, ou bons mots, rencontres agréables, pensées judicieuses et observations curieuses de M. Sorbière. *Amsterdam,* 1696, pet. in-12, v. f.

5042. **Sorel** (Ch.). La Bibliothèque françoise de M. C. Sorel, ou le choix et l'examen des livres françois qui traitent de l'Eloquence, de la Philosophie, de la Dévotion, etc. *Paris,* 1664, in-12, d.-rel. bas., mar. n.

5043. — Des Talimans ou figures faites sous certaines constellations pour faire aimer et respecter les hommes, les enrichir, guérir leurs maladies, chasser les bestes nuisibles, destourner les orages et accomplir d'autres effets merveilleux, avec des observations contre le livre des Curiosités inouïes de M. S. Gaffarel, et un traicté de l'Unguent des armes.... *Paris, Sommaville,* 1636, pet. in-8, bas.

5044. **Soto** (Fr. Dom.). Libri decem de Justitia et Jure. *Lugduni*, 1582, in-fol., d.-rel. mar. br.

5045. **Soulier** (prêtre). Histoire des Edits de Pacification et des moyens employés par les prétendus Réformés pour les obtenir, contenant ce qui s'est passé de plus remarquable depuis la naissance du Calvinisme jusqu'à présent. *Paris,* 1682, in-8, v. br.

5046. — Histoire du Calvinisme, contenant sa naissance, son progrès, sa décadence et sa fin en France. *Paris,* 1686, in-4, v. br.

5047. **Soupirs** (les) de l'Europe à la vue du Projet de Paix contenu dans la harangue de la Reine de la Grande Bretagne à son Parlement, du 6/17 juin 1712 (par Fr. Dumont). S. l., 1712, pet. in-8, bas.

5048. **Souterus** (Dan.). Palamedes sive de Tabula lusoria, alea et variis ludis, libri III. *Lugd.-Batav., Isaac Elzevir.*, 1622, 1 v. pet. in-8, d.-rel. m.

5049. **Souvenirs** de la marquise de Créquy (1710-1800), (par de Courchamp). *Paris, Fournier jeune*, 1834, 7 v. in-8, d.-rel. v. violet.

5050. **Souvenirs** (mes) de Piémont (par Mad. de Taulignan). *Paris, typ. Plon*, 1855, in-8, br.

5051. **Sozomène.** Histoire de l'Eglise, trad. par le Pr. Cousin. Voy. Eusèbe.

5052. **Spagnius** (Andr.). De signis Idearum. *Romœ*, 1788, in-4, br.

5053. **Spanheim** (Fréd.). Histoire de la papesse Jeanne, tirée du lat. (par J. Lenfant). Nouv. édition, augmentée et ornée de fig. *La Haye*, 1758, 2 v. in-12, bas.

5054. **Spectacle** de la nature (par l'abbé Pluche). *Paris,* 1778 et s. l., 9 v. in-8, bas., *fig.*

5055. **Specimen** variarum lectionum sacri textus et Chaldaïca Estheris additamenta, cum lat. vers. ac notis, ex singulari cod. privat. biblioth. Pii VI. Edidit variisque dissert. illustr. J.-B. de Rossi. Accedit ejusdem auctoris appendix de celeberr. cod. Tritaplo Samarit.

biblioth. Barberinæ et censoris theologi diatribe, etc. *Romæ*, 1782, gr. in-8, cart.

5056. **Spectacles.** Sur la Comédie et les Spectacles, voir notamment les Nos 738, 1214-15, 1428, 1490, 1493, 2887, 3037, 3343 et 4500.

5057. **Spinosa** (Ben. de). Tractatus theologico-politicus. *Hamburgi*, 1670, in-4, v. br.

5058. — Opera posthuma (cura Jarrig Jellis). 1677, 2 part. en 1 v. in-4, v. f., fil., tr. d.

5059. — Réflexions curieuses d'un esprit désintéressé, sur les matières les plus importantes au salut tant public que particulier (traduction du *Tractatus theologico-politicus* de Spinosa, attribuée à St-Glain). *Amsterd.*, 1678, pet. in-12, v. br.

L'exemplaire contient les deux autres titres.

5060. — Barth. Bolkii Animadversiones philosophicæ in decantatam Spinozæ propositionem *quæ res nihil commune inter se habent, earum una alterius causa esse non potest*. *Amstelæd.*, 1719, in-4, de 52 pp., br.

5061. — Christ. Wittichii Anti-Spinoza, sive examen Ethices B. de Spinoza, et commentarius de Deo et ejus attributis. *Amstelæd.*, 1690, in-4, vél.

5062. — Le nouvel Athéisme renversé, ou réfutation du système de Spinosa, par un religieux bénédictin de la congrég. de S.-Maur (le P. Lamy). *Paris*, 1696, in-12, bas.

5063. — Réfutation des erreurs de Ben. de Spinosa, par M. de Fénélon, le P. Lami et le Cte de Boullainvilliers; avec la vie de Spinosa par J. Colerus (publ. par Lenglet du Fresnoy). *Bruxelles*, 1731, pet. in-12, v. br.

5064. — La vie de Spinosa, tirée des écrits de ce fameux philosophe et du témoignage de plusieurs personnes qui l'ont connu; par Jean Colerus. *La Haye*, 1706, in-12, v. f.

Pour Spinosa, voir aussi les Nos 526, 829 et 2707.

5065. **Spon** (Jacob). Histoire de Genève, avec notes et pièces servant de preuves. *Genève*, 1730, 2 v. in-4, bas.

5066. **Staal** (Mme de), née de Launay. OEuvres. *Paris*, *Renouard*, 1821, 2 v. in-8, d.-rel. mar.

5067. — Mémoires de Mad. de Staal, née de Launay, écrits par elle-même. *Londres*, 1755, 3 v. in-12, v. j.

5068. **Stackhouse** (Th.). Le sens littéral de l'Ecriture sainte défendu contre les principales objections des anti-scripturaires et des incrédules modernes; trad. de l'angl. (par Ch. Chais), avec une dissertation du traducteur sur les démoniaques. *La Haye*, 1741, 3 v. in-12, d.-rel. mar. gr.

5069. — Traité de Théologie spéculative et pratique, tiré des plus habiles théologiens et prédicateurs anglais (tr. par Boisot). *Lausanne*, 1742, 3 part. en 2 v. in-4, bas.

5070. **Staël** (Mad. de). De l'Allemagne. Nouv. édit., précédée d'une notice par X. Marmier. *Paris,* 1839, gr. in-18, br.

5071. — Considérations sur les principaux événemens de la Révolution française; ouvrage posthume. 3e édit. *Paris*, 1820, 3 v. in-8, d.-rel. m.

5072. **Stanley** (Th.). Historia Philosophiæ, ex anglico sermone in latinum translata, emendata et aucta (a G. Oleario). *Venetiis*, 1731, 3 v. in-4, cart.

5073. **Stapleton** (Th.). Principiorum fidei doctrinalium demonstratio methodica, per controversias septem in libris XII tradita. *Parisiis, Mich. Sonnius*, 1579, in-fol., bas.

5074. **Statius** (P. Papinius). Opera, ex recens. et cum notis J.-Fred. Gronovii. *Amstelod., Lud. Elzevirium*, 1653, in-24, v. f.

5075. — Opera, ex recensione Joh. Veenhusen cum notis. *Venetiis, apud Th. Bettinelli*, 1786, 2 v. in-8, d.-rel. v., *frontisp. gr.*

5076. — L'Achilléide et les Sylves de Stace, trad. en franç. par P.-L. Cormilliolle. *Paris*, an X (1802), 2 v. in-12, d.-rel. v.

5077. **Statuta** Provinciæ Forcalqueriique comitatum, cum commentariis L. Massæ. *Aix*, 1598. — Généalogie des comtes de Provence de 1577 jusques au règne de Henri IV. *Aix*, 1603. Le tout en 1 v. in-4, parch.

5078. **Statuta** synodalia Episcoporum Paris., Galonis cardinalis, Odouis et Wuillelmi, etc.; S. Ludovici quoque, regis Galliarum Pragmatica Sanctio. *Parisiis,* 1578, in-12, parch.

5079. **Statuts** du monastère de St-Claude dressés par le cardinal d'Estrées, abbé de ce monastère (fr. et lat.); avec un appendice et diverses pièces relatives au différend survenu entre le Cardinal et les Moines de l'abbaye. *Paris,* 1704, 4 fasc. in-4, br.

5080. **Statuts et ordonnances** synodales du diocèse de Montpellier, imprimées par ordre de Mgr Ch. Joachim Colbert, évêque de Montpellier. *Montpellier, chez la Ve d'Honoré Pech*, 1725, in-4, vél.

5081. **Statuts et règlements** diocésains publiés par Mgr de Ramond-Lalande, évêque de Rodez, en 1825. *Rodez,* 1825, in-12, br.

5082. **Stay** (Ben.). Philosophiæ versibus traditæ libri VI. Editio sec. *Romæ*, 1747, in-8, v.

5083. **Steele** (R.). Le Philosophe nouvelliste, trad. de l'angl. (par A. de la Chapelle). *Amsterdam,* 1735, 2 v. in-12, bas.

5084. — Spectateur (le) ou le Socrate moderne, trad. de l'anglais (de Steele et Adisson). Nouv. éd., augm. d'un nouv. vol. *Paris, Leloup,* 1754-55, 9 v. in-4, v. m.

5085. — Le Héros chrétien, trad. de l'angl. par A. de Beaumarchais; et les Vertus païennes, par le traducteur. *La Haye,* 1729, in-12, bas., br.

5086. **Steingelius** (Car.). Optica Prælatorum et Pastorum, in qua concionibus, exhortationibus et orationibus formandis copiosa materia ministratur. *Augustæ-Vindelic.,* 1650, pet. in-4, bas.

5087. **Sterne** (L.). OEuvres complètes, trad. de l'anglais par une société de gens de lettres. Nouv. édit. *Paris,* 1818, 4 v. in-8, d.-rel. mar. br., *portr.* et *fig.*

5088. **Stewart** (Dugald). Essai Philosophique sur les systèmes de Locke, Berkeley, Priestley, Horne-Tooke; trad. de l'angl. par Ch. Huret. *Paris,* 1828, in-8, d.-rel. mar. gr.

5089. — Esquisses de philosophie morale, trad. de l'angl. par Th. Jouffroy. *Paris*, 1833, in-8, d.-rel. mar. gr.

5090. — Histoire abrégée des sciences métaphysiques, morales et politiques depuis la renaissance des lettres; trad. de l'angl. et précédée d'un discours préliminaire par J.-A. Buchon. *Paris,* 1820-23, 3 v. in-8, d.-rel. v. v.

5091. **Stobæus.** Joan. Stobæi Sententiæ ex thesauris græcorum delectæ (gr. et lat. cura Conrad. Gesner); accesserunt Cyri Theodori dialogus de amicitiæ exilio; opusculum Platonis adscriptum de justo; aliud ejusdem an virtus doceri possit (gr. et lat.). *Lugduni, Frellon,* 1608. — Stobæi eclogarum physicarum et ethic. lib. II (gr. et lat.), cura Gul. Canteri. — Loci communes sententiarum ex S. Scriptura... collecti per Antonium et Maximum monachos, atque ad Stobæi, locos relati (gr. et lat.). *Aureliæ-Allobr., pro Fr. Fabro,* 1609, 3 v. in-fol. rel. en 1, d. v.

5092. **Stolberg** (F.-L., c^{te} de). Histoire de N. S. Jésus-Christ, trad. de l'allem. par P. D. *Paris,* 1838, 2 v. in-8, br.

5093. **Strabo.** Rerum geographicarum libri XVII, gr. et lat.; Is. Casaubonus recensuit, emendavit ac comment. illustravit : adjuncta est etiam Guil. Xylandri latina versio. *Excudeb. Eustathius Vignon Atrebat.,* 1587, in-fol., v. br.

5094. **Strada** (Famianus). De bello Belgico, decas prima. *Romæ, H. Scheus,* 1648, pet. in-12, vél., *portr.*

5095. — Eloquentia bipartita; pars prior prolusiones academicas exhibet, altera paradigmata eloquentiæ brevioris proponit, excerpta ex decade 1^a et 2^a historiæ de bello Belgico ejusdem auctoris. *Amstelod., Joan. Ravesteyn,* 1658, pet. in-12, v. f., fil., tr. d.

5096. **Strauss** (D.-F.). Vie de Jésus, ou examen critique de son histoire; trad. de l'allem. par Littré. *Paris,* 1839, 4 v. in-8, d.-rel. v. br.
Voir le N° 2725.

5097. **Strube de Piermont** (T.-H.). Recherche nouvelle de l'origine et des fondements du droit de la nature. *St-Pétersbourg,* 1740, in-8, bas.

5098. **Suard** (J.-B.-A.). Mélanges de Littérature. *Paris,* an XII-XIII (1803-4), 5 v. in-8, d.-rel. v.

5099. **Suarez** (Fr.), e soc. Jesu. Partis secundæ summæ Theologiæ tomus alter de opere sex dierum et anima. *Lugd., Cardon,* 1620, in-fol., bas.
Le titre manque.

5100. **Suetonius** (C.) Tranquillus, cum selectis varior. observat., exhibente Jo. Schildio. *Lugd.-Batav.,* 1647, in-8, vél.

5101. — C. Suetonius Tranquillus, et in eum commentarius cura Jo. Schildio. *Lugd.-Batav., Hackius,* 1662, in-8, v. br.

5102. — Suétone, de la vie des douze Césars; nouvellement traduict en françois et illustré d'annotations. *Paris, J. Richer,* 1616, in-4, cham., *fig.*

5103. — Les douze Césars, trad. du lat. de Suétone, avec des notes et réflexions, par La Harpe. *Paris,* 1770, 2 v. in-8, v. éc.

5104. — Histoire des douze Césars, trad. du latin de Suétone, avec notes et observations, par Maurice Levesque. *Paris,* 1808, 2 v. in-12, d.-rel. bas.

5105. — Suetonii, de claris Grammaticis et Rhetoribus liber. Voy. le N° 3998.

5106. **Suite du Système** sur l'état des ames séparées des corps (par Mlle Huber), servant de réponse au livre intitulé : *Examen de l'Origenisme par le professeur R.* (Ruchat). 2e édition. *Londres,* 1739, in-12, d.-rel. mar. r.
Suite de l'ouvrage de Mlle Huber intitulé : *Le système des Anciens et des Modernes, ou système des Théologiens*.....

5107. **Sully** (Max. de Béthune, duc de). Mémoires, ou économies royales d'estat. *Paris, Loyson,* 1683, 4 tom. en 2 v. in-fol., v.

5108. — Mémoires, mis en ordre avec des remarques (par l'abbé de l'Ecluse des Loges). *Londres,* 1778, 8 v. in-12, d.-rel. bas.

5109. — Supplément aux mémoires de Sully. Nouv. édit. augm. *Amsterdam,* 1762, in-12, bas., *frontisp. gr.*

5110. **Sulzer** (J.-G.). Nouvelle théorie des Plaisirs, avec des réflexions sur l'origine du plaisir. S. l., 1767, in-12, bas.

5111. **Surin** (le P. J.-J.). Dialogues spirituels, où la perfection chrétienne est expliquée pour toutes sortes de personnes. Nouv. édit. *Avignon,* 1829, 2 v. in-12, bas.

5112. — Catéchisme spirituel de la perfection chrétienne, revu et corr. par le P. T. B. F. (le P. Th. B. Fellon). *Avignon,* 1825, 2 v. in-8, bas.

5113. — Cantiques spirituels de l'amour divin pour l'instruction et la consolation des âmes dévotes. Nouv. édit., revue, corrigée et augm. de plusieurs cantiques choisis dans divers auteurs bien approuvés et appropriés aux trois vies purgative, illuminative et unitive, etc., avec les airs notés. *Paris, Leclère,* in-8, bas.

5114. **Surius** (Laur.). Commentarius brevis rerum in orbe gestarum ab anno MD usque in annum MDLXVIII.... per F. Laurentium Surium Carthusianum. *Coloniæ,* 1568, in-fol., cham.

5115. — Histoire et commentaire de toutes choses mémorables advenues depuis LXX ans en ça par toutes les parties du monde, tant au faict seculier qu'ecclesiastic : composez premièrement par Laurens Surius, et nouvellement mis en françois par Jacq. Estourneau Xaintongeois. 2ᵉ édit. *Paris, Guil. Chaudière,* 1572, in-8, vél.

5116. **Swedenborg** (Emm. de). Les merveilles du ciel et

de l'enfer, et des terres planétaires et astrales; trad. du lat. par A. J. P. (Pernetti). *Berlin,* 1782, 2 v. in-8, bas., *portr.*
   Voir le N° 3320.

5117. **Swift** (Jon.). Le Conte du Tonneau, contenant tout ce que les arts et les sciences ont de plus sublime; trad. de l'angl. (par Van-Effen). Nouv. édit., ornée de fig. et augmentée d'un 3e vol. *Lausanne* et *Genève,* 1756, 3 v. in-12, bas.

5118. **Swinden** (T.). Recherches sur la nature du feu de l'enfer et du lieu où il est situé; trad. de l'angl. par Bion, avec fig. *Amsterdam,* 1757, in-12, bas.

5119. **Sykes** (A.). Examen des fondements et de la connexion de la religion naturelle et de la révélée; trad. de l'angl. *Amsterdam,* 1742, 2 v. in-12, bas.

5120. **Symmachus** (Q. Aurelius). Epistolarum libri X cum auctuario. Duo libelli S. Ambrosii ad Valentinianum imper.: cum miscell. libris X et notis, nunc primum editis a Fr. Jureto. *Parisiis, Orry,* 1604, 2 part. en 1 v. in-4, cham.

5121. **Synesius**, episc. Cyrenensis. Opera quæ extant omnia, gr. et lat., interprete Dionysio Petavio, et cum ejus notis. *Lutetiæ,* 1612, in-fol., bas.

5122. — Hymni, item Gregorii Nazianzeni Odæ aliquot...., gr. et lat. *Turnoni, apud Guill. Linocerium,* 1603, in-32, cham.

5123. **Synodus** Veneta a Laur. Priolo, patriarcha Venetiarum, anno sui patriarchatus (1592) celebrata. *Venetiis,* 1592, in-4, parch.

5124. **Synodicon** Ecclesiæ Parisiensis, auctoritate illust. et rev. Fr. de Harlay, Paris. archiep. *Parisiis, Muguet,* 1674, in-8, bas.

5125. **Synopsis** diœcesana Maceratensis, habita anno D. 1651. *Maceratæ,* 1651, in-4, parch., *fig.*

5126. **Système** tiré de l'Ecriture sainte sur la durée du monde, depuis le premier avènement de J.-C. jusqu'à la fin des siècles (par Cl. Lesquerin, chanoine de Noyon). *Paris*, 1757, in-12, bas.

5127. **Système** de la Nature, ou des lois du monde physique et moral, par M. Mirabaud (par d'Holbach, avec avis de l'éditeur Naigeon). *Londres (Amsterdam)*, 1770, 2 v. in-12, bas.

Voir le N° 581.

5128. — Réflexions philosophiques sur le Système de la Nature du baron d'Holbach (par Holland). *Londres*, 1773, 2 part. in-8 rel. en 1 v., bas.

5129. **Système** social, ou principes naturels de la Morale et de la Politique, avec un examen de l'influence du gouvernement sur les mœurs (par d'Holbach). *Londres*, 1773, 3 v. in-12, v. j.

5130. **Système** du cœur, ou conjectures sur la manière dont naissent les différentes affections de l'âme, par de Clarigny (masque de l'abbé de Gamaches de Ste-Croix). *Paris*, 1704, in-12, bas.

T

5131. **Tabaraud** (M. M.). Histoire critique de l'Assemblée générale du Clergé de France en 1682, et de la déclaration des quatre articles qui y furent adoptés ; suivie du discours de M. l'abbé Fleury sur les libertés de l'église gallicane, avec des notes. *Paris, Baudouin frères*, 1816, in-8, br.

5132. — De la Réunion des communions chrétiennes, ou histoire des négociations, etc…, qui ont eu lieu depuis la naissance du protestantisme jusqu'à présent. *Paris, Adr. Le Clerc*, 1808, in-8, d.-rel. bas.

5133. — Histoire critique du Philosophisme anglois, depuis son origine jusqu'à son introduction en France inclusiment. *Paris, Duprat*, 1806, 2 v. in-8, v.

5134. — Principes sur la distinction du contrat et du sacrement de mariage…. *Paris*, 1825, in-8, d.-rel. m.

5135. — Supplément aux histoires de Bossuet et de Fénélon

composées par le card. de Bausset. *Paris*. 1822, in-8, d.-rel. mar. gr.

5136. — Histoire de Pierre de Bérulle. Voir le N° 610.

5137. **Tableau** de la cour de Rome, dans lequel sont représentés au naturel sa politique et son gouvernement spirituel et temporel; par le sieur J. A. (Jean Aymon). *La Haye*, 1726, in-12, bas.

5138. **Tableau** des mœurs de ce siècle en forme d'épîtres, suivi du Tombeau et de l'Apothéose de J.-J. Rousseau, etc. (par Baumier). *Londres* et *Paris, Le Tellier*, 1788, in-8, bas.

5139. **Tableau** naturel des rapports qui existent entre Dieu, l'homme et l'univers (par Saint-Martin). *Edimbourg*, 1782, 2 v. in-8, br.

Voir aussi, les Nos 1707, 1728, 3319 et 4788.

5140. **Tables** sacrées, ou nouvelle méthode pour lire avec fruit toute l'Ecriture Sainte dans le courant d'une année, en y employant un quart d'heure par jour. *Paris*, 1761, in-8, bas.

5141. **Tablettes** du clergé et des amis de la religion. *Paris*, 1822-1828, 14 tom. en 7 v. in-8, d.-rel. bas.

5142. **Tacitus** (Cornelius). Opera, recognovit, emendavit, supplementis explevit, notis, dissertat. illustravit Gabr. Brotier. *Paris, Delatour*, 1771, 4 v., gr. in-4, avec cartes, v. marb., tr. d., f.

5143. — Autre édit. *Paris, Delatour*, 1776, 7 v. in-12, v.

5144. — Les OEuvres de Tacite trad. de M. Perrot d'Ablancourt. *Paris*, 1674, 3 v. in-12, bas.

5145. — Tacite, nouvelle traduction par M. Dureau de Lamalle. *Paris, T. Barrois*, 1790, 3 v. in-8, cart., n. v.

5146. — Vie de Julius Agricola; trad. nouv., avec texte. 2e éd. *Paris, Nicole*, 1808, in-16, cart., *une carte*.

5147. — Observations littéraires, critiques, politiques, militaires, géographiques, etc., sur les histoires de Tacite, avec le texte latin corrigé; par Edme Ferlet. *Paris, Levrault*, 1801, 2 v. in-8 rel. en 1, d.-rel. bas., *carte*.

5148. **Taillandier** (Saint-René). Études sur la révolution en Allemagne. *Paris, Franck,* 1853, 2 v. in-8, d.-rel. m.

5149. — Allemagne et Russie, études historiques et littéraires. *Paris,* 1856, gr. in-18, d.-rel. m.

5150. — Histoire et Philosophie religieuse. Etudes et fragments. *Paris,* 1859, gr. in-18, d.-rel. m.

5151. — La comtesse d'Albany, par Saint-René Taillandier. *Paris,* 1862, gr. in-18, d.-rel. mar.

5152. — Correspondance de Gœthe et de Schiller. Voir le N° 2123.

5153. — **Tallemant des Réaux.** Les Historiettes. Mémoires pour servir à l'histoire du XVIIe siècle.... publié par Monmerqué, Châteaugiron et Taschereau. *Paris, Levasseur,* 1834-35, 6 v. in-8, d.-rel. v.

5154. **Talon** (Omer). Ses Mémoires (de 1630 à 1653, publ. par Joly, censeur royal). *La Haye, Gosse,* 1732, 8 v. in-12, bas.

5155. **Tamburinus** (Th.), e soc. Jes. Methodus expeditæ confessionis in libros IV. *Romæ,* 1647, in-16, parch.

5156. **Tandon** (Aug.). Fables, Contes et autres pièces en vers patois de Montpellier. 2e édition. *Montpellier,* 1813, in-8, br.

5157. **Tapperi** (D. Ruardi) ab Enchusia, Opera. *Coloniæ, in offic. Birckmannica,* 1583, 2 v. in-fol. rel. en 1, bas.

5158. **Tarsis et Zélie** (par le sieur Le Revay, Le Vayer de Boutigny). *Paris, Jolly et de Luyne,* 1666, 4 v. in-8 rel. en 6 tom., v. f.

5159. **Tachereau.** Histoire de la vie et des ouvrages de Molière. 3e édit. *Paris,* 1844, in-12, m. br.

5160. **Tasso** (Torquato). La Gerusalemme liberata. *Livorno, Gamba,* 1802, in-12, d.-rel. v.

5161. — Aminta, favola boscareccia. *Oxford,* 1726, in-8, v. jasp., tr. d., f.

5162. **Tassoni** (Alessandro). La Secchia rapita, poema eroi-comico. *Orléans, Cazin,* 1786, v. éc., fil., tr. d., *frontisp. gr.*

5163. — Le Seau enlevé, poëme; trad. en vers fr., et suivi de poésies diverses (par M. Creuzé de Lesser). *Paris, P. Didot l'aîné,* an VIII, in-16, v. rac., fil., tr. d.

5164. **Taxil** (Jean). Discours des Comètes : contenant plusieurs belles et curieuses questions sur ce subject, et particulièrement de celles qu'on a veu au mois de sept. dernier 1607. Avec la prognostication et presage d'icelles. Par M. Jean Taxil, docteur en médecine, natif des Sainctes-Maries et médecin à Arles. *Lyon, Cl. Morillon,* 1608, in-8, de 139 pp., vél., *frontisp. gr.*

5165. **Taylor** (Sam.). Système universel et complet de sténographie, applicable à tous les idiômes et adapté à la langue française par Th. P. Bertin. *Paris,* an III, in-8.
Relié avec le N° 1340.

5166. **Teissier** (Antoine). Les Éloges des hommes savants tirés de l'histoire de M. de Thou, avec des additions contenant l'abrégé de leur vie, etc. *Leyde,* 1715, 4 v. in-12, vél.

5167. **Témoignage** des Chartreux contre la Constitution *Unigenitus,* ou Relation de ce qui s'est passé en France dans l'ordre des Chartreux à son occasion. S. l., 1725, in-12, v. br.

5168. **Temple** (le chev.). Lettres écrites durant son ambassade à La Haye,... sous le règne de Charles II ; trad. de l'angl. *La Haye,* 1700, pet. in-12, br.

5169. — OEuvres posthumes. *Utrecht,* 1704, in-12, v. m.

5170. **Tencin** (C.-A.-G. de). Ses œuvres. Voy. Lafayette (Mme de).

5171. **Terentius.** Comœdiæ, cum notis varior., curante Corn. Schrevelio. *Lugd.-Batav., Hackius,* 1662, in-8, v. br.
Le titre manque.

5172. — Comœdiæ ; interpretat. et notis illustravit Nic. Camus in usum Delphini. *Parisiis, Leonard,* 1675, in-4, d.-rel. m.

5173. — Comœdiæ ; cum interpretat. Donati et Calphurnii, et comment. perpetuo ; curavit Arn.-Henr. Westerhovius. *Hagæ-Comitum,* 1732, in-8, v. f., *frontisp. gr.*

5174. — Comœdiæ, nunc primum italicis versibus redditæ cum personarum figuris æri incisis ex mss. cod. Bibliothecæ Vaticanæ. *Urbini,* 1736, in-fol., d.-rel. mar., *fig.*

5175. — Comédies de Térence avec la traduction et les remarques de Mme Dacier. *Rotterdam, Fritsch,* 1717, 3 v. in-12, bas., *fig.* et *frontisp. gr.*

5176. — Les mêmes, avec le texte latin et des notes par l'abbé Le Monnier. *Paris, Jombert,* 1771, 3 v. in-12, v.

5177. — Térence justifié contre la censure de M. Rollin, avec des remarques sur son Traité des Etudes (par D. Daullyer). *Paris,* 1728, in-12, d.-rel. bas.

5178. **Terrasson** (Ant.). Histoire de la Jurisprudence romaine. *Lyon,* 1750, in-fol., bas.

5179. **Terrasson** (l'abbé Jean). La Philosophie applicable à tous les objets de l'esprit et de la raison ; ouvrage en réflexions détachées. *Paris,* 1754, in-12, bas.

5180. — Dissertation critique sur l'Iliade d'Homère. *Paris,* 1715, 2 v. in-12, v. f.

5181. **Terrasson** (Mathieu). Mélanges d'histoire, de littérature, de jurisprudence littéraire, de critique, etc. *Paris,* 1768, in-12, cart.

5182. **Terrin.** La Vénus et l'obélisque d'Arles. *Arles,* 1680, in-12, v. br.; *fig.*

5183. **Tertullianus** (Q. Septimus). Tertulliani libri IX; accessere Nic. Rigaltii observationes. *Lutetiæ, typ. Rob. Stephani,* 1628, 2 v. in-8 rel. en 1, v. br.

5184. — Opera ad vetustiss. exemplar. fidem sedulo emendata, diligentia N. Rigaltii, cum ejusdem annot. et varior. comment. : Phil. Priorius argumenta et notas adjecit, et dissertationem concinnavit : accedunt Novatiani tractatus cum notis. *Lutetiœ-Paris.*, 1664, in-fol., d.-rel. bas.

5185. — Opera Tertulliani et Arnobii quotquot ab interitu vindicari potuerunt, studio et labore Renati Laur. de La Barre. *Parisiis,* 1580, in-fol., cham.

5186. — Liber de Præscriptionibus contra hæreticos, cum scholiis et notis Christ. Lupi. *Bruxellis, Foppens,* 1675, in-4, bas.

5187. — Des Prescriptions contre les hérétiques, de l'habillement des femmes, de leur ajustement et du voile des vierges ; trad. par M. H. (Hébert). *Paris, Trouvin,* 1685, in-12, v. br.

5188. — L'Apologétique et les Prescriptions de Tertullien ; nouv. éd., revue... avec la traduction et des remarques, par l'abbé de Gourcy. *Paris, Sorin,* 1780, in-12, v.

5189. — Les mêmes, traduction de l'abbé de Gourcy ; nouv. éd., suivie de l'Octavius de Minucius Félix ; trad. nouv. avec le texte en regard et des notes. *Lyon* et *Paris,* 1823, in-8, br.

5190. — Apologétique de Tertullien, nouv. trad. par l'abbé J. Félix Allard. *Paris,* 1827, in-8, d.-rel. bas.

5191. — Traités de Tertullien sur l'Ornement des femmes, les Spectacles, le Baptême et la Patience, avec une lettre aux martyrs ; trad. en fr. (par le P. Caubère). *Paris,* 1733, in-12, bas.

5192. — De la Chair de Jésus-Christ et de la Résurrection de la chair, par Tertullien ; trad. en fr. par Louis Giry. *Paris, Pierre Le Petit,* 1661, pet. in-12, v. j.

5193. — Du Manteau ; trad. par le sieur de Titreville. *Paris, Josse,* 1640, pet. in-12, v. f.

5194. — Le même ; trad. en fr. (par Manessier). *Paris, Promé,* 1665, pet. in-12, v. br.

5195. — Histoire de Tertullien et d'Origène par le sieur de la Motte. (Pierre Thomas, sieur du Fossé). *Paris, Rouland,* 1675, in-8, v. br.

5196. **Testamentum novum**, græce, cum Vulgata interpret. lat., lineis inserta, cura Ben. Ariæ Montani. *Ex offic. Commeliniana,* 1599, in-8, bas.

5197. — Novum Testamentum, gr. *Basileæ,* 1540, *per Th. Platerum,* in-8, bas.
Le frontispice manque.

5198. — Novum Testamentum, gr. *Amstelod., ap. Henricum* et *viduam Theod. Boom,* 1688, in-16, v. br.

5199. — Testamentum novum, gr. *Londini, Tonson,* 1756, pet. in-8, v. rac.

5200. — Novum Testamentum ad codicem Vindebonensem græce expressum ; varietatem lectionis addidit Fr. Carolus Alter. *Viennæ, Tratterus,* 1787, 2 v. gr. in-8, d.-rel. v.

5201. — Novum Testamentum, hebraice. *Londini, Mackintosh,* 1817, in-8, v. br., gauf.

5202. — Novum Testamentum, syriace (litteris hebraicis), gr. et lat., studio Guid. Fabricii Boderiani. *Parisiis, J. Benenatus,* 1584, in-4, v. f., fil.

5203. — Testamenti novi, latine, editio Vulgata. *Lugduni, apud Guil. Rovillium,* 1548, in-16, v. br., *grav. sur bois.*

5204. — Novum Testamentum, ex postrema D. Bezæ interpretatione. *Amstelodami, sumptibus Henr. Laurentii,* 1633, in-12, vél.

5205. — Novum Testamentum, latine, Vulgatæ editionis. *Parisiis, e Typogr. regia,* 1649, 2 v. pet. in-12, mar. n., tr. d., *frontisp. gr.*

5206. — Le Nouveau Testament de Notre Seigneur Jésus-Christ, trad. en français selon l'édition Vulgate, avec les différences du grec. 3e édit. *Lyon,* 1667, 2 v. pet. in-8, m. n., fil., *frontisp. gr. (Traduction dite de Port-Royal).*
Exempl. de Mgr de Pradel, év. de Montpellier.

5207. — Le Nouveau Testament de N. S. J.-C., trad. en fr. 3e édition (version commencée par Ant. Le Maistre, continuée et achevée par Ant. Arnaud, P. Nicole et

L.-Is. Le Maistre de Sacy). *Mons, Gaspard Migeot,* 1667, 2 v. pet. in-8, v. br., *frontisp. gr.*

5208. — Le Nouveau Testament de N. S. J.-C., trad. en fr. sur la Vulgate (par Le Maistre de Sacy, Arnaud, Nicole, etc.). *Mons, Gaspard Migeot,* 1673, in-8, bas., *frontisp. gr.*

5209. — Le Nouveau Testament de N. S. J.-C., trad. en fr. selon la Vulgate, avec les différences du grec. Nouv. éd., avec fig. en taille douce. *Mons, G. Migeot,* 1699, 2 v. in-12, v. f., fil.

5210. — Examen de quelques passages de la traduction française du Nouveau Testament imprimée à Mons.... avec l'arrest de S. M. qui défend de le vendre et de l'imprimer (par Charles Mallet). *Rouen, Viret,* 1676, in-12, bas.

5211. — Dialogues entre deux paroissiens de Saint-Hilaire-du-Mont, sur les ordonnances contre la traduction du N. T. imprimé à Mons (par Michel Girard). S. d., in-12, bas.

5212. — Nouveau Testament en françois, avec des réflexions morales sur chaque verset pour en rendre la lecture plus utile et la méditation plus aisée (par le P. Quesnel). Edition augmentée. *Paris, André Pralard,* 1699, 4 v. in-8, v. br.

Le latin est à la marge.

5213. — Explication apologétique des sentiments du Père Quesnel dans ses *Réflexions sur le Nouveau Testament,* par rapport à l'ordonnance des Evêques de Luçon et de La Rochelle du 15 juillet 1710. S. l., 1712, in-12, v. br.

5214. — Réflexions désintéressées sur la Constitution du Pape Clément XI qui condamne le Nouveau Testament du Père Quesnel. *Amsterdam,* 1714, in-12, v. br.

5215. — Recueil de pièces touchant les prélats qui refusent d'accepter la Constitution *Unigenitus,*..... portant condamnation du N. T. du P. Quesnel. S. l., 1714, in-12, cart.

5216. — Recueil de mandemens et instructions pastor. des Archevêques et Evêques de France pour l'acceptation de la Constitution du pape Clément XI contre le livre intitulé : *Le Nouveau Testament en fr., avec des réflexions morales,* etc. *Paris, Muguet,* 1715, in-4, bas.

5217. — Le Nouveau Testament de N. S. J.-C., traduit sur l'ancienne édition latine, avec des remarques (par Richard Simon). *Trévoux,* 1703, 2 v. in-8, v. br.

5218. — El Nuevo Testamento de N. S. y Redentor Jesu Cristo. 1817, in-12, bas.

5219. — Novum Testamentum regulis illustratum, seu canones Scripturæ sacræ certa methodo digesti, ad Novi Testamenti intelligentiam potissimum accommodati. *Parisiis, J. de Nully,* 1696, pet. in-8, bas.

5220. — Brevis elucidatio locorum Novi Testamenti quæ majorem patiuntur difficultatem. Pars prima. S. l., 1750, in-12, mar. v., tr. d., fil., dent.

5221. — Concordance française, ou extrait du Nouveau Testament par lettres alphabétiques, pour trouver aisément ce que l'on pourra désirer dans les 4 Evangélistes, les Actes et les Epîtres des Apôtres (par Vaudron). *Paris,* 1745, in-12, bas.

5222. — Commentaire littéral sur les Epîtres de S. Paul et les autres Epîtres canoniques, inséré dans la traduction française, avec le texte latin à la marge (par le P. L. de Carrière). *Paris,* 1701, 2 v. in-12, v. f.

    Pour le Nouveau Testament, voir, en outre, les Nos 22, 534, 3084, 3713, 3836-37, 4999 et 5235.

5223. **Testament** politique du m[is] de Louvois..... où l'on voit ce qui s'est passé de plus remarquable en France jusqu'à sa mort (par Sandraz de Courtilz). *Cologne,* 1695, in-12, bas.

5224. **Théâtre** (le) des beaux esprits, où l'on propose des questions aux sçavans sur les plus belles matières de la théologie, de la morale, de la physique et de l'histoire, avec un avis à ceux qui voudront répondre. *Paris, Michallet,* 1680, 2 v. in-12, bas.

5225. **Theiner** (Aug.). Histoire du Pontificat de Clément XIV, d'après les documents inédits des archives secrètes du Vatican; trad. de l'allem. par Paul de Geslin. *Paris, Didot,* 1852, 2 v. in-8, d.-rel. mar. br., *portr.*

    Voir les Nos 1106 et 1287.

5226. — Le Pape Clément XIV, lettre au P. Augustin Theiner, par J. Crétineau-Joly. *Paris,* 1853, in-8, d.-rel. mar. n.

5227. **Themistius.** Themistii orationes XXXIII, e quibus XIII nunc primum editæ (gr. et lat.) : Dion. Petavius latine plerasque reddidit ac notis illustravit : access. notæ et observationes Jo. Harduini. *Parisiis, in Typographia regia*, 1684, in-fol., v. éc.
Aux armes de France.

5228. — Orationes XIX, gr. ac lat. conjunctim editæ, cura et notis Dionysii Petavii. *Parisiis*, 1618, in-4, v. f., fil.

5229. **Théocrite.** Les Idylles de Théocrite, trad. du grec en vers françois, avec le grec à côté (par de Longepierre). *Paris*, 1688, in-12, bas., *frontisp. gr.*

5230. — Idylles de Théocrite, traduites en français, avec des remarques, par J.-L. Geoffroy. *Paris*, an XI, in-8, v. rac., fil.

5231. **Theodoretus** (B.), episc. Cyrus. Opera omnia, gr. et lat., cura et studio Jac. Sirmondi. *Lutet.-Paris.*, 1642, 4 v. in-fol., v. f. — Auctarium, sive operum tom. V, gr. et lat., nunc primum in lucem editus, cura et studio Joan. Garnerii. *Lutet.-Paris.*, 1684, in-fol., bas.

5231 *bis*. — Theodoreti, episc. Cyri, et Evagrii scholastici Historia Ecclesiastica ; item excerpta ex historiis Philostorgii et Theodori lectoris (gr. et lat.). Henr. Valesius græca ex mss. codd. emendavit, latine vertit et annotat. illustravit. *Parisiis*, 1673, in-fol., bas.

5232. — Theodoret, évêque de Cyr; de la Providence, et discours de la divine Charité ; trad. en fr. avec des sommaires par l'abbé Le Mère. *Paris*, 1740, in-8, bas.

5233. — L'Histoire Ecclésiastique nommée Tripartite en XII livres (par Theodoret Sozomène et Isocrate); mise en meilleur françois par deux docteurs en théol. de la Fac. de Paris. (D. Hangart et J. Gillot, bernardin). *Paris*, 1587, in-8, parch.

5234. — Histoire de l'Eglise, trad. par le Pr. Cousin. Voy. Eusèbe.

5235. — Epigrammata... quibus omnia utriusque Testamenti felicissime comprehenduntur. Gr. *Basileæ, ap. Jo. Bebelium,* pet. in-8, de 172 ff.

5236. **Theognis.** Theognidis Megar. Sententiæ Elegiacæ a Jac. Scheggio latino carmine expressæ; adjectæ sunt eædem græce cum interpret. lat., ad verbum e regione posita, etc., Elia Vineto authore. *Basileæ, per Joan. Oporinum,* 1550, in-8.

Relié avec le Nº 241.

5237. **Théologien** (le) dans les conversations avec les sages et les grands du monde (ou petit abrégé de Théologie tiré des mss. du P. Cotton par le P. Boutauld). *Paris, Cramoisy,* 1683, pet. in-12, v. br.

5238. **Théologien** (le) philosophe (par l'abbé Champion de Pontallier). *Paris, Guillot,* 1786, 2 v. in-8, br.

5239. **Theophanes.** Theophanis Ceramei, archiepisc. Tauromenitani, Homiliæ in Evangelia dominicalia et festa totius anni, gr. et lat., nunc primum editæ et notis illustratæ, studio Franc. Scorsi. *Lutetiæ-Paris., Magna Navis,* 1644, in-fol., bas.

5240. **Theophanes** (S.). Chronographia, gr. et lat., ex interpret. Jac. Goar, cum notis Fr. Combefisii. *Parisiis,* 1655, gr. in-fol., v. br., fil.

5241. **Théophile** (Viaud ou de Viau). Ses œuvres, divisées en trois parties : la première contenant l'Immortalité de l'âme, avec plusieurs autres pièces ; la seconde, les tragédies, et la troisième, les pièces qu'il a faites pendant sa prison. *Lyon, Cellier,* 1668, in-12, bas., *portr.*

5242. **Theophrastus.** Characteres ethici, gr. et lat., cum notis et emendationibus H. Casauboni. *Lugduni,* 1617, in-8, vél.

5243. — Characteres, cum addit. e cod. mss. Palatino Vaticano, soc. XIV, a J. Ph. Siebenkees. Edidit J.-A. Goez. *Norimbergæ,* 1798, in-8, br.

5244. — Theophrasti Caracteres, M. Antonini commentarii, Epicteti dissertationes et enchiridion, Cebetis Tabula,

Max. Tyrii dissertationes, gr. et lat., cum indicibus, cura Fred. Dubner. *Parisiis, A.-F. Didot*, 1840, gr. in-8, d.-rel. mar.

Bibl. grecque Didot.

5245. — Les Caractères de Théophraste, d'après un manuscrit du Vatican; traduction nouvelle, avec le texte grec et des notes critiques par Coray. *Paris*, an VII (1799), in-8, v. éc.

5246. **Théorie** des Sentiments agréables (par L.-Jean Lévesque de Pouilly). *Paris*, 1749, in-12, bas., *frontisp. gr.*

5247. **Théorie** de l'Imagination, par le fils de l'auteur de la *Théorie des Sentiments agréables* (J.-Simon Lévesque de Pouilly). *Paris*, an XI (1803), in-12, bas.

5248. **Théorie** des Loix civiles, ou principes fondamentaux de la société (par Linguet). *Londres*, 1767, 2 v. in-12, bas.

5249. **Thérèse** (Sainte). OEuvres; trad. de l'espagnol, par Arnauld d'Andilly. *Paris, Pierre Le Petit,* 1670, in-4, v. br., *portr.*

5250. — Lettres de Sainte Thérèse, avec les remarques de Dom Palafox, de Mendoza; trad. en fr. par Fr. Pellicot. *Bruxelles, Foppens,* 1662, in-8, bas.

Le titre manque.

5251. **Théron** (l'abbé). Le Christianisme et l'Esclavage, suivi d'un traité historique de Mœhler sur le même sujet; trad. par l'abbé Symon de Latreiche. *Paris,* 1841, in-8, br.

5252. **Théry** (A.). Cours complet d'éducation pour les filles, divisé en trois parties. *Paris, Hachette,* 1844-47, 2 v. gr. in-8, br.

Manque la 1re partie.

5253. — Morceaux choisis des meilleurs Prosateurs français du second ordre aux 16e, 17e et 18e siècles, etc. *Paris,* 1852, 2 v. in-12, d.-rel. m.

5254. — Lettres sur la profession d'Instituteur. *Paris,* 1853, in-12, d.-rel. m.

5255. **Thesauri** epistolici Lacroziani : ex bibliotheca Jordaniana edidit Jo. Lud. Vhlius. *Lipsiæ*, 1742, 3 v. in-4, vél.

5256. **Thèses** et discours philosophiques. In-4, br.
>1. Burcher de Volder, de Rationis viribus et usu in Scientiis. *Lugd.-Batav., Elzevir.*, 1698. — 2. Ch. Hecht, de Philosophis semi-christianis. *Halæ*, 1714. — 3. Jo. Regius, pro Scepticismo. *Franequeræ*, 1725. — 4. Jo. Petrus du Moulin, de connubio Philosophiæ cum Theologia. *Lugd.-Batav.*, 1745. — 5. Jo. Castillioneus, de Rationis in Philosophia usu et abusu. *Trajecti ad Rh.*, 1753. — 6. A. Bertling, de Stoïcorum sententia circa affectus. *Groningæ*, 1769. — 7. Van Scholten, de Philosophiæ Ciceronianæ loco qui est de divina natura. *Amstelod.*, 1783. — 8. Jos. Brand, Quæstiones in Socratis sententiam de Deo, etc. *Lugd.-Batav.*, 1820.

5257. **Thevenot** (Melchis.). Voyages en Europe, Asie et Afrique. 3e édition, avec fig. en taille douce. *Amsterdam*, 1727, 5 v. in-12, v. éc.

5258. **Thevet** (F.-André). Histoire des plus illustres et savants hommes de leurs siècles... *Paris*, 1670-71, 8 v. in-12, mar. vert, *fig.*
>Les titres manquent.

5259. **Thibault** (Ch.-Th.), év. de Montpellier. Mandements, lettres et instructions pastorales. 1835-1861, in-4, br.

5260. **Thierry** (Amédée). Tableau de l'Empire Romain depuis la fondation de Rome jusqu'à la fin du gouv. impérial en Occident. *Paris*, 1862, in-8, d.-rel. m.

5261. — Récits de l'Histoire Romaine au Ve siècle. — Derniers temps de l'empire d'Occident. *Paris, Didier*, 1860, in-8, d.-rel. m.

5261 *bis*. — Nouveaux récits de l'Histoire Romaine aux IVe et Ve siècles. Trois ministres des fils de Théodose : Rufin, Eutrope, Stilicon. *Paris, Didier*, 1865, in-8, br.

5262. **Thierry** (Augustin). Histoire de la conquête d'Angleterre par les Normands. 2e édit. *Paris, A. Sautelet,* 1826, 4 v. in-8, d.-rel. m.

5263. — Lettres sur l'Histoire de France. 3e édit. *Paris,* 1829, in-8, d.-rel. bas.

5264. — Dix ans d'études historiques. *Paris,* 1835, in-8, d.-rel. m.

5265. **Thiers** (J.-B.). Traité des Superstitions qui regardent les sacrements, selon l'Ecriture Sainte, les décrets des Conciles et les sentiments des SS. Pères et des Théologiens. 4e édit. *Paris,* 1741, 4 v. in-12, bas.

Voir aussi le No 2888.

5266. — Defensio adversus Jo. Lannoii appendicem ad dissertationem *de Auctoritate negantis argumenti. Parisiis, Fred. Leonard,* 1664, in-8, bas.

5267. — De Festorum dierum imminutione liber. *Lugduni* et *Parisiis,* 1677, in-12, bas.

5268. — De Stola in archidiaconorum visitationibus gestanda a Parœcis disceptatio. *Parisiis,* 1674, in-12, bas.

5269. — Traité de l'exposition du S. Sacrement de l'autel. 4e édition. *Avignon,* 1777, 2 v. in-12, bas.

5270. — De la plus solide, la plus nécessaire et souvent la plus négligée de toutes les dévotions. *Paris, Jean de Nully,* 1703, 2 v. in-12, bas.

5271. — Traité des Cloches et de la sainteté de l'offrande du Pain et du Vin aux messes des morts. *Paris, Ben. Morin,* 1781, in-12, bas.

5272. — Dissertation sur la Sainte Larme de Vendôme. *Paris,* 1699, in-12, bas.

5273. — Réponse à la Lettre du P. Mabillon touchant la prétendue Sainte Larme de Vendôme. *Cologne, d'Egmond (Paris),* 1700, in-12, bas.

5274. — Histoire des Perruques : où l'on fait voir leur origine, leur usage, leur forme, l'abus et l'irrégularité de celles des ecclésiastiques. *Avignon,* 1777, in-12, bas.

5275. — Critique de l'histoire des Flagellants, et justification de l'usage des disciplines volontaires. *Paris, J. de Nully,* 1703, in-12, v. br.

5276. — La Sauce-Robert, ou avis salutaire à Mre Jean Robert, grand-archidiacre de Chartres. Sans lieu, 12 juin 1676, de 13 pp. — Seconde partie. 14 octobre 1678, de 25 pp. — La Sauce-Robert justifiée, à M. de Riantz, procureur du Roi au Châtelet, ou pièces employées pour la justification de la Sauce-Robert. 1679, de 16 pp. (par J.-B. Thiers), in-8, br.

5277. — Traité de la Dépouille des Curez : où l'on fait voir que les archidiacres n'ont nul droit sur les meubles des Curez décédez ; par un docteur en droit (J.-B. Thiers). *Paris, Guill. Desprez,* 1683, in-12, bas.

5278. **Thiers** (A.). De la Propriété. *Paris,* 1848, in-8, d.-rel. v.

5279. **Thomæ** (S.) Aquinatis Summa theologica. *Lugduni, sumptibus Anisson et Joan. Posuel,* 1702, in-fol., bas.

5280. — Summa contra Gentiles quam hebraice eloquitur Joan. Ciantes Romanus (lat. et hebr.). *Romæ, Jac. Phæus,* 1657, in-fol., parch.

5281. — De Veritate catholicæ fidei contra Gentiles, seu Summa philosophica ; accedunt ejusdem præcipua philosophica. *Nemausi,* 1853, 2 v. in-8, d.-rel. m.

5282. — Opuscula omnia. *Parisiis,* 1634, in-fol., v. br.

5283. — La Clef de St Thomas sur toute sa Somme, par le sr de Marandé. *Paris, Lambert,* 1668-69, 10 v. in-12, bas.

5284. — De la Philosophie de S. Thomas d'Aquin, par l'abbé Cacheux. *Paris, Donniol,* 1858, in-8, d.-rel. mar. r.

5285. — La Philosophie de S. Thomas d'Aquin, par Ch. Jourdain. *Paris, Hachette,* 1858, 2 v. in-8, d.-rel. mar. n.

Sur St Thomas d'Aquin, voir aussi le N° 5350.

5286. **Thomas** (A.-L.). Ses OEuvres. Nouv. édit. revue. *Paris,* 1792, 4 v. in-12, bas.

5287. **Thomas** (M.-J.-P.). Mémoires historiques sur Montpellier et sur le département de l'Hérault. *Paris,* 1827, in-8, d.-rel. m.

5288. **Thomas** (Eug.). Montpellier, Tableau histor. et descript. pour servir de guide à l'étranger. *Montpellier,* 1857, gr. in-18, d.-rel. m.

5289. — Mélanges de littérature, d'histoire et de géographie

ancienne; par Eugène Thomas, archiviste de l'Hérault. *Montpellier, Martel,* 1861 et s., 2. v. in-4, br.
<blockquote>Manquent 6 mémoires.</blockquote>

5290. **Thomasius** (Jenkinus). Historia Atheismi, cui accedit Samuelis Clark tractatus eximius de Existentia et Attributis Dei contra Spinosam atque Hobbesium, anglice conscriptus, jam autem latine redditus, cum præfat. Christ. Gottlib. Schwarzii. *Altorfi-Noric., apud Jod. Guil. Kohlesium,* 1713, 2 part. en 1 v. in-8, d.-rel. vél.

5291. **Thomassin** (le P. L.). Ancienne et nouvelle Discipline de l'Eglise touchant les Bénéfices et les Bénéficiers. *Paris,* 1725, 3 v. in-fol., v. m.

5292. — Table générale ou concorde des trois tomes ou des quatre parties de la Discipline de l'Eglise, par le P. Louis Thomassin. *Paris, Fr. Muguet,* 1681, in-8, bas.

5293. — Dissertationes in Concilia generalia et particularia. Tomus primus, continens dissert. 20 usque ad annum 681. *Parisiis,* 1667, in-4, v. br.

5294. — Dogmatum theologicorum de Deo, Deique proprietatibus. *Parisiis,* 1684-89, 3 v. in-fol., v. br., fil.

5295. — La Théodicée chrétienne d'après les Pères de l'Eglise, ou essai philosophique sur le traité *de Deo* du P. Thomassin; par le P. Louis Lescœur. *Paris,* 1852, in-8, d.-rel. m.

5296. — Mémoires sur la Grâce, où l'on représente les sentiments de S. Augustin et des autres Pères, de S. Thomas et des autres Théologiens; par le P. Thomassin. *Paris,* 1682, 2 tom. in-4, bas.

5297. — Méthode d'étudier et d'enseigner les Lettres humaines par rapport aux Lettres divines et aux Ecritures. *Paris, Muguet,* 1681, 3 v. in-8, bas.

5298. — Méthode d'étudier et d'enseigner chrétiennement et solidement la Philosophie par rapport à la Religion chrétienne et aux Ecritures. *Paris, Muguet,* 1685, in-8, bas.

5299. — Méthode d'étudier et d'enseigner la Grammaire et

les Langues par rapport à l'Ecriture sainte, en les réduisant toutes à l'hébreu. *Paris, Muguet,* 1690, 2 v. in-8, bas.

5300. — Méthode d'étudier et d'enseigner chrétiennement les Historiens profanes par rapport à la Religion chrétienne et aux Écritures. *Paris*, 1693, 2 v. in-8, bas.

5301. — Traité de la Vérité et du Mensonge, des Jurements et des Parjures. *Paris*, 1693, in-8, v. br.

5302. — Traité de l'Aumône, ou du bon usage des biens temporels, tant pour les laïques que pour les ecclésiastiques. *Paris*, 1695, in-8, v.

5303. — Traité du Négoce et de l'Usure. *Paris*, 1695, in-8, v.

5304. — Traité de l'Office divin pour les ecclésiastiques et les laïques. *Paris*, 1686, in-8, v.

5305. — Traité de l'Unité de l'Eglise, et des moyens que les princes chrestiens ont employés pour y faire rentrer ceux qui en étaient séparés. *Paris*, 1686, 2 v. in-8, v.

5306. — Traité dogmatique et historique des édits et des autres moyens spirituels et temporels dont on s'est servi dans tous les temps pour établir et maintenir l'unité de l'Eglise catholique, etc. *Paris, Imp. roy.,* 1703, 3 v. in-4, bas.

5307. — Traités historiques et dogmatiques sur divers points de la discipline de l'Eglise et de la morale chrétienne (des Jeûnes, des Fêtes de l'Eglise). *Paris, Muguet,* 1680, 2 v. in-8, bas. rac.

5308. **Thou** (J.-A.). Histoire universelle, avec la suite par Nic. Rigault, les mémoires de la vie de l'auteur..... trad. sur l'édition latine de Londres (par J.-B. Le Mascrier, Ch. Lebeau, l'abbé Desfontaines, etc.). *La Haye*, 1740, 11 v. in-4, v., fil., tr. d., *portr.*

5309. — Thuanus restitutus, sive sylloge locorum variorum in historia Jac. Aug. Thuani hactenus desideratorum. Item Franç. Guicciardini Paralipomena (edente de Wicquefort), gr., lat. et franç. *Amstelod.*, 1663, in-12, mar. r., fil., tr. d.

Exemplaire de Baluze. — Voir aussi le N° 3889.

5310. **Thucydides.** De bello Peloponesiaco libri VIII, cum interpret. Laur. Vallæ, ab H. Stephano recognita. *Excud. H. Stephanus,* 1588, *Genevæ,* in-fol., bas.

5311. — Thucydidis libri VIII (gr. et lat.) cum adnot. integris H. Stephani et Joh. Hudsoni : recensuit et notas suas addidit Jos. Wasse : editionem curavit, suasque animadvers. adjecit C.-A. Dukerus ; cum variis dissertat., etc. *Amstelæd., apud Westenios,* 1731, in-fol., v., *frontisp. gr. et cartes.*

5312. — Histoire grecque de Thucydide, texte grec, avec la version latine et la traduction française, accompagnée des variantes de 13 mss. et d'observations critiques par J.-B. Gail. *Paris,* 1807, 8 v. in-4, cart., *cartes* et *planches.*

5313. — Histoire de Thucydide, trad. par P.-Ch. Levesque. *Paris,* 1795, 4 v. in-8, d.-rel. bas.

5314. **Thuillier** (dom Vinc.). Seconde lettre servant de réplique à la réponse que lui a faite un de ses confrères qui persiste dans son appel. *Paris, Giffart,* 1723, pet. in-12, bas.
Le titre manque.

5315. **Tiberius a Corneto** (Salustius). Formularium cujus vis generis instrumentorum, ad stylum et communem usum Romanæ Curiæ, urbis et orbis accommodatissimum, etc. *Romæ,* 1663, in-4, parch.

5316. **Tibullus,** ex recens. Vulpii. Voy. Catullus.

5317. — Elégies de Tibulle, par Mirabeau (avec notes), suivies des Baisers de Jean Second et de contes et nouvelles du traducteur. *Paris,* an VI (1798), 3 v. in-8, *portr.* et *fig.*

5318. **Tillemont** (Séb. Lenain de). Mémoires pour servir à l'histoire ecclésiastique des six premiers siècles. (2e édition). *Paris,* 1701-12, 16 v. in-4, v. br., *portr.*

5319. — Histoire des Empereurs et des autres Princes qui ont régné durant les six premiers siècles de l'Eglise..., justifiée par des citations des écrivains originaux. *Paris,* 1690-1738, 6 v. in-4, bas. marb.

5320. — Vie de M. Lenain de Tillemont, avec des réflexions sur divers sujets de morale, et quelques lettres de piété (par...). *Cologne*, 1711, in-12, v. éc., fil., *portr.*

5321. **Tilliot** (du). Mémoires pour servir à l'histoire de la Fête des Foux, qui se faisait autrefois dans plusieurs églises. *Lausanne* et *Genève*, 1751, in-8, bas., *fig.*

5322. **Tillotson** (John). Sermons sur diverses matières importantes; trad. de l'angl. par J. Barbeyrac. *Amsterdam*, 1744, 7 v. in-12, bas.

5323. — Discours contre les athées et les libertins; trad. de l'angl. par David Mazel. *Utrecht*, 1694, in-12, vél.

5324. **Tirinus** (Jacobus). Commentarius in sacram Scripturam. *Lugduni*, 1702, 2 tom. en 1 v. in-fol., d.-rel. bas.

5325. **Tirocinium** linguæ græcæ, primigeniæ voces sive radices, in centurias complexum. *Lugduni*, 1682, in-32, bas.

5325 *bis*. **Titelman** (Fr.). In omnes Epistolas apostolicas elucidatio, una cum textu suo loco ad marginem translato, etc. *Parisiis*, 1543, in-8, v. br.

5326. **Titon du Tillet** (Evrard). Le Parnasse français. *Paris*, 1732, in-fol., v. br., fil., *fig.*

5327. **Tocsins Catholiques**, ou recueil des pièces les plus fortes que les catholiques ont fait paraître contre les ennemis du S. Siège au sujet de la *Constitution Unigenitus*. *Avignon, Jos. Chastel*, 1717, in-12, bas.

5328. **Toland** (J.). Adeisidæmon sive Titus Livius a superstitione vindicatus, autore J. Tolando. Annexæ sunt ejusdem Origines Judaicæ. *Hagæ-Comitis, Johnson*, 1709, in-12, v. br.

5329. — Le Nazaréen, ou le Christianisme des Juifs, des Gentils et des Mahométans; trad. de l'angl. de J. Toland. *Londres*, 1778, in-8, bas.

De la bibl. du C. Abrial, pair de France.

5330. **Tolérance** des Religions (par H. Basnage). *Rotterdam, H. de Graef*, 1684, pet. in-12, v. br.

5331. **Toletus** (Fr.), e soc. Jesu. Summa casuum conscientiæ absolutissima. *Duaci,* 1623, in-8, vél.

5332. — L'Instruction sommaire des prêtres pour tous les cas de conscience; trad. du latin par M. A. Goffard. *Lyon,* 1671, in-4, bas.

5333. **Tollenarius** (Joan.), e soc. Jesu. Speculum vanitatis, sive Ecclesiastes soluta ligataque oratione dilucidatus. *Antverpiæ, Balth. Moretus,* 1635, in-4, v. f., *frontisp. gr.*

5334. **Tondut** (P.-Fr.) de St Léger. Petr.-Fr. de Tonduti San-Legerii, Opera omnia. *Lugduni,* 1661-69, 4 v. in-fol., d.-rel. bas.

5335. **Torniellus** (Aug.). Annales sacri et ex profanis præcipui ab orbe condito ad eumdem Christi passione redemptum. *Antuerpiæ, ex offic. Plantin.,* 1620, 2 v. in-fol., d.-rel. cham., *frontisp. gr.*

5336. **Tournefort** (Jos. Pitton de). Relation d'un voyage au Levant, fait par ordre du Roy. *Lyon,* 1717, 3 v. in-8, v. br.

5337. **Tournely** (Hon.). Prælectiones theologicæ de Deo ac divinis attributis. *Parisiis,* 1751, 2 v. in-12, bas.

5338. — Prælectiones theologicæ de sacramentis in genere, quas in scholis Sorbonicis habuit Hon. Tournely. *Parisiis,* 1726, in-8, bas.

5339. — Prælectiones theologicæ de mysterio sanctæ Trinitatis et de Angelis. *Parisiis,* 1741, in-12, bas.

5340. — Prælectiones theologicæ de opere sex dierum. *Parisiis,* 1743, in-12, bas.

5341. — Prælectiones theologicæ de gratia. *Parisiis,* 1755, 2 v. in-12, bas.

5342. **Tournon** (Th. Maillard, card. de). Mémoires pour Rome sur l'état de la religion chrétienne dans la Chine. S. l., 1709-10, pet. in-12, bas. (N°s 1-7-8-9 et supplément).

5343. — 1. Mémoires pour Rome sur l'état de la Religion Chrétienne dans la Chine. S. l., 1710. — 2. Réponse à la lettre des Jésuites à un prélat, touchant les cérémonies chinoises. S. l., 1709. — 3. Réflexions sur les affaires présentes de la Chine, trad. de l'ital. — 4. Questions proposées à la Congrégation de la Propagande, sur les cérémonies payennes permises par certains missionnaires aux chrétiens Malabares, par le P. F. Marie de Tours, capucin, missionnaire aux Ind.-Or. *Liège,* 1704. — 5. Histoire apologétique de la conduite des Jésuites de la Chine à MM. des Missions étrangères, etc. S. l., 1700. — 6. Lettre du Vicaire apostolique de Siam au Supérieur du Sém. des Missions étrangères. *Paris,* 1693. — 7. Décret du P. Clément XI sur les cérémonies de la Chine, suivi de la réponse de la congrég. des inquisiteurs généraux. — 8. Acta apud Sinas in causa rituum post decretum Clementis XI. 1704. — 9. Nouveau décret de Clément XI sur les affaires de la Chine. — 10. Mandement du Card. de Tournon, suivi du bref confirmatif du P. Innocent XI. 1702.

5344. — L'Etat présent de l'église de la Chine, adressé à l'Evêque de*** S. l. n. d. (postérieur de quelques mois aux *Mém. pour Rome*), in-12, bas.

5345. — Lettre à MM. du Séminaire des Missions étrangères, sur ce qu'ils accusent les Jésuites de ne s'être pas soumis sincèrement au nouveau décret touchant les affaires de la Chine. S. l. (1704), in-12, bas.

5346. — 1. Lettre du Cardinal de Tournon, légat du S. Siège en Chine, au Cte de Liçagarraga, gouverneur de Manille, trad. de l'ital., et rép. de ce dernier. S. l., 1712. — 2. Bref du Pape Clément XI, touchant la légation en Chine du C. de Tournon. — 3. Lettre de Messieurs des Missions étrangères au Pape, sur le décret rendu en 1704-1709, par S. S., contre les idolâtries et superstitions chinoises. S. l., 1710. — 4. Protestation des Jésuites à l'occasion du dernier décret sur les affaires de Chine, avec des réflexions sur la protestation de MM. des Missions étrangères. — 5. Réponse de MM. des Missions étrangères. 1710. — 6. Décret de N. S. P. le Pape Clément XI, sur la grande affaire de la Chine. 1709, 1 v. in-12, bas.

5347. — Bref de Clément XI aux FF. religieux Prêcheurs de la province des Philippines, dans lequel il loue les Missionnaires Dominicains de la Chine sur leur fidélité à soutenir l'autorité du Card. de Tournon, etc. S. l., 1713. — Extraits des relations et des lettres venues de la Chine et de Macao à Rome en 1711. 2 part. en 1 v., pet. in-12, v.

5348. — Relation de la nouvelle persécution de la Chine, jusqu'à la mort du Cardinal de Tournon, par le père Gonzalès de S. Pierre, dominicain, missionnaire en Chine. S. l., 1714. — Examen des faussetés sur le culte des Chinois avancées par le P. Jos. Jouvenci, jés.; trad. d'un écrit latin composé par le P. Minorelli, de l'ordre de S. Dominique, missionnaire en Chine. S. l., 1714, 1 v. in-12, bas.

5349. — Mémoires historiques présentés à Benoît XIV sur les missions des Indes-Orient., où l'on fait voir que les PP. Capucins-missionnaires ont eu raison de se séparer de communion des PP. missionnaires Jésuites qui ont refusé de se soumettre au décret du Cardinal de Tournon, légat du S. Siège, contre les Rits Malabares, etc., par le P. Norbert, capucin, missionnaire apostolique. *Lucques (Avignon)*, 1744, 3 part. en 2 v. in-4, bas. — On y a joint : Constitution du Pape Benoît XIV (lat. et fr.), sur les Rits à suivre ou à éviter dans les royaumes de Maduré, etc.

5350. **Touron** (le P. A.). La vie de S. Thomas d'Aquin... avec un exposé de sa doctrine et de ses ouvrages. *Paris,* 1737, in-4, bas.

5351. — Vie de saint Dominique de Guzman, fondateur de l'ordre des F. Prêcheurs. *Paris*, 1739, in-4, bas.

5352. — Histoire des hommes illustres de l'ordre de Saint-Dominique. *Paris,* 1743, 6 v. in-4, bas.

5353. — De la Providence, traité histor., dogm. et moral. *Paris*, 1752, pet. in-8, bas.

5354. **Toussenel** (A.). L'Esprit des Bêtes; zoologie passionnelle, mammifères de France. 3e édition. *Paris, Dentu*, 1858, in-8, br.

5355. **Tractatus** curiosus ut pote. I. Anonymi, de statu loco et vita animarum postquam discesserunt a corporibus præsertim fidelium. II. Cum examine Balth. Bebelii theologi...., cujus accessit : III. Tractatus de bis mortuis. Annexis : IV. B. J. Gerhardi, theol., et V. Theod. Reikingii, de statu animarum post mortem. VI. Denique adjecta est immortalitas animæ rationalis ex solo lumine naturæ.... et ab adversariorum objectionibus vindicata, Joach. Hildebrandi theol. *Francof.-ad-Mœnum, H. Grossius,* 1691, in-12, bas., *portr.*

La 5e partie est en allemand.

5356. **Tractatus** de Incarnatione Verbi divini, auctore uno e Parisiensibus theologis (Lud. Legrand). Editio 2ª, auctior. *Parisiis,* 1774, 3 v. in-12, bas.

5357. **Tractatus** de Religione, juxta methodum scholasticam adornatus (cura et studio Greg. Simon). *Parisiis, Guill. Desprez,* 1758, 2 v. in-12, bas.

5358. **Tracy** (A.-L.-C. Destutt). Éléments d'Idéologie. *Paris, Courcier,* an XIII (1804)-1815, 4 v. in-8, d.-rel. v. br.

5359. **Tracy** (le P. de), théatin. Vie de S. Bruno, fondateur des Chartreux. *Paris,* 1785, in-12, bas.

5360. **Traditionalisme** (du) d'après le Concile d'Amiens, Mgr l'Evêque de Montauban, le Collége Romain et le journal historique de Liége (par B. Gilson, curé). *Paris, Donniol,* 1855, in-8, d.-rel. m.
Voir le Nº 1025.

5361. **Tradition** de l'Eglise Romaine sur la Prédestination des saints et sur la Grâce efficace, par M. Germain, docteur en théologie (le P. Quesnel). *Cologne,* 1687, 6 part. en 2 v. in-12, bas.

5362. **Tragicum** Theatrum Actorum et Casuum Tragicorum Londini publice celebratorum quibus Hiberniæ prorcgi, episcopo Cantuarensi ac tandem regi ipsi, aliisque vita adempta et ad metamorphosin via est aperta. *Amstelod., apud Jod. Jansonium,* 1649, pet. in-8, v. éc.

5363. **Traité** contre le luxe des Coiffures (par l'abbé de Vassets). *Paris, Couterot,* 1694, in-12, bas.

5364. **Traité** contre les Danses et les mauvaises chansons (par l'abbé Gaultier). *Paris,* 1769, in-12, bas.

5365. **Traité** de la formation mécanique des langues et des principes physiques, de l'étymologie (par le présid. de Brosses). *Paris,* 1765, 2 v. in-12, bas.

5366. **Traité** de la lecture de l'Ecriture sainte, avec une dissertation de l'interprète de l'Ecriture sainte; trad. du lat. de Jean de Neercassel, évêque de Castorie (par Le Roy, abbé de Haute-Fontaine). *Cologne, d'Egmond,* 1680, in-8, bas.

5367. **Traité** de l'Ame des Bêtes, avec des réflexions physiques et morales, par M. l'abbé M... (Macy). *Paris,* 1737, in-12, bas.

5368. **Traité** de l'Ame et de la connoissance des Bêtes, par A. D.... (Dilly, prêtre). *Amsterdam,* 1691, in-12, br.

5369. **Traité** de l'amitié (par Louis de Sacy). *Paris, Barbin,* 1704, in-12, v. br.

5370. **Traité** de l'amour du souverain bien, qui donne le véritable caractère de l'amour de Dieu, opposé aux fausses idées de ceux qui ne s'éloignent pas assez des erreurs de Molinos, etc. (par le P. Ameline, de l'Oratoire). *Paris, Léonard,* 1699, in-12, v. br.

5371. **Traité** de la nature de l'âme et de l'origine de ses connaissances contre le système de Loke et de ses partisans (par l'abbé Roche, ex-oratorien). *Amsterdam,* 1759, 2 v. in-12, bas.

5372. **Traité** de la Satire, où l'on examine comment on doit reprendre son prochain et comment la satire peut servir à cet usage (par l'abbé de Villiers). *Paris, Anisson,* 1695, in-12, bas.

5373. **Traité** de la vocation chrétienne des enfants (publié par Frain du Tremblay). *Paris, Pralard,* 1685, pet. in-12, bas.

5374. **Traité** de l'étendue locale des Censures. *Amsterdam,* 1766, in-12, br.

5375. **Traité** de l'incertitude des sciences (par Baker, trad. de l'angl. par Berger). *Paris,* 1714, in-12, v. br.

5376. **Traité** de l'Infini créé, avec l'explication de la possibilité de la transsubstantiation. Traité de la confession et de la communion, par le P. Malebranche. *Amsterdam,* 1769, in-12, 213 pp. sans la préface et la vie de Malebranche (composées par L.-Th. Hérissant).
Attribué à M. de Boulainvilliers. Voy. Barbier, N° 18114.

5377. **Traité** des Annates (par l'abbé Béraud, aidé de l'abbé de Longuerue). *Amsterdam,* 1718, in-12, v. br.

5378. **Traité** des causes physiques et morales du Rire, relativement à l'art de l'exciter (par Poinsinet de Sivry). *Amsterdam, Rey*, 1768, in-12, d.-rel. v. f.

5379. **Traité** des Dispenses suivant l'Ecriture sainte, les décrets des Conciles et des Papes, etc. (par Hubert Loyens?). *Paris*, 1713, pet. in-12, vél.

5380. **Traité** des Eunuques, dans lequel on explique toutes les différentes sortes d'Eunuques, quel rang ils ont tenu et quel cas on en a fait, etc.... par M. D. (Ancillon). 1707, in-12, d.-rel. m.

5381. **Traité** des Prêts de commerce, ou de l'intérêt légitime et illégitime de l'argent; par M..... (l'abbé Mignot). *Amsterdam* et *Paris*, 1759, 4 v. in-12, bas.

5382. **Traité** des sources de la corruption qui règne aujourd'hui parmi les chrestiens (par J.-Fréd. Osterwald). *Neufchâtel*, 1700, in-12, v. br.

5383. **Traité** des trois Imposteurs. Voir le N° 4524.

5384. **Traité** du sacrifice de Jésus-Christ (par Plowden). *Paris*, 1778, 3 v. in-12, v. éc.

5385. **Traité** du secret de la confession pour servir d'instruction aux confesseurs et rassurer les pénitens, par un docteur de Sorbonne; avec le supplément (par Estienne Lochon). *Paris, Simart*, 1708 et 1710, 2 v. in-12, bas.

5386. **Traité** du contrat de Mariage (par Pothier). *Paris*, 1771, 2 v. in-12, bas.

5387. **Traité** des Obligations selon les règles tant du for de la conscience que du for extérieur (par Pothier). *Paris*, 1768, 2 v. in-12, bas.

5388. **Traité** du contrat de Constitution de Rente (par Pothier). *Paris*, 1763, in-12, bas.

5389. **Traité** du gouvernement spirituel et temporel des Paroisses par M. J... (Jousse). *Paris*, 1769, in-12, bas.

5390. **Traité** élémentaire de Géographie, contenant un abrégé méthodique du Précis de la Géographie universelle en 8 v., de Malte-Brun (par la Renaudière, Balbi et Huot), avec atlas de 12 cartes. *Paris,* 1830, 3 v. in-8, d.-rel. m. v.

5391. **Traité** historique du Jubilé des Juifs, par C. G. D. B. (Claude Gros, de Boze). *Paris,* 1702, in-12, bas.
<small>Le titre manque.</small>

5392. **Traité** sur la Tolérance (par Voltaire). S. l., 1763. — Ode sur la mort de la Markgrave de Bareith (par le même). 1 v. in-8, bas.

5393. **Traités** des droits et libertés de l'Eglise Gallicane (recueill. par Dupuy et publ. par Brunet), sans noms d'aut. ni d'imprimeur. 1731, 2 v. in-fol. — Preuves des Libertés de l'Eglise Gallicane. 3e édit. 1731. *Sur l'imprimé à Paris, Seb. et Gab. Cramoisy,* 1651, *avec privilège du Roy,* in-fol., en 2 part. En tout, 4 v., v. f., tr. d.

5394. **Traités** sur les moyens de connaître la vérité dans l'Eglise (par Fr. Romain). *Toulouse,* 1781, in-12, bas.

5395. **Traités** géographiques et historiques, pour faciliter l'intelligence de l'Ecriture sainte; par divers auteurs célèbres (publ. par Bruzen de la Martinière, auteur de la préface). *La Haye,* 1730, 2 v. in-12, bas.
<small>Le 1er contient un traité sur la situation du Paradis terrestre, par le P. Hardouin; le 2d, les navigations de Salomon, par Huet.</small>

5396. **Trembley** (Jean). Considérations sur l'état présent du Christianisme. *Paris, Dufour,* 1809, in-8, br.

5396 *bis.* **Trésor** (le) de l'Abbaye royale de S. Denis en France (le titre manque). — *A la suite* : Méthode facile pour apprendre le blason, où l'on a joint les armes accolées des Princes et Princesses, Ducs, etc. *Paris, chez P. Gallays,* de 72 pages gravées.

5397. **Trésor** (le) des harangues, remonstrances et oraisons funèbres des plus grands personnages de ce temps, rédigées par ordre chronologique, par M. L. G. (Gilbault), advocat au Parlement. *Paris, Bobin,* 1654, in-4, vél.

5398. **Tressan** (L. de la Vergne, c^te de). Traduction libre d'Amadis de Gaule et de Roland l'amoureux, avec fig. *Paris,* 1787, 3 v. in-8, d.-rel. bas.

5399. **Tresvaux** (l'abbé). Histoire de l'église et du diocèse d'Angers. *Paris,* 1859, 2 v. in-8, br.

5400. — Histoire de la persécution révolutionnaire en Bretagne à la fin du 18e siècle. *Paris,* 1845, 2 v. in-8, br.

5401. **Tricalet** (l'abbé P.-Jo.). Les motifs de crédibilité prouvés par le témoignage des Juifs et des Payens, développés par les Pères de l'Eglise, etc. *Paris,* 1763, 2 v. in-12, bas.

5402. **Trimundus** (Leo.). Orationes quædam; epistolæ et epigrammata, juvenilia opera. *Lugduni, Rigaud,* 1612, in-12, parch.

5403. **Triomphe** (le) de la Magdeleine en la créance et la vénération des saintes Reliques en Provence, ou réponse à une lettre intitulée : *Sentimens de M. de Launoy sur le livre du P. Guesnay*, etc., par Denis de la Ste Baume (le P. Jean-B^te Guesnay, jésuite). 1647, pet. in-8, vél.

Voir les N°s 193 et 750.

5404. **Triomphe** de l'Evangile, ou mémoires d'un homme du monde.... trad. de l'espagnol (d'Olavide, comte de Pilo); par Buynaud des Echelles. 2e éd. *Lyon,* 1821, 3 v. in-8, *frontisp. gr.*

5405. **Triomphe** (le) Hermétique, ou la Pierre Philosophale victorieuse: traité complet touchant le magistère hermétique (par Limojon de St-Disdier). *Amsterdam, Wetstein,* 1699, in-12, bas., *fig.*

5406. **Trithème** (Jean). Polygraphie et universelle escriture cabalistique de M. J. Tritheme, abbé; trad. par Gabriel de Collange. *Paris, Jacq. Kerver,* 1571, in-4, bas., *fig.*

5407. — Steganographiæ nec non Claviculæ Salomonis Germani, Joan. Trithemii abbatis Spanheimensis (quæ usque a nemine intellectæ, a multis fuerunt condemnatæ et necromantiæ nota inustæ) genuina facilis dilucidaque declaratio, a Joan. Caramuel. *Coloniæ, typis Egmondanis,* 1535, in-4, vél.

5408. — Joan. Trithemii Opera pia et spiritualia (edente P. Joanne Busæo societatis Jesu). *Moguntiæ,* 1605, in-fol., cham.

5409. **Trois** (les) siècles de la littérature française, ou Tableau de l'esprit de nos écrivains depuis François Ier jusqu'en 1779 (par Sabathier de Castres). *La Haye* et *Paris,* 1779, 4 v. in-12, bas.

5410. **Trouvé** (le baron). Essai historique sur les Etats généraux de la Province de Languedoc, avec cartes et gravures. — Description générale et statistique du départ. de l'Aude, avec cartes et gravures. *Paris, Didot,* 1818, 2 v. in-4, d.-rel. bas.

5411. **Trublet** (l'abbé). Essais sur divers sujets de littérature et de morale. *Paris,* 1754, 3 v. in-12, bas.

5412. **Tuba magna,** mirum clangens sonum ad Clementem XI, Imperatorem, Reges, etc., de necessitate reformandi societatem Jesu, per Liberium Candidum (Henricum a Sancto Ignatio carmelitanum). Editio tertia correcta et aucta. *Argentinæ (Ultragecti),* 1717, 2 v. in-12, bas.

5413. **Turnebus** (Adrianus). Adversariorum libri XXX, in quibus variorum auctorum loca explicantur, additis indicibus. *Genevæ,* 1604, pet. in-fol., v., fil.

Voir aussi le N° 5467.

5414. **Turpin** (F.-R.). Histoire de la vie de Mahomet, législateur de l'Arabie. *Paris,* 1773, 2 v. in-12, mar. v.

5415. — Histoire de l'Alcoran, où l'on découvre le système politique et religieux du faux Prophète, et les sources où il a puisé sa législation. *Londres* et *Paris,* 1775, 2 v. in-12, bas.

5416. — Histoire civile et naturelle du royaume de Siam. *Paris,* 1771, 2 v. in-12, bas.

5417. **Turrettini** (J.-Alph.). Traité de la vérité de la religion chrétienne, tirée du lat. (par Jac. Vernet). *Genève*, 1730, 4 sections en 2 v. in-8, vél.

5418. **Tursellinus** (Hor.), e soc. Jes., historiarum ab origine mundi usque ad an. 1598 epitome, etc. *Rotomagi*, 1681, in-12, bas.

U

5419. **Ubaghs** (G.-C.). Précis d'Anthropologie psychologique. 4e édition. *Louvain*, 1848, in-8, d.-rel. mar.

5420. — De la Connaissance de Dieu, ou monologue et prosloge, avec les appendices de St Anselme, archevêque de Cantorbéry et docteur de l'Eglise, texte révisé d'après un ancien msc., avec traduct. française, notes, etc., par G.-C. Ubaghs. *Louvain*, 1854. — Du Réalisme en Théologie et en Philosophie. Opuscules sur le dogme de la Trinité et l'Incarnation, et sur la Conception virginale et le Péché originel, par S. Anselme, suivis de deux lettres du même, et du IIe livre sur le Péché originel du B. Odon, évêque de Cambrai; texte révisé, avec traduct. franç., notes, etc., par G.-C. Ubaghs. *Louvain*, 1856, 1 v. in-12, d.-rel. mar. r.

5421. — De mente Sancti Bonaventuræ circa modum quo Deus ab homine cognoscitur. *Lovanii*, 1859, in-8, br.

5422. **Ulstadius** (Phil.). Cœlum Philosophum, seu liber de secretis naturæ per Phil. Ulstadium, ex variis autoribus accurate selectus variisque figuris illustratus. *Lugduni*, *Guill. Rovillius*, 1557, pet. in-12, bas.

5423. **Une journée** à Genève. Coup d'œil sur le berceau de la Réforme, au XIXe siècle. *Avignon*, *Seguin*, 1843, in-8, br.

5424. **Universalité** (de l') de la langue française (par le comte de Rivarol). *Berlin* et *Paris*, 1785, in-12, v. éc., tr. d., fil., pap. vél.

5425. **Urfé** (Honoré d'). L'Astrée, pastorale allégorique avec la clé; nouvelle édition, où, sans toucher au fonds ni aux épisodes, on s'est contenté de corriger le langage, et d'abréger les conversations. *Paris*, *P. Witre*, 1733, 5 v. in-8, bas., *fig*.

5426. — Conclusion (la) et dernière partie d'Astrée..., composée sur les vrais mémoires de feu m^re Honoré d'Urfé, par le s^r Baro, revue et corrigée en cette dernière édition, et enrichie de figures. *Paris, Sommaville,* 1647, in-8, vél., *portr. et frontisp. gr.*

5427. — La nouvelle Astrée (abrégé de l'Astrée, attribué à l'abbé de Choisy). *Paris, Pépie,* 1713, in-12, v. j., fil.

5428. **Usage** (de l') de l'Histoire (par l'abbé de Saint-Réal). *Paris, Cl. Barbin,* 1672, in-12, v. br.

5429. **Usure** (de l') et des vrais moyens de l'éviter par l'usage de divers contrats licites... (par M. de Vourric). *Avignon,* 1687. — Réponse d'un docteur en droit civil et canonique à la lettre d'un de ses amis sur le droit du Prêt et du Retardement. In-8, bas.

V

5430. **Vaissette** (dom). Voy. le N° 2404.

5431. **Valerian** (Jean-Pier.), dit Pierius. Hieroglyphica, seu de sacris Ægyptiorum aliarumque gentium litteris commentarii. *Lugduni, P. Frellon,* 1610, in-fol., mar. r.

5432. — **Valerius Maximus.** Dictorum factorumque memorabilium libri IX, cum J. Lipsii notis. *Lugd.-Batav.,* 1640, pet. in-12, v. f., fil.

5433. — Valerius Maximus, cum selectis varior. observat. et nova recens. A. Thysii. *Lugd.-Batav.,* 1651, in-8, v. br., *frontisp. gr.*

5434. — Valère Maxime, trad. du lat. par René Binet. *Paris,* an IV (1796), 2 v. in-8, d.-rel. bas.

5435. **Valerius Flaccus.** Argonautique, ou la conquête de la Toison d'or; poëme trad. en vers franç. par Ad. Dureau de Lamalle. *Paris, Michaud frères,* 1811, 3 v. in-8, d.-rel. v.

5436. **Valery.** Curiosités et anecdotes italiennes. *Paris,* 1842, in-8, d.-rel. v. f.

5437. **Valesiana**, ou les pensées critiques, historiques et morales, et les poésies latines de M. de Valois, recueillies par son fils. *Paris*, 1694, in-12, v. éc., *portr.*

5438. **Valette** (l'abbé), prieur de Bernis. Sonnets sur les antiquités de la ville de Nismes, avec des remarques historiques. 2e édit. *Nismes*, 1748, in-12, br., *fig.*

5439. **Valla** (Laurentius). Opera, nunc primo in unum volumen collecta, ex exemplar. variis collatis emendata. *Basileæ, H. Petrus*, 1540, in-fol., v. f.

5440. — Laurentii Vallæ, de Voluptate ac vero bono libri III. *Basileæ, apud Andr. Cartrandum, anno MDXIX*, in-4, vél., *frontisp. gr.*

5441. **Vallemont** (l'abbé de). Eléments de l'Histoire. 6e éd. *Paris*, 1745, 4 v. in-12, v. éc.

5442. **Valleroux** (Hubert). De l'Assistance sociale, ce qu'elle a été, ce qu'elle est, ce qu'elle devrait être. *Paris*, 1854, in-8, br.

5443. **Van Dale** (Ant.). De Oraculis veterum ethnicorum dissertationes duæ; accedunt dissertatiunculæ III. *Amstelod.*, 1700, in-4, v., *fig.*

5444. — Dissertationes de origine ac progressu Idolatriæ et Superstitionum : de vera ac falsa Prophetia; uti et divinationibus idolatricis Judæorum. *Amstelod.*, 1696, in-4, vél.

5445. **Van der Velde** (C.-F.). Les Patriciens, histoire de la fin du XVIe siècle, d'après d'anciennes chroniques; trad. de l'allem. *Paris*, 1826, in-12, d.-rel. v.

5446. **Van der Muelen** (G.). Dissertatio de ortu et interitu Imperii Romani, qua examinatur an ea quæ olim fuerint Romani Imperii jam sint Germanici Regni, propter translationem Imperii Romani in Carolum M. factam : accedit dissertatio de sanctitate summi imperii civilis. Editio secunda. *Ultrajecti, Herm. Besseling*, 1738, in-12, d.-rel. mar. r., *fig.*

5447. **Van Effen** (J.). OEuvres diverses. *Amsterdam*, 1742, 5 v. in-12, v. marb.

5448. **Van Espen** (B.), prêtre. Dissertation canonique sur le vice de la propriété des religieux et des religieuses ; composée en latin. *Lyon*, 1693, in-12, bas.

5449. **Van Helmont** (J.-B.). Ortus medicinæ, id est initia physicæ inaudita, progressus medicinæ novus in morborum ultionem ad vitam longam. *Amstelod., Elzevir.*, 1652, in-4, v. br.

5450. **Vanière** (Jac.). Jac. Vanierii Prædium rusticum ; nova ed. auctior. et emend. *Tolosæ*, 1730, in-12, v., *fig.*

5451. — Opuscula. Editio nova. *Parisiis, Simon*, 1730, in-12, v.

5452. **Vanière** (Pradines), petit-neveu de l'auteur du *Prædium*. Chronologie de tous les Rois de France..... par demandes et par réponses. *Castres, Robert*, 1777, in-12, br.

5453. **Vanini** (Jul.-Cæs.). Amphitheatrum æternæ Providentiæ divino-magicum, autore Julio-Cæsare Vanino... *Lugd., De Harsy*, 1625, in-8, mar. v., fil., tr. d.

5454. — De admirandis Naturæ reginæ Deæque mortalium arcanis, libri quatuor. *Lutetiæ-Paris.*, 1616, pet. in-8, parch.

5455. — Apologia pro Jul.-Cæsare Vanino (par P.-Fréd. Arpe). *Cosmopoli*, 1712, in-8, vél.

5456. — La vie et les sentiments de Lucilio Vanini. *Rotterdam, Fritsch*, 1717, in-12, bas.

5457. **Vanités** (les) de la cour... Voy. le N° 2629.

5458. **Vapereau** (G.). Dictionnaire universel des contemporains, contenant toutes les personnes notables de la France et des pays étrangers. *Paris, Hachette*, 1858, gr. in-8 compacte, d.-rel. m. — Supplément à la première édit. *Paris*, 1859, 1 fasc. — Nouveau supplément. *Paris*, 1863, 1 fasc.

5459. — L'Année littéraire et dramatique. 1858-64 (6 années). *Paris*, gr. in-18, d.-rel. m.

5460. **Varenius** (Ber.). Descriptio regni Japoniæ. *Amstelod., Lud. Elzevir.*, 1649, pet. in-12, bas.

5461. **Varet** (Alex.). Lettres chrétiennes et spirituelles. *Paris, Pralard*, 1675, 3 v. in-12, bas., *portr.*

5462. **Vargas** (Fr. de). Lettres et mém. de Fr. de Vargas, de Pierre de Malvenda et de quelques évêques d'Espagne touchant le concile de Trente; trad. de l'espagnol, avec remarques par M. Michel le Vassor. *Amsterdam*, 1699, 2 tom. en 1 v. in-12, bas.

5463. **Variétés** historiques, physiques et littéraires, ou recherches d'un savant, contenant plusieurs pièces curieuses et intéressantes (par Boucher d'Argis). *Paris*, 1752, 3 v. in-12, bas.

5464. **Variétés** ingénieuses, ou recueil et mélanges de pièces sérieuses et amusantes (par Louis de Court, publiées par Manoury, avocat). *Paris*, 1725, in-12, v. br.

5465. **Variétés** littéraires, ou Recueil de pièces tant originales que traduites, concernant la Philosophie, la Littérature et les Arts (par l'abbé Arnaud et Suard). *Paris, Lacombe*, 1768, 4 v. in-12, bas.

5466. **Varro** (M.-Terentius). De lingua latina libri qui supersunt, cum fragmentis ejusdem, etc. *Biponti, ex typogr. Societatis*, 1788, 2 v. in-8, v. rac.

5467. — Adr. Turnebi commentarii et emendationes in libros M. Varronis de lingua latina. *Parisiis*, 1566, in-8, parch.

5468. **Vasi** (Mar.). Itinéraire instructif de Rome et de ses environs. *Rome*, 1792, 2 tom. en 1 v. in-12, *fig.* et *portr.*

5469. **Vattel** (Emmerich de). Le Droit des Gens, ou Principes de la loi naturelle appliqués à la conduite et aux affaires des nations et des souverains. *Neufchâtel*, 1774, 3 v. in-12, bas.

5470. **Vaugelas** (Cl.). Remarques sur la langue françoise, avec des notes de Th. Corneille. *Paris*, 1687, 2 v. in-12, bas., *frontisp. gr.*

5471. **Vauvenargues** (de). OEuvres complètes (publ. par M. de Fortia). *Paris,* 1797, 2 v. in-12, v.

5472. — OEuvres complètes. — Supplément aux œuvres complètes. *Paris, Belin,* 1820, in-8, v. r.

5473. — OEuvres posthumes et inédites, avec notes et commentaires par D.-L. Gilbert. *Paris, Furne,* 1857, in-8, br.

5474. **Vavassoris** (Fr.), Opera omnia. *Amstelod.,* 1709, in-fol., cart.

5475. **Veillées du Tasse** (les). Msc. inédit, mis au jour par Compagnoni, et trad. de l'ital. par J. F. Mimaut. *Paris,* an VIII, in-8, bas., fil.

5476. **Velastus** (Th.-Stan.) Dissertatio de litterarum græcarum pronuntiatione. *Romæ,* 1751, in-4, d.-rel. bas.

5477. **Ventura** (le P.). De methodo philosophandi. Pars prima, de philosophia et de modo philosophandi in genere. *Romæ,* 1828, in-8, d.-rel. m.

5478. — De la vraie et de la fausse Philosophie, en réponse à une lettre de M. le Vte Victor de Bonald. *Paris, Gaume fr.,* 1852, in-8.

5479. — La Raison philosophique et la Raison catholique; conférences prêchées à Paris dans l'année 1851, augm. et accomp. de remarques et de notes. *Paris, Gaume fr.,* 1851, 4 v. in-8, d.-rel. m., *portr.*

5480. — La Tradition et les Semi-Pélagiens de la philosophie, ou le semi-rationalisme dévoilé. *Paris,* 1856, in-8, d.-rel. m.

5481. — La Philosophie chrétienne par le P. Ventura, pour faire suite à la Tradition par le même auteur. *Paris, Gaume,* 1861, 3 v. in-8, d.-rel. m.

5482. **Vergilius** (Polydorus) et Alexander Sardus. De rerum inventoribus, cum indicibus. *Noviomagi-Batav., Suretius,* 1671, in-12, bas., *frontisp. gr.*

5483. — Les Livres de Polydore Vergile, d'Urbin, des Inventeurs des choses; traduicts de latin en françois (par Belleforest). *Lyon, Rigaud,* 1576, in-16, bas. br.

5484. **Véritable** (le) Esprit des nouveaux disciples de S. Augustin; lettre d'un abbé de Sorbonne à un vicaire-g^l d'un diocèse des Pays-Bas (par le P. Lallemant, jés.). *Bruxelles,* 1705, 3 v. in-12, bas.

5485. **Véritable** (le) Père Josef, capucin, nommé au cardinalat, contenant l'histoire anecdote et secrète du cardinal duc de Richelieu (par l'abbé Richard). *St-Jean de Maurienne, Butler (Paris),* 1704, in-12, v. br.

5486. **Véritable** (la) Politique des personnes de qualité (par Remond des Cours). *Paris, Boudot,* 1692, pet. in-12, v. j.

5487. **Véritable** (le) Test des Jésuites, ou l'esprit de la société, infidèle à Dieu, au roi et à son prochain (par Abr. Arondeus). *A Cologne, chez Pierre Forgeur,* 1688, in-18 de 159 pag.

5488. **Vérité** (la) déguisée, persécutée et reconnue; en trois parties. Histoire chrétienne (par Templery; vie de Ste Marine, roman). *Cologne, Balth. Egmond,* 1698, in-12, bas.

5489. **Vérité** de la religion chrétienne, trad. de l'ital. (du marquis de Pianesse) par le P. Bouhours. *Paris,* 1718, in-12, bas.

5490. **Vérité** évidente de la Religion chrétienne (par dom Fr. Lamy, bénédictin). *Paris,* 1694, in-12, v. éc.

5491. **Vernier.** Caractère des Passions, tant au physique qu'au moral. *Paris,* 1797, in-8, d.-rel. bas.

5492. **Véron** (François). Règle générale de la Foi catholique séparée de toutes les opinions de la théologie scolastique et de tous autres sentimens particuliers ou abus, par François Véron. Nouvelle édition par l'abbé Labouderie. *Paris,* 1825, in-12, d.-rel. mar. br.

5493. **Vertot** (l'abbé de). Histoire des révolutions arrivées dans le gouvernement de la République Romaine. 6e édit. *Paris,* 1786, 3 v. in-12, bas.

5494. — Histoire des révolutions de Suède. *Paris,* 1768, 2 v. in-12, bas.

5495. — Révolutions de Portugal. *Paris*, 1768, in-12, bas.

5496. **Vetustissimorum** authorum georgica, bucolica et gnomica poemata quæ supersunt, gr. et lat. *Apud Hær. E. Vignon*, 1600, 4 part. en 1 v. in-16, d.-rel. bas.

5497. **Vico** (J.-B.). OEuvres choisies, contenant ses mémoires écrits par lui-même, la Science nouvelle, les opuscules, lettres, etc., précédées d'une introduct. sur sa vie et ses ouvrages par M. Michelet. *Paris, L. Hachette*, 1835, 2 v. in-8, d.-rel. mar., *frontisp. gr.*

5498. **Vicq-d'Azyr** (F.). Eloges historiques, recueillis et publ. avec des notes et un discours sur sa vie et ses ouvrages par Jac.-L. Moreau, de la Sarthe. *Paris*, an XIII (1805), 3 v. in-8, d.-rel. bas.

5499. **Victoires** (les) de la Charité, ou la Relation des voyages de Barbarie faits en Alger par le R. P. Lucien Hérault, pour le rachapt des François esclaves aux années 1643 et 1645; ensemble ce qui s'est passé en sa captivité, emprisonnement et mort arrivée, au dit Alger, le 28 janvier 1646. *Paris, Boulanger*, 1646, pet. in-8, vél.

5500. **Victor** (Aurelius). Historiæ Romanæ breviarium, cum notis Schotti et variorum. *Lugd.-Batav.*, 1670, 2 tom. en 1 v. in-8, *frontisp. gr.*

5500 *bis*. **Victor** (Cl.-Victor Perrin, dit), duc de Bellune. Ses Mémoires, mis en ordre par son fils aîné. *Paris*, 1847, in-8, br.

Tome Ier, seul paru.

5501. **Vida** (M.-H.). Christiados libri sex : accesseré ejusdem poemata, id est : de Arte poetica, de Bombyce, de Ludo Senechorum, hymni, bucolica, epistola ad J.-M. Gryphium. *Lugduni, ap. Seb. Gryphium*, 1536, in-8, v. f.

5502. **Videl** (Louis). Histoire du connestable de Lesdiguières, contenant toute sa vie, avec plusieurs choses servant à l'histoire générale. *Paris, Fr. Mauger*, 1666, 2 v. in-12, v. br.

5503. **Vie** (la) de Cassiodore, chancelier et premier ministre de Théodoric le Grand... (par J.-Den. de Ste-Marthe). *Paris,* 1694, in-12, bas.

5504. **Vie** (la) de dom Barthélemy des Martyrs, dominicain, tirée de son histoire écrite en espagnol et en portugais, par le P. de Grenade et autres (par Th. du Fossé et Le Maistre de Sacy). *Paris, P. Le Petit,* 1664, in-8, v. br.

5505. **Vie** (la) de Gaspard de Coligny, Sgr de Châtillon, etc. (par Sandraz de Courtilz). *Cologne, Marteau,* 1690, in-12, bas.

5506. **Vie** de dom Jean de Palafox, évêque d'Angelopolis, et ensuite d'Osme (par l'abbé Dinouart). *Cologne et Paris,* 1767, in-8, v. éc., *portr.*

5507. **Vie** (la) de l'Imposteur Mahomet, recueillie des auteurs arabes, persans, etc. (trad. de l'angl. de Prideaux par Daniel de Larroque). *Paris,* 1699, in-12, bas.

5508. **Vie** (la) de Laurent de Médicis, trad. du lat. de Nicolas Valori (par l'abbé Goujet). *Paris,* 1761, in-12, bas.

5509. **Vie** de Michel de l'Hôpital, chancelier de France (par Lévesque de Pouilly fils). *Londres et Paris,* 1764, in-12, bas., *portr.*

5510. **Vie** (la) de Mme la duchesse de Longueville (par Villefore). S. l., 1738, 2 part. en 1 v. in-12, v. j.

5511. **Vie** (la véritable) d'Anne Geneviève de Bourbon, duchesse de Longueville, par l'auteur des anecdotes de la Constitution *Unigenitus* (Villefore). *Amsterdam, Joly,* 1739, 2 tom. en 1 v. in-12, bas.

5512. **Vie** de Marie de Médicis, Reine de France et de Navarre (par Mme d'Arconville). *Paris, Ruault,* 1774, 3 v. in-8, v., *portr.*

5513. **Vie** de M. Emery, neuvième supérieur du Séminaire et de la Compagnie de S. Sulpice, etc. (par J. Edme-Aug. Gosselin). *Paris, Jouby,* 1861, 2 v. in-8, d.-rel. mar. n., *portr.*

5514. **Vie** de M. Grosley, écrite en partie par lui-même, continuée et publiée par l'abbé Maydieu. *Londres* et *Paris*, 1787, in-8, d.-rel. mar. r.

5515. **Vie** de M. Henri Boudon, Grand Archidiacre d'Evreux. par M. (   ). *Paris, Hérissant*, 2 v. in-12, bas., *portr*.

5516. **Vie** de Monsieur de Pâris, diacre du diocèse de Paris, etc. (par le P. Boyer). *Utrecht*, 1732, in-12, vél.

5517. **Vie** de M. Pavillon, évêque d'Alet (par Lefèvre de Saint-Marc et de la Chassagne, sur les mémoires faits la plupart ou revus par Du Vaucel). *Utrecht (Paris)*, 1739, 3 v. in-12, v. br.

5518. **Vie** (la) de messire Félix Vialart de Herse, évêque et comte de Châlons en Champagne (par l'abbé Goujet). *Cologne*, 1758, in-12, v. br.

5519. **Vie** (la) de messire Bénigne Joly, prestre, docteur de la Faculté de Paris, etc...; par un religieux bénédictin de la congr. de S. Maur (Ant. Beaugendre). *Paris*, 1700, in-8, v. f.

5520. **Vie** (la) de Pélage, contenant l'histoire des ouvrages de S. Jérôme et de S. Augustin contre les Pélagiens (attrib. au P. Patouillet). S. l., 1751, in-12, bas.

5521. **Vie** (la) de Philippe d'Orléans, régent du royaume de France; par M. L. M. D. M. (La Mothe dit de La Hode), ex-jésuite. *Londres*, 1736, 2 v. in-12, bas.

5522. **Vie** de Pierre Pithou, avec quelques mémoires sur son père et ses frères (par Grosley). *Paris*, 1756, 2 v. in-12, bas.

5523. **Vie** (la) de S. Jean de la Croix, premier carme déchaussé, confesseur de Ste Thérèse, etc.; par Collet. *Turin* et *Paris*, 1769, in-12, bas.

5524. **Vie** (la) de S. Martin, évêque de Tours (par dom Nic. Gervaise). *Tours*, 1699, in-4, bas.

5525. **Vie** de S. Vincent de Paul (par Collet). *Nancy*, 1748, 2 v. in-4, bas., *portr*.

5526. **Vie** (la) des Veuves, ou les devoirs et les obligations des Veuves chrétiennes (par Girard de Ville-Thierry). *Paris*, 1746, in-12, bas.

5527. **Vies** (les) des Saints pour tous les jours de l'année, avec l'histoire des mystères de Notre Seigneur (par Goujet, Mesenguy et Roussel). *Paris, 1734*, 2 v. in-4, bas.

5528. **Vie** du cardinal d'Amboise, premier ministre de Louis XII (par l'abbé Legendre). *Amsterdam*, 1726, in-4, v. br., *portraits*.

5529. **Vie** du maréchal de Villars, écrite par lui-même, et donnée au public par M. Anquetil. *Paris*, 1785, 4 v. in-12, bas., *portr*.

5530. **Vie** (la) du rév. Père de Condren, second général de la Congrégation de l'Oratoire en France (par Caraccioli). *Paris*, 1764, in-12, v. m., fil.

5531. **Vie** (la) et la conduite spirituelle de Mlle Madeleine Vigneron, suivant les mémoires qu'elle en a laissés par ordre de son directeur (par Mathieu Bourdin). *Paris,* 1689, in-8, bas.

5532. **Vie** (la) et la doctrine de N. S. J.-C., suivant le texte de l'Evangile expliqué par Bossuet et traduit presque en entier par lui..... le tout recueilli et mis en ordre par A. Chaillot. *Avignon*, 1857, in-8, d.-rel. mar. gr.

5533. **Vie** (la) et les lettres de messire Jean Soanen, évêque de Senez (par J.-B. Gautier). *Cologne (Paris)*, 1750, 2 v. in-4, bas. marb., *portr*.

5534. **Vies** intéressantes et édifiantes des Religieuses de Port-Royal et de plusieurs personnes qui leur étaient attachées (publiées par l'abbé Leclerc). 1751-52, 4 v. in-12, v. j.

5535. **Vie** de M. Jean Poujol, curé de la cathédrale de Montpellier,.... par le curé actuel de Clapiers (Azéma). *Montpellier, Grollier*, 1847, in-12, br., *portr*.

Voir, en outre, pour d'autres Vies, les N^{os} suivants :
Abeilard, 6; Alfieri, 83; Aristote, 246; Ant. Arnauld, 272-73; Bayle, 525 et 2819; Bossuet, 848; dom Calmet, 882; Cay-

lus, év. d'Auxerre, 981; la Mère Chantal, 15; Charles-Quint, 3030; l'abbé de Choisy, 1049; Clément XI, 1104-05; Commendon, 2165; Cromwell, 3031; Descartes, 1404-05; Du Perron, 845; Epictète, 1685; Erasme, 846; J.-A. Fabricius, 4606; Gassendi, 2039-40; Grotius, 847; Hamon, 2277; Horace, 2471; Julien, 2669; J. Leclerc, 2902; Lenain de Tillemont, 5320; Lenglet Dufresnoy, 3393; Luther, 2784; Mabillon, 4746; Olympia Maldachini, 2218; Marie de l'Incarnation, 3519; dom Martin, 3286; Ménage, 3410-11; Mézeray, 3452; Montaigne, 3500; Montmaur, 4826; Moreau, 530; Pétrarque, 3901; Peyresc, 4647; Ravignan, 4036; Renty, 4785; Richelieu, 2899; E. Richer, 432; Ruffin, 4742; S. Amable, 2682; S. Athanase, 2315; S. Ambroise, 2317; S. Augustin, 384; S. Basile, 2316; S. Bernard, 591; S. Bruno, 5359; S. Denis l'Aréopagite, 1479; S. Dominique, 5351; S. François de Sales, 4821; S. Ignace, 3192; S. Irénée, 2578; S. Jean Chrysostôme, 2622; S. Philippe de Néry, 4376; S. Thomas d'Aquin, 5350; Ste Catherine de Gènes, 1422; Sixte-Quint, 3029; Socrate, 1015; Spinoza, 5064; J.-A. Thou, 3889; 5308, 5309; Vanini, 5456.

5536. **Vigée-Lebrun** (Mme L. Elisabeth). Souvenirs. *Paris*, 1835-37, 3 v. in-8, d.-rel. v.

5537. **Vigeri** (Fr.) de præcipuis Græcæ dictionis idiotismis libellus, cura H. Hoogeveen. Ed. 3ᵃ. *Lugd.-Batav.*, 1766. — Joan.-Car. Zeunii animadversiones in Franciscum Vigerum. *Lugd.-Batav.*, 1781; ensemble 1 v. in-8, d.-rel. bas.

5538. **Vigerius** (Marc.), cardinalis. De præcipuis incarnati Verbi mysteriis decachordum christianum, etc., cura Rich. Gibboni. *Duaci, ex officina Belleri*, 1607, in-4.
Voir le N° 3779.

5539. **Vigneul de Marville** (D. Bonaventure d'Argonne). Mélanges d'histoire et de littérature. *Paris*, 1725, 3 v. in-12, bas.

5540. **Vignier**. Le Chasteau de Richelieu, ou l'histoire des dieux et des héros de l'antiquité, avec des réflexions morales. *Saumur*, 1676, pet. in-8, bas.

5541. **Villars** (l'abbé Montfaucon de). Le comte de Gabalis, ou entretien sur les sciences secrètes. Nouv. édit., augmentée des Génies assistans et des Gnomes irréconciliables. *Londres*, 1743, 2 v. in-12, v. m.

5542. **Villemain** (A.-F.). Tableau de l'Éloquence chrétienne au IVme siècle. Nouv. édit. *Paris,* 1858, gr. in-18, d.-rel. m.

5543. — Souvenirs contemporains d'histoire et de littérature, *Paris,* 1854, 2 v. in-8, d.-rel. m.

5544. — M. de Châteaubriand, sa vie, ses écrits, son influence littéraire et politique sur son temps. *Paris, M. Lévy,* 1858, in-8, d.-rel. m.

5545. **Villeroi** (Nic. de Neuville, Sgr de). Mémoires d'Estat, 1567-1604 (publ. par Auger de Mauléon sieur de Granier). *Jouxte la copie imprimée à Sédan,* 1623, in-8, vél.

5546. **Villers** (Ch.). Essai sur l'esprit et l'influence de la réformation de Luther, par Chevillars. Nouv. éd. *Paris,* 1820, in-12, d.-rel. v.

5547. — Philosophie de Kant. Voir le N° 2702.

5548. **Villette** (Cl.). Les Raisons de l'office et cérémonies qui se font en l'Eglise catholique, apostolique et romaine; ensemble les Raisons des cérémonies du Sacre de nos Rois.... *Rouen,* 1648, in-8, v. f.

5549. **Vincent** (S.) de Lérins. Avertissements touchant l'antiquité, l'universalité et les mystères de l'Eglise; trad. du lat. en franç. (par de Frontignières). *Paris,* 1686, pet. in-12, v. f.

5550. **Vincentius** (S.) de Valentia. *Sermōes Sancti Vincentii de Valentia ordinis Prædicatorū; impssi Argentine ann. Dn̄i MDIII.* In-fol. goth., à 2 col., bas.

5551. **Virgilius Maro** (Publius). Publ. Virgilii Maronis opera, cum notis variorum, quibus accedunt observationes Jac. Emmenessii, cum indice Erythræi. *Lugd.-Batav.,* 1680, 3 v. in-8, v. br., *fig.* et *frontisp. gr.*

5552. — Opera, cum interpretat. et notis Car. Ruæi, ad usum Delphini. *Parisiis,* 1722, in-4, v. m.

5553. — Publ. Virgilii Maronis appendix, cum supplemento multorum antehac nunquam excussorum Poëmatum veterum poetarum : Jos. Scaligeri in eosdem castigationes, cura Frid. Linderbruch. *Lugduni-Batav.*, 1595, in-8, v. f.

5554. — Les OEuvres de Virgile Maron, trad. de latin en (vers) françois, par Robert et Antoine le Chevalier d'Agneaux frères. *Paris, Th. Périer*, 1582, in-4, v. br.

5555. — Traduction de l'Enéide de Virgile par M. de Segrais. Nouv. édit. *Lyon, Degoin*, 1719, 2 v. in-8, v. br., portr. et *fig.*

5556. — P. Virgilii Georgica, P. Rami professoris regii prælectionibus illustrata. *Parisiis, apud Andr. Wechelum*, 1564, in-8, v. br.

5557. — Bucoliques de Virgile, imitées en vers français par M. V. D. B. (V^{or} de Bonald). *Paris*, 1823, in-12, br.

5558. — Cur Virgilius moriens Æneida comburi jussit? auctore L.-A. Bartenstein. *Coburgi*, 1774, in-4 de 36 pp., bas.

5559. — Géographie de Virgile, ou notice des lieux dont il est parlé dans les ouvrages de ce poëte, par Helliez. *Paris*, 1771, in-12, v. f., *carte géogr.*

5560. **Visionnaires** (les), comédie (en 5 actes et en vers par Des Marets). 2e éd. *Lyon*, 1755, in-8, parch.

5561. **Visions** (les) de don Francisco de Quevedo Villegas, augmentées de l'Enfer réformé; trad. de l'Espagnol par le s^r de la Geneste. *Lyon, César Chapuis*, 1686, in-12, bas.

5562. **Vives** (Joan.-Lodov. Vivis) Valentinus. De veritate Fidei christianæ, libri V. Edit. nova. *Lugd.-Batav., Joan. Maire*, 1639, pet. in-12, v. f.

5562 *bis*. **Vocabulaire** nouveau, ou colloque françois et breton. 6e édition. *A Quimper*, 1778.

Relié avec le N° 5396 *bis*.

5563. **Vocabulaire** universel latin-français, contenant les mots de la latinité des différents siècles, à l'exception de ceux qui sont analogues à la langue françoise, etc. *Paris*, 1754, in-8, bas.

5564. **Voile** (du) des religieuses et du bon usage qu'on en doit faire selon l'Ecriture, les Conciles et les SS. Pères. *Lyon*, 1678, pet. in-12, bas.

5565. **Voisin** (Jos. de). Liber de Jubileo secundum Hebræorum et Christianorum doctrinam. *Parisiis,* 1655, in-8, cart.

5566. **Voiture** (Vincent de). OEuvres. Nouv. édit. augm. *Paris,* 1678, 2 v. in-12, v. br., *portr.*

5567. — OEuvres de Voiture, contenant ses lettres, ses poésies, avec l'histoire d'Alcidalis et de Zelide..... *Paris, Clousier,* 1745, 2 v. in-12, bas.

5568. — OEuvres de Voiture (c.-à-d. ses lettres). 5ᵉ édit. (publ. par Martin de Pinchesne, son neveu). *Paris,* 1657, in-12, bas., *frontisp. gr.*

5569. **Volaterranus** (Raph.). Commentariorum urbanorum octo et triginta libri. Item OEconomicus Xenophontis, ab eodem latino donatus. *Basileæ,* 1559, in-fol., vél.

5570. **Volborth** (Jo.-Car.). Primæ lineæ Grammaticæ hebrææ. *Goettingæ,* 1788, in-8, br.

5571. **Volney** (C.-F. de). OEuvres complètes, mises en ordre et précédées de la vie de l'auteur. *Paris, Bossange,* 1821, 7 v. in-8, bas., *portr.* et *fig.*

5572. — Voyage en Syrie et en Egypte en 1783, 84 et 85. 4ᵉ édit. *Paris,* 1807, 2 v. in-8, d.-rel. bas.

5573. **Volpi.** Vulpii Jo. Antonii opuscula philosophica. *Patavii,* 1744, in-8, d.-rel. v.

5574. **Volpilière** (de la). Discours de la Louange et de la Gloire. *Paris, Le Petit,* 1672, in-12, bas.

5575. **Voltaire** (F.-M.-A. de). OEuvres. S. l., 1775, 40 v. in-8, v. marb., *texte encadré.*

5576. — Correspondance de Voltaire avec le card. de Bernis (1761-77). *Paris,* an VII, in-8, d.-rel. mar.

5577. **Vonck** (C.-V.). Lectionum latinarum libri II, in quibus plurimi scriptores latini et maxime christiani emendantur, etc. *Trajecti-Viltorum,* 1745, in-8, br.

5578. **Vossius** (Ger.-Joan.). Etymologicon linguæ latinæ et de litterarum permutatione tractatus. *Lugduni,* 1664, in-fol., bas.

5579. — Ger.-Joan. Vossii et aliorum, de Studiorum, Ratione opuscula. *Ultrajecti,* 1651, in-16, v. br., fil.

5580. — De Philosophia et philosophorum sectis. *Hagœ-Comitis,* 1658, in-4, bas.

5581. — Dissertationes de studiis bene instituendis. *Trajecti ad Rhenum,* 1698, in-16, bas., *frontisp. gr.*

5582. — De Theologia Gentili et Physiologia Christiana, sive de origine ac progressu Idolatriæ. *Amsterdami, Blaeu,* 1642, 2 v. in-4, bas.

5583. — De Baptismo disputationes XX, etc. *Amstelod., ap. L. Elzev.,* 1648, in-4, vél.

5584. — Harmoniæ evangelicæ de passione, morte, resurrectione et adscensione J.-C. libri tres. *Amstelod., Elzevir.,* 1656, in-4, bas.

5585. — Historia de controversiis quas Pelagius ejusque reliquiæ moverunt. Sec. ed. *Amstel., Elzevir.,* 1655, in-4, bas.

5586. **Vossius** (Isaac). De septuaginta interpretibus eorumque tralatione et chronologia. *Hagœ-Comitum,* 1661, in-4, d.-rel. bas.

5587. — Appendix ad librum de LXX interpretibus continens Responsiones ad objecta aliquot Theologorum. *Hagœ-Comitis,* 1663, in-4.

Relié avec le N° 2490.

5588. — Is. Vossii variarum Observationum liber. *Londini,* 1685, in-4, bas.-br.

5589. **Voyage** (le) de France, corrigé et augm. de nouveau par le sr Du Verdier. *Lyon,* 1685, in-12, parch.

5590. **Voyage** du monde de Descartes (par le P. Daniel). *Paris,* 1690, in-12, bas., *fig.*

5591. **Voyage** en l'autre monde, ou Nouvelles littéraires de celui-ci (par l'abbé de la Porte). *Londres et Paris,* 1752, in-12, v. j., *fig.*

5592. **Voyage** (le) forcé de Bécafort, hypocondriaque, qui s'imagine être indispensablement obligé de dire ou d'écrire, et qui dit ou écrit en effet, sans aucun égard, tout ce qu'il pense des autres et de lui-même (par l'abbé Bordelon). *Paris, Musier*, 1709, in-12, bas.

5593. **Voyage** littéraire de deux bénédictins de la congrégation de St-Maur (D. Martère et D. Durand). *Paris*, 1717, 2 part. en 1 v. in-4, v. éc., *fig*.

5594. **Voyage** littéraire de Provence par M. P. D. L. (l'abbé Papon). *Paris*, 1780, in-12, v. éc.

5595. **Voyage** merveilleux du prince Fan-Férédin dans la Romancie (par le P. Bougeant, jésuite). *Paris*, 1735, in-12, v. br.

5596. **Voyage** Pittoresque de Paris, ou indication de tout ce qu'il y a de plus beau dans cette ville, par M. D... (d'Argenville fils). *Paris, Debure*, 1752, in-12, v. éc., *frontisp. gr*.

5597. **Voyages** dans les Etats Barbaresques... ou lettres d'un des captifs qui viennent d'être rachetés par les P. Trinitaires, suivies d'une notice sur leur rachat et du catalogue de leurs noms. *Paris, Guillot*, 1785, in-12, br.

5598. **Voyages** de Pythagore en Egypte, dans la Chaldée, dans l'Inde, en Crète, à Sparte, etc. (par Sylvain Maréchal). *Paris*, an VII (1799), 6 v. in-8, bas., *fig*.

5599. **Voyages** et aventures de Massé (par Simon-Jacques Tyssot de Patot). *Bordeaux, chez J. l'Aveugle*, 1710, in-12, v. m., *portr*.

5600. **Voyages** imaginaires, songes, visions et romans cabalistiques (rec. par Garnier). *Amsterdam* et *Paris*, 1787-89, 39 v. in-8, v. f., fil.
Manque 36 à 39 qui forment une espèce de supplément.

5601. **Voyageur** (le) Philosophe dans un pays inconnu aux habitants de la terre par M. de Listonai (de Villeneuve). *Amsterdam*, 1761, 2 v. in-12, bas.

5602. **Vrindtz** (l'abbé). Nouvel essai sur la Certitude. *Paris*, 1828, in-8, br.

5603. **Vuitasse** (Carolus). Theologia. *Parisiis*, 1718-22, 15 v. in-12, bas.

W

5604. **Walenburgh** (Adr. et Pet. de). De Controversiis tractatus generales. *Parisiis,* 1768, in-8, bas.

5605. **Wagenseilius** (Joh.-Christ.). Tela ignea Satanæ, sive arcani et horribiles Judæorum adversus Christum Deum et christianam religionem libri anecdoti. *Altdorfi-Noricorum,* 1681, 2 v. in-4 rel. en 1, parch.

5606. **Wallace** (R.). Essai sur la différence du nombre des hommes dans les temps anciens et modernes; trad. de l'angl. par M. de Joncourt. *Londres,* 1754, in-12, bas.

5607. **Walras** (Aug.). De la nature de la richesse et de l'origine de la valeur. *Paris,* 1831, in-8. — Théorie de la richesse sociale, ou résumé des principes fondamentaux de l'économie publique, par le même. *Paris,* 1849, in-12, br.

5608. **Walton** (H.-A.). La Presse de 1848, ou revue critique des journaux publiés à Paris depuis la révolution de Février jusqu'à la fin de décembre. *Paris, Pillet fils aîné,* 1849, in-8, br.

5609. **Wandelaincourt** (l'abbé de). Logique, ou l'art de diriger notre entendement dans la recherche de la vérité, destiné au cours d'éducation des demoiselles qui ne veulent pas apprendre le latin. *Rouen et Paris,* 1782. — Essai sur la théorie du Raisonnement, précédé de la Logique de Condillac, avec des observations par M. de Nieuport. *Bruxelles,* 1805. 1 v. in-12, d.-rel. m.

5610. **Warburton** (Will.). Essai sur les hiéroglyphes des Egyptiens, où l'on voit l'origine et le progrès du langage et de l'écriture, l'antiquité des sciences en Egypte, etc.; trad. de l'angl. (par Léonard des Malpeines). *Paris,* 1744, 2 v. in-12, v. m.

5611. — Dissertation sur les tremblements de terre et les éruptions de feu qui firent échouer le projet formé par l'emp. Julien de rebâtir le temple de Jérusalem (trad.

de l'angl. par Mazéas). *Paris*, 1754, 2 v. in-12, d.-rel. v. f.

5612. — Dissertations sur l'union de la religion, de la morale et de la politique, tirées d'un ouvrage de Warburton (par de Silhouette). *Londres*, 1742, 2 v. in-12, bas.

5613. **Watts** (Is.). La culture de l'esprit; trad. de l'angl. par D. de Superville. *Amsterdam*, 1762, in-8, bas.

5614. **Weinmann** (J.-G.). Tractatus de Cuneo militari veterum : præmittuntur alii cunei significatus. *Reutlingæ*, 1770, in-8, d.-rel. m.

5615. **West** (Gilb.). Observations sur l'histoire et sur les preuves de la Résurrection de J.-C.; trad. de l'angl. (par l'abbé Guénée). *Paris*, 1757, in-12, bas.

5616. **Wieland** (C.-M.). Socrate en délire, ou Dialogues de Diogène de Synope; trad. de l'allem. (par Barbé de Marbois). *Dresde* et *Paris*, 1772, in-12, v. éc., fil.

5617. **Wier** (Joan.). De Lamiis; item, de commentitiis jejuniis. *Basileæ*, 1582, in-4, de 138 pp. et l'index, bas., *portr*.

5618. **Wilberforce** (Will.). Le Christianisme des gens du monde, mis en opposition avec le véritable Christianisme; trad. de l'angl. par Frossard. *Montauban*, 1821, 2 v. in-8, br.

5619. **Willis** (Th.). De anima brutorum quæ hominis vitalis ac sensitiva est, exercitationes duæ, prior physiologica, altera pathologica. *Londini*, 1672, in-4, bas.

5620. **Willm** (J.). Histoire de la Philosophie allemande, depuis Kant jusqu'à Hegel. *Paris*, 1846, 4 v. in-8, d.-rel. v. gr., non rogn.

5621. **Willot** (P.-F.-H.). Athenæ orthodoxorum sodalitii Franciscani qui vel, selecta eruditione, vel floridiore eloquentia, vel editis scriptis, SS. Dei Sponsæ Romanæ operam navarunt. *Leodii*, 1598, in-12, vél.

5622. **Wilson** ou **Wolsey** (Flor.). De animi tranquillitate, dialogus, Fl. Voluseno auctore. *Francof.* et *Lipsiæ*, 1760, in-8, d.-rel. v., *fig*.

5623. **Windet** (J.-A.). ΣΤΡΩΜΑΤΕΥΣ ΕΠΙΣΤΟΛΙΚΟΣ de vita functorum statu ex hebræorum et græcorum comparatis sententiis concinnatus ; cum corollario de Tartaro apostoli Petri, in quem prævaricatores angelos dejectos memorat. Editio 3ª. *Londini, Niewcomb,* 1677, in-12, bas.

5624. **Windisch-Grætz** (le C.). De l'âme, de l'intelligence et de la libre volonté. *Strasbourg,* 1790, in-8, br.

5625. **Witsius** (Hermanus). Miscellaneorum sacrorum libri IV. Editio secunda. *Amstelœd.*, 1695, in-4, bas., *frontisp. gr.*

5626. — Ægyptiaca sive de Ægyptiacorum sacrorum cum Hebraicis collatione lib. III, et decem tribubus Israelis liber, etc. *Herbornæ-Nassaviorum*, 1717, in-4, vél., *frontisp. gr.*

5627. **Wolfius** (Christ.). Cogitationes rationales de viribus intellectus humani, earumque usu legitimo in veritatis cognitione, ex sermone germanico in lat. translatæ. *Francof.*, 1735, pet. in-8, vél., *frontisp. gr.*

5628. — Principes du droit de la nature et des gens, extrait du grand ouvrage latin de M. de Wolff, par M. Formey. *Amsterdam, Rey*, 1758, in-4, cart.

5629. **Wollaston** (Guill). Ebauche de la Religion naturelle, trad. de l'angl. (par Garrigue), avec un supplément et autres addit. considérables. *La Haye*, 1756, 3 v. in-12, bas.

X

5630. **Xénophon.** Xenophontis quæ extant opera, in duos tomos divisa; gr. multo quam antea castigatius edita..., latine tertia cura ita elucubrata ut nova pene toga prodeant : nova insuper appendice illustrata : opera J. Leunclavii : access. Æm. Porti notæ et index græcus. ... *Lutetiæ-Paris., Typ. reg.*, 1625, in-fol., v. f., fil., tr. d.

5631. — OEuvres complètes de Xénophon, trad. en franç.

et accompagnées du texte grec et de la version lat. (de Leunclavius) et de notes critiques par J.-B. Gail. *Paris*, an VI à 1815, 10 tom. en 7 v. gr. in-4, d.-rel. m. v., *fig.*

5632. — Xenophontis Pœdia Cyri Persarum regis ; de Venatione ; de Re publica et de legibus Lacedæmoniorū ; de regis Agesilai Lacedæmoniorū laudibus ; Apologia pro Socrate ; opuscul. de Tyrannide (lat.). *(In fine :)* Anno MCCCCCXI, *expensis Bartholomei Trot.*, pet. in-8, v. br.

5633. — La Cyropædie, trad. du grec de Xénophon par Charpentier. *Paris*, 1661, pet. in-12, bas.

5634. — La même. *La Haye*, 1732, 2 tom. en 1 v. in-8, v.

5635. — Xenophontis, de Cyri expeditione libri septem ; de Agesilao oratio ; gr. et lat., cum notis varior., ex recens. Th. Hutchinson. *Oxonii, e theat. Sheld.*, 1735, 2 tom. en 1 v. in-4, v., *frontisp. gr. et cartes*.

5636. — L'Expédition de Cyrus dans l'Asie supérieure et la Retraite des Dix mille, trad. du grec par Larcher. *Paris*, 1778, 3 v. in-12, b.

5637. — La Retraite des Dix mille, de la traduction de Nic. Perrot d'Ablancourt. *Paris*, 1658, in-8, bas.

5638. — Les Mémoires de Xénophon en IV livres, traduits de grec en françois par Jean Doublet de Dieppe. *Paris, Denys du Val*, 1582, pet. in-8, vél.

5639. — L'Economique et le Projet de Finance de Xénophon, trad. en franç. par Ph. Dumas. *Paris*, 1768, in-12, bas.

5640. — Les Entretiens mémorables de Socrate, traduits du grec de Xénophon par Lévesque. *Paris, Didot*, 1782, in-18, v. j., fil., tr. d.

Pour Xénophon, voir aussi le N° 5569.

5641. **Xiphilinus** (Joan.). Dionis Nicæi rerum Romanarum a Pompeio Magno ad Alexandrum Mamææ epitome, authore Jo. Xiphilino, gr. *Lutetiæ, ex offic. R. Stephani*, 1551, in-4, v. f.

Y

5642. **Young** (Arth.). Les Nuits, trad. de l'angl. par Letourneur. *Paris*, 1783, 2 v. in-12, d.-rel. bas.

5643. **Yves** (le R. P.), capucin. Le Gentilhomme chrestien. *Paris*, 1666, in-12, bas.

Z

5644. **Zazius** (Ulr.). Catalogus legum antiquarum, una cum adjuncta summaria interpretatione cum adnotat. Lud. Charondæ. *Lutetiæ, Guill. Cavellet*, in-24, vél.

5645. **Zecchius** (Lælius). De Republica ecclesiastica liber. *Lugduni*, 1600, in-8, v. éc.

5646. **Zepperus** (Wilh.). Legum Mosaïcarum forensium explanatio. Editio sec. *Herbornæ-Nassavior.*, 1614, in-8, v. br.

5647. **Zimmermann** (J.-G.). La Solitude considérée relativement à l'esprit et au cœur, trad. de l'allem. (par Mercier). *Paris*, 1788, in-8, bas.

5648. **Zopffius** (J.-H.). De origine Philosophiæ eclecticæ exercitatio. *Senæ*, 1715, in-4.

Relié avec le N° 4929.

5649. **Zoroastre.** Zend-Avesta, ouvrage de Zoroastre, trad. en français sur l'original Zend, par Anquetil Du Perron. *Paris*, 1771, 2 tom. en 3 v. in-4, v. éc., fil., *fig.*

5649 *bis*. **Manuscrits arabes** (1). 5 v. in-4, rel. mar. r.

I. Livre de prières musulmanes, par *el Djezouli*. Ecriture du Maghreb. 1194 de l'hégire (1780 de J.-C.), *frontisp. en couleur.*

II. La septième section de l'ouvrage d'*Abi Schbiah*. Traditions concernant les actes et les paroles du Pro-

(1) Apportés de Constantine et donnés à l'abbé Flottes par le colonel Grégoire.

phète rapportées par cet auteur, par *Meslem el Nhhari*, *Ibn Madjiah* et autres. S. d., écriture de Syrie.

III. Métaphysique ou Théologie scholastique du cheikh *Abd-el-Ghani*, fils du cheikh *Ismaïl Efendi*. S. d., écriture tunisienne.

IV. Traité de jurisprudence sur le Mariage, paraissant être une section des commentaires du cheikh *el Karchi*. S. l. n. d. et sans nom d'auteur, écriture du Maghreb, incomplet des derniers feuillets.

V. Premier quart de la seconde partie des commentaires du cheikh *Seid-el-Kharchi* sur les ventes. Ecrit à Constantine en 1180 de l'hégire (1766 de J.-C.).

APPENDICE.

5650. Discours prononcé aux funérailles de l'abbé Flottes, le 27 déc. 1864, par M. A. Germain. *Montp., J. Martel*, in-8.

Rapport au Conseil municipal de Montpellier, par M. Bouisson, au nom de la Commission de l'instruction publique et des beaux-arts, sur le legs fait à la ville de Montpellier par l'abbé Flottes. *Montp., Gras*, 1865, in-8.

L'abbé Flottes et sa Bibliothèque, par P. Blanc, bibliothéc. de la ville. *Montp., Gras,* 1866, in-8.

Vie de l'abbé Flottes, comprenant une étude de ses principaux ouvrages, par l'abbé C. D. (Cés. Durand). *Montp., Seguin,* 1866, in-8.

TABLE ALPHABÉTIQUE

DES

NOMS D'AUTEUR

A

Abbadie (l'abbé), 1504.
Abbadie (J.), 1, 1532.
Abdias, 2.
Abeilard, 3-6, 723.
Abelly (L.), 8, 9, 4469.
Ablancourt (Frémont d'), 10.
About (Ed.), 11.
Abra de Raconis. 260.
Aceilly (le ch. d'), 3874, 4430.
Acetus (Th.), 30.
Achilles Tatius, 31.
Achmetus, 295.
Acontius (Jac.), 32.
Adam (l'abbé), 410.
Adam (Alex.), 42.
Addison (J.), 43, 90.
Ælianus, 45, 46.
Æneas Silvius (Piccolomini), 47.
Æschines, 1370, 1371.
Æschines Socraticus, 48, 49.
Æschylus, 50-52.
Æsopius, 53, 54.
Affre (Denis), 55, 207, 1006, 2573, 2574.
Agapetus, 56.
Agobardus, 57.
Agréda (Marie d'), 58.
Agrippa (H.-Corn.), 60-63.

Aguesseau (H.-F. d'), 1331 et s.
Aigrefeuille (Ch. d'), 65.
Aizy (d'), 2053.
Alacoque (Marie), 1797.
Alaman (Mat.), 2373.
Albertus magnus, 66.
Albinus seu Alcuinus, 67.
Albricus philosophus, 3590.
Alciatus (Andr.), 68.
Alciphro, 69.
Alcmanes, 932.
Aleander, 72.
Alembert (d'), 73, 74, 3338, 3707, 3338.
Aletheus (Jos. Lyserus), 75.
Alexander Aphrodisiensis, 76.
Alexander ab Alexandro, 77.
Alexandre (Noel), 78-82, 2910-12, 4425, 4479.
Alexandre VII, 1351, 4469.
Alfieri (V.), 83.
Alissan de Chazet, 84.
Allatius (L.), 85-89, 170.
Alletz (P.-Aug.), 287, 1459, 1460, 2823.
Allignol (C.-A.), 91.
Allix (P.), 92.
Almeyda (Th. de), 94.
Alquié (A.), 95, 4580.
Alquié (Fr.-Sav. d'), 96.
Altimura (Steph.). Voir Lequien.

Amalo, archiep. Lugd., 57.
Amat de Graveson (I.-H.), 99.
Amat (le P.), 3815.
Ambrosius (S.), 100-103.
Amelin (J.-M.), 104.
Ameline (l'abbé), 105.
Ameline (le P.), 5370.
Amelot de la Houssaye (N.), 106-108, 3359.
Amelote (le P.), 109.
Ammianus Marcellinus, 114, 115.
Ammonius Hermiæ, 76, 246.
Ammonius, 116.
Ampère (J.-J.), 118 bis.
Amphilochius, 119.
Amyraut (Moïse), 124.
Anacréon, 126.
Anastase (le P.), picpus., 2430.
Anastasius, biblioth., 128, 129.
Anastasius (Ph.), archiep. Sorrent., 130.
Ancelot, 2958.
Ancillon (Ch.), 5380.
Ancillon (Dav.), 136.
Ancillon (Fr.), 133-35.
Andocides, 314.
André (le P. S.-M.), 137-140.
Andreas Cartusiensis, 141.
Andreas Cretensis, 119.
Andreas Eborensis, 142.
Andreossy (le comte), 143.
Andrews, episc. Winton., 144.
Andry (Cl.), 145.
Andry (Nic.), 146, 147.
Ange (le P.) de la Passion, 349.
Anglada (Ch.), 152, 4578.
Ango (J.), 4623, 4462.
Angoulême (le duc d'), 153, 3386.
Anibert (L. M.), 154.
Annat (le P.) 269, 4469.
Anquetin, curé, 161.

Ansart (dom A.-J.), 162, 163, 3149.
Anselmus (S.), 164, 5420.
Antelmius, 165.
Antoine (P. Gabr.), 172.
Antoninus Augustus, 173.
Antoninus, imp., 174-177, 1997.
Antoninus (S.), archiep. Florent, 178, 179.
Antonius (S.) Paduanus, 1978.
Anville (d'), 181.
Aphrodise (le P.), de Béziers, 182.
Aphtonius, 183.
Apicius (Cæl), 184.
Apollonius Rhodius, 189, 190.
Apollonius sophista, 191.
Apostolius (Mich.), 205.
Appianus Alexandr., 210.
Apuleius (Lucius), 211, 212; 5600, t. XXXIII.
Aragon (V.), 4573.
Archenholtz, 3349.
Arconville (Mar. d'), 5512.
Aretinus (Leon.-Bruni), 214.
Argens (le m^{is} d'), 215, 216, 1295, 3923.
Argentan (le P. L.-Fr. d'), 217.
Argenville (d') fils, 5595.
Arias Montanus, 218.
Ariosto (Lud.), 219.
Aristophanes, 220-224.
Aristoteles, 225-246, 503, 4378, 4393, 4394, 4455.
Armacanus (Jansenius), 247, 248.
Armély, 4951.
Armengaud (J.-G.-O.), 249.
Arnaud (l'abbé), 5465.
Arnauld d'Andilly (Rob.), 250-255, 282.
Arnauld (l'abbé Ant.), 256.
Arnauld (Ant.), 203, 257-273, 282, 333, 337, 344, 356, 360, 373,

885, 1167, 1666, 2151, 3538, 3632-3634, 3637, 3646, 3651, 3691, 3805, 4495, 4476, 5003, 5206, 5207-08.
Arnauld (la mère Marie-Angélique), 274-276.
Arnauld (la mère Agnès), 277, 278.
Arnauld (Angélique de S. Jean), 279-81.
Arnault (A.-V.), 283.
Arnobius, 284, 5185.
Arrianus, 285, 286.
Arpe (P.-F.), 5455.
Artaud de Montor (Alex.-Fr.), 292-294.
Artemidorus, 295.
Artigny (l'abbé d'), 297.
Asfeld (l'abbé Bidald). V' Duguet.
Assoucy (Ch. C. d'), 299.
Astruc (J.), 300, 1197.
Atger (X.), 4574.
Athanasius (S.), 301, 1096.
Athanasius (Petr.), 302.
Athæneus, 303.
Attichy (L.-D. d'), 304.
Auber (l'abbé), 304 bis.
Aubertin (...), 312.
Aubertin (Ch.), 305.
Aubertin (Edm.), 1306.
Aubery (Jacq.), 307.
Aubignac (l'abbé d'), 308, 1202, 1494; 5600, t. xxvi.
Aubigné (Th.-Ag' d'), 309-312.
Aubin, 2392.
Aubineau, 4568.
Aubrey (J.), 2441.
Auger (l'abbé), 314.
Auger (L.-S.), 315.
Auger de Moléon, 4419.
Augustinus (S.), 316-384, 3006, 4467, 5185, 5520.

Augustinus (Ant.), archiep. T., 385, 386.
Augustinus (Th.), 387.
Aulnoy (Mad. d'), 388; 5600, t. xxvi.
Aulus Gellius. Voir Gellius.
Aurelius (Petr.), 390.
Aurelius Victor. Voir Victor.
Auribeau (l'abbé H. d'), 392.
Auriol (A.), 393.
Ausonius, 394, 395.
Autreau (Jacq.), 399.
Auvigny (J. du Castre d'), 400, 3365.
Auzoles La Peyre (J. d'), 401.
Avaux (Félib. des), 1407.
Avenel (J. d'), 2514.
Avesne (d'), 4028.
Avitus, 408, 409.
Avrigny (le P. d'), 3348.
Aymon (J.), 5137.
Azéma, 5535.

B

Babrius, 411.
Bacalon (l'abbé), 4559.
Baccetius (Nic.), 412.
Bachaumont (F. Le Coigneux de), 1004, 1005, 3874, 4430.
Bachaumont (L. Petit de), 3396.
Bachelet (Th.), 1437.
Bacon (Fr.), 413-422.
Bacon-Tacon (J.-J.), 423.
Bacqueville de la Potherie, 424.
Baduel (Cl.), 425.
Baer (F.-C.), 426.
Bagotius (J.), 429.
Baillet (Adr.), 396, 430-435, 1404, 1405.
Bailly (L.), 436.
Bailly (S.), 437-438.

Baker, 5375.
Balcet (J.), 439.
Baldassary (l'abbé), 440.
Ballanche (P.-S.), 441.
Ballerini (P.), 378.
Balmès (J.), 442.
Baltus (le P.), 443, 1355, 1942, 2663, 4628.
Baluze (Ét.), 444, 2731.
Balzac (J.-L.-Guez de), 445, 458.
Banier (A.), 459.
Barante (de), 460-462.
Barat, 3687.
Barbé-Marbois, 4585.
Barberinus (card.), 170.
Barbeyrac (J.), 465, 466.
Barbier (A.-A.), 467.
Barbier d'Aucour, 756.
Barbier-Vémars (J.-N.), 464.
Barbosa (Aug.), 468.
Barclay (J.), 469, 473.
Bardon (J.), 1727.
Barère (B.), 474.
Bargeton (O.), 3064.
Barin (Th.), 475.
Barlæus (Casp.), 476.
Barletius Scodrensis, 477.
Baro (Balth.), 478, 5426.
Baron, 479.
Baronius, 480, 481.
Barradas (Séb.), 482.
Barral (l'abbé), 4517.
Barral (le P.), 208.
Barret (de), 4529.
Barrin, 3695.
Barrius (Gabr.), 30.
Barruel (l'abbé), 483, 484.
Barry (le P. Paul de), 485, 486.
Bartenstein, 5558.
Barthe (l'abbé E.), 488.
Barthélemy et Méry, 4563.

Barthius (Casp.), 489.
Bartholmèss (Ch.), 3337.
Bartholomæus (Fr.), 376.
Bartoli (le P. Dan.), 490.
Baschet (A.), 491.
Basilius Macedo., 56.
Basilius (S.), 493-496.
Basnage (Jac.), 497-498, 2396-97.
Basnage (H.), 4465, 5330.
Bassompierre (Fr. de), 499.
Bassompierre (L. de), 1505.
Bastet (J.), 500.
Bastide (de la), 735.
Baston, 501.
Basville (M. de), 502.
Batteux (l'abbé Ch.), 503, 504, 3536, 3712.
Baud (A.), 505.
Baudelot de Derval, 506.
Baudier (M.), 508.
Baudot de Juilly, 1441.
Baudus (Dom.), 507.
Baumier, 5138.
Bauny (le P. E.), 509-512.
Bausset (l'abbé), 4088.
Bautain (l'abbé), 513, 514.
Bayfius, 515.
Bayle (P.), 380, 516-526, 1400, 2819, 3695.
Bayus (Jac.), 527.
Beau (P.-J.-B.), 529.
Beauchamp (Alph. de), 530.
Beaudeau (l'abbé), 572.
Beaufils (le P.), 3071.
Beaugendre (A.), 5519.
Beaulieu (C.-F.), 531.
Beaumarchais (P.-A.-C. de), 532.
Beaumont (le ch. de), 29.
Beaumont (Mad.), 4645.
Beausobre (Is. de), 533, 534.
Beauvais (le P. de), 536, 3047.

— 581 —

Beauveau (H. m^is de), 537.
Beauzée (Nic.), 538, 539.
Behelins (B.), 5355.
Bebescourt, 3589.
Becanus (Guil.), 541.
Becanus (Mart.), 540.
Beccaria, 542.
Beck (Dom.), 543.
Bédarride (Is.), 544.
Beilby Porteus, 545.
Bekker (Balth.), 546.
Bel (J.-J.), 1457.
Belin de Ballu, 548.
Bell (John.), 549.
Bellarminus (Rob.), 550-554.
Bellasius (Petr.), 555.
Bellay (M. et G. du), 556.
Bellegarde (l'abbé de), 557-562, 2351.
Bellenger (l'abbé), 1747, 4715.
Belleval (Ch. de), 564.
Belleville (l'abbé de), 4577.
Belloy (P. de), 4458.
Bellugou (Jos.), 565.
Belot (Jean), 566.
Belzunce, évêque, 4512.
Bembo (P.), 567, 568.
Benard, 1660.
Benoît XIV, 569-72.
Benoît (S.), 573.
Bensserade (Is. de), 574.
Bentley (Th.), 1990.
Béranger, 575.
Bérard (Fréd.), 576.
Béraud (l'abbé), 5377.
Berchorius (P.), 577.
Bergasse, 4549, 4561.
Bergier (N.-S.), 578-584.
Berington (Jos.), 585.
Berkeley, 70, 4410.
Bernard (Fréd.), 1506.

Bernard (Jacq.), 3695
Bernard (le P.), 594.
Bernardi, 4551.
Bernardus (S.), 586-593, 723.
Bernet (J.-H.), 1191.
Bernier (Fr.), 595, 2037.
Bernis (le card. de), 596.
Bernoully (Jean), 2944.
Berruyer (le P.), 597-602 bis.
Berson (J.), 4458.
Bersot (E.), 383.
Bertaud (Joan.), 603.
Berthier (le P.), 604.
Berthorius (P.), 577.
Berthre de Bourniseaux, 605.
Berti (le P.), 4568.
Bertling (A.), 5256.
Bertrand (E.), 606.
Bertrand (J.), 1804.
Bertrand Moleville (A.-F. de), 607.
Bérulle (le card. de), 608-610.
Berwick (le mar. de), 611.
Besoigne (l'abbé), 612, 613, 2354, 2355, 4086.
Bessarion, 2334, 3726.
Bessière (l'abbé), 614.
Besson (l'abbé), 4528.
Benghen (Corn. a), 615.
Beugnot (A.), 616.
Benrrey (l'abbé), 617.
Beurrier (le P. Paul), 618.
Bèze (Th. de), 619.
Bigotherius (Cl.), 651.
Billius (Jac.), 652.
Binet (B.), 653.
Binet, prêtre, 1054.
Binos (l'abbé de), 654.
Bion, 659.
Biroat (Jacq.), 660, 661.
Bizardière (de la), 662.
Blackbourne (R.), 2441.

Blackwell (Th.), 663.
Blair (Hugh.), 664.
Blaise (R.), 2812.
Blanc (Paulin), 665, 4578, 5650.
Blanc (le P.), 195.
Bleigny (de), 666.
Blondel (Dav.), 667, 668.
Blondel (F.), 669.
Blondel ( ), 670.
Bobynet (le P. P.), 671.
Boccaccio (Giov.), 672, 673.
Bocchius (J.), 4124.
Bochart de Sarron, 4484.
Bochat (L. de.), 674.
Bocquillot (L.-A.), 675.
Bodin, 676.
Boetius, 677-682.
Bœttiger (C.-A), 683.
Boileau (G.), 1685.
Boileau (Jacq.), 22, 684-687, 2436.
Boileau (J.-Jacq.), 688.
Boileau-Despréaux (Nic.), 503, 689-691, 4487.
Boisard (J.), 692.
Boissel (Fr.), 955.
Boissy (Cl de), 3218.
Boissy (L.-M), 498 *bis*.
Boiteau (P.), 535.
Boivin (J.), 198, 4019.
Bolkius (B.), 5060.
Bona (Joan. card.), 693-699.
Bonacina (Mart.), 700.
Bonafous (M.), 4564.
Bonal (le P. Fr.), 701.
Bonald (L.-Gab.-Ambr. de), 702-706.
Bonald (V. de), 707-709, 3833, 4566.
Bonald (Aug.-Henri de), 710, 4566.
Bonamicus (Castr.), 711, 712.
Bonanni, 2396.

Bonarscius (Cl.), 713.
Bonaventura (S.), 714-717, 5421.
Bonaventure d'Argonne, 1656, 2928, 5539.
Boncerf (l'abbé), 718.
Bonefidius (En.), 719.
Bonifas (F.), 2958.
Bonnaud (l'abbé), 2326.
Bonnet (A.), 4568.
Bonnet (C.), 721, 722, 922.
Bonnecorse, 3174.
Bonneville (N.), 1730.
Bonnier (Ed.), 723.
Bonrey (le P.), 4468.
Bons (Ét.), 2566.
Bonstetten (C. V. de), 725-726 *bis*.
Borde (Ch.), 4713.
Bordelon (l'abbé), 727, 2395, 5592; 5600, t. xxxvi.
Bordes (le P.), 1761.
Borély (E.), 4573.
Borjon, 728, 729.
Born (de), 1744.
Borromæus (Car.), 730.
Bos (Lamb.), 731.
Bosquet (Fr.), 732.
Bossuet (J.-B.), 733-749, 848, 2929, 3337, 3680, 5132, 5532.
Bossuet, év. de Troyes, 4493, 4505.
Bouche (Hon), 750.
Boucher (l'abbé), 1193.
Boucher (J.), 751.
Boucher d'Argis, 5463.
Bouchotte, 4538.
Boudon (H.-M.), 752, 753.
Bougeant (le P.), 121, 1842, 5595.
Bougerel (le P.), 2038, 3394.
Bouhours (le P.), 754-763, 270, 3879, 5489.
Bouillier, 194, 1738, 3947 ?
Bouillier (Francisque), 764, 765.

Bouillart (Jacq.), 766.
Bouisson (L.-F.), 767, 768, 5650.
Boulainvilliers (H., c¹ᵉ de), 770, 771, 5063.
Boulanger (N.-A.), 772.
Boulanger de Rivery, 3511.
Boullier (B.), 773, 3075.
Boulogne (l'abbé de), 158, 4559, 4561, 4558.
Bourdaille (E.), 374.
Bourdaille (M.), 910.
Bourdaloue (le P.), 774.
Bourdin (M.), 5531.
Bourdonné (de), 1263.
Boursault (Edme), 775-777, 4430.
Boursier (l'abbé L.), 40, 778, 2335.
Bourzeis (A.), 779.
Bousquet (A.-R. de), 780.
Boutaric (J.-F. de), 781.
Boutaud (le P.), 1203, 5237.
Bouterwek (Fr.), 782.
Boyer (le P.), de l'Oratoire, 2353, 3795, 5516.
Boyer (l'abbé), 1792, 2813.
Boyer (J.-M.-A.), 783, 784.
Boze (de), 2371.
Bozelli (le chev.), 785.
Brachet (J.-F.), 786.
Brachet de la Milletière, 4469.
Brand (J.), 5256.
Brebeuf (G. de), 787, 3156.
Brerewood (E.), 788.
Bressac (L. de), 4472.
Breton (Ch), 4569.
Bretteville (l'abbé de), 789.
Bridard de la Garde, 4502.
Brienne (L.-H.-A. de Loménie, c¹ᵉ de), 792.
Brienne (L.-H. de Loménie, c¹ᵉ de), 793.
Brière (M. de), 4570.

Brispot (l'abbé), 794.
Brissonnius (B.), 795, 796.
Broch (Jos.), 797.
Broedersen (N.), 798.
Broglie (A. de), 799, 800.
Broglie (le duc de), 801.
Brognoli (C.), 802.
Brosses (le Pr. de), 5365.
Brousson (Cl.), 199.
Broussonnet (V.), 803, 1744.
Brown (Th.), 804.
Bruce, 805.
Brucker (Jac.), 806-808.
Brueys (D.-A.), 809-815.
Bruillard-Coursan (Cl. du), 816.
Bruin seu Braun (G.), 817.
Brumoy (le P. P.), 818.
Brunet, avocat, 2412.
Brunet (J.-C.), 819, 1446.
Bruno (S.), 820.
Bruno (V.), 821.
Bruyerinus (Jos.), 823.
Bruys (Fr.), 824, 3397.
Bruzeau (P.), 1189.
Bruzen de la Martinière, 150.
Bryan (Ed.), 825.
Brye (de), 1544.
Bucaille (l'abbé), 4093.
Buchanan (G.), 826, 827.
Buchez (J.-B.), 828.
Budæus (Gul.), 831.
Buddeus (J.-Fr.), 829, 830.
Buffier (le P. Cl.), 832-835.
Bulengerus (J.-C.), 836, 837.
Bulle Unigenitus, 838 et les renvois.
Bullerius (D.-R.), 839.
Bullet (J.-B.), 840-841.
Bullus (G.), 843.
Bulteau (D.-L.), 16.
Burcher de Volder, 5256.

Burigny (Lévêque de), 844-849.
Burcardus Riberacensis, 1053.
Burke (E.), 850.
Burlamaqui (J.-J.), 851.
Burnet (G.), 852.
Burnet (T.-H.), 853-855.
Busenbaum (H.), 856.
Bussières (J. de), 857.
Bussy-Rabutin (R., c^{te} de), 858-862.
Butler (S.), 4513.
Buxtorfius (Joh.), 170, 863-865.
Byel (Gabr.), 866, 867.

C

Cabanis (P.-J.-G.), 868.
Cabassut (J.), 869.
Cabiac (Cl. de Bane S^r de), 870.
Cabiac (P. de), 871.
Cacheux (l'abbé), 4568, 5284.
Cæsar (C.-J.), 873, 874.
Cæsarius (S.), 875.
Caffaro (le P.), 1490, 3037.
Cahuzac (L. de), 876.
Cailleau, 1446.
Cairol (A.), 4526.
Cajot (dom), 4733.
Calepinus (A.), 878.
Callières (Fr. de), 547, 3572.
Callimaque, 879.
Calmet (dom Aug.), 880-882 *bis*.
Caluso (l'abbé), 1770.
Calvin (J.), 883, 884.
Cambolas (Jacq. de), 886.
Camburat (de), 2040.
Camerarius (Joach.), 887, 1686.
Camerarius (Ph.), 888.
Cameron (Joan.), 889.
Campan (Mme de), 890.
Campanella (F.-Th.), 891, 892.

Campanus (J.-A.), 893.
Campbell (G.), 894.
Campistron (J.-G. de), 895.
Camus (J.-P.), év. de Belley, 185, 343, 896-901, 4359.
Camusat (D.-F.), 647, 903, 2364.
Camuzat (Nic.), 902.
Candidus (V.), 904.
Canisius (H.), 905.
Capella (Martianus), 911.
Capellus (Jac.), 912.
Capellus (Lud.), 913.
Capmartin de Champy, 914.
Capmas, 915.
Caraccioli (le m^{is} de), 916, 917, 2617, 5530; 5600, t. xxvii.
Caraman (le duc de), 921, 922, 4568.
Cardanus (Hier.), 923-929.
Carion (Jac.), 930.
Carle (P.-J.), 931.
Carney (J.-A. de), 4544.
Carpentarius (J.), 4456, 4457.
Carolus de Aquino, 1105.
Carra (L.), 3398.
Carrière (Jos.), 934.
Carrière (le P. de), 5222.
Cartaud (Nic.) de la Vilate, 935, 3878.
Casalius (J.-B.), 937.
Casas (B. de las), 938, 939.
Caseneuve, 1972.
Casinius (A.), 940.
Cassandre (G.), 4454, 4455.
Cassianus (Joh.), 942-945.
Cassiodorus (M.-A.), 946, 4455.
Castel (le P.), 1732.
Castelnau (Mich. de), 948, 949.
Castelnau (Junius), 950.
Castilhoneus (J.), 5256.
Castro (Alph. A.), 951.

Catel (G. de), 959.
Catel (L.), 4464.
Catelan (J. de), 960.
Catharinus (Ambr.), 964.
Cato (Dionys.), 965.
Catrou (le P. Fr.), 966, 2387, 5323.
Catullus, 967-970, 3855, 3856.
Catz (Jac.), 971.
Caumont (Jeh. de), 4458.
Caussinus (Nic.), 973-976.
Caux (N. de), 4930.
Cave (Guill.), 977, 978.
Cavard (le P.), 3375.
Caveyrac (l'abbé de), 28, 197.
Cayet (P.-V.), 979.
Caylus (Ch.-G. de), év. d'Auxerre, 980, 981.
Caylus (le c^{te} de), 1762.
Caylus (mad. de), 982.
Cazotte (J.), 5600, t. xxxv.
Cébès, 1676-84.
Ceillier (d. R.), 983, 984.
Célada (Did. de), 985.
Cellarius (Crist.), 986.
Cellotius (Lud.), 987.
Censorinus, 988.
Cerfvol (de), 4534.
Cériziers (le P. René de), 993, 994.
Cerutti, 1888, 4513, 4536.
Cervantes (M.), 995-996 bis.
Cerveau (l'abbé), 3611.
Cevallos (de), 4548.
Chabanon (M.-P.-G. de), 3585.
Chabot (P.-G.), 2472.
Chaho (Aug.), 2811.
Chaignet (A.-C.), 3986.
Chaillot (A.), 5532.
Chalippe (Cand.), 997.
Chamberlayne (Ed.), 998.
Chambrun (J.-P. de) fils, 4464.
Chamfort (S.-N.), 999.

Champion (le P.), 3069.
Champion de Pontailler (l'abbé), 5238.
Champmelé, 1000.
Chantal (J.-F.-Frémyot S^{te}), 1001.
Chapelain, 1002, 1003, 1240.
Chapelle, 1004, 1005, 3874.
Chapt de Rastignac (l'abbé), 1007.
Chaptal (M.-J.-A.), 1008.
Charbonneau (le P.), 3494.
Chardin (J.), 1009.
Chardon (dom C.), 1011.
Charency (G.-L.-Berger de), 1012.
Charlevoix (P.-F.-X. de), 1014.
Charpentier (Fr.), 1015, 1016.
Charpentier (l'abbé A.), 1320.
Charrier de la Roche (L.), 2562.
Charron (P.), 1017-1021.
Chartarius (V.), 1022.
Chartonnet (le P.), 4949.
Chasles (Ph.), 2639.
Chassaing (P.-B.), 1025.
Chassagnon (J.-M.), 953.
Chastel (le P.), 1024, 1025, 5360.
Chastellux (F.-J. de), 1840.
Châteauneuf (l'abbé de), 1439.
Chaudon (E.-J.), 1428, 2547, 3688.
Chaussard (J.-B.-P.), 3682.
Chauvet (Emm.), 1026, 4568.
Chauveau-Lagarde, 4542.
Chauvelin (l'abbé de), 4515.
Chauvin (Et.), 1027.
Chenier (M.-J.), 1031, 1032.
Cheron (le P. J.), 1033.
Cherrier (Séb.), 2422.
Chérubin (le P.) de Ste-Marie, 1034.
Chesneau (le P.), 1035.
Chevalier (Mich.), 4569.
Cheverny (Ph. Hurault de), 1036.
Chevreau (U.), 1037-1041.
Chevrier (F.-A.), 1042.

Cheyneius ab Arnage, 4457.
Chiniac de la Bastide (P.), 1045.
Chodsko (L.), 1044.
Choiseul-Stainville (Cl.-A.-G. de), 1045.
Choisy (F.-T. de), 1046-1049, 1444, 3728.
Chomel, 111.
Choppin (R.), 1050, 1051, 5427.
Chubb (Th.), 1055.
Ciacconius (Alph.), 1056.
Ciacconius (P.), 1057.
Cicéron, 1058-1085, 4380, 4455.
Cizeron-Rival, 4515.
Cipières (M. de), 4529.
Clairon (H.), 1089.
Clarendon (E. Hyde, cte de), 1088.
Claris (de), 4511.
Clarke (S.), 1089, 2957, 4423.
Claude (J.), 749, 3631-3634, 3637, 3972, 5003.
Claudianus (Cl.), 1091, 1092.
Clausel de Coussergues (l'abbé), 2809-10.
Clausel de Montals (l'abbé), 4550.
Clavier (Ét.), 1093.
Clavigny (M. de), 1094.
Clémence (l'abbé), 397, 919.
Clémencet (dom), 593, 2356, 3049.
Clemens Alexandrinus (S.), 1095, 1098.
Clemens Romanus (E.), 1099, 1100.
Clément VIII, 4459.
Clément XI, 1101-03, 4507.
Clément XIII, 4511.
Clément XIV, 1106.
Clément de Genève, 3046.
Clément (P.), 1107, 1108.
Clément (R.-J.-B.), 1109.
Clément (P.), 1110.
Clenardus (Nic.), 1111.

Clerc (N.-G.), 1113.
Clerget, 1114.
Cléry (J.-B.-A.), 2649.
Clichtoveus (Jod.), 1116, 1117.
Clingius (C.), 1118.
Clodius (J.-Ch.), 1119.
Clootz (An.), 4543.
Cochet (J.), 3446.
Cochlæus (Joh.), 1120.
Codinus (G.), 1124.
Codurcus (Ph.), 4469.
Coeffeteau (F.-N.), 1125, 1126, 4464.
Coffin (Ch.), 1127.
Cognat (J.), 1098, 1128.
Colbert (Ch.-J.), 1129, 1512, 4484-4500, 5080.
Colebrooke (H.-T.), 1130.
Colerus, 1131, 5063-64.
Collenucius (P.), 1135.
Collet (P.), 1136-39, 1673, 5523, 5525.
Collierus (J.), 376.
Collins (R.), 1140, 3794, 4475.
Collot (P.), 1451.
Colome (P.), 1141.
Colomiès (P.), 1142-44.
Colonia (D. de), 1145-46, 1448.
Combalot (l'abbé), 1147, 2810.
Combefis (Fr.), 1149.
Combes des Morelles (Mad.), 1150.
Combes-Donnous (J.-J.), 3988.
Comenius (J.-A.), 1151.
Comiers (Cl.), 1154.
Comitum (Nat.), 1155.
Commines (P.-H. de), 1158.
Concina (Dan.), 1177, 4521.
Condillac (Ét. de), 1185-87.
Condorcet, 1188, 3827.
Conrius, 4467.
Consalvi (le card.), 1200.

Conon, 1201.
Constant (Benj.), 1209.
Constantin (l'abbé), 4508.
Constantin de Renneville, 2554.
Constantini (Rob.), 1210.
Constant d'Orville, 2377.
Conti (A. prince de), 1213-16.
Copineau (l'abbé), 1746.
Coppin (J.), 1225.
Coquereau (J.-B.-L.), 3355.
Corbière (Ph.), 1226-28, 4578.
Corbin (le P.), 1229.
Corbinelli (J.), 1230.
Cordemoy (G. de), 1231-34.
Corenus (J.), 4460, 4476.
Corenus (Fr.), 1235.
Corgne (l'abbé), 1493.
Cormenin (L.-M. de), 1236-38.
Corneille (P.), 1239-41 bis, 2541.
Cornelius Nepos, 1242-45.
Cortesius (P.), 1248.
Corvinus (J.-A.), 1249.
Cosri, 1251.
Cossart (G.), 1252.
Costar, 1253-54.
Coste (J.-N.), 1255.
Coste (l'abbé), 1256.
Cotelerius (J.-B.), 1257-59, 3853.
Coudrette (l'abbé), 1503, 2402.
Coulanges (Ph. de), 1260.
Courcelles (la m^{ise} de), 1261.
Courchamp (de), 5049.
Courdin (J.), 4544.
Court (L. de), 5464.
Court de Gébelin, 1262.
Courteguerre (R.), 2452.
Courtin, 1664.
Courtois (E.-B.), 1264.
Cousin (L.), 1265-67.
Cousin (Vict.), 1268-79.
Coyer (l'abbé), 428, 1280-81, 3784.

Coyssard (M.), 1282.
Coyteux (F.), 1283.
Craon (la pr^{sse} de), 1284.
Crasset (le P.), 1285.
Crébillon père, 1286.
Crébillon fils, 1657, 3044.
Crétineau-Joly (J.), 1287, 5226.
Creuzé de Lesser (A.), 1288, 5163.
Creuzer (Fr.), 1289.
Crevier, 1290-92.
Crillon (l'abbé), 3387.
Croismare (de), 3374.
Cros (l'abbé), 1296, 4635 bis.
Cros (S.-Ch.-H.), 1297.
Cros Mayrevieille, 1298.
Crousaz (J.-P. de), 1299-1300.
Crowæus (G.), 1301.
Cruci (J.), 1302.
Cudworth (R.), 1303.
Cujacius (Jac.), 1304, 1305.
Cumberland (R.), 1306.
Cunæus (P.), 1307, 1308.
Cuperus (Fr.), 1309.
Cuper (G.), 1310.
Curtius (Q.), 1311-13.
Cusson (J.-P.), 3952.
Cuvier (G.), 1314, 1315.
Cuyckius (H.), 1316.
Cyprianus (S.), 1317-20, 4461.
Cyrano de Bergerac (S.), 1321; 5600, t. XIII.
Cyrillus (S.) Alex., 1322, 1323.
Cyrillus (S.) Hieron., 1324-26.

D

D'Achery (L.), 1327.
Dacier (A.), 1328, 1329.
Dacier (Mad.), 1330.
D'Aguesseau (H.-Fr.), 1331-34.
Daleyre, 421.

Dallæus (J.), 1335, 1336.
Dalmas (A.), 1337.
Damianus (P.), 1338.
Damiens de Gomicourt, 3339.
Damiron (Ph.), 1339.
Dampmartin (A.-H.), 1340.
Dandini (Jér.), 1341.
Dandré-Bardon (M.-F.), 1342.
Danet (P.), 1453.
Dangeau (l'abbé de), 1444, 3728.
Dangeau (le m^{is} de), 2648.
Daniel (le P. G.), 351, 352, 1397, 4478, 5590.
Daniel (le P.-Ch.), 1343, 3816.
Dante (Aligh.), 1344.
Danton (le P.), 4774.
Daquin, 4930.
Daru (P.), 4564, 4570.
Daubenton (le P.), 1345.
Daullyer (D.), 5177.
Daunou, 1736.
David (dom Cl.), 1478.
David (J.), 1346.
Deageant, 1347, 3386.
Debonnaire (l'abbé), 1734.
De Bure (G.-F.), 1348.
Dechamps (V.), 1349.
Defrasnay (P.), 1356.
Deguerry (l'abbé G.), 1357.
Delaconlonche, 4571.
Delacouture (l'abbé), 1358.
Delahaye (P.), 957.
Delalot (C.), 4551.
Delandine (A.-Fr.), 1359, 1360.
Delavigne (C.), 4562.
Deléon (l'abbé), 4582 bis.
Delille (J.), 1364.
Delle (le P. Cl.), 2429.
Dellon, 2380.
Delon, 4531.
Delort (J.), 1365.

De Luc (J.-Fr.), 1366.
Demangeon (J.-B.), 1367.
Demeusnier, 1731.
Démosthène, 1078, 1370-72.
Dempster (Th.), 1373.
Denesle, 1374, 4520.
Denis (S.). Voir Dionysius.
Denon (V.), 1376.
Denys. Voir Dionysius.
Depéry (J.-S.), 1377.
Derham (G.), 1378, 1379.
Derossant (A.), 4458.
Desbarres (A.), 1381.
Desbois (le sieur), 1382.
Desbois, 1898.
Descartes (R.), 1383-1405.
Deschamps, d^r de Sorbonne, 1406.
Deschamps (E.), 2605.
Descoutures, 3535.
Desessarts, 3688.
Desessarts (l'abbé), 402, 1793.
Desforges, 4514.
Desfontaines (l'abbé), 1457, 2480, 3699, 4066.
Desgenettes (le baron), 1410.
Desgrouais, 1411.
Deshoulières (Mme et Mlle), 1412, 1413.
Desjardins (A.), 383.
Deslandes (A.-F.), 1414, 1415.
Deslyons (J.), 1416.
Desmaizeaux (P.), 525, 2957.
Desmarets (J.) de S. Sorlin, 204, 1417-22, 2542, 5560.
Desmolets (le P.), 1423, 4433.
Desmonts (dom R.), 3092.
Desmoulins (C.), 4547.
Desormeaux (J.-L.-R.), 1424.
Desorgues (T.), 4531.
Des Périers (Bonav.), 1425-26.
Desprez de Boissy (C.), 1427.

Des Salles (dom), 3390.
Dessalle (Régis), 1429.
Destrés (l'abbé), 1219.
Dettey (l'abbé), 981.
De Vert (Cl.), 1432-34.
De Vienne (dom), 3072.
Dexter (F.-L.), 1435.
Deylingius (S.), 1436.
Dezobry (Ch.), 1437.
Diadochus (S.), 1523.
Diana (A.), 1445.
Diderot (D.), 1461, 3078.
Diessbach (N.-J.-A.), 1462.
Dilly, prêtre, 5368.
Dinarque, 314.
Dinnerus (C), 1464.
Dinouart (l'abbé), 1465, 5506.
Dio Cassius, 1466, 1467.
Dio Chrysostomus, 1468.
Diodorus Siculus, 1469-70.
Diogenes Laertius, 1471-73.
Diogenianus, 41.
Dionysius (S.) Areopagita, 1474-79.
Dionysius Afer, 173.
Dionysius Alexandr., 1483.
Dionysius Carthus. Voy. Rikel.
Dionysius Halicarn., 504, 1481.
Ditton (Homphroy), 1510.
Doddridge (P.), 1517, 1518.
Dodsley, 3712.
Dodwellus (H.), 1519.
Dœllinger (le dr), 1520.
Dolgoroukow (P.), 1521.
Domat (J.), 1522.
Dorotheus (S.), 1523, 1524.
Dorsanne (l'abbé), 1525.
Doucin (le P.), 3744.
Drach (P.-L.-B.), 1526.
Draparnaud (J.), 4582.
Dreux du Radier, 1527, 4413.
Drexelius (H.), 1528-30.

Driedo (J.), 1531.
Drouet de Maupertuy, 1157.
Drouin (R.-H.), 1534.
Droz (F.-X.-J.), 1535-38.
Dubaye (le P.), 4464.
Duboccage (Mad.), 1539.
Dubois de Riocourt, 537.
Dubort, 1160.
Dubos (J.-B.), 1540, 1541, 2378, 2400, 2572.
Dubouchet (J.), 1542.
Duboulay, 2412.
Dubourdieu (J.), 1543.
Ducandas (L.), 4417.
Ducasse, 1545.
Ducerceau (J.-A.), 1547, 4474.
Duchesne (A.), 1548.
Duchesne (L.), 4456.
Duclos (Ch.-P.), 1549-51.
Duclos (le sr), 4471.
Duclosel d'Arnery, 4526.
Ducontant de Lamolette, 1552.
Dufossé (Th.), 1554, 5195, 5504.
Dufour (le P.), 1801.
Dufresnoy (C.-L.), 1555.
Dugour, 1133.
Duguay-Trouin, 3367.
Duguet (l'abbé), 1512, 1556-85, 4472, 4500.
Duham (L.), 1586.
Duhamel (l'abbé), 3072.
Duhamel (J.-B.), 1587, 1588.
Dulau (J.-M.), 1589.
Dulaure (J.-A.), 1590-93.
Dulaurens (l'abbé), 4521.
Dumarsais (C.-C.), 1594.
Dumas (J.-A.), 157.
Dumas (P.), 1595.
Dumas (l'abbé Hilaire), 2361, 3055.
Dumas (Mathieu), 4549.
Dumont (Fr.), 5047.

Dumoulin (P.), 1596.
Dumoulin (J.-P.), 5256.
Dumouriez (C.-F.-D.), 1597.
Dumoustier (A.), 1598.
Dunglas, 4578.
Dupanloup (Mgr), 1599.
Dupaty (J.-B.-M.), 1600.
Du Perray (M.), 1184.
Du Perron (J.-D.), 1601, 3889.
Du Peyrat (G.), 3745.
Dupin (L.-E.), 1602-13, 2919.
Dupin (A.-M.-J.-J.), 1614, 1614 bis.
Du Pleix (Sc.), 1615, 1616.
Duprat (P.), 1617.
Dupré de St-Maur, 4409.
Dupuy (L.), 4583.
Dupuy (P.), 1618, 1174, 5381.
Dupuy-Demportes, 2413.
Durand, prêtre, 1620.
Durand (B.), 1619.
Durand (l'abbé A.), 655, 1621-23.
Durand (l'abbé C.), 5650.
Durand (dom), 5593.
Durand (Fr.), 1624.
Durand (Mad.), 56.
Durand de Maillane, 2555, 4535.
Duranti (G.), 1625.
Duranti (J.-É.), 1626.
Durconis (C.), 4482.
Duret (Cl.), 1627.
Duret (J.), 1628.
Durœus (J.), 1629.
Durosoy (J.-B.), 1630.
Du Sauzet (H.), 3698.
Dussaulx (J.), 3103.
Dusuel (F.), 1632.
Dutens (L.), 1633.
Dutillet (J.), 1634.
Duvair (G.), 1635, 1636.
Duval (Fr.), 2428.
Duvau (le P.), 1498.

Duverdier (A.), 1637, 1638, 2762.
Du Verdier (le sr), 5589.
Duverger de Hauranne (J.), 1207, 1639-43.
Duvernet (l'abbé), 4532.
Duvoisin (J.-B.), 1644-48.

E

Eadmerus, 164.
Eberhard (J.-A.), 1649.
Eckard (J.), 1650.
Edgeworth (M.), 1654.
Edgeworth de Firmont (l'abbé), 1899, 2483.
Egger, 4571.
Eginhard, 1266, 1267.
Elien, 45, 46.
Emery, 422, 2930, 2955-56.
Emery (le P.), de l'Oratoire, 1508.
Encontre (D.), 4567, 4581.
Entraigues (le cte d'), 3346.
Ephrem (S.), 1675.
Epictetus, 1676-85.
Epinay (Mad. d'), 1688.
Epiphanius (S.), 1689.
Eranius Philo, 116.
Erasmus (D.), 1695-1706.
Erskine (Th.), 1708.
Erythræus (J.-N.), 1709-15.
Escherny (d'), 2769.
Eschyle, 50-52.
Escobar (A. de), 1717.
Esope, 53, 54.
Espence (Cl. d'), 1718, 1719.
Espinel (V.), 1721.
Esprit (J.), 1722.
Estienne (C.), 1751.
Estienne (H.), 1752, 2471.
Estienne (H.), sr des Fossez, 1755.
Estrées (le duc d'), 3352, 3386.

Ettemare (l'abbé d'), 2335, 2353.
Eucherius (S.), 1523, 1763, 1764.
Euclides, 1765.
Eudes (le P.), 1766.
Eulard (P.), 1767.
Euler (L.), 1768, 4565.
Eunapius, 1769.
Euripides, 1771-72.
Eusebius Pamphilus, 1775-80.
Eustathius, 1781.
Eustathius, archiep. Ant., 1782.
Eutropius, 1783.
Eutychius, 1784.
Evagre, 1785.
Eymeric (l'abbé), 1802.
Eynard (C.), 1803.

F

Fabre (le P. J.-Cl.), 1912.
Fabre (Vict.), 1805.
Fabre (P.), 1806.
Fabricius (J.-A.), 1807-16, 4606.
Fabry (J.-B.-G.), 2587.
Faernus (G.), 1817.
Faillon, 3532.
Fain (le baron), 1818-21.
Falconnet de la Bellonie, 4133.
Falletti (F.-D.-A.), 1822.
Falloux (le c^{te} de), 1823.
Fangé (dom), 882 *bis*, 3391.
Faret, 1824.
Farnabius (Th.), 1825.
Faucher (J.), ministre, 4461, 4465.
Fauchet (Cl.), 1827.
Faucillon (M.), 1828.
Faugère (P.). Voir Pascal.
Fauque (Mlle), 1380.
Favart (C.-S.), 1830.
Favier, 4027.
Favre, prêtre suisse, 1831.

Favre (J.-B.-Castor), 1832, 1833.
Faydit (l'abbé), 1748, 1857, 4618.
Febronius (J.), 1834-36.
Febvre (M.), 1837.
Fedé (R.), 3331.
Feillet (A.), 1838.
Feletz (C.-M. de), 1839, 4566.
Felice (de), 1431.
Félix (le P.), 1841.
Feller (l'abbé), 1794.
Fénélon, 21, 1843-69, 2564, 5063.
Fénis (Léon de), 1220.
Ferey (le P.), 1871.
Ferguson (A.), 1872, 1873.
Feri (J.), 1874, 1875.
Ferlet (E.), 5147.
Ferlus (dom), 4577.
Ferrand (A.), 1876.
Ferrand (F.), 1882.
Ferrand (L.), 379, 1877-81.
Ferrari (H. de), 1883.
Ferrarius (J.-B.), 1884.
Ferraz, 382.
Ferrier (le P. J.), 4469.
Feu-Ardent (Fr.), 1886.
Feugère (L.), 1887.
Feuillet, chanoine, 2350.
Feuillet de Conches (F.), 1889.
Feuquières (le m^{is} de), 3918.
Ficinus, 1890, 1891.
Fielding (H.),1892-94; 5600, t. XXIV.
Figueïro (P.), 1895.
Filachou (l'abbé J.-E.), 1896-96 *bis*, 4635 *bis*.
Filesac (J.), 1897.
Firmicus Maternus (J.), 284.
Firmont (Edgeworth de), 1899, 2483.
Fischer (J.), 1900.
Fitz James (M. de), év. de Soissons, 1901.

Fléchier (E.), 1902-10, 4472.
Fleuranges (le m^{al} de), 556.
Fleury (Cl.), 1912-17.
Flodoardus, 1918.
Florens (Fr.), 1919.
Floriot (P.), 3535.
Florus, 1920-22.
Flottes (l'abbé J.-B.-M.), 1923-30, 2513, 3830, 4559, 4572.
Flourens (P.), 1931-33.
Foë (D. de), 5600, t. I-III.
Foggini (l'abbé), 1934.
Fontaine (Nic.), 1936, 1936 *bis*.
Fontaine (Mad. de), 2776.
Fontana (F.-V.-M.), 1938.
Fontanier, 1939, 1940.
Fontenelle (B. de), 140, 1941-44.
Fonvielle (R.-F.-A. de), 1945, 1946.
Foquaud (J.), 1947.
Forbes, 1948.
Forbin (Cl. de), 1949.
Forbin (le chev. de), 26.
Forcadel (Ét.), 1950.
Forestier, ci-dev. ministre, 1951.
Formey (J.-H.-S.), 23, 1546, 1952-58, 3480.
Fortia d'Urban (le m^{is} de), 1959.
Foucher de Careil (A.), 2958.
Foucher (le P. T.), 1961.
Foucquet (le P.), 4488.
Fouillou, 2335, 2359, 2408, 3399.
Fouquet (L.), év. d'Agde, 4095.
Fourmont (E.), 1962.
Fourmont (H. de), 1963.
Fourneau (l'abbé de), 1735.
Fournier (F.-F.), 1966.
Fournier (M.-Nic.), 1964, 1965.
Fourrier (F.-M.-C.), 1967.
Fragosus (J.-B.), 1968.
Fraguier (C.-F.), 1971, 4019.
Frain du Tremblay, 1223, 5373.

Franciscus (S.) Assisiatis, 1978.
Franck (A.), 1980.
François (dom J.), 1790.
Franklin (B.), 1981-83.
Franzius (W.), 1984.
Frassen (Cl.), 523, 1979, 1985.
Frayssinous (D. de), 1986, 1987.
Frentani (V.-P.), 822.
Freppel (l'abbé), 4635.
Fréret (A.), 1988, 1989.
Freschot (C.), 1759, 3357.
Fresneau (A.), 4570.
Frœlich (W.), 1991.
Froidour (M. de), 1992.
Fromentières (J.-L. de), 1993.
Frommann (J.-C.), 1994.
Fromondus (L.), 1995.
Frontinus, 1996.
Fronton, 1997.
Froumenteau (N.), 1999.
Fruchet (le P.), 4514.
Fugère, 3746.
Fulgentius, 2000.
Fumel (J.-F.-H. de), 2003, 4511, 4576.
Fungerus (J.), 2005.
Furetière (A. de), 1667, 2006-08, 3686.

G

Gabriel Metropolita, 5010.
Gacon, 4731.
Gagarin (le P. J.), 1343.
Gage (Th.), 2010.
Gagnier (J.), 2011.
Gaichiès (le P.), 2012.
Gaillard (G.-H.), 2013, 2014.
Galardi, 3401.
Galatinus (P.-C.), 2015.
Galien (le P.), 2017.
Galilæus (G.), 2018.

Galland (P.), 4454.
Gallands (Th.), 2012.
Galliffet (le P. de), 1797.
Gallois (L.), 2020.
Gamaches (Et.-S. de), 2021, 5130.
Garasse (le P. F.), 167, 2022-24, 3840, 4363.
Garat (D.-J.), 2025, 2026.
Gargallo (Th.), 2027.
Gariel (P.), 1694, 2028, 2029.
Garnerus (A.-S.), 2179.
Garnier (Cl.), 2030.
Garnier (J.-J.), 2031.
Garonne, 2032.
Gasquet (H. de), 2033.
Gassendi (P.), 2034-40.
Gattel (l'abbé), 1452.
Gaudentius (S.), 2041.
Gaudin (dom Alex.), 18.
Gaudin (Jac.), 2042.
Gaudron (l'abbé), 2571.
Gauger (N.), 4475.
Gaultier (Jac.), 2043.
Gaultier (l'abbé), curé de Savigny, 4588, 5364.
Gaultier (J.-B.), 599, 5533.
Gauthier de Faget, 3376.
Gautrol, 1977.
Gayot de Pitaval (F.), 2044.
Gazaignes (J.-A.), 156, 3248.
Gedoyn (l'abbé), 2045.
Gée (Joh.), 1206.
Gellé (le P.), 4595.
Gellius (Aulus), 2046-49.
Génébrard (G.), 2051, 2052.
Genest (l'abbé), 1441.
Gennasius Massiliensis, 2538.
Genssane, 4551.
Gentillet (In.), 3188.
Genty (F.-J.-H.), 2054.
Geoffroy, 2650.

Georgius, 2055.
Georgius Logotheta, 2056.
Georgius (Fr.), 2057.
Gerando (J.-M. de), 2058-65.
Gérard (l'abbé de), 2064.
Gérard (A.), 2065.
Gerbais (J.), 2066.
Gerberon (G.), 2067-68, 2360.
Gerbet (Ph.), 2069-73, 3402.
Gerdil (le P.), 2074-77.
Gerhardus (J.), 2078, 5355.
Germain (A.), 2080-84, 4572, 5650.
Germain (Cl.), 2079.
Germon (P.-B.), 2085.
Gersen (J.), 2086.
Gerson (J.), 2087-88.
Gerusez (E.), 2089.
Gervaise (l'abbé), 682, 1408, 1690, 2385-86, 2578, 4742, 5524.
Gesnerus (C.), 2090.
Gesnerus (J.-M.), 2091.
Gessner (S.), 2092.
Geuffrin, 2094.
Geyman (le P.), 4468.
Giannone, 149.
Gibert (B.), 2095.
Gilbault (L.), 2279, 5397.
Gillet (N.), 4457.
Gillies (J.), 2096.
Gillotte (le P.), 2097.
Gilson (B.), 5360.
Gin (P.-L.-C.), 2098.
Ginguené (P.-L.), 1888, 2099, 2100.
Ginoulhiac (l'abbé), 2101, 4577, 4580, 4582 bis, 4635.
Girard (l'abbé M.), 4468.
Girard (A.), 2103.
Girard (J.), 4571.
Girard de Villethierry (J.), 1658, 2102, 5526.

41

Giraudeau (B.), 2104,
Girou de Buzareignes (C.), 2105.
Giustiniani, 2396.
Gisbert (le P.), 2106.
Glassius (S.), 2107.
Goar (J.), 2108.
Gobel, 4536.
Gobillon, 2109.
Godart d'Aucourt, 3799.
Godeau (A.), 2110-18.
Godefroy (A.), 2120.
Godefroy (J.), 2652.
Godefroy (F.), 1241 *bis*.
Godet-Desmarets (P.), 1844, 3734.
Godignus (N.), 2122.
Goethe, 2123-24.
Goguet, 3746.
Goldoni (C.) 2125.
Goldsmith (Lewis), 2431.
Gombauld (J.-O. de), 2126.
Gomberville(M. de), 1515, 2127-30.
Gomez (Mad. de), 2131.
Goncalez de Mendoça (Fr.-J.), 2132.
Gonod (B.), 1905, 2133, 3834.
Gonon (B.), 2134.
Goodwinus (Th.), 2135.
Gordon (A.), 2136.
Gorini (l'abbé), 2137.
Görres (J. von), 2130.
Gosselin (l'abbé), 4067-68, 5513.
Goudelin (P.), 2139.
Goudin (F.), 2140.
Goujet (l'abbé), 1912, 2041-43,
    2201, 2380, 2418, 3275, 3358,
    3623, 4504, 5508, 5518, 5527.
Goulart (S.), 3358.
Gourcy (l'abbé de), 2144.
Gourdan (le P. de), 4472.
Gourlin (l'abbé), 601, 2559.
Gournay (F.-A. de), 2514.
Gourville (de), 2145.

Goussault (l'abbé), 2146-47.
Grabius (J.-E.), 2148.
Grainville (C. de), 2150.
Granada (L. de), 2156-59.
Grancolas (J.), 1294, 2160-62.
Granet (l'abbé F.), 647, 4433, 4589.
Grangier (le P.), 1796.
Granier de Cassagnac (A.), 2163.
Grasset (J.-P.-A.), 4577-78.
Gratiani (A.-M.), 2164-65.
Gratry (A.), 2166-67, 3337.
Grécourt (J.-B.-W. de), 4492.
Grégoire (H.), 2168-70, 4535, 4543,
    4547.
Grégoire XIV, 4459.
Gregorius (S.) magnus, 2171-79.
Gregorius (S.) Nazianzenus, 2180-81.
Gregorius (S.) Nyssenus, 2182.
Gregorius (S.) Thaumat., 2183.
Gregorius Turonensis, 2184-85.
Grenade (L. de). Voir Granada.
Greslon (le P. A.), 2187.
Gresset (J.-B.-L.), 2188.
Gretser (J.), 2189.
Griffet (le P.), 2190-91, 2525, 3361.
Grimaud (G.), 2192.
Grimm (F.-M.), 2193-94.
Grimm (J.-F.), 2195.
Gron, chanoine, 4502.
Gronovius (J.), 2196.
Gronovius (J.-F.), 2197-98.
Groz de Boze, 5392.
Grosez (le P.), 4464.
Grosley (P.-J.), 3356, 5514, 5522.
Grotius (H.), 2199-2214.
Grou (le P.), 4641.
Grouvelle (P.-A.), 1858.
Gruchius (N.), 2215.
Grün (A.), 3501.
Gruterus (J.), 2216.

Gruyer, (L.-A.), 2217, 2217 bis.
Gualdi (l'abbé), 2218.
Gualtherus, (R.), 2219.
Guillon (R.), 2149.
Guardia (J.-M.), 2220.
Guarin (P.), 2221-22.
Guarini (B.), 2223.
Guasco (l'abbé de), 2224.
Guénée (l'abbé), 2225.
Guenet (de), 2915.
Guer (J.-A.), 2226.
Gueret (G.), 2229.
Guerguil (l'abbé), 4576.
Guerin du Rocher (P.-M.-S.), 2227, 2326.
Guesnay (J.-B.), 193, 2232-33, 5403.
Guettée (l'abbé), 2234-35.
Guevara (L.-P. de), 2236.
Guiard (dom), 1502.
Guibert (le P.), 4475.
Guibertus de Novigentio, 2237.
Guichardin (F.), 2238.
Guidi (l'abbé), 1670, 3042.
Guido-Papa, 2239.
Guigniaut (J.-G.), 4568.
Guilbert (l'abbé), 3383.
Guilielmus Alvernus, 2240.
Guillard d'Arcy (le P.), 4594.
Guilliaud (Cl.), 2241.
Guillibertus Tornacensis, 2242.
Guillié (le dr), 2243.
Guillon (R.), 2149.
Guillon de Montléon, 2244, 4563, 4573.
Guimenius (A.), M. de Moya, 2245.
Guinisius (V.), 2246.
Guise (H. duc de), 2247, 3353.
Guizot (F.), 2248-53.
Gumilla (le P.-J.), 2254.
Gutherius (J.), 2255.

Guyard (le P. B.), 1217.
Guynaud (B.), 2256.
Guyon (l'abbé), 2257, 3729.
Guys (P.-A.), 2258.

H

Habert (Is.), 2260-62.
Habert (D.-L.), 2263.
Haeften (B.), 2264.
Haitze (P.-J. de), 3482-83.
Halle (J.), 2265.
Haller (A.), 2266, 4565.
Hamilton (Arch.), 2267.
Hamilton (Ant.), 2268-71.
Hamilton (Elis.), 2272.
Hamon (J.), 908, 1511, 2273-77, 4821.
Hardouin (le P.), 1497 bis, 2283-88, 5395.
Harlay (F. de), 2289, 5124.
Harris (J.), 2290.
Hartley (D.), 2291.
Hasenmiller (E.), 2403.
Hauchecorne (l'abbé), 2292.
Hauteroche (N. d'), 2293.
Hauteville (N. de), 4820.
Hauzeur (F.-P.), 377.
Havet (E.), 4571.
Hayer (le P.), 2295, 4142.
Hecht (C.), 5256.
Hecquet (Ph.), 3595.
Heeren (H.-L.), 2296-98.
Heineccius (J.-G.), 2299.
Heinsius (D.), 2300, 4863.
Helliez, 5559.
Heliodorus, 2301-02.
Helvetius, 1723.
Helyot (le P.), 2303, 2396.
Hemsterhuis (F.), 2304.
Hénault (C.-J.-F.), 2305.
Hennet (A.-J.-V.), 2306.

Hennequin (V.), 2307.
Henricus de Gandaro, 2538.
Henrion (M.-R.-A.), 2308.
Henry (P.-F.), 2411.
Hérault (L.), 5499.
Herbert de Cherbury (E.), 2309-10.
Herder (J.-G.), 2311-12.
Héricourt (L. de), 2313-14.
Hérissant (L.-Th.), 405.
Hermant (God.), 2315-17, 2622.
Hermant (J.), 2318-20, 2396.
Hermolaus Barbarus, 4455.
Herodianus, 2321-22.
Herodotus, 2282, 2323-26.
Héron de Villefosse (A.-M.), 1750.
Hervieux de la Boissière, 1726, 3516.
Hesiodus, 2328-31.
Hesnault, 4430.
Hesnelle (l'abbé A.), 2332.
Hesychius, 2333.
Hesychius Milesius, 1523, 2334.
Heyne (C.-C.), 2337.
Hieremias, 2338.
Hierocles, 2339.
Hieronymus Stridonensis, 2538.
Hieronymus (S.), 2340-43.
Hilarius (S.), 2345.
Hildebertus Turon., 2345.
Hildebrandus (J.), 5355.
Hincmarus, 2346.
Hippocrates, 2347.
Hippolytus (S.), 2348.
Hobbes (Th.), 2439-41.
Hofmannus (J.-J.), 2442.
Hogarth (G.), 2443.
Holbach (d'), 724, 1052, 5127-29, (581).
Holden (H.), 2444.
Holland, 5128.
Hollandre (J. de), 2445.

Homerus, 2446-51.
Hommey (J.), 2453-54.
Hondorffius (A.), 2455.
Honoré (Fr.), 2457.
Honoré (le P.) de Ste-Marie, 1477.
Honoré (Oscar), 2458.
Honorius Augustod., 2538.
Hontheim (de), 1834-36.
Hooke (L.-J.), 4630.
Horatius, 503, 914, 2459-72, 4454-56.
Hornot (A.), 13.
Hospital (M. de l'), 2473.
Hosschius, 2474.
Hotoman (Fr. et J.), 2475-76.
Houbigant (C.-F.), 2477.
Houssaye (A.), 2478.
Houteville (l'abbé d'), 1737, 2479-80.
Huarte (J.), 2481.
Hubert (Mlle), 3073-75, 5106.
Huc (l'abbé), 2482.
Hue (Fr.), 2483.
Huerne de la Mothe, 3093, 3343.
Huet (P.-D.), 2484, 2515, 3728, 4019, 5395.
Hugo (l'abbé), 2656.
Hugo (L.-C.), 2383.
Hugo de S. Victore, 2516.
Hugo de S. Charo, 2517-19.
Hugo (H.), 2520.
Hugo (V.), 4562.
Huisseau (d'), 1485.
Humblot (le P.), 2521.
Hume (D.), 2522-27.
Huret (Ch.), 2528-29.
Hurtado de Mendoza, 2423.
Hutcheson (F.), 3926, 4411.
Huygens (G.), 2530.
Hyde (Th.), 2531.
Hyginus, 2532, 3590.

I

Ibycus, 932.
Ignatius (S.), 2536.
Ignatius de Loyola, 2537.
Indagine (J. de), 2549.
Innocent III, 2550.
Innocent XI, 1351, 2551-52.
Innocent (Fr.) (dom Masson), 2553.
Irailh (l'abbé), 4147.
Irenæus (S.), 2575-78.
Isaïe, 1406, 2785.
Isarn, 4430.
Isée, 314.
Isidorus (S.), Hispalensis, 2538, 2579.
Isidorus (S.), Pelusiota, 2580.
Isocrates, 2581-84.
Isla (J.-F. de), 2585.
Itier (J.), 2586, 4573.
Ivellus (J.), 2592.
Ives (le P.), 2591.
Ives de Chartres, 2588-90.

J

Jabineau, 4526.
Jablonski (P.-E.), 2593.
Jacobus Cartusiensis, 2594.
Jacques Ier, roi d'Angl., 2595.
Jacques (A.), 2596.
Jacques Jacques, 2597.
Jacquin (l'abbé), 1674.
Jacquinet (P.), 2598.
Jacutius (M.), 2599.
Jacynthe (le P.), 4472.
Jamblichus, 2600-2601.
Jamin (N.), 3880.
Janet (P.), 4568.
Janse (L.), 3444.
Jansenius (C.), 247, 2604-05.
Janson (l'abbé), 1724.
Jaquelot (Is.), 2606-09.
Jarchi (S.), 2610.
Jauffret, év. de Metz, 158, 3384.
Jean de Salisbury, 2628-29.
Jeannel (Ch.), 2613-14.
Jesu Sirach, 2615.
Joannes (S.) Chrysostomus, 1096, 2618-25.
Joannes (S.) Climacus, 2625-26.
Joannes (S.) Damascenus, 2627.
Joannes Geometra, 5460.
Joannes Saresberiensis, 2628-29.
Job, 961, 2630.
Joffre (P.), 2631.
Johnson (S.), 2632.
Joliot (J.-F.), 2633.
Joly (Cl.), 4428.
Jonas, 2634.
Joncourt (E. de), 2657.
Joncoux (Mlle de), 2408.
Jordan (B.), 2635.
Jordan (C.), 4537.
Jordan (G.), 4463.
Jordan (C.-E.), 4426.
Jornandès, 2636.
Josephus (Fl.), 2637-39.
Joubert (Et.), 3678.
Joubert (Laur.), 2640.
Joubert (J.), 2642.
Joubert de la Rue (J.), 3057-58.
Jourdain (Ch.), 2645, 5285.
Jouffroy (Th.), 2644-45.
Jouin (N.), 4492.
Jousse, 1156, 5390.
Jovet, 2658.
Jubé de la Perelle, 2659.
Jubinal (A.), 2660-61.
Juenin (G.), 2561, 2662.
Juglaris (A.), 2664.
Julianus imperator, 2665-69.
Julianus (P.), 2670.

Julius Obsequens, 3998.
Jurieu (P.), 1880, 2672-80, 3643-44.
Jussie (Jeanne de), 2681.
Juste l'archiprêtre, 2682.
Justinianus imp., 2683-85.
Justinianus (L.), 2686.
Justinus, 2687-88.
Justinus (S.), 2689-90.
Juvenalis, 2691-96.
Juvenel de Carlencas, 2697.

K

Kalkbrenner (C.), 2698.
Kaempfen (E.), 2699.
Kant (E.), 2700-703.
Kempis (Th. a), 2539-46, 2704-05.
Keratry (A.-H.), 2706.
Kettnerus (F.-E.), 2707.
Kimhi (D.), 2708.
King (G.), 2709.
Kircher (A.), 2710-12.
Kirchmaier (G.), 1463.
Kirchmann (J.), 2713.
Klopstock, 2714.
Knox, 2715.
Koch (C.-G. de), 2716.
Koënig (E.), 2717.
Kolbe (P.), 2718.
Kornmann (H.), 2719.
Kortholtus (C.), 2720-22.
Krascheninnikow (S.), 2723.
Krudner (Mad. de), 274.
Kuhn (J.), 2725.
Kühnholtz (H.), 2726-28.

L

Labadie, 403.
La Baune (J. de), 2729.
Labbe (Ph.), 2730-36.
L'Abbé (P.), 2737.

La Beaumelle (L.-A. de), 2738, 4517.
La Bertonye (H. de), 2739.
La Biche de Reignefort, 4450.
La Bizardière (M.-D.), 2740.
La Blandinière, 1192.
La Bletterie, 2669, 2741.
La Bouderie, 3503.
La Borde (le P. de), 2742, 4090, 4516.
Labroüe (P. de), 2743-44.
Labrune (J. de), 2745, 3534.
Labruyère (J. de), 2746-48.
La Calprenède, 941, 1112.
La Chalotais (C. de), 2750.
La Chambre (M. C. de), 2752-56.
Lachapelle (A. de), 648, 1510, 2757, 3054 *bis*.
Lachapelle (J. de), 3060-61.
Lachassaigne (de), 5517.
Lachastre (le m^{al} de), 4458.
Lachaussée (N. de), 2758.
Lacombe (F.), 2759.
Lacordaire (l'abbé), 2809.
Lacroix (J.-F. de), 1456, 4534.
Lacroix (P.-F.), 2760-61.
Lacroix (J.-F. de) de Compiègne, 2426.
Lacroix du Maine, 2762.
Lacroze (M.-V. de), 1671, 2763-64.
Lactantius, 2765-69, 4545.
Lactantius Placidus, 3590.
Ladevi La Roche, 4568.
La Dixmerie, 3500.
Ladvocat (l'abbé), 2770-74.
Laet (J. de), 2214.
La Faille, 4060.
Lafare (le m^{is} de), 3380-81.
Lafayette (Mad. de), 2776-77.
Lafitau (J.-F.), 2778.
Lafiteau (P.-F.), 2779.

La Fontaine (J. de) , 2780.
Laforge (H. de) , 1398.
Lagane , 2781.
Laget de Podio , 2782.
Lagrange (le P. de) , 4471.
La Guette (Mad. de) , 2783.
Lahaye (J. de) , 187.
Lahode (Lamothe dit) , 5521.
Laingæus , 2784.
Laisné , 2785.
Laharpe (J.-F. de) , 2786-88, 4561.
Lallemant (M.), 2789.
Lallemant (le P.), 2918, 3348, 5484.
Lally Tollendal, 2790-91.
La Loubère (S. de), 2792.
La Luzerne (le card. de), 2793-95.
La Madeleyne (Jeh. de), 2796.
Lamartine (A. de) , 2797.
Lambert (l'abbé Cl.-Fr.) , 2798.
Lambert (Jos.), 2799.
Lambert (le P.) , 1736.
Lambert (Mad. de) , 2800.
La Menardaye , 2393.
La Mennais , 2801-13 , 4553.
Lami (Jean) , 2315.
Lami (Fr.), 1198, 5490 , 4494.
Lamindus. Voir Muratori.
Lamoignon Malesherbes , 4526.
La Molère (l'abbé de), 3516.
La Monnoye (B. de), 2818-19, 4019, 4430.
La Mothe le Vayer (Fr. de), 2820-23.
Lamothe (H. de) , 2824-25.
Lamourette (l'abbé A.), 2826, 4532.
Lamy (B.) , 2827-37, 3232, 5062-63.
Lancelot (C.), 266, 1501, 1643, 1687, 2151, 2611, 3691-92, 4779.
Lancelot (J.-P.), 2555.
Lancre (P. de), 2839.
Lanfrancus , 2840.
Langeois, 1179.

Langle (le m^{is} de), 4522.
Languet (J.-Jos.), 404, 1433, 2842-43.
Lanjuinais (J.-D.) , 2844.
Lanoue (Fr. de), 2845.
Lansperge (le P. J.-J.), 2846.
La Place (Cl. de), 2847).
La Place (P. de), 1489.
La Placette (J.), 2849-55.
La Peyrère (Is. de), 2856.
La Porte (l'abbé J. de), 3510, 3705, 5591.
La Porte (P. de), 2857.
La Poype de Vertrieu (J.-Cl. de), 2858.
Larcher (P.-H.), 3925.
La Rivière (H.-M. m^{is} de), 2859.
Larmessin (Nic.), 2860.
La Roche (M. de), 648, 3385.
La Roche (Tiph. de), 650.
La Roche Barnaud , 2861.
La Rochefaucauld (F. duc de), 2862-63.
Larroque (D. de), 407, 811, 3452.
Larroque (M. de), 2864.
Larroque de Rouen, 1970.
La Rue (le P. Ch. de) , 2865.
La Serre (J.-P. de), 2866.
Lassay (le m^{is} de) , 2867.
La Suze (Mad. de), 3874.
La Taste (dom L.-B. de), 3079-81, 4496-500.
Latouche (l'abbé A.), 2868-69.
La Tremouille (H. de), 2870.
Latude , 4531.
Laval (H. de), 1505.
Laubrussel (Ign. de), 2871.
Launoy (J. de), 2872-75.
Laureau , 2876.
Laurembergus (J.-G.), 2877.
Laurentius (J.), 2878.

Lauze de Peret, 2879.
Laval (H. de), 1505.
Lavallière (Mad. de), 2880.
Lavardin (de), 4677.
Lavicomterie, 1121, 4532.
Lebeau (C.) 2881.
Leblanc (Fr.), 2882, 4477.
Leblanc (l'abbé), 2884.
Leblanc (l'abbé H.-J.), 4570.
Le Blanc de Prébois, 3476.
Le Bossu (P.), 2885.
Le Bouthillier de Rancé, 936, 1407, 1487, 1524, 2977, 3036, 3184, 3280, 3322, 4381-84, 4584.
Le Brun (le P.), 1490, 2886-88, 3067.
Le Brun des Molètes, 3485.
Lecerf (Ph.) de la Vieville, 2890.
Leclerc (D.), 2891.
Leclerc (Jean), 644-46, 2892-2902.
Leclerc (l'abbé), 5534.
Lécluse (Fl.), 2903.
Le Cœur (Alex.), 1241 *bis*.
Le Comte (le P.), 2904-19.
Le Courayer (l'abbé), 1496-97.
Le Courtier (l'abbé), 2920-26.
Le Dieu (l'abbé), 2929.
Le Duchat, 1546, 2652.
Lefèvre (le P.), 523-24.
Lefèvre de St-Marc, 3610, 4066, 5517.
Lefèvre (Jacq.), 3202.
Le Franc de Pompignan (J.-G.), 2930, 2548, 4032-33.
Lefranc de Pompignan (J.-J.), 1488, 3340.
Legendre (l'abbé), 2932, 5528.
Legendre (G.-Ch.), 2933.
Léger (l'abbé), 4544.
Legge (l'abbé de), 2934.
Legobien (le P.), 2907, 2916.

Legrand (Ant.), 919, 1399, 2936.
Legrand (A.-M.), 2935.
Legrand (Jacq.), 2937.
Legrand (Joach.), 2938.
Legrand (Lud.), 5356.
Legros (l'abbé), 3332.
Leidradus, 57.
Leibniz, 2940-58, 4423.
Le Jay (le P.), 2939.
Le Laboureur (L.), 2959.
Leland (J.), 2960.
Lelong (le P.), 625, 2961.
Le Lorrain (le P.), 131.
Lelut (L.-F.), 2962, 3833.
Lemaistre (A.), 200, 592, 2964.
Lemaistre de Sacy, 1666, 5208.
Lemaitre de Claville, 2963.
Le Métayer (l'abbé), 1500.
Lemnius (Lev.), 2965.
Lemoine (A.), 2966-68.
Lemoine d'Orgival (l'abbé), 2969.
Lemoyne (le P.), 2970-74.
Le Nain (dom P.), 2975-76.
Lenain de Tillemont (S.), 2977.
Lenet (P.), 3368.
Lenfant (J.), 2978-80.
Lenglet Dufresnoy (l'abbé), 2981-89.
Lenoble (E.), 2990-92.
Lenoble de St-Georges, 2993.
Lenoir (A.), 2994.
Lenoir (Jean), 1788.
Lenormant (Ch.), 2995.
Lenourry (N.), 206, 2996.
Leo (S.) Magnus, 165, 2997-3000.
Leone (Abarb.), 3001.
Leorat (le P.), 3002.
Le Paige, 2372.
Le Paulmier (le P.), 3003.
Le Pays (R.), 1368.
L'Épée (l'abbé de), 2558.

Le Pelletier (J.), 3004.
Le Picard (Fr.), 3005.
Le Porcq (le P.), 3006.
Lequeux (J.-M.-F.), 3007-08.
Lequien (M.), 3009-12.
Lequien de la Neuville, 3013.
Le Ridant (P.), 3014.
Le Roux de Lincy (P.), 3015.
Le Roy (Onés.), 3016.
Le Sage (A.-R.), 3017-20.
Lesage (C.-L.), 3021, 4079.
Lesbonax, 116.
Lesclache (L. de), 3022.
Lescœur (L.), 3033, 5295.
Lesley ou Leslie (J.), 3023, 4457.
Lesourt, 4477.
Lespès (L.), 3025.
Lessing (G.-E.), 3026.
Lessius (L.), 3027-28.
L'Estoile (P. de), 2652.
Le Tellier (le P.), 4452.
Leti (Grég.), 3029-31.
Letourneux (M.), 3032.
Leusden (J.), 3084.
Levayer de Boutigny (R.), 398, 1507, 2412, 3085, 5158.
Lévêque (Ch.), 4569, 4572.
Lévêque (Mad.), 4984.
Lévesque de Pouilly (J.-S.), 5246, 5509.
Lévesque de Pouilly (L.-J.), 5247.
Lévesque de Burigny (J.), 844-9.
Levier (Ch.), 2374.
Lévis (P.-M.-G., duc de), 3086-87.
Lévy (le Présid. de), 2654.
Liautard (l'abbé), 4557.
Libanius, 3088-89.
Lightfoot (J.), 3094.
Liechtenau (C.-A.), 1053.
Lignac (l'abbé de), 1659, 1795, 3095-96, 4078.

Limborch (Ph.-A.), 3097.
Limojon de St-Didier (I.-F. de), 5405.
Lindsey, 1533.
Lingard (J.), 3098.
Lingendes (Cl. de), 3099.
Linguet (S.-N.-H.), 3101-03, 4529, 5248.
Lipsius (J.), 3104-06.
Liron (dom), 110.
Liset (P.), 3107.
L'Isle (C.-S. de). Voir Sorel.
Lisle (Cl. de), 3109.
L'Isle (le P. Jos. de), 3110.
Livius (Titus), 3115-18.
Lobineau (D.-G.-A.), 3120.
Lochon (E.), 14, 5386.
Lockard (G.), 2430.
Locke (J.), 3122-28.
Loisel (A.), 3130.
Lombard (P.), 3131-32.
Lombard (le P.), 4479.
Longinus, 183, 3133.
Longuerue (L.-D. de), 3134, 5377.
Longueval (Jacq.), 3136.
Longus, 31, 3137.
Lord (H.), 3138.
Lordat (J.), 3139-43.
Loredano (J.-F.), 3144.
Losa (Fr.), 3145.
Louail (J.), 2408.
Louis XII, 3146.
Louis XIV, 3147.
Louis XVIII, 4625, 4542.
Louise de Savoie, 556.
Louvet (J.-B.), 3377.
L'Ouvreleuil (J.-B.), 3149.
Lowth (R.), 3150-51.
Lubin (le P.), 3152.
Lucanus, 3153-57, 4455.
Luchet (le m^{is} de), 122, 1742.

42

Lucianus, 3158-64.
Lucretius, 3165-67.
Ludlow (Ed.), 3168.
Ludolphus, 3169.
Luitprandus, 3170.
Lullius (R.), 3171-72.
Lupus (Servatus), 3173.
Luynes (Ch.-Ph., duc de), 3174 *bis*.
Luzac (E.), 1740.
Lycophron, 3175.
Lycurgue, 314.
Lydius (J.), 971.
Lyra (N. de), 3176-77.
Lyserus (J.), 75.
Lysius, 3178.
Lyttelton (G.), 3179.

M

Mabillon (J.), 3180-85.
Mably (l'abbé de), 3186.
Macé (l'abbé), 1084.
Machiavel (N.), 3187-88.
Mackintosh (J.), 3190.
Macquer (Ph.), 12.
Macrobius, 3191.
Macropædius (G.), 2149.
Macy (l'abbé), 5367.
Madelenet (G.), 4870.
Madrolle (A.), 4560.
Mageoghegan (l'abbé), 3189.
Maffei (J.-P.), 3192.
Maffre de Fontjoie, 4177.
Magnus (Jac.), 3193.
Mahomet, 3194.
Maiella (Car.), 192.
Maignan (T.), 4457.
Maigrot (Ch.), 3195, 2917.
Maillet-Lacoste, 4557.
Maimbourg (le P.), 3197-3202.
Maimonides (R.-M.), 3203-05.
Maine de Biran, 3206-10.

Maintenon (Mad. de), 3211.
Maiolus (S.), 3212-13.
Mairan (D. de), 3214-17.
Maistre (J. de), 3219-22, 4563, 4451-52.
Maistre (X. de), 3223.
Malaval (Fr.), 4074.
Malbec (P.), 4577.
Maldonatus (J.), 3224.
Malebranche (le P.), 140, 3225-37, 5376.
Maleville (l'abbé G.), 2365.
Malherbe (F. de), 3238-39, 4458.
Malide (J.-F. de), 4577, 4537.
Mallet (D.), 421.
Malou (J.-B.), 3240.
Malte-Brun, 5391.
Malthus (T.-R.), 3241.
Mamachi (Th.-M.), 3242.
Mancini (Marie), 3366.
Mandajors (L.-D. de), 3694.
Mandeville (B. de), 1804.
Manhart (F.-X.), 3243.
Manne (E. de), 467.
Mansuet (le P.), 2362.
Mantica (F.), 3244.
Manuel de Jaen, 3246.
Manzoni, 3251.
Maran (Pr.), 600, 1513.
Marandé (le s^r de), 3252, 5283.
Maraviglia (D.-J.), 3253.
Marca (P. de), 3254-57.
Marcel (C.), 3258.
Marcel (J.-J.), 3259.
Marcellus Ancyranus. Voir Jacq. Boileau.
Marcet de la Roche Arnaud (l'abbé), 3525-26.
Marchand (Pr.), 2375, 3261.
Marchand (J.-H.), 4520.
Marchetti (J.), 1914.

Maréchal (dom B.), 3262.
Maréchal (S.), 4065, 5598.
Marès (P.), 4579.
Maret (H.-L.-C.), 3263.
Margon (l'abbé de), 4485-86.
Marguerite de Valois, 3264.
Mariana (J.), 3265-66.
Marie de Jésus d'Agréda, 3267-70.
Marigny (de), 3271.
Marius (Cl.) Victor, 408.
Marivaux (P.-C. de), 3272.
Marmontel (J.-F.), 3273-74.
Marolles (l'abbé de), 3275.
Marot (Cl.), 3276-77, 4484.
Marraccius (Eud.), 3278.
Marsham (J.), 3279.
Marsollier (l'abbé), 2379-2381, 3280-81.
Martel de Toulouse, 3397.
Martène (dom Ed.), 3282-86, 5593.
Martialis, 3287-90, 4454.
Martianay (le P.), 3291-92.
Martianus Capella, 3293.
Martimbos (N.-A.), 2149.
Martin (l'abbé A.), 2039.
Martin (l'abbé E.), 2624.
Martin (Aimé), 3294.
Martin (dom J.), 3296-98, 4627.
Martin (Th.-H.), 3980.
Martin-Choisy (P.-E.), 4578.
Martineau (le P.), 3299.
Martinelli (J.), 3300.
Martinelli (V.), 3301.
Martini (M.), 3302.
Martins (Ch.), 4579.
Martinus (Em.), 3303.
Marty (A.), 3304.
Marty (l'abbé), 3305.
Mas (l'abbé), 3307.
Mascaron (...), 4716.
Mascaron (J.), 3308.

Massac (P. L. de), 123.
Massias (le bar.), 4566.
Massieu (G.), 4019.
Massillon (J.-B.), 3309-10.
Masson (J.), 2366.
Masson (dom), 2553, 3311, 4149.
Massot-Reynier (J.), 4580.
Massoulié (le P.), 3312.
Mastrofini (l'abbé), 3313.
Matani (A.), 3314.
Matignon (le P.), 3315.
Matter (J.), 3316-20.
Mauduit (le P.), 3321.
Maultrot (G.-N.), 197, 1496, 2560, 3327, 4509.
Mauny (R.), 4476.
Maupeou (M. de), 3322.
Maurial (L.), 2703, 3743.
Maury (A.), 3323.
Maximus Tyrius, 3324-25.
Maximus (B.), monachus, 3326.
Maynard (Fr.), 3328-29.
Maynard (l'abbé), 3831, 3833, 4568.
Mége (dom J.), 3333.
Méhée de la Touche (J.-C.-H.), 4556.
Meignan (l'abbé), 3334.
Meister (Jh.), 3335.
Mélanchton, 3336.
Méliton (P.), 2178.
Melvil (J.), 3342.
Ménage (G.), 3403-12.
Ménandre, 3413-14.
Ménard (L.), 3415-17, 4581.
Menasseh ben Israel, 3418.
Menckenius (J.-B.), 3419.
Mendelsohn (M.), 3420.
Mendibil (P.), 641.
Menestrier (le P.), 3421-23, 4462.
Menin (N.), 3424.
Mérault (l'abbé), 3425.
Mercator (M.), 3426.

Mercier (S.), 125; 5600, t. xxxii.
Méré (G.-B., chev. de), 3432-36.
Merez (M. de), 3437.
Méry (J.), 4563.
Merlin (le P.), 380.
Mersenne (le P. M.), 3438-40.
Mesenguy (l'abbé), 1799, 5527.
Mesmer (F.-A.), 3441.
Messahala, 3443.
Mesnier (l'abbé), 4096.
Mestrezat (J.), 3445.
Methodus Patarensis, 119.
Meurier (H.), 4461.
Meursius (J.), 3448.
Meusi (l'abbé N.), 3449.
Mey (l'abbé), 197.
Meyniel, 4535.
Meynières (le Présid^t de), 2372.
Mézeray (E. de), 2281, 3450-52.
Méziriac (B. de), 3766.
Michaelis (J.-D.), 3453-54.
Micháelis (J.-H. et C.-B.), 3455.
Michault (J.-B.), 2989, 3393, 3456.
Michelet (J.), 3457-60.
Micrælius (J.), 3461.
Micyllus (J.), 1686.
Middleton (C.), 1195, 3462.
Mignet (F.-A.), 3463.
Mignot (l'abbé), 1175 *bis*, 5382.
Millieus (A.), 3464.
Millin (A.-L.), 3465.
Millot (l'abbé), 4513.
Milton (J.), 3466-69.
Mimaut (J.-F.), 5475.
Minucius Felix, 3470, 5189.
Minutoli (J.-F.), 3471.
Mirabeau (V.-R., m^{is} de), 4510, 4517.
Mirabeau (H.-G.-R., c^{te} de), 3472, 4532, 4539.
Miræus (A.), 3474.

Mirville (J.-E. de), 3476.
Misson (M.), 3379.
Mæhler (J.-A.), 3478.
Moissy (l'abbé de), 3484.
Moléon (de). Voir Lebrun des Marettes.
Molesworth, 3486.
Molière (J.-B. P. de), 3487.
Molinæus (P.), 3488.
Mondésir (l'abbé de), 4527.
Mondot (A.), 3490-91.
Mongez (A.), 3492.
Montacutius (R.), 3495.
Montaigne (M. de), 3496-3503, 4755.
Montaigne (l'abbé), 4559.
Montalembert (le comte de), 3504.
Montaud (N. de), 3505.
Montausier (le duc de), 3370.
Montclar (de), 3347.
Montecuculli (R. de), 3506-07.
Montel (A.), 4635.
Montesquieu (Ch. de S. de), 3508-11.
Montfaucon (le P. de), 1132, 1259, 3512-13.
Montgeron (C. de), 3515.
Montglat (le m^{is} de), 3517.
Montgon (l'abbé de), 3518.
Montis (l'abbé de), 3519.
Montjoie (l'abbé de), 1409.
Montlosier (le c^{te} de), 3520-27.
Montluc (B. de), 3528, 4457.
Montpensier (Mlle de), 2016, 3529.
Montrésor (le c^{te} de), 3530.
Montreuil (M. de), 3531.
Morabin, 1085.
Moratin (N.-F.), 3541.
More ou Morus (Th.), 3542-44.
Moreau (J.-N.), 3683.
Moreau de Brasey, 3388.
Morel (Hyac.), 3545.

— 605 —

Morel (P.), 3546.
Morel (dom R.), 1720.
Morellet (l'abbé), 3547-48.
Morellius (G.), 3549.
Morellus (Th.), 3550.
Morellus (F.), 4460.
Morelly, 3551.
Morgues (M. de), 3552.
Morgues (le P. M.), 3553.
Morhofius (G.-D.), 3554.
Morin (J.), 170, 3555-59.
Morizot (M.), 4760.
Mornay (Ph. de), 3560.
Morus (H.), 3561.
Morus (Th.). Voir More.
Moschus, 659.
Mosheim (J.-L.), 3563-71.
Motteville (Mad. de), 3573.
Mouffle d'Angerville, 3396.
Mouhy (le chev. de), 5600, t. xx.
Mourgues (le P.), 3575-76.
Moya (M. de), 2245.
Muller (J.-B.), 3578.
Murat (Mad. de), 5600, t. xxix et xxxv.
Muratori (L.-A.), 3579-82.
Muretus (M. A.), 622, 3583-84, 4457.
Murmellius (J.), 242.
Musset-Pathay (M.), 3586.
Mussard (P.), 1195, 2435.
Musson (l'abbé), 3736.
Muzzarelli (A.), 3587.
Mylæus (C.), 3588.

N

Nadal (l'abbé), 3591.
Naironus Banensis, 3592.
Nani (B.), 3593.
Nanus (D.), 3594.
Naucler (J.), 3597.

Naudé (G.), 1159, 3598-3600.
Naudet (J.), 3601.
Naville (E.), 3210, 3602.
Navailles (Ph. de), 3603.
Neander (M.), 3604.
Necker (J.), 3605, 4534.
Necker (S. Churchod de), 3606.
Necker de Saussure (Mad.), 3607.
Née de la Rochelle (J.), 1348.
Néel (L.-B.), 2382; 5600, t. xxix.
Neercassel (J. de), 5366.
Nemeitz (J.-C.), 3612.
Nemesius, episc., 3613-14.
Nerses, patriarcha, 3615.
Nettement (A.), 3616-17.
Neubrigensis (G.), 3618.
Neuhusius (Ed.), 3619.
Neuhusius (R.), 3620.
Newman (Jh), 3622.
Newton (I.), 2957, 4423.
Niceron (le P.), 3623.
Nicephorus, 295, 2056.
Nicetas, 3624.
Nicolas (A.), 3209.
Nicole, 203, 3625-58, 3691, 3807 et s., 5207-08.
Nieupoort (G.-H.), 3659-60.
Niewentyt (B.), 3661.
Nilus (S.), 1096, 1523, 3662-63.
Nisard (D.), 3664.
Nivelle (l'abbé), 2335.
Noailles (Ch. de), év. de St-Flour, 3665.
Noailles (L.-A. de), arch. de Paris, 2563.
Nodier (Ch.), 3666-67, 4561.
Nodin (F.-J.), 3668.
Noel (J.-F.), 3669.
Nogaret (l'abbé), 3670.
Noirot (l'abbé), 3671.
Nonnotte (l'abbé), 3672.

Noodt (G.), 1532, 3673.
Norbert (le P.), 5349.
Noringius, 3674.
Noris (H.), 3675-77.
Normanville (B. de), 4461.
Norton (Th.), 4457.
Nostradamus, 3678.
Nouet (le P.), 3815.
Nourrisson (J.-F.), 3680.
Novarini (A.), 3700.
Noviomagus (J.), 3701.

O

Ocellus Lucanus, 3710-12.
Odon, év. de Cambray, 5420.
OEcumenius, 3713.
Ogerius ou Ogier (C.), 3717.
Ogier (F.), 458, 2023.
Olavides, c^{te} de Pilo, 5404.
Olearius (A.), 3718.
Oleaster (H.), 3719.
Olivet (l'abbé d'), 1049, 3728, 4019.
Oporinus (J.), 3724.
Opstraët (J.), 2533, 3131.
Optatus (S.), 3725.
Origenes, 3738-44.
Orléans (Gaston d'), 3386.
Orléans (la d^{sse} d') Palatine, 3748.
Orléans (Louis d'), 44.
Orosius (P.), 3749.
Osiander (A.), 3750.
Osmont du Sellier, 1450.
Osorius (H.), 3751-52.
Ossat (A., card. d'), 3753.
Ossian, 3754.
Osterwald (J.-Fr.), 3756, 5383.
Otto (Ever.), 3787.
Otto Frisingensis, 3758.
Oudeau, 3759-60.
Ouseel (Ph.), 3761.
Ovidius, 3762-66, 4454.

Owen (J.), 3767.
Ozanam (J.), 3768.

P

Pacca (le card.), 3769.
Pacianus episc., 3770.
Paëpp (J.), 3771.
Pagès (l'abbé E.), 3772-73.
Pagninus (Sanctes), 3774.
Pagus (Fr.), 3775.
Pajon (Ch.), 3641.
Palacio (P. de), 3776.
Palafox de Mendoça, 3777.
Paleotinus (L.), 3778.
Paleotti (A.), 3779.
Paley (W.), 3780-81.
Palingenius (M.), 3782.
Palissot (Ch.), 3783, 4513.
Pallavicino (P.-S.-F.), 1176.
Palmerius (J.), 3786.
Pannonius (J.), 3787.
Panormitano (N.), 3788.
Panvinius (O.), 3790.
Papillon (l'abbé Ph.), 3791.
Papin, ministre angl., 3792.
Papon (l'abbé), 2425, 5594.
Para du Phanjas, 3793.
Pardies (le P.), 3796.
Parfaict (les fr.), 2377.
Paris (l'abbé Fr. de), 329, 3798, 5516.
Paris (Math.), 3797.
Parisis (Mgr), 4568.
Parisot, 3800.
Parkerus (S.), 3801.
Parlier (H.), 4572.
Parthenius Nicæensis, 31.
Parthenius, 1201.
Pascal (Bl.), 3803-34.
Paschal (Ch.), 3835.
Pasor (G.), 3836-37.

Pasquier (E.), 954, 3838-40, 4135.
Pasquier (Nic. et J.), 167, 3838.
Passerat (J.), 4458.
Pastoret (le m^{is} de), 3841-42.
Paterculus (V.), 3843-44.
Patin (Gui), 3845-47, 3600.
Patin (Ch.), 3848.
Patin (J.), 3849.
Patot (S.-T. de), 5599.
Patouillet (le P.), 1448, 2416, 5520.
Patru (O.), 3728.
Paul (le P.), de Lyon, 2336, 3588.
Paulian (A.-H.), 1402, 1458.
Paulinier (Th.), 3855-56.
Paulinus (S.) Nolanus, 3857.
Pausanias, 3859-61.
Pavillon (E.), 3862.
Pavillon (N.), év. d'Alet, 2568.
Payne (Th.), 4536.
Pearsonius, 3863.
Peignot (G.), 3119, 3864.
Pelletier (l'abbé V.), 4573.
Pellico (S.), 3865-66.
Pellisson (P.), 407, 3867-74.
Pelloutier (S.), 3875.
Pelvert (l'abbé), 1509, 3062.
Penn (G.), 3876.
Pennotus (G.), 3877.
Perès (E.-J.), 3883.
Pernety (l'abbé), 3066, 4646.
Perottus (N.), 3885.
Perrault (Ch.), 3886-87, 4515.
Perrault (N.), 3537.
Perrens (F.-T.), 4876.
Persius, 2692, 3690-91.
Péry (l'abbé de), 4580.
Petau (D.), 3892-96.
Petiot (l'abbé), 3723.
Petit (P.), 3897.
Petitpied (N.), 2408, 3898, 4438.

Petitdidier (dom M.), 3817.
Pétrarque, 3899-3902.
Petronius, 3903-07.
Petrus Blesensis, 3908.
Pey (l'abbé), 3910.
Peyrot (C.), 3911.
Peyresc (N.), 170.
Pezron (le P.), 171, 3912-14.
Phædrus, 3915-16.
Phalaris, 3917.
Phelipeaux (l'abbé), 4619.
Philémon, 3413-14.
Philibert (l'abbé), 156, 3248.
Philippe (E.-A.), 4450.
Philippe IV, d'Espagne, 3919.
Philo, 3920-22.
Philostorgius, 3927.
Philostratus, 3928-32.
Phlégon, 3933.
Phocylide, 3934, 4016.
Photius, 3935-37.
Piancinus (J.-B.), 3939.
Pianesse (le m^{is} de), 5489.
Piccolomini. Voir Æneas Sylvius.
Picus Mirandulæ, 3941-42, 4461.
Pichon (le P.), 3943.
Pidansat de Mairobert, 3396.
Pie VI, 3944.
Pierre de St-Louis (le P.), 4430.
Pierquin de Gembloux, 3950, 4573, 4580.
Piganiol de la Force, 3953-54.
Pignatelli (le m^{is} de), 535.
Pighius (A.), 3955.
Pighius (Steph.-Vin.), 3956.
Piles (R. de), 3957.
Pinchinat (B.), 3958.
Pindarus, 3959-64, 4807.
Pinel (le P.), 4084.
Pinto (H.), 3965.
Piossens (le ch. de), 3360.

Piron (A.), 3966.
Pirot (le P.), 202.
Pisis (R. de), 3967-68.
Pitard (E.), 3969.
Pithoys (Cl.), 185.
Pitton, 4950.
Pizzurnus (G.), 3970.
Placentinus (G.), 3971.
Plaix (C. de), 2375.
Planchon (J.-E.), 4579.
Planchon (G.), 4579.
Planciades Fulgentius, 3599.
Plantier (J.), 4586.
Platina (B.), 3973-74.
Plato, 3975-89.
Plautus, 3990-93.
Plessis-Praslin (le m^{al} du), 3371.
Plessis Praslin (G. de), év. de Tournay, 3994.
Plinius Secundus, 3995-97.
Plinius Junior, 3998-4000 *bis*.
Plotinus, 4001-02.
Plowden (l'abbé), 5386.
Pluche (N.), 2409, 4003-06, 5051.
Pluquet (l'abbé), 1791, 4007-08.
Plutarchus, 4009-14.
Poggianus (J.), 4456.
Poinsinet de Sivry, 3784, 5378.
Poitevin (J.), 4557.
Poitevin-Peytavi, 4022, 4557.
Poix (L. de), 4131.
Polidoro, 1104.
Polignac (M. de), 4023-24.
Politianus (A.), 4025-26.
Polyænus, 4029.
Polybius, 4030.
Pomey (F.), 4031.
Pomponius Mela, 1483, 4034-35.
Poncet (le chev. de), 4457.
Poncet (le P.), 3882.
Poncet de la Rivière (M.), 4576.

Ponlevoy (le P.), 4036.
Pontas (J.), 4037.
Pontanus (J.-I.), 4038.
Pontchâteau (l'abbé de), 1511.
Pontier (G.), 4039.
Pontis (de) 4041.
Pontmartin (A. de), 4042-45.
Pope (A.), 4046-48.
Porchetus Genuensis, 4049.
Porée (le P.), 4050-52.
Porphyrius, 4053-54.
Porrade (P. de), 267 *bis*.
Port-Royal. Voir le N° 4055 et les renvois.
Porta (J.-B.), 4056-57.
Portalis (J.-E.-M.), 4058-59.
Possevinus (A.), 4062, 4456.
Pothier (R.-J.), 5387-89.
Pougens (Ch. de), 4063.
Pouget (le P.), 4064.
Poujoulat (J.-J.-F.), 384, 4635.
Poulain de Nogent (Mlle), 3690.
Pousson de la Rosière (l'abbé), 4560.
Pradel (Ch. de), év. de Montpellier, 1190.
Pradi (J.), 4069.
Pradon (N.), 4070-71.
Pradt (D. de), 4072.
Prémontval (L. de), 4077.
Prestre, 1293.
Prévost (l'abbé), 3378, 4066.
Prévost (P.), 4079.
Pricæus (J.), 4080.
Prideaux (H.), 4081, 5507.
Priolo, 312, 5123.
Priscianus, 4092.
Proclus, 1096, 3979.
Propertius, 967-68, 4101.
Prosper (S.) Aquitanus, 165, 4103-06.
Proudhon (P.-J.), 4108-10.

Proyart (l'abbé), 4526.
Prudentius, 4111-12.
Prudhomme (L.), 4113.
Psaume (Et.), 1447.
Ptolemæus, 1201, 4134.
Puffendorff (S.), 4136-39.
Puteanus (Er.), 4140.
Pybrac (G. du Faur de), 4141.
Pythagoras, 4016.

Q

Quatremère de Quincy (A.-C.), 4143-45.
Querard (J.-M.), 467.
Querlon (M. de), 4514.
Quesnel (le P.), 271, 273, 763, 972, 1484, 2336, 2401, 2408, 2568, 4083, 4423, 4468, 4473, 4478, 4480, 5210 et s., 5361.
Quevedo y Villegas (F. de), 5561; 5600, t. XVI.
Quinet (E.), 3458, 4151.
Quintilianus, 4152-55.
Quitard (P.-M.), 4156.

R

Rabanus, 4357.
Rabardeus (M.), 4358.
Rabaut St-Etienne, 1888.
Rabbe (A.), 4562.
Rabelais (Fr.), 4360-62.
Racan (H. du B., sr de), 4364.
Racine (J.), 4365-67.
Racine (L.), 4020, 4368.
Racine (l'abbé), 17, 936, 1524.
Radonvilliers (l'abbé de), 4370-71.
Ræmound (Fl. de), 4372-73.
Raffeneau-Delile, 4556, 4579.
Raguenet (l'abbé), 4374.

Ramieri (le P.), 4375.
Ramirez (J.), 4376.
Ramond Lalande (de), 5081.
Ramsay (M.-A.), 4377.
Ramus (P.), 4378-80.
Rancé (l'abbé de), 936, 1407, 1487, 1524, 2977, 3036, 3184, 3280, 3322, 4381-84, 4584.
Ranchin (F.), 4385.
Ranchin (G.), 1173.
Ranchin (H.), 4126.
Rangouse, 4386.
Ranke (L.), 4387.
Raphson (J.), 1369.
Rapin (R.), 4388-94.
Rapin (N.), 4141.
Ratramne, 4397.
Rassicod (E.), 1175.
Ravaisson (F.), 4572.
Ravanellus (P.), 4399.
Ravignan (le P.), 4400.
Ray (J.), 4401.
Raymond (l'abbé), 4402.
Raynal (l'abbé), 4403, 4529.
Raynouard (F.-J.-M.), 4404.
Reboul (G. de), 4406.
Reboul (J.), 4407.
Reboul (H.), 4557.
Reboul (l'abbé), 4582.
Reboulet (S.), 1105 *bis*.
Rébuffy (P. de), 1181.
Recluz (l'abbé), 4412.
Recolin (N.), 3833.
Reginaldus (V.), 4590.
Regino (J.), 5256.
Régis (P.), 4591.
Régis (Sylvain), 2498, 4592-93.
Regnard (J.-F.), 4596.
Regnauld (l'abbé), 4659.
Regnier (Math.), 4597.
Regnier (..), 4598.

Regnier Desmarais (l'abbé), 4599-4600.
Regourd (le P.), 4601.
Reid (Th.), 4604-05.
Reikingius (T.), 5355.
Reimar (H.-S.), 4606-07.
Reineccius (C.), 4608.
Reinelius (M.), 4609.
Reland (A.), 4611-14.
Remond des Cours (N.), 5486.
Remy (N.), 4632.
Renan (E.), 4633-35.
Renaud de Vilbach, 4636.
Renaudot (Eus.), 3638.
Renouvier (Ch.), 4637-39.
Renouvier (J.), 4575, 4640.
Requier (J.-B.), 4647.
Résie (le c^{te} de), 1905.
Restaut (P.), 3489.
Restaurant (M.), 4648.
Retif de la Bretonne, 4649.
Retz (le card. de), 4650-53.
Revillout (Ch.), 4654-54 bis.
Rey (l'abbé), 1205.
Reybaud (L.), 4657.
Reyer (C.), 4658.
Reynaud (le P.), 3481.
Reynolds (J.), 4662.
Reyrac (F.-P. de), 4547.
Rhenanus (B.), 4661.
Rhodiginus (C.), 4665.
Rhulières (C. de), 1663.
Rians (le P. de)., 4666.
Riccius (J.), 4667.
Richard (l'abbé), 4670-71, 5485.
Richard (le P.), 3707, 4669.
Richardot (F.), 4456.
Richardus a S. Victore, 4668.
Richelet (P.), 4672.
Richelieu (le card. de), 4673-74.
Richer (E.), 4675-76.

Richerand (A.), 4677.
Rigoley de Juvigny (J.-A.), 4678.
Rikel, 4679-83.
Riouffe (H.), 3377.
Rival (P.), 4684.
Rivarol (A. de), 4685, 5424.
Rivaz (P. de), 4686.
Rivet (A.), 3608-09, 4687.
Rivière (l'abbé), dit Pelvert, 3602.
Rivière (le P.), 270.
Robbe (Jacq.), 4688.
Robert (F.), 4689.
Robert (J.), 4457.
Robertson (W.), 4690-93.
Robespierre (M. de), 4539.
Robinet (J.-B.-R.), 3566, 4694.
Robinson (G.), 4695.
Rocca (A.-J.-M. de), 4696.
Roche (l'abbé), 5371.
Rochechouart (de), év. d'Arras, 989.
Rochefort (L. de), 4697.
Rodericus Sancius de Arevalo, 4698.
Rodier de la Bruguière (E.), 4699.
Roentgen (J.), 4552.
Roger (Abr.), 4700.
Roger (L.), 4701-02.
Rognat (A.), 4703.
Rohan (H. duc de), 4704.
Rohan (Eléonor de), 3539.
Rohault (Jacq.), 4705-06.
Roland (Mad.), 4707.
Rolland (le Présid.), 4517.
Rollin (Ch.), 4708-15.
Rollocus (H.), 4457.
Roman (F.), 5394, 4469.
Romain (l'abbé), 3901-02.
Romanus (C.-F.), 4717.
Romany (P.), 1196, 4474.
Rondellus (J.), 4718.
Rondet (Et.), 208, 1455.

Roque (le P.), 4468.
Rorarius (H.), 4719.
Roscoe (W.), 4720.
Rose (l'abbé), 3540, 4721.
Rosinus, 4722.
Ross (A.), 4723.
Rossi (J.-V.), 4724.
Rosweyde (H.), 4725.
Roucher (J.-A.), 4726.
Rouget (F.), 4727.
Rouget-Beautian, 4728.
Rouillard (S.), 4729.
Rousseau (J.-B.), 4730-31.
Rousseau (J.-J.), 4732-36, 4513.
Roustan (A.-J.), 4737.
Rouvière (J.-J.), 4557.
Rouvière (H. de), 4738.
Rouville (P.-G. de), 4580.
Roverus Pontanus, 4739.
Rowe (Mad.), 4740.
Royou (J.-C.), 2650.
Royer de la Rivière, 4777.
Rozaven (J.-L.), 2070.
Ruffinus præsbyter, 57, 4741-42.
Ruinart (dom Th.), 4743-46.
Rulié (l'abbé), 1449, 4629.
Rupertus abbas, 4747.
Rutgersius (J.), 4863.
Rutlige (le ch.), 4574.
Ryan (B.), 4748.

S

Sa (Em.), 4749.
Sabagh (M.), 4561.
Sabatier (l'abbé L.), 4580, 4750-51.
Sabatier de Castres, 5409.
Sablier (Ch.), 4752.
Sabunde (R.), 4753-57.
Sacy (L.-I. Le Maistre de), 4762-64, 5504.

Sacy (L. de), 5369.
Sacy (S. de), 4765.
Sadi de Schiraz, 4766-67.
Sadolet (J.), 4768-69.
Sainctes (Cl. de), 4457.
Saint-Amant (de), 4771.
Saint-Amour (M. de), 4772.
Saint-André, 4773.
Saint-Estève (A.-B.), 4775.
Saint-Évremond, 4776-77.
Saint-Glain, 5059.
Saint-Hilaire (B.), 4778.
Saint-Hyacinthe, 1028-29, 2657, 4523.
Saint-Ignace (le P. H. de), 296, 4779, 5412.
Saint-Joseph (le P. de), 348, 4780-82.
Saint-Jure (le P.), 4783-85.
Saint-Louis (P. de), 4430, 4786.
Saint-Marc Girardin, 4787.
Saint-Martin (L.-Cl. de), 1707, 1728, 3319, 4788, 5139.
Saint-Paul (Ch. de), 4575, 4578.
Saint-Pierre (l'abbé de), 4094, 4789-90.
Saint-Pierre (B. de), 4791-92.
Saint-Priest (A. de), 4793.
Saint-Réal (l'abbé de), 4594-95, 5428.
Saint-Simon (le m^{is} de), 3703.
Sainte-Beuve (C.-A.), 4797-99.
Sainte-Beuve (J. de), 4796.
Sainte-Croix (G. de Clermont-Lodève de), 132, 4800-01.
Sainte-Croix-Charpy (l'abbé de), 4802.
Sainte-Foy (de), 4469.
Sainte-Garde (J.-C. de), 4803.
Sainte-Irène (de), 4804.
Sainte-Marie (H. de), 4805.

Sainte-Marthe (A.-L. de), 3714.
Sainte-Marthe (Cl. de), 203, 3951, 4810-11, 4482.
Sainte-Marthe (dom D. de), 2349, 4808-09, 4439, 5503.
Sainte-Marthe (Sc. de), 4806, 4807.
Sainte-Marthe (P.-S de), 1757.
Sainte-Palaye (L. de), 4812.
Saisset (E.), 383, 2596, 4572, 4813-15.
Sales (S. François de), 4816-21.
Salgues (J.-B.), 4822-25.
Sallengre (H. de), 1661, 2657, 3364, 4826.
Sallustius, 4827-30.
Salluste le Philosophe, 4831.
Salm (C. de), 4832.
Salmasius (Cl.), 4833-35.
Salvador (J.), 4836-37.
Salverte (E.), 4838.
Salvianus (S), 4839-40.
Samuel presbyter, 1775.
Sanchez (Fr.), 4842.
Sanchez (Th.), 4843.
Sanctius (Fr.), 4844.
Sanderus (N.), 4845-46.
Sandius (Chr.), 4847, 4901.
Sandraz des Courtilz, 2230-31, 3369, 5223, 5505.
Sanlecque (le P.), 4848.
Sangutellus (A.), 4849.
Sannazarius (A.-S.), 4850.
Sannazzaro (J.), 4851.
Santes Pagninus, 3774.
Santeuil (J.-B.), 4854-55.
Sapho, 126, 932.
Sarasin (J.-F.), 4856-57.
Sarpi (P.), 3462, 4858-61.
Sarran (J.-R.-P.), 4554-57.
Sarrau (Cl.), 4862.
Saulcy (F. de), 4867.

Saunier de Beaumont (l'abbé), 3065.
Saurin (J.), 4868.
Saussure (H.-B. de), 4869.
Sautel (le P.), 4870.
Sauvage (L. de), 4871.
Sauvage (le P.), 4405, 4641.
Savérien (A.), 4872-74.
Savoie (Louise de), 556.
Savonarola (J.), 4875-76.
Scaliger (J.-C.), 4877.
Scaliger (J.), 4878-80.
Scarron (P.), év. de Grenoble, 4476, 4881.
Scarron (P.), 4882-84.
Scheiner (Ch.), 4885.
Schiller (F.), 4886.
Schlegel (F.), 4888-89.
Schmid d'Avestein, 4085.
Schmitt (H.-J.), 4890.
Schön (L.-F.), 2702.
Schoonebeck, 2396.
Schrevelius (C.), 4891.
Scholtz (E.), 4929.
Schrœder (G.), 4929.
Schultingius (C.), 4893.
Schumaker (J.-H.), 4894.
Schurman (A. a), 4895.
Scioppius (C.), 213, 4897.
Scoppa (A.), 4898.
Scribanus (C.), 4899.
Scribonius (J.-M.), 4900.
Scriverius (P.), 4902-03.
Scudéry (G. de), 4904-07.
Scudéry (M. de), 4908-14.
Scupoli (Lor.), 1148, 4915.
Sébastien (le P.), 4917.
Second (J.), 622, 4920, 5317.
Secousse (D.-F.), 4919.
Secubia (Jean de), 1180.
Segrais (J.-R.), 4921-23.
Seguenot (Cl.), 342.

Seguy (A.), 4925.
Selden (J.), 4926-27.
Senac de Meilhan, 3350, 4931-32.
Senault (le P.), 4933-37.
Sénèque, 4938-47.
Senguerdius (A.), 4948.
Seran de Latour, 291.
Serarius (N.), 4952.
Serces (J.), 4953.
Serre (le d^r), 4958.
Serres (J. de), 4956.
Serres (Cl.), 4957.
Serres (M. de), 4959,
Serry (H. de), 350.
Servan (J.-M.-A.), 4960, 4522.
Serviez (de), 4961.
Seutter (M.), 4962.
Severus (Sulp.), 4963-64.
Sévigné (Mad. de), 4965.
Sevoy (H.), 4966.
Sextus Empiricus, 4967-68.
Seyssel (C.-L.), 4969.
Sèze (de), 4538.
S'Gravesande, 2657, 4970.
Sguropulus (S.), 4971.
Shaftsbury, 4087, 4972.
Sherlock (G.), 4973-76.
Sherlock (P.), 909
Sherlock (Th.), 4977-78.
Shuckford (S.), 4979.
Sicard (l'abbé), 158.
Sicard (R.-A.), 4980.
Sidney (A.), 4981.
Sidonius Apollinaris, 4982-83, 2084.
Sigebertus Gemblacensis, 2538.
Sigonius (C.), 4985-86.
Sigorgne (l'abbé), 1363.
Silhon (J. de), 4987-88.
Silius Italicus, 4989-90.
Silva (S. de), 4991.

Silvela (M.), 641.
Simon (G..), 5357.
Simon (J.), 2596, 4567, 4992-93.
Simon (R.), 899, 1347, 4994-5011, 5217.
Simonides, 4016.
Simonnel (D.), 4090.
Simson (E.), 5013.
Sincerus (J.), 5014-15.
Singlin (de), 5016.
Sirmond (J.), 5017.
Sismondi (S. de), 5018, 4549.
Sixtus Senensis, 5019.
Sleidan (J.), 13, 5020.
Smith (A.), 5021.
Socrate le grammairien, 5023-24.
Soame Jenyns, 4565.
Soanen (J.), 2565, 4490-91, 4506.
Solarius (C.), 5025.
Soldinus (F.) , 5026.
Solignac (le chev. de), 118, 120.
Solinus (C.-J.), 5027.
Solis (A. de), 5028-29.
Solon, 4016.
Solorzano Pereira (J. de), 5030.
Somaize (A.-B. de), 5031-32.
Sommier (J.-C.), 5033.
Sophocles, 5034-40.
Sorbière (S.), 2036, 5041.
Sorel (Ch.), 1149, 3574, 5042-43.
Soret (J.), 4520.
Soto (D.), 5044.
Soulier, prêtre, 5045-46.
Souterus (D.), 5048.
Souverain, 3987.
Sozomène, 5051.
Spagnius (A.), 5052.
Spanheim (F.), 5053.
Spinosa (B. de), 5057-64.
Spon (J.), 5065.
Staal (Mad. de), 5066-67.

Stackhouse (T.), 5068-69.
Staël (Mad. de), 5070-71.
Stanley (T.), 5072.
Stapleton (T.), 5073.
Statius, 5074-76.
Stay (B.), 5082.
Steele (R.), 5083-85.
Steingelius (C.), 5086.
Sterne (L.), 5087, 5600.
Stesichorus, 932.
Stewart (D.), 5088-90.
Stobæus, 5091.
Stolberg (F.-L. , c^{te} de), 5092.
Strabo, 5093.
Strada (F.), 5094-95.
Strauss (D.-F.), 5096.
Strube de Piermont (T.-H.), 5097.
Suard (J.-B.-A.), 5098, 5465.
Suarez (F.), 5099.
Suarez de Ste-Marie, 2279-4461.
Suetonius, 4454, 5100-05.
Suidas, 41.
Sulau, 4531.
Sully (M. duc de), 5107-09.
Sulzer (J.-G.), 5110.
Surin (le P.), 3069, 5111-13.
Surius (L.), 5114-15.
Swedemgborg (E. de), 5116.
Swift (J.), 5117, 5600.
Swinden (T.), 5118.
Sykes (A.), 5119.
Symmachus (Q.-A.), 5120.
Synesius, 5121.

T

Tabaraud (M.-M.), 610, 5131-36.
Tacitus, 5142-47.
Taillandier (S.-R.), 4567, 4572, 5148-52.
Tallemant des Réaux, 5153.

Tallemant (l'abbé), 5600.
Talon (O.), 5154.
Tamburinus (T.), 5155.
Tandon (A.), 5156.
Tapperus ab Enchusia, 5157.
Taschereau (J.-A.), 5159.
Tassin (dom), 2427.
Tasso (T.), 5160-61.
Tassoni (A.), 5162-63.
Taxil (J.), 5164.
Taylor (S.), 5165.
Teissier (A.), 5166.
Tekely de Szek, 4565.
Temple (le ch.), 5168-69.
Templery, 5488.
Tencin (le card. de), 4427.
Tencin (Mad. de), 5170.
Terentius, 5171-77.
Terrasson (A.), 5178.
Terrasson (J.), 5179-80.
Terrasson (M.), 5181.
Terrin, 5182.
Tertullianus, 4456, 5183-95.
Tessier, avocat, 2399.
Tharin (l'abbé), 3693.
Theiner (A.), 5225-26.
Themistius, 5227-28.
Théocrite, 5229-30.
Theodoretus (S.), 5231-35.
Theognis, 5236, 4016.
Theophanes, 5239.
Theophanes (S.), 5240.
Théophile (Viaud), 5241.
Theophrastes, 5242-45.
Thérèse (sainte), 5249-50.
Théron (l'abbé), 5251.
Théry (A.), 381, 5252-54.
Thévenot (M.), 5257.
Thevet (F.-A.), 5258.
Thibaudier (l'abbé), 4568.
Thibault (Ch.-Th.), 4557, 5259.

Thierry (Am.), 5260-61 *bis*.
Thierry (Aug.), 5262-64.
Thiers (A.), 5278.
Thiers (J.-B.), 5265-77.
Thomas (S.) de Aquino, 5279-85.
Thomas (A.-L.), 5286.
Thomas (J.-P.), 160, 5287.
Thomas (Eug.), 160, 5288-89.
Thomasius (J.), 5290.
Thomassin (le P.), 5291-5307.
Thomassy (R.), 4567, 4573.
Thou (J.-A. de), 3362, 3889, 5166, 5308-09.
Thouret (J.-G.), 4536.
Thoynard (N.), 760.
Thucydides, 5310-13.
Thuillier (dom V.), 5314.
Thurreau, 1222.
Tiberius a Corneto, 5315.
Tibullus, 967-68, 5316-17.
Tillemont (Lenain de), 5318-20.
Tilliot (du), 5321.
Tillotson (J.), 5322-23.
Tirinus (J.), 5324.
Titelman (F.), 4455, 5325 *bis*.
Titon du Tillet, 5326.
Toland (J.), 3789, 5328-29.
Toletus (F.), 5331-32.
Tollenarius (J.), 5333.
Tondut (P.-F.), 5334.
Torniellus (A.), 5335.
Tournefort (J.-P. de), 5336.
Tournely (H.), 5337-41.
Tournon (T.-M., card. de), 5342-49.
Touron (le P.), 5350-53.
Toussainct du Plessis (dom), 2370.
Toussaint (F.-V.), 3479.
Toussenel (A.), 5354.
Tracy (Dest. de), 5358.
Tracy (le P. de), 5359.

Tranquille (le P.), 347, 1651.
Travers (J.), 2515.
Trembley (J.), 5396.
Treneuil (J.), 4581.
Tressan (L.-E., c^{te} de), 5398.
Tresvaux (l'abbé), 5399-400.
Trevern (Mgr), 1491-92.
Tricalet (l'abbé), 5401.
Tricaud (l'abbé), 1748, 2656, 3945.
Trimundus (L.), 5402.
Trithème (J.), 5406-08.
Trouvé (le baron), 5410.
Troya d'Assigny (l'abbé), 1898.
Trublet (l'abbé), 5411.
Turmaud de la Morandière, 4089.
Turnebus (A.), 1456, 5413, 5467.
Turpin (F.), 5414-16.
Turrettini (J.-A.), 5417.
Tursellinus (H.), 5418.
Tyrtheus, 4016.

U

Ubaghs (G.-C.), 5419-21.
Ulstadius (P.), 5422.
Urfé (H. d'), 5425-27.

W

Vacceius (J.), 1116.
Vaillant (l'abbé), 3337.
Vairasse (D.), d'Alais, 2406.
Vaissette (dom), 2404-05.
Valdory (Mlle de), 312.
Valerian (J.-P.), dit Pierius, 5431.
Valerius Maximus, 5432-34.
Valerius Flaccus, 5435.
Valery, 5436.
Valette (l'abbé), 5438.
Valincourt (de), 2777.
Valla (Laur.), 5439-40.
Valla (P. a.), 170.

Vallemont (l'abbé de), 3938, 5441.
Valleroux (H), 5442.
Valois (A. de), 5437.
Valori (N.), 5508.
Van Dale, 5443-44.
Van den Hoef, 3354.
Van der Velde (D.-F.), 5445.
Van der Muelen (G.), 5446.
Van Effen (J.), 427, 1028-29, 2657, 5447.
Van Espen (B.), 5448.
Van Helmont (J.-B.), 5449.
Van Scholten, 5256.
Vanel, 2389-90.
Vanière (J.), 5450-51.
Vanière (Pr.), 5452.
Vanini (J.-C.), 5453-56.
Vapereau (G.), 5458-59.
Varax (de), 2958.
Varenius (B.), 5460.
Varet (A.), 1353, 4620, 5461.
Vargas (F. de), 5462.
Varillas, 2590, 4643.
Varin (P.), 282.
Varro (M.-T.), 5466-67.
Vasi (M.), 5468.
Vassets (l'abbé de), 5363.
Vattel (E. de), 5469.
Vauban (le c^{te} de), 3392.
Vaudron, 5221.
Vaugelas (C.-F. de), 5470.
Vaumorière (P. de), 288, 2280.
Vauvenargues (de), 5471-73.
Vavassor (F.), 5474.
Velastus (T.-S.), 5476.
Venance (le P.), 4582.
Ventura (le P.), 5477-81.
Verdelin (l'abbé), 2556.
Vergilius (Polyd.), 5482-83.
Vernes (J.), 1194.
Vernet (J.), 1442.

Vernier, 3502, 5491.
Véron (Fr.), 4461, 4469, 5492.
Vertot (l'abbé de), 5493-95.
Verville (B. de), 3577.
Vibius Sequester, 173.
Vic (dom de), 2404-05.
Vicaire (A.), 1229.
Vico (J.-B.), 5497.
Vicq d'Azyr (F.), 5498.
Victor (P.-A.), 173, 5500.
Victor, duc de Bellune, 5500 *bis*.
Vida (M.-H.), 503, 5501.
Videl (L.), 5502.
Viegas (B.), 188.
Vigée-Lebrun (Mad.), 5536.
Vigerius (M.), 5579, 5538.
Vigerus (F.), 5527.
Vigneul de Marville, 1656, 2928, 5539.
Vignier, 5540.
Vignier (N.), 2931.
Vigor (S.), 2410.
Viguier (l'abbé P.-F.), 4132.
Villalpandus, 4069.
Villars (l'abbé de), 1362, 5541.
Villars (le mar^{al} de), 5529.
Ville (F. de), 4076.
Villefore, 148, 591, 5510-11.
Villemain (A.-F.), 5542-44.
Villeneuve (de), de Paris, 5601.
Villeroy (N. de Neuville, duc de), 5545.
Villers (Ch.), 2702, 5546.
Villette (Cl.), 5548.
Villiers (P. de), 289.
Villiers (l'abbé de), 4475, 4587, 5372.
Vincentius (S.) Lirinensis, 4039, 5549.
Vincentius (S.), de Valentia, 5550.
Vinet (A.), 3832.

Virgilius (P.), 4454, 5551-59.
Vitet (L.), 1260.
Vives (J.-L.), 5562.
Voisin (J. de), 1215, 5565.
Voiture (V. de), 5566-68.
Volaterranus (R.), 5569.
Volborth (J.-C.), 5570.
Volney (C.-F.), 5571-72.
Volpi (J.-A.), 5573.
Volpilière (de la), 5574.
Voltaire (F.-A. de), 3924-25, 4150, 4509, 4517, 4841, 5393, 5575-76.
Vonck (C.-V.), 5577.
Vossius (G.-J.), 5578-85.
Vossius (Is.), 5586-88.
Vourric (de), 5429.
Vrindts (l'abbé), 5602.
Vuitasse (C.), 5603.

W

Waldbourg Truchsen, 4554-55.
Walenburgh (A. et P.), 5604.
Wagenseilius (J.-C.), 5605.
Wallace (R.), 5606.
Wallon (H.), 4635 bis.
Walras (A.), 5607.
Walton (H.-A.), 5608.
Wandelaincourt (l'abbé), 5609.
Warburton (W.), 5610-12.
Watts (Is.), 5613.
Weinmann (J.-G.), 5614.
West (G.), 5615.
Wicquefort (de), 3400-01.
Wieland (C.-M.), 5616.

Wier (J.), 5617.
Wilberforce (W.), 5618.
Willis (T.), 5619.
Willm (J.), 5620.
Willot (P.-F.-H.), 5621.
Wilson ou Wolsey (F.), 5622.
Windet (J.-A.), 5623.
Windisch-Grætz (le c^{te} de), 5624.
Witsius (H.), 5625-26.
Wittichius (C.), 5061.
Wolf (C.), 5627-28.
Wollaston (G.), 5629.

X

Xénophon, 2282, 5569, 5630-40.
Xiphilin, 1466, 1467, 5641.

Y

Young (A.), 5642.
Yvan (le P.), 117.
Yves (le P.), 2591.
Yvon (l'abbé), 3090.

Z

Zacharie (le P.), 168, 2259, 4770.
Zasius (U.), 5644.
Zecchius (L.), 5645.
Zenobius seu Zenodotus, 41.
Zepperus (W.), 5646.
Zeunius (C.), 5527.
Zimmermann (J.-G.), 5647.
Zopffius (J.-H.), 5648.
Zoroastre, 5649.

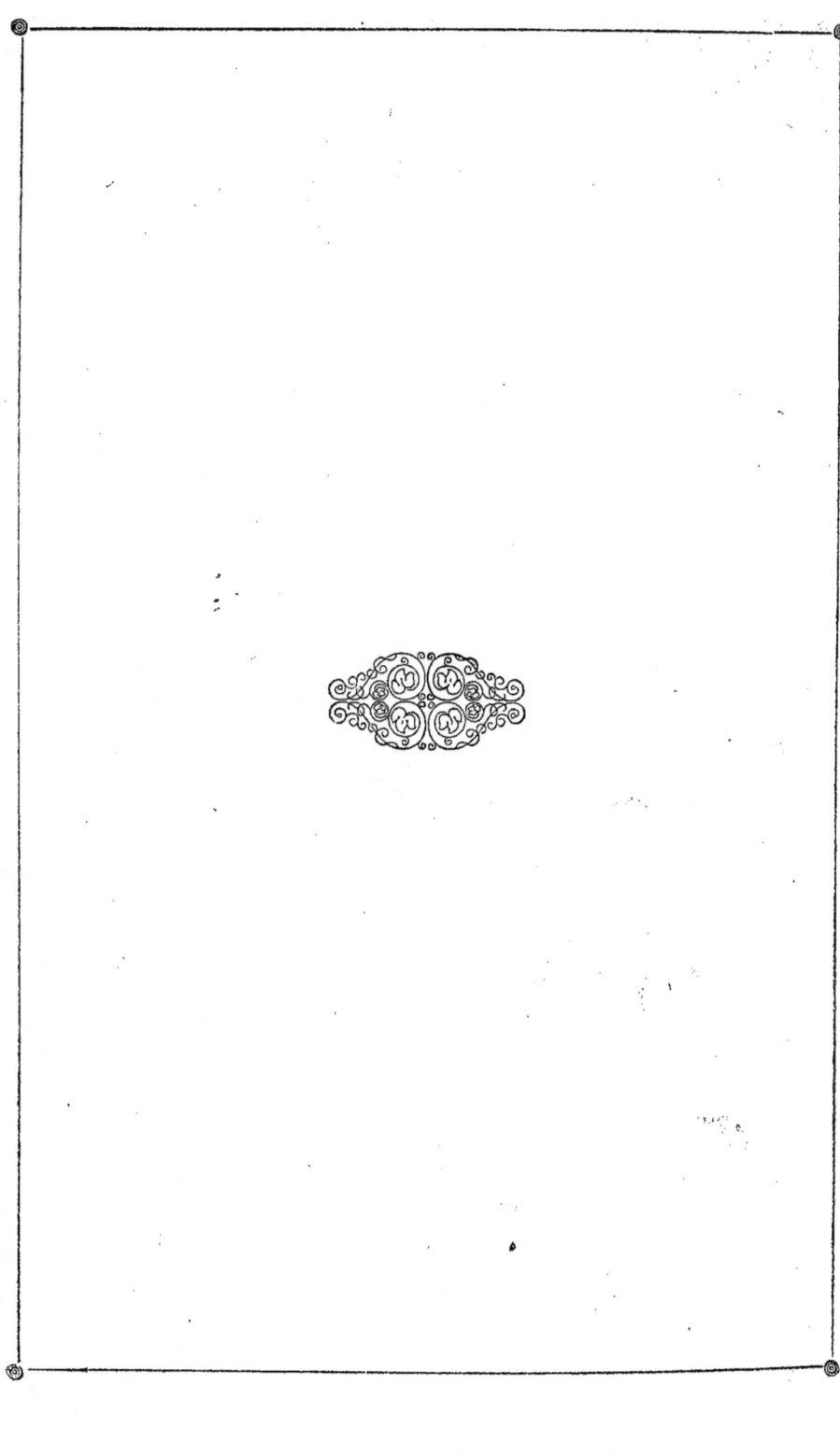

www.ingramcontent.com/pod-product-compliance
Lightning Source LLC
Chambersburg PA
CBHW071148230426
43668CB00009B/881